国家出版基金项目
NATIONAL PUBLICATION FOUNDATION

《国家治理体系现代化研究》系列丛书　总主编：杨冠琼

中国政府规模、结构与行为优化研究

OPTIMAL STUDIES ON THE GOVERNMENT SCALES, STRUCTURES AND BEHAVIORS IN CHINA

杨冠琼/著

经济管理出版社
ECONOMY & MANAGEMENT PUBLISHING HOUSE

图书在版编目（CIP）数据

中国政府规模、结构与行为优化研究/杨冠琼著.—北京：经济管理出版社，2015.10
ISBN 978-7-5096-3896-5

Ⅰ.①中… Ⅱ.①杨… Ⅲ.①国家行政机关—行政管理—研究—中国 Ⅳ.①D630.1

中国版本图书馆 CIP 数据核字（2015）第 175001 号

组稿编辑：陈 力
责任编辑：陈 力 赵喜勤
责任印制：黄章平
责任校对：车立佳

出版发行：	经济管理出版社
	（北京市海淀区北蜂窝 8 号中雅大厦 A 座 11 层 100038）
网 址：	www.E-mp.com.cn
电 话：	（010）51915602
印 刷：	三河市海波印务有限公司
经 销：	新华书店
开 本：	787mm×1092mm/16
印 张：	29.25
字 数：	641 千字
版 次：	2015 年 11 月第 1 版 2015 年 11 月第 1 次印刷
书 号：	ISBN 978-7-5096-3896-5
定 价：	88.00 元

·版权所有 翻印必究·

凡购本社图书，如有印装错误，由本社读者服务部负责调换。
联系地址：北京阜外月坛北小街 2 号
电话：（010）68022974 邮编：100836

《国家治理体系现代化研究》系列丛书

主　编：杨冠琼

编委会：（按姓氏笔画排序）

王延中　王宏新　王洛忠　叶先宝　刘雯雯　吕昕阳
孙　宇　毕　娟　何　瑛　张世贤　李禹桥　杨世伟
汪大海　连宏萍　周小平　屈　浩　果　佳　罗　植
赵景华　章文光　龚维斌　喻　匀　谢亚红　鲍　静
潘珊珊　戴　伟　魏成龙

总 序

一、"国家治理体系现代化研究系列"总说明

国家治理体系与治理能力现代化问题，是包括公共管理学界、政治学界以及社会学界在内的整个社会科学领域和政府管理实践部门面临的最引人瞩目的热点问题之一，也是当代公共管理科学和管理实践面临的最引人瞩目的难点问题之一。20世纪80年代以来，冠以各种不同名称的国家治理体系与能力现代化的理论研究和实践探索，如国家治理体系现代化、新公共管理、新治理及新公共治理、网络化治理、协同治理、整体性治理、适应性治理、互动性治理、行政管理现代化和公共部门现代化等，在世界各地如雨后春笋般大量涌现，至今仍方兴未艾。

正是在这一背景下，中共十八届三中全会《中共中央关于全面深化改革若干重大问题的决定》（以下简称《决定》）指出，全面深化改革的总目标是完善和发展中国特色社会主义制度，推进国家治理体系和治理能力现代化。必须更加注重改革的系统性、整体性、协同性，加快发展社会主义市场经济、民主政治、先进文化、和谐社会、生态文明，让一切劳动、知识、技术、管理、资本的活力竞相迸发，让一切创造社会财富的源泉充分涌流，让发展成果更多更公平地惠及全体人民。

上述内容表明，中国国家治理体系与能力现代化，本质上就是"完善和发展中国特色社会主义制度"，通过"坚决破除各方面体制机制弊端"，推进国家治理体系和治理能力现代化，是国家治理体系现代化与改革的深化与扩展，是中国"发展进入新阶段，改革进入攻坚期和深水区"而采取的行动；是"最大限度集中全党全社会智慧，最大限度调动一切积极因素，敢于啃硬骨头，敢于涉险滩，以更大决心冲破思想观念的束缚、突破利益固化的藩篱，推动中国特色社会主义制度自我完善和发展"（中共十八届三中全会《决定》）的新探索。

为适应中国国家治理体系与能力现代化的需要与呼唤，我们组织国内相关专家对国家治理体系与能力现代化的相关问题进行集中深入的理论研究和实践研究，构成了"国家治理体系现代化研究"系列丛书（以下简称"本系列"）。国家治理体系与治理能力现代化，主要是从国家治理理念、结构、机制与战略性指引或导航的角度，重新思

考国家的组织、协调、配置等的现代化问题或"社会动员"问题。现代化研究的权威学者多伊奇认为，如果从"社会—人口"层面来考察现代化过程，那么这一过程的特征就是"社会动员"，即人们所承担的绝大多数旧的社会、经济、心理、义务等受到侵蚀而崩溃的过程，人们获得新的社会化模式和行为模式的过程。因此，国家治理体系与能力现代化，本质上是人们重新思考、评估与确立政府与社会或作为整体的公民（Citizenry）（包括各种社会组织、经济组织以及各种行为个体）之间的关系；政府在治理社会过程中的作用以及这种作用的发挥机制，是人们在国家治理理念、结构、机制、行为与战略性导引方面获得新的社会化模式与行为模式的过程，是运用现代国家治理理念、技术、工具，改革、完善、创新国家治理体系的过程。

本系列主要包括《国家治理体系现代化研究》、《中国政府规模、结构与行为优化研究》、《公共组织内生性激励与现代化研究》、《中国基本公共服务均衡化研究》、《政府绩效管理创新研究》、《社会管理体制创新研究》、《社会保障体系创新研究》以及《政府管制创新研究》八卷。

本系列将国家治理体系与能力视为其所处环境的一个开放的、复杂的适应性系统。国家治理体系与能力与其所面临的环境之间不断进行复杂性互动，通过微观个体的各种不同诉求，社会经济环境不断向国家治理体系展示新愿望与新要求；国家治理体系不断调整其结构组合回应社会经济环境的各种要求与挑战；将国家治理体系与能力视为微观个体（主体）（Multi-agents）（包括各种社会组织、经济组织、政治组织、不同层级的政府以及社会行为个体等）复杂互动所形成的宏观结果或宏观样式（Macro-patterns），视为具有不同特质的微观个体在特定环境中或背景下复杂互动所形成的一种均衡（博弈均衡）；将国家治理体系与能力现代化，视为社会行为个体互动的一个动态反馈过程或"间断—均衡"过程，即在特定背景下的社会互动过程中，具有不同特质的社会行为个体的行为，既受到已有治理体系相应要素与规范的激励与制约，也受到新愿景、新愿望、新需求的牵引，更受到不同行为个体间相互依存关系变化的影响，因而个体社会互动过程同时也在影响、改变国家治理体系的相应规范，创造与重塑国家治理体系相应构成要素及其组合，进而改善国家治理体系与提升国家治理能力。国家治理体系与能力的每种状态都是多个体互动而形成的一种均衡（可能是不稳定均衡），国家治理体系与能力现代化则是从一种博弈均衡向另外一种博弈均衡的转变过程。简言之，本系列将国家治理体系与治理能力现代化，视为社会行为个（主）体互动过程中形成的互动均衡或博弈均衡的转换过程或迁移过程。

本系列研究的目的是，通过将国家治理体系与能力现代化视为具有不同（文化、行为、心理认知等）特质的微观个体在特定互动环境下互动的结果，构建具有微观基础、可自我实施（Self-enforceable or Self-enforcing）或具有自我维持和强化（Self-maintaining and Self-augmenting）性质，能够形成强大协同效应并具有自我完善功能的国家治理体系与能力现代化的理论框架，为有效推进国家治理体系与治理能力现代化提供理论支持或指导。借助本研究，人们能够从具有不同特质的微观行为个（主）体（包括各种社会组织、经济组织、不同层级的政府以及社会行为个体等）间的互动以及这种互动性质的角度，理解国家治理体系相应要素及其不同组合的形成与变迁，理解国家治理体系、治理能力及其现代化问题；理解和解释不同国家的国家治理体系、治理能力及其现代化途径的差异，便于探索社会背景、文化特征、社会心理、认知结构或心智模式、理性水平、时间偏好率等对国家治理体系与能力的影响，进而探索推进国家治理体系与能力现代化的有效途径及其一般特征，为推进中国国家治理体系与能力现代化提供可资借鉴的理论指导。

为实现上述目的，本系列综合运用各种科学理论与方法，特别是复杂适应性理论与方法，透视国家治理体系与能力现代化的触发机制、驱动力量和适应性变迁的结构性特征；运用多个体互动的各种理论与方法，包括协同治理、网络治理、机制设计理论以及博弈论等，特别是智能元胞自动机与博弈论的各种方法与模型，探索生成有效破解国家治理面临的当代社会问题的国家治理体系与能力的理念结构、行为结构、治理结构、治理过程与机制以及战略性导航结构等；在博弈论（经典博弈论与演化博弈论）思维框架下，通过构建理论模型、形式化模型与数值模型，运用模拟与实验、实证等方法，探索上述不同机制作为微观个体互动均衡或博弈均衡（纳什均衡与演化均衡、贝叶斯均衡等）形成的必要条件、环境与相关阈值及演化过程与机制；运用演化博弈理论、神经生物学以及神经心理学探索个体行为特征的形成过程与机制；基于上述研究探索推进国家治理体系与能力现代化的有效途径与一般特征。

二、20世纪人类关于繁荣与衰败的一般追问与解释

繁荣是一切生命体的本能追求。各种动物自生成以来，为了种群的持续生存、生育、遗传、繁荣，为了寻求适合生长的水源丰富、植物繁茂、食物充足、温度适宜的环境，而不惜以牺牲个体生命为代价年复一年地大规模迁徙。动物为了繁荣而进行的大规模迁徙的壮丽景观，至今仍在非洲撒哈拉大沙漠、马赛马拉大草原上连年上演。

为了种群繁荣而不断上演的动物大迁徙，也是远古人类大迁徙活动的再现。或由于气候的变迁，或由于人们抵抗自然能力的低下，远古人类为了种群的繁荣，为了种族的生生不息，自地域辽阔、广袤的非洲向亚洲、欧洲大规模迁徙。"地中海民族、埃特鲁里亚人、辛布里人（Cimbres）和条顿人进行了大规模的迁徙，有时达到了空前的程度"（布罗代尔，2005）。各类族群迁徙途中不仅要与自然环境、自然灾害进行殊死抗争，也要与各种凶猛的飞禽、野兽以及形体较小但凶险万分的爬行类和飞行类天敌进行殊死搏斗，更要与同为人类但种别不同的族群进行惨绝人寰的战争。

在这种大规模的长途迁徙中，多少族群为了繁荣而遭遇灭绝之灾难，多少族群为了繁荣而沦为了奴隶，多少族群为了繁盛却枯萎。繁荣对人以及其他动物的吸引力如此之大，虽然历经无数劫难，人类与其他动物依然为了繁荣而迁徙，作为人类，在这种追求繁荣的迁徙过程中最终获得了繁荣。

人类以及几乎所有生命体之所以都本能地，甚至不惜牺牲个体生命而追求繁荣，就在于繁荣为生命体注入生命的动力从而使其充满活力，繁荣形成的正反馈机制促发进一步的繁荣，从而使最有利于生命体目的实现的各种机制与要素不断地更新与演化。

正是由于人类为追求繁荣常常不得不付出沉重的代价，繁荣因而成为稀缺品、奢侈品，不仅为人们所珍惜，更成为人们向往与期待的状态，成为文人墨客乃至思想家最能够吸引人们眼球的笔触。

柳永在《望海潮》中描述的"钱塘自古繁华"景象，正是这样一种繁荣的场景：

"烟柳画桥，风帘翠幕，参差十万人家……市列珠玑，户盈罗绮，竞豪奢。"

"重湖叠巘清嘉，有三秋桂子，十里荷花。羌管弄晴，菱歌泛夜，嬉嬉钓叟莲娃……乘醉听箫鼓，吟赏烟霞……"

同样，柳永的《破阵乐》以极其欢欣、快乐的笔触，描述了京都繁荣之景象：

"露花倒影，烟芜蘸碧，灵沼波暖。金柳摇风树树，系彩舫龙舟遥岸。千步虹桥，参差雁齿，直趋水殿。绕金堤，曼衍鱼龙戏，簇娇春罗绮，喧天丝管。霁色荣光，望中似睹，蓬莱清浅。"

而王建的"夜市千灯照碧云，高楼红袖客纷纷。如今不似升平日，犹自笙歌彻晓闻"以及李绅的"夜桥灯火连星汉，水郭帆樯近斗牛"则描述了繁荣的另外一番景象。

繁荣景象怡然自得、宁谧和谐令人赏心悦目。这种繁荣景象与张正见的《赋得寒树晚蝉疏》所描述的"寒蝉噪杨柳，朔吹犯梧桐……还因摇落处，寂寞尽秋风"的萧条、衰败之景象形成鲜明对照。萧条、衰败是一种生命抑制、死亡的状态，是一种迅速减弱生命体生存所依之源泉的机制，是将欣欣向荣扼杀在萌芽状态的一种结构。

为了对比繁荣与衰败这两种不同景象及其生成根源，特别地，为了警示统治者其行为可能引致的社会繁荣与衰败，早在1340年左右，意大利的城市国家锡耶纳（Siena）共和国的统治者，就委托艺术家安布鲁吉奥·劳伦扎蒂（Ambrogio Lorenzetti）创造了两幅壁画，占据了整个锡耶纳九人统治委员会的议事厅，壁画的主题即为繁荣与衰败的对比，也即《好政府的寓言》和《坏政府的寓言》。

《坏政府的寓言》运用了中世纪公共艺术特有的戏剧和服饰表达手法，壁画展现了坏政府统治的共同景象：壁画上画着一位无良暴君，他坐在断壁残垣前，主持邪恶堕落的政务，壁画中的各种形象充分展现了统治阶层的残暴、腐败、背信、欺骗、狂躁、分裂、好战、贪婪、骄傲以及虚荣等；到处都充满了各种各样的掠夺、暗杀甚至屠杀行为，如战争、犯罪以及对公平正义的踩躏与践踏，到处遍布着萧条、贫困、饥荒、瘟疫，人们流离失所以及霍布斯所描述的人对人像狼一样的景象，可谓荒凉满目。

在《好政府的寓言》中，壁画展现了共同的善的形象，社会到处展现出智慧、和平、正义、信念、仁慈、高尚、欣欣向荣的景象；警察按照规则看守、教化与改造着犯罪者；各种大小官吏恪尽职守、秉公执法；农民在富足的土地上忙碌着，毛驴载着谷物在山区小路上悠闲地行走，毫不担心被抢劫或被盗；城市周围则是载歌载舞的人们，街上热闹非凡，人们交易着各种各样的物品与服务，童叟无欺；各种建筑物层叠有序、富丽堂皇；人们过着幸福、温馨、和平、安详的生活，社会展现出一片和谐、繁荣、生机勃勃的景象。

繁荣既是生命体目的实现的最佳结果，也是生命体最有效、最完全、最彻底地实现其目的的途径。每种生命体都先天地、内在地储存着其生命的目的，而这种目的的实现依赖于其实现活动。每种生命都积极地实现着他的活动，成为他之所是。这就是亚里士多德所说的"隐德来希"。李商隐的"春蚕到死丝方尽"道出了一切生命体的目的及其实现活动。任何生命体的如他所是的属性，决定了如他所是的目的以及目的的实现活动。任何生命体目的的实现活动与过程，都不受别人命令的干扰，也不是别有企图，只是出于其本性，自然而然，不得不然，直到生命的尽头，直到他不再是他所是。

人类作为生命体中的一个类别，其目的的实现不同于其他类别的生命体。人的目的，即幸福，是获得或主动争取来的，而不是主要以自然的方式达到的（亚里士多德语）。其他生命物活动的目的是自然实现的，即主要依赖蕴藏于其体内的基因编码来实现。人的活动目的的实现则主要借助于人的理性的运用，依靠理性的活动，是实践理性更为积极地参与其中的过程。正因为如此，奥斯特沃特（Ostwald）鲜明地指出，人的目的的实现活动的意义，就是"积极地"从事这些属于人的实践的生命的活动。已知的任何其他生命体都未曾达到人所具有的理性和理性的活动的水平。

理性指引的繁荣不仅为生命体注入生命的活力与动力，促使生命体更为积极地强化其生存能力，而且能够使保持与持续提高生命力所需要的诸种环境要素进入良性的或正反馈的生成过程。人的活动不在于他的植物性活动（营养、生长等），也不在于他的动物性活动（感觉、本能等），而在于他的灵魂的合乎逻各斯（理性）的活动与实践。亚里士多德认为，理性是人特有的，如果我们假定人具有一种区别于动物的更好的活动，我们就应该把它归之于灵魂的这个理性部分的活动。虽然这个结论现在不一定完全正确，但总的判断是正确的。我们认为，人区别于已知其他动物的唯一差别在于其具有更高水平的理性，在于其能够充分运用理性，并能够主动地利用各种方式发展理性或促进理性水平的迅速提高。正如著名生物学家汉斯基所说，"人类明显地和其他的物种不同是因为我们的智力之故，所以我们可以在活着的生物体世界中占有一个特殊的地位。在过去的几千年来，我们有能力改变整个生态系统——甚至完全地摧毁它们，例如在中东地区的许多地方，正因为农业的发明而造成巨大的改变"（威尔斯，2010）。

20 世纪是人类历史上值得骄傲的世纪。人类在上万年的演化和发展过程中积累下来的智慧，不断地超越着人们的想象力，使人类的一个个幻想和梦境变成现实：嫦娥奔月，音传万里；穿越时空，再现历史；点"沙"成金，"拔毛变猴"……

人类的智慧正在使相对于人口而言更为稀缺的资源，转变成日益庞大的社会财富和以指数方式增长的物品种类，从而使人类的生活水准日益突破人们想象的疆界。虽然难以做出精确的比较，但确有证据表明，20 世纪生活在美国和欧洲等发达国家的人们，其人均实际收入（Average Real Incomes）是一个世纪前的 20~40 倍，是两个世纪前的 60~400 倍（David Romer，2000）。

德隆（De Long）借用爱德华·贝拉米（Edward Bellamy，1887）的《回首 2000~

1887》，这部 19 世纪晚期美国最具影响力的乌托邦式的小说中的场景、人物和语言，对比了 19 世纪晚期和 20 世纪末期美国社会福利的差距：小说的主人公是一位生活在 1887 年上层社会的人，在 2000 年访问了美国的一个一般家庭，看到这个一般家庭的现代设施（音响设备）惊叹万分，"要是我们（生活于 19 世纪的人）能够发明出这样的设备，使每个人能够在家里听音乐，而且品质极佳，数量无限，种类各异，随心所欲，想听就听，我们一定认为已经达到了人类幸福的极限（The Limits of Human Felicity）"。

不仅如此，发达国家经济发展和社会福利水平提高的速度日益加快。工业化国家经济增长的平均速度，19 世纪高于 18 世纪，而 20 世纪又高于 19 世纪。新的证据和迹象表明，21 世纪的平均增长速度，将要高于 20 世纪的平均增长速度。

然而，几千年过去了，实践理性积极地参与人的目的的实现活动只在特定社会中得到了有效的实施。由此使 20 世纪成为人类历史上令人悲哀的世纪。人类在上万年的演化和发展过程中积累下来的智慧，其光芒并非普照和惠及了所有国家。现代文明在突飞猛进发展的同时，也使世界上不同国家的人们平均生活标准出现了巨大的分裂（Enormous Disparities）。美国、德国、日本以及北欧等一些发达国家和地区，其人均实际收入，是孟加拉、肯尼亚等发展中国家人均实际收入的 20~30 倍。以现行汇率计算，2014 年中国的人均 GDP 只是美国的 13.75%，是世界上最富有国家卢森堡的 6.86%（更一般情形见图 1）。

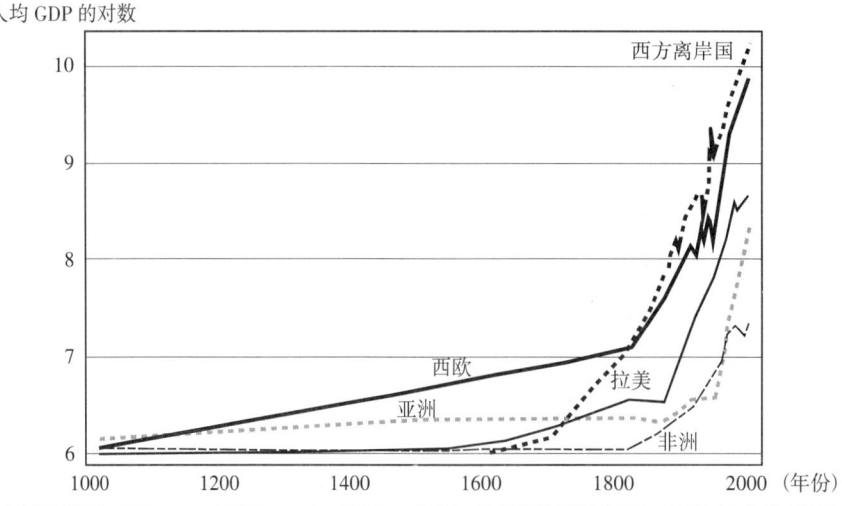

图 1　西方离岸国（Western Offshoots）、西欧、拉美、亚洲和非洲 1000~2000 年人均 GDP 的演进①
资料来源：Daron Acemoglu. Introduction to Modern Economic Growth [M]. Princeton University Press, 2008.

上述事实表明，在过去几个世纪的发展过程中，人类社会积累和沉淀下来的智慧对不同国家和地区的经济、社会和政治的不同影响，在 20 世纪凸显了出来：不同国家和地区人们的生活标准（Standard of Living or Welfare）出现了巨大的分裂，而且这种

---

① "西方离岸国"是麦迪逊在估算世界各国 GDP 时造的一个词，指美国、加拿大、澳大利亚、新西兰。

分裂正在以"原子裂变的速度"不断地加剧。这一结果令人陶醉,也引人深思!

同样居住在一个地球上,同样生活在一片蓝天下,同样受一个太阳的普照,不同国家的生活标准存在如此大的差异,繁荣与衰败在不同国家间的分布如此不均衡,不能不成为具有理性思维的人思考的一个焦点问题。这一问题所具有的魅力如此之大,借诺贝尔经济学奖获得者卢卡斯(Lucas,1988)的语言逻辑,可以表述为:人们一旦开始思考关于不同国家生活福利的巨大差异问题,就很难再去思考任何其他问题。

繁荣与衰败在不同国家间如此不均衡地分布使来自不同社会的人们,至今仍然不断地追问繁荣的社会为什么不是这个而是那个。正如被称为巴布亚新几内亚(New Guinea)最具魅力的政治家Yali所追问的:"为什么是你们白人发展出了如此之多的车辆并将其带到巴布亚新几内亚来,而我们黑人却几乎没有任何能力生产属于我们自己的?"这是著名社会生物学家戴蒙德(Diamond)在非洲考察时被不断追问的问题。戴蒙德在《枪炮、病菌与钢铁》(Guns,Germs and Steel)一书中将各种类似的追问总结为:为什么有些民族在好几千年前就发展出傲人的文明,为什么有些民族至今仍生活在石器时代?其间的巨大差异是怎样造成的?难道有些民族天生就比较聪明吗?为什么财富与权力在世界范围内是现在的分布样式而不是其他样式?为什么不是土著印第安人、土著非洲人以及土著澳大利亚人猎杀、征服或灭绝了欧洲人和亚洲人,而是相反?

正是受到关于不同国家生活福利存在巨大差异问题思考的激励,无数仁人志士殚精竭虑、孜孜以求,在探索该问题过程中提出了各种各样的理论和观点。从历史的角度看,不同国家生活福利方面的巨大差异往往与国家竞争力相伴相随。因此,斯本格勒(Oswald Spengler,1922,1923)和汤因比(Arnold Toynbee,1946,1957)基于国家兴衰的历史事实,提出了文明(Civilization)或文化(Culture)兴衰论的大胆假设(Grander Hypothesis)。从一个角度上看,伟大文明和辉煌帝国兴衰的历史,在很大程度上是军事上的征服与被征服的历史。然而,正如肯尼迪(Paul Kennedy,1987)所表明的,最近500年的历史变迁证实,国家军事上的兴衰虽然无可争议地伴随着经济实力的兴衰,但再清楚不过的是,一些其他因素可能比经济因素更为重要。本人认为,更为准确的表述应该是,其他因素可能会先于经济因素,或者说,经济实力是其他因素的自然结果。奥斯曼帝国(Ottoman Empire)就是一个例子。奥斯曼帝国兴衰的历史是一部军事强大与微弱的历史,同时又是一部政府在治理一个军事国家时效率高与低的历史。由于政府在治理方面效率高,因此,奥斯曼帝国的经济开始迅速发展,经济实力有效促进了军事力量的生长,从而国家竞争力获得重大提升;同样由于后期政府在治理方面效率迅速下降,经济开始衰退,军事力量日益式微,国家竞争力日益衰落,直至被其他军事强国征服。

20世纪关于各国财富生成能力差异问题的解释,虽然人们的表述不同,但几乎所有的专家都指向了一个核心问题:政治组织及其动员能力,或国家治理能力问题。

制度经济学创始人之一的诺斯,经过长期研究得出了如下结论:国家的存在是经济增长的关键,然而国家又是人为经济衰退的根源。国家或政府的基本责任是制定人们互动和博弈的基本规则。博弈规则决定着一个国家或政府的经济的实绩及知识和技术存量的增长速率。因此，从最终的意义上说，政府要对造成经济增长、停滞和衰退的产权结构的效率负责。

发展经济学家雷诺兹的结论与诺斯的结论遥相呼应。在这个时代，有些国家进步得比别的国家快，而有些国家则根本没有进步。这些差别的解释，似乎主要不在于要素禀赋。有些国家或地区，天然资源很贫乏，例如韩国和中国台湾，却成绩卓著；有些资源丰富的国家或地区，例如扎伊尔，却仍然在艰难挣扎。雷诺兹认为，唯一最重要的解释变量，是政治组织和政府的行政能力。

经济周期理论研究专家，特别是长波理论的重要代表人物利昂惕夫，虽然增加了相关的解释因素，但他的解释的核心依然没有改变：持续经济增长和加速发展的主要限制，在性质上是政治的、社会的和制度的，而不是物质的。在20世纪不发达地区的加速发展，并不存在不可逾越的物质障碍。"为了保证加速发展，必须有两个一般的条件，其中之一是，发展中国家要在社会、制度和政治三方面进行影响深远的内部改革"。

经济增长理论的代表性人物之一，西蒙·库兹涅茨基于其关于经济增长问题的厚重知识，认为主要有两类因素限制了现代经济增长的扩散，其中之一是这种增长要求有一个稳定的然而又是有伸缩性的政治和社会体制，能够促进结构的迅速变化，并解决它所造成的冲突，同时还鼓励社会中促进增长的各个集团。而这种体制是不容易建成或不能迅速建立的。

发展经济学家G.M.迈耶虽然识别出财富生成的四种相互关联的要素，但其中的"超级制约因素"仍然为国家治理能力：任何一国经济发展的潜在速度，都由四种制约因素的释放来决定：储蓄、外汇、农业、人力资源。但是经济发展的实际速度由于政策不合适而处于潜在速度之下，"超级制约因素"为管理——对私人和公共企业都很重要。必须采取合适的政策去调动资源，有效地配置资源，并提高生产率。唯有如此，才能使发展的实际速度经过一段时间以后接近潜在的速度。过去认为，不发达国家之所以穷，就是因为它穷（贫穷的恶性循环）；现在应该说，不发达国家之所以穷，就是因为它的政策不好。

作为经济增长理论创始人之一的W.亚瑟·刘易斯则更为简明地指出：发展经济学并不很复杂：成功计划的秘密，更多地在于明智的政策和良好的公共行政。发展计划的主要问题集中于执行——成功计划的主要秘密在于政治稳定和政治领导，在于作为政策工具的能干的和有效率的公共行政。通过这些政策工具，发展的目标得以达到。

上述关于21世纪财富生成能力问题追问的种种解释，虽然因为具有鲜明的现实基础与俯拾即是的经验证据，而具有强大的说服力与魅力，但囿于众多专家的知识背景与研究领域的差异，种种解释只是关于财富生成能力差异问题的一种尘埃落定后的回答：超级决定因素为国家治理能力，或制度，或政治组织和行政管理能力，或明智的政策和良好的公共行政；并没有说明尘埃是如何落定的，或尘埃是怎样落定的，即为什么有些国家或地区拥有了这些超级因素而其他国家或地区却没有。难道财富生成能力的超级决定因素是上天对特定国家或地区的恩赐？

历史是一种"间断—均衡"的间歇性跳跃过程，思想则是这种现实历史跳跃的影子。源自不同问题或挑战而形成的追问，常常发生共振，使追问指向趋同。20世纪的上述追问，与21世纪的社会现实挑战所形成的思想反思效应，将人们的追问又推向了相同的问题：

"二十世纪末期人类社会迎来了继农业文明、工业文明后的第三次文明——知识经济文明的时代。知识经济已经和正在以其特有的'核裂变'的方式冲击着世界的每个角落和人类社会生活的各个方面，引致人类社会正经历有史以来又一次最深刻的巨变。如果说工业革命所引致的社会和政治变迁塑造了与之相适应的作为社会中心制度象征的现代科层化政府，那么，知识经济将引致哪些社会、政治和组织变迁，将对科层化政府产生哪些影响，将塑造怎样的作为与知识经济时代相适应的社会中心制度象征的政府，则既是一个理论问题，也是一个实践问题。

对于这一动向的识别、确认与反应，不仅关涉到国家治理方式的现代化与再现代化的问题，更关涉到未来经济活动的组织和管理，从而关涉国家的经济绩效与社会福利乃至国家兴衰、民族昌亡"（杨冠琼，1999）。

如果不能够说明尘埃是如何落定的，那么为什么有些国家或地区拥有那些决定其繁荣的超级因素而其他国家或地区却没有，人们面临21世纪新经济态势或"工业4.0"时代时，亦无法做出恰当的反应，亦无法积累、演化出决定其繁荣与衰败的超级因素，也就意味着人们必然重蹈成为农业文明、工业文明弃儿的覆辙，跟随不上"工业4.0"时代的步伐，一如成为工业文明的弃儿一样成为"工业4.0"时代的弃儿。只有观赏"工业4.0"为某些国家或区域带来的繁荣，感叹"工业4.0"时代的神奇，而不是"工业4.0"时代的引领者、积极探索者或积极参与者；只是"工业4.0"时代的旁观者与消费者，也即"工业4.0"时代的落伍者。

三、21世纪人类关于超级决定因素这一尘埃如何落定的争论

（一）公共治理问题研究兴起的一般背景与治理的两种含义

20世纪80年代以来，国家治理体系与能力现代化的问题，成为困扰世界各国的共同问题。首先，伴随着交往（交通、通信）技术的革命性发展，各国的社会、经济、政治、文化等日益处于全球共振或各国相互影响的网络之中，各国面临的各种社会问题的复杂程度随之发生了不同数量级的突变。如何有效应对复杂性日益提高的社会及其引发的各种问题？其次，面临复杂性程度日益提高的各种社会问题，特别是公共问题，各国均深感捉襟见肘，力不从心，甚至束手无策。然而，破解各种社会困境的现实紧迫性，迫使人们不得不重新思考国家治理体系与能力现代化问题，从而此问题不仅成为当今世界各国面临的一个重大理论与实践问题，也成为一个热点与难点问题，

引发了众多的探索与研究。最后，新技术革命，特别是基于智能化、互联网、云计算而形成的"虚拟网络空间—物理系统"（Cyber-Physical System）的未来形态是什么？有利于促进这种形态形成与发展所需要的国家治理态势是什么，或者说，这种"虚拟网络空间—物理系统"将引致国家治理态势发生怎样的变迁？国家治理态势如何能够成为"虚拟网络空间—物理系统"未来形态形成的促进者而不是阻碍者、变态者或畸形制造者？

20世纪七八十年代，"治理"（Governance）一词广泛、频繁出现于各种文献，直到当下这一词汇变得日益流行与普遍，正是源于上述三个问题的思考。特别地，人们在思考上述三个问题时，逻辑地或自然而然地与下面三个问题的思考和讨论相互关联在一起：一是人们关于政府（国家）失败（Government or State Failure）与市场失败（Market Failure）问题的争论与思考。二是关于西方发达国家或政府危机问题的思考。20世纪60年代西方社会处于社会结构剧烈而深刻的变迁或转型时期，各种问题交织在一起，汇聚成一股股强大的力量，不断冲击其原始合法性源自于作为社会问题最终化解机构的政府。到20世纪70年代，国家干预失败（State Intervention was Failing）与（西方）国家自身已陷入危机（The State Itself was in Crisis），已经成为人们的共识（Jessop，1998，2000；Gaus，1951；Waldo，1972；Frederickson，1989；Crozier et al.，1975；Rose and Peters，1978）。三是将结构化与分析西方社会问题的逻辑和概念体系投射于发展中国家面临的问题的思考。

随着"治理"一词变得日益流行与普遍，其含义亦是仁者见仁，智者见智，以至于有学者指出，"治理"一词已经变得毫无意义，因为它已经被滥用，既指涉一切，也无所指，以至于其内在含义在学术上变得模糊不清。如果是这样，那么"国家治理体系与能力现代化"中的"治理"到底意指什么？显然这既是一个学术探讨问题，也是一个实践问题。

为了全面认识"治理"一词的含义，我们必须从人们在探讨与研究上述两个层面的"三个问题"的角度来重新理解人们当初提出"治理"一词时的所指。为此必须将其置于特定的"话语背景"中加以还原与研究。由于这种特定的话语背景与行政管理、公共管理或公共行政的范式变迁以及公共行政与社会、经济间的关系相关，因此，从公共行政理论范式变迁的角度更容易将"治理"一词的含义理解得明确一些。

国家治理体系与治理能力现代化，主要是从国家治理理念、结构、过程与机制的角度，重新思考国家的组织、协调、配置等的现代化问题或"社会动员"问题。现代化研究的权威学者多伊奇认为，如果从"社会—人口"层面来考察现代化过程，那么这一过程的特征就是"社会动员"，即人们所承担的绝大多数旧的社会、经济、心理、义务等受到侵蚀而崩溃的过程；人们获得新的社会化模式和行为模式的过程。因此，国家治理体系与治理能力现代化，本质上是人们重新思考、评估和确立政府与社会或作为整体的公民（Citizenry）（包括各种社会组织、经济组织以及各种行为个体）之间的关系；政府在治理社会过程中的作用以及这种作用的发挥机制；是人们在国家治理理念、结构、过程与机制等方面获得的新的社会化模式与行为模式的过程，是运用现代国家治理理念、技术、工具，改革、创新国家治理体系与治理能力。

从上述角度说，虽然国家治理体系与能力现代化是一种新表述或概括，但从国家组织活动的角度来说，国家治理体系与能力现代化，是公共行政与管理（Public Administration and Management，PAM）或政府领域理论与实践现代化或演化的一种扩展，与国外或发达国家学术界所称的"公共部门"（Public Dectors）或政府领域治理的持续变迁的相关研究具有相似甚至相同的含义。

事实上，20世纪八九十年代，美国及欧洲国家先后发起的政府现代化运动（HM Government，1999），可以视为中国今日提出的国家治理体系与能力现代化的雏形或先例。因为正是这场现代化运动催生了一系列与治理相关的概念或话语，如现代治理（Modern Governance）（Kooiman，1993）、地方政府现代化（Local Government Modernization）（Naschold，1997）、治理现代化或现代化治理（Modernising Governance）（Newman，2001；Jänicke，2005；Meuleman，2008）、行政管理现代化（Modernization of Administration or Administrative Modernization）（Newman，2001；Jänicke，2005；Meuleman，2008）、国家现代化（State Modernization）以及政策体系现代化（Modernization of Policy Systems）等。Mayntz（1993a）在"现代化与组织间网络的逻辑"（Modernization and the Logic of Interorganizational Networks）一文中，事实上已经将现代化与国家治理联系在一起。Jessop 1998年的经典论文也是在国家层面上讨论治理问题，并明确提出国家在网络治理与元治理（Metagovernance）中的作用以及发挥作用的方式等问题。正是在上述语境下，本人在2000年出版的《政府治理体系创新》一书中，研究了政府治理体系面临的问题、创新方向与方式等问题，并且明确提出"国家治理方式的现代化与再现代化的问题"。

治理问题研究的著名专家Peters在2009年指出，不论人们冠之以"改革"、"现代化"、"重塑"或其他什么名称，大部分国家的公共部门与政府即使仅仅与几年前相比，都发生了深刻、广泛与重大的变迁（Peters，2009）。公共部门或政府管理领域的这种变迁至少可视为国家治理现代化的主要构成部分。从这个角度说，国家治理体系与能力现代化问题又是一个拥有30多年学术研究历史的理论与现实问题。此间人们提出了各种各样的治理理论或治理的未来状态或样式，如协同治理、整体性治理、网络治理、协商治理、公共价值创造以及规范性意味更强的善治理论或主张，如善治理念、标准等。

上文出现的与治理相关的概念，基本上可以分为两类：一类是规范性意义上的治理，即通常所说的治理理论中强调的与政府、统治、管理等相区别的"治理"（不过，Osborne认为，辨析治理与管理的区别是毫无意义的），如整体性治理（Holistic Governance）、协同治理或联合治理（Collaborative Governance or Jined-up Governance）、混合治理（Hybrid Governance）、互动治理（Interactive Governance）、善治（Good Governance）、新治理（New-governance）或新公共治理（New Public Governance）、网络治理、伙伴关系、民主治理、新公共管理、新公共服务、协商治理、公共价值创造以及规范性意味更强的善治理论或主张，如善治理念、标准等。"修饰词+治理"作为一个整体,均是指规范性意义上的治理,即治理的某种特定形态或样式。另一类是广义的,或描述性、分析性意义上的治理,"政府治理体系创新"、"公共治理创新"、治理现代化或现代化治理以及现代治理等,就不同于"修饰词+治理"所表达的含义。"国家治理体系与治理能力现代化"问题中的治理,不是规范性意义上的治理,而是广义的或描述性、分析性意义上的治理。

广义的治理,即将治理作为一种分析框架的角度上说,大部分而且越来越多的西方学者较为认同的一种看法是,截至目前,国家治理体系现代化或公共行政与管理(PAM)领域,在历史上出现过三种主导理论范式:19 世纪末开始形成,并于"1900~1920 年初具形态",直到 20 世纪 70 年代末 80 年代初处于主导地位的经典公共行政理论或科层化行政理论;起源于 20 世纪 70 年代末 80 年代初一直延续到 21 世纪初的新公共管理理论范式(New Public Management, NPM);21 世纪初以来正在形成的新公共治理(New Public Governance, NPG)理论范式(Osborne, 2006; Sørensen and Triantafillou, 2009; Osborne, 2010)。

上述三种理论范式的变迁可以视为公共行政与管理领域理论与实践现代化的三个不同阶段。由于现代化过程的内在连续性,上述三种理论形态只是对理论发展过程的一种简单概括。事实上,每个阶段或理论形态的不同要素,在演化或变迁过程中不可避免地出现交叉、重叠与共存的状态。例如,网络化体系或结构常常出现于等级结构占优的模式之中;科层化行政与新公共管理范式均包含大量分化了的等级结构要素(Differentiated Elements of Hierachy)(Klijn, 2002)。这种不同理论要素在不同理论范式中共存的状态,恰恰说明了公共行政与管理领域现代化过程的内在性与连续性。

(二)经典公共行政理论及其面临的挑战

按照西方公共行政学的观点,第一个现代意义上的公共行政理论,即作为一门独立的公共行政理论,产生于 19 世纪,并于"1900~1920 年初具形态"。这一时期的公共行政理论,以马克斯·韦伯的科层制理论作为基本理论框架,经过威尔逊(Wilson)、古德诺(Goodnow)、泰勒(Taylor)、古利克(Gulick)和厄威克(Urwick)等学者的完善与扩展,形成了今天人们统称的"经典公共行政理论"或"科层范式"(Bureaucratic Paradigm)(Lynn, 2001)。为了突出其科层化的固有特征,本书遵循韦伯最初的表达方式,将其称为"科层行政"。正如休斯所说,直到 20 世纪的最后 25 年,以层级结构(Hierarchy)、命令与控制(Command-and-Control)、自上而下(Top-down)、条块分割(Bureaucratic Silos and Fragmented)为核心特征的科层行政,作为一种主导理论范式,在大多数西方国家一直没有发生什么变化(Hughes, 2012)。

Osborne(2006)以不同于上述的方式概括了经典公共行政理论的基本要素:①法治的不可动摇性;②专注于设定一整套行政规则与程序;③官僚在政策制定与实施过程中处于核心地位,发挥决定性作用;④公共组织中政治与行政分离(The 'Politics-administration' Split Within Public Organizations);⑤预算渐近增加原则或制度;⑥职业机构垄断的公共服务提供体制。

科层行政理论是在所谓的"早期行政系统"之上发展起来的,主要目的是试图解决后者面临的腐败、无效率、非专业化等问题。西方行政学认为,行政系统最早出现于古埃及与中国,而后扩散到其他国家。按照韦伯的论证,这种早期官僚制的特征是"个人的、传统的、发散的和特殊的",它以效忠国王或大臣、保护人、领导人等特定个人为基础。

科层行政理论认为,早期官僚制与其要治理的公共行政问题的本体论特征相矛盾,因而既缺乏效率又缺乏法理上的合理性。韦伯认为,早期官僚制体现的是"卡里斯马权威"与"传统权威",而社会已经进入"法理权威"时代。以体现"卡里斯马权威"与"传统权威"的官僚制为工具,治理"法理权威"时代的公共问题,由于出现了时空错位或犯了时代错误(Anachronism),必然面临效率危机与合理性危机。

韦伯认为,公共行政问题本质上是社会分工的自然产物,具有稳定性、连续性、专业化、职业化的特征。治理这类问题,必须遵循社会分工与专业化原理设置相应的治理结构、组织、过程与机制。通过调整或改变行政系统的模式变量,即从无规则的规则向一切以规则为基础的转变,行政系统就会与秩序、效率、普遍或非人格化的公共问题的本体论状态相一致,从而实现从价值嵌入性状态向价值祛除性和工具主义状态转变。在此基础上,韦伯提出了有效治理公共行政问题的官僚制,其规范性要求是"非人格化的、理性的、具体的、成就取向的和普遍的"(Kamenka,1989),并且以效忠于正式制度安排为基础。为此,韦伯提出了以基于法理、规则、水平职能分工及纵向层级结构为核心特征的,由"科层体系六大原理"构成的公共行政基本模式(Gerth and Mills,1970)。韦伯通过一系列论证,认为这种理想科层制,在"精确化、速度、清晰性、知识运用、连续性、自由载量范围、一致性、严格服从、降低摩擦以及人力成本方面,都达到了最优状态"(Gerth and Mills,1970),因而能够有效解决早期官僚制不可避免的腐败、无效率、人格化、非职业化等内生性问题。

基于社会分工与专业化原理,科层行政将公共行政问题视为具有稳定性、连续性、专业性、职业性特征,因而认为遵循相同的分工与专业化原理构建未来的公共行政体系,应该能够有效治理公共行政问题。这种认知格局不仅体现在韦伯的观点与论证方面,也体现在威尔逊、古德诺等的政治与行政两分的主张方面,体现在通过职责划分能够使各职能机构具有清晰的职能边界,科学设定的规则能够有效规范各职能机构及其职位占有者行为的信念等方面。

然而,随着社会复杂性程度的提高,特别是第二次世界大战之后福利国家的兴起,社会期望政府能够满足公民从摇篮到坟墓(From the Cradle to the Grave)的所有社会经济的需求与愿望。科层化公共行政自然被视为能够履行政府全新社会责任的有效工具。然而,随着时间的流逝,人们发现,科层化公共行政,不仅没有有效地解决问题,反而成为新的社会问题的生成之源。科层化公共行政首先受到来自学术界的日益强烈的批评与攻击(Ostrom,1990;Dunleavy,1997),最后又受到政治家的猛烈批评。1976年,时任美国总统的福特(Ford)成功地将科层制的规模与回应性(Responsiveness)问题变成全国政治讨论的焦点问题。他几乎对所有的政府机构同时发起猛烈的攻击:

从民航局到州际商业委员会，这些机构不仅没有效率而且极为有害；食品与营养管理局既无能（Incompetence）又无用（Uselessness）。罗纳德·里根（Ronald Reagan）在1976年总统竞选以及后来获得成功的总统竞选中，同样对科层制进行了严厉的批评和指责。更为严重的是，1980年里根总统竟提出激进的建议，坚持要废除能源部和教育部（Meier，2006）。

随着撒切尔的公共企业私有化改革（欧洲政治家对科层化行政的批评以及相关的改革运动）与里根政府改革科层组织的运动的兴起，公共部门的改革实践为学术界批评科层化行政提供了新的强大激励。Chandler（1991）对科层化行政范式的攻击可能是学术领域中最为严厉的，几乎彻底摧毁了科层化行政存在的合理性基础，并得出结论：科层化行政作为一个学科已经进入了寿终正寝阶段或衰落的晚期（Terminal Decline as a Discipline）。这种理论界的批评与实践领域的改革于20世纪90年代达到了一个局部性的巅峰，以致Rhodes（1997）得出更为激进的结论：科层化公共行政已经成为公共行政与管理实践的一个旁观者（Bystander to the Practice of PAM）。

（三）新公共管理（NPM）理论的兴起及其面临的挑战

随着欧洲私有化运动的不断扩展和美国公共部门或公共领域改革在程度上的不断深化和在范围、领域上的拓宽及在途径上的不断探索，以及经过近20年的理论反思与批判，公共部门或领域改革实践的理论概括、总结或模式化以及理论洞察和逻辑推演性研究成果，被冠以各种不同的标签，于20世纪90年代初如潮水般涌现出来，势如破竹，大有不可阻拦之势。"管理主义"（Managerialism）（Pollitt，1993）、"新公共管理"（New Public Management）（Hood，1991）、"基于市场的公共行政"（Market-based Public Administration）（Lan and Rosenbloom，1992）、"后科层范式"（Post-bureaucratic Paradigm）（Barzelay，1992），以及"企业家式政府"（Entrepreneurisal Government）（Osborne and Gaebler，1992），等等，纷纷登场。尽管这些试图重建或现代化公共部门领域管理的理论在标签上存在重大差异，但其主题均以改造和批判科层化行政为前提、以借鉴私营部门管理经验或实践为基础重建公共行政理论，作为一种自组织现象，提出这些理论的相关文献以及后来加入这一行列的研究者们，逐渐向Hood（1991）所冠以的"新公共管理"（NPM）这一标签收敛。新公共管理自此之后，成为替代科层化行政并与之并行的一种理论范式。

Hood（1996）总结归纳了新公共管理的核心主张，并列出了这些主张的合理性来源（见表1）。Osborne（2006，2010）认为，新公共管理的理论主张的核心要素主要包括如下六个方面：

（1）运用私营部门的实践改造公共管理。
（2）强化一线或直接操作单位的管理与组织。
（3）强调在公共服务组织中实施企业家式领导。
（4）注重投入与产出的控制与评估，广泛实施绩效管理与审核。
（5）将工作或任务直接分解到基层组织，强化其成本管理。

表1 新公共管理的主张

主 张	含 义	合理性
公共组织实施直接的专业化管理	组织高层管理者参与一线管理，拥有自由裁量权	责任来自于对义务清晰地划分而不是受到权力的干预
明确的绩效标准和绩效测量	明确界定目的与目标，并分解为可测量的指标	委以责任意味着要明确描述目标，追求效率则需盯紧目标
强化产出控制	将资源配置、激励与绩效挂钩	强调结果而非程序的必要性
公共部门组织分散化与独立化	围绕产品将公共部门分解为拥有独立预算的法人组织，各组织间彼此紧密合作	生产和供给分离；保证公共组织更易管理，在公共部门的内部与外部运用签订合同或特许权的手段
公共部门引入更多竞争机制	通过签订合同、公开投标程序将市场约束引入公共部门	把竞争作为降低成本和提高质量的关键
引入私营部门的管理方式	由传统公共服务伦理观转向更加灵活的薪酬、雇佣与规定	公共部门应用私人部门管理工具的必要性
强化公共部门资源利用的约束性与经济性	减少直接成本，严明工作纪律，降低服从成本	核实公共部门的资源需求的必要性，提高效率或效果

资料来源：Hood，1996，p.271.

（6）在资源配置与公共服务提供方面，更广泛地引入市场、竞争与合同机制。

上述两位研究者的归纳虽然在表述上存在差异，但本质上基本相同，已经充分表明了新公共管理范式的核心构成要素与特征。

由上述核心要素所刻画的新公共管理，是否构成了公共部门管理领域的一个区别于科层化行政范式的新范式，在学术界存在一定的争议。一些学者认为，不论是从"范式"（Paradigm）的日常含义还是从库恩（1970）所界定的特定含义上说，"范式"一词对于传统公共行政与20世纪80年代以来的新公共管理相关的一系列公共管理改革来说，都是适用的，因而新公共管理构成了一个库恩意义上的新范式（Osborne and Gaebler，1992；Barzelay，1992；Behn，1998、2001；Borins，1999；Mathiasen 1999；Holmes and Shand，1995；OECD，1998），而其他一些学者并不认为新公共管理构成了公共部门管理的范式变迁（Hood，1995、1996；Lynn，1997、1998、2001、2001a；Pollitt，1990、1993；Gruening，2001；Pollitt and Bouckaert，2000），因为这些学者认为，"范式"一词的含义，是在某种程度上永久看待世界的一种方式。范式变迁要求人们看待世界的方式发生一种突破性的跳跃（A Large Hurdle to Jump），并且要求所有实践者都一致认同这种新的看法。

Ostrom（1989）认为，公共部门管理领域存在两种完全对立的基本范式：科层化范式与市场化范式。这两种基本范式之间的关键区别在于"选择与强制"（Choice and Compulsion）两种方式的取舍，即是允许市场通过行为者自主互动形成一种各方都同意的结果，还是由科层化组织强制地做出决定或规定，令其他行为者必须服从。从这两种取舍的基础性差异的角度说，科层化与市场化的确是完全不同的：它们基于完全不同的看待世界的方式，因而实施完全不同的信号传递的组织方式。换言之，科层化行政基于科层化组织的视角，而新公共管理则基于市场化自愿交换的视角。

基于 Ostrom（1989）关于公共部门管理范式划分的准则，科层化公共行政与新公共管理之间的区别标示在表2与图2之中，而至于这两者是否各自构成了一个范式，则可以仁者见仁，智者见智。不过，随着新公共治理范式的兴起，大多数学者则认为这两者的确构成了不同的理论范式。

表 2　公共部门治理的三个阶段

	不同阶段		
	科层化公共行政	新公共管理	新公共治理
公共部门的特殊性（团体维度）	相同的/统一的公共服务	分门别类的契约化/市场化	政府作为一个整体恢复内部服务与市场化服务的混合模式；服务提供网络
	政府服务提供的宽泛界定		
规则与灵活性（网络维度）	公共部门理念/职业政治性技能	私营部门取向实践性的管理技能明确的绩效标准	以客户为本/整体主义跨专业技能整合型目标
	隐含的/定性的绩效标准		
	过程控制	产出/结果控制	程序上的/集中式的控制；公正的/伦理的规范

资料来源：参考 Hood（1994），Dunleavy 等（2005），Christensen 和 Laegreid（2008）。

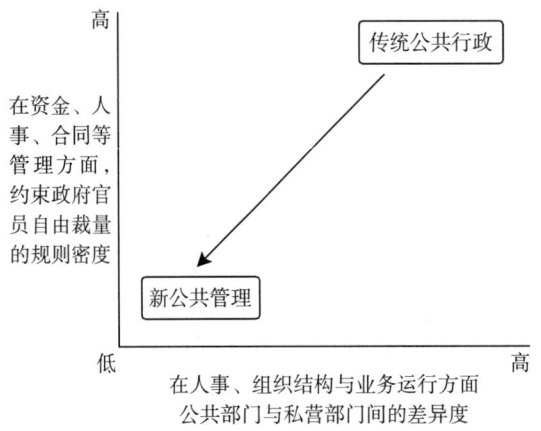

图 2　从传统公共行政到新公共管理

虽然自20世纪80年代之后，新公共管理（NPM）曾成为名噪一时的国家治理现代化或公共治理创新的一种规范性理论范式，并引发了一场全球性的新公共管理改革浪潮，但作为一种与科层化行政竞争的范式，其性质或优越性从一开始便不断受到人们的批评，并日益面临严重的挑战（Farnham and Horton，1996；Ferlie et al.，1996；McLaughlin et al.，2002；Osborne and Brown，2011）。这种批判或挑战，主要体现在如下几个方面：①新自由主义经济学为基础的管理主义；②私营管理模式为原型；③新泰勒主义；④政治化倾向；⑤缺乏责任机制；⑥合同外包过程涉及的一系列问题；⑦各种伦理问题；⑧市场化实施与道德风险问题等（Hughs，2012）。

更为严重的是，作为上述问题的结果，新公共管理要求日益庞大的监督大军（The Ever-growing Army of Inspectors）对各个方面的指标进行评估，而谁来监督与评估这些监督与评估者，则成为监督与评估的第二阶问题；由此又形成第三阶，直到第 N 阶问题，即这一监督链条达到监督第 N 个梯队的监督者（(Inspectors)^N）时再没有其他人可用来对其进行监督（Denhardt and Denhardt，2007）。

随着实践范围的拓展与理论反思的深入，新公共管理日益面临来自各方面更为尖锐与严厉的批评。学者们认为，在日益多元化的情境中，新公共管理却仅关注组织内的问题；面对明显的不适合性的前提，却坚持将已经过时的私人领域管理技术移植到公共部门（Metcalfe and Richards，1990），新公共管理范式是公共部门现代化或改革过程中"即将发生的一场灾难"（A Disaster Waiting）（Hood and Jackson，1991）。2006年，伦敦经济学院政府系政治学与公共政策领域教授 Patrick Dunleavy 等发表的一篇宣言性文章——《新公共管理魂飞烟灭——数字化时代治理地久天长》（New Public Management is Dead—Long Live Digital-Era Governance）（Dunleavy et al.，2006）认为，由于新公共管理以分解或碎片化、竞争与激励为核心特征，而公共部门面临的社会问题的解决，依赖于自主性公民的能力水平、制度与政策复杂性水平，这两者之间出现了时空错位，因而宣称新公共管理的组织范式（Organizational Paradigm）已经落后于时代。Dunleavy 等认为，能够有效解决当代公共部门复杂问题的治理方式，必须是基于重新整合或一体化（Reintegration）、需求满足的整体性（Needs-based Holistic）或整体性地满足需求与数字化变迁的组织范式，而数字化时代的治理（Digital-Era Governance，DEG）则具备这些特征，因而数字化治理将成为新的备择范式。

新公共管理方法的引入生成了公共部门管理的新问题，却没能有效解决科层公共行政所面临的危机（Dunleavy et al.，2006；Osborne，2006、2010；Osborne and Kinder，2011）。这种状况必然引起人们重新思考科层化行政面临危机的根源以及新公共管理失败的逻辑。正是在这种重新思考中，人们发现了一种不同于新公共管理与科层化行政的新模式，即新公共治理（New Public Governance）。

（四）新公共治理（NPG）理论的兴起及其发展趋势

公共治理理论，作为一种改造或现代化公共部门管理的理论主张，是与新公共管理并行发展起来的（Peters，2009），甚至在某种（如奥斯本与盖布勒的重塑政府）意义上曾是新公共管理的一个分支或子范畴，因为正是在重塑政府的语境中，奥斯本与盖布勒提出了著名的"少一些划桨，多一些导航"（Less Government，More Governance）（Rhodes，1996）的谏言。然而，随着理论探索的深入与细化，以及观察、总结与归纳实践经验视角与途径差异的放大，这两种理论主张的差异，不论是在理论构成、分析视角与途径，还是在方法论与政策主张方面，都日益扩大。与此同时，新公共管理范式来自治理理论的批评与挑战日益增加；挑战与批评新公共管理的研究者，日益从治理的角度抨击其现实想象的过于简单化、价值取向的偏颇性与非合理性、治理公共问题的方法或途径的错位性以及具有重大理论启示意义的现实治理实践或探索的遗漏（视而不见性）等，纷纷将自己的主张冠以某种治理的名称而加入治理理论的行列中。作为学术界概念运用方面自组织的结果，新公共治理（New Public Governance）日益成为新公共管理之后公共部门现代化的一种新途径或新范式（Osborne，2006、2010；

Osborne and Kinder,2011；Osborne and Strokosch,2013；Koppenjan and Koliba,2013)。

1. 治理话语与治理理念兴起的三个来源

"治理"(Governance)一词最早何时进入相关学术研究文献，现在还无人考证。源自拉丁文与希腊文的 Governance，原意为导航。有学者认为，Governance 一词源自法文 Gouvernance，并将 Gouvernance 在学术文献中出现的时间追溯到 16 世纪。到 18 世纪时，Gouvernance 成为哲学上探讨明智政府与公民社会间关系的一个重要概念，因而开始获得更为广泛的运用，变得更为普及 (Gaudin,1998)。自此之后，Governance 经常出现在与政府 (Government) 和政治学相关的文献中，但人们通常并不界定其含义，或者说只是用了词典中的意义，即作为 To Govern 的动词性名词（如 Kooiman 2003 年出版的专著的书名即为 Governance as Governing)。

1904 年，Sidney Low 教授出版的专著《英格兰政府》或《英格兰的治理》(The Governance of England)，用的是 Governance 而不是 Government。政治学与公共管理等领域的经典名著，1968 年出版的亨廷顿的《变迁社会中的政治秩序》，在谈到权力与责任关系时用了 Governance 一词，但也没有说明其含义。Crozier, Huntington 和 Watanuki (1975) 提交给"三边委员会"(The Trilateral Commission) 的报告亦在上述意义上用了 Governance 一词。

20 世纪七八十年代，"治理"(Governance) 一词频繁出现于各种文献，不是源自于单一事件，而是源自于三个相互关联问题的思考与讨论：一是人们关于政府（或国家）失败 (Government or State Failure) 与市场失败 (Market Failure) 问题的争论与思考。二是关于西方发达国家或政府危机问题的思考。20 世纪 60 年代西方社会处于社会结构剧烈而深刻的变迁或转型时期，各种问题交织在一起，汇聚成一股强大的力量，不断冲击其原始合法性源自于作为社会问题最终化解机构的政府。到 20 世纪 70 年代，国家干预失败 (State Intervention was Failing) 与（西方）国家自身已陷入危机 (The State Itself was in Crisis)，已经成为人们的共识 (Jessop, 1998、2000; Gaus, 1951; Waldo, 1972; Frederickson, 1989; Crozier et al. 1975; Rose and Peters, 1978)。三是将结构化与分析西方社会问题的逻辑与概念体系投射于发展中国家面临的问题的思考之中。治理话语兴起的来源如图 3 所示。

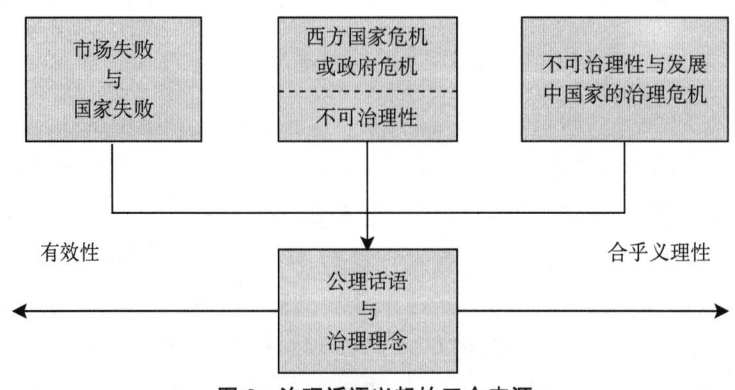

图 3 治理话语兴起的三个来源

(1) 国家干预失败与市场失败。

第二次世界大战以后，随着经济、社会重建（包括美国的"开发新边疆"与"向贫困开战"）与计划经济体的兴起，发达资本主义国家普遍奉行凯恩斯主义国家干预经济的政策主张，并设立了大量国有经济企业。然而，20世纪60年代之后，国家干预（包括政府管制）与欧洲的国有经济的内在缺陷，随着时间的流逝逐渐显露出来。与此同时，社会发生了深刻而广泛的结构性变迁，批评国家干预与国有经济体制弊端的文献日益增多。

欧美于20世纪80年代初，在抛弃国家干预政策主张的同时，发动了大规模的私有化运动（以英国为代表）、"解除政府管制"（Deregulation）运动（以美国为代表）、消解科层化（De-bureaucratization）运动（欧美共有）。然而，市场化改革并没有出现人们期待的结果。市场失败（灵）及其附带的其他问题并没有因此而消除；回归国家干预，不论从意识形态还是政治方面来说，都是人们不可接受的。因此，20世纪80年代初开始，越来越多的各级政府日益关注怎样的公私伙伴关系及其类似的治理方式（Similar Forms of Governance），才能够有效改进公共政策和达成改革目的。探索公私伙伴关系及相关治理方式，意在寻求各种不同的协调机制（Coordination Mechanisms），以便有效弥补市场、国家（政府）与混合经济各自的不足，从而有效处理各种各样、纷繁复杂的经济、政治与社会问题。地方经济与社会发展（Local Economic and Social Development）因此成为人们寻求这种治理方式或机制的一个热门领域（Jessop，1998、2000；Gaudin，1998）。这一领域是"治理"一词直到20世纪末出现频率最高的领域，也是目前"治理"一词出现频率最高的领域之一。

(2) 社会转型、国家或政府自身陷入危机与可治理性。

随着第二次世界大战后社会、经济、政治重建的持续推进，西方社会于20世纪60年代进入了剧烈的社会结构变迁或转换时期。其表现为公私冲突与交错缠绕；期望与失望的交叠与对立；社会对政府的强烈需求与病态政府之间的交叠与冲突；骚动、变迁与稳定的交叠与冲突等（Gaus，1951；Waldo，1972；Frederickson，1989）。

为解决或化解社会结构变迁过程中出现的种种问题，为回应日益强烈的各种社会诉求，政府公共财政支出迅速扩张，政府对社会各方面的微观干预日益强化。然而，庞大的政府支出及其快速增加与政府解决社会问题方面的效果形成了鲜明的对照；政府的积极行动在社会看来却是行动迟缓、僵化、保守与流于文字游戏、官样文章或打官腔。劣势群体对于其现状的不满程度并没有因为一系列项目与控制性措施和社会经济政策的实施而有所缓和；由于各种不公平而引起的社会抗拒、骚乱仍然此起彼伏（The Rising Tide of Domestic Violence）；各级政府财政方面的捉襟见肘到20世纪60年代后期已经到处可见（The Economic-financial Difficulties Came to the Fore in the Late Sixties）。

由于日益广泛、普遍且提高的社会要求与国家或政府满足这些要求的能力之间出现巨大罅隙，国家或政府化解、减缓与解决社会问题的能力明显不足，令人大失所望，政府行动能力与有效性面临危机，进而演化为国家或政府危机。所谓国家或政府自身陷入危机,是指国家或政府在回应社会需求、化解社会问题方面缺乏足够的能力与工具,无法有效满足与化解各种各样社会要求与问题;国家或政府由此不断面临来自社会阶层、各领域的怀疑、批评与挑战;国家或政府面临权威危机、信任危机与合法性危机。

为分析与探索西方国家或政府自身陷入危机的性质与原因,人们开始探讨社会问题与处理问题方式之间的匹配性问题,即可治理性(Governability)问题。所谓可治理性,就是指社会对政府需求、期望与要求的日益提高,与政府有效提高满足这些社会需求、期望与要求的能力的问题。可治理性是社会科学从硬科学(自然科学的控制论)借用过来的一个概念,意指"Governableness",即可治理的性质或属性,也就是指可控性或可操纵性(Capable of Being Controlled or Managed)(Bevir, 2011)。根据伊斯顿将政治过程视为一种输入—输出关系的政治系统理论,20 世纪 70 年代西欧、北美及日本普遍出现的国家危机或政府危机,正是源于社会需求与政府行动能力之间出现了重大问题。有效分析这种输入—输出系统的科学理论,就是系统控制论或控制论,而可治理性则是其核心概念。因此,结构性危机(Structural Crisis),即输入—输出系统障碍或瘫痪进而成为可治理性危机(A Governability Crisis)的分析主题,成为西欧、北美及日本 20 世纪 70 年代普遍面临的严峻挑战,成为西方社会面临的核心困境(The Central Dilemma)(Crozier et al., 1975)。

20 世纪 70 年代末期,政治学与公共行政学著名学者 Rose 和 Peters(1978),沿用伊斯顿的研究途径,重新考虑作为政治权威来源的治理对象与权力主体间的关系,认为政治权威源于或取决于两个基本构成要素——权力主体运用制度与分配资源的有效性与治理对象的认同程度;70 年代的经济危机打破了这两个基本构成要素间的平衡关系,从而使政府面临政治破产的威胁(A Threat of Political Bankruptcy Hung over Governments)。Rose 和 Peters(1978)关于政治权威的审视所引发的重新思考,不仅是如何强化统治,也不仅是寻求什么因素使社会变得不可治理,而是扩展到政治权威来源、决定与行使方式等,进而开辟了可治理性概念的应用空间与范围。治理及其机制的探讨,就是对可治理性危机研究的一种回应,也是可治理性概念应用空间与范围扩展途径的探索,从而进一步促进了治理话语的传播与扩展,使"治理"成为一个应用范围日益广泛的词汇。

经过多年探索性积累与思考,Kooiman 通过不断借鉴来自各种不同视角与途径的治理研究的新成果,在不断促进、完善"互动性治理"(Interactive Governance)理论基础。Kooiman 于 2008 年提出了基于互动性治理的可治理性的一个模型,认为可治理性由三个部分构成:治理系统或治理主体、治理互动过程与治理客体或被治理系统。基于这一过程,Kooiman(2003,2008)认为,这三个方面都影响可治理性,因而可以将可治理性界定为任何社会实体或系统的整体治理能力(The Overall Capacity for Governance of Any Societal Entity or System)。

不论将可治理性视为治理对象与权力主体的双重概念,还是将其视为治理系统或治理主体、治理过程与治理客体或治理对象的三重概念,可治理性强调问题、冲突的可化解性与可协调性，主要是相对于治理客体或治理对象而言的。这种相对于治理客体或治理对象而言的可治理性，若相对于治理体系或治理主体、治理过程来说，则表现为治理能力。因此，我们认为，可治理性与治理能力是同一件事情的两个方面。治理能力受治理对象、治理过程与治理主体性质的制约和影响，随着治理对象、过程与主体性质的变化而变化。由于治理对象、过程与主体性质的变化受多种因素的非线性影响，因而治理能力是一个动态概念而不是静态概念。

正如 Gaudin（1998）指出的，20世纪80年代以来，在欧洲各种不同语境中，特别是在描述与研究日益显著的公共部门与私人部门间的互动、福利国家的批评以及某些政府组织间日益增强的互不信任，特别是社会对政府或国家权威持续增强的不信任等问题时，人们开始广泛使用 Gouvernance 的英文译文 Governance 一词，从而导致 Governance 一词在全球范围的广泛传播与扩散。

(3) 从不可治理性到治理危机：发展中国家发展停滞的反思。

作为分析社会需求与回应社会需求间关系的一种视角或分析框架，可治理性、可治理性危机以及治理等一旦形成，便成为人们思考、观察类似问题的一种工具。20世纪80年代以后，随着西方分析与研究政府危机的治理话语的兴起，人们从可治理性的角度分析、反思发展中国家面临的发展停滞或发展危机时，将非洲和一些拉美国家的难以发展归结为"不可治理性"（Ungovernability），并于1989年被世界银行进一步归结为所谓的"治理危机"（Crisis in Governance）。此后，治理、可治理性与不可治理性等话语迅速扩散到世界各地，广泛用于分析印度、拉美、南非、澳大利亚、中国等的可治理性与不可治理性问题。

为了摆脱不可治理性与治理危机，到处充斥着热衷于治理话语及其传播的专家的世界性组织，纷纷发表报告，提供或开出摆脱不可治理性与治理危机的各种方案或药方。善治（Good Governance）就是在这场充斥着治理话语的各种药方的竞争中获得了暂时竞争优势的一个。联合国人权委员会首先提出了以"公开透明、先验职责明晰（Responsibility）、后验责任承担（Accountability）、平等参与、及时回应"为核心特征的善治标准；1997年联合国开发署提出了"平等参与决策；及时回应需求；化解利益相关者冲突或分歧；向利益相关者负责；开放决策过程，提高透明度；法治；宽泛与长远目标；公平与无差别地改善个体福祉"善治的八条原则。世界银行则提出了六个维度的善治模式变量：呼声与责任、政治稳定性与和平、政府有效性、管制质量、法治与廉洁。此外，加拿大的国际开发署、OECD等均提出了各自的善治标准或准则。

善治概念虽然在某些国家很盛行，但作为一种规范性治理理论，不断受到来自各方面的批评。其中最主要的是，人们将善治视为20世纪六七十年代"范式移植"的一个翻版，因为世界银行（World Bank）和国际货币基金组织（IMF）强迫各发展中国家的政府，作为其获得贷款或援助的前提，必须进行"善治"改革（Pagden, 1998）。由于各发展中国家的"善治"改革完全迫于这种"外力"的压力，而不是其社会"内生条件"变化和要求的结果，因而，它同过去的"范式移植"在本质上并没有什么两样。一个典型的例子是赞比亚：20世纪90年代初，赞比亚举行了首次民主选举，弗里德里克·吉鲁巴当选为总统,他按照国际货币基金组织"指示"的要求进行了"治理改革"。改革放宽了贸易限制,这使得本来已经很脆弱的民族工业更难以与进口产品竞争,西方国家大量廉价的旧衣服潮水般地涌进赞比亚,结果该国 3/4 以上的纺织厂倒闭,失业率大幅度上升,通货膨胀率一年高达 200%,银行利率为 140%,制造商和农民都被榨干了①。

2. "治理"一词的概念界定

正是在人们同时面临国家(政府)与市场双重失灵、社会转型与发达国家的可治理性危机以及发展中国家治理危机这三重问题或危机相互交叠与渗透的背景下,为寻求弥补政府危机、市场失灵以及如何整合政府或国家与市场关系的协调机制过程中,"治理"一词开始流行起来。虽然人们在谈论政府角色、结构与运作过程等变迁或改革时,或谈论社会问题的处置时,"治理"一词具有强大的直觉吸引力,然而,由于 Governance(治理)一词的词源意义既不同于长期以来人们认为的与 Government 同义或存在含义重叠,也不同于人们日常用语中该词的意义,这三者之间存在较大差异,因而相关文献中出现的 Governance 包含多种含义,而且常常模糊不清(Gaudin,1998)。特别是在谈论行政改革问题时,人们常常有意无意地出于修辞原因而不是出于实际所指的原因(Substantive Reasons)而使用"治理"一词(Stoker,1998)。正如 Jessop(1998)所说,自 20 世纪 80 年代初开始,Governance 一词频繁出现于许多语境中,成为无所不在的"时髦词语"(Buzzword),可以指涉所有事情,也可以无所指。许多用法不仅不存在理论界定,而且可以随意解释,即使出现在目前社会科学文献中的 Governance,其含义也常常是仁者见仁,智者见智。

目前西方学术界在使用"治理"一词时,主要分为规范性意义上的治理与分析性或叙述性意义上的治理两种含义。规范性意义上的治理是狭义的治理,既强调与政府的不同,也强调与新公共管理、科层化行政等所谓的公共管理范式的不同,被认为是一种新的公共管理模式或范式。狭义的或规范性意义上的治理,具有较强烈的规范性价值取向与具体的结构、过程、机制等,其目的是为公共管理现代化或改革提供具体样式。国内大部分文献中出现的治理都是在这个意义上使用的,因而是狭义的或规范性意义上的治理。

与治理相关的早期文献,由于目的在于区分其与 Government 的不同,因此,除个别外,大多都是在规范性意义上使用 Governance。事实上,为了澄清 Governance 一词的含义以及 Governance 作为一种理论或范式的含义,联合国教科文组织(UNESCO)旗下的《国际社会科学杂志》于 1998 年第 155 期集中编辑了一组文章,详细探讨了与治理相关的一些主要概念与理论问题。

Jessop(1998)认为,英语中的 Governance 一词,源自拉丁和古希腊语的导航、领航或掌舵(Steering)一词,主要含义是指引、引导、引领或导向等。在社会领域或政府领域,Governance 一词主要用于与国家事务(Affairs of State)的处理相关的宪法

---

① 参见《经济学家》(英),1993 年 11 月 20 日,第 47 页。

与法律问题，或用于与众多利益相关者有关的特定制度或行业的指导、指挥等，因此，传统意义上的 Governance，与 Government（政府）一词基本同义或存在重叠（Jessop，1998）。例如，1904 年 Sidney Low 教授出版的专著《英格兰政府》或《英格兰的治理》(*The Governance of England*)，主要研究、分析与说明英国政府的产生过程、组织构成、运作过程、政策制定与实施以及存在的问题等（Low，1904）。显然，这部专著将 Governance 与 Government 视为完全等价的两个词。如果这种状况只是个别或极少数情形，那么也不会使人们对 Governance 产生误解。然而，事实并非如此。事实上，如果浏览一下 20 世纪 70 年代以前有关政府的教科书，人们会发现，一些教科书中有关政府的界定，大多都采用 Governance 来界定。如著名政治学家与公共行政学家 Sammy Finer 将政府界定为：治理的活动或过程（The Activity or Process of Governing or Governance）；一整套秩序性规则；负责承担治理责任或任务的那些人（Those People Charged with the Duty of Governing or Governors）；治理一个特定社会的行为、方法或体系（The Manner, Method or System by Which a Particular Society is Governed）(Finer，1970）。

Gaudin（1998）认为，20 世纪 80 年代流行起来的 Governance，主要描述多水平或多极协调过程（Multi-level or Multipoplar Processes of Coordination），探索公共行动的新形式或新样式（New Forms of Public Action）。Government 主要是指层级化的目标（Hierarchized Goals）、统一的管理方式以及一体化的或整齐划一的利益（Well Integrated Interests）。政府与治理的区别，主要是社会的权力观或权力合法性的来源不同：政府的权力源于根植于制度结构（Institutional Construction）的命令与强制（Command and Control），与此相对照，公共行动或 Governance 则主张多元与互动的权力观（Plural and Interactive Approach to Power），即社会权力源于多元互动过程而不是现有的制度结构所划定的权力关系，因为现存的制度结构是过去社会多元互动的结果。这一观点与 Rosenau 的观点基本相同。Rosenau 认为，Government 指源于正式权威的活动，而 Governance 则是指源于共同或共享目标的活动（Rosenau，1992）。

从治理所确定的这一社会权力合法性来源的视角来考察，治理与以命令和控制为核心特征的政府相比，至少存在如下三个方面的差异：主张国家与非国家（State and Non-state）间的或更为广泛的公共与私人部门间的合作；密切关注持续的互动关系与多极决策反馈循环；采纳或运用依赖关系或层级关系之外通过协商与集体行动建构的博弈规则（Gaudin，1998）。

近年来，为了将这种狭义的或规范性意义上的治理，与分析性或叙述性意义上的治理区别开来，越来越多的西方学者倾向于在 Governance 一词前加上限定词，如新治理（New Governance）或新公共治理（New Public Governance）、整体性治理（Holistic Governance）、协同治理或联合治理（Collaborative Governance or Joined-up Governance）、混合治理（Hybrid Governance）、互动治理（Interactive Governance）、善治（Good Governance）等，笼统地使用 Governance 一词或者上述各种名称中的 Governance，则意指分析性或叙述性意义上的治理。加上限定词的治理，即"限定词+治理"，作为一个整体，就是一种具体形态的治理。类似于水果，在某种意义上可以将其视为一个分析性或叙述性概念,加上不同的限定词,则变为具体形态的水果。如新鲜水果、过季水果、海南水果、转基因水果等,"限定词+水果"作为一个整体,则表明了水果的具体形态,而其中的水果,仍然是分析性或叙述性意义上的水果。

分析性或叙述性意义上的治理,是一种宽泛意义上的治理,将治理视为一种分析性或叙述性视角或途径(Analytical or Narrative Perspective or Approach),即将治理视为分析、研究、概括政治结构或形式乃至国家组织活动或社会行为协调机制变迁的途径,是对政治结构或形式乃至国家组织活动或社会行为协调机制变迁的一种分析性或叙述性视角的概括、分析与诊断(Diagnoses)(Grande and Prätorius, 2003)。分析性意义上的治理包括所有形式的社会协调制度。

Jessop 认为 Governance(治理)意指相互依赖活动的任何一种协调模式,意指治理(Governing)的各种不同模式与行为(The Modes and Manner of Governing),而 Government(政府)则意指特定的制度安排与负责治理的代理人全体或全体代理人(The Institutions and Agents Charged with Governing),即政府意指特定制度安排与代理人的总和或整体。从这个意义上说,治理是较政府抽象程度更高且包含内容更广泛的一个概念或范畴,治理包含各种不同类型的政府,而历史与现实中的任何政府只不过是一种特定的治理模式,或者说,是治理在特定历史阶段的一种具体体现或实现。用统计学的概念来表述,治理代表的是各种不同治理方式、模式、类型或样式的总体(Population),而历史与现实中的任何政府是这个总体中的一个样本(Sample)或一个抽样(Sampling)。这种理解与 Rosenau 的理解是一致的。Rosenau 指出,即使 Government 与 Governance 都指规则体系,Governance 也是较 Government 包含内容更多的一个概念。Governance 包含政府,但同时也包括各种非正式的、非政府的机制(Rosenau, 1992)。

欧洲特别是德国学者,更多地从复杂性科学角度界定这种宽泛意义上的治理概念,认为治理就是集体协调社会问题的各种共存形式的总体,包括从制度化的社会自我控制,到政府与私人部门行为者间各种不同合作形式,再到国家行为者的官方或法律责任界定等所有方面(Mayntz and Scharpf, 1995;Mayntz, 1999、2004)。Kooiman 是较早从复杂性科学角度研究治理问题的学者,他始终认为,治理是社会互动的总体或总和,在这种互动过程中,政府、其他公共组织或机构、私人部门与市民社会均参与其中,目的在于解决社会问题或创造社会机会(Kooiman, 1993、1999、2003、2008)。

20 世纪 90 年代以来,大多数学者基本一致认为,一般意义或不加任何限定的 Governance(治理),就是指社会协调(Social Coordination)(活动或机制)(Pierre, 2000;Beetham, 1996;Amin and Hausner, 1997;Newman, 2000;Stoker, 2000a;Osborne, 2010;Torfing et al., 2012),而所谓社会协调就是通过协调不同行为者的互动过程以便解决社会问题(Beetham, 1996)。本系列也将在这一宽泛意义下使用 Governance 一词,其他情形将加以不同的限定词。

虽然可能存在各种各样的相互依赖活动的协调方式或样式,但 20 世纪 80 年代以来,治理话语所关注的各种不同的协调模式中,以下三种协调模式与 Governance 最为相关:完全自主的自愿交换的协调模式(市场治理模式),组织的层级结构或层级化协调模式（科层或层级化治理模式），平序或多极平行自主个体（Heterarchy）的自组织协调模式（网络治理模式）。20世纪80年代以来兴起的治理话语，主要是关注如何强化或构建平序或多极平行自主个体的自组织协调问题，以便有效治理政府与市场双重失灵及其所带来的其他问题。这种自组织协调问题主要分为三种类型或三个层次：自组织个人网络、组织间协商性协调与分散的、情景相关或干预的系统间的导航性协调。

从上述这种较为宽泛的分析性视角理解治理一词，能够避免许多逻辑上的混乱与表达上的不确定性。特别地，分析性意义上的治理有助于理解治理文献中关于不同治理模式的分类以及不同类别之间的平行性差异。尤其有助于理解中共十八届三中全会提出的"国家治理体系与治理能力现代化"问题，因为"国家治理体系与治理能力现代化"中的治理，就是这种宽泛意义上的治理，而不是规范性意义上的或狭义的治理（不是通常所说的"治理理论"中的治理），而治理现代化则是一个具有某具体结构的规范性意义上的、某种特定形态的治理。

从上述宽泛意义上说，国家治理体系与治理能力现代化是治理（范式、模式、样式等）形态或结构的适应性或优化性变迁，而规范性意义上的治理构成了这种变迁的可能状态，从而将国家治理体系与能力现代化问题的研究，与规范性意义上的治理理论结合起来，为研究国家治理体系与能力现代化提供更多可供借鉴、比较与扩展的空间，为推进国家治理体系与能力现代化提供可供借鉴的经验。

3. 治理理论的现实状态与发展趋势

时至今日，围绕治理而展开的理论探索已经有30多年的历史，但由于治理一词的多种理解性、人们观察实践的视角与途径的多样性、未来趋势展望的多种可能性以及现代学术研究的"标签"（类似品牌）竞争性，治理理论的多样性较其发展初期的多样性有过之而无不及。这种状况正好说明治理问题仍然具有非常大的探索空间与理论发展空间。

（1）治理机制、模型、模式或类型。

从方法论角度说，探索治理类型是治理理论建构的第一步，也是理论建构最基础的方面。基于这种理论建构的共识，学术界不断建构或重新建构治理类型或模式。同时，随着理性洞见的扩展与实践的深化，各种分类在不断变化，甚至同一学者在不同时期亦在修正自己的分类。由此导致各种不同治理模式如雨后春笋般涌现出来。下面仅简单列出七种分类。

一是作为协调经济行为人间活动的政治与经济过程的治理，Campbell等认为，主要存在六种理想的治理机制：市场、寡头网络、层级结构、监察、网络形成与自由结合机制（Campbell et al., 1991）。

二是市场模式、参与模式、弹性模式与解除管制模式（Peter, 1996）。

三是作为最小国家的治理、公司的治理、新公共管理的治理、善治的治理、社会控制或社会互动体系的治理以及自组织过程的治理（Rhodes, 1996）。2000年将其修改为公司治理、善治（强调审计、透明与信息公开的正式过程）、新公共管理、新政治经济（强调政府、公民社会与市场之间变化了的关系）、国际相互依赖、社会控制系统与网络治理（Rhodes，2000），并将这些统称为新治理（New Governance）。

四是管理模式、公司模式、增长促进模式（Progrowth Model）与福利国家模式（Pierre，1999）。2000 年 Pierre 将其分类修正为以国家为中心的"旧治理"（State-centric "Old Governance"）与以社会为中心的"新治理"（Social-centric "New Governance"）（Pierre，2000）。

五是程序模型、公司模型、市场模型、网络模型（Considine and Lewis，1999）。

六是国家为中心模型、市场为中心模型与公民社会为中心模型（Kim，2000）。

七是层级模型、理性目的模型、开放系统模型（Open System Model）与自治理模型（Self-governance Model）（Newman，2001）。

上述关于治理机制、模型、模式或类型的划分，是较宽泛意义上的描述。随着理论研究的深入以及研究关注点的变化，人们对上述不同类型给予了不同程度的关注，从而形成了不同宽泛意义的治理视角或观点。

（2）治理理论的最新归纳：新公共治理。

如前文所述，20 世纪 90 年代以来，学术界关于最宽泛意义上的或分析性的治理，意指社会协调。这已经是学术界达成的基本共识。然而，治理也意指某种特定形态的（宽泛意义上的或分析性的）治理，即规范意义上的治理。这也已经是学术界达成的基本共识。人们通常认为治理不同于政府，正是从这种规范意义上而言的。这两种意义上的治理的共存，导致到目前为止的相关文献非常混乱，或者某些人在运用治理时，根本没有注意到这两种意义上的区别。为了避免这种语义上的混乱，近年来，部分西方学者通常对治理加以限定，特别是人们提出某种规范性主张较强的视角或途径（Perspectives or Approaches）时，或者是提出解决某些共同公共问题的特定类型的治理（Specific Pattern of Governance）时，已经习惯性地加以限定。新公共治理就是较为突出的一种，意指以权力下放与分散为特征的治理模式，即分散化治理模式（Pierre，2000；Rosenau，1992；Jessop，1997；Stoker，2000b），或以社会为中心的治理。但这种新公共治理与 Rhodes 1996 年那篇经典性文章标题所指的新治理又不完全一样，前者在范围上比后者更窄一些。

新公共治理通常重新界定公民的角色，拒绝将公民视为公共服务的被动消费者，主张公民是治理的积极参与者；承认政府的局限性；既不完全赞同也不完全否定自主的市场与层级化组织（Amin and Hausner，1997；Jessop，1997；Rhodes，2000），既不同于自主的市场，也不同于层级化组织。为了强调其不同于以科层化控制的协调机制的治理特征，这种治理也被冠以"平行自主的治理"（Heterarchic Governance）（Kooiman，2000）或"共享的治理"（Shared Governance）（Aucoin and Heinnzman，2000），或"网络化治理"之名。由于新公共治理的这种内在特征，并不是所有属于这一范畴的治理都加了 New 这一限定词（Rosenau，1992；Jessop，1997；Stoker，2000b）。

新公共治理事实上并不是什么新概念。1996 年 Rhodes 发表的经典文献，题目就是《新治理：没有政府的治理》，但人们并没有给予"新治理"足够的重视，而是被其副标题与文中列出的几种治理模式所吸引（不过 Rhodes 在这篇文章中提出的新治理与我们这里所说的新治理并不完全相同）。2000 年 Salamon 在 *Fordham Urban Law Journal* 上发表了一篇题为"新治理与公共行政工具：一个导论"（The New Governance and the Tools of Public Action: An Introduction）的长文，较为详细地论述了新治理兴起的根源、结构与运行机制以及相关特征等。Pierre 于 2000 年从治理分类的角度提出了新治理类别。Lee 于 2003 年提交的一篇会议论文对各种不同意义的治理进行了较为细致的分析，提出了两种新治理的概念。此后，在众多学者的共同努力下，新（公共）治理不断得到丰富与发展。

2006 年，Osborne 在《公共管理评论》上发表了《是否存在新公共治理？》（New Public Governance?）的社论性文章，明确勾画出新公共治理的基本框架，并提出新公共治理范式的未来建构途径与方式。

Osborne（2006）认为，公共部门或公共行政与管理（PAM）理论必须适应其实践特征，捕捉到其现实的基本结构，内在地推演出与现实一致的实践行动，而不是拼盘式的或嫁接式的生搬硬套。依据这种认识论逻辑，公共领域或公共行政与管理领域现在迫切需要一种更具有整体性的理论，一种超越"行政与管理"间毫无意义划分的理论，既不同于"科层化行政范式"也不同于"新公共管理"，进而能够对公共部门及其实践进行更广泛、深入与整体性的分析与研究。

通过调查与概括公共部门领域近年来的研究文献，Osborne（2006）认为，根据 Kickert（1993）与 Rhodes（1997）关于公共治理的界定，以及 Kickert（1993、1997）关于公共部门复杂性、动态性日益增强，Rhodes（1997）关于多元世界（Plural World）与多元主张世界（Pluralist World）共存局面日益广泛与增强的现实，建立于 Peters 和 Pierre（1998）理论分析与建构基础之上的，一种理论框架紧凑、说服力强大并且能够捕捉与反映 21 世纪处于多元（Plural）与多元主张（Pluralist）共存的复杂情境中的公共领域现实的新公共治理（NPG）范式，正在迅速兴起。新公共治理（NPG）范式建立在多元现实（Plural State）与多元主张现实（Pluralist State）这一社会现实基础之上，并试图理解在此复杂情境下公共政策的制定、开发与实施问题。

不同于科层化范式与新公共管理，新公共治理（NPG）深深地植根于组织社会学与网络理论，并且高度重视 21 世纪公共行政与管理领域日益分块化、碎片化与不确定的性质（Haveri，2006）。因此，新公共治理主要有如下特征：

第一，新公共治理理论来源于 Ouchi（1980）与 Powell（1990）网络理论以及组织战略中的组织的社会资本理论（Tsai，2000），整合了关系性市场化（Relational Marketing）研究文献的实质性内涵（Grönroos，1994），因而可充分利用各种现代管理理论与流派或主张，特别注重关系性组织（Relational Organization），从而超越了新公共管理仅仅关注产出与组织内关系的局限性。

第二，新公共治理立足于公共部门多元世界与多元主张世界的现实。所谓多元世界（Plural World）或多元现实（Plural State），是指多个相互依赖的行为主体共同影响公共服务的提供与供给（Delivery）；所谓多元主张世界（Pluralist World）或多元主张现实（Pluralist State），是指多种过程、多种途径或渠道影响、塑造公共政策制定系统。由于高度重视这两种多元性，新公共治理高度关注组织间关系与各种不同过程的治理，强调公共服务的效果与结果（Effectiveness and Outcomes）。具体分析见表3。

表3　新公共治理的要点：与（传统）公共行政和新公共管理比较

范式 \ 要点	理论根源	国家属性	关注点	重点	与外部合作伙伴（非公共部门）的关系	治理机制	价值基础
（传统）公共行政	政治学公共政策学	一元	政策系统	政策实施	政策系统的潜在因素	科层制	公共部门精神
新公共管理	理性人假设公共选择理论管理学	分散化的	组织内部管理	服务的资源投入与产出	竞争性市场中的独立承包者	市场机制与古典或新古典契约	竞争与市场的效率
新公共治理	组织社会学网络理论	多元与多元主张的	跨组织治理	服务的过程与结果	首选供应者，并在长期关系中相互依赖	信任或关系契约	新社团主义

第三，新公共治理强调公共价值的利用、生成与创造。新公共治理强调治理的有效性依赖于多元关系与多元主张间关系的治理，因而重视持续的组织间关系的设计与评估，强调信任、关系资本与关系合约作为核心治理机制（Bovaird，2006；Teicher et al.，2006）。事实上，强调信任、诚信、生产性关系资本与生产性关系合约与公共部门治理间的正反馈机制，是现代公共治理的首要特征，或者说是公共治理现代化的出发点与归宿。现代社会，有效的公共治理依赖于生产性价值或公共价值的利用；公共价值生成和创造于公共治理（包括理念、结构、过程与机制等）。

公共治理的上述特征，使新公共治理具有提供某种分析框架的潜能，这种分析框架既能够促进公共部门新理论的生成，也能够为分析与评估公共政策的演进提供支持。

通过综合科层化行政与新公共管理各自的优势，即强调公共政策制定、实施与公共服务提供过程的合法性与内在相关性，新公共治理具有理解与洞察公共部门理论研究与实践探索的内生性能力。通过关注与描述公共部门领域面临的各种挑战，包括来自公共服务与公共服务组织在内的多元世界的挑战，新公共治理开拓了人们分析问题的视野。

第四，通过对公共部门所处环境结构与样式的研究，公共部门与其环境相互嵌入与互动关系的研究等，与公共政策过程治理与性质（Klijn and Koppenjan，2000、2004）的相关研究，组织间相互依存情境下关键管理技能开发的相关研究（McLaughlin and Osborne，2002），以及相互依存组织间关系自身治理的相关研究（Hudson，2004；Huxham and Vangen，2005）结合在一起，新公共治理既为理论发展与研究提供了一个内在逻辑紧凑的分析框架，也为21世纪的公共部门改革或现代化实践提供了理论指导。广义的治理（社会协调）特征见表4。

表 4 广义的治理（社会协调）

广义的治理（社会协调）			
政治权威下的社会协调			自愿交换下的社会协调
官僚制（科层制）		民主制	市场
▶ 官僚行政 ▷ 官僚治理 ▷ 分层治理 ▷ 网络治理（工具主义） ▷ 导航	▷ 新公共管理 a)	▶ 新公共治理 b) ▶ 民主行政 ▷ 共同治理 ▷ 多极平行治理 ▷ 网络治理（交互式/制度化） ▷ 分享式治理 ▷ 共同导航	▷ 自主治理 ▷ 新自由主义治理 ▷ 竞争机制
▷ 强调： —分层控制 —自上而下的管理	▷ 强调： —内部管理 —放松管制（内部规则） —内部市场化	▷ 强调： —跨组织间关系 —政治权威下的民主扩张	▷ 强调： —增加自愿交换行为 —弱化政治权威
传统治理		新治理	

注：a) 包括新公共管理在内的深色阴影部分代表广义的新治理（New Governance）；b) 狭义的新公共治理（New Governance）指的是加粗线条内的部分。

Osborne（2006）的文章发表以后，新公共治理成为规范性意义上一种具体治理形态更为确切的表述，因而迅速获得业内专家的认可与赞同，新公共治理因而成为近年来相关文献区别于分析性或叙述性治理的标准表述（Meuleman，2008；Osborne，2009；Osborne，2010；Osborne and Brown，2011；Osborne，Radnor and Nasi，2013；Mauri and Muccio，2012；Koppenjan，2012；Koppenjan and Koliba，2013）。

新公共治理强调其治理的网络化特征，或者说，自治网络是新公共治理的核心（Kickert，1997；Jessop，1997；Peters，2000；Pierre，2000）。新公共治理意味着政府含义的变迁，意味着治理的新过程（New Process of Governing），变化了的秩序性规则的条件，社会治理的新方式新方法（Rhodes，1997）。网络是非正式的与流动的：不断变换的成员、模棱两可的关系与责任。因而这里关键在于，这种网络不同于与政府的官方伙伴关系，即使能够形成这种官方伙伴关系，网络以妥协而不是对立、以协商而不是行政命令为特征（Newman，2001）。因此，从新公共治理的视角看，网络是指自组织的、组织间的网络，以相互依赖、资源交换、博弈规则以及不受政府干预、具有较大自主性为特征。

四、国家治理体系和能力现代化研究的分析视角或途径

对国家治理体系与能力现代化研究的学术史的简单梳理表明，国家治理体系与能力现代化是一个较宽泛的、没有清晰界定的研究领域，因而充斥了各种各样的、模糊不清的概念与表述，各种相互重叠或交叉但又以不同语言表述的现象普遍存在，相关

研究主题（由于涉及不同的理论来源，如卢曼、吉登斯、哈贝马斯、福柯等提出的相关问题被整合到相关研究框架中）更是包罗万象（不过，这也正说明这一研究领域正处于理论大发展时期）。

例如，整体性治理（Holistic Governance）、协同治理或联合治理（Collaborative Governance or Joined-up Governance）、混合治理（Hybrid Governance）、互动治理（Interactive Governance）、善治（Good Governance）、网络治理、伙伴关系、民主治理、新公共管理、新公共服务等，充斥着相关研究文献。近年来兴起的新治理（New Governance）或新公共治理（New Public Governance），虽然有意整合这些不同的理论，但仍然处于发展的初期，而且相关的问题仍然存在重大争议。Dunleavy（1997）和Hood（1993）当年所说的"公共管理领域存在如此多的理论范式以至于可以连续谱似地分布于'铁笼式治理'（Gridlock Governance）和'无头鸡式治理'（Headless Chicken Governance）两个极端之间"的状况，至今仍没有什么改观。

为了有效理解上述各种主张的优势、劣势及各种主张建构的条件与可能性，整合各种理论，形成一种基于某种逻辑的综合性的国家治理体系与能力现代化理论，我们主要强调从多个体互动角度研究国家治理体系与能力现代化问题，因而在综合各种理论主张以及核心理念与框架的基础上，基于各种不同理论主张的基本共性以及本研究的途径与目的等，本系列主要选择国家或社会治理变迁的问题来源或动力来源与性质、特征等，有效应对当代公共问题的治理结构或范式，国家或社会治理变迁的过程、机制以及元治理等相关问题，分别进行研究。本书主要涉及治理理念、治理网络与元治理等问题。

国家治理体系与能力总是相对于其面临的问题的来源、性质与特征而言的。一种治理体系的优劣取决于其治理能力的强弱，而治理能力又取决于其面临问题的性质与特征。国家治理面临的问题与国家治理体系间的这种互动关系，或者说，国家治理面临的问题与治理体系和治理能力对其的适应性变迁，成为推动国家治理体系更新或现代化的动力来源，成为决定国家治理体系现代化的方向与结构、机制、过程等的选择。正是在这种意义下，著名社会学家布莱克（1989）总结说，"社会在其面临的问题中发展"，"一个社会对自身及其问题的理解——它的认同感和目的——是一种主要凝聚力量，它把社会成员整合起来并促使他们有效地共同行动以解决其面临的问题"。

然而，如何理解国家治理面临问题的来源、性质与特征，依赖于人们的认知格局。不同的认知格局，可能对同一现象或问题形成完全不同的理解：一个人认为是多元状态或现实时，另一个人可能将其理解为一堆不可分辨的垃圾；一个人认为是多样性时，另一个人可能看到的是混乱与无序；一个人认为某种状态是令人厌恶的恶魔时，另一个人看到的可能是引人入胜的新奇（Van Gunsteren，1998）。不同的认知格局必然产生"盲人摸象"效应。虽然前面我们已经明确，没有任何限定的治理是分析性意义上的治理，意指社会协调活动，但由于如何理解协调活动及其性质，或协调机制形成的过程与性质时，可以从宏观（Macro Level）、中观（Meso Level）与微观（Micro Level）角度来理解（Meuleman，2008），因而同样会对治理面临问题的来源、性质与特征存在不同的理解。

由于本研究主要从多个体互动途径研究国家治理体系现代化问题，因而对宏观与中观理解的治理，不做文献综述与评价，仅仅讨论微观层面的相关问题。

（一）国家治理问题研究的多个体互动研究途径

从微观角度，即从多个体互动途径研究治理问题，是治理领域问题研究的一个重要途径。这一途径的重要特征是将治理面临问题的来源、性质和特征，与特定治理结构、机制、过程等的主张完全对应起来，从而满足了 Guba 等提出的理论应该做到本体论、认识论与方法论相统一的理论要求，因而是一个很有吸引力的研究途径。

多个体互动研究途径源于社会学的互动理论与复杂性科学、混沌理论与哈肯的协同学、博弈论，特别是演化博弈论（这也是本研究运用的主要方法之一）的引进，极大地推动了多个体互动研究途径在不同领域中的扩散。20 世纪 80 年代以后，多个体互动途径已经遍布于社会科学各个领域（Grandmont，1985；Baumol and Benhabib，1989；Arthur，1990；Saperstein and Mayer-Kress，1988；Huckfeldt，1990；Kiel and Elliott，1992；Young，1993、1996；Weidlich，2000）。

所谓多个体互动研究途径，就是从大量的、异质性（在目的、追求、意愿、利益之间存在差异的）个体间非线性互动过程、机制等，探索宏观社会现象的生成、维持、强化与变迁，探索将宏观社会现象视为微观个体互动的一种涌现（Emergence）或生成（Autopoiesis），而不是将其视为外在地强加于社会的东西（如相关制度安排、法律传统、文化规范、各种习俗、伦理道德、认知格局或心智模式等），通过研究个体间非线性互动过程、机制的变迁理解宏观社会现象的变迁与过程（Cilliers，1998；Weidlich，2000；Stacey et al.，2000）。多个体互动不仅是个体间的互动，而且也是不同领域、不同机制、不同过程与不同结构以及不同价值间的互动，因而是一种复杂、多重、相互嵌入的互动。这种互动至少可以分为三个层次：个体间互动、个体与结构间互动以及结构间互动（如图 4 所示）。

虽然不同学者的具体界定方式不同，但从多个体互动角度研究治理的学者，对于治理的界定基本相同，即认为治理就是协调（Coordination）与内聚或内敛（Coherence），意指持续地协调与协同或内聚具有不同目标的众多行为者间的行为，这些行为者包括政治家、各种机构、公司、社会市民组织以及国际组织等（Pierre，2000；Jachtenfuchs and Kohler-Koch，1996；Marks et al.，1996；Scharpf，1997）。这种界定，与主张从个体互动角度研究宏观社会现象的"行动者为中心的制度主义"（Actor-centred Institutionalism）理论关于治理的界定是一致的（Mayntz and Scharpf，1995；Mayntz，1997a）；也与 Kooiman 的被称为社会—政治治理（Social-political Governance）或互动治理（Interactive Governance）视角关于治理的界定是一致的。Kooiman 将治理（Governing）界定为社会互动的总体，各种公共与私人行为者均参与到这种社会互动过程，旨在解决各种社会问题或创造社会机会；试图构建作为这些治理互动背景的制度安排；设定所有这些活动的规范性基础。治理（Governance）则是治理活动的总的理论概括

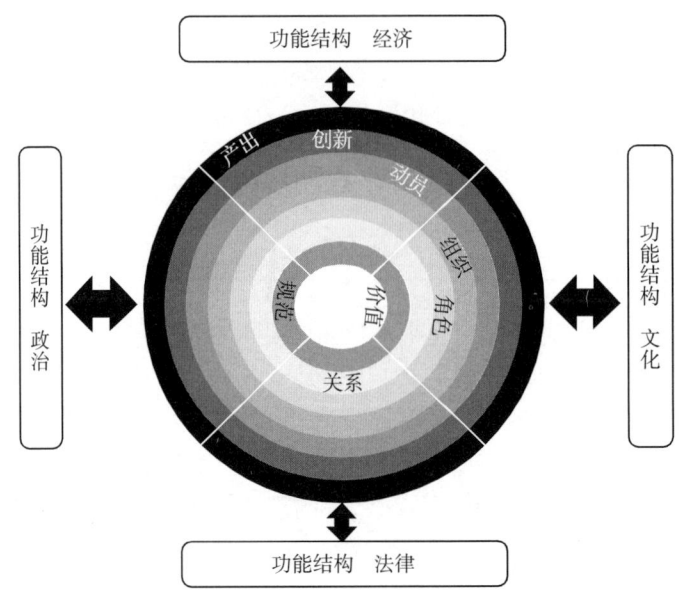

图 4 个体间互动、个体与结构间互动以及结构间互动

（Kooiman，2003）。

　　研究社会现象或国家治理问题的多个体互动途径的魅力，源于对稳定性、连续性与创造性或创新性之间关系的关注。任何一个组织或系统，都是稳定性与变迁性、连续性与创新性、衰退与生成、共性与个性间动态作用的系统，寻求这些对立性质的解释与平衡，已经是人们争论了几千年的问题（Stacey et al.，2000），也已经是被历史演化过程证明了的、直接关系到组织或系统生死的关键。在某个时期某种状态下过于强调稳定性必将在未来某个时候面临适应环境变迁的危机，并在这种适应环境变迁中被历史淘汰出局。多个体互动途径探索组织或系统的这种对立性质，将稳定性与适应性变迁保持在一种动态平衡状态，从而有效处理适应性与僵化、复杂性与简单性、自主性与顺从性、一致性与差异性之间的平衡。Huntington 如此看重这种平衡，以至于将其称为政治制度化或治理制度化的检验准则（Huntington，1965）。多个体互动视角或途径是人类有效理解与处理这些检验准则的重要方法，是人类智慧或认知格局的一个重大进步，不仅为理解上述组织或系统的对立性质，也为人类正确处理这种对立性质，恰当地把握稳定性与适应性变迁提供了智力支持。结合亨廷顿的政治或治理制度化的检验准则，源于 Weidlich（2000）的图 5 为我们理解组织或系统这种对立性质变迁的内在过程、机制与支配或驱动力量提供了非常有启发性意义的框架。

　　虽然 Weidlich（2000）的框架具有强大的吸引力，但对于治理体系问题的研究而言，显然过于简单化，无法有效揭示相关治理理论提出的要求与主张的相关性质，特别是无法有效说明与解释善治理论中有关呼声与责任、政治稳定性与和平、政府有效性、管制质量、法治与廉洁、公开透明、公平公正、平等参与等人们期望的宏观社会现象（本书将其视为制度安排）等，是如何出现、维持与可自我实施的（没有说明这些性质也是善治理论遭到批判的原因之一）。本书将在上述分析框架基础上，进一步细

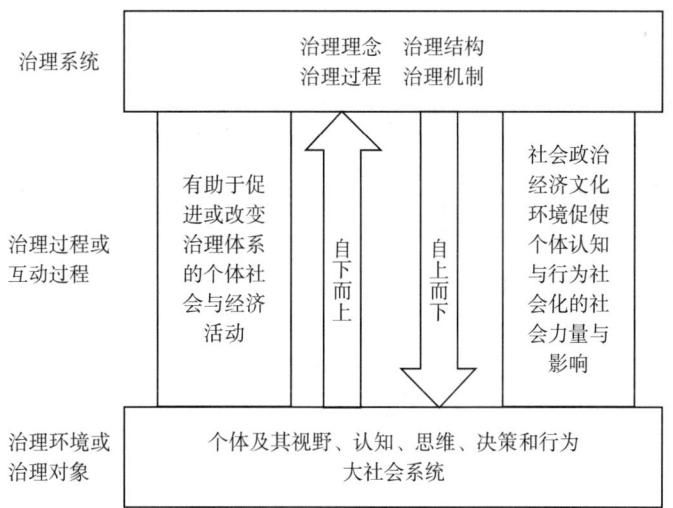

图 5　多个体互动治理系统的基本结构

资料来源：改自 Weidlich（2000）。

化个体间互动的过程与机制，提出一个更具体的探索治理体系与能力现代化的个体互动研究途径的理论框架。在此过程中，本书将分别研究作为理想型的三种机制，即科层机制、市场机制与网络机制对于个体互动所形成的宏观现象的性质的影响。本书主要利用嵌套博弈、演化博弈与随机过程主方程来描述与研究个体互动所形成的宏观现象。

（二）国家治理面临问题的来源、性质与特征的多个体互动途径分析

国家治理面临的核心问题是构建有效应对或化解公共问题的公共领域的理性秩序。公共问题性质与特征，不仅是人们理解和认识公共问题的基础和前提，更是构建国家治理体系现代化理论和设定制度安排的基础和前提。事实上，早在20世纪六七十年代，人们就已经开始讨论公共问题性质与特征，不过当时人们讨论这一问题的目的主要是深入理解国家实施全面计划的可能性。20世纪80年代以来，特别是21世纪以来，由于正统的"科层行政"持续面临来自理论与实践的挑战，西方学者不仅从理论上重新思考、讨论和归纳公共问题的性质与特征，而且在不同的实践领域重新识别与标识各具体领域问题的性质与特征（Torfing et al.，2012；Koppenjan，2013）。公共问题性质与特征的研究已经成为当代公共治理理论研究与实践研究的一个重要领域与主题，目的是全面、深入理解和化解治理危机或不可治理性，以便构建能够有效理解和解决当前国家治理面临的挑战与策略选择。

20世纪80年代以来，学者们从不同角度、以不同方式对公共问题性质与特征进行了广泛的探索与概括。公共问题的复杂性、结构不良性、奇异性（Wickedness）、模糊性（Messiness or Turbulence）、动态性、多重决定性、相互依存性、非目的决定性、多变性与变异性等概念，充斥着近20年以来的相关研究，并且总是被作为相关理论构建与实践对策的基础性前提（Amin and Hausner，1997；Sørensen and Torfting，2012；

Koppenjan, 2013; Koppenjan and Klijn, 2004; Kooiman, 1993、2003; Mauri and Muccio, 2012)。然而,大多数研究仅仅将这些相互重叠与缺乏结构的概括当成既定事实,既缺乏关于当代公共问题性质与特征的系统性分类与表述,即各种不同表述之间的逻辑关系,也缺乏不同概括或表述的含义的说明与解释,即复杂性、相互依存性以及变异性等意指什么,更缺乏其生成机制的系统性说明。同时,以这些概括为基础的各种理论与政策主张,缺乏与公共问题性质与特征之间的连接或媒介,即为什么这样的问题蕴含着特定的理论与政策主张,因而缺乏与问题性质和特征之间逻辑结构上的完整性与严密性,人们看不到问题性质与特征和理论与政策主张之间的内在联系。

本系列将从多个体互动研究途径,探索国家治理面临的问题的来源、性质与特征。主要思路为国家治理面临的问题领域是一个社会和文化嵌入领域、时空依赖领域以及知识、理性和技术依赖领域,因而国家治理面临的问题具有复杂动态性的性质。这一性质已将各种不同的特征表现出来。

(三) 国家治理面临的问题与国家治理体系间的互动

根据多个体互动途径或视角,国家治理的相关制度安排不仅是社会互动过程的结果,也成为行为者解释和采取不同行为从而影响、塑造社会现实、问题与制度安排的媒介。因此,寻求个体互动过程如何形成治理面临的问题,如何影响国家治理相关制度安排以及不同制度安排如何影响个体行为的正负反馈关系、各种不同治理范式间如何通过不同层次的个体互动(个体间互动、个体与结构间互动以及结构间的互动)及其正负反馈关系而发生转换,成为理论建构的焦点问题。

基于国家治理面临问题的来源、性质与特征,构建国家治理体系与能力现代化的理论分析框架,是化解上述问题的关键。近年来,人们在构建规范性治理理论过程中,与传统的宏观分析法或简单推理法(模式变量的"对反性"或并列性策略)不同的是,人们越来越多地依据"Ashby 必要种类定律"(The Law of Requisite Variety)(Ashby, 1956)来构建治理体系。

"Ashby 必要种类定律"表明,只有被探究问题的本体论意义上的性质和特征与用来探究或治理该问题的心智模式或技术复杂性相一致,即两者之间的复杂性至少存在对等关系或相匹配时,这样的心智模式或治理技术才能有效地理解与掌握其探究问题的本体论意义上的特征,从而才能真正理解和正确地处理、化解(治理)该问题。简单地说,"Ashby 必要种类定律"表明,只有用同等复杂程度的工具才能有效治理同等复杂程度的问题。或者说,至少应该用对等的东西(多样性、复杂性、整体性、网络性或相互依赖性)去治理对等的东西(多样性、复杂性、整体性、网络性或相互依赖性),才能够有效地理解、处置、化解相关问题(杨冠琼,2011)。从这个角度上说,国家治理体系在复杂性程度上,至少应该与其面临问题的复杂性程度相一致,才能够显现出其治理问题的有效性或能力。如果国家治理体系的复杂性程度低于其面临的问题的复杂性程度,必然扭曲问题从而形成问题解决方式本身正在制造新问题的问题,不仅无法有效化解和处理问题,而且使问题变得更加复杂与难以理解(Wicked, Messy or Tangled)。

基于"Ashby 必要种类定律",Kooiman 在 1993 年编著的《现代治理:政府—社会间的新互动》(*Modern Governance: New Government-Society Interactions*)中提出了"互动治理"理论的基本分析框架,在其 2003 年出版的专著《作为治理的治理》(*Governing as Governance*)中,对这一分析框架进行了细化与完善,将这一分析框架称为互动治理(Interactive Governance)框架。互动治理分析框架首先构建了治理体系与治理对象间的互动关系,进而提出了治理体系的结构。

互动治理理论,自 1993 年由 Kooiman 提出以来,经过众多学者的完善与实践检验,目前已经成为国家治理理论中影响较大的理论之一,而且近年来人们对这一理论框架的认同程度在不断上升,因而其在治理理论中的影响力迅速扩大(Torfing et al., 2012;Koppenjan and Koliba, 2013)。互动治理理论在复杂性科学方面的扩展以及在渔业领域中的应用,为其影响力不断上升发挥了巨大的作用。Kooiman 在 2003 年的专著《作为治理的治理》(*Governing as Governance*)中进一步完善了互动治理理论的分析框架,将治理能力作为治理体系的自然结果或直接输出,明确地表示在其分析框架中,从而形成了互动治理体系与能力分析框架的基本结构。Kooiman 等在 2008 年的相关文献中以及 Bavinck 等在 2013 年主编的《渔业治理能力与水产业文化:理论与应用》(*Governability of Fisheries and Acquculture: Theory and Applications*)一书中,将互动治理体系与能力的这种分析框架应用在渔业问题的治理分析研究中。

互动治理理论的分析框架基于多个体复杂互动生成的宏观社会问题样式,以及依据"Ashby 必要种类定律"而形成的治理体系与能力,具有较牢固的科学理论基础与严密的逻辑关系,所以是一个很富有吸引力的理论分析框架。更重要的是,这个分析框架并不是一个规范性的而是一个描述性或分析性的,因而并不具有任何价值色彩或某种文化中心主义色彩,也不是对发达国家治理模式或经验的移植,所以具有广泛的文化扩展性与不同问题情景的应用性。

虽然这一分析框架具有较强的启发性意义,但由于仍处于发展、完善初期,因而仍然存在一些问题。首先,这一分析框架至今仍然处于理论描述的层次而没有进入形式化(数学模型化或数学逻辑)论证与分析层次,因而具体应用性虽然较其他理论要强得多,但仍然停留在描述与途径的层面上。其次,不论是个体互动,还是个体与结构以及结构与结构(如自治机制、层级机制以及共治机制或网络机制)间的互动,其有效性均依赖于人们对某些生产性规范的遵守。然而这一分析框架并没有说明这些行为规范如何产生以及如何影响相关的互动。最后,虽然这一分析框架整合了治理能力,但没有说明治理能力如何反馈性作用于社会个体以及由这些个体互动而形成的社会问题(即如何影响作为治理对象的系统)。

(四) 国家治理研究多个体互动视角的优势

本系列主要从多个体互动途径或视角(Approaches or Perspectives)进行抽象与研究,以微观个体及其互动为基础,而不是仅仅从宏观到宏观地,探讨国家治理体系与治理能力现代化的推进问题。选择多个体（各种社会组织、经济组织、政治组织、不同层级的政府以及社会行为个体等）互动研究途径或视角，研究国家治理体系与能力现代化问题，有如下四个方面的优势：

首先，国家治理体系与能力现代化的趋向，强调行为者之间的协调、合作、协作、网络化、协同以及相互促进的正反馈等。所有这些社会现象能否形成以及形成的条件、机制等，依赖微观个体互动机制，特别是微观个体间的信任、互惠以及其他的亲社会行为。只有从微观个体互动角度，才能够发现、揭示出这些机制与条件并利用各种方式促进其生成与完善，才能够有效推进国家治理体系与能力现代化。否则，不论如何强调法治、透明、清廉和回应性、有效性、责任性以及管制质量等所谓善治标准，都只能是一种愿望或呼吁，无法得到有效的实施。

其次，没有个体对现代化规范（法律、伦理道德准则、各种职业伦理以及社会习俗特别是生产性社会规范等）的自觉遵守，国家治理体系与能力现代化（包括人们提出的各种善治准则）只能是类似于祈祷式的愿望。国家治理体系与能力现代化问题，本质上是社会行为个体的现代化以及与之相伴的个体间互动策略选择或博弈均衡选择的现代化问题，也就是一系列制度安排变迁的问题，因而与经济现象的解释相比更依赖于个体间的互动性质。正如 Inkeles 和 Smith（1974）所说，"如果一个国家的人民缺乏能够赋予先进制度以生命力的广泛的现代的心理基础，如果掌握和运用先进制度的人本身在心理、思想、态度和行为上还没有经历一场向现代性的转变，那么失败和畸形的发展就是不可避免的"。事实上，个体互动行为既是社会规范的生成源泉，也是社会规范变迁的驱动力量。从这个意义上说，作为一系列制度、规范性安排总和的国家治理体系及其功能实现状态的治理能力，既是人们互动的产物，也是人们互动的激励与约束。人们在互动过程中既受已有国家治理体系与能力的影响与约束，同时也影响或推动着国家治理体系与能力的变迁。因此，生成有助于促进国家治理体系与能力变迁的互动以及对现代化规范的自觉遵守，是实现国家治理体系与能力现代化的根本。这种互动以及对现代化规范的自觉遵守，只能在微观个体互动过程中生成并涌现出来。

再次，从个体互动角度研究社会现象是社会科学走向科学化的重要途径之一。从个体互动角度研究社会现象（包括一系列制度安排与行为规范），是社会现象研究走向科学并获得突破性成功的重要途径之一。以下获得突破性成功的经典性著作，就是这一结论的有力佐证：Thomas Schelling（1960）的《冲突的策略》(Strategy of Conflict)（Sckelling 因此于 2005 年与另外一名博弈论学者 Robert Aumann 分享了诺贝尔经济学奖），大卫·刘易斯（David Lewis，1969）的《惯例》(Convention)，Ullmann-Margalit（1977）的《社会规范的涌现》(The Emergence of Norms)，肯·宾默尔（Ken Binmore，1994、1998）两卷本的《博弈论与社会契约》(Game Theory and the Social Contract)，布莱恩·史克姆斯（Brian Skyrms，1996）的《社会契约的演化》(Evolution of the Social Contract) 以及培顿·扬（Peyton Young，1998）的《个体策略与社会结构》(Individual Strategy and Social Structure)。这些著作如今均已经成为从个体互动角度研究社会宏观现象的经典文献。

最后，强调社会问题或现象研究的微观个体行为与互动，也是马克思一贯倡导的研究途径。马克思曾说，社会——不管其形式如何——是人们交互活动（或互动）的产物。在社会生活中，个人被卷入一个巨大的互动过程中，在这里他们必须对不断变化的行动进行相互调试，这一互动过程既要向他人表示自己的所作所为，又要对他人的行为进行解释（戴维·波普诺《社会学》）；人们以相互的或交换的方式对别人采取行动，或者对别人的行动做出回应；个体常常意识到别人对其行为的期待以及个体对他人思想、感情和行动的期待。人们不断根据自己身处何地以及与谁交往而调整自己的行为。

吉登斯将上述思想进一步细化，描述了个体行为与社会制度安排变迁之间的关系。吉登斯认为，行动者或行为个体与社会结构之间具有某种"共同决定的不可通约性"，"社会系统的结构性特征对于它们反复组织起来的实践来说，既是后者的中介，又是它的结果。相对个人而言，结构并不是什么'外在之物'。从某种特定的意义上来说，结构作为记忆痕迹，具体体现在各种社会实践中，内在于人的活动"。因此，结构对于个体来说，最初是同一的。但随着个体的更新，过去的结构在其记忆中日益生疏，个体与结构间的矛盾日益加深，最终个体将摒弃结构。这种思维逻辑，显然与马克思主义的思维逻辑完全一致。

总之，多个体互动途径能够有效捕捉国家治理体系与能力问题的动态复杂性的内在生成机制，能够发现多个体互动的不同机制如何生成各种复杂网络，能够透视个体遵循不同行为规范的内化机制（国家治理体系与能力现代化的重要特征之一是人们能够遵循一套新的行为规范），能够理解不同治理机制的适应情景，能够为发现有效推进国家治理体系与治理能力现代化的切实可行的措施，为制定推进国家治理体系与治理能力现代化的短、中、长期策略提供理论指导。正是由于这些原因，从个体互动或以行动者为中心角度研究治理问题，已经成为国外公共管理研究最为前沿与日益兴盛的研究途径（Mayntz and Schneider, 1988; Mayntz, 1988、1993; Scharpf, 1990、1991、1994; Vega-Redondo, 2006; Bovaird and Löffler, 2003、2012; Sørensen and Triantafillou, 2009; Lester and Reckhow, 2013; Leggett, 2014）。

五、国家治理体系与能力现代化的理念结构

依据"Ashby必要种类定律"，构建有效治理当代社会面临各种复杂问题的治理体系，关键在于确定国家治理体系与能力现代化的理念结构。寻求与当代社会治理面临问题性质与特征相契合的理念，成为20世纪80年代以来，各种规范性治理理论的基础与前提。

(一) 国家治理理念及其性质

所谓治理理念，是指关于治理体系与治理对象间互动关系以及这种互动关系更新的性质、过程、机制、动力来源等一系列问题的一种反身折射性的（Reflexive）理性认识或理性洞见（Kooiman，2003、2008；Kooiman et al.，2008）。这是一种分析性意义的治理理念，构成了国家治理体系与能力现代化理念的分析视角与途径。与这种分析性治理理念稍有不同的是，国家治理体系与能力现代化的理念，是一个具有规范性意味的概念，具有更具体的、规定性的（Prescriptive）性质、特征与结构等。

这里强调理念的反射性或反身折射性，是因为我们从个体互动分析视角探索国家治理体系现代化问题，即强调国家治理体系与能力本身是不同行为者互动的产物。在这种视角中，每一个体或行动者都与其他个体或行动者处于某种博弈之中。在静态博弈与重复博弈中，理念作为上述关系及相关问题的理性认识或理性洞见，是博弈参与者对其他人所持有的理念的一种预期或期待，并且这种理念的预期是博弈参与人间的共同知识（Common Knowledge），即每个人都知道每个人都知道每个人都知道……用数学表示就是，每个人都知道（每个人都知道）^{N}，其中的 N 是博弈参与人的个数。这种关于理念的预期，构成了个体行为的一种指导或指引，既是个体行为的一种激励，也是个体行为的一种约束，因而具有反射性或反身折射性。在演化博弈中，这种理念作为个体适应性变迁或个体间以及群体间互动演化的结果，是经历了演化过程检验并在演化过程中持续胜出的理念。由于在演化博弈中，这种理念适应性变迁以平均数作为参考出现在动态复制子方程中，构成了动态演化的博弈均衡或演化均衡。这种均衡是过去、现在与未来不同理念间的互动，是历史演化的一种趋向性状态，因而从过去、现在与未来的角度上，具有自反性或反身折射性：生成于过去，成长于现在，适应于未来。

治理理念本身作为个体间互动的产物，作为对博弈参与人行为的一种预期，相当于博弈论中的信念（Beliefs），因而源自互动过程中涉及的各个方面，包括各种愿景（Visions）、知识、事实、主观判断（Judgments）、理论预断（Presuppositions）、假设（Hypotheses）、信念（Convictions）、目标与目的（Ends and Goals）等（Kooiman，2003、2008；Kooiman et al.，2008）。同时，这些不同方面又是治理理念作用的产物。因而治理理念及其来源之间仍然存在着互动关系。这是除个别文献外，其他文献都忽略的一个事实。

(二) 国家治理理念研究状况与评析

国家治理理念是构建国家治理体系的核心与灵魂。虽然治理理念源于现实、理论以及未来设想，但由于人们在观察现实时，不同的人仅仅观察到了某些方面而忽略了其他，因而导致有偏性观察与归纳。这种有偏性的现实观察及其导致的有偏性理念归纳，使公共或国家治理领域的理论呈现万花筒般的分布状态。这说明，到目前为止，治理理念的形成缺乏系统理论的指导，而正是由于缺乏系统化的理念理论，国家治理的研究领域才出现了如今的"你方唱罢我登场"的跑马灯似的理论（变迁）格局，才出现了所谓的"治理丛林"乱象。

事实上，文献中出现的各种规范性治理理论的理念无不基于如下理论判断、现实判断与愿景设想：已有各种规范性治理理论，均基于经典公共行政（Classical Public Administration，CPA）和新公共管理（New Public Management，NPM）无法有效应对全球化与网络社会（Networked Society）日益增长的复杂性；均认为公共政策制定与公共服务提供日益趋向于多层级、跨部门、跨领域与跨区域，传统公共管理与公共政策的领域划分已经失效，现实状况是个性化水平日益提高，价值日益多元，信息日益密集化与动态化，公共问题相互依赖性与相互干预性或影响性以及整体性、混合性日益增强（Castells，1996；Bauman，2005；Hjarvard，2008；Sørenson and Torfing，2007；Koppenjan and Koliba，2013）；现实状况的这些新特征，又使社会面临的问题的非线性动态性急剧增强，策略（效果的）突变性日益增大，社会脆弱性与风险性与日俱增（Beck，1992；Taleb，2010；Longstaff，2005）；社会面临的奇异性问题（Wicked Problems）日益增多。这些问题的解决迫切需要知识、认知结构或心智模式与问题处理能力的扩展、变换与提高，社会中任何单一行为主体，特别是政府与市场，不可能具有处理奇异性问题需要的那些所有知识、认知结构或心智模式，也不可能掌握处理与解决这些奇异问题所需要的所有能力、资源与机制（Head，2008；杨冠琼，2009、2011）。因而，经典公共行政与新公共管理作为两种不同的治理范式，只能使治理能力日益碎片化，而现实需要范围更广泛、程度更强大的协调与协同（Pollitt et al.，2004；Bouckaert et al.，2010；Osborne，2010；Salamon，2002）。

正是基于上述理论背景、实践背景与社会现实状态的想象，20世纪80年代以来陆续出现了整体性治理（Holistic Governance）、协同治理或联合治理（Collaborative Governance or Joined-up Governance）、混合治理（Hybrid Governance）、新公共治理（New Public Governance）、互动治理（Interactive Governance）、善治（Good Governance）、网络治理、伙伴关系、民主治理、新公共管理、新公共服务等各种各样的治理范式。

上述每种理论主张事实上都是基于某种理念提出的应对当代社会问题的策略性行动理论，如整体性治理、协同治理、联合治理、网络治理、混合治理等。不过，由于人们关注的问题重点（治理体系、治理对象以及他们之间的互动关系）不同，因而选择了认为最能够表达其核心理念的那些概念来表达其理论主张。如整体性治理，事实上包括四种不同的理念：整体性，即各种公共部门的一体化；预防性，从治疗或"灭火"，或"头痛医头，脚痛医脚"转向预防或防治；结果导向而不是搞一堆既不知道其实际效果也不知道其内在关系的措施（这些措施与其欲达目的之间的关系）；文化变迁，关注于说服、说理、信息而不同于强制与命令等。同时，由于人们在不同时期面临的核心应对的问题不同（"面临的核心应对问题"与"面临应对的核心问题"是不同的），因而可能仅仅关注了某些方面而遗漏了其他方面；再若，上述各种不同理论主张在某些方面又存在着理念交叉与重叠的问题，因而各种不同理论主张在理念上并不完全独立。

系统地比较上述各种规范性治理理论的理念，是本研究要完成的工作之一。在此我们仅仅列出如下相关文献中出现的关于不同治理机制在不同治理环节之间的理念比较，见表5。

表5　三种理想型治理模式的不同

治理类型 组织维度	科层制	网络治理	市场
愿景/战略			
1. 文化/行为准则	等级主义	平等主义	个人主义
2. 理论背景	理性，实证主义	社会建构主义，社会配置理论	理论选择，公共选择，委托代理理论
3. 考量模式	层级理性	政治人	经济人
4. 关键概念	公共产品	公共价值	公共选择
5. 主要优点	可靠的	可自由裁量，灵活的	成本驱动
6. 一般性动机	风险最小化	满足身份要求	最大化利益
7. 下属的动机	对惩罚的担忧	团队归属	物质利益
8. 政府的角色	政府统治社会	政府是网络社会的伙伴之一	政府向社会提供服务
9. 象征	机器；忠诚；铁拳	头脑；训诫；话语	流动；胡萝卜；无形之手
10. 战略类型	计划和设计；遵从规则和控制过程	学习型组织；混沌类型；应对不可预测型；协商	权力类型；追求竞争优势
11. 管理者对阻力的反应导向	运用合法权力迫使反对者达成一致行为	规劝反对者合作，否则排挤他们	利用刺激和奖励与反对者谈判
导向			
12. 组织导向	自上而下；正式的；内部的	互惠的；非正式的；开放的；重视共感受；外部的	自下而上；怀疑的；外部的
13. 组织外行为者视作	服从者	伙伴	顾客或客户
14. 组织外行为者的选择	受明文规则约束	在信任和互惠约束下享有自由	在价格和谈判框架中拥有自由
15. 不同行为者评估的目的	预见可能的抗议/阻碍	纳入利益相关者以获取更好的结果和认同	寻找可靠的合作伙伴
结构			
16. 组织结构	线性；中央集权式；项目团队；稳定的/固定的	柔性；规则和规范维持在最小必要水平	分权；半自治的组织/机构/团队；依据合同
17. 决策单元	领导层	团队	个体
18. 控制方式	权威	信任	价格
19. 协调方式	命令式；事前协调	外交式；自组织	竞争；事后协调
20. 交易	单边的	多边的	双边或多边的
21. 灵活性	低	中等	高
22. 对政党负责	中等到高	中等到高	低
23. 沟通的角色	就政策沟通：提供信息	为政策沟通：组织对话	以政策沟通：激励，公关活动
24. 知识的角色	提高统治效率专长	共享的宝库	获取竞争优势的工具
25. 获得的信息	局部的：分散的信息	局部的：碎片化信息	总体的：由价格决定的信息
26. 环境	稳定的	持续变化	竞争的

续表

组织维度 \ 治理类型	科层制	网络治理	市场
人员			
27. 领导力	命令和控制	指导和支持	授权的或委派的
28. 组织内分权	分权程度低	一线人员	中层管理人员
29. 关系	依赖的	互相依赖的	独立的
30. 公共管理者的角色	职员和献身者	公共价值的挖掘者	效率和市场最大化者
31. 公务员的技能	法律；财务；项目管理；信息管理	网络调适；过程管理；沟通	经济；市场；公共关系
32. 公务员的价值观	弱肉强食的丛林法则	社会共同体	自我主张至上
33. 改善管理的目标	培训是控制下属的方式之一	培训促进渐进式变革	培训激发有效率的决策
结果			
34. 倾向于处理的问题类型	危机、灾难、问题等可通过强制力解决的类型	复杂的、非结构化的、涉及多个体的问题	常规性、非敏感性问题
35. 典型的失败	无效果；官样文章	延绵无休的讨论而未达成最终决定	无效率；市场失灵
36. 产出和结果典型类型	法律，规则，控制，程序，报告，决策，服从，产出	一致意见，协议，契约	服务，产品，合同，外包，成交量，协议

上述关于治理理念的研究状况表明，有关治理理念本身并没有形成系统化理论，人们仅仅凭借碎片化的直觉、相关理论的启示以及研究者的学术背景等，提出相关的治理理念。正是由于缺乏系统化的理念理论，治理领域才出现了如今的"你方唱罢我登场"的跑马灯似的理论（变迁）格局，才出现了所谓的"治理丛林"现象。本系列将借助于演化博弈论并结合现代心理学与神经科学的最新进展，探索理念形成的一般过程与机制。

（三）作为治理理念的公共价值与生产性价值

至少从发生学角度来看，扩大公共增溢价值是公共治理生成与演化的理性基础。亚里士多德认为，城邦的生成源于人们生活的实际需要，而其持续存在则是为了"优良的生活"（Aristotle, 1885）。作为城邦功能实现途径的公共治理，其存在的合乎义理性自然以促进"优良的生活"为基础，而优良的生活则来源于公共治理促进了公共价值的增值或扩大了公共增溢价值，实现了"整体大于部分之和"的公共价值增溢效应，人们能够获得较没有公共治理时更多的价值，因而生活变得更为优良。反过来，一个社会的生活优良程度则依赖于公共治理在多大程度上实现了这种公共价值增值效应。正因为如此，公共价值增值效应最大化作为公共治理追求的目标，一直是孟德斯鸠、洛克、卢梭、休谟以及韦伯、马克思等经典思想家关注的核心论题，也是这些经典思想家评判公共治理优劣以及改革设想的参照性准则。事实上，公共价值的增值效应或公共增溢价值效应既是检验公共治理优良与否的最终判断准则，也是公共治理追求的终极目标。

虽然每一次重大的社会进步性变迁都伴随着获取公共价值增值效应方式或途径的范式性变革，但历史经验表明，新范式伴随社会演化的结果是，作为获取公共价值增值效应的这种范式，却总是从其本身的工具属性变为规范性目的，进而变为抑制公共价值增值效应进一步扩大的毒瘤。科层行政取代传统行政，就是这样一种范式变迁。20世纪50~60年代，曾经作为实现公共价值增值效应的稳定性、连续性、规则性、专业性等工具性价值，僭越了其要实现的目的，本身变成了公共治理追求的目标。这一核心论题在20世纪70年代中期之前虽然偶尔可见，但基本上从公共治理研究的主流视野中消失了。20世纪80年代中期之后，新公共管理的出现，将经济、效率、效果以及市场机制引入公共治理中，通过强调公共与私人部门边界的消失，市场化成为公共治理改革的方向，市场化、外包、合同等话语体系淹没了公共价值增值效应这一公共治理本应追求的目标。

随着实践探索与理论研究的深入，新公共管理的各种弊端日益显现，人们开始探索思考公共治理与指导公共治理实践的新思维路数。于是开始重新思考何为公共治理及其目的，什么是公共治理的规范性功能、运转方式及管理方式等（O'Flynn，2007）问题。特别地，随着哈佛大学肯尼迪政府学院Moore（1995）教授的《创造公共价值：政府的战略管理》问世，公共治理目标追求的钟摆开始重新回归正轨，如图6所示。

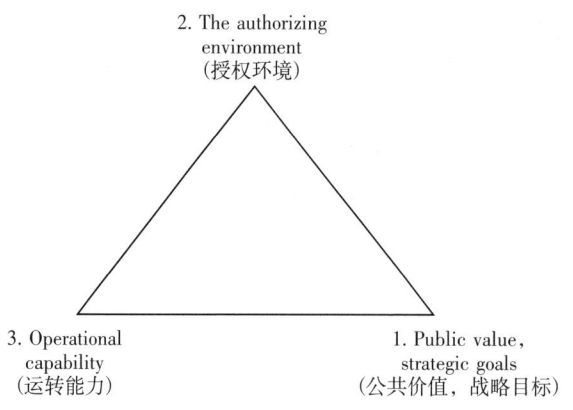

图6 战略三角理论

Moore教授认为，公共治理的合理性或本性在于创造与追逐公共价值，犹如企业追逐其价值（利润）一样，因而应该从公共价值创造的角度重新审视公共治理，使公共治理能够汇聚各种可能的资源，尽最大可能创造公共价值。为此，Moore提出了以"创造公共价值"作为公共治理核心战略职能的战略三角理论（Strategic Triangle），包括公共价值的界定、公共治理运转能力与实施以及合乎义理性建设，从而将公共价值创造贯穿于整个公共治理过程。

这里的公共价值绝不是公共服务生产者与消费者个体偏好的简单相加，而是包括选举产生的政治家、基于能力与功绩任命产生的行政官员以及关键利益相关者在内的参与人,反复协商、集体构建的结果;公共价值远远超越了狭隘的货币性结果(经济、效率与效果等)的考量范围,包括更广泛意义上的有利于公民的价值,并由公民自己评判认为有价值的价值等在内;公共价值的实现依赖于以反身折射方式选择的行动,这些行动是从广泛依赖于建构与维持协作网络的各种干预性机制或途径中选择的。协商治理及其实施的网络化因而是公共价值创造的核心特征,贯穿于公共利益的理解、公共服务精神的性质、公共管理者的角色或作用以及民主过程的公共治理功能或作用等各个方面(Stoker,2006)。

Moore 的"公共价值创造"理论为学术界、公共部门管理者以及公众提供了一种重新思考公共治理的概念框架(Saz-Carranza,2012)。这一著作迅速引爆了公共治理目标追求及其有效实现方式的古老话题。作为理解与重新评估政府活动、政策决定、公共部门创新、公共服务及其提供方式完善的准则性理念与思考框架,公共价值理论成为政治学、公共行政理论与实践等领域无所不在的叙事方式与推断逻辑,并引发了公共价值概念的结构化研究浪潮,公共价值这一术语也因此几乎遍布于公共行政研究的所有研究文献。Williams 和 Shearer(2011)收集整理了 1995~2011 年有关公共价值研究的所有重要文献,并对其进行了系统性的评述。部分例子见表 6。

表 6 管理的不同范式

	传统公共行政	新公共管理	公共价值管理
关键目标	政治性输入资源;通过官僚系统监控服务供给	管理资源输入与结果输出,保证经济性以及对顾客的责任性	体现公共价值的首要目标包括提高处理最受公众关注问题的有效性;关注点从服务提供延伸到系统维护
管理者的角色	保证规则和恰当的程序受到遵循	帮助界定和达到共同的绩效目标	在协商和服务网络中起导向作用,维护网络的整体能力
公共利益的界定	由政治家或专家界定;界定过程公众少有介入	个体偏好的混合体,由高层政治家或管理者通过考量顾客偏好而获得	个体和公共偏好产生于复杂的互动过程,其中对资源与机会成本的审慎反思是必要的
体现公共精神的途径	公共部门是体现公共服务精神的垄断体	怀疑公共精神(将导致无效和帝国式专利);推崇客户导向的服务	公共服务精神不能仅由任一组织体现;在共享价值框架下保持互动关系才是体现公共精神的关键
对服务提供系统的偏好	层级结构的组织或有自律性的专业组织	私人部门或与相关公共服务提供最为密切的公共机构	实用的多途径"菜单",并通过反思能获得预期产出的干预机制来做出选择
民主程序的作用	体现责任性:当选领导者之间体现自身责任的竞赛	体现目的性:设定目标与评估绩效而不关心实现过程	体现话语性:考虑各方观点,轮流和持续的民主交流过程是关键

资料来源:Kelly 和 Muers(2002)。

公共治理的公共价值增值理念的提出,引发了人们对于价值分类的研究。著名治理学者 Christopher Hood(1991)认为,公共价值可以分为三类并且用希腊字母来表示:δ(效率与产出导向)、θ(诚实、公平或公正与相互性),以及 λ(内在一致性、适应性与可信赖性或责任性)。Pollitt(2003)基于 Kernaghan(2003)与加拿大"公共服务价值与伦理准则"的划分方式,将价值分为民主价值(如服务社会或为公共提供服务)、职业价值(如公正性)、一般伦理价值(如诚实)、个人价值(如善良)等。Van Wart(1998)将价值分为五类:个人价值、职业价值、组织价值、法律价值与公共利益价值。Jørgensen 和 Bozeman(2007)识别出 60 多种价值,并将其划分为七大类:公共部门对社会的贡献、将众多私人利益转换为决策、政治家与行政官员间的关系、公共行政官员与其环境的关系、公共行政领域的组织间关系的协调问题、公职人员的行为以及公共行政与市民社会间的关系。

Alford 和 Hughes 认为,什么构成了公共价值是公共政策研究的领域,而且在民主社会中是一个颇具争议的问题,因此,任何试图列举或分类公共价值的努力,都是一件风险很大的事情。公共价值是公民集体消费的价值而不是作为用户个体消费的价值,它比经济学家所指的公共物品要宽泛得多。从最低限度上说,公共价值包括各种形式的市场失灵的修复,即市场机制不能够最大化公民个体福利的所有情形,如外部性、自然垄断、信息不完备等(Hughes,2012;Stokey and Zeckhauser,1978)。与修复这些市场失灵相伴随的是,公民亦对完善市场运转机制的制度安排以及社会秩序功能发挥机制的制度安排,赋予重要价值,如法治、秩序、产权保护机制以及合约实施机制等(Alford and Hughes,2008)。

2012 年初,《美国公共行政评论》刊登了一则题为"多部门共享权力世界中创造公共价值"的会议与特刊稿约,为了给欲投稿者讨论相关问题提供一个共同的背景性概念,基于 Bozeman(2007)的理解,从宽泛的意义上界定了公共价值,认为一个社会的公共价值为人们提供了如下三个方面合理的且广泛共享的规范性共识:

一是公民或其他个人、法团与其他组织应享有或不应享有的权利、利益与特权;

二是公民或其他个人、法团与其他组织应承担的社会、国家与其他方面的义务;

三是影响社会结构与功能的各类政策或规则应基于的原则,不论这些政策或规则来源于政府或非政府团体。

公共问题的复杂动态性特征表明,作为公共价值创造过程的共识协商、达成与实施,是各种不同利益相关者的利益博弈过程,共识达成随着不同利益相关者范围的扩大以及利益冲突程度而变得更加复杂与困难。上述权利、义务与原则的共识达成一般由利益相关者的行为能力(Agency)、利益结构与可进入性三个维度决定。因而问题所涉及的空间范围越小、利益相关者异质性越小以及可进入性越大,人们越容易就相关问题达成共识;否则,则相反。共识达成的这种决定因素表明,公共治理必须具有足够的情景适应性、复杂应变性以及自组织特性,能够因"时"、因"地"、因"人"与因"问题"随机制宜地确定公共治理过程与方式;"一种方式适应所有情形的公共治理"已经不合时宜,"放之四海而皆准"的统一规划与实施过程标准化的公共治理已经是时代的弃儿(Alford and Hughes,2008;Moore,2013)。

公共价值或公共价值创造作为公共治理或国家治理体系现代化的理念,获得了大多数学者的认同,并且众多学者付出巨大努力探索公共价值,特别是基于 Bozeman(2007)的上述三个方面规范性共识的公共价值界定,对于人们恰当地理解公共价值,具有重要的分析性意义。它强调参与者共识在公共价值创造中的作用，而不是生搬硬套、简单地借用几条他国的经验。这种理解既符合公共价值创造的历史逻辑，也符合各国在文化传统、理性以及心智模式方面存在重大差异的现实逻辑或实践逻辑（Nabatchi, 2012; Alford and Hughes, 2008; Moore, 2013; Da Cruz and Marques, 2014）。公共价值创造理论是一种分析性理论，规范性意味并不十分强烈，特别地，对某些人来说，公共价值似乎仍然是一个令人捉摸不定的概念，这正是其分析性魅力的所在。因为公共价值是一个文化嵌入性概念，不同文化传统的国家所需要嵌套的公共价值因历史、行为规范以及认知结构的不同而不同。因而人们并没有开具一个明晰的清单。

然而公共价值研究目前仍然处于描述、叙述与影响因素的实证研究阶段，公共价值如何在具体互动情境中生成以及生成机制的理论研究、形式化研究与模拟研究，几乎处于空白状态，而这些在其他文献中的研究已经取得了众多成果。此外，对于中国来说，由于其独特的文化传统以及几千年的历史积淀，相对于现代化来说，虽然需要创造的公共价值很多，但从基本的角度上说，主要需要创造生产性价值。所谓生产性价值，是指有助于财富与知识、技术生成的价值，主要包括诚信、信任、公平、互惠、利他、公益精神、参与精神、遵守规则、动态理性、合作、天职精神以及能力取向、功绩取向等。这些基本上属于 Alford 和 Hughes（2008）所指的使市场机制有效运转与使社会秩序充分发挥其功能的制度安排的范畴。从这个意义上说，中国需要创造的公共价值，不仅仅是某些文献所指的正式制度安排，某些非正式制度安排可能更为重要，至少是正式制度有效运转所不可或缺的互补机制。然而国内学术界目前关于这些问题的相关研究文献非常少见。国内大多数文献仍然以介绍西方相关研究为主，而没有进入公共价值创造的中国文化重建或现代化问题的研究。本系列将重点研究上述这些非正式制度对正式制度安排有效运转的影响以及这些非正式制度安排的影响因素、生成机制与过程等。

国家治理理念的现代化是国家治理体系与能力现代化的核心与灵魂。然而，理念并不仅是一个抽象的概念，而且是实践过程的抽象与总结，是实践过程展现出来的总体。理念通过行为表现出来，行为是内在理念的外显或外露。揭示理念不能完全依赖理论说明，也不能完全依赖分类与列举，更不能依赖于说教或宣誓，如所谓的公民社会理念、有限政府理念、政府效能理念、政府适度规制理念、服务政府理念、参与型政府理念、回应型政府理念以及所谓的善治理念等，而必须从微观治理行为、机制制约与操作制约或操控反射（Operant Conditioning）与理念之间互动关系的角度来加以说明。不论是上述各种政府理念，还是善治理论倡导的一系列主张，如果没有行为者个体赋予这些先进的理念与制度以生命力的广泛的现代心理基础或文化基础，如果掌握与运用这些理念与制度的个体在心理、思想、态度和行为上还没有经历一场现代性的洗礼与转变；或者相关的制度安排没有进行系统的重置，可自我实施的（Self-enforceable）或相关互补性的奖励与惩罚体系因而没有成为事实，那么，失败与畸形的发展就是不可避免的，"挂羊头卖狗肉"的实践规则就不可避免，潜规则的存在就成为常态。

由于本系列从多个体互动角度探索国家治理体系与能力现代化的基础理论问题，而治理理念又是国家治理体系的核心与灵魂；国家治理体系是国家治理理念结构在机制、过程、结构、行为等制度层面的展开与实践，因而治理理念将是本系列研究的一个重要内容。本系列将根据分析性治理理念，研究治理理念生成的机制、过程及其演化；探索不同文化传统、交往水平、社会经济发展水平以及人们认知结构对于治理理念的影响及其反馈关系；在分析与综合各种规范性治理理念的基础上，探索国家治理体系与能力现代化的理念结构；各种不同的理念是如何自我实施的，即不存在理论中的理念与实践中的理念的背离，从而不存在"潜规则"。

六、治理网络或网络治理的兴起、发展与现状

如前文所述，国家治理体系与能力现代化，本质上是在科学、技术与交往方式不断进步的条件下，传统的制度与价值观念在功能上对现代性或现代社会变迁的要求不断适应的过程，是国家治理理念与结构适应社会结构性变迁的过程。在这一过程中，当国家治理体系与能力现代化的理念确立之后，最重要的就是确定什么样的治理结构能够有效体现新的治理理念。从我们的角度上说，当创造公共价值与生产性价值作为国家治理理念时，必须确定什么样的结构能够真实地体现与实现这种理念。这也正是相关研究文献非常关注的一个问题。

20世纪80年代以来，治理领域出现的各种范式或理论，如整体性治理、协同治理或联合治理、混合治理、互动治理（Interactive Governance）、网络治理、伙伴关系、民主治理、新公共服务、新公共治理等，在治理结构的主张方面，表现出惊人的一致，即均主张网络化治理结构。正如 Alford 和 Hughes 所说，如果撇开这些标签性的词汇，那么，所有这些理论的核心主题都是强调不同行为者（包括各种组织）间的合作以便达成其目的。不论是网络治理、协同治理、公私伙伴关系，还是联合政府、整体性治理、混合治理等，表达与强调的都是这种合作性主题（Alford and Hughes，2008），即期望在理念与行动上同时实现水平协调与垂直协调，从而使公民能够获得无缝隙的公共服务而不是支离破碎的公共服务（Agranoff and McGuir，2004；Bardach，1998；Huxham and Vangen，2006；Perri，2004）。即使是作为一种范式的公共价值创造理论，也强调公共价值的实现依赖网络结构，依赖于在广泛的干预机制中进行反身折射性的选择行为或行动（Actions Chosen in a Reflexive Manner），这些干预机制广泛地依赖于各种网络的建立与维护（Stoker，2006）。国家治理结构的网络化已经成为各种规范性治理理论与分析性治理理论共同关注的重要话题，并日益趋向成熟与完善（Keast，Mandell and Agranoff，2014；Koppenjan and Koliba，2013；Kooiman，2013）。

(一)治理网络或网络治理的兴起

20世纪80年代以来,公共领域的理论反思与实践扩展,特别是为弥补国家调节与市场调节的局限与缺陷,通过形成公私伙伴关系、战略联盟、对话群体、咨询委员会以及组织间网络的所谓的协商治理迅速兴起。寻求基于公共、半公共与私人部门间多种行为主体协商互动的新的非层级结构治理形式(Non-hierarchical Forms of Governance),成为理论界与实践界的共同关注。虽然组织间关系的研究在20世纪70年代初就已经成为人们研究的中心课题之一(Heclo,1978),但有组织的各种不同利益的水平网络在公共政策与公共治理中的作用问题,直到20世纪90年代初才获得人们的广泛关注。Marin和Maynz(1991)与Kooiman(1993)主编的著作,对这一关注的兴起与发展起到了关键作用。上述两项研究迅速引发了如Scharpf(1994)、March和Olsen(1995)、Rhodes(1997a)、Kickert(1997)、Pierre和Peters(2000)、Bang(2003)、Hajer和Wagenaar(2003)等一系列重要研究的问世。最近的一系列研究,如Keast等(2014)、Koppenjan和Koliba(2013)、Kooiman(2013)、Koppenjan(2012)、Osborne(2006、2009、2010)、Osborne和Strokosch(2013)、Osborne和Brown(2011)等,进一步强化了国家治理的网络结构的重要意义,特别对于网络形成、变迁等相关理论研究,奠定了重要基础。

从根本上说,网络结构的国家治理(体系)理论,或者说网络治理的兴起,源于治理体系与其治理对象间的关系。作为欲实现某种目的与目标的措施或途径的公共政策,是治理体系或治理过程输出的结果。然而,完全由政府控制的那种治理体系已经不再能够输出有效应对现代社会面临的诸多问题的公共政策或政策工具,因而表现出治理能力不足的问题。有效应对现代国家或社会面临的诸多社会问题,依赖于各种不同公共行为者、半公共行为者与私人部门行为者间广泛的协商、沟通与合作,依赖于共识的达成,依赖于不同资源的自愿性整合。只有各种不同的公共行为者、半公共行为者与私人部门行为者间紧密互动,才能够形成有效应对国家面临的诸多社会问题的集体行动,或具有凝聚集体行动效应的公共政策,才能够形成相对稳定的政策制定模式。而这种紧密的互动构成了一种特定的调节形式(A Specific Form of Regulation)或协调模式(Mode of Coordination)(Mayntz,1993、1993b)。人们将这种能够形成集体行动效应或协同效应的协调模式称为治理网络(Governance Networks)(Sørensen and Torfing,2007)。

20世纪90年代以后,一种新的变化是,治理网络作为有效、合法的治理机制,日益获得政治理论家与中央决策者在更大程度上的认同与支持。一方面,吸纳更广泛的利益相关者(群体与组织)参与治理网络,有助于克服社会碎片化与抵制政策变迁的问题,有助于促进治理过程更加有效,从而提高治理能力(Mayntz,1993a)。另一方面,更广泛的利益相关者参与政策决策过程,有助于强化公共政策与公共治理的民主合法性(Scharpf,1997)。

治理网络学术研究的日益扩展源于组织理论与政治学理论的最新发展(Klijn,

1997)。组织作为不断适应环境变迁的开放体系的理念（Mintzberg，1979），以及这一环境由其他一系列组织构成的事实，吸引人们密切关注相对稳定的组织协商关系，并通过这种相对稳定的组织协商关系，探索不同组织间的信息与资源交换问题（Benson 1978；Aldrich，2008）。与此同时，国家、商贸同业协会与雇员组织（工会）"铁三角"（Iron Triangle）关系的社团主义与新社团主义想象，既无法有效解释公共政策的制定，也无法解释与解决它们之间的矛盾与冲突，这一点已经获得普遍认同。这种状况吸引政治理论家们试图依据一体化、稳定性与排他性等程度来区别不同类型的政策网络（Heclo，1978；Marsh and Rhodes，1992；Rhodes，1997a）。虽然组织研究与政治理论研究均涉及治理网络问题，但在治理网络概念形成过程中，真正获得突破性进展的，是来自政策分析领域的研究（Cohen et al.，1972；Pressman 和 Wildavsky，1973；Lipsky，1980）。这些研究所获得的最终结论是，要提高公共政策制定与实施的有效性，必须让关键的或核心的利益相关者以某种方式参与公共政策过程（Sabatier，1986；Bogason，1991；Mayntz，1993b）。在不同的治理网络中，人们开始重点关注不同参与程度、参与广泛性与互动程度的公共政策制定问题，并且通过重新思考不同政治行动者（Political Actors）在某些公共政策制定中的作用，强化了政策制定与过程问题的研究（Hjern 和 Hull，1984）。通过追问谁参与了导致特定结果的政策制定过程，人们发现了不同社会与政治行为者网络对政策制定的影响。

近年来，随着人们对于日益广泛与普遍的碎片化、复杂性与动态性社会特征的认识不断加深，学术界对治理网络的关注也日益普遍与不断增强（Kooiman，1993；Jessop，2002；Klijn 和 Koppenjan，2004）。世界各国有远见的政治家以及富有创新精神的行政管理者，在理论与实践的激发下，视网络治理为其实现公共价值的核心。依据治理网络成为增强治理能力或创新政府能力（Governmentality）不可或缺的部分（Foucault，1991）。通过构建责任行为者的自我调节网络，动员广泛的中介组织（A Plethora of Intermediary Groups）（包括公民群体、职业群体、自愿组织、社会伙伴与私人组织）参与社会治理，实现远距离治理（Govern at a Distance）（Rose 和 Miller，1992；Dean，2009；Sørensen 和 Torfing，2007；Torfing，2005）。通过观察与抽象，到目前为止，人们发现的治理网络主要包括：参与治理网络（Participatory Governance Networks）或互动政策决策网络、Nodal 治理网络、文化治理网络、社区治理网络、协商治理网络、自反性治理网络（Reflexive Governance Networks）、适应性治理网络（Adaptive Governance Networks）以及互动治理网络（Interactive Governance Networks）等。各种网络的日益显现使得 Castells（1996）声称的"我们生活于网络社会之中"的断言获得社会与学术界的广泛认同。

（二）治理网络的界定与面临的问题

治理网络在实践中的广泛存在与传播，以及对于重构国家治理或公共治理的重要性，使治理网络日益成为学术研究的重要课题。直观地说，治理网络是治理的一种结构性形态，是由不同行为者构成的网络，包括公共治理中所涉及的政治家、行政管理者、利益集团或组织、私人企业、社会运动、公民群体、地方群体等。治理网络的参与者，一定是相关政策问题的利益相关者，并且有能力为其他参与者提供某种有价值的资源，或促进其他参与者竞争能力的提高，增强其影响力。

这种直观的界定虽然容易理解，但对于科学研究来说，过于粗糙，因此相关文献给出了治理网络更为精致的界定，认为治理网络是指：①相互依赖但在行动或意见、观点等方面又完全自主的行为者间相对稳定的水平互动；②这些行为者通过协商进行互动；③行为者们在调节性、规范意义、认知结构相同与前景想象共享的框架下进行互动；④在外部机构设定的限度内行为者间进行自我调节；⑤互动意在实现公共目的的达成（Rhodes，1997a；Jessop，2002；Sørensen 和 Torfing，2007）。

如上界定的治理网络，意在强调这种网络的某些特性，特别地，意在强调其作为一种独立的结构形式而不同于科层结构与市场结构。事实上，治理网络的早期学者曾认为治理网络是国家与市场的一种综合（Mayntz，1993），但很快人们的观点逐渐收敛为治理网络是一种既不同于国家也不同于市场的独特结构或治理机制，是国家和市场之外并与国家和市场平行的一种结构与机制（Rhodes，1997b；Jessop，2002）。

作为与国家的层级控制和市场的竞争调节平行的机制，学者们认为，治理网络至少在如下三个方面与国家的层级控制和市场的竞争调节不同。首先，从行为者间关系上说，治理网络是一种多极的（Pluricentric）治理系统，这与强制性的国家调节的单一中心系统和竞争性市场的多中心（Multicentric）系统不同（Kersbergen 和 Waarden，2004）。其次，从决策角度说，治理网络基于自反性或反身折射理性（Reflective Rationality），不同于强制或命令性的国家控制的实质理性（Substantial Rationality）和竞争性市场的程序理性（Procedural Rationality）（Mayntz，1993b；Scharpf，1997；Jessop，2000a）。面临不同利益、理念与世界观间的持续冲突，为了形成共同决定与集体行动，通过相互依赖的众多行为者间持续协商的反身折射性的互动，治理网络决定与协调各种不同的问题（Mayntz，1993b；Scharpf，1997；Jessop，2000a）。最后，治理网络中的行为者对于经过集体协商所做出的决定的遵从，既不源于国家法律制裁的保证，也不源于对竞争性市场的经济损失的担心，而是源于参与协商所形成的一般信任与政治义务，这种一般信任与政治义务，经过时间的强化，已经变为自我约束或自我规定的（Self-constituted）规则与规范（Nielsen and Pedersen，1988）。

治理网络的这些特征，意味着社会的治理或治理社会，必须基于恰当地选择国家、市场与治理网络，或这些不同协调模式的恰当组合（Jessop，2002）。依据要解决的政治任务或政策问题的性质，治理网络的核心决策者必须能够从分别具有其特定优势与劣势的不同治理机制之间做出恰当的选择或权衡取舍（Sørensen and Torfing，2007）。

（三）第一代与第二代治理网络研究

虽然治理网络的研究是一个相对新近的事情，但人们已经能够分辨出两代不同的治理网络的研究（Keast et al.，2014）。

第一代治理网络的研究主要关注治理网络作为一种新的治理结构，正发挥着日益重要的作用，正在形成一种新的社会或国家治理的关系体系，因而重在说明与解释治理网络为什么形成；治理网络与国家的层级规则和市场的竞争规则的区别；在不同国家以及不同政策或治理的调节领域，治理网络如何形成有效、积极的治理或提高治理能力。第一代治理网络研究已经在某种意义上完成了上述问题的理论建构：强有力地论述了治理网络如何随着社会变动的新趋势而日益显著（Kooiman，1993），恰当地分离出了治理网络不同于国家和市场的独特特征（Mayntz，1993b；Rhodes，1996；Jessop，1998；Koppenjan，2012；Sørensen and Torfing，2007），探讨了治理网络在不同国家、不同政策领域以及不同调节规模中的功能与效果（Mayntz and Marin，1991）。

随着人们对上述第一代治理网络研究面临问题的思考的深入，人们逐渐发现，治理网络的研究已经超越了上述问题。治理网络已经不再是是否为一种新现象的问题，而是我们必须学会如何与其共同生存并且学会如何更好地利用或运用它的问题。治理网络已经不是人们是否喜欢的问题，也不是人们是否选择的问题，而是必须面对与必须选择的问题。因为现实已经表明，要么选择某种治理网络，要么等待失败，即被社会演化过程淘汰出局。

在此情境下，一些新的、未被探索的问题开始浮出水面，并且成为第二代治理网络研究关注的主题。其中如下四个方面正是学术界研究的热点与重点：①如何解释治理网络的生成、功能与发展；②治理网络成功与失败的根源是什么，或什么影响着治理网络的成功与失败；③特别地，政府或公共权威如何通过各种不同的元治理，有效调节具有自我调节功能的治理网络；④治理网络存在什么民主方面的问题以及在民主方面的意义是什么（Koppenjan，2012；Sørensen and Torfing，2007；Torfing，2005）。

对于上述问题的探索，引发了人们对治理网络问题的理论思考。近年来的相关研究表明，治理网络研究主要涉及三个方面的理论：制度理论、治理网络理论以及民主理论。尽管如此，Sørensen 和 Torfing（2007）认为，根据社会行动与社会治理的不同理念，可以将三种理论分为两种不同的理论观点，因而可以形成如表7所示的四种治理网络的理论划分。

关于治理网络的这种理论研究，仍是目前治理网络研究的重点课题。探索治理网络理论主要探讨治理网络的形成、演化以及治理网络成功与失败的影响因素等问题（Keast et al.，2014）。这类研究将治理网络的研究推向了科学研究领域，特别是运用演化博弈理论研究治理网络生成、变迁与内在影响机制、因素的问题。这类研究在治理网络领域中仅仅被提出来，还没有进入实质性研究阶段。本系列将对治理网络形成、变迁机制以及影响因素等进行演化博弈研究。特别地，治理网络有效运转依赖行为者之间形成的一般信任与政治义务。这种一般信任与政治义务如何才能成为可自我实施的、具有强大内在约束力的机制，直接影响治理网络能否成为一种有效的国家治理的组织结构，有效提高国家治理能力。本研究将综合运用博弈论、神经生物学以及相关研究的最新成果，探索一般信任与政治义务具有内在约束力的机制与过程。

表7 四种不同治理网络理论

	理性考量	文化遵循
冲突	相互依赖理论（Rhodes, 1997; Kickert et al., 1997; Jessop, 1998、2002）	政府能力理论（Foucault, 1991; Dean, 1999; Rose and Miller, 1992）
协调	可治理性理论（Mayntz, 1991、1993; Scharpf, 1994、1997; Kooima, 1993）	嵌入理论（March and Olsen, 1995; Powell and DiMaggio, 1983; Scott, 2001）

七、网络治理失败与元治理

网络治理或治理网络不仅是一种新兴的组织形式，更是一种新的协调机制的载体。作为人们应对20世纪80年代以来"复杂动态性"或"复杂适应性"特征日益浓烈的社会问题的社会治理技术，各种网络形式仍在不断生成。壳牌公司在"直至2025年壳牌公司的全球景观"（The Shell Global Scenarios to 2025）中，更为细致地描述了目前国家治理的各种机制及其相应的组织结构（见图7），并认为各种形式的治理网络将依据不同的文化传统、社会认知结构以及不同价值取向与行为规范，呈现出更多样化的状态。适应所有社会或社会的所有情形的统一规则或形式的治理，根本不会存在。但是，任何单一化的组织或治理结构也将不再存在，未来最有前途的治理是各种机制，即市场、科层与社会网络三种机制混合程度较高的各式各样的网络治理。

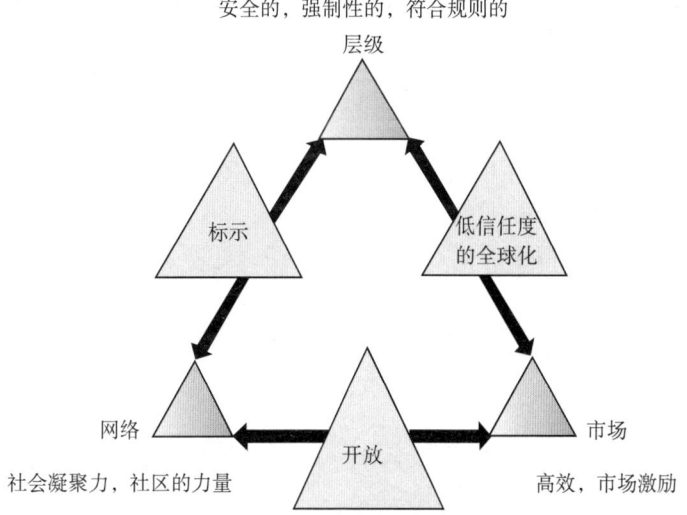

图7 国家治理结构、机制与组织结构的可能构成

（一）网络治理：优势、条件或约束与失败

网络治理日益受到人们的关注，源于多种因素。其中网络治理的性质与问题性质的契合程度，以及本体论、认识论与方法论间的内在一致性要求，是一个非常重要的

因素。虽然人们从经验中总结出了各式各样的网络，但从理论上说，网络可分为个体间网络、组织间网络与系统间网络。系统间网络是非常复杂的网络，力求通过综合考量各自的运行规则与理性，以及各自实际的、社会的时空依赖性，引导网络形成与演化。网络治理理性，既不是实质理性也不是程序理性，基本上是自反性或反身折射理性（Reflexive Rationality）。网络治理，由于其反身折射理性，通过相互依赖的行为者间旨在形成共识的长期反馈式的沟通、交流与协调，制度化协商过程与程序，从而能够克服程序理性与实质理性面临的有限理性、机会主义与资产专用性问题（Jessop, 2000；Coulson, 1997）。网络治理成功与否的关键，在于持续地对话，以便生成与交流更多信息；通过将相互依赖的行为者锁定在不同时间期限的相互依赖的决策情境中，降低各行为者的机会主义可能性；通过鼓励不同行为者间的团结或协同行动，构建相互依赖性与资产专业性风险的共担意识或精神。网络治理理性是相互的而不是单向的、是多元的而不是单一的、是多级平行的而不是层级或随机的（见图7）。这种理性意味着，根本不存在所谓最好的治理机制。所有有效的治理机制都是由特定情境决定的，都是具有不同特征的互动者互动的结果（Jessop, 2000；Keast et al., 2014；Koppenjan, 2012）。

当代公共问题的复杂性与动态性，凸显了马克思的"随机制宜的必然性或必要性"或偶然的必然的特征。不论什么样的治理体系或协调体系，都面临"奇异性问题"的挑战，因而都必须依据条件的变化而变化。治理网络，其有效性亦不是无条件的。

30多年的研究表明，网络治理的有效性，至少依赖如下条件：简化模式与实践从而降低问题的复杂性但又必须保持与实际状况的一致性，即不能扭曲现实；在自主的、相互依赖的行为者中，在因果过程认知、相互依赖方式、行动能力与责任的性质以及在复杂、问题相互缠绕环境中进行协调的可能性方面，开发动态的、互动的社会学习能力；在具有不同内在特征、利益诉求、意义系统的各种社会力量之间，在不同的时空框架中，在不同的行动领域中，寻找协调行动的有效方式与方法；构建不同行为个体与"元治理"体系的共同的世界愿景或情景愿景，使关键行为者的行为取向、未来预期以及行动规则与规范等稳定化（Jessop, 2000）（见表8）。

表8　网络治理的有效性与无效性来源

	交　换	命　令	对　话
合理性	正式的、程式化的	实质性的、目标导向的	反身的、程序化的
成功的标准	有效的资源配置	有效实现目标	协商一致同意
典型的例子	市场	国家	网络
考量模式	经济人	层级理性	政治人
时空界限	世界市场 可逆时间性	国土范围 范围可规划	重新界定范围 与路径
失败的首要标准	经济无效率	无效率	噪声无休止的讨论
失败的二级标准	市场缺陷	官僚主义 官样文章	短期行为谎言

网络治理有效性条件表明，网络治理必然是不完备的，作为这种不完备的必然结果，网络治理必然经常失败（Malpas and Wickham，1995）。反身折射理性存在于众多社会情境之中，从个人网络到组织网络再到制度网络直到系统网络。虽然每一种情境对于网络治理的效果都会产生重大影响，但到目前为止，人们主要关注系统网络中的反身折射理性问题。这里的系统网络主要是指由市场、国家与各种不同网络构成的系统。这类系统中由于涉及反身折射理性问题，因而网络治理的失败至少存在如下三个来源：内含于资本主义性质的内在矛盾，主要指市场化与各种非市场组织形式间的内在矛盾；各种反身折射理性关系，如伙伴关系、自组织关系等，嵌入更广泛的国家系统时面临的各种问题与冲突，特别地，如各种不同协调模式的优先性问题、资源可获得性问题、各种不同制度支持与约束问题以及社会程序理性约束问题等；作为自反性自组织的特定治理方式（Specificities of Governance as Reflexive Self-organization）面临多重因素的瓦解因素的冲击（Mayntz，1993；Malpas and Wickham，1995；Jessop，1998、2000）。

网络治理的优势在于其关于本体论、认识论与方法论方面的统一，因而按照"Ashby必要种类定律"，选择网络治理在方法论方面是正确与恰当的。然而，由于网络治理有效性条件与失败来源均与合作、信任以及时间贴现率相关（Mayntz，1993；Malpas and Wickham，1995；Jessop，1998、2000；Koppenjan，2012；Sørensen and Torfing，2007；Keast et al.，2014），一次性博弈与重复博弈、嵌入特定网络中的博弈与无结构背景下的博弈，在确定合作、信任以及时间贴现率方面起着关键作用。现有文献虽然注意到了这个问题，但没有进行深入、具体的分析。本研究将对不同背景或网络结构下人们合作、信任及时间贴现率的差异与各自的决定因素，运用演化博弈进行研究，从而能够识别出具体背景下实施网络治理的条件与机制，为构建有效的国家治理体系提供更为基础与一般的科学理论与依据。

（二）元治理与元治理失败

国家治理是国家所涉及的社会关系的调整与协调。面对复杂与变动不居的治理环境，任何形式的治理，都面临诸如合作与竞争、开放与封闭、规则性与弹性、责任性与效率性等一系列结构性困境、战略性矛盾以及似是而非的问题。网络治理的优势，事实上就在于尽最大可能地在一定范围或参数之内，运用最有效的方式治理相关类型的问题；就是在不同的情境运用不同的理性与准则，在一定范围与领域内协调具有不同利益的社会行为者。从这个角度上说，网络治理本身就是动态的、复杂的与视情境而定的（Kooiman，1993）。网络治理因而强调组织间协调的"元结构"（Meta-structures）的重要性（Alexander，1995），或更为一般地，强调"元治理"（Meta-governance），即治理的治理（Governance of Governance）的重要性。换言之，网络治理涉及不同协调机制选择的制度安排问题。

元治理涉及治理条件、环境的组织或结构化以及与之相适应的协调机制的运用，涉及不同治理方式的选择及其组合。对应于上面提到的三种基本的治理（或协调）形式，网络治理面临三种元治理形式的选择与组合问题：元交换（Meta-exchagne）选择与重置问题，即特定市场的自反性重新设计与个体间市场交换关系的重新组织，包括制度嵌入性、组织嵌入性、社会嵌入性、知识创造嵌入性以及伦理嵌入性问题；元组织（Meta-organization）问题，即组织的反身性重新设计，包括中间组织的创建、组织间关系性秩序的重新构建、组织生态学管理等问题；元平行多极（Meta-heterarchy）选择与组织问题，涉及通过调整或重新定义平行多极或反身折射性自组织（Heterarchy or Reflexive Self-organization）的运转框架，重新组织与构建自组织的条件与环境问题，即重新构建市场式（并不局限于经济交换领域，更多涉及社会、政策与政治领域的）协调问题，因此也就是所谓的元治理问题。元平行多极选择与组织问题涉及如何通过各种不同方式促进网络形成与协商过程促进"自发社会性"（Spontaneous Sociability）的可能性问题（Fukuyama，1995；Putnam，2000）；涉及如何创新社会治理机制、过程促进制度嵌入性或制度密度性（Institutional Thickness）问题（Amin and Thrift，1995；Jessop，2000）。

元治理就是对于上述的元交换、元组织、元平行多极选择与组织以及元治理问题，涉及重新界定与结构化不同治理模式问题，或者说，重新组合不同治理模式与构建它们之间相互关系问题。元治理涉及的关键问题包括如何应对或处理其他行为者的"自我参照性"（Self-referentiality）问题；如何应对行为者自己的"自我参照性"问题（Dunsire，1996；Jessop，2000）。元治理因而涉及各种不同协调模式中的复杂性、多元性与层级渗透性的管理问题，是治理条件、环境的组织问题，涉及市场机制、层级机制与网络机制的恰当组合问题，因而必然涉及结构性的战略选择问题。

元治理并不是超越市场、国家与网络机制，而是这些不同机制适应条件与环境的识别以及在这种识别基础之上的重新组合或重新装置问题。因而，元治理并没有摆脱市场结构、层级结构与平行多极结构，是这些不同结构的不同组合或共存，只不过存在于协商决定环境中而不是层级结构统领其他结构。然而，众所周知，其中的每一种结构都存在失败问题，作为这些结构或机制组合的元治理，也必然存在失败问题。

作为一种社会网络的调节机制，网络治理同样面临元治理失败的问题，这已经获得了广泛的认同。元治理理念的重要之处在于更深入、具体与科学地（视情境而定）分析元治理失败结构性因素、程序性因素与构成性（网络治理的构成单位的实体性质）因素问题。因此，目前人们分析元治理失败时特别关注如下三个基本或关键的问题：

第一，关于网络治理的反身折射性思考，即面临网络治理的不完备性，相对于市场、国家与公民社会失败而言，什么是网络治理可接受的结果，在什么样的意义或程度上，网络治理能够形成人们期望的结果。这种反身折射性思考的优点在于动态性质，即不仅考虑各种不同失败间的比较问题，更注重各种治理机制能够形成促进治理完善或改善的基础要素，而不仅仅是当下的简单结果问题，更注重社会学习机制、创新机制而不是封闭更多可能性探索空间。

第二，协商性地培养、扩展社会创建应对各种失败战略与策略的可能性空间的社会能力,从而使社会能够拥有更多可供选择应对各种失败的策略。促进社会应对各种失败能力的提高,从而改变治理失败与政策环境复杂性之间的平衡关系,形成更具有多样性的政策或行政组合,优化不同治理机制间的组合与配置,使问题与有效的治理机制之间更为匹配(Ashby,1956)。为此需要最大化治理的内部多样性(或治理方式的多样性)从而使国家治理体系有充足的能力应对各种突发性或偶发性事件或问题;为了在面对各种不确定性、混沌与动态环境时最小化治理失败的风险,保持足够大的改变策略的弹性的元治理,形成最大可能的协同效应(Grabher,1994)。

第三,面对元治理不完备性的不可避免性与失败的必然性,培养元治理的认知结构,重建有效网络治理与元治理的知识与实践要求准则,开发动态平衡的认知结构(Malpas and Wickham,1995;Jessop,2000)。这种关于有效治理与元治理的所谓恰当的准则的重新界定生成了一个令人惊异的结论,即面临复杂动态性的环境或问题,面临必须保持持续的适应能力的治理体系,人们在治理体系建构或元治理重建性思考中应秉持"必要讥讽定律"(The Law of Requisite Irony)。正如 Booth 所说,讥讽通常被视为摧毁了明确性或清晰性的某种主张,开启了通向混沌的条条路径,通过摧毁所有的教条而获得解放,或通过揭示每一个肯定性内部所隐含的不可避免的否定性的腐蚀来摧毁这种肯定性(1979)。出于同样的理由,有人指出,讥讽令人讨厌,因为它通过揭示世界的含糊不清、模棱两可而拒绝了我们所宣称的所有确定性(Hutcheon,1994;Jessop,2000;Tartaglia,2007)。

虽然从生活实践与直觉上说,讥讽并非一个好现象,有些离经叛道,过于挑剔,甚至不讲道理,胡搅蛮缠,但面临治理对象的复杂性以及元治理的动态性时,不啻为审视与理解复杂性的治理与治理的复杂性之间关系的一种合适的认知结构。复杂性本身就否定了清晰性,展现出混沌的远景以及对于确定性、决定论的否定。在一个复杂性日益增强的世界中,讥讽,强调情境性、视角性与不稳定性,所表明的,不过是每个人目前所拥有或掌握的知识状态(Present Conditions of Knowledge)(Fischer,1986;Hutcheon,1994)。事实上,某种意义上说,讥讽是复杂性的本质,肯定中蕴含着否定;否定中蕴含着肯定;秩序中包含混沌;混沌中孕育着秩序;静态中包含着动态,动态中内藏着静态……

讥讽,作为描述复杂性以及描述人们关于复杂性的理解的一个概念,不仅对于中国政治学与公共管理领域来说是一个很陌生的概念,即使在美国与欧洲也是一个学术性很强的专业术语,仅局限于特定的学术语境中使用。虽然如此,由于这一概念是美国著名哲学家 Rorty(1989)研究的重要概念之一,因而不仅有着深远的学术研究历史,也有着强烈的现实意义(Rorty,1989;Tartaglia,2007)。事实上,从某种意义上说,"必要讥讽定律"非常类似于中国俗语"两害相权取其轻",即在不同的治理失败中进行选择,并选择失败所致的社会期望损失最小的治理机制;但它也包含另外一个中国俗语"两利相较取其重"的含义。"必要讥讽定律"所表明的,是对于各种不同情境进行细致、具体的分析,每种主张都建立在某种理性之上,并在具体互动情境中,参与人通过广泛的沟通、协商做出自愿性选择与决定。

元治理研究是治理体系研究的核心概念，虽然国外相关文献对于元治理进行了大量研究，但由于没有深入到治理的具体情境中，因而仅仅提出了元治理的思维结构与原则。本系列将依据具体情境的界定，运用博弈论与演化博弈论探讨元治理的结构问题。在设定相关行为者行动情境中，依据机制设计原理、奥尔森的"利益共容性"机制以及制度互补性机制，探讨不同行为者间合作生成、元治理失败以及时间贴现率（短期行为与长期行为）等问题。

（三）元治理与国家或政府在国家治理体系中的地位与作用

如前文所述，治理的兴起源于对国家失败与市场失败的双重思考，为弥补这种双重失败，人们陆续提出了网络治理、新公共治理、协同治理、整体性治理、互动治理等。在这些不同标签下，隐含着一个似是而非的问题，即国家或政府在人们倡导的各种治理模式中，发挥什么作用，事实上是一个一直存在争论的问题。

一些主张，特别是早期治理文献，有一种自然倾向，边缘化国家或政府，而强调市场与市民社会在新式治理中的作用（Levi-Faur，2012）。新制度主义在更为广泛的领域中的兴起与传播更强化了这种主张（Sørensen and Torfing，2007）。事实上，Sørensen和Torfing甚至坚持认为，20世纪90年代初以来，公共行政理论与国家理论的各自努力，日益趋向于共同发展出一种公共治理过程理论，即关系国家之内或之外的自治理网络生成、作用与影响的理论（Sørensen and Torfing，2009；Lemke，2007；Marinetto，2003；Marsh，2011；Davies，2011）。元治理的讨论由于重新思考不同治理机制组合与适应环境问题，国家或政府又被重新纳入治理的讨论中，并且，越来越多的学者认为，国家或政府在网络治理与元治理的成功与否方面发挥着重要作用；在治理过程与治理环境互动过程中，网络治理既依赖于广泛存在于治理体系与治理对象中的软权力，也依赖于广泛存在于治理体系与治理对象中的硬权力；既依赖于治理过程的宏观结构，也依赖于互动的中观与微观结构（Esmark and Triantafillou，2009；Stoker，2011；Daugbjerg and Marsh，1998；Torfing et al.，2012；Kjær，2011；McGuire and Agranoff，2011；Kahler，2009）。

关于国家或政府在网络治理中的作用，目前主要存在三种理论分析途径：国家作为网络管理者的网络分析途径（Klijn and Edelenbos，2007；Torfing et al.，2012；Sørensen and Torfing，2007、2009；Kooiman and Jentoft，2009；Levi-Faur，2012）、基于嵌入性国家的新韦伯研究途径（Pierre and Peters，2000；Peters，2004、2010；Levi-Faur，2012；Dahlström et al.，2011）以及基于国家的政治经济学的新马克思主义研究途径（Gamble，1995；Kjær，2011；Davies，2011；Jessop，1990、2004、2005、2007；Kelly，2000）。

事实上，无论哪一种关于国家或政府在网络治理中作用的分析途径，都强调国家或政府作为一种特殊的社会制度安排或治理方式，具有独特的作用、性质与特征，网络治理在受国家或政府影响的社会环境中发挥作用，在国家或政府塑造的环境中运转，而其绩效又完全依赖于这种环境的性质。因此，网络治理及其元治理成功与否，完全取决于政府的运转过程与机制。没有国家或政府自愿的、积极的推动,网络治理与元治理就不可能实现其应有的绩效。然而,政府行为与过程本身又是社会互动的产物,因而元治理必然面临来自社会互动过程、个体互动能力以及个体行为取向的约束,面临个体行为与政府行为互动性质的约束。

相关研究表明,国家或政府的运行过程对社会的影响不仅具有瞬时效应,更具有历时效应或历史效应,因而其对社会的影响是递归性的、动态的。从这个角度上说,国家或政府的运转过程与机制,必须能够培育出使网络治理和元治理有效运转所需要的社会基础,即具有社会自组织、自组合以及意义自创生能力的行为个体以及促进这类个体生成的自我强化机制。这就需要政府本身真正具有公益精神取向并使政府的运转机制具有公益精神取向的特征。

然而,上述三种关于国家或政府在网络治理中作用的分析途径,目前仅停留在相关原则性的论述、说明与要求或愿望陈述上,而没有进入相关机制生成问题的研究,即政府的公益精神取向是如何可能以及如何维持的问题,更没有探讨政府的公益精神取向如何生成的问题。本研究运用机制设计原理,探索满足激励相容性条件、奥尔森的利益相容性机制以及哈丁的"利益包裹机制";利用演化博弈探索相关行为规范如何作为行为者的第二天性能够具有可自我实施性与自我强化性;利用互补性与正反馈机制探索社会治理创新的协同效应的形成机制,从而使国家治理体系与能力现代化成为一个不断自我强化的过程,一个持续推进的过程。

八、本系列研究的价值和意义

上述关于国家治理体系与能力现代化问题的学术史梳理与相关研究主题的讨论表明,国家治理体系与能力现代化问题的研究,是自20世纪70~80年代以来国际学术界研究的一个重大理论问题与实践问题。可治理性由什么决定,可治理性与治理能力的性质是什么,对于同样复杂的治理对象,什么力量、因素、机制塑造了不同的治理组合或网络治理,元治理失败的根源是什么,如何有效地理解与运用"Ashby必要种类定律"与Jessop提出的"必要讥讽定律",国家或政府在网络治理与元治理过程中的作用以及发挥作用的方式,成为20世纪80年代以来,众多科学领域,特别是政治学领域与公共管理领域研究的主题。

虽然这一研究取得了重大突破,形成了大量研究成果,但这些研究成果,包括研究方法,仍然处于形成之中,许多概念仍然存在众多分歧性理解,网络治理与元治理相关研究仍处于原则性论述之中,国家治理体系与现代化相关的许多问题,仍处于规范性的提供菜单阶段而没有说明或研究相关规范性策略如何有效实施的问题。事实上,建议性的策略已经足够多,问题是如何将这些建议化为实践活动,这是国家治理体系与能力现代化的核心与关键。本研究通过构建国家治理体系与能力现代化的理论分析框架,通过探索网络治理与元治理实施的相关条件与机制,特别注重相关问题的实施机制、条件与过程的研究,并从个体互动角度,探索国家治理体系与能力现代化的基础性要素、过程与机制,强化对于国家治理体系与能力现代化问题的系统性理解,对于构建具有中国特色的国家治理体系与能力现代化样式的分析框架,理解中国国家治理现代化的动力机制与推进过程、方式与途径等,对于形成具有自我维持和自我强化的中国国家治理体系与能力现代化的推进过程及机制,具有重大的理论意义与实践意义。具体地说,本系列对于已有研究的理论价值与理论意义主要体现在以下几个方面:

第一,将国家治理体系与能力现代化视为一个开放、复杂、动态的适应系统,有助于对国家治理体系与能力现代化进行历史、文化、行为规范与认知结构等社会生态情景的分析,有助于建构有中国特色的国家治理体系与能力现代化样式,寻求有中国特色的推进国家治理体系与能力现代化的策略。

本系列将国家治理体系与能力视为其所处环境的一个开放的、复杂适应性系统。这种分析框架的构建至少在中国大陆范围内是第一次提出,因而与国内目前以宏观叙述为特征的相关研究,存在较大差异。

国家治理体系和能力与其所面临的环境之间不断进行复杂性互动,通过微观个体的各种不同诉求,社会经济环境不断向国家治理体系展示新愿望与新要求;国家治理体系不断调整其结构组合回应社会经济环境的各种挑战与要求;将国家治理体系与能力视为微观个体(或主体)(Multi-agents)(包括各种社会组织、经济组织、政治组织、不同层级的政府以及社会行为个体等)复杂互动所形成的宏观结果或宏观样式(Macro-patterns),视为具有不同特质的微观个体在特定环境中或背景下复杂互动所形成的一种均衡(博弈均衡);将国家治理体系与能力现代化,视为社会行为个体互动的一个动态反馈过程或"间断—均衡"过程:即在特定背景下的社会互动过程中,具有不同特质的社会行为个体的行为,既受到已有治理体系相应要素与规范的激励与制约,也受到新愿景、新愿望、新需求的牵引,更受到不同行为个体间相互依存关系变化的影响,因而个体社会互动过程同时也在影响、改变国家治理体系的相应规范,在创设与重塑国家治理体系相应构成要素及其不同组合,进而在改善国家治理体系与提升国家治理能力。国家治理体系与能力的每种状态都是多个体互动而形成的一种均衡(可能是不稳定均衡),国家治理体系与能力现代化则是从一种博弈均衡向另外一种博弈均衡的转变过程。

第二,本系列主要从多个体互动的途径或角度(Approaches or Perspectives)进行抽象与研究,以微观个体及其互动为基础,而不是仅从宏观到宏观的研究,有助于构建国家治理体系和能力现代化的微观基础,有助于塑造个体特质与行为特征,从而有助于塑造具有中国特色的国家治理体系与能力现代化的推进策略的驱动力量。选择多个体互动研究途径或视角,研究国家治理体系与能力现代化问题,而不是仅从宏观到宏观机制与制度的描述(目前国内外大部分研究属于这一类),主要有如下几个微观基础方面的原因:

首先，国家治理体系与能力现代化的趋向，是强调行为者之间的协调、合作、协作、网络化、协同以及相互促进的正反馈等。所有这些社会现象能否形成以及形成的条件、机制等，依赖于微观个体互动机制，特别是依赖于信任、互惠以及其他亲社会行为。只有从微观个体互动角度，才能够发现、揭示出这些机制与条件，否则，不论是要求法治、透明、清廉，还是回应性、有效性、责任性以及管制质量等所谓善治标准，都只能是一种愿望或呼吁，无法有效地实现。

其次，没有个体对现代化规范（法律、伦理道德准则、各种职业伦理以及社会习俗特别是生产性社会规范等）的自觉遵守，国家治理体系与能力现代化（包括人们提出的各种善治准则）只能是类似于祈祷式的愿望。国家治理体系与能力现代化问题，本质上是社会行为个体的现代化以及与之相伴随的个体间互动策略选择或博弈均衡选择的现代化问题，也就是一系列制度安排变迁的问题，因而与经济现象的解释相比更依赖于个体间的互动性质。事实上，个体互动行为既是社会规范的生成源泉，也是社会规范变迁的驱动力量。从这个意义上说，作为一系列制度、规范安排总和的国家治理体系及其功能实现状态的治理能力，既是人们互动的产物，也是人们互动的激励与约束。人们在互动过程中既受已有国家治理体系与能力的影响与约束，也在影响或推动着国家治理体系与能力的变迁。

最后，强调社会问题或现象研究的微观个体行为基础，也是马克思一贯倡导的研究途径。马克思曾说，社会——不管其形式如何——是人们交互活动（或互动）的产物。在社会生活中，个人被卷入一个巨大的互动过程中，在这里他们必须对不断变化的行动进行相互调试，这一互动过程既要向他人表示自己的所作所为，又要对他人的行为进行解释（戴维·波普诺《社会学》）；人们以相互的或交换的方式对别人采取行动，或者对别人的行动做出回应；个体常常意识到别人对其行为的期待以及个体对他人思想、感情和行动的期待。人们不断地根据自己身处何地以及与谁交往而调整自己的行为。

总之，多个体互动途径能够有效捕捉国家治理体系与能力问题动态复杂性的内在生成机制，能够有效重视不同个体偏好与利益差异，能够从多个体互动的不同机制生成各种复杂网络，能够透视个体遵循不同规范的内化机制（国家治理体系与能力现代化的重要特征之一是人们能够遵循一套新的行为规范），能够理解不同治理机制的适应情景。从个体互动或以行动者为中心角度研究治理问题，已经成为国外公共管理领域研究最为前沿与日益兴盛的研究途径。

第三，对国家治理体系与能力现代化问题进行分析框架性与基础理论性的研究，强调元治理的研究，有助于从分析性意义与整体上把握国家治理体系与能力现代化的理念、过程、结构与机制之间契合与互动，为确定中国治理体系与能力现代化的推进策略开辟了广阔空间。目前流行的治理问题的研究，可分为作为分析性或描述性意义（广义）的治理问题的研究与作为规范性范式（狭义）的治理问题的研究。由于多种原因（目前治理问题研究的新趋向与治理现代化问题研究必须扎根于社会、植根于文化等），本系列将治理视为一种分析性意义的概念，而不是作为一种规范性范式，对国家治理体系与能力现代化进行研究。因此，本系列的研究不同于将治理视为一种规范性范式的研究，而是较其更为宽泛的一种研究，是将治理作为一种分析概念的研究。与此密切相关的是，本系列仅就国家治理体系与能力现代化的基本理论进行研究，不进行应用性研究，但相关研究方法与结论可以应用于国家治理体系与能力现代化的各种具体领域与问题（法律领域、经济领域、社会领域、文化领域、教育领域、医疗卫生领域等）。本系列强调元治理的研究，因而有助于从整体上把握国家治理体系与能力现代化的理念、过程、结构、机制等，有助于形成理解复杂性治理与治理复杂性的认知结构或心智模式。

第四，本系列将主要运用复杂性相关的各种理论与方法，包括协同理论、网络理论、机制设计理论以及博弈论等，探索有效提高国家适应环境变迁能力与有效应对国家治理面临的各种问题的能力的治理体系及其形成条件与机制等，有助于中国国家治理体系和能力现代化的理论构建与实践构建。基于多个体互动以及综合运用机制设计理论、演化博弈理论与激励相容性理论，本系列注重国家治理体系与治理能力完善与提升的微观个体互动机制、行为特征以及相关激励与约束的互补性机制等，特别注重相关机制的自我实施性、激励相容性（Incentive Compatibility）以及奥尔森的利益共容性（Encompassing Interests）或哈丁的利益包裹性（Encapsulated Interests）机制等；运用演化博弈理论，探索作为网络治理基础的社会特征的形成条件、机制与过程。

第五，实践价值与实践意义。本系列研究的实践价值与实践意义至少有如下四个方面：①有助于理解国家治理体系现代化与社会现实结构之间的互动关系，激发人们对于国家治理体系与能力现代化驱动力量的理解与识别。②中国正处于深刻的社会转型时期，把握住这种转型的机遇，有意识地促进国家治理体系与能力现代化因素的生成与培养，对于持续推进中国国家治理体系与能力现代化具有社会基础性意义。③中国正处于改革开放的深水区，针对阻碍国家治理体系与能力现代化的因素，进行坚决而且持续的改革，是中国推进国家治理体系与能力现代化的关键。④中国正处于社会问题的多发期，充分利用各种社会力量，平衡各方面的利益，将民众的诉求视为国家治理体系与能力现代化的促进与支撑力量，对于瓦解既得利益集团，突破改革的阻力，形成持续推进国家治理体系与能力现代化的机制与过程，十分关键。

本研究提出的分析框架以及有效实施网络治理与元治理的相关因素与机制，对于充分识别与利用各种社会力量与机制推进中国国家治理体系与能力现代化，具有重大的启示意义或理论指导意义。

本系列虽然是专家们多年研究、积累与沉淀的结晶，但由于国家治理体系现代化问题是一庞大的、开放的问题，难免存在一些与众多专家意见相左之观点，也难免存在各种疏漏与不尽如人意之处。我们诚恳地希望各位专家斧正、不吝赐教。

我们坚信，随着人类知识的积累，智慧的开发，科学技术的进步，个体间互动以及人们价值观念行为与选择的变迁，国家治理体系现代化的未来形态，必然是一个不断发展与完善的实体，因而人们对其未来形态的任何想象与臆断都将被时间这把无情之剑征服与摧毁。或许最佳的策略选择是将国家治理体系现代化视为一个与时间共同演化的实体，因而是一支永远指向未来、没有终点的时间之矢。国家治理体系的未来演化方向无论与今天人们的意愿如何相违、相背，都永远不是任何人依其意愿所能撼动与逆转的！必然成为如他之所是，自然而然，不得不然！

杨冠琼
北京师范大学政府管理学院
2014 年 8 月 25 日于北京

序

"自然、和谐、富裕",是一切生命体本能向往的状态,也是人类自摆脱懵懂、进入文明社会以来孜孜以求的目标。人类文明演进的历史,就是人类不断探索实现"自然、和谐、富裕"这一目标的途径和措施的历史;就是不断探索支配这一目标演进、变化的内在力量、机制和规律的历史;就是人类不断更替、不断改善"自然、和谐、富裕"水平和阶段的历史。这是人类与所有生命体的共性,是一切生命体最基本、最原始、最朴素的追求。

每种生命体都先天地、内在地储存着其生命的目的,而这种目的的实现依赖于其实现活动的性质。每种生命体的目的及其实现活动,基本上或主要地依赖于蕴藏在其体内的基因编码,也就是依赖于亚里士多德所说的蕴藏于其体内的"隐德来希"来实现。人类作为生命体中的一个类别,其目的的实现不同于其他类别生命体目的的实现。人的目的,即幸福,是获得的或主动争取来的而不是主要以自然的方式达到的(亚里士多德)。理性正是蕴藏于人类体内的"隐德来希"。著名生物学家汉斯基说,"人类明显地和其他的物种不同是因为我们的智力之故,所以我们可以在活着的生命体世界中占有一个特殊的地位。在过去的几千年来,我们有能力改变了整个生态系统——甚至完全地摧毁它们,例如在中东地区的许多地方,正因为农业的发明而造成巨大的改变"(威尔斯,2010)。人的活动目的的实现则主要借助于人的理性的运用,依靠运用理性的活动,是实践理性更为积极地参与其中的过程。正因为如此,奥斯特沃特(Ostwald)鲜明地指出,人的目的的实现活动的意义,就是"积极地"从事这些属于人的实践的生命的活动。任何其他生命体都未曾达到具有理性和理性活动的水平。正是人类相对于其他生命体的超级理性水平,才赋予了人类以"正义、自由、科学"这种更具形而上色彩的价值代替"自然、和谐、富裕"这种所有生命体的原始诉求的能力,从而使"正义、自由、科学"的价值追求充分彰显实践理性,更积极地参与其目的实现过程的人性特征。

作为生命体基因编码,"隐德来希"控制、指挥、引领生命体的行为。李商隐的"春蚕到死丝方尽"道出了一切生命体目的及其实现活动的真谛。任何生命体的如他所是的属性,决定了如他所是的目的以及目的实现活动。任何生命体目的的实现活动与过程,都不受他人命令的干扰,也不是别有什么企图,只是出于其本性,自然而然,不得不然,直到生命体的尽头,直到他不再是他所是。

正是这种生命体的基因编码或"隐德来希",先验地决定了人类对"正义、自由、科学"的追求。正是人类追求"正义、自由、科学"的孜孜不倦的努力，经历了上万年的演化性沉淀，携带着丰硕的智慧结晶，伴随着人类进入如梦如幻、充满魅力因而令人着迷的20世纪：人类在上万年的演化和发展过程中积累下来的智慧，不断地超越着人们的想象力，使人类的一个个幻想和梦境变成现实：嫦娥奔月，音传万里；穿越时空，再现历史；点"沙"成金，"拔毛变猴"……

20世纪亦是一个孕育、生成不确定性和潜在危机的时代：传统资源日近枯竭，沙漠肆意扩散，海平面节节升高；恐怖活动猖獗，局部冲突不断；毒品走私日甚，艾滋病与各种癌症日趋泛滥，不断吞噬着宝贵的生命；个人之间、群体之间、区域之间乃至国家之间，收入和财富分配不均等状况日益加剧；"数字鸿沟"迅速膨胀，网络的双刃剑性质日益凸显。

今天，我们正处在人类社会大流变的旋涡之中。曾经被认为"自然、和谐、富裕"的平衡状态已经被打破，而新的"自然、和谐、富裕"图景却处于未知境地；新的现象、新的问题如潮水般不断涌现：过去不是"问题"的现象而今成了人类必须予以回应的问题，过去被认为是个人问题的而今成为社会问题；过去被认为是局部或特定群体问题的如今成为全局或全球的问题。

自然界赋予人类的以追求"正义、自由、科学"为核心的"隐德来希"，并没有普遍惠及所有人类；人类在上万年的演化和发展过程中积累下来的智慧，其光芒并非普照和惠及了所有国家。同样居住在一个地球上，同样生活在一片蓝天下，同样受一个太阳的普照，不同国家间的生活标准存在如此大的差异，"正义、自由、科学"的实现程度存在如此大的罅隙，不能不成为具有理性思维的人思考的焦点问题。这一问题所具有的魅力如此之大，导致人们一旦开始思考关于不同国家间"正义、自由、科学"的实现程度存在如此巨大的罅隙，就很难再去思考任何其他问题。

甚少部分地基于这种思考，中共十八届三中全会《中共中央关于全面深化改革若干重大问题的决定》强调指出，全面深化改革的总目标是完善和发展中国特色社会主义制度，推进国家治理体系和治理能力现代化。必须更加注重改革的系统性、整体性、协同性，加快发展社会主义市场经济、民主政治、先进文化、和谐社会、生态文明，让一切劳动、知识、技术、管理、资本的活力竞相迸发，让一切创造社会财富的源泉充分涌流，让发展成果更多更公平地惠及全体人民。

共享人类社会发展成果，全面提高人类福祉，让现代人类文明惠及每一个社会，惠及每一个人，是21世纪人类社会面临的一个重大的新问题、新挑战。有效推进人们共享社会发展成果与人类现代文明，让现代人类文明的巨大恩惠普照社会，促进社会福祉的全面提高，是21世纪世界各国公共治理创新、完善的一个核心理念与主题，自然是优化政府规模、结构与行为的一个核心理念与主题。

近年来兴起的新制度经济学与新政治经济学，在探索上述问题的答案方面，付出了巨大的智力努力，认为制度差异决定了各个不同社会群体在发展水平方面的差异。诺斯的"国家的存在是经济增长的关键，也是人为经济衰退的根源"是这一理论结论的经典表述。这里不同的"国家的存在"是指不同国家的公共治理结构与机制，即国家在公共治理结构与机制方面存在差异，因而对长期经济增长产生了巨大的、不同的影响。事实上，新制度经济学与新政治经济学的这一结论，并不是什么新发现，早在古希腊时期，苏格拉底、柏拉图与亚里士多德就曾针对产权结构对社会财富产生的影响进行过激烈的争论。不同的公共治理结构与机制决定一个社会族群发展路径的理论，在此后的17~20世纪，一直受到西方学术界的推崇，并且一直在突破传统的宏观结构与机制理论，将一个社会发展路径的决定因素扩展到包括产权制度在内的各种不同的（正式的与非正式的）制度安排（Hedoin，2012）。

新制度经济学与新政治经济学关于不同国家财富生成能力问题追问的种种解释，虽然因为具有鲜明的现实基础与俯拾即是的经验证据，而具有强大的说服力与魅力，但囿于众多专家的知识背景与研究领域的差异，种种解释只是关于财富生成能力差异问题的一种尘埃落定后的回答：超级决定因素为国家治理能力，或制度，或政治组织和行政管理能力，或明智的政策和良好的公共行政；并没有说明尘埃是如何落定的，即为什么有些国家或地区拥有了这些超级因素而其他国家或地区却没有？难道财富生成能力的超级决定因素是上天对特定国家或地区的恩赐？

"中国政府规模、结构与行为优化研究"项目的总体研究思路遵循提出问题、分析问题、解决问题的逻辑：以探索中国政府规模、结构与行为优化的基础理论为研究目标，以中国政府规模、结构与行为为研究对象，以中国社会、政治、经济现实和有关政府规模、结构与行为的理论为研究基础，以国际经验与实践为研究参考，以政府规模、结构与行为的社会经济效应为优化基准，以中国政府规模、结构与行为的内生决定因素与机制为研究要素，以构建中国政府规模、结构与行为的优化模型为研究途径，以确定中国政府规模、结构与行为最优的理论准则与经验准则为研究核心，以提供相关的政策选择为优化中国政府规模、结构与行为的措施。

遵循上述总体研究思路，本项目的总体研究方案是：通过描述性研究，厘清中国政府规模、结构与行为在历史纵向和国际比较横向两个维度的发展变化、现实状态与存在的问题；通过实证性研究，探索政府规模、结构与行为的社会经济效应，进而了解政府职能配置的实际状态；通过解释性研究，探索政府规模、结构与行为的内生决定要素与变化的动力机制，进而探寻市场经济条件下政府规模、结构与行为演进的一般规律与个性差异；通过规范性研究，从理论和经验两个维度探索中国政府职能配置、规模、结构与行为的最优状态与判断准则；通过对策性研究，提出优化中国政府规模、结构与行为以及降低行政成本可供选择的相关政策。

本研究从社会嵌入性，即从相关的不同领域制度安排之间相互作用的角度解释中国政府规模、结构与行为问题。嵌入性（Embeddedness）是指社会的任何一个构成部分都以各种各样的复杂方式嵌入社会关系之中，每一个构成部分都是其他构成部分相互作用的产物，每一个构成部分的状态都是各种不同力量以复杂方式相互作用而形成的一种均衡。由于社会是由各种关系与制度相互作用而形成的一个有机整体，是具有特定历史禀赋的各种微观行为主体相互作用而形成的宏观样式，因而每个部分的状态也就构成了这种宏观状态的一部分。嵌入性这一概念表明，只有将具有特定历史禀赋的个体行为，放到更广泛的关系性、制度性与文化性的背景之中，才能得到有效的理解与说明。嵌入性视角将社会行动发生于其中的不同条件及这种条件的形成机制视为解释社会行动的优先条件，而不是脱离社会背景关系与机制孤立地分析个体行动及其生成的因果关系或机制。换言之，嵌入性视角强调"嵌入"（Embedding）与"脱嵌"（Dis-embedding）或"重新嵌入"（Re-embedding）的共时性的耦合过程（Synchronized Coupling Processes）。

嵌入性视角基于如下社会想象或理论假设：社会行为个体并不是孤立的、与社会其他方面不相干的原子式的个体；即时效用并不能解释社会关系的所有意义；制度形成及制度的行为规范作用只有与其运转于其中的社会互动背景相联系才能得到有效的理解与解释；现代社会正在经历导致多种适应性过程的社会变迁，多种适应性过程源自原来相对独立的特定社会、文化和认知结构（Configurations）与现代化变迁趋势（Convergent Trends）之间的互动。

本研究运用实证研究方法与分析性叙述方法。实证研究方法主要用于理论检验与提供统计性经验证据。本研究在论述公共政策显示性偏好以及相关理论性结论时，都提供了经验性的统计证据。分析性叙述方法是一种新近总结出来的方法，其基本精神是将历史文献与理性选择理论结合在一起，论述相关论点并为此提供相关统计性证据的论述方法。正如 Laitin（2002、2003）所说明的，分析性叙述是一种"三位一体"的比较方法，它将统计分析、形式化理论与历史叙述结合在一起，对论点进行三方面的论述与支持。通过阅读文献、相关历史档案，通过访谈、调查与第二手文献调研，分析性叙述方法试图理解行为者的偏好、感知及对各种不同方案的评价、他们所处理的信息、形成的期望、所采取的策略及面临的各种行动约束，分析性叙述方法试图理解不同行为者所实际采取的行动策略的合理性与不合理性以及采取各种不同策略的原因。

借助于上述研究视角与方法，本书探索并提出了政府规模、结构与行为研究的基本概念框架，分析、描述了中国政府规模、结构与行为的历史演变和现状，总结性地提出了中国政府规模、结构与行为优化可借鉴的国际经验，较为细致地探索了中国政府规模与结构的需求与供给决定因素，实证地测量和识别了中国政府规模、结构与行为的社会经济效应，从理论、形式化模型与经验检验等方面探索了中国政府最优规模及其决定因素，探索了政府规模、结构与行为的社会嵌入性的影响以及政府规模、结构与行为的体制性影响等，并基于理论分析与实证研究，从嵌入性的角度提出了中国政府规模、结构与行为优化可供选择的相关政策与制度安排。

本书源于2008年的国家自然科学基金项目，前后历经六年多。书中许多内容经历了多年的积累、沉淀，经过不断思考、反复查阅文献以及反复的修正，今日才付梓出版。在信息化时代，本人前后用六年时间才形成今天的研究，或者说，才使此研究达到如此状态，不得不说效率已经很低了。不过，幸亏这是一项基础理论研究，并不存在时间期限的限制，因而并不存在过时与否的问题。不仅如此，本人相信，政府规模、结构与行为优化问题，随着社会复杂性程度的提高，随着政府干预社会生活的强度与密度的增加，将成为未来相当长时期内学术界、政治界与管理界关注的核心问题，将会受到越来越多人的关注。

虽然本人尽最大的努力,反复阅读书中的每个文献,对重点文献更是进行了较为深入的研究;对于书中的定性理论,本人进行了反复推敲,努力梳理思想、逻辑上的脉络;对于本研究的形式化理论,本人进行了详细推导;对于书中的经验检验,本人都进行了充分的核对与反复的测试。书中的每个文字、每个符号,都是本人亲自敲打出来的;每句话,都是本人反复推敲与批判性审视的结果,但由于本人的精力与能力有限,书中难免存在这样或那样的疏忽与遗漏、不足与欠缺。同时,学术研究是一个开放的系统,不同研究者可能因各种原因存在不同观点与论证逻辑,因而也难免存在与专家们偏好不一致的地方。本人诚邀各位专家不吝赐教,直言斧正,以利我心。正如孔子曰:闻过则喜。

最后,感谢在本书写作过程中给予我各种帮助与鼓励的专家、学者、同事、领导、学生与亲朋好友;感谢经济管理出版社以及陈力先生的鼎力相助;感谢国家自然科学基金、国家出版基金、北京师范大学以及中央高校基本科研业务费专项资金提供的资助。没有上述这些支持与帮助,不仅此研究实难完成,此书稿也只好交给老鼠的牙齿去批判了(马克思语)。

杨冠琼

北京师范大学政府管理学院

2014 年 12 月 25 日

目 录

第一章 绪论 1
   第一节 本研究问题提出的社会背景 1
   第二节 本研究问题提出的政策背景 3
   第三节 本研究问题提出的学术背景 6
   第四节 本研究的理论意义与实践意义 8
   第五节 本研究的研究目标与研究内容 11
   第六节 本研究的总体思路与研究方案 12
   第七节 本研究的研究视角、途径与方法 13

第二章 政府规模、结构与行为优化的基本概念框架 17
   第一节 政府规模、结构与行为的概念界定与构成维度 17
   第二节 政府规模、结构与行为优化理论 23
   第三节 政府成本、规模与绩效 28
   第四节 消解与重塑科层组织：政府规模、结构与行为优化的
            自适应系统的构建 30

第三章 社会经济绩效与政府规模、结构：经验证据与优化实践 ... 37
   第一节 规范性理论及其经验 37
   第二节 政府最优规模的理论模型与经验证据 43
   第三节 政府规模、结构变迁与优化的美国经验 47

第四章 政府规模、结构与行为的福利最大化基本分析框架 77
   第一节 导论 77
   第二节 政府规模与结构福利最大化模型的基本框架 82
   第三节 政府支出的长期效应 90
   第四节 政府永久性支出的动态调整效应 94

第五章 中国政府规模、结构与行为历史变迁的嵌入性分析与国际比较 ········ 103

第一节 嵌入性分析视角的特征 ········ 103
第二节 "统一领导,分级管理":改革开放前的遗产(1953~1978年)······ 106
第三节 "放权让利"与扭曲性分割:改革开放后的新探索
(1978~1993年) ········ 118
第四节 中国式分权与扭曲性激励:社会性支出危机的形成与治理
(1994~2009年) ········ 138

第六章 中国政府规模与结构的需求决定分析 ········ 151

第一节 相关研究的理论与方法 ········ 152
第二节 基本公共服务的需求决定因素:一个基本理论框架 ········ 154
第三节 具有拥挤系数的需求决定模型 ········ 158
第四节 实证研究 ········ 159
第五节 进一步讨论和相关建议 ········ 175
附录 ········ 176

第七章 瓦格纳法则与马斯格雷夫假设的检验 ········ 179

第一节 引言 ········ 179
第二节 研究方法与理论模型 ········ 182
第三节 实证研究结果 ········ 188
第四节 研究结论与政策建议 ········ 206

第八章 中国地方政府最优规模的实证检验 ········ 209

第一节 导言 ········ 209
第二节 实证检验模型与假设 ········ 210
第三节 变量界定与估计结果 ········ 213
第四节 结论与政策建议 ········ 220

第九章 中国地方政府最优规模:三类模型的比较与检验 ········ 223

第一节 研究综述 ········ 223
第二节 基于"Barro法则"的估计模型 ········ 223
第三节 包含二次项的估计模型 ········ 227
第四节 门槛回归估计模型 ········ 228

第十章 政策偏好、地方政府责任分担与社会非均衡发展 ········ 233

第一节 导论 ········ 233

第二节　基础教育的社会属性 …………………………………………… 234
　　第三节　政策偏好与责任分担：改革开放前的遗产 …………………… 236
　　第四节　政策承诺与责任分担：改革开放后的嬗变 …………………… 241
　　第五节　公共财政支出与显示性政策偏好 ……………………………… 249

第十一章　决策体制、政府偏好与制度性优化建构 …………………… 257
　　第一节　导言 ……………………………………………………………… 257
　　第二节　政策偏好与基础教育责任分担：国际经验 …………………… 258
　　第三节　公共政策偏好的制度决定 ……………………………………… 265

第十二章　社会公平、稳定与地方政府规模和结构优化 ……………… 271
　　第一节　问题的提出与相关研究的不足 ………………………………… 271
　　第二节　中国群体性事件发生的内生性因素 …………………………… 272
　　第三节　基于社会网络的群体选择模型 ………………………………… 276
　　第四节　模拟检验结果：内生性因素的临界值 ………………………… 279
　　第五节　结论 ……………………………………………………………… 284

第十三章　政府组织结构决定因素与优化 ……………………………… 287
　　第一节　社会分工、职能专业化及其非理性 …………………………… 288
　　第二节　协调成本与政府职能部门结构优化 …………………………… 291
　　第三节　不确定性与政府层级结构优化 ………………………………… 295
　　第四节　不可能性定理的政府组织层级优化含义 ……………………… 305

第十四章　"省直管县"的经济绩效：一个经验检验 …………………… 311
　　第一节　引言 ……………………………………………………………… 311
　　第二节　模型设置 ………………………………………………………… 313
　　第三节　实证结果与分析 ………………………………………………… 317
　　第四节　结论 ……………………………………………………………… 323

第十五章　政府行为互补性与社会经济绩效 …………………………… 325
　　第一节　问题的提出与概念界定 ………………………………………… 325
　　第二节　模型设定、指标选择与数据处理 ……………………………… 330
　　第三节　实证结果的解释 ………………………………………………… 333
　　第四节　晋升锦标赛与中国基本公共服务发展失衡 …………………… 339

参考文献 ……………………………………………………………………… 353

第一章 绪 论

第一节 本研究问题提出的社会背景

现代社会的最突出特征之一，是整个社会被各种政府行为所形成的巨大网络所笼罩或覆盖。任何一个国家的任何一个人，无论是否愿意，每时每刻都受各种各样的政府行为的影响。假设我们每个人的生活从某个早晨开始的话，那么我们从起床开始的24小时内几乎每时每刻的活动都受政府行为的影响：起床后开始洗漱，而洗漱用的水、香皂、护肤品等的质量与价格，都是政府行为影响的产物；洗漱后开始吃早餐，而早餐中的鸡蛋、牛奶、面包及各种水果等，其价格与质量亦是政府行为作用的产物；而后我们开始上班、工作、下班以及上床休息等，这些行为过程中的每一种活动，都与交通、教育、收入、税收、医疗卫生、社会保障、公共安全等密切相关，这些依然是政府行为的产物，因而也都受不同政府行为的影响。

由于每个人的所有活动都受不同政府行为的影响，因而我们每个人都会对这些不同影响形成不同的感觉。一个人可能抱怨公共交通过于拥挤，也可能抱怨空气污染太严重，还可能抱怨缴纳的所得税过高；一个人可能抱怨政府官员权力过大、特权过多，也可能抱怨政府部门办事拖拉、敷衍塞责、官僚主义严重，分配不公、贫富差距悬殊。这些作为不同政府行为的影响结果，促使人们试图理解这些政府行为，即为什么会出现这些导致人们感觉不佳的政府行为。

为了有效回应这种社会态度与疑问，更好地优化政府行为，中共十八届三中全会《中共中央关于全面深化改革若干重大问题的决定》（以下简称《决定》）指出，"有效的政府治理，是发挥社会主义市场经济体制优势的内在要求。必须切实转变政府职能，深化行政体制改革，创新行政管理方式，增强政府公信力和执行力，建设法治政府和服务型政府"。为此，需要"优化政府组织结构。转变政府职能必须深化机构改革。优化政府机构设置、职能配置、工作流程，完善决策权、执行权、监督权既相互制约又相互协调的行政运行机制。严格绩效管理，突出责任落实，确保权责一致"。

中共十八届三中全会《决定》的上述判断与建议，基于中国社会问题，特别是基于对中国地方政府行为现状的基本审察以及存在的相关问题的基本认识。曾几何时，所谓的"政绩工程"、"形象工程"、"面子工程",在中国大地上,如雨后春笋般地迅速涌现,又如恶魔般地变换着形式与外观。所谓"政绩工程"、"形象工程"、"面子工程",均是某些地方或部门领导干部为了个人及小团体的目的和利益,不顾当地实际和民众需要,不惜利用手中权力而搞出的劳民伤财、浮华无效却有可能为自己和小团体标榜政绩的工程。在老百姓眼里,"政绩工程"就是急功近利、贪图虚名的代名词。地方政府的领导干部,为攫取荣誉和官位,好大喜功,急功近利,不顾现实条件,不尊重客观规律,轻率地上马了一些热热闹闹的"拍脑袋工程"。地方领导干部为了让上级多打一些"印象分",总想做一些表面文章,热衷于表面风光实则劳民伤财的"献礼工程"、"路边工程"、"观赏工程"、"观摩工程"。有的领导干部无视经济社会的可持续发展,滥用资源,掠夺性开发,竭泽而渔,被老百姓斥为"吃子孙饭,断子孙路"……正因为如此,提起"政绩工程",人们总是不约而同地把它与"形式主义"、"劳民伤财"、"捞取政治资本"等否定性的评价联系在一起。

为了强化感性或直觉认识,下面列举几个典型事例。

前安徽省副省长、阜阳市市委书记王某,可谓是"政绩神话"的绝佳导演。由他一手缔造的"阜阳三大神话"都无疾而终:①为配合阜阳的"国际形象",王某从当地财政和百姓手中搜刮了3亿元,盲目上马阜阳国际机场工程。然而,此地由于地理位置关系,一个多星期才有一架飞机起落,每条航线的年度财政补贴高达400万元。②另外一个"大手笔"就是,在东南亚之旅后,王某一拍脑袋,突发奇想,要建世界上最大的动物园"龙潭虎穴",结果折腾了三年之后,后来只有两只小老虎,开销还得靠外界援助。③被称为"最令人伤心的工程"的阜阳电厂,其前后折腾了八年,仅前期投入就高达数亿元,后来几乎处于停工状态。

可与之相媲美的还有曾震惊全国的"沈阳慕马"。占地1476亩,建筑面积44万平方米,总投资高达16亿多元的沈阳浑河大市场,现在是人迹罕至,门可罗雀;建筑面积1.4万平方米,投资1.2亿元的沈阳国际棋城更是一个"边设计、边施工、边改动"的"三边工程"。

如果说上述两例是省长、市长级别的话,那么,豫西国家级贫困县卢氏县县委书记杜某就可填补县一级的空白了。这位"贫困县倒下富书记"因滥用国家扶贫款、收受贿赂、大肆卖官,后因东窗事发而倒台。事发后人们才发现这位书记的多种嗜好之一,就是大搞"政绩工程",诸如万头猪场、万亩牧场、食用菌百里长廊等。

2008年12月,媒体报道"凤县耗资6.5亿打造月光城",引起社会普遍质疑。打造月亮星星,虽然较其他地方建"天安门、大广场"有些新意,但本质上仍属于"形象工程"。凤县的"造星"工程,始于2007年。截至报道之时,县城四周的五座山上已挂满"星星",据统计,县城四周"栽"了3000多盏太阳能灯,每个灯有两个拳头大。一到晚上,这些"星星"开始发亮,漫山遍野地闪耀。在县城里,嘉陵江两岸数十束探照灯与江面上的龙凤彩灯、莲花灯映照,将凤县变成灯海。

为了拉动经济发展,不少贫困县立足于本县实际,办起了"龙虾节"、"水果节"、"旅游节"等,以招商引资。这本来是利民工程,值得借鉴的好事。但是某些县为了扩大影响，追求轰动效应，因此玩得"过火"了：搭建豪华舞台、举办了许多奢华演出，甚至请来知名主持人、演艺界明星等。

2014年10月14日新华网报道，截至当时，全国已经有663个"形象工程"、"政绩工程"被叫停。这表明，中国地方政府规模、结构与行为问题，已经成为迫切需要研究的现实问题，也是迫切需要研究的理论问题。

"吃空饷"是当代中国公共治理面临的另外一大类严重问题。"吃空饷"源自从军队冒领"饷银"。如《明史·袁崇焕传》记载："文龙一匹夫，不法至此，以海外易为乱也。其众合老稚四万七千，妄称十万，且民多，兵不能二万，妄设将领千。"也就是说，士兵只有四万七，却报十万，多吃了一倍的空饷。"吃空饷"者多为民，虚设将领超千人。如今，"吃空饷"不仅延伸到了政府和事业单位，国有企业也是数不胜数。

当代中国"吃空饷"问题由来已久。早在2005年，中央中编办就在全国开展了清理"吃空饷"工作。2006年，原人事部出台《关于加强机关事业单位人员工资管理防范虚报冒领工资问题的通知》；2007年，中编办、监察部颁布实施《机构编制监督检查工作暂行规定》；2013年，人社部有关负责人表示，将完善和规范公开招聘制度，研究制定治理公职人员"吃空饷"和解决超编用人、编外用人的政策措施。

2005年中编办在全国开展清理"吃空饷"工作。据公开报道，已完成此次清理工作的四川、海南、重庆、湖南、河南、宁夏、内蒙古七个省、自治区、直辖市，共清理出"吃空饷"者7万多。"吃空饷"人员年人均消耗财政支出的数额，据媒体根据当时披露的有关数据测算，河南为7365元，湖南、重庆均接近5000元，四川为1700多元，陕西西安约为20000元。根据2005年《中国统计年鉴》计算，已完成此次清理工作的7个省、自治区、直辖市，2004年行政管理费接近405.6亿元，如果吃空饷者以年人均消耗财政支出5000~20000元算，上述七个省（市、自治区）一年共增加支出3.5亿~14亿元。

据2014年12月25日《人民日报》报道，在近两年开展的群众路线教育实践活动中，30个省份共清理清退"吃空饷"者16.2万人，涉及财政资金84亿元。2014年12月12日，国务院常务会议决定，将在全国集中开展"吃空饷"治理行动，集中治理机关事业单位"吃空饷"问题，堵上蚕食财政资金的黑洞。由此可见，"吃空饷"已经成为当代中国政府规模、结构与行为研究中的重大现实问题。

第二节 本研究问题提出的政策背景

中共十八届三中全会《决定》是指导中国未来改革与创新的纲领性文献与蓝图。本研究是对相关问题所进行的理论与经验方面的探索。这些相关问题主要体现在如下三个方面。

一、国家治理体系与能力现代化

全面深化改革的总目标是完善和发展中国特色社会主义制度，推进国家治理体系和治理能力现代化。必须更加注重改革的系统性、整体性、协同性，加快发展社会主义市场经济、民主政治、先进文化、和谐社会、生态文明，让一切劳动、知识、技术、管理、资本的活力竞相迸发，让一切创造社会财富的源泉充分涌流，让发展成果更多更公平地惠及全体人民。

二、加快转变政府职能

科学的宏观调控，有效的政府治理，是发挥社会主义市场经济体制优势的内在要求。必须切实转变政府职能，深化行政体制改革，创新行政管理方式，增强政府公信力和执行力，建设法治政府和服务型政府。

1. 全面正确履行政府职能

进一步简政放权，深化行政审批制度改革，最大限度减少中央政府对微观事务的管理，市场机制能有效调节的经济活动，一律取消审批，对保留的行政审批事项要规范管理、提高效率；直接面向基层、量大面广、由地方管理更方便有效的经济社会事项，一律下放地方和基层管理。

政府要加强发展战略、规划、政策、标准等的制定和实施，加强市场活动监管，加强各类公共服务提供。提高中央政府宏观调控力度和能力，加强地方政府公共服务、市场监管、社会管理、环境保护等职责。推广政府购买服务，凡属事务性管理服务，原则上都要引入竞争机制，通过合同、委托等方式向社会购买。

加快事业单位分类改革，加大政府购买公共服务力度，推动公办事业单位与主管部门理顺关系和去行政化，创造条件，逐步取消学校、科研院所、医院等单位的行政级别。建立事业单位法人治理结构，推进有条件的事业单位转为企业或社会组织。建立各类事业单位统一登记管理制度。

2. 优化政府组织结构

转变政府职能必须深化机构改革。优化政府机构设置、职能配置、工作流程，完善决策权、执行权、监督权既相互制约又相互协调的行政运行机制。严格绩效管理，突出责任落实，确保权责一致。

统筹党政群机构改革，理顺部门职责关系。积极稳妥实施大部门制。优化行政区划设置，有条件的地方探索推进省直接管理县（市）体制改革。严格控制机构编制，严格按规定职数配备领导干部，减少机构数量和领导职数，严格控制财政供养人员总量。推进机构编制管理科学化、规范化、法制化。

3. 优化政府行为

虽然政府规模与结构对社会经济绩效具有显著性的影响，但在政府规模与结构相同的背景下，政府行为的社会经济、文化与心理效应亦十分强大。更重要的是，如果没有政府行为的根本改善或优化为基础，政府规模与结构就不可能实现优化，甚至没有政府规模与结构优化的条件。目前，中国政府行为受到社会如此高的关注，以至于2012年12月4日的中共中央政治局会议，将如何有效优化政府行为列为核心议题，认为"领导干部特别是高级干部作风如何，对党风政风乃至整个社会风气具有重要影响。抓作风建设，首先要从中央政治局做起，要求别人做到的自己先要做到，要求别人不做的自己坚决不做，以良好党风带动政风民风，真正赢得群众信任和拥护。要下大决心改进作风，切实解决群众反映强烈的问题，始终保持同人民群众的血肉联系"。

为有效优化行政行为或政府行为，会议提出了八项规定：①中央政治局全体同志要改进调查研究，到基层调研要深入了解真实情况，总结经验、研究问题、解决困难、指导工作，向群众学习、向实践学习，多同群众座谈，多同干部谈心，多商量讨论，多解剖典型，多到困难和矛盾集中、群众意见多的地方去，切忌走过场、搞形式主义。②要轻车简从、减少陪同、简化接待，不张贴悬挂标语横幅，不安排群众迎送，不铺设迎宾地毯，不摆放花草，不安排宴请。③要精简会议活动，切实改进会风，严格控制以中央名义召开的各类全国性会议和举行的重大活动，不开泛泛部署工作和提要求的会，未经中央批准一律不出席各类剪彩、奠基活动和庆祝会、纪念会、表彰会、博览会、研讨会及各类论坛；提高会议实效，开短会、讲短话，力戒空话、套话。④要精简文件简报，切实改进文风，没有实质内容、可发可不发的文件、简报一律不发。⑤要规范出访活动，从外交工作大局需要出发合理安排出访活动，严格控制出访随行人员，严格按照规定乘坐交通工具，一般不安排中资机构、华侨华人、留学生代表等到机场迎送。⑥要改进警卫工作，坚持有利于联系群众的原则，减少交通管制，一般情况下不得封路、不清场闭馆。⑦要改进新闻报道，中央政治局同志出席会议和活动应根据工作需要、新闻价值、社会效果决定是否报道，进一步压缩报道的数量、字数、时长。要严格文稿发表，除中央统一安排外，个人不公开出版著作、讲话单行本，不发贺信、贺电，不题词、题字。⑧要厉行勤俭节约，严格遵守廉洁从政有关规定，严格执行住房、车辆配备等有关工作和生活待遇的规定。

三、深化财税体制改革

财政是国家治理的基础和重要支柱，科学的财税体制是优化资源配置、维护市场统一、促进社会公平、实现国家长治久安的制度保障。必须完善立法、明确事权、改革税制、稳定税负、透明预算、提高效率、建立现代财政制度，发挥中央和地方两个积极性。

1. 改进预算管理制度

实施全面规范、公开透明的预算制度。审核预算的重点由平衡状态、赤字规模向支出预算和政策拓展。清理规范重点支出同财政收支增幅或生产总值挂钩事项，一般不采取挂钩方式。建立跨年度预算平衡机制，建立权责发生制的政府综合财务报告制度，建立规范合理的中央和地方政府债务管理及风险预警机制。

完善一般性转移支付增长机制，重点增加对革命老区、民族地区、边疆地区、贫困地区的转移支付。中央出台增支政策形成的地方财力缺口，原则上通过一般性转移支付调节。清理、整合、规范专项转移支付项目，逐步取消竞争性领域专项和地方资金配套，严格控制引导类、救济类、应急类专项，对保留专项进行甄别，属地方事务的划入一般性转移支付。

2. 完善税收制度

深化税收制度改革，完善地方税体系，逐步提高直接税比重。推进增值税改革，适当简化税率。调整消费税征收范围、环节、税率，把高耗能、高污染产品及部分高档消费品纳入征收范围。逐步建立综合与分类相结合的个人所得税制。加快房地产税立法并适时推进改革，加快资源税改革，推动环境保护费改税。

按照统一税制、公平税负、促进公平竞争的原则，加强对税收优惠特别是区域税收优惠政策的规范管理。税收优惠政策统一由专门税收法律法规规定，清理规范税收优惠政策。完善国税、地税征管体制。

3. 建立事权和支出责任相适应的制度

适度加强中央事权和支出责任，国防、外交、国家安全、关系全国统一市场规则和管理等作为中央事权；部分社会保障、跨区域重大项目建设维护等作为中央和地方共同事权，逐步理顺事权关系；区域性公共服务作为地方事权。中央和地方按照事权划分相应承担和分担支出责任。中央可通过安排转移支付将部分事权支出责任委托地方承担。对于跨区域且对其他地区影响较大的公共服务，中央通过转移支付承担一部分地方事权支出责任。

保持现有中央和地方财力格局总体稳定，结合税制改革，考虑税种属性，进一步理顺中央和地方收入划分。

第三节　本研究问题提出的学术背景

面临社会疑问与政府治理优化双重需求，理论界迫切需要对政府结构、规模与行为进行较为深入的理论研究，以便更好地理解政府组织结构、规模与行为的决定因素与机制，从而确定较优的政府组织结构与规模，规范与优化政府行为。具体地说，本研究主要基于如下五个学术背景：

第一，优化政府规模、结构与行为是今后相当长的一个时期中国公共管理改革的重要任务和目标。政府规模、结构与行为是指政府职能的范围与结构、政府空间组织规模与结构以及政府支出规模、结构与行为。政府职能范围与结构和政府空间组织规模与结构的综合体即为行政管理体制。改革开放以来，中国先后经历了五次较为系统的行政管理体制改革。但由于历史原因，这些改革并没有系统地改变在计划经济时期形成的中国政府的基本框架和格局。中国地方政府目前的规模、结构与行为，仍具有浓厚的计划经济的色彩，不仅不适应现代市场经济发展的需要，而且成为中国进一步改革开放和市场经济建设的体制障碍，成为目前中国面临的一系列新的社会经济问题难以解决的体制性根源。正源于此，中共十六届五中全会通过的"十一五"规划指出，加强行政管理体制改革，是全面深化改革和提高对外开放水平的关键，也是今后相当长的一个时期中国公共管理改革的重要任务和目标。

第二，政府规模、结构与行为正面临全球性的社会公共职能及其实现方式的转换与重新定位——"社会治理范式"的转换与重新定位的冲击，面临全球化的挑战。随着信息技术的发展，20世纪80年代开始，人类社会在步入全球化的新时期的同时，也步入了一个新的社会治理范式转换时期。发端于少数欧洲发达国家的公共管理改革和创新运动，迅速传播与扩散，并在不同发达程度的国家安营扎寨。时至今日，社会治理范式创新，即社会公共职能及其履行方式的创新，已不仅是一种口号和象征，而且成为文明的新疆界，成为人们追求的新愿望和远景，成为社会对政府管理改革的一种现实要求。社会公共职能及其履行方式的创新，必然要求重塑政府规模、结构与行为，以便有效体现社会的新价值与新追求。

第三，政府规模、结构与行为的社会经济效应日益显著，而中国政府目前的规模、结构与行为，远不能形成人们企盼的社会经济效应。首先，经济全球化程度的不断提高，意味着国际和国内竞争程度都日益激烈。政府规模、结构与行为在决定地方竞争力乃至国家竞争力方面起着关键作用。全球竞争力指标的结构变化，即增加公共机构的质量，显著表明了政府规模、结构与行为在影响竞争力中的作用。同样，国际经济论坛公布的全球竞争力排名中，中国的国际竞争力从前几年最好时期的第33位，下降到2004~2005年的第46位，2005~2006年又下降到第49位。据权威人士解释，导致中国竞争力排名下降的直接原因不是新设置的宏观经济环境和科技发展两个指标，而是中国公共机构的质量不高，影响了总指标的水平。其次，社会治理范式创新要求斩断"掠夺之手"而促进"援助之手"的成长与发展，要求社会治理由单方性转变为多方性、由垄断性转变为竞争性、由掠夺性转变为公共性。最后，政府规模、结构与行为的社会经济效应日益强调长期性、可持续性、平衡性而不是短期性、暂时性和片面性。显然，中国政府规模、结构与行为的社会经济效应与上述三个方面的要求相去甚远。

第四，缺乏科学合理的衡量中国政府适当规模、结构与行为的标准及确定方法。政府规模、结构与行为由政治、经济、文化等多种背景性因素内生地决定，不同背景的国家，同一国家的不同时期，政府最优规模、结构与行为并不相同。中国是经济转型国家，政府规模、结构与行为的自身纵向对比没有意义；同时，由于统计口径不同，中国政府规模、结构与行为，与发达国家也不具有可比性。因此，简单的国际对比，没有任何意义。缺乏科学合理的衡量中国政府适当规模、结构与行为的标准和方法，是导致中国政府管理改革一直在"精简—膨胀"中不断循环的重要因素之一。同样，如果不能提出中国政府适当规模、结构与行为的科学合理的衡量标准和确定方法，也就无法有效确定中国政府的公共职能，因而会导致政府职能的界定在"缩小—扩张"中循环。近年来有些政府公共职能向传统计划经济时代的回归，就是一个重要明证。事实上，中国过去机构改革或行政管理体制改革不断地在"精简—膨胀"中循环，关键因素不在于是否实施了职能转变，而是在于缺乏确定"适当职能"的理论标准和科学方法，特别是实证性检验标准和方法。正是由于缺乏确定中国政府适度规模、结构与行为的基础理论与方法，才导致中国政府规模、结构与行为的改革一直落后于经济体制的改革。

第五，中国政府规模、结构与行为的社会需求与政府供给之间的偏好差别与力量差别，客观上要求寻求实现政府规模、结构与行为供需平衡的公共政策。社会对发展的可持续性、平衡性的要求，对提升国际竞争力和社会治理的公共性要求，与地方政府的供给偏好，地方政府的规模、结构与行为以及地方政府财政的捉襟见肘，形成巨大的反差。寻求优化政府规模、结构与行为，优化政府公共职能配置，降低行政成本和提高行政效率的可供选择的公共政策，保持政府规模、结构与行为的供需平衡和适度性，是构建和谐社会和构筑公众需求导向的社会公共治理范式的重要途径。

第四节　本研究的理论意义与实践意义

一、本研究的理论意义

（1）有助于正确理解政府规模、结构与行为和政府职能等相关概念及其之间的关系，加深对政府规模、结构与行为的理论认识。一方面，各种文献中关于政府规模、结构与行为的理解存在很大的差别。在公共财政的相关文献中，政府规模、结构与行为一般是指政府支出的总规模与不同支出项目的支出占总支出的比例或不同支出项目的支出规模，这里的规模均以其占GDP的比例来衡量（这是一种很狭隘的关于政府规模与结构的界定）。而在行政管理或公共管理文献中，政府规模、结构与行为有三种含义：政府职能的范围与结构（政府控制什么及控制的方式、强度等）、政府组织的空间规模（如省、市、县、乡（镇）在人口、地理范围、经济总量以及横向规模方面的划分）与结构（同一级政府中横向的不同构成部分以及不同的层级）、公共支出以及就业规模（总支出和政府总就业量）与比例（不同方面的支出与就业比例）。在政治学领域，在资本主义国家，由于实行权力分立制度，因此，政府的规模、结构与行为的概念与中国的相应概念在内涵上存在重大差别。另一方面，政府规模、结构与行为和政府职能之间的关系，也存在理解上的重大差别。本研究试图在公共管理的框架内，将公共财政、公共管理与政治学等领域中的相关概念进行梳理，通过不同的表述方式，将不同领域中特指的概念加以区分与统一，形成一套关于政府规模、结构与行为的概念体系，并借此充分说明政府规模、结构与行为和政府职能之间的关系，从而为深入理解政府规模、结构与行为提供相关的理论框架。

（2）有助于梳理各种不同学科关于政府规模、结构与行为的相关理论，促进较全面的政府规模、结构与行为理论的形成与发展。目前，关于政府规模、结构与行为存在各种各样的理论，从不同的角度会有不同的分类，如公共选择理论、委托—代理理论、新古典理论、新公共管理理论；需求决定理论和供给决定理论；政治性理论（Political Theories）和非政治性理论（Apolitical Theories）；回应性理论（Responsive Theories）与过度供给理论（Excessive Supply Theories）；线性理论与非线性理论；等等。对于这些理论的构成要素及其之间的逻辑关系进行分析与梳理，一方面，有助于对各种不同理论的前提与假设给予充分的关注，从而有助于对这些理论的理解；另一方面，将这些理论所涉及的要素及相关作用机制进行分析，有助于整合不同的理论，从而形成较为一致的、解释能力较强的、更高层的理论，促进政府规模、结构与行为理论的进一步发展。

（3）有助于识别中国政府规模、结构与行为的影响因素，形成中国政府规模、结构与行为内生决定机制及优化的理论与模型。政府规模、结构与行为具有路径依赖的特性，不同的社会政治、经济、文化和自然资源禀赋，决定不同的政府规模、结构与行为。中国不仅是最大的发展中国家和具有悠久历史文化传统的国家，而且是实行社会主义制度的国家。中国政府的规模、结构与行为，是否由在发达的资本主义国家识别出的决定政府规模、结构与行为的那些因素和机制所决定，是否存在特定的在发达资本主义国家所没有的决定中国政府规模、结构与行为的因素与机制，需要具体的经验研究来检验。只有在识别出中国政府规模、结构与行为决定因素和机制的基础上，才能提出解释、说明和优化中国政府规模、结构与行为的相关理论与模型。由于这是本项目研究的总目标，因此，本项目的研究，将有助于促进中国政府规模、结构与行为内生决定要素、机制与优化理论和模型的研究与发展。

（4）有助于梳理政府规模、结构与行为研究的相关方法，促进中国公共管理学领域政府规模、结构与行为研究科学化水平的提升。政府规模、结构与行为的相关研究，在不同的学科领域运用不同的方法。现有文献表明，在政府规模、结构与行为的相关研究中，国外的相关文献广泛运用博弈分析方法、函数分析方法、优化分析和动力学分析方法、非线性模型化方法、确定性分析方法、不确定性分析方法、贝叶斯分析方法以及包括参数与非参数方法的各种实证性的经验方法等。这些方法对于具有理工学和经济学背景的研究者来说较为熟悉，而对于中国行政管理学领域的部分学者，特别是对于青年学者和博士研究生来说，却相对较为陌生。中国行政管理领域在研究政府规模、结构与行为时，主要运用定性分析的逻辑方法，模型化分析与实证性分析相对较少。本项目将在中国政府规模、结构与行为相关问题的研究中，分别利用上述这些不同的研究方法，这样，一方面，能够有效提高问题界定和研究的科学性水平，另一方面，能够为行政管理领域的研究者，特别是为青年学者和博士研究生了解相关研究方法在具体问题研究中的运用提供一种示范，从而为促进国外相关研究方法在中国行政管理领域的扩散和促进中国行政管理研究科学化水平的提高发挥一定的作用。

二、本研究的实践意义

（1）通过不同的概念分类和相应的经验研究，在与国外可比较的概念框架下，较为全面地呈现中国政府规模、结构与行为的现状，有助于我们认清中国政府规模、结构与行为在国际比较中的状态。从政府职能范围与结构（政府控制什么及其控制程度）和政府空间组织规模、结构与行为及政府支出规模、结构与行为之间关系的国际比较分析中，能够有效识别现代市场经济条件下政府职能范围及其实现方式变化的一般规律；从政府空间组织规模、结构与行为（同级政府的组织规模、结构与行为以及纵向层级结构）的比较中，能够了解中国政府的空间组织规模、结构与行为在国际比较中的格局；从政府财政支出与人员数量的规模、结构与行为的比较中，能够了解中国政府的财政支出与人员配备的规模、结构与行为在国际比较中的格局。经验上的这种比较分析，能够为中国政府规模、结构与行为的优化提供经验指导，为中国政府规模、结构与行为的优化提供相关的政策选择。

（2）通过不同的指标设计和实证性研究，经验地检验政府职能、空间组织结构与支出结构的社会经济效应，有助于从实然的角度判断中国政府规模、结构与行为的社会经济效应。从国际比较的角度上说，即使仅就市场经济发达的国家而言，政府规模、结构与行为也千差万别。20世纪90年代以来，学术界开始对不同国家的政府规模、结构与行为的社会经济效应与福利效应进行实证性检验研究，以便识别其效应的正负与大小，并据此提出改革的政策建议。例如，学术界对包括美国在内的一些西方福利国家福利政策的社会经济效应的研究，为福利政策改革提供了理论指导和理论基础。由于各种原因，国内关于政府规模、结构与行为的社会经济效应的实证性研究极为少见，即便有个别研究，在方法上也存在严重问题，因而有关中国政府规模、结构与行为的社会经济效应，人们只能凭主观感觉进行主观判断，而不是基于实证性研究结果。本研究将遵循"让数据说话"的原则，利用不同方面的指标与各种不同数据，通过经验研究来反映中国政府规模、结构与行为的社会经济效应，从而对中国政府规模、结构与行为的社会经济效应做出客观判断。

（3）通过理论研究和经验研究，获得判断中国政府规模、结构与行为优化的理论标准、经验标准和确定方法，有助于为中国政府规模、结构与行为的优化提供可供参照的基准。多年来，中国行政管理改革一直走不出"精简—膨胀"和"放权—收权"的怪圈。这其中一个重要原因是缺乏判断适度规模、结构与行为的理论标准和经验标准。虽然近年来学术界和政府提出以政府职能转换为核心促进行政管理改革的深化，但如果不能确定可加以检验的职能优化的理论标准和经验标准，政府职能转换也会在"缩小—扩张"中循环。本研究将在借鉴国外已有研究成果的基础上，通过操作化定义相关理论概念，以政府追求的不同目标为参照，从理论和经验方面，确定政府规模、结构与行为优化的标准，为中国政府规模、结构与行为优化提供可度量的方法和可供参照的基准。

（4）梳理和总结西方国家优化政府规模、结构与行为的制度安排及经验，有助于结合中国面临的实际政治、经济和社会现实，提出优化中国政府规模、结构与行为可供选择的改革措施与政策建议。20世纪80年代以来，西方国家在优化政府规模、结构与行为方面进行了一系列的探索。经过30多年的实践，西方学者对这些改革实践进行了广泛的实证性检验和经验总结。本研究将对西方国家优化政府规模、结构与行为的制度安排及其经验总结进行系统的梳理与归纳，结合中国的实际状况，提出切实可行的优化中国政府规模、结构与行为的相关措施和政策选择。

第五节 本研究的研究目标与研究内容

本研究以中国政府规模、结构与行为优化的基础理论为研究的总体目标。为实现这一总体研究目标，特提出以下分目标：

第一，形成一套与国外研究接轨的或可比较的关于政府规模、结构与行为的概念体系。全面、系统地梳理各不同学科关于政府规模、结构与行为的概念，通过不同的表述方式，将不同领域中特指的概念加以区分与统一，形成一套与国外研究接轨的或可比较的关于政府规模、结构与行为的概念体系，并借此全面展示中国政府规模、结构与行为在国际比较格局中的状况，在比较分析中判断中国政府规模、结构与行为的现状。

第二，构建中国政府规模、结构与行为的社会经济效应模型并进行实证性检验。全面总结和梳理国内外关于政府规模、结构与行为的经济效应与非经济效应的理论研究与实证性研究，利用各种不同理论模型实证性地研究中国政府规模、结构与行为的经济效应和非经济效应，比较分析中外相关效应方面的差异，在结合中国社会现实的基础上，形成中国政府规模、结构与行为的经济效应与非经济效应分析的可进行经验检验的理论与模型，为优化中国政府职能配置提供理论和经验支持。

第三，构建中国政府规模、结构与行为的内生决定理论与模型，并进行实证性检验。全面总结和梳理国外关于政府规模、结构与行为决定因素的理论与经验研究成果，总结在市场经济条件下政府规模、结构与行为变化的一般规律；利用各种理论模型实证研究中国政府规模、结构与行为的决定因素与机制，并通过分析中国政治、社会、经济等方面与国外的差异，将具有中国特色的相关要素整合到已有模型中，并通过实证研究，识别出能够有效解释并可进行经验检验的中国政府规模、结构与行为决定因素与机制的理论与模型，从而可依据这些因素变化和机制的变化有效预测中国政府规模、结构与行为的变化，探索出在市场经济条件下中国政府规模、结构与行为的变化规律。

第四，提出中国政府规模、结构与行为最优的理论标准与经验标准。全面总结和梳理国外关于政府最优规模的理论、模型及实证性检验结果，利用不同的理论模型实证性地研究中国政府规模、结构与行为的最优状态，较为系统地分析不同国家政府最优规模存在差异的原因；在结合中国现实国情的基础上，通过筛选、组合和增加不同的因素，形成有效判断中国政府规模、结构与行为最优的理论模型和理论标准，并通过实证性研究确定中国政府规模、结构与行为最优的经验标准，为中国政府规模、结构与行为的改革提供理论支持与经验支持。

第五，提出优化中国政府规模、结构与行为可供选择的公共政策。全面总结和梳理国外控制、优化政府规模、结构与行为的理论与经验研究，结合中国社会的现实，提出符合中国国情的、可操作化的优化中国政府规模、结构与行为以及降低行政成本可供选择的改革措施、途径。

为实现上述研究目标，本研究的内容分解如下：政府规模、结构与行为的概念框架，中国政府规模、结构与行为的历史演变与现状分析，中国政府规模、结构与行为的国际经验，政府的需求分析与供给分析，政府规模、结构与行为的社会经济效应，中国地方政府最优规模理论分析与经验研究，政府规模、结构与行为的社会嵌入性的影响以及政府规模、结构与行为的体制性影响等。

第六节 本研究的总体思路与研究方案

本研究的总体思路遵循提出问题、分析问题、解决问题的逻辑：以探索中国政府规模、结构与行为优化的基础理论为研究目标，以中国政府规模、结构与行为为研究对象，以中国社会、政治、经济现实和有关政府规模、结构与行为的理论为研究基础，以国际经验与实践为研究参考，以政府规模、结构与行为的社会经济效应为优化基准，以中国政府规模、结构与行为的内生决定因素与机制为研究要素，以构建中国政府规模、结构与行为的优化模型为研究途径，以确定中国政府规模、结构与行为最优的理论准则与经验准则为研究核心，为优化中国政府规模、结构与行为提供相关的政策选择。具体如图1-1所示。

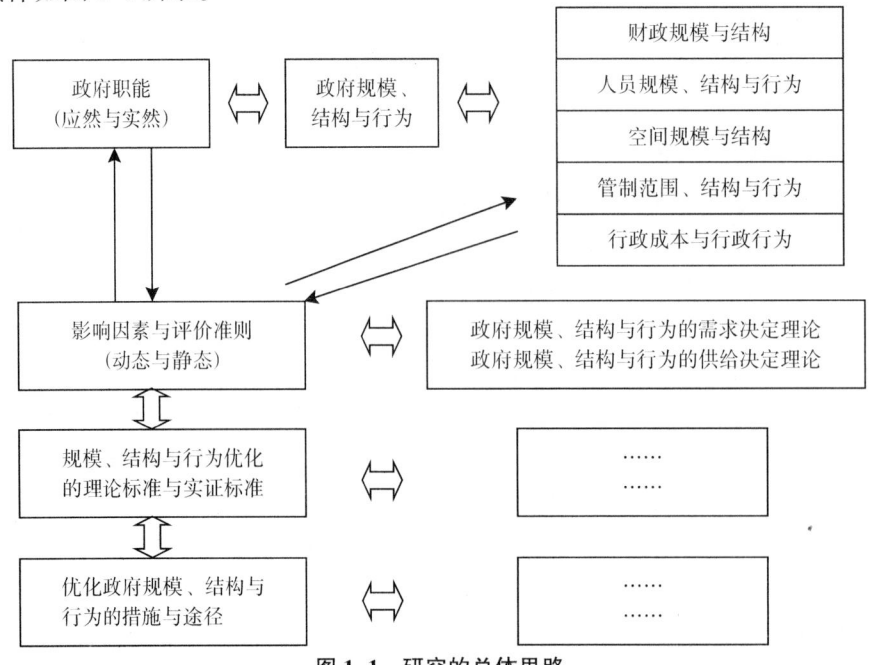

图1-1 研究的总体思路

遵循上述总体研究思路，本研究的总体方案是：通过描述性研究，厘清中国政府规模、结构与行为在历史纵向和国际横向比较两个维度下的发展变化、现实状态与存在的问题；通过实证性研究，探索政府规模、结构与行为的社会经济效应，进而了解政府职能配置的实际状态；通过解释性研究，探索政府规模、结构与行为的内生决定要素与变化的动力机制，进而探寻市场经济条件下政府规模、结构与行为演进的一般规律与个性差异；通过规范性研究，从理论和经验两个维度上探索中国政府职能配置、规模、结构与行为的最优状态与判断准则；通过对策性研究，提出优化中国政府规模、结构与行为及降低行政成本可供选择的相关政策。

具体地说，对于每一个专题，本研究将采取如下方案：

（1）问题界定与情境描述。通过文献调查，梳理与界定相关概念，形成统一的概念框架；在统一的概念框架下，通过实地调查和文献调查，较全面地描述相关实际问题发展、变化的机制、过程与现状和问题。

（2）变量之间相互作用关系与机制。通过文献调查，了解该问题与相关变量之间关系的有关理论与经验研究成果；通过获得相关数据，对各种不同理论进行实证性检验研究，并与理论和其他研究成果加以对比；通过实地调查，完善已有理论模型并进行相应的理论分析，了解不同变量之间的相互作用关系与机制，并进行实证性检验研究，获取经验证据。

（3）目标优化与最优判断准则。在上述理论分析和经验分析的基础上，获取某一变量与其他变量之间的关系，以该变量作为最优化目标，通过相关约束条件，获得该变量最优的理论状态与判断准则；通过实证性检验研究，获得该变量最优的经验状态与经验判断准则。

（4）政策选择。通过比较相关变量与最优状态之间的关系，提出向优化状态移动的控制变量，即政策变量的选择。

第七节　本研究的研究视角、途径与方法

本研究从社会嵌入性，即从相关的不同领域制度安排之间相互作用的角度解释中国政府规模、结构与行为问题。中国是单一制国家，政府的规模、结构与行为，由中央政府确定，因而随着中央政府偏好或改革的变化而变化；然而，地方政府又是一个具有自身利益的实体，又会选择最有利于自身效用最大化的方式实施与执行中央政府的相关规定与政策。由此而形成的实际结果，既不是完全依照中央所规定的样式进行的行为，也不是按照地方的愿望所进行的行为。地方政府规模、结构与行为受多重因素影响而呈现出来的样式，只有运用嵌入性视角与途径进行分析，才够获得整体理解。

嵌入性（Embeddedness）是指社会的任何一个构成部分都以各种各样的复杂方式嵌入社会关系之中，每一个构成部分都是其他构成部分相互作用的产物，每个构成部

分的状态都是各种不同力量以复杂方式相互作用而形成的一种均衡。由于社会是由各种关系与制度相互作用而形成的一个有机整体，是具有特定历史禀赋的各种微观行为主体复杂相互作用而形成的宏观样式，因而每个部分的状态也就构成了这种宏观状态的一个部分。嵌入性这一概念表明，只有将具有特定历史禀赋的个体的行为，放到更广泛的关系性、制度性与文化性的背景之中，才能够得到有效的理解与说明。嵌入性视角将社会行动发生于其中的不同条件及这种条件的形成机制视为解释社会行动的优先条件，而不是脱离社会背景关系与机制孤立地分析个体行动及其生成的因果关系或机制。换言之，嵌入性视角强调"嵌入"（Embedding）与"脱嵌"（Dis-embedding）或"重新嵌入"（Re-embedding）的共时性的耦合过程（Synchronized Coupling Processes）。

嵌入性视角基于如下社会想象或理论假设：社会行为个体并不是孤立的、与社会其他方面不相干的原子式的个体；即时效用并不能够解释社会关系的所有意义；制度形成及制度的行为规范作用只有与运转于其中的社会互动背景相联系才能得到有效的理解与解释；现代社会正在经历导致多种适应性过程的社会变迁，多种适应性过程源自原来相对独立的特定社会、文化和认知结构（Configurations）与现代化变迁趋势（Convergent Trends）之间的互动。

嵌入性概念最初源自波兰尼（1957）对社会转型的分析。波兰尼在《大转型》中，从经济的社会嵌入性入手，深入剖析了具有自我调节功能的、非人格化的市场机制的重大局限性，提出市场机制需要重新嵌入社会关系，特别是政治、道德与法律关系中，才能够保证市场机制成为社会福利的一种生成机制而不是毁灭机制。Granovetter（1985）重新论述了经济的社会嵌入性并使这一概念成为社会科学整体性分析（Holistic Analysis）的理论与方法论的核心概念。与还原论不同，整体论强调社会网络、社会资本、文化与认知要素的多样性以及社会构建在理解社会现象中的重要性。

本研究运用实证研究方法与分析性叙述方法。实证研究方法主要用于理论检验与提供统计性经验证据。本研究在论述公共政策显示性偏好以及相关理论性结论时，都提供了经验性的统计证据。分析性叙述方法是一种新近总结出来的方法，其基本精神是将历史文献与理性选择理论结合在一起，论述相关论点并为此提供相关统计性证据的论述方法。正如 Laitin（2002，2003）所说的，分析性叙述是一种"三位一体"的比较方法，它将统计分析、形式化理论与历史叙述结合在一起，对论点进行三方面的论述与支持。通过阅读文献、相关历史档案，通过访谈、调查与第二手文献调研，分析性叙述方法试图理解行为者的偏好、感知及对各种不同方案的评价、他们所处理的信息、形成的期望、采取的策略及面临的各种行动约束，分析性叙述方法试图理解各不同行为者所实际采取的行动策略的合理性与不合理性以及采取各种不同策略的原因。

分析性叙述以叙述故事为开端，通过寻求关键人物、事件、时间与地点，通过理解故事的转变过程，理解事物的运行轨迹或历史路径，并通过理论选择方法，即博弈论的理论分析，以及相关的统计数据，论述实际发生过程与理性预期过程的相同性与不同性，从而将历史事件或某偏好形成的路径与理性选择所形成的路径进行对比，说明历史的必然性与偶然性。

分析性叙述方法最早由 Bates 等提出，并在一个称为"分析性叙述项目"下，形成了一个代表性的文献。自此之后，分析性叙述便成为社会科学领域研究制度变迁的一个重要视角。这一视角之所以重要，关键在于其将某个领域发生的问题置于更广泛的制度框架中进行理解，从而将不同领域的制度之间的相互作用揭示出来。这一方法的最大特点是其将各种不同制度相互作用而形成的事物的宏观样式视为各不同领域的各种制度微观相互作用的结果，从而有效地将微观过程与宏观过程结合起来。

第二章 政府规模、结构与行为优化的基本概念框架

政府规模、结构与行为优化是近年来学术界与实践领域特别关注的一个问题。然而,目前的研究主要借助于经济学领域关于政府规模、结构与行为优化的概念体系,而没有形成从公共管理角度探讨此问题的概念体系,因而导致关于政府规模、结构与行为优化的理论研究与实践探索出现有偏的结构。从公共管理的角度上说,我们认为,政府规模就是政府在社会、经济、政治、文化等领域的活动范围以及政府行为对个体或组织的行为所产生的影响;政府规模结构是指政府规模的组织构成、内容构成以及组织—内容构成。因此,政府规模、结构与行为应该从政府活动、行为及其社会影响三个维度进行优化。由于这是一个多目标而且各目标间存在复杂嵌套关系的优化问题,因而认识这种优化问题的性质是我们形成正确、全面的政府规模、结构与行为优化问题的基础,也是有效避免有偏的优化结论的前提。

第一节 政府规模、结构与行为的概念界定与构成维度

一、问题的提出

政府规模、结构与行为优化问题是近年来包括学术界在内的社会各界特别关注的一个问题。在一系列努力探讨的基础上,不同门类的学术界发表了众多关于如何优化政府规模、结构与行为的研究成果,政府部门也已经和正在实施以"转变政府职能、加大'大部门体制'机构改革力度以及地方不同层级政府间与同级政府各不同机构间职、责、权划分"为基本内容的政府治理体系改革。学术界的理论探讨与实践部门的持续性改革为探索优化中国地方政府规模、结构与行为的途径提供了"理性地图"和经验性智慧。尽管如此,由于有关政府规模、结构与行为优化的一些基础理论问题,一直没有得到足够的重视与论述,因而相关的学术探索与改革实践仍然存在一些难以解决的问题。

例如,食品质量监管问题,就是此次"大部门体制"改革过程中人们给予众多关注却没有得到有效解决的问题之一。农业部、工业与信息化部、商务部以及国家质监

总局在食品质量监管职能之间的重叠与冲突并没有因为此次的"大部制"改革而得到有效的解决。再如，目前实施的改革方案如何使政府规模、结构与行为与"新常态"、"国家治理体系与能力现代化"发展模式相协调，如何与"中国要抢占未来经济科技发展的制高点"、增强国家自主创新能力相协调。毫不夸张地说，类似问题可以列出一份长长的清单。

出现上述问题的一个重要原因，是公共管理领域关于政府规模、结构与行为优化的研究，主要沿袭了经济学研究所设定的概念框架，缺乏从公共管理学科的性质出发系统探索政府规模、结构与行为优化的内涵及其结构化，因而一直没有形成与公共管理所关注的政府规模、结构与行为的问题性质相适应的概念体系或框架。虽然经济学的相关研究作为公共管理研究的一个重要理论基础是不可或缺的，但经济学的研究并不等于公共管理的研究，后者所涵盖的问题远比前者更宽泛、更复杂，因此，仅以经济学研究所设定的概念框架为工具研究公共管理意义上的政府规模、结构与行为优化问题，因遗漏了一些重要的解释变量，必然会以偏概全，从而导致有偏的（Biased）研究结果。

从公共管理的角度探讨政府规模、结构与行为优化的一些基础理论问题，具有重要的理论意义与实践意义。从理论上说，政府规模、结构与行为优化的基础理论研究，能够使我们形成较为完整的有关政府规模、结构与行为优化的含义，形成较为完整的结构化概念框架，能够使我们获得较为清晰的政府规模、结构与行为优化的约束条件或前提条件；能够为人们认识与解决多目标问题提供"理智性地图"。从实践上说，政府规模、结构与行为优化的基础理论研究，能够明确正在实施的改革所处的理论图景中的特定阶段；能够对于正在实施的改革的局限性有一个清醒的认识；能够设计持续的、紧密相连的改革方案与过程；能够形成动态互补的改革方式与过程。

从公共管理的角度上说，政府规模、结构与行为优化问题涉及一系列基础理论问题。本章仅就政府规模、结构与行为优化的含义、优化维度及其之间的关系以及政府规模优化问题的理论性质与实践含义，进行一个初步的理论探索。

二、政府规模、结构与行为的概念界定

显而易见，从公共管理的角度说，一个良好的政府规模、结构与行为的理论，特别是能经得起经验检验的政府规模、结构与行为的理论，其前提必然是对政府规模、结构与行为做出意义明确的概念界定。如同在任何一门科学领域中一样，"准确的"定义依赖于理论预定要解决的问题的性质，依赖于理论所设定的因果机制。虽然学术界发表了众多有关政府规模、结构与行为的研究成果，但从公共管理的角度上看，政府规模、结构与行为这一概念指涉哪些内容，其内在维度包括什么，是否存在一个测量政府规模、结构与行为的"充分统计量"，不同的测量方式在测量政府规模、结构与行为方面会产生哪些偏差，学术界却一直没有给出较为详细的理论说明与论述。

政府规模及其构成维度的理论界定，是我们恰当地讨论政府规模、结构与行为优化的理论前提。在没有完整界定政府规模及其构成维度的前提下，在任何一种意义上

讨论政府规模的问题，都将导致一种有偏的概念结构，或者说，都会仅仅从一个单一的方面反映政府规模的某个维度而不是作为一个整体的政府规模本身，从而难免使政府规模的讨论陷入片面性与误导性的陷阱中。同等重要的是，在没有完整地界定政府规模及其构成维度的前提下，不可能完整地说明政府规模构成维度之间的内在联系，因而无法识别政府规模的内生决定因素而从根本上解决政府规模过大或过小的问题，只能就现象论现象，必然陷入"头痛医头，脚痛医脚"的忙碌之中。

诺尔曼·吉麦尔，作为以政府规模、结构与行为研究而闻名于世的权威学者，认为政府规模的完整定义不仅至少应追问政府运用什么资源、政府支出多少、政府拥有什么、政府控制什么和政府生产什么，而且其中任何一项都不能作为政府规模的完整界定与测量（杨冠琼，2004）。因此，在从上述五个方面中的任何一个方面研究政府规模时，必须冠以相应的"限定词"，否则所研究的政府规模就是一种有偏的（Biased）或片面的、或扭曲的政府规模。虽然吉麦尔列举出了政府规模的上述五个方面，但并没有给出政府规模的明确的概念界定，也没有对此问题进行更深入的讨论。尽管如此，吉麦尔关于政府规模维度的列举对于我们分析政府规模的构成维度仍然具有重要的借鉴意义。

在现有研究文献中，关于政府规模及其构成维度的较为全面同时又最适合于公共管理研究目的的界定，分别来自罗斯（Rose）、拉凯等（Larkey）以及希格斯（Higgs）等。罗斯（Rose，1981）认为，政府规模是指政府控制的社会资源（的范围）与政府意欲（Intented）施加的对社会的影响或塑造。与此相近但有明显差异的另一种界定，是拉凯等给出的。拉凯等（Larkey、Stolp、Winer，1981）认为，政府规模就是公共部门的存在范围，即政府活动在多大程度上或好或坏地改变了个体或组织的行为。虽然拉凯等并没有明确说明政府规模包括政府控制的社会资源的范围，但政府活动对社会的影响已经涵盖了政府控制社会资源的必要性或必然性，因而这两种界定均以强调政府活动对个体或组织行为的影响为其核心。所以这两种界定从本质上说基本相同。不过，罗斯将政府规模限定在"政府意欲施加的对社会的影响"的范围之内，与拉凯等将政府规模界定为"政府活动在多大程度上或好或坏地改变了个体或组织的行为"之间存在着重要分歧。无数经验表明，从对社会影响的角度上说，政府活动可能会产生"政府意欲的"影响，也可能产生政府没有预期到的影响。因而从影响的可能性、方向与程度上说，拉凯等关于政府规模的界定更为合理一些。希格斯将政府规模界定为"由政府通过强制力控制的政府活动的范围"，并认为将政府规模简单地界定为政府税收或支出规模是非常狭隘的。政府税收或支出规模可以较小，但政府的社会影响可能会很大，这依赖于政府通过强制力所实施的社会控制的范围。

综合上述不同的理论界定，我们认为，政府规模就是政府在社会、经济、政治、文化等领域的活动范围以及政府行为对个体或组织的行为所产生的影响。这一界定包含以下三个含义：首先，这里的政府活动类似于实际运转中的政府所实施的社会、政治、经济、文化等方面的职能，它不仅包括政府以正式制度性安排为基础而控制的社会资源及其范围，也包括政府以非正式制度安排为基础而控制的社会资源及其范围。

其次，政府行为是政府活动的外在显现，既包括政府宣布的公共政策，也包括政府未宣布的、作为潜规则存在的实际行为，同时，性质与目的相同的政府活动可能通过多种政府行为来实现，因而政府活动并不完全等同于政府行为。最后，不同的政府活动以及不同的政府行为形成不同的社会影响。

很明显，这一界定强调"政府活动"在社会、经济、文化等领域的"存在性"以及"政府活动的社会影响"，而与大部分经济领域中只强调政府公共支出规模、人员规模的政府规模研究存在重大差别。与以公共支出规模、人员规模或所谓的"公务规模"作为政府规模替代变量的经济学研究范式相比，上述界定的政府规模更为宽泛，也更适合于公共管理研究的需要。仅仅以公共支出规模、人员规模或所谓的"公务规模"作为政府规模替代变量，只是测度了上述界定的政府规模的一个微小部分，而且遗漏了从公共管理的角度说更为重要的其他部分。例如，在政府的人员规模与财政支出规模不变的情况下，仅仅提高政府的管制密度与强度，就在很大程度上放大了政府的存在性与社会影响。同时，政府的人员规模与财政支出规模若不与其社会影响相联系，而仅就其自身论其自身，根本无法有效地说明政府规模何为大何为小的问题。这一点从中国从计划经济向市场经济转变过程中，政府人员规模与财政支出规模的变动中就能够得到有效的证实。谁能说计划经济时期的政府规模（存在性与影响性）较市场经济改革时期的政府规模更小呢？正如佩兹曼（Peltzman, 1980）所说，将政府在经济生活中的作用或活动仅仅等同于其预算或支出规模，显然是错误的，因为许多其他政府活动（如法律与行政规章）与税收和支出一样重新规定了资源的配置方向、方式与效率。政府活动范围对社会的影响深刻而长远，而政府税收或支出规模的影响显然是短期的。因此，从政府活动范围、政府行为及其社会影响的角度，与只从税收、支出或人员规模角度来界定政府规模相比，前者更具有本质意义，也更适合公共管理理论研究与实践探索的需要。

三、政府规模的构成维度

依据政府规模的上述理论界定，我们可以根据政府活动、政府行为与政府影响离析出政府规模的构成维度。

1. 政府活动范围

政府活动范围，或者说政府实际运转中发挥其职能的范围，主要包括如下四个方面：①政府对社会资源的摄取或吸纳：主要包括政府税收的种类以及不同种类税收的税率、优势资源特别是优势土地资源的占用与劳动力资源的占用。②政府对社会资源的直接控制：主要包括竞争性与非竞争性领域中的公共企业与特定物品领域中的公共事业性组织的直接生产活动。③政府对社会资源的管制与配置：主要包括经济性管制与社会性管制的领域与范围、基础性社会资源网络的时空配置与管制（铁路、高速公路、航空、港口、通信等基础设施网络的配置与管制）、基础性资源与特定物品（包括知识与技术等）价格、进出口的管制以及特定行业（新闻出版、广播电视、军事工业等）进入壁垒的设定等、各种社会组织（各种行业协会或联合会、各种学术组织、各种非政治性社团等)的成立方式与行为规范的法律设定等。④公共财政的再分配性配置,如再分配的结构、方式与标准的设定,优效物品(教育、医疗卫生、科学研究、技术创新)生产的财政补贴结构、方式与标准的设定等(休斯,2004)。

2. 政府行为或政府过程

政府行为是政府实际运转过程中所显示出的各种行为,或政府运转过程中实际输出的行为,主要包括两个方面:一是政府工具的不同选择及其不同组合;二是政府运行过程中显现出来的行政文化。虽然政府行为实际地显现了政府活动或职能,但由于相同的政府职能可以由不同的政府工具及其组合来实现,同时,任何一个国家都显现出不同的行政文化,而行政文化严重影响政府职能的实施效果与效率,因而政府活动与政府行为并非同一。政府行为主要包括如下几个方面的具体内容:①政府财政支出总规模,包括预算内与预算外支出。②政府机构数量与政府雇员数量,包括正式机构、编制内人员数量与非正式机构和编制外人员数量及其之间的比例。③政府管制密度与方式,主要包括政府管制性机构的数量、管制性规章的数量、管制强度、管制程序的规范性以及社会承担的管制性成本等。④政府行为绩效,即政府运转过程中的效率与政府行为的有效性。政府行为效率是不同行为的产出与投入之比,而政府行为有效性是政府行为达成目标或目的的程度,包括政府管制有效性、政府对社会资源配置的有效性、政府直接生产活动的有效性以及政府宏观调控的有效性等。⑤政府行为合法性与合乎义理性程度。政府行为合法性是指基于正式制度安排的政府行为与政府总行为的比率,而政府行为的合乎义理性是指民众或社会对政府行为的认同程度、顺从程度与支持程度。⑥政府行为的动态特征,即政府行为是短期行为还是长期行为,是"面子行为"、"政绩行为"、"造假行为"还是以有效提高社会运转效率、提高经济增长速度与促进社会福利水平不断升级的实质行为等。

3. 政府活动与行为的社会影响

政府活动与行为的社会影响,是现实政府活动与政府实际行为对社会、经济、政治、文化等产生的实际影响。从现代民主政治的本质角度上说,政府活动与行为的社会影响反映了政府活动与行为对社会要求、意愿与国内外总体形势变迁的回应,是分析和研究政府规模的归宿性维度或检验性维度,主要包括如下几个方面:①政府活动与行为对经济增长的影响。②政府活动与行为对社会总体福利的影响。③政府活动与行为对社会经济发展可持续性的影响。④政府活动与行为对制度与技术自主创新能力的影响。⑤政府活动与行为对社会资本(Social Capital)形成的影响,或者说,对人们的互惠、信任、诚实、正直、责任感、廉洁奉公等伦理、道德或行为规范的影响。⑥政府活动与行为对企业家精神的影响。⑦政府活动与行为对社会凝聚性或社会稳定性、民主政治精神与集体行动能力的影响。⑧政府活动与行为对政府的权威性、可信赖性与合乎义理性的影响(杨冠琼,2009)。

上述政府规模的构成维度是从实证的而非规范的角度划分的,目的是真实地反映政府规模的实际状态,并不表明政府规模的规范性构成要求,但构成了政府规模的规范性构成要求或评判的事实基础或经验基础。从结构化问题的角度说,人们往往根据某些经济学或管理学原理先验地设定规范性政府职能,即应该的或合理的政府活动范围,再将现实的政府活动范围与之进行对照与比较,而后将与规范的政府活动不相符的经验的政府活动剔除,并提出剔除这些政府活动的方式的建议或对策。从实证的角度说,再现政府规模的事实存在,处于上述演绎和归纳相对照的研究范式中归纳的阶段,因而并不能预先地或先验地设定上述三个方面可能存在或可能不存在任何逻辑关系,因为上述三个方面的实际存在并不能从某个方面的存在与否逻辑地推出另一个方面也必然地存在与否,政府活动或职能的设定与政府行为规范的设定以及政府行为的实际矫正并非总在同一制度水平上被同时决定,因而实际政府行为与政府职能或活动之间经常存在较大的差距。简言之,从实证的角度来说,上述三个方面并不存在简单的因果关系,而是具有互为因果性、同时决定性与相互嵌入性,因而是相对独立、平行并列关系。

四、政府规模结构的含义与构成维度

政府规模结构是指政府规模的组织构成、内容构成以及组织—内容构成。组织构成主要包括政府的层级结构与同级政府中各职能部门的并行结构。内容构成主要是指在同一层级政府中政府活动与政府行为在其内部构成要素间的不同方面的比例关系或分布形态。组织—内容构成是指政府规模的各不同维度在政府纵向层级结构间的配置。

根据本章对政府规模与政府规模结构的定义,政府规模结构与政府规模之间是一种相互决定或同时决定的关系:政府规模随着其结构的变化而变化,政府规模结构也随着政府规模的变化而变化。因为政府规模结构的变化,必然引起政府规模的某一个维度变化,进而影响政府规模的变化;同时,政府规模的变化必然是其某个维度或所有维度的变化,因而必然引起政府规模结构的变化。因此,在研究政府规模时,若假设其结构保持不变而只研究政府规模的某个维度的变化,必然会形成有偏的结论,或者说,是在研究一个虚假的而不是科学的理论问题,因为"假设政府规模保持不变而只研究政府规模结构的变化",或者反过来,"假设政府规模结构保持不变而只研究政府规模或其某个维度或其所有维度的变化",是不可能的事情,因而是违反理性的问题。因此,政府规模与政府规模结构各自并不简单地构成另外一个变量的解释变量。

组织构成是政府规模结构的重要内容之一,也是影响政府规模的一个重要变量。组织构成分为同一级政府各部门的横向构成与不同级政府的层级构成。这一问题传统上被称为"管理幅度与管理宽度"之间的替代问题。如果仅考虑组织的数量或组织中人员的数量时,这种替代关系是成立的,但若同时也考虑组织效率与社会影响,则不存在这种替代关系。在本章关于政府规模及其结构的界定下,事实上并不存在这种替代问题,因为本章界定的政府规模涉及政府绩效与社会影响,而政府绩效与政府活动、政府行为的社会影响既与同一级政府各部门的横向划分有关,也与不同级政府间的层级结构有关。

内容构成主要是指在同一层级政府中政府活动、政府行为与社会影响在其内部构成要素间的不同方面的比例关系或分布形态。政府活动、政府行为的各不同维度的分

布形态表明了政府对社会资源配置方向的不同激励，因而会产生不同的社会影响，从而形成各种社会影响的不同分布。例如，国有企业或公共企业在不同经济领域中所占份额的分布形态；在不同经济、社会领域中的政府管制密度；公共财政支出在不同类别支出中所占比例等。

组织—内容构成是指政府规模的各不同维度在政府纵向层级结构间的配置，也就是政府各种不同活动与行为在不同层级政府间的分配。组织—内容构成可以像连续谱似的分布于高度集中（所有活动都集中于中央政府）与完全分散（所有活动都放权于基层或地方政府）的两种极端情形之间的任何一个部分。政府不同活动（职能）在中央政府、地方政府与基层政府间的不同配置不仅影响到各级政府的行为，也影响到政府活动的社会影响，因而影响到政府的整体规模。

第二节 政府规模、结构与行为优化理论

一、政府规模、结构与行为优化含义与维度

政府规模、结构与行为是一个由多个层次、多维因素同时决定的复杂系统，优化政府规模、结构与行为因而是一个复杂的、没有良好界定的"奇异问题"，或者说是一个具有"复杂适应性"的问题。依据处理具有复杂适应性问题的"Ashby 必要种类定律"（Ashby's Law of Requisite Variety），优化政府规模、结构与行为必须以有效结构化优化问题为前提，即必须在明确相关状态变量与控制变量的前提下，或者说，在保持相关条件不变的前提下，明确优化的目标函数与优化变量。在没有有效结构化优化问题，或者说，在没有明确控制变量与优化目标的前提下，所获得的优化条件、机制与目标都将随着那些没有被控制的状态变量的变化而变化，由此所得到的结论必然是一个有偏的或虚假的优化结论，因为由此得到的结论将随着与政府规模、结构与行为相关的所有变量的变化而同时变化。可见这是一个多重动态反馈过程，如图2-1所示。

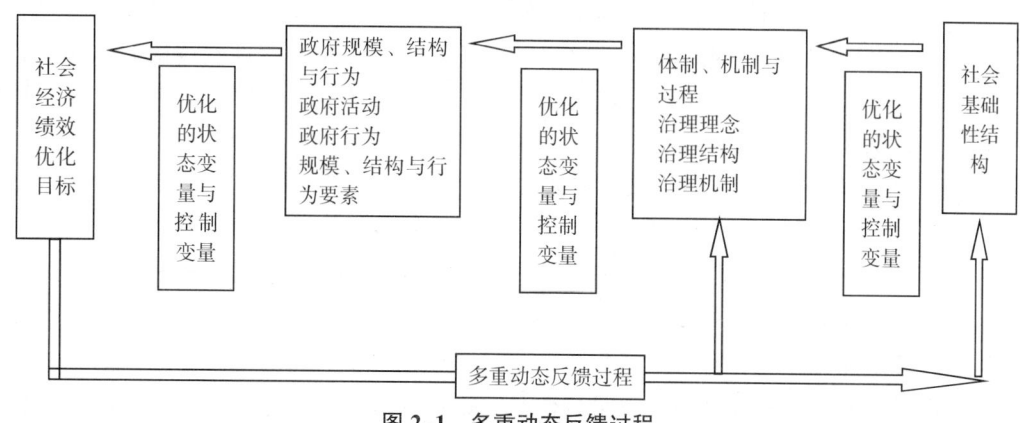

图 2-1 多重动态反馈过程

确切地说，政府规模、结构与行为优化是指在什么控制条件下，相对于什么而言政府规模是最优的或优化的，即在明确设定状态变量、控制变量以及目标函数和约束条件的前提下，最优化目标函数。假设 $x_1, x_2, \cdots, x_n$ 是一组状态变量，$u_1, u_2, \cdots, u_k$ 是一组政策控制变量，目标函数为 $F(x_1, x_2, \cdots, x_n; u_1, u_2, \cdots, u_k)$，在关于 $x_1, x_2, \cdots, x_n$ 与 $u_1, u_2, \cdots, u_k$ 的一组约束条件下，最优化目标函数 $F(x_1, x_2, \cdots, x_n; u_1, u_2, \cdots, u_k)$。

虽然政府活动、政府行为的社会影响构成了检验政府活动、政府行为合理性的基础，但由于政府活动与政府行为由不同的机制和条件决定，因而政府规模、结构与行为的优化问题，是由一系列相互嵌套的目标函数、约束过程与约束条件构成的复杂适应系统。为了有效解决这类系统的优化问题，需要以某种方式结构化这一系统的优化维度。

根据社会活动的互补性原理，社会治理绩效依赖于社会治理技术的互补性配置，根据政府规模、结构与行为的构成维度，我们至少可以从以下三个方面确定政府规模、结构与行为的优化维度。

1. 以政府的社会影响作为优化的目标函数：政府规模的一阶优化

从发生学的角度来说，政府存在的合理性在于形成较没有政府时更少的社会苦难、更多的社会福利与更好的生活质量。然而，现代政府较这种发生学意义上的政府承担着更多的社会职能。前面我们列出的政府活动与行为的社会影响，是目前世界上几乎所有的国家都倍加关注的八个方面，因而完全有理由将其作为优化政府规模的目标函数。然而，在优化政府的社会影响时，会遇到状态变量与控制变量的选择问题。由于政府活动、政府行为以及政府规模结构均决定着政府的社会影响，均为优化政府社会影响的变量，因而如何选择这些影响优化目标的变量，对于优化政府的社会影响具有重大影响。特别地，政府活动、政府行为以及政府规模结构这些影响政府的社会影响的变量本身并不是可以自由选取的，而是由一系列不同的机制、规则所决定，因而必然面临这些变量的优化问题。为了叙述上的方便，我们将能够优化政府社会影响的政府活动、政府行为以及政府规模结构称为政府规模优化的一阶条件与机制。

2. 以政府规模优化的一阶条件与机制作为优化的目标函数：政府规模的二阶优化

以政府的社会影响作为优化政府规模的目标函数，能够在一定程度上确定使政府的某个或某几个社会影响最大化的政府活动、政府行为以及政府规模结构的样式及其分布。在获得这一优化结果之后，我们便面临如何获得能够使政府的某个或某几个社会影响最大化的政府活动、政府行为以及政府规模结构的样式及其分布问题。于是，问题就转化为如何解决优化这些政府活动、政府行为以及政府规模结构的样式及其分布，即在最大化社会影响的前提下来优化这些政府活动、政府行为以及政府规模结构的样式及其分布。如前文所述，政府活动、政府行为以及政府规模结构是既相互联系又相互区别的问题，因而构造或建构能够使政府的社会影响最大化的这些政府活动、政府行为以及政府规模结构的样式及其分布，必然依赖于决定政府活动、政府行为以及政府规模结构及其分布的影响因素与机制。通过优化过程所获得的能够使政府的社会影响优化的政府活动、政府行为以及政府规模结构，必然分别或联合获得使政府的社会影响优化的政府活动、政府行为以及政府规模结构的一组状态变量与控制变量的组合。那么，如何获得这一阶段所需要的这组状态变量与控制变量，又转化为下一级的优化问题。为了叙述上的方便，我们将能够优化政府活动、政府行为以及政府规模结构的这组状态变量与控制变量称为政府规模优化的二阶条件与机制。

3. 以政府规模优化的二阶条件与机制作为优化的目标函数：政府规模的三阶优化

三阶优化本质上是在前两次优化的条件下解决二阶条件与机制的优化问题。显然这一次的优化面临着更多的约束与要求，因而是更迫切需要解决的问题。根据公共治理理论，这一阶段所要获得的状态变量与控制变量是与公共治理的治理理念、治理结构、治理机制相关的变量。因为政府活动、政府行为以及政府规模结构，均依赖于或取决于公共治理理念、结构与机制。只有通过调整公共治理理念、结构与机制，才能改变政府活动、政府行为以及政府规模结构，因而才能获得满足二阶条件与机制的优化问题的状态变量与控制变量。因而这一阶段的优化问题实际上转换为寻求所需要的公共治理理念、结构与机制的问题，进而迫使人们思考公共治理理念、结构、机制或过程等的决定因素、决定机制及其变迁的问题。

政府规模优化的上述三个维度，既是政府规模优化的三个视角，也是政府规模优化的三个不同层次，更为重要的是，它们构成了政府规模优化的参照标准，即相对于什么而言政府规模是最优的，从而具体、明晰了政府规模优化的含义。事实上，若在没有明确政府规模优化的上述三个维度的前提下讨论政府规模，政府规模实际上是一种没有良好界定的概念，其意义存在重大的不确定性。此外，上述确定政府规模优化维度的方式，也为进一步探讨政府规模相关问题提供了启示，即政府规模优化的性质是什么，相对于不同的参照标准以及在不同的条件约束下，政府规模优化是否存在解等问题。

二、政府规模优化的理论性质及其实践含义

前述表明，当我们从公共管理的角度（而不是仅从经济学的角度）明确了政府规模及其优化的构成维度后，发现政府规模优化相对于不同的参照标准具有不同的含义。同时，政府规模优化实际上是一系列相互嵌套的优化过程所构成的复杂体系，而不是一个单一或简单的优化问题。因此，探讨政府规模优化的性质，是我们正确理解和认识政府规模优化的前提，是正确地结构化政府规模优化，即解决正确的问题而不仅仅是正确地解决问题的前提。根据我们界定的政府规模及其优化的维度，至少可识别出如下三个方面的政府规模优化的理论性质及其实践含义。

1. 政府规模优化是一个多目标优化问题

首先，不论从政府活动与政府行为的社会影响的角度上说，还是就政府活动与政府行为自身来说，政府规模优化都是一个多目标优化问题。多目标优化首先面临的是各种不同目标之间是否存在相容性的问题，也就是说，如果这些目标是并列的并且是同等重要的，那么是否存在优化问题的解。如果多目标之间并列情形下优化问题没有

解，而我们在没有证明其解存在的前提下，还在努力去寻求这一问题的解，那么所获得的解很可能存在严重的扭曲，即优化一个或几个目标可能正在恶化另外一个或几个目标。其次，在将各种目标按其重要性进行排序时，将较为次要的目标作为约束条件时，是否是可能的。若这种排序以及将某些目标作为约束条件不可行，那么，如何求解这类多目标优化问题，是我们面临的一个难题。最后，政府的社会影响依赖于政府活动与政府行为，优化政府社会影响的政府活动与政府行为是否是可设计的。如果政府活动、政府行为不可设计，那么，即使我们找到使政府社会影响优化的政府活动与行为，同样不能有效解决政府规模优化问题。由此可知，必须明确上述三个有关多目标优化问题所面临的问题，才能有效地讨论政府规模优化问题。

2. 政府规模优化是一个动态优化问题

政府规模优化本质上就是使政府活动、政府行为以及政府的社会影响与特定情形下社会、经济、政治需求相一致，也就是使政府的存在性的分布与各种不同的社会需求的分布形成相互匹配的状态，从而使政府活动、政府行为有效满足社会需求，进而实现政府影响的优化。由于社会对政府活动的需求是一个随着国内外经济格局、经济发展水平以及对外开放度等一系列因素变化而不断变化的，因而政府规模优化必然是一个动态优化的过程。作为一种动态优化，反映到政府规模优化问题上，我们必须注意以下四个方面的问题：

一是动态优化的时间一致性问题，也就是如何权衡长期优化与短期优化的问题。不论是以政府的社会影响作为优化的目标函数，还是以政府活动与政府行为作为优化的目标函数，都存在如何对不同的目标进行排列与组合的问题，从而保证长期优化与短期优化之间的动态一致性。特别地，在政府规模的动态优化过程中，人们在不同时期受政府与市场之间关系不同的流行意识形态的左右，很容易摇摆于两种极端观点之间，最终丧失动态一致性。虽然如何避免丧失动态一致性超越了本章的范围，但我们看到，美国政府由于两大政党的竞争却在无意识中形成了这种互补性关系。

二是决定各种不同优化目标的不同因素之间相互协调的问题。政府规模优化是一个复杂的、相互嵌套的系统，导致各不同目标优化的状态变量与控制变量各不相同，如何有效协调这些状态变量与控制变量，从而保证各不同优化目标的实现，并实现动态一致性，远比人们想象的要复杂得多。更为重要的是，如何有效地强化政府与市场之间的互补性，如何有效地认识"市场失灵"的含义以及在"古典环境"不存在时如何选择更有效的替代机制。

三是政府部门划分方式优化的动态一致性问题。政府部门划分方式优化是一个在理论上远没有得到解决的问题。改革开放以来，中国进行了六次政府机构改革，虽然这期间大多数时候的机构改革以转变政府职能为基础，但不可否认的是，每次机构改革都是形式大于内容，因而需要连续地、反复地或交错地进行机构调整。其原因在于缺乏明确的政府机构划分的优化原则，特别地，没有处理好基于对象的划分与基于过程的划分之间的关系。例如，食品质量监管职能在农业部、工业与信息化部、商务部以及国家质监总局等各部门的划分，基于过程而不是基于对象。由于随着社会分工的日益细密化，食品质量可能发生在生产与销售的每一个过程中，要将食品质量监管职能有效地在不同部门间进行划分或分割，从而厘清各部门的责任，从理论上说是不可能的事情，因而从实践上说是一种非理性的做法。

四是政府层级结构优化的动态一致性问题。政府层级结构划分构成一个复杂系统，必须设定明确的复杂系统的优化原则。目前，中国政府层级结构划分面临严重的优化原则缺失的问题。例如，由 1982 年开始在全国范围内实施的由原来的"省管县"到"市管县"的改革，到现在的由"市管县"到"省管县"的改革，两次改革在表面上似乎都有充分的理由，而经过一段时间的实践，又发现存在严重问题。虽然"市管县"能够发挥城市的辐射效应与规模效应，而"省管县"则可以减少政府层级从而降低交易成本，但并没有考虑其所内生的正效应是否能够超过其内生的弊端所产生的负效应。政府层级结构优化，由于同时与各不同级政府间事权、财权等的配置以及"条块"分割等有关，也与社会传统、文明程度等有关，因而是一个复杂适应性系统。只有从复杂适应性系统优化的角度，综合地考虑各不同方面的综合影响，即明确系统的优化原则，明确状态变量与控制变量，才能真正优化政府的层级结构，否则必然产生各种预想不到的片面性与局限性。

3. 政府规模优化是一个动态演化问题

政府作为保持与促进社会团结或社会凝聚的中心制度安排，深深地嵌入社会历史、文化传统、心理定式以及自然禀赋等构成的更宽泛的网络之中。政府活动、政府行为以及由此而生成的社会影响都与这个更广泛的网络密切相关，它们紧密地相互关联、相互融于彼此之中。每一个构成性因素的变化都将导致这个网络的运转机制发生变迁，从而导致其社会功能发生变化。由于这个网络具有高度复杂性的特征，即众多网络以非线性方式相互嵌套和相互作用、各不同构成要素变化对于网络稳定性的影响依赖于一系列其他参数，因此，任何一种超越这个网络稳定所允许的参数范围的变化都可能导致预想不到的后果。

政府、社会组织（非政府非营利性社会团体）与市场之间的关系是政府规模优化动态演化的一个最佳实例。目前，不论在理论界还是在实践部门，流行的或占主流的观点认为，政府与市场是两种相互替代的社会治理机制：政府存在的领域，必然导致市场机制的退出，市场机制存在的领域必然要求政府退出。这是人们关于政府与市场两种社会治理机制之间关系的一个严重误解，是人们在理解政府与市场两种治理机制之间关系时犯的一个重大理论错误。

我们的基本观点是，政府、社会组织与市场是一个相互嵌入、相互作用的整体，是一个共同演化的整体。

首先，政府与市场之间的重大关系不是替代关系而是互补关系。离开公共政策或政府，不可能存在市场。人类历史上从来都不存在离开政府而独立且永久存在的市场。"通往自由市场之路的打开与保持畅通，有赖于持续的、由中央组织调控的干预主义的巨大增长"（Polanyi, 1957）；离开市场不可能存在高效率的或文明的政府；政府存在的合理性边界不在于其替代市场，不在于其弥补市场失灵或市场缺陷，而在于其完备市场有效运转的环境和机制，在于创制互补于市场的有效的和高效率的机制与过程，或者说，在于创制互补于市场的能够自我实施的机制与过程，在于开发新的或创造市场机制，在于强化市场运转的纽带或黏合剂，在于最大化"看不见的手"的功能，即最大化私人活动的公共价值创造功能。

其次，政府的存在范围与市场的活动范围共同演进。市场机制在人类历史上的扩散过程，实际上正是政府干预不断扩张的过程，市场走到哪里，政府便跟进到哪里。"与人们预期相反的是，恰如省力的机器的发明没有减少而实际增加了人力的使用一样，自由市场的引入远远没有消除对控制、规制和干预的需要，反而大大地扩张了它们的范围"（Polanyi，1957）。劳动法、济贫法、知识产权法、州际商业法、反垄断法、食品安全法、劳动安全法、社会保障法以及环境保护法等，哪一个不是市场扩散的结果呢？在任何一个市场存在的领域，若没有政府的及时与有效的跟进，市场将必然成为波兰尼所称的导演无数种人间悲剧的"撒旦磨坊"（Satanic Mill）。

最后，和谐社会源于政府、市场与社会组织三种机制的优化组合。政府、社会组织与市场，是人类公共治理的三种不同机制，各自具有的不同功能优势与各自具有的功能劣势都内在生成于其自身之中。只有通过三种不同的公共治理机制的巧妙组合，才能够形成相互钳制劣势、相互促进优势、避害趋利、扬长避短的公共治理机制、结构与过程，从而满足个人的不同层次的需求，人们才能各得其所、幸福快乐、安居乐业，进而实现社会和谐。政府、公民社会与市场这三种不同的社会治理机制的任何一个方面的"癌变"，即超越其他两个方面的约束而疯狂地成长，必然导致这一方式在社会治理过程中的绝对垄断，从而使社会治理失去均衡，造成个人私欲的极度膨胀，进而导致社会充满苦难、嫉妒、愤恨、不满与暴力抗争，社会出现"文化真空"并使个体普遍失去道德底线，最终危及社会的可能性。

上述三点表明，政府、社会组织与市场三种公共治理机制之间是一个相互融合、共同演进的动态过程。在改革开放、社会转型与市场化体制完善的新形势下，只有及时地调整政府活动范围、方式，校正政府行为，使政府、社会组织与市场之间的对偶结构（Dualities）、平等结构与辐辏结构（Centricity）（Polanyi，1957）形成一个有机的、相互嵌入的整体，才能够达到公共治理机制的均衡，保持与促进社会的和谐发展。

第三节 政府成本、规模与绩效

政府成本—绩效或效率是政府规模、结构与行为问题研究中的另一个重要主题。随着 20 世纪 80 年代新西兰为改善公共部门效率而进行的广泛的政府管理改革的深入与扩散，政府绩效受到了各方面广泛的关注，引发了政府绩效问题研究的新浪潮（Scott，2001；Chu and Hemming，1991；Chu and others，1995）。在这一改革浪潮中，"结果导向的公共支出管理"（Result-oriented Public Expenditure Management）体制成为政府管理改革的目标,而核心途径则是分离政策形成与执行、在政府机构之间以及政府机构与私人企业之间引入竞争、发展一系列指标构建结果导向的预算制度。旨在控制政府生产或运行过程以及强化政府运行效率的结果导向的理论与实践,几乎以几何指数方式在迅速地增长(Oxley and others,1990;OECD,1994)。可见,有关政府绩效评估的文献极为丰富。杨冠琼(2005)提供了以政府总支出作为投入的部分相关研究文献。此外,以政府总支出作为投入的其他一些代表性文献还包括Gwartney等(2002)、Mueller(1997)、Persson和Tabellini(2001)、Gupta和Verhoeven(2001)、Rodrik(2000)、Shleifer和Vishny(1998)、Strauch和Hagen(2000)、Tanzi和Schuknecht(1997,2000)以及Afonso和Schuknecht(2005)。这些文献所运用的方法主要分为两大类:一类是参数方法,如计量方法、随机前沿生产函数方法等;另一类是非参数方法,如DEA方法、FDH方法和非参数的随机前沿生产函数方法。

近年来,国内关于政府绩效与效率的研究十分活跃。周志忍、吴建南、郑云峰、卓越、蔡立辉、徐邦友和徐绍刚等都对政府绩效与效率、指标体系设计等进行了广泛的理论分析。彭国甫发表了大量的理论分析与实证研究成果。杨冠琼利用分省政府总支出与分项支出、政府雇员等作为投入,以经济发展能力、政府管制效果、教育、公共卫生、社会福利水平与公平、经济活动基础与法律环境为产出,利用DEA方法,对中国地方政府绩效进行了实证研究。唐任伍等、范柏乃等利用指标赋权的方法,对中国地方政府效率进行了实际测量和比较。

有关政府规模—成本控制的机制与途径的文献主要分为三大类:一是博弈分析及其机制设计;二是预算制度设计;三是实证性检验研究。这三类文献中,预算制度设计是核心问题,其他两方面研究,只是为预算制度设计提供理论和经验。

博弈分析主要是一种理论分析,目的是识别有效的控制政府规模的制度安排。博弈分析结果表明,在资本主义国家,与基准假设相比,权力分立机制能够有效控制政府规模的增长;监督与审核机构的独立性程度与政府规模负相关;预算过程的透明度与政府规模负相关。(Persson、Roland and Tabellini,1997;Calvert、McCubbins、Weingast,1989;Epstein and O'Halloran,1995)。

基于博弈理论分析和经验研究,预算制度设计主要强调三个方面:一是绩效预算与绩效审计制度的基本框架与意义、实施方法与程序;二是增强预算的透明度;三是强化预算外收入与支出的管理。Leruth和Paul(2006)利用委托—代理模型,分析了事后审计(Ex-post Audits)与先验控制(Ex-ante Controls)两种工具各自的优势与劣势,并从信息不对称的角度论述了实施绩效预算和绩效评估的必要性;Diamond(2005)分析了实施绩效预算面临的问题、绩效预算与传统预算的差别、绩效预算的基本框架(包括指标分解方法、层次、权数设定、指标间联结方法等技术性问题)、绩效预算的实施方式与程序、如何有效避免绩效预算的有偏性等;Reviglio(2001)的研究表明,通过强化预算程序、剔除各种不受约束的财政操作和公开预算执行结果,能够有效提高预算透明度进而有效提高支出绩效;Jackson和Palmer(1989)、OECD(1994,1997)、Hatry(1999)、Joyce(1993)等分别介绍了绩效预算的一般理论、方法和实施步骤；U.S. Congressional Budget Office（1993）、Groszyk（2001）分别介绍与总结了美国政府绩效预算与绩效审计的实施方式与经验；Hyndman 和 Anderson（1995）以及 Hill（2004）分别介绍了英国绩效预算实施的方式与经验。

第四节　消解与重塑科层组织：政府规模、结构与行为优化的自适应系统的构建

政府规模、结构与行为优化的理想状态是使政府规模、结构与行为优化成为其环境的自适应系统，能够依据社会经济环境的变迁不断地进行自我调适，以便最有效地发挥其协调社会活动、促进生产性要素生成以及塑造社会美德的功能与作用。这种自适应系统犹如水中生物演化为其适应水中生存的样式，空中飞行之禽演化出适应空气动力学规律的体型一样。然而，不论是水中生物还是各种飞禽，其所以能够演化出适应各自环境或条件的内在功能与样式，关键在于其必然受其生存于其中的环境因素洗礼。正是不可改变的自然环境这种强制性命令，迫使各种生物最终演化出适应各自生存环境的本能，成为能够在各自环境中自由生存的生物体。从这种意义上说，政府规模、结构与行为，只有受其不可更改的环境力量的洗礼，受其不可抗拒的环境力量的生死检验，才能够演化成为自适应系统，才能够主动地、自觉地顺应环境的变化，依据环境的变化与要求而不断地进行自我适应与更新。

政府规模、结构与行为优化能否成为一个自适应系统，涉及公共行政或行政管理范式问题。依据是否构成自适应系统，可以将公共行政分为两种主要范式，一种是自主型的，或统治型的、压制型的、专制型的、自利型的公共行政。这是一种自我塑造型的，相对独立于社会需要或愿望，以自身利益最大化为中心的公共行政。另一种是适应型的，或民主型的、协商型的、协同型的、回应型的公共行政。至少从理论上说，这是一种受社会需要、愿望、意志约束、校正与塑造的自适应型的公共行政。这两种范式的公共行政，并不存在脱离时空的哪个好哪个不好之分，因为不存在脱离时空的好与坏的绝对评价准则。适应其生存环境的，就是好的；不适应其生存环境的，就是不好的。

事实上，自从人类结成社会以来，某种形式的公共行政就与人类社会的发展相伴随，与文明和政府概念的兴起同步发展。正如 Gladden（1972）所说，社会的创立者或领导者使社会成为可能，而社会的组织者或管理者使社会永久地存在。公共行政或公共事务的管理，是所有社会活动的中介，虽然它看上去不那么壮观，却是保持社会连续性不可或缺的基础。

虽然公共行政实践一直伴随着人类社会的历史演进，但公共行政理论却一直散布于政治学、法学乃至哲学等学科之中，直至 19 世纪前，一直没有形成独立的理论体系。按照西方公共行政学的观点，第一个现代意义上的公共行政理论，即作为一门独

立的公共行政理论，产生于 19 世纪末，并于"1900~1920 年期间初具形态"。1887 年威尔逊（Wilson）发表的《公共行政之研究》，1900 年古德诺（Goodnow）发表的《政治与行政》以及由韦伯 19 世纪末 20 世纪初发表的一系列政论演讲与论文（后人将其汇编成《政治论文集》）等，奠定了今天人们统称的"经典公共行政理论"或"科层范式"（Bureaucratic Paradigm）(Lynn, 2001) 的基本理论框架。休斯认为，直到 20 世纪最后 25 年前，以层级结构（Hierarchy）、命令与控制（Command-and-control）、自上而下（Top-down）、条块分割（Bureaucratic Silos and Fragmented）为核心特征的科层行政，作为一种主导理论范式，在大多数西方国家一直没有发生什么变化（Hughes, 2004）。

尽管如此，作为主导模式的科层行政，自其形成之初，便不断受到民主行政思想的冲击，因而有关民主行政的研究，事实上，自经典科层行政范式形成之日起，就引起了不同学者的极大兴趣，吸引了众多学者聚集于这一主题，出版了大量相关研究成果，在理论研究方面取得了重大进展。20 世纪 90 年代中期以来，民主行政研究与实践在全球范围内掀起一场浪潮，至今仍方兴未艾。

民主行政的重大任务之一是消解科层制的"自利性"或"自足性"，从而使公共行政，或政府规模、结构与行为优化，成为一个更具有自我适应性的系统。科层制是韦伯研究的核心问题之一，也是其理想型的核心概念，自然是其研究如何构建具有自我适应性的民主行政的核心概念。不过，需要重点提示的是，自第二次世界大战以来，人们了解更多的是韦伯关于科层制的效率优势，而很少了解其对科层制另外一面的剖析与批判，即对科层制如何成为具有自我适应性的民主行政影响的分析，以及为构建具有自我适应性特征的民主行政所提出的一系列主张。

如前文所述，经典公共行政范式建立在 Wilson 的政治与行政分离、"集权信念"与行政过程的"一体化原则"基础上。这种理念与韦伯的科层组织或行政具有一种天然的契合性，因而威尔逊的教条与韦伯的理想科层组织的结合，构成了经典的公共行政范式。

韦伯的理想科层行政组织理论建立在改造"早期行政系统"的基础上，主要目的是解决后者面临的腐败、无效率、非专业化等问题。西方行政学认为，早期行政系统最早出现于古埃及与中国，而后扩散到其他国家。按照韦伯的论证，这种早期官僚制的特征是"个人的、传统的、发散的和特殊的"，它以效忠国王或大臣、保护人、领导人或政党等某个特定个人为基础。

韦伯认为，早期官僚制与其要治理的公共行政问题的本体论特征相矛盾，因而既缺乏效率又缺乏法理上的合理性。早期官僚制体现的是"卡里斯马权威"与"传统权威"，而社会已经进入"法理权威"时代。以体现"卡里斯马权威"与"传统权威"的官僚制为工具，治理"法理权威"时代的公共问题，由于出现了时空错位或犯了时代错误（Anachronism），必然面临效率危机与合理性或合法性危机。

韦伯认为，公共行政问题本质上是社会分工的自然产物，具有稳定性、连续性、专业化、职业化的特征。治理这类问题，必须遵循社会分工与专业化原理设置相应的治理结构、组织与机制。通过调整或改变行政系统的模式变量，即从无规则的规则向一切以规则为基础的转变，行政系统就会与秩序、效率、普遍或非人格化的公共问题的本体论状态相一致，从而实现从价值嵌入性状态向价值祛除性和工具主义状态转变。在此基础上，韦伯提出了有效治理公共行政问题的官僚制，其规范性要求是"非人格化的、理性的、具体的、成就取向的和普遍的"（Kamenka，1989），并且以效忠于正式制度安排为基础。为此，韦伯提出了以基于法理、规则、水平职能分工及纵向层级结构为核心特征的，由"科层体系六大原理"构成的公共行政基本模式（Gerth and Mills，1970）。韦伯通过一系列论证，认为这种理想科层制的"精确化、速度、清晰性、知识运用、连续性、自由裁量范围、一致性、严格服从、降低摩擦以及人力成本，都达到了最优状态"（Gerth and Mills，1970），因而能够有效解决早期官僚制不可避免的腐败、无效率、人格化、非职业化等内生性问题。

作为理想型的科层组织向社会的广泛扩散，即政府与社会的科层化，是不可阻挡的历史潮流，因为科层化是人类理性化的自然结果。理性化是人类文明的内在要求，是现代社会的本质特征，具有不可逆转性和抗拒性。理性化，其一种含义是指目的——手段理性。当代生活的突出之处是系统的目的理性行政，包括明确的目标定义和达到目标的最有效途径的越来越精确的计算，这种行动与那种基于或遵从传统主义或习惯的行动完全对立。理性化的另一种含义是积极地、主动地与广泛地运用理性。作为一种活动类型的理性化或形式理性，是指这种活动为明确设计的规则所控制，对活动范围的精确限制，并涉及专门概念和知识的应用，是指这种活动被系统地安排成内洽的整体。

理性化的这些含义应用于工具性行动或活动时，它们意味着极其严格的操作上的精确性和可计算性。科层组织在所有这些不同的意义上都是"理性"的范例。韦伯认为科层制是特别理性的，因为人们基于知识特别是基于专门知识对其加以控制；因为它有规定清楚的权限；因为它按照理智上可分析的规则操作；最后，因为在技术上它有取得最高成就的能力。这些理性的特点保证科层制在技术行为上具有胜过其他行政形式的优势，其程度与机械同非机械生产形式的区别一样大。

韦伯在《经济与社会》中重点研究与刻画的"理想型"的科层组织模型，作为人类理性化的自然结果，着重说明科层制行政系统所必须满足的标准、科层组织行为的前提条件与技术优势的后果。韦伯关于科层组织在技术上对于达到最高执行水平具有最完善的调适性的论述，并不意味着韦伯视科层组织为现代社会完美无缺的组织，也不意味着韦伯认为科层行政是对于现代社会没有重大损害的行政模式；相反，韦伯指出，认为科层组织超然于特定社会利益或党派之上，纯系"天方夜谭"。"将科层组织想象为具有独立于任何社会基础的性格是一个根本性错误。科层组织的社会基础在于那些控制社会组织的权力群体之中"。科层组织或科层行政是生命机器的"牢笼结构"，将成为现代社会民主的重大对立力量。而这一点正是经典科层行政建构之初所忽略或没有给予足够重视的方面，也是当代民主行政研究没有给予足够重视的方面。

集权与秘密行事是科层制和急剧理性化行政的典型特征。理想科层组织是严格等级制与绝对服从命令或指令的典范。文职官员在这种受规则强迫的、秘密运作的组织中工作，其任务是发布和服从命令，循规蹈矩。在"古代世界农业"的研究中，作为古埃及、传统中国社会与晚期罗马帝国的中心特征的绝对的生活科层化，被韦伯列为一种明确的泯灭了所有自由、民主的非自由化的典型。

科层制是一种有其固有力量和价值的社会力量，它逐渐发展成使人成为其附庸的社会力量。科层组织的运行规则与条件使其工作人员在"作为人的发展"方面受到的威胁，较之体力劳动者更严重，他们成了一个"共同缺乏独立精神"的阶层或群体，当然韦伯并不否定他们形成一个社会上和经济上的特权阶层的可能，而且认为这种可能性非常大，甚至是必然的。

科层组织所垄断的调查统计使他们牢牢把握了产生符合他们利益、观点、立场的优良改革方案的条件，"而表面上，它可以是客观的、科学计算的结果"。"……对于官吏来说，最重要的权力手腕是将官场知识变为机密知识，并以臭名昭著的'官方机密'名义为借口。"这是保障行政免受外界控制的简明方式。不予公开的知识使得科层组织不仅成为有效的行政工具，而且成为一种为所欲为、自行其是的潜在力量。拥有这样的知识，使得科层组织难以为政治统领所控制，除非他们同样拥有下属的专业知识。行政部门利用其垄断的生产统计工具获得了极大利益。

科层组织可以方便地、合法地披上一视同仁、不偏不倚、铁面无私、国家利益、民族利益以及超越集团利益、党派利益的外衣。科层组织作为政府的职能部门，其理性化的内在要求是一视同仁、不偏不倚、铁面无私地执行作为社会公共利益之集中体现的国家意志或政府意志，其合法性源泉在于法律与政策面前人人平等，人人获得公允、公平或公正的待遇。这些被神圣化的抽象概念被不可避免地交织在科层组织的固有本能中。

然而，科层组织由现实中有血有肉的真实的实体（个体）构成，因而科层组织神圣外衣下真实实体的特性是：现实中的科层组织，不仅从未达到"理想型"的标准，而且对于"理想型"的偏离并不是偶然的、部分的，而是系统的、整体的。科层制不仅是一个优越的技术工具，而且构成了一支携带自身利益和价值的社会力量：作为一支独特的社会利益群体，其本质是追求自身利益；作为一个权力群体，其具有影响政治系统目标的能力，吏役部门倾向于篡取过多的政治职能，超越了它作为行政工具的固有限度，给行政过程带来灾难性后果；作为一个地位群体，成为社会模仿的标杆，有意无意地影响着整个社会的价值观或伦理、道德标准（杨冠琼，1997）。

集权、秘密行事以及在国家利益的外衣之下疯狂地追求私利，这就是科层组织固有的秩序。"他们只需要这种'秩序'，除此之外再无其他。他们如此适应这种秩序，以致一旦礼崩乐坏，他们就会惶惶不安而畏缩不前，一旦被解聘，就会一落千丈。普天之下，除了这种人的三六九等以外，人们一无所知，人人都被卷入了这种发展"。

上述所有这些，正是韦伯所说明的科层制或科层组织的实际作用的简明特征，它们构成了"理想型"科层组织的完整的重要规定，构成了科层组织的基本的社会性格。正是由于科层组织的这种完整的规定，使得韦伯在1909年公共政策学会的一场争论中因单纯强调科层制"铁面无私以及类似机械"的特点，招来了一片"嘘声"。

人类社会的理性化与理想型科层行政固有的完整规定，使科层组织向社会不同领域的扩散，即整个社会的科层化，将成为不可抗拒的历史潮流，成为人类社会的大势所趋。整个社会成为一个沉浸在科层制的秩序和保障、笃信科层理想的价值之中，为单一的无所不包的行政等级所支配。"到处都一样，工厂、政府、军队、大学中的运作方式，均以科层结构的部门为媒介而将这些组织的一切权力集中到那些控制着这些部门的人手中"。

随着社会组织科层化的发展，私人工商领域的科层化也将日益强大。它不同于政府机构的科层化，不仅带来了知识和专业的独立来源，而且成为抗衡政府科层权力的保存民主的关键力量。两种科层组织之间的紧张关系是保持个人自由的重要因素。然而，一旦"废除了私人资本主义，国家科层组织就会独揽统治权。现在，政府的科层组织和私人工商业的科层组织至少原则上在相互抗衡和相互监督，而到那时，两者将被铸进单一的行政等级之中"。整个社会被单一的、巨大的行政等级或科层行政的牢笼所囚禁，将破坏一切自由与民主的可能性。

韦伯在描绘与勾画全面科层化社会的可能特征时，不仅根据逻辑推理与社会现实，更依据广泛的历史经验，主要是古埃及、传统中国和古罗马帝国的历史经验。在《古代农业状况》和他身后出版的《一般经济通史》中，韦伯简述了罗马史与现实的关系，认为古代的资产阶级非罗马骑士莫属，它可以与当代条件下"理性"级别的资产阶级相提并论。罗马科层组织的发展不断驱逐或挤出骑士阶层，国家逐渐没收了所有的私人资本，最终导致罗马骑士阶层的消失，帝国科层组织接管了其发展经济的职权。整个帝国完全控制在政府科层行政的牢笼之中，泯灭了罗马社会活力的源泉，因而造成罗马帝国的经济停滞与文化衰落。"科层制破坏了人们全部的经济和政治主动性……科层政府压制私有经济活力古已有之。任何科层组织在发展过程中都具有形成某种结果的趋势；我们现在的科层组织同样不可避免"。

由政府科层组织调节和控制的社会，特别是主要经济部门和领域由政府科层组织调节与控制的社会，"将会处于同晚期帝国时代同样的境地，只不过技术基础较为完善罢了……科层化的社会同古代社会一样，将尽一切可能依次实现对资本的控制。于是，久处于'无政府生产'中的我们，将体验到那种突出见于罗马帝国的，仍然兴盛于埃及新王朝以及托勒密王朝统治下的类似的'体制'"。

罗马提供了科层社会的经济和文化停滞与整体衰落的原型，而埃及则给出了一个毫无自由可言的社会的标准范例。两者的共同之处在于，以科层政府去满足公众需求。埃及的科层统治根源是治理尼罗河的需要。每一个居民在等级社会中应该做什么都有所规定，他们被迫按区域注册，以便安排徭役。所有的私产都掌握在法老官员手中。原则上，任何人都没有自由；有特权阶级，却没有自由阶级。

科层制这架牢笼结构的机器一旦发展或运转起来，就具有了不断自我强化的性质。传统中国、古埃及和古罗马最终演变为由无所不包的科层政府统治的社会，就是有力的证据，虽然那时的科层制含有很多世袭制和非理性成分。这些历史例证不仅为科层制发展的必然性提供了一般的根据，而且为这样一个事实提供了根据：科层制一旦发展起来，便会不断地自我强化，直至社会完全被科层制彻底覆盖、笼罩与浸染。历史经验表明，在这样的社会中，每一个人都是这架庞大机器上的一个小齿轮，他的唯一愿望就是如何更快地成为更大的齿轮。除此之外，人们再无他求，因为只要成为更大的齿轮，与此相对应的其他的愿望、追求，包括特权、财富、荣耀、地位等便能够轻而易举地得到或实现，所有与此对应的生活问题便可迎刃而解。齿轮越大，获得有价值的东西越多，获得的东西价值越大。对于整个社会而言，这种社会所唯一缺乏的是创新的主动精神，是对知识与科学的真诚的、作为有价值而不是作为工具的追求，是对真理与事实的追求。

科层制演化的必然趋势是由社会控制的科层行政转换为科层统治或科层专治，由原来人们憧憬的能够协调社会行为，使社会过程秩序化的工具，突然变为控制公众民主、自由的工具，成为民主、自由的最大障碍（Beetham，1996）。至此，中心的问题并不是我们如何进一步发展和推动它，相反，却是我们如何反对这个机器，以维护人性免受灵魂的分割，免受普遍的科层化生活理想的支配。

正是试图对这一问题做出回答，韦伯提供了其公共行政民主思想的基本架构。首先，在大规模的科层行政日益支配经济和政治生活的时代，如何保持民主与个人自由。韦伯认为，在个人的任何独立的合作途径或措施以及领导任何场合的社会生活的权力被剥夺的地方，在任何个人被整合于单一的或强大的组织所垄断的权力等级之中的地方，民主与个人自由都将面临威胁。因此，社会必须在这些地方或环节设置或开发抗衡科层统治的力量，而且强调这种抗衡力量的性质必须与科层组织的性质相一致。议会或许能够提供公开议政，保存民主，保护个人自由，反对铁幕和科层权力的讲坛。因为这种保护的有效性最终依赖于在整个社会中多元竞争性的科层组织的存在——在自由市场之间，在可公开选举的竞争性政党之间，在一切经济与政府的制度之间。韦伯的这一思想与当代复杂性科学中的"种类对等的必要定律"如出一辙。

其次，维护民主、自由需要维持资本主义经济免受科层行政的控制，因而使私有财产制度与私人经济的发展免受科层行政的制约与威胁，是保存社会民主基本构成的关键。韦伯意识到，传统中国、古埃及和古罗马衰落的最终原因，在于政府对私人财产的任意侵蚀与剥夺，私人财产如击鼓传花似地在流水般的、垄断了政府权力的官僚手中传递；不仅社会财富的每一次这样的传递都面临巨大的损耗，而且导致掠夺财富成为官僚的职业追求与生活意义或乐趣的唯一来源。当社会财富全部掌握在官僚手中时，科层制官僚便控制了整个社会的经济，完全消除了相对独立的财产占有者阶层，导致唯一可与科层组织对抗、侵蚀科层统治力量的有组织力量的消失，整个社会被科层牢笼所控制。传统中国的经验表明，科层牢笼统治的社会的运行结果是，社会治理与组织能力极度衰弱，最终以外敌入侵或大规模的民众起义抑或两者兼而有之而结束一个王朝。

私人财产制度的存在之所以是抗衡科层行政专治统治的要素，在于其相对于独立的私人财产占有者最有可能形成广泛的社会联合，形成一支有组织的力量。当私人财产受到科层统治侵蚀或掠夺时，他们有充分的动机进行奋起抗争。无数单枪匹马地抗争而履遭失败的先例在他们的心灵中将铸造一个铁律般的法则：这种抗争的有效性来自他们广泛而紧密的联合行动或集体行动。联合的过程也是产生各种维护其自身利益的组织过程，更是集体行动的有感召力的领袖产生的过程。

最后，韦伯对于有感召力的领袖的产生具有重大兴趣，这也是韦伯的第三个关键问题：如何产生能够有效抵制与抗衡科层专治的政治领袖。韦伯认为，在科层组织遍布社会的时代，社会生活的活力与创新的首要来源在于有天赋而又强有力的个人领袖，社会生活活力与创新是他们内在"代蒙"（Damon）的反映。在这些有天赋而又强有力的个人领袖身上，有牵动当代社会精神的重要气质，具有强大的感召力、震撼性、凝聚力与慑服力。在大众民主与科层统治时代，只有这样的领袖才能够抵制各种不利的威胁力量；充分发挥强大的科层组织的工具价值；平衡各不同利益群体的利益诉求；平息群体性运动的"非理性"压力，避免或减少群体性运动的非理性行为。

由于韦伯相信类似于"种类对等的必要定律"的真实性，因而解决上述三个关键问题的核心是建立完善的议会制度。"因为议会在上述三个重要问题中都发挥着重要作用：提供个人自由和开明政治的保证；反映社会力量的多元性；调和力量对比；训练和选举政治领袖"（Beetham，1996）。

第三章　社会经济绩效与政府规模、结构：经验证据与优化实践

近年来，随着政府社会经济职能的迅速扩大而来的政府规模的扩张，与全球范围内人们民主化意识的迅速提高，使各国政府在履行公共职能方面面临严峻的挑战。一方面，民众要求更多的社会经济公平、社会经济福利和政治公平，不仅使政府承担着更多的社会、政治和经济责任与职能，而且与政府财政的捉襟见肘形成鲜明的对照；另一方面，各国政府履行社会经济职能时在不同程度上存在的腐败、浪费和无效率等现象，日益成为社会各界关注的热点问题，成为社会各界批评政府规模过大和要求改革政府运行方式以便提高政府运行效率的首要原因。如何有效地配置公共资源，提高公共资源的使用效率，是理论界和实践部门面临的一个迫切问题。本章在浏览大量文献的基础上，通过比较和理论分析，总结和归纳了目前国外相关研究关注的几个主题和研究方法，旨在明确国外相关研究动态的同时，为理解和研究中国政府的最优规模与运行效率提供理论框架和经验证据，以便为提高中国公共财政的配置效率找到更有效的政策措施。

依据政府规模的规范性理论的基本框架，我们比较分析了近年来国外关于政府规模的经济增长效应、社会福利效应、政府最优规模以及公共支出效应与政府效率之间关系的大量文献，研究结果表明：不同国家的经验数据在检验政府行为是否为生产性行为方面显示出不同的结果；政府规模的社会经济福利效应存在"阿米效应"；不同国家政府规模与社会福利效应存在较大差别；政府规模的社会经济福利效应的大小依赖于政府效率，因此提高政府效率是提高政府公共支出的社会经济福利效应的关键。

第一节　规范性理论及其经验

一、政府规模的规范理论

亚当·斯密认为，政府行为是非生产性行为，因此，政府规模与经济增长是相互替代的，或者说，政府活动具有挤出效应：政府规模扩张，必然与私人部门争夺劳动力与资本，从而使从事生产性行为的人和资本减少，进而影响经济增长。然而，他又认

为，市场作为资源配置的一种机制，其有效性依赖于秩序和可预见性。创立、维护这种秩序和可预见性正是政府应该扮演的角色。斯密因此主张保持最小规模的政府，即政府规模应该仅限定在维护市场秩序、保持市场机制正常发挥作用的范围之内，而不应该干预经济的运行。显然，斯密关于政府活动在经济增长中的作用的观点是自相矛盾的：既假设政府行为是非生产性的，又承认市场机制发挥资源优化配置功能依赖于政府的活动。

20世纪30年代的经济危机使亚当·斯密的最小规模政府理论面临严峻的现实挑战。为了提供摆脱经济危机的有效政策工具，凯恩斯提出了与亚当·斯密截然相反的理论观点。凯恩斯认为，由于三大心理规律的作用，完全自由竞争的市场经济必然面临有效需求不足问题，因而必然产生经济危机；避免和有效治理经济危机，依赖政府对宏观经济的强有力的调控。因此，凯恩斯主张政府对宏观经济的广泛干预和调控，即主张"大政府"理论。然而，20世纪70年代以来美国等资本主义国家的经济滞胀，被归因于政府对经济的过多干预，因而凯恩斯的"大规模"政府职能理论，亦受到理论与经验的挑战。

庞古关于政府职能的理论观点，介于斯密和凯恩斯之间。庞古抛弃了斯密关于政府行为是否为生产性行为的一般假设，从政府活动影响私人效用的角度来说明政府活动的性质，因而摆脱了斯密关于政府活动性质自相矛盾的观点。庞古认为，政府应该提供市场自身无法提供的公共物品，即除了维护市场秩序外，还应该纠正不受约束的市场的各种不良行为和结果，消除或缓解由市场行为而生成的各种正负外部性导致的资源配置的扭曲，进而提出了政府最优规模规范性理论的初步框架。庞古认为，对于一个社会来说，当公共物品的社会边际效用等于赋税的社会边际效用损失时，公共物品的规模就是最优的。

20世纪70年代以来，随着资本主义国家经济滞胀问题的日益显露，关于政府规模以及政府在经济增长中作用的研究，在美国出现了两大理论派别：新古典学派和公共选择学派。以Musgrave、Bowen和Samuelson等为代表的新古典经济学家，沿着庞古开辟的方向，进一步将政府在经济增长中的作用进行理论总结和梳理，提出在市场经济中政府的主要职能为提供公共物品、消除外部性、稳定经济与维护公平。显然，Musgrave和Samuelson等从政府增进私人效用的方式方面，即从政府行为的生产性方面，进一步完善了庞古关于政府最优规模的理论框架。

以Buchanan等为代表的公共选择学派认为，公共领域的不同行为者，如特殊利益集团、政府官员等，如同私人领域的行为者一样，是自我效用的最大化者，总是试图利用公共权力牟取其自身利益。公共领域的行为者牟取其自身利益的活动，将损害社会的总体福利或效用。因此，虽然政府活动（提供公共物品、消除外部性等）能够促进社会整体福利水平的提高，但这种福利增进效应也可能被公共领域中的行为者牟取私利的活动所抵消，甚至使政府活动的净社会福利变为负的。显然，公共选择学派的观点从政府活动的非生产性方面，完善了庞古的分析框架。

综合考虑政府活动对于社会福利效应的影响，庞古关于政府最优规模的理论框架为：政府活动对于经济增长具有双重效应。一方面，政府提供的公共物品与服务，如法律体系、产权与和约的实施以及各种标准体系、基础设施、公共安全、公共卫生、教育等，能够提高私人部门生产率；另一方面，这些公共物品和服务的提供依靠税收来补偿其成本，而除了一次总赋税外其他所有税收都由于各种各样的原因而造成资源配置的扭曲，因而对经济增长产生负影响。因此，政府活动对经济增长的促进性影响具有边际递减的性质：随着政府规模的扩大，政府活动从生产性转变为非生产性，因而政府活动对于经济增长的影响存在一个正负效应相等的点，即政府最优规模的决定条件。

二、政府规模的经济增长效应

生产性与非生产性，是政府规模与结构研究文献关注的一个焦点。从理论上说，人们关于政府支出的不同结构是生产性的还是非生产性的划分，存在极大的差别，目前主要存在四种观点。第一种观点是先验地认定某些支出为生产性支出。Barro（1990）认为，国防支出有助于保护产权，教育支出属于人力资本投资，因而将其视为生产性支出；而 Grier 和 Tullock（1989）等认为，国防和教育支出是非生产性支出。第二种观点根据政府支出在稳定状态的作用来划分该支出是否为生产性支出。Davarajan 等（1996）认为，将政府的不同支出先验地划分为生产性的和非生产性的做法是不合适的，进而提出了政府支出是否为生产性支出的一种理论划分方式，即如果政府的一种支出在财政总支出中的比例扩大能够提高稳定状态的经济增长率，那么这种支出就是生产性的，否则就是非生产性的。例如，如果行政管理费用有正的经济增长效应，那么也可将其视为生产性的。第三种观点是实证性观点，即如果一种支出与经济增长正相关，则认为它就是生产性支出，否则就是非生产性支出。这种观点一般认为，政府消费是非生产性的，而政府投资是生产性的。第四种观点认为不同的支出根本不存在是否为生产性的问题，每种支出的经济增长效应都是非线性的，在其较低水平时为生产性的，而超过某个临界点便变为非生产性的。

为了从经验的角度检验关于政府支出是否为生产性支出的各种理论，人们进行了大量的经验研究。如同理论观点一样，经验研究结果亦显示出重大差别，表 3-1 归纳了不同研究者利用不同样本和方法进行实证检验的结果。如表 3-1 所示，Landau（1983）、Engen 和 Skinner（1991）、Folster 和 Henrekson（2001）以及 Dar 和 Amir Khalkhaili（2002）等发现，经济增长与政府规模负相关。他们的解释是，一方面，政府规模扩张具有经济增长的递减效应，政府规模过大，即超出某个临界点，将产生挤出私人投资的效应，因而政府支出与经济增长负相关；另一方面，政府规模扩大伴随着政府无效率支出的扩大，因而扭曲资源配置的效应随之扩大，必然导致经济增长受到阻碍。

经验证据的另一种结果与上述结论正好相反：人们在不同的样本中发现政府规模扩张促进了经济增长，即政府规模与经济增长正相关。如表 3-1 所示，Ram（1986）、Kormendi 和 Meguire（1986）的研究发现，政府规模与经济增长正相关。他们的解释

表 3-1 政府规模与经济增长关系代表性文献

作 者	政府规模与经济增长关系	经验估计方法	样 本	说 明
Landau（1983）	负相关	OLS	96 个发达国家	政府支出分类
Engen 和 Skinner（1991）	负相关	2SLS	107 个国家	
Folster 和 Henrekson（2001）	负相关	OLS	23 个 OECD 国家和 7 个发展中国家	
Dar 和 AmirKhalkhali（2002）	负相关	随机系数模型	19 个 OECD 国家	
Ram（1986）	正相关	OLS	115 个国家	讨论不同时间之间的差别
Kormedndi 和 Meguire（1986）	正相关	OLS	47 个国家	政府支出占总私人消费支出比重的增长率

资料来源：作者根据相关材料整理。

表 3-2 政府规模的不同指标与经济增长关系的代表性文献

作 者	政府规模与经济增长的关系	政府规模变量	经验方法	样 本
Vedder 和 Gallaway（1998）	不确定	政府规模划分为五个类别	按不同政府规模变量分别回归	美国、丹麦、意大利、瑞典与英国
Hsieh 和 Lai（1994）	不确定	政府总支出	VAR	G-7
Lin（1994）	不确定	（政府消费支出/GDP）与（政府非生产性支出/GDP）	OLS、2SLS、3SLS	20 个发达国家和 42 个发展中国家
Gwartney 等（1998）	负相关	政府总支出与政府非投资性支出	统计推断	23 个 OECD 国家和 5 个快速发展的发展中国家

资料来源：作者根据相关材料整理。

是，政府规模扩大强化了政府的私人产权保护功能，公共支出激励私人投资进而促进了经济增长；同时政府规模扩张扩大了公共物品的投资，进而改善了私人投资环境。

政府的总体规模与经济增长之间关系的不确定性促使人们研究政府支出的不同结构对经济增长的影响，即利用政府规模的不同测量指标来讨论政府规模与经济增长之间的关系。其中利用"政府消费支出/GDP"与"政府投资支出/GDP"作为政府规模的测量指标，是最为普遍的政府支出结构的分类方式。然而经验研究结果同样相互矛盾。Grier 和 Tullock（1989）、Aschauer（1989）、Barro（1991）等发现，政府投资支出（基础设施建设等）在总支出中的比率与经济增长显著正相关，而政府消费性支出在总支出中的比率与经济增长显著负相关或其增长作用很小，即经济显著性或实际显著性水平较低。如表 3-2 所示，Lin（1994）利用"政府消费支出/GDP"与"政府非生产性支出/GDP"作为政府规模的指标，发现两种规模在短期都对经济增长产生正影响，但政府消费支出不如政府投资支出对经济增长的作用大；Hulten 和 Schwab（1991）、Munnell（1990）以及 Gramlich（1991）研究结论是，没有证据表明政府投资对生产率具有显著的正效应，政府投资对经济增长的效应并不确定；而 Devarajan（1996）等的研究结果表明，政府投资在总支出中比例的提高并没有显著的经济增长效应。Vedder 和 Gallaway（1998）将政府规模分为五种类别，分别研究每种测量规模与经济增长之间的关系。研究结果表明,只有政府总支出占 GDP 的比率与政府净投资支出占 GDP 的比率存在 Armey 效应,而其他类型的政府规模不存在这种效应;Gwartney 等(1998)的研究表明,政府规模的各种不同指标均对经济增长产生负的影响。

即使发现政府投资扩张对经济增长具有正影响,这种影响程度也存在很大的差别。其中一个很重要的启示是,政府层次越低,政府公共资本的产出弹性越小。如表 3–3 所示,Holz-Eakin(1988)、Aschauer(1989)以及 Munnell(1992)等均利用全国层面的时间序列数据,利用不同函数形式,估计出的公共资本对私人部门产出和生产率的影响非常大,产出弹性约达到 0.40。这意味着,给定公共资本存量和产出水平,公共资本的边际生产率几乎为 60%,即公共资本存量增加一个货币单位,将使产出增加 0.6 个货币单位。而利用同样方法和样本估计的私人资本的边际生产率大约为 30%。正是基于这一观测,Aschauer(1990)指出,"公共基础设施投资增加导致的 GNP 的增长,是私人投资增加导致的 GNP 增长的 2~5 倍"。在地方政府层次上,公共资本的产出弹性大约为 0.15,相当于全国层次的一半;在市一级,公共资本的产出弹性却只有 0.08,只相当于地方政府一级的产出弹性的一半。

表 3–3 不同层级政府公共资本产出弹性估计的代表性文献

作　者	政府层级	方程设定	公共资本产出弹性
Aschauer(1989)	中央	Cobb-Douglas;Log-levels	0.39
Holz-Eakin(1988)	中央	Cobb-Douglas;Log-levels	0.39
Munnell(1992)	中央	Cobb-Douglas;Log-levels	0.34
Costa,Ellson,Martin(1987)		Translog;Levels	0.20
Eisner(1991)	地方	Cobb-Douglas;Log-levels	0.17
Mera(1973)	地方	Cobb-Douglas;Log-levels	0.20
Munnell(1990b)	地方	Cobb-Douglas;Log-levels	0.15
Duffy-Deno and Eberts(1991)	城市	Log-levels	0.08
Eberts(1986,1990)	城市	Translog-levels	0.03

资料来源:作者根据相关材料整理。

政府规模与经济增长之间的不确定关系,使人们识别政府不同支出是否一定为生产性的努力,基本上以失败而告终。因为利用不同时间和国别,甚至同一国别不同时间的样本,所得到的经验结果并不一致。这一现象引发了人们关于政府规模与经济增长关系的另一种猜测,即不论政府在哪一方面支出,都存在庇古效应;对于任何一个经济体来说,都存在一个公共物品的社会边际效用等于赋税的社会边际效用损失的点。Sheehey(1993)将这种现象概括为:政府规模与经济增长之间的关系是非线性的,而且利用跨国数据的实证研究发现,当政府规模(政府消费支出/GDP)小于 15%时,政府规模与经济增长之间正相关;当政府规模大于 15%时,政府规模与经济增长之间负相关。Armey(1995)利用拉佛曲线(Laffer Curve)来描述政府规模与经济增长之间的这种关系。Vedder 和 Gallaway(1998)对这种非线性关系进行了经验检验,结果表明,政府规模与经济增长是不对称的,并将这种不对称关系称为"Armey 曲线"(Armey

Curve)。"Armey 曲线"表明,政府规模与经济增长之间呈现一种倒"U"形关系。这表明,对于任何一个经济体,人们可以找到使经济增长速度最大化的最优政府规模。

国内学者如马拴友、庄子银利用 Barro 和 Karras 模型与方法对中国地方政府公共支出的经济效应进行了实证性分析。结论是不同的支出对经济增长效应存在较大的差别。同时,国内上述研究主要是在狭义的政府规模与结构的概念下的研究,不能全面反映政府规模与结构的经济增长效应。

三、政府规模的社会福利效应

近年来,随着国际、国内社会经济环境的变化,有关政府职能问题得到了重新定位和讨论,随着关于经济增长驱动力,特别是内生经济增长理论的提出,以及随着主要发达资本主义国家政府支出结构正在发生重大变化,人们开始关注政府规模与支出结构的非经济增长效应或社会福利效应。Tanzi 和 Schuknecht(1997)发现,1870~1990 年,发达国家政府支出结构日益从国防、法律与秩序、产权保护向社会领域和医疗保健、教育、环境保护方面转变。这种转变表明,各国政府的政策目标正在发生变化。因此,需要研究政府支出在社会福利效应方面的绩效。Tanzi 和 Schuknecht(1997)利用失业率、婴儿死亡率、基础教育年限、人类发展指数的相对变化、收入最低的 40% 人口的收入份额、高中教育普及率、平均寿命、犯罪率、离婚率、迁移率等指标显示社会福利水平。Tanzi 和 Schuknecht(1997)运用世界主要国家 1870~1990 年的横截面数据所进行的经验估计结果表明,政府规模增长对社会福利的作用具有规模递减效应,因而社会福利效应并没有得到与政府规模增长和结构变化相匹配的改善,大政府(政府规模约为 GDP 的 50%)并不比相对较小的政府(政府规模为 GDP 的 30%~40%)的福利效应大。这意味着,政府规模及其各构成部分超过一定的范围并不一定是"生产性的"。Tanzi 和 Schuknecht(1997)最后的结论是,为了获得期望的社会目标,政府规模不应该超过 GDP 的 30%。

Scully(2001)运用上述基本相同的社会福利效应指标,利用政府与社会福利指标的非线性方程和 112 个国家的横截面数据,运用非线性回归估计方法,分别获得了政府支出的社会进步(Social Progress)边际收益等于零(MB=0)和政府支出的社会进步边际收益(MB)等于政府边际支出(ME)时的政府规模,即使社会福利最大化的政府支出的最优规模。这一最优规模表明,不同国家存在较大的差异,从美国的政府消费占 GDP 的 3.7% 到葡萄牙的政府消费占 GDP 的 8.0%。对于 26 个高收入国家来说,政府的最优规模为政府消费占 GDP 的 5.1%。Bjornskov、Dreher 和 Fischer(2007)利用 74 个国家的横截面数据,实证地研究了政府规模与人们生活满意度之间的关系,结果表明,人们的生活满意度或生活质量与政府规模负相关。Him 和 Lau(1995)通过改造 Barro(1990)模型,比较了福利最大化与经济增长速度最大化的政府投资规模与消费规模条件,发现两者存在重大差别。此外,人们还研究了政府支出规模与结构的国家创新能力、人力资本形成、减少贫困等方面的效应。

国内关于政府规模与结构的非经济效应的实证分析,主要集中在教育、科技、减贫等单一指标上，类似于上面利用综合指标的研究，现在还很少见。本研究将在这方面进行较为系统的研究。

四、政府规模与结构的决定因素

不同国家政府规模的迅速扩张引起了不同领域学者的极大关注。试图科学地解释和发现政府规模扩张的原因与规律，是人们控制政府规模扩张、确定适当的政府规模的前提。因而有关探讨政府规模扩张的影响因素和规律的文献，极为丰富。为了更好地理解不同学者发现的影响政府规模的因素和机制，人们根据不同标准对不同的解释政府规模变化的理论进行分类。如 Holsey 和 Borcherding（1997）以及 Kau 和 Rubin（2002）等，将不同理论分为"政治的"和"非政治的"；Lowery 和 Berry（1983）将这些理论分为"回应性的"（Responsive）和"过度性的"（Excessive）；更为传统的是将这些理论分为"需求性的"和"供给性的"。由于前两者分类中，在内部又分成"需求性的"和"供给性的"，因此本书遵循传统的分类方式，将大量相关文献分为两大类别：需求决定理论和供给决定理论。

1. 政府规模的需求决定理论

政府规模的需求决定理论将政府规模的变化看作经济、社会、技术、公众偏好等变化的函数，看作经济、社会、技术、公众偏好等变化的自然反应或自然要求。政府规模的需求决定理论主要包括公共支出增长的瓦格纳定律（Wagner，1877）、皮考克和魏兹曼（Peacock and Wiseman，1961）的"置换效应"（Displacement Effect）理论、政府规模的全球化理论（Cameron，1978，1984）、政府规模的利益集团理论（Tarschys，1975；Jnnesings，1980；Becker，1985；Olson，1982）以及政府规模的再分配理论（Meltzer and Richard，1981，1983；Peltzman，1980）等。

2. 政府规模的供给决定理论

政府规模的供给决定理论主要是从政府获得税收的能力的角度，来解释和说明政府规模的扩张。这一理论的基本假设是，政府总是有十分充足的理由将其收入全部消耗完，并且总是想尽各种办法来增加其各支配的收入。因此，政府规模的最终约束是其可获得的收入。政府规模的供给理论主要包括官僚预算最大化理论（Mueller，2003）、财政幻觉理论、Baumol 效应理论（Baumol，1967）、"粘蝇纸"理论（Turnbull，1992）以及利维坦理论（Brennan and Buchanan，1980）等。

第二节 政府最优规模的理论模型与经验证据

现有文献表明，有关政府最优规模的实证性理论模型可以根据其所运用的研究方法和研究假设分为三大类：第一类是非线性宏观经济学模型；第二类是政府规模的内生决定理论模型；第三类是随机内生增长模型。

一、政府最优规模的非线性宏观经济学模型

Grossman（1987）是较早利用非线性宏观经济模型将政府最优规模的规范性理论模型化，进而提出政府最优规模的实证性理论的学者。Grossman 在凯恩斯的宏观经济学的框架内，通过改造 Findlay 和 Wilson 发展的模型，整合了以 Buchanan 等为代表的公共选择论者的观点（将政府视为特殊利益集团牟取私利的工具）和以庇古为代表的将政府视为慈善的市场失灵纠正者和市场秩序维护者的观点，进而获得了最优政府规模的条件，并利用美国 1929~1982 年的相关年度数据，实证地估计了其推导出的模型，并计算出代表性年份政府的最优规模。

新西兰经济学家 Scully（1995）遵循庇古的基本理论框架，构建了一个不同于格鲁斯曼的宏观经济学模型。根据经济增长最优化条件，获得了政府最优规模的理论条件，并利用美国 1929~1989 年的时间序列数据，估计出美国政府最优规模为 GDP 的 21.5%~22.9%。此后，Scully（1996）将政府活动仅对经济增长的影响扩展为对社会的影响，包括失业率、收入再分配、识字率、初等教育、平均寿命、婴儿死亡率等，并通过构建宏观经济学模型，分别获得了政府支出的社会进步边际收益等于零（MB=0）和政府支出的社会进步边际收益（MB）等于政府边际支出时的政府支出水平（ME），即政府支出的最优规模的理论标准，进而可获得政府的最优规模。通过利用新西兰 1927~1994 年的时间序列对其推导出的非线性模型进行估计，Scully 获得了新西兰的政府最优规模为 GDP 的 20%。在这一政府最优规模下，新西兰的经济增长率将为 5%；而实际情况是新西兰政府支出大于 20%，因而实际经济增长率为 3%。Vedder 和 Gallaway（1998）利用美国 1947~1997 年的相关数据和二次项回归方程，估计出此间美国政府的最优规模为 GDP 的 17.45%。近年来的经验研究包括 Folster 和 Henrekson（2001）、Giavazzi、Jappelli 和 Pagano（2000）、Hansson 和 Stuart（2003）以及 Chen and Lee（2005）等。

二、政府最优规模的内生决定模型

现有文献表明，Shell（1967）是最早试图利用生产函数方法将上述政府规模的规范性理论转换为实证性理论的学者。Shell 将政府行为纳入最终产品的生产函数中研究政府的最优规模。不过在众多的研究者中，Arrow 和 Kurz 在促进政府规模实证性理论发展方面做出了开拓性贡献。Arrow 和 Kurz（1970）在其构造的理论模型中，将政府行为视为生产性行为，因而消费者效用既是私人消费的函数，也是政府行为的函数。该模型遵循新古典理论的框架，公共支出仅仅影响经济向稳定状态（Steady-state）趋近的速度，但不影响稳定状态的增长率。美国经济学家 Robert Barro（1990）通过构造代表性个体效用最大化模型，在假设政府活动是生产性活动的基础上，提出了政府规模的内生决定理论，进而获得了政府最优规模的实证性判断标准：政府支出的边际产出 $MPG=1$。Barro（1990）的政府规模内生决定模型现已成为研究政府最优规模的经典文献，引发了大量改进性模型和实证性检验研究。

Karras（1993）利用 18 个国家的经验数据，对 Barro 的政府规模内生决定模型进行

了实证性检验研究。结果表明,样本中代表性国家的政府最优规模约为 GDP 的 20%。而后,Karras (1996) 利用 118 个国家的数据再次对巴罗模型进行估计,经验估计结果为:非洲国家的政府规模过大,亚洲国家的政府规模过小,而样本中其他国家的政府规模为最优或适度;样本中各个国家的政府最优规模平均为 GDP 的 23%,OECD 国家的政府最优规模平均为 GDP 的 14%,而南美国家的政府最优规模平均为 GDP 的 33%。Karras (1997) 估计的欧洲国家的政府最优规模平均为 GDP 的 16%。Aly 和 Strazicich (2000) 运用 Barro 模型和 Karras 的方法,利用 1970~1992 年的数据估计了海湾国家的政府规模,结果表明,海湾国家的政府最优规模平均为 GDP 的 12%。其他代表性文献包括 Golmm 和 Ravikumar (1994)、Corsetti 和 Roubini (1996)、Lansing (1997)、Cassou 和 Lansing (1998) 以及 Judd (1997) 等。

国内学者对中国政府规模与结构问题给予了极大的关注。现有文献表明,马拴友 (2000) 最早将巴罗模型和克拉斯方法介绍到国内,并利用 1979~1998 年中国政府消费的年度数据对中国政府最优规模进行了估计,估计结果表明,中国政府最优规模为 GDP 的 26.7%。马树才和孙长青 (2005) 利用中国 1978~2000 年的预算内财政支出以及预算内外财政支出之和的时间序列数据,运用 Barro 模型和 Karras 的方法进行估计,结果表明,中国预算内财政支出的最优规模为 GDP 的 21.2%,预算内外财政支出之和的最优规模为 GDP 的 24%。孙群力 (2006) 利用 1978~2004 年中国分省数据对省级地方政府的最优规模进行了估计,结果表明,省级地方政府平均最优财政支出规模和最优政府消费分别为 GDP 的 10.6% 和 10.2%,均低于 GDP 的 14.14% 和 12.35% 的实际平均水平。

国内的实证研究:①大部分文献以国家作为研究单位,对中央政府的最优规模进行估计,而不是对地方政府最优规模的估计。②虽然孙群力 (2006) 对中国地方政府最优规模进行了实证研究,但在研究方法上没有给予明确的说明,例如,经验估计时运用的是 OLS 方法、GLS 方法还是 FGLS 方法;是否进行了异方差性检验或修正;是否考虑了变量内生性或同时决定性及其修正问题等。由于这些情况不明,其估计结果是否有偏人们不得而知。

三、政府最优规模的随机内生模型

在研究政府最优规模的上述三类文献中,随机内生决定理论模型是最新的一种模型,也是发展十分迅速的一个研究分支。Christiano 和 Eichenbaum (1992),Turnovshy (1993),Edelberg、Eichenbaum 和 Fisher (1999),Braun (1994),Ambler 和 Paquet (1996) 以及 McGrattan (1994) 是较早在随机内生模型的框架内研究政府规模与结构的学者。目前在这一领域最活跃的学者之一是 Turnovsky (1993,1995,1999a,1999b,2000)。随机内生决定模型研究的问题与内生决定模型基本相同,只是在随机的框架下研究这些问题,但结论却往往存在很大的差别。例如,Clemens 和 Soretz (2004) 利用随机内生增长模型研究了政府规模与结构的宏观经济效应,并获得了相应的政府最优规模的条件。由于随机性更符合现代政府面临的实际状况,因而也是研究政府最优规模与结构的更为合适的一种理论框架和选择。其他代表性研究包括 Canton（2001）、Hansson 和 Stuart（2003）、Schofield（2003）、Clemens 和 Soretz（2004）、Hyun 和 Philippopoulos（2004）、Winther J. 和 Hansen T.（2005）以及 Bassetto 和 Benhabib（2006）、Wang 和 Hu（2007）等。

四、公共支出效应与政府效率

前述文献的比较研究表明，无论是从经济增长的角度上看，还是从社会经济绩效的角度上看，不同国家以及同一国家在不同时期政府最优规模存在重大差异。如何解释这种差异，是政府规模研究中一个没有得到深入探讨的重大问题。事实上，如果不能解释不同国家以及同一个国家在不同时期政府最优规模的差异，就没有办法找到有效的改善公共财政资源配置效率的途径和办法。

事实上，近年来，人们从实践经验中已经发现，政府或公共部门效率直接决定公共资源的使用效率；公共部门效率越高，公共资源获得的社会经济效果越显著；公共资源的配置结构决定公共资源的使用效率，特别是会影响到公共支出的经济增长和社会经济绩效的长期效应。在发展中国家，由于政府的短期行为严重，因而公共支出的长期效应要远远小于发达国家的效应。

为了有效地提高公共支出的社会福利效应和经济增长的长期效应，随着 20 世纪 80 年代新西兰为改善公共部门效率而进行的广泛的政府管理改革的深入与扩散，政府绩效受到世界各国的普遍关注，引发了政府绩效问题研究的新浪潮。在这一改革浪潮中，"结果导向的公共支出管理"体制成为政府管理改革的目标，而核心途径则是分离政策形成与执行、在政府机构之间以及政府机构与私人企业之间引入竞争、发展一系列指标构建结果导向的预算制度。旨在控制政府生产或运行过程以及强化政府运行效率的结果导向的理论与实践，几乎以几何指数方式在迅速地增长。

政府效率或绩效评估，近年来在中国开始兴起。在不存在市场机制的领域，绩效评估无疑是测量、比较和促进公共部门效率提高的有效途径。但地方政府的综合绩效评估，由于各地方社会经济结构存在重大差异，发达程度与面临的问题也大不相同，因而综合性的绩效评估必然是一种有偏性的激励（这里强调综合性绩效评估，不包括单项绩效评估，如公安部门、环卫部门、学校、医院等）。此外，绩效评估的目的是改进公共部门的运作方式和相关的工作流程，以便提高效率或效果，但如果不能保证绩效评估指标的正确偏向（Correct Biasedness），必然增加公共部门的负担（如很多地方政府绩效评估指标中都包括主要领导干部是否写了几千字的读书笔记等），这是中国各地政府绩效评估中必须加以研究的重大问题。

事实上，中国目前的政府绩效评估，已经完全扭曲了源自新西兰、澳大利亚、美国、英国等国家的绩效评估。这些国家的绩效评估，主要以降低行政成本、提高行政效率、构建服务型政府为导向，绩效评估的方式并不是完成具体的指标，而是强调绩效预算和绩效审计，以便通过提高预算过程的透明度，增强政府的责任性，并进而达到控制政府规模和更有效回应民众需求的目的。

第三节 政府规模、结构变迁与优化的美国经验

一、肯尼迪与约翰逊：联邦政府规模扩张与结构优化

（一）骚乱与动荡的 20 世纪 50~60 年代

"二战"以后，特别是进入 20 世纪 60 年代以后，美国社会进入了压力与变迁或断裂的年代，开始了国家重建进程。随着这一进程的推进，战争、贫困、犯罪、种族关系、环境污染、交通等社会问题逐渐成为美国社会面临的日益严峻的问题。一般公众和学者们普遍认为，这一系列社会问题的持续存在与政府解决这些问题的质量密切相关。政府解决社会问题时表现出的软弱无力引起社会的强烈不满，要求提高政府工作效率、政府行政能力和改善政府工作方法的呼声日益高涨。重建指导公共行政与政府行为的新公共行政理念、价值与理论，改变犯了时代错误的传统或经典公共行政在试图解决社会问题过程中不断引发新的、更为严重社会问题的态势，已成为公共行政以及相关领域十分迫切的新问题。

美国社会的断裂主要表现在各种自相矛盾与似是而非的问题充斥着美国社会。人们面对不可名状的现实，深深地陷入了盲目、徘徊、矛盾、怀疑、愤恨与强烈不满的状态之中。

1. 公私冲突与交错缠绕

虽然如何划分公共领域与私人领域的各种主张历来都存在争议，但公共领域与私人领域显然不是两者简单的重叠与混合。适合于这两个领域的主要原则间的相互冲突，如今不仅变得更为强烈，而且出现了新的问题，即公私混合领域的灰色地带，不论从规模还是复杂性方面来说，这都日益成为社会组织与公共行政必须面对的新局势。

对抗政府制度与问题解决方法的社会行为或现象变得日益广泛、多样和复杂。例如，纳税人骚乱（Taxpayers Revolts）、反强制公交校车运动（Anti-busing Movements）、逃避军役（Draft Evasion）、公共雇员协会的对抗性（Militancy of Public Employee Unions）、公民自治防卫组织（Citizen Vigilante Organizations）、各种离群所居社团（Withdrawn Communal Groups）等。众多证据显示，社会对政府及其官员的智慧、公平正义感、诚实感、效率与能力的信任程度迅速下降；对抗政府的各种组织与行为遍布于社会、经济的所有方面（Spans the Social-economic Spectrum）。

尽管由于政府在处理复杂社会问题方面处处表现出无力甚至无能，缺乏公平正义感以及社会回应性，社会对抗政府情绪以及对政府不信任情绪与日益俱增，社会对政府病态（Sickness of Government）的批评日益尖锐，但社会对政府的需求却日益增长，因而政府对社会的干预范围与强度与日俱增。在应对大规模与极其复杂的社会问题时，政府仍然是社会无可奈何的首选工具。公共问题领域，即个人或少数人行动将影响众

多人的领域,正在持续地与日俱增。为应对这些新问题,要么是一个个新的政府部门应运而生,要么是政府机构的分分合合,因为除此之外人们别无选择。

自应对1929年大危机的"新政"开始,规模日益庞大与复杂的"灰色领域"(Gray Area)迅速扩张。不论是增进收入、扩大就业、促进政府效率的重要政府项目或政策,还是城市更新改造与房屋建设、空间开发的基础设施建设以及医疗服务、健康服务、养老服务、社会救济与社会工作以及其他社会服务项目等,抑或缓和社会压力、治理权力滥用、保护人权等法律的修改与实施,都在促进新的更复杂的制度安排的生成,从而使这些领域的公私边界变得越来越模糊不清。评论家们甚至宣称,一个独特而又重要的"第三部门"(The Third Sector)正在社会经济地图上冉冉升起。

2. 期望与失望的交叠与对立

20世纪40年代中期以后,随着战争的结束与和平时代的来临,特别是政府为社会经济的重建而实施的"向贫困开战"、"开发新边疆"等一系列政策,美国进入了社会经济高速发展的大跃迁时期。与快速形成的四通八达、错综复杂的交通网络与日新月异的城市格局并列而行的是社会结构与人们心理结构、价值判断结构的深刻变迁(Gaus,1951;Waldo,1972)。虽然这种变迁的表现多种多样,但期望与失望的交叠与对立,是这种变迁的一种典型表征。

直到20世纪30年代以及"二战"期间,人们普遍认为,贫困与区域发展的不均衡、教育、医疗、养老以及其他社会服务的个体与区域间的差异,以及传统上人们认同的包括身份在内的差异,是人类社会自然发展或秩序的一部分,人们内心的价值结构完整接受并认同这种差异。因而这些差异并不构成社会焦虑与不满的来源。然而,20世纪50年代以后,"期望徒升革命"(Revolution of Rising Expectations)的理念在全球范围内迅速扩张,并迅速彻底地颠覆了人们(特别是美国社会或民众)的价值结构以及随之而来的价值判断结构,认为包括贫困、公共服务以及其他各种各样的有价社会资源在社会不同群体中分配方面存在的差异,都是人造的而非自然的,因而通过人们的努力能够消除过去几个世纪以来存在的各种各样的不平等。不断提高的生活水准不仅成为人们坚定的信念,不断趋于公平、公正与平等的社会状态,更成为人们的一种明确的、导向性的生活追求,成为人们生活的期望所在、目标所在以及动力来源。

这种"期望徒升革命"不仅来自内嵌于人们心中的价值结构的变迁,更是社会经济发展的现实结果。四通八达的交通网络、源于城市改造与城市化的日新月异的城市格局、收入和消费水平的快速提高、居住条件的迅速改善、科学技术在生活日用品方面的广泛应用和社会服务的日益专业化、社会化与大众化,以及体力上更轻松与环境上更为舒适的工作,将人们带入了做梦都"从未想象到或从未敢想象的生活状态"。社会经济的不断发展成为人们实现一个个期望的途径,人们笃信发展能够解决人们面临的即使不是所有也是大部分问题。人们期待发展、渴望发展、憧憬发展。

然而,随着社会经济发展、演进,人们逐渐发现,社会经济的发展过程却在不断摧毁人们的期望,不断摧毁人们的期待。随着社会经济的高速发展和物质生活的迅速改善,人们渐渐地发现,生活失去了期盼与追求。过去那种期待生活的偶尔改善的幸福感、追求感,被社会经济的发展泯灭了。过去翘首期待的生活改善成了今日的日常生活,人们失去了过去追求生活的乐趣与幸福。怀念"过去美好时光"的情绪时常弥漫于社会各个阶层的内心深处,特别是当人们面对下面将描述的现实问题,这种情绪成为一种无奈的感叹。对于那些20世纪40年代或50年代出生而没有经历过去时代生活的人来说,目前的生活再日常不过了,也就意味着再无聊不过了。对于他们而言,现实到处充满了艰辛、矛盾与不可名状的压力;生活缺乏方向感因而缺乏目标感与存在感,徘徊、迷失、犹豫、游离、不知所措的情绪或感觉总是萦绕其心头;反叛、片面、极端或标新立异成为他们有意义的生活追求;动荡与冲突成为他们心血发热的动力与来源,成为他们发泄心头愤懑与郁闷的通道。

社会经济的发展带来了人们没有预料到的新的社会问题,而且人们看不到解决这些新社会问题的办法或这些新社会问题结束的尽头,因而生成了"失望徒升革命"(Revolution of Lowering Expectations),即人们对社会生态(Ecology of Societies)的日益失望。这些人们没有预料到的、新的社会问题主要包括环境污染、日益耗竭的不可再生资源、人口增长过快、社会伦理道德不断冲破人们的心理底线、假冒伪劣乃至有害产品充斥市场、大公司日益强大的垄断势力、到处可见的政府的腐败、欺诈与浪费以及作为这些因素作用综合结果的生活质量(Quality of Life)的日益下降等。

更为严重的是,人们理性水平的提高促使人们重新审视公平、公正、尊严等问题以及这些问题的形成根源,进而提高了人们规范性评估社会问题与现象的能力。人们日益从更为一般的角度理解社会现象而不再就事论事,人们更倾向于从单个的、表面上独立的事件,透视到这些现象的本质,因而从一个个看似独立的、不相关的事件中,发现其公平、公正与人的尊严的本质,于是将各不平等的差异对待归结成了相关的制度安排。探寻这些导致不公平、不公正与令人失去尊严的制度安排的生成根源,也就成为人们思考问题的一个自然的逻辑推演或递进。

3. 社会对政府的强烈需求与病态政府之间的交叠与冲突

社会对政府的强烈需求与病态政府之间的交叠与冲突,反映在社会的各个方面。在此我们只能示例性地说明两个代表性的方面。

首先是贫困问题。20世纪50年代中期之后,特别是进入60年代,一系列研究发现,随着社会经济的高速发展,美国社会的贫困状况与收入差距的扩大在广泛性与严重性方面都已经达到了前所未有的程度。贫困群体与劣势群体在新的大众媒介与基础教育发展的启蒙下,日益意识到其与其他群体在收入、机会、受益于经济发展与受惠于公共政策方面存在的巨大差距,以及这种差距的不合理性及其原因,因而他们日益成为一个更为活跃的政治群体。反贫困、反饥饿、反歧视以及要求机会均等、共享经济发展成果以及均等地受惠于公共政策的运动与呼声此起彼伏。这种社会要求与呼声直接促成了"向贫困开战"(War Against Poverty),成为当时各级政府的主要口号与事业。为此政府不仅实施了一系列旨在改善生活条件、增加收入、提升就业能力与增加就业机会的特殊项目,而且发动与鼓励社会各方面力量进行了一系列的努力。例如调整政府间关系、社区开发运动、促进社会组织的发展以及促进各种力量协同行动的努力。然而，所有这些项目与努力，在达到政府设定的解决贫困的政策目标方面，取得了十分有限的进展。

其次是城市化与城镇化问题（Urban Problems）。随着经济高速发展与不断扩张的交通网络的建成，几乎所有城市都迅速向外扩张，迅速吞噬了一个个城郊结合部，城市的边疆在不断延伸，与此同时，城市改造日新月异。这两种力量同时推进的结果是城市规模不断扩大。到20世纪60年代，城市变成了公共政策与公共行政必须予以高度关注的新秩序的问题中心（Problem Center）。

城市秩序或城市化问题通常分为城市问题与主要发生和表现于城市中的问题。城市问题主要涉及城市建设的规划（Location and Specifications of Urban Artifacts）问题，如基础设施规划、工业与商业的坐落与布局、房屋建设、街道设置以及公共交通等物理意义上的问题。主要发生和表现于城市中的问题涉及社会个体微观互动而涌现出的问题，如人口高度聚集、生活方式变化以及不同生活方式人群频繁互动而生成的问题，其决定性特征在于这些问题的涌现性（Their Defining Characteristics are Only Emergent）。这些问题在当时的美国主要表现在种族不平等、不断增加的社会犯罪、毒品泛滥、不同阶层生活标准的强烈对比与相互参照、相对剥夺感迅速放大、社会动员速度与程度迅速提高、教育、社会保障与社会福利、医疗保障需求的迅速扩大等。

更严重的是，在城市，各种问题相互联结、相互缠绕与相互酶化：物理问题渗入着人的因素；人的问题又与物理问题密不可分。如教育不均等、交通拥挤、环境污染、垃圾处理以及中心城市更新改造（Central-city Renewal）等这些最为典型的城市问题都具有这种特征。不同问题以及不同类型问题令人难以置信地复杂地交织在一起，正是城市化问题的本质特征。这一特征使几乎所有城市问题都成为公共问题，因而社会对政府的需求随着城市化的进程而成数倍或以指数方式迅速地增加。

（二）开发新边疆、向贫困宣战与建设伟大新社会：政府规模与结构的有限优化

第二次世界大战之后直至整个20世纪60年代，由于各种因素叠加形成的社会骚乱与动荡，成为美国社会面临的需要迫切解决的新问题。扩大就业、增加收入、强化各种保障以及消解因缺乏公平、公正、正义所引发的社会骚乱、不满与游行示威、罢工等，成为美国社会各阶层的共同呼声。在这种背景下，主张开发新边疆与向贫困宣战的肯尼迪与约翰逊，迎合了美国社会民众的意愿，先后入主白宫。肯尼迪政府提出了"新边疆"改革纲领，试图进行大规模社会经济改革。但是"新边疆"国内改革的条件还不具备，进行得并不顺利。它不仅受到国会保守派联盟的阻挠，也为国际事务所牵制。所以，"新边疆"国内改革只取得了为数不多的成就，却遗留下众多亟待解决的问题。无论就改革的背景和基本思想而言，还是从改革的规模与成就来看，肯尼迪"新边疆"国内改革乃是"伟大社会"的前奏。然而他们的共同之处是在一定程度上改善与优化了联邦政府的规模与结构。

肯尼迪的"开发新边疆"和约翰逊的"伟大社会"建设计划，大规模改变了美国政府规模，在相当程度上优化了联邦政府支出结构。具体表现主要有如下三个方面：

1. 约翰逊政府先后建立了两个全国性机构

约翰逊总统上台后宣布:"为了实现工人就业,提高国家工业产量,增强国家经济实力",成立总统人力委员会(President'Committee on Manpower)。该委员会的使命是考察美国的人力需要,提高国家开发现有资源的能力,研究联邦各个项目对国家人力需求产生的影响。联邦政府可以通过该委员会了解美国最为紧迫的人力需求,并"制定有效的调节政策"。之后,约翰逊总统又提出,要由州长和市长研究一个令城市、州和联邦政府能够在国家任何一个层次上协作开发人力服务的项目。为了在各州和地方上充分探索提供这种服务的机会,约翰逊总统要求州长会议(Governors' Conference)、全国县郡协会(National Association of Counties)、美国市长会议(U.S. Conference of Mayors)和城市全国同盟(National League of Cities)的官员组成一个特别咨询委员会,为全国选择性服务顾问委员会、总统人力委员会和全国健康人力顾问委员会提供服务。根据约翰逊的意见成立了联邦、州、地方人力合作特别咨询委员会(Special Consultative Committee on Federal、State and Local Cooperation on Manpower Problems)。约翰逊希望,这个机构能够指出城市、州和联邦政府在开发人力项目以满足社会需要上可以合作的方式,还能提供指导方针,确保每级政府都能够充分地雇用合格的人员。

2. 政府支出不断扩大

约翰逊"向贫困宣战"重在调整干净分配,因而必然引致政府财政支出规模的扩张。财政支出规模扩张较大的主要有如下几个方面:

(1) 1965年越南战争升级后,军费开支和军事订货剧增。在表3-4中,国防部经费支出从1965年的4878千万美元增加到1969年的8077.1千万美元。

(2) 1965年后约翰逊扩大了"新政"以来的各项社会福利计划,使联邦政府社会福利开支急剧增长。1965~1969年,联邦政府用于社会保险、福利补助等计划的费用增加了62%,从5349.2千万美元增加到8655.8千万美元,其中援助穷人的各项社会福利开支增加了3/4左右。相应地,从表3-4中可以看到,社会保障部的经费支出在约翰逊政府时期增加了974.5千万美元。

(3) 在医疗卫生领域,除通过了《医疗照顾》和《医疗援助法案》两大法案外,约翰逊任内还通过了《护士训练计划》、《街道医疗站计划》等40多项法案,各项医疗计划的实施使联邦医疗卫生开支直线上升,联邦医疗卫生开支从1963年的29亿美元,上升到1969年的131亿美元,1974年又增至253亿美元。同时,表3-4显示,健康和公共服务经费支出从1965~1969年增加了近110亿美元。

(4) 约翰逊任内,在教育方面先后通过了1963年《高等教育设备法》、1967年《教育事业发展法》等60多项法案,大大增加了联邦政府的教育开支,表3-4中,教育部经费支出由1965年的11亿美元增加至1969年的近40亿美元,是肯尼迪时期支出的4倍多。"伟大社会"的各项教育计划也改善了穷人与黑人的受教育状况,过去联邦政府对穷人的教育援助是微不足道的,而由"伟大社会"发端的各项教育计划,到1972年使联邦政府对穷人的教育援助费用增加到31亿美元,占联邦政府该年全部教育费用的1/4。

3. 联邦政府对社会生活的干预得到加强

"伟大社会"各项福利计划加强了联邦政府对劳动力再生产过程的干预，加速了资本主义社会在分配和消费领域的社会化进程，劳动力再生产过程首次打上了国家垄断资本主义的深刻烙印，把"新政"式国家垄断资本主义推到一个新的高峰。联邦机构的建立使联邦政府权力进一步延伸到州政府领域。肯尼迪、约翰逊政府时期，美国合作联邦制发展到了极致，表现为联邦拨款援助体系的扩大和联邦法规的增加。联邦政府增加了援助州和地方政府的领域。继肯尼迪政府推出"新边疆"后，约翰逊政府实施"向贫困开战"，出台《经济机会法》。1965年1月，约翰逊总统正式提出"伟大社会"纲领。"1964年以前，联邦的管制活动主要着眼于调节经济以促进繁荣和充分就业。从'伟大社会'计划开始，联邦的干预和调节扩大到对教育、医药、民权、环境和消费者等保护等领域"。在表3-4中，除了国防部、教育部、健康和公共服务部、社会保障部等部门费用支出大幅度增加外，住房和城市发展部1966年的经费支出是1965年的5倍，达248.2千万美元，1967年、1968年每年增长近10亿美元。与此同时，环境保护局也呈高位增长态势。各种因素叠加使联邦政府的集权达到了美国历史的顶峰。

表3-4 肯尼迪和约翰逊时期美国联邦政府经费支出（1962~1969）

单位：百万美元

部或其他机构	1962年	1963年	1964年	1965年	1966年	1967年	1968年	1969年
经费总和	106821	111316	118528	118228	134532	157464	178134	183640
立法部门	196	192	199	212	234	252	269	289
司法部门	57	62	66	75	80	88	94	110
农业部	6437	7414	7569	6940	5633	5952	7430	8446
商务部	215	354	702	736	485	477	582	607
国防部	50111	51147	52585	48780	56629	70069	80355	80771
教育部	816	985	973	1152	2416	3596	4072	3990
能源部	2755	2700	2726	2579	2343	2253	2474	2393
健康和公共服务部	3529	4110	4610	4700	5715	9639	13074	15411
住房和城市发展部	826	-609	73	492	2482	3093	3727	713
内务部	606	730	755	745	866	863	973	1073
司法部	299	322	342	399	380	416	441	513
劳工部	3914	3523	3454	3121	3239	3562	4180	4161
国务院	457	572	455	552	629	655	645	631
交通部	4138	4441	5086	5587	5550	5738	6100	6272
财政部	8560	9645	10391	10901	11880	12871	14437	16641
退伍军人事务部	5608	5501	5662	5710	5962	6691	7018	7670
美国工程兵团	944	1065	1091	1171	1245	1273	1252	1222
其他民防项目	956	1077	1287	1465	1681	1937	2206	2557
环境保护局	70	87	117	134	158	190	249	303
总统行政办公室	12	13	15	16	16	19	21	24
联邦紧急情况管理局	134	187	228	205	105	70	199	249
总务管理局	382	425	520	612	561	629	482	526

续表

部或其他机构	1962年	1963年	1964年	1965年	1966年	1967年	1968年	1969年
国际援助项目	3171	3169	3226	3248	3260	3375	2814	2803
国家航空航天管理局	1257	2552	4171	5092	5933	5425	4722	4251
国家科学基金会	183	206	310	309	368	415	449	490
人事管理局	1017	1175	1304	1454	1726	1934	2154	2284
小企业管理局	230	142	133	243	210	151	284	110
社会保障管理局（预算）	(NA)	(NA)	(NA)	(NA)	(NA)	94	94	414
社会保障管理局（预算外）	14365	15788	16620	17460	20694	21631	23760	26885
其他独立机构（预算）	2283	1615	1178	1815	2494	3683	4290	2918

资料来源：http://www.census.gov/govs/index.html，NA 表示无法获得。

二、尼克松与里根（1970~1989）：适应性削减与徘徊不定

（一）尼克松（1970~1974）：联邦政府规模有适应性削减与新联邦主义兴起

虽然肯尼迪的"开发新边疆"与约翰逊的"向贫困宣战"、"伟大社会"等政策改善与优化了联邦政府规模与结构，但也引发了一系列新问题。源自不同学术领域的有关美国政府项目实施状况的学术研究结果以及实践领域的经验描述最终都指向一个方向：美国社会面临的各种迫切问题的有效解决依赖于社会各行为主体的集体行动，依赖于各行为主体的能力合作。为此，不同学术领域开出了不同的政策主张与策略选择。这些不同的政策主张与策略选择间存在复杂的关系，有些是相互强化的，有些则是相互冲突的，更多的是传统经验与教条性原则的同义反复。

最为严重的是，面对各方面开出的政策选择菜单，政府通常选择与其自身利益一致或强化其自身利益主张的措施。政府策略选择的基准或核心是单方面地强调社会秩序与社会稳定的重要性，强调我们正在积极地行动（Bloaded Bureaucracies），但问题过于复杂，涉及极其复杂的利益关系调整，只能一步一步地、渐近地解决。其未言明的含义是，请劣势群体暂时接受现实、安于现状、等待社会的自然演化。因此，政府实际的政策选择通常都是传统的、武断的与简单的控制性措施。其突出表现是，为解决这些新问题，一系列政府项目以及随之而来的政府机构纷纷出笼（表明我们正在积极地行动）。实际上，各政府部门所真正关心的，是在解决相关问题过程中，能够得到总拨款的多大份额（Starve for Funds），至于问题能够解决到什么程度，则并不是其关心的主要问题。各政府机构为争取更多的财政份额展开激烈的、零和性的相互竞争，并为此匆忙地拼凑一些项目论证与设计，至于最终这些纳税人的汗水在解决相关问题方面取得什么效果、由谁对此负责，则犹如水银落地消失得无影无踪。

庞大的政府支出及其快速增加与政府解决社会问题方面的效果形成了鲜明的对照。劣势群体对于其现状的不满程度并没有因为一系列项目与控制性措施和社会经济政策的实施而有所缓和；由于各种不公平对待而引起的社会抗拒、骚乱仍然此起彼伏；各级政府财政方面的捉襟见肘到20世纪60年代后期已经到处可见。

虽然美国社会特别是政府在解决其面临的迫切问题方面，由于各部门对自身利益的关切而表现出迟缓、僵化、保守与流于文字游戏、官样文章或打官腔，但对于几乎每一个体都饱蘸民主精神气质、具有总是在门背后珍藏一支防备政府专制、独裁猎枪传统的美国而言，在解决社会问题方面，任何偏离人类本性与理性的趋势都会被及时地、无情地揭露出来，并予以猛烈的反击。这使得美国成为最近200多年来各种思潮、观点与流派的竞技场。20世纪60年代之后美国的反贫困运动、抗税运动、罢课运动以及为追求公平、公正而举行的其他社会运动，正是这种精神气质与传统的反映；同样，对各种理论与观点的近似于极端挑剔性批评，也是这种精神气质与传统的反映。

此间各种社会运动与思想交锋达到顶点因而也是转折点的标志是其延伸到大学。20世纪60年代以后，随着各种社会运动的此起彼伏，各种政策主张的激烈争论以及各种学术观点的撞击与回应，作为生产、传播知识与思想、作为理性启蒙与塑造基地的大学，必然成为各种思想与观点交战的中心（Centers of Debate），成为社会问题特别是社会动荡（Social Turmoil）问题讨论的最前沿的阵地（Battlegrounds）（Frederickson，1989）。各种思想、观点在大学这个思想阵地交锋的结果是，有效地弱化了此前坚守传统的、占统治地位的正统理论的理念，主张促进研究新理念，强化新理念的传播，探寻有效的新理念的可接受性传播方式，促进各种变迁力量的生成而不是维护保守的传统。其中与公共行政最为相关的，主要包括强调促进新旧（学术观点、政策选择以及行政范式或理论）主张、停滞与变迁（Inertia and Change）、传统与实验（Tradition and Experiment）之间的互动，强调对不同主张所适应的社会背景、环境及其要解决和能够解决的主要问题的深入分析与理解，主张扩大社会参与公共决策的范围与程度、打破僵化强化弹性（Heightened Malleability）、扩大沟通与交流以及消解科层化（Debureaucratize）。

这些主张很快获得了政治领域的回应。尼克松总统建议重新调整联邦行政结构以及不同责任与职能在联邦政府、州政府以及市政府间的分配。消解科层化主张引发了一场旷日持久的、至今仍在进行中的反官僚化运动（War on Bureaucratization）。

尼克松政府打出实施新联邦主义的旗号，标志着美国联邦制由合作联邦制向现代联邦制演变的开始。尼克松政府新联邦主义的目标是改变合作联邦制中联邦政府过度集权的趋势，充分调动各级政府的行政管理效能。岁入分享计划是新联邦主义分散性的典型体现。岁入分享的核心思想是由联邦政府将岁入资金拨给州和地方政府供其自由支配的方式，分散联邦政府权力。1972年《州与地方财政援助法》的基本原则是按照各州财产状况、人口、财政状况将岁入分享资金拨给州和地方政府。作为尼克松政府唯一一项特别岁入分享计划的1973年《全面就业与培训法》，其管理机制的本质特征是分散化与分类化。该法确立了分散与集中的管理模式。分散化主要表现为联邦、州与地方三级政府共管的纵向分散化，即各地首要承办者负责提供年度政策目标、支出预算、计划方案以及将来准备达到的标准。劳工部负责审批各地首要承办者提交的计划、提供拨款、解释法案条文、监督地方计划实施、审计财政支出。州政府享有复审权。在这三级关系中，作为联邦政府代表的劳工部的作用削弱，州和地方政府的作用日益增强。显著表现在各部门人员的数量上,如表 3-5 所示。

表 3-5 1970~1974 年美国立法、司法、行政部门雇员人数

单位:千人

年 份	政府雇员总数	雇员总数	百分比	行政部门雇员人数	立法机关雇员人数	司法机关雇员人数
1970	2997	78678	3.8	2961	29	7
1971	2899	79367	3.7	2861	31	7
1972	2882	82153	3.5	2842	32	8
1973	2822	85064	3.3	2780	33	9
1974	2825	86764	3.3	2781	35	9

资料来源:http://www.census.gov/govs/www/apesfed.html.

从尼克松政府提出的岁入分享计划来看,人力资源开发(教育、就业与培训)和社区服务(社区开发、法律实施、社会服务)是分散联邦一级政府权力的两大领域。在这两大领域内,各项社区服务所需要的条件以及所要满足的需求各不相同,因此,地方政府的决策就显得尤为重要。

通过岁入分享计划,在一定程度和领域内,可将联邦政府权力下放给州和地方政府。这种在三级政府间分配职责的目的是使各级政府更充分、有效地承担起管理社会经济问题的职责,在联邦和地方两个层面上改善政策制定和实施的行政效能。从而实现了对美国联邦政府规模和权力的限制。客观上讲,岁入分享计划的实施从一定程度上实现了它的政策目标,提高了州和地方政府的行政效率。但是,计划的实施并未从根本上革除合作联邦制下联邦权力集中带来的弊端。岁入分享计划并没有达到如尼克松本人所宣传的分散联邦政府权力的目的。从表 3-5 和表 3-6 来看,在尼克松任期内,联邦政府机构雇员人数确实有所下降,但行政成本仍然不断上升。

表 3-6 尼克松时期美国联邦政府经费支出(1970~1974)

单位:百万美元

部或其他机构	1970 年	1971 年	1972 年	1973 年	1974 年
经费总和	195649	210172	230681	245707	269359
立法部门	353	395	499	553	638
司法部门	133	145	173	188	207
农业部	8412	8673	11053	10200	10338
商务部	778	783	850	934	992
国防部	80123	77497	77645	75033	77864
教育部	4594	5099	5537	5709	5747
能源部	2393	2200	2299	2304	2233
健康和公共服务部	17397	20391	25309	25578	28062
住房和城市发展部	2432	2796	3600	3580	4781
内务部	1087	1345	1609	1780	1854
司法部	641	919	1182	1534	1805

续表

部或其他机构	1970年	1971年	1972年	1973年	1974年
劳工部	4966	8137	10008	8610	8964
国务院	661	680	747	807	955
交通部	6724	7656	7932	8616	8574
财政部	19276	20716	21861	30627	35842
退伍军人事务部	8652	9758	10713	11970	13339
美国工程兵团	1168	1337	1490	1676	1664
其他民防项目	2974	3510	4002	4505	5216
环境保护局	384	701	763	1114	2030
总统行政办公室	29	38	47	50	67
联邦紧急情况管理局	191	11	169	518	225
总务管理局	530	546	655	795	929
国际援助项目	2655	2888	2980	2317	3029
国家航空航天管理局	3752	3382	3423	3312	3255
国家科学基金会	464	522	567	585	647
人事管理局	2652	3167	3776	4607	5708
小企业管理局	253	333	452	1317	753
社会保障管理局（预算）	469	784	955	1518	3750
社会保障管理局（预算外）	29812	35408	39620	48565	55373
其他独立机构（预算）	4263	5223	5436	5654	7849

资料来源：http://www.census.gov/govs/index.html.

(二) 里根 (1981~1989)：左右为难与徘徊不定

随着应对 20 世纪 30 年代大危机、向贫困开战以及各种社会保障、社会福利政策的实施，公共行政具有了广泛的制定公共政策的自由裁量权与管制性权力，公共行政对于人们日常生活的干预范围逐渐扩大。人们日益认识到，在经济、社会高速发展过程中，他们并没有获得相应的发展红利，反而日益成为发展过程中的利益受损群体。与此同时，研究者、公共行政的实践者以及一般民众发现，大量社会问题是公共政策与公共行政失去控制与失误所致，因此，反对与厌恶官僚情绪犹如失去了控制的咆哮的瘟疫（Raging Pandemic）一样在社会上广泛而迅速地传播。社会对公共行政或"官僚"失去控制的指责多种多样：为利益集团所俘获；只顾自身利益；置弱势群体于不顾；能力低下、缺乏效率；狂妄自大，自行其是，形式主义、官僚主义盛行；蔑视公众、歧视草根、侮辱人格、侵犯人权等（Kaufman, 1981）。

1981 年里根以"鞭挞官僚"作为其政治选举纲领并成功入主白宫。随着里根当选总统，美国政治风向在 20 世纪 80 年代发生了转向。里根对公民参与似乎不感兴趣，上任不久就关闭了"跨部门公民参与理事会"（Creighton, 1995），但对反官僚、放权、地方制度创新较感兴趣，并成功地发动了一场鞭挞官僚（Kaufman, 1981）与鼓励地方制度创新运动。20 世纪 80 年代制度创新实验成为一种时尚，城市到邻里，到处充满着制度创新，制度创新成为一种运动。20 世纪 80 年代后期至 90 年代初，官方认可的邻里理事会组织大量出现在俄勒冈的 Portland，明尼苏达的 Minneapolis 和 St. Paul，俄亥俄的 Dayton 以及阿拉巴马的 Birmingham。

研究这一制度创新运动的学者 Milton Kotler，建议在邻里范围内或层面创立赋予特定权威与权力的政府单位或部门（Units of Government），履行法律管辖权（Legal Jurisdiction），以便在公民与政府之间建立起正式的联结纽带（Cooper，2005；Kotler，1969）。虽然 Kotler 的想法在当时没有实现，但这类公民组织在 21 世纪初已经扩散到美国各大城市，如华盛顿的西雅图，俄亥俄州的 Columbus 和 Dayton，纽约市，俄勒冈州的 Portland，明尼苏达州的 Minneapolis 和 St. Paul，阿拉巴马城的 Birmingham 以及加州的洛杉矶等。Musso 等（2011）对这类组织在促进公共参与城市治理的效果进行评估，在对洛杉矶邻里理事会 10 多年跟踪研究的基础上，从全球化的角度，分析、总结了其在促进公民参与城市合作管理与预算方面的成功经验与存在的问题，并就未来走向与完善途径进行了较为细致的探讨。

里根的上述政策选择基于其面临的美国社会当时所遭遇的尴尬局势。20 世纪 70 年代中期以后，西方各国经济开始面临严重衰退和通货膨胀的形势，美国经济持续陷入滞胀，失业率逐年递增。1980 年，实际的国民生产总值增长率为-0.2%，经济极度低迷。通货膨胀在整个 70 年代日益严重，通货膨胀率持续增长（具体如表 3-7 所示）。

表 3-7　1970~1980 年美国的通货膨胀率（按 1982 年美元值计算）

项目＼年份	1970	1971	1972	1973	1974	1975	1976	1977	1978	1979	1980
消费价格指数增长率（%）	5.5	3.4	3.4	8.8	12.2	7	4.8	6.8	9	13.3	12.5

资料来源：http://www.ecocn.org/forum/viewthread.php?tid=11601&extra=page%3D1.

上述状况决定了里根政府上台伊始，就面对着减少通货膨胀、恢复经济增长以及降低失业的巨大挑战。为应对如此复杂与尴尬局面，里根当局的策略选择主要包括如下诸项。

1. 放松政府对私人企业的管制

为了推行工商企业活动管制条例改革以便振兴经济，扩大劳动就业，促进经济增长，里根任命以副总统布什为首的放松管制工作小组，把审批规章条例的权力集中到行政管理和预算局，对管制条例的制定和修订进行统一领导，使放松管制得到立法上的保证。主要内容包括：①放宽反托拉斯法的实施。②放松对汽车工业的管制。③解除油价管制。④《戴维斯·贝肯法》的改革。实际上减少了对劳动力的市场价格进行干预。⑤金融机构管制改革。扩大了这类金融机构的营业范围和筹资能力。

2. 削减联邦非国防性开支

里根任期内大量削减社会保障项目，以解决当时出现的联邦政府承担社会福利的过重负担。里根政府削减的一些社会保障项目包括：①削减对抚养未成年儿童家庭补助项目，规定凡已有职业的家长取消受益资格。当时在 45 万~50 万户既有工资收入又有抚养未成年儿童家庭补助费的家庭中,有一半将因此丧失领取资格,此外还有40%将减少收入。②减少在医疗补助方面联邦对州的补贴,1982年减少3%,1983年减少3%,1984年减少4.5%。③取消在食品方面1982年因通货膨胀而施行的相应补贴调整,并推迟以后的调整,凡收入为贫困线收入的130%以上者被取消资格,但家中有老人或残疾人员者除外。④在住房方面逐渐增加租赁者付的部分房租的份额,由25%提高到30%,取消大部分联邦建房补贴。具体数据由表3-8计算得来。

表3-8 1981~1989年美国政府经费支出

单位:百万美元

部或其他机构	1981年	1983年	1985年	1987年	1989年
经费总和	678249	808385	946423	1004122	1143671
立法部门	1214	1437	1610	1812	2096
司法部门	641	787	966	1180	1499
农业部	41624	52404	55523	49600	48316
商务部	2296	1925	2140	2127	2571
国防部	153868	204410	245154	273966	294880
教育部	16973	14433	16596	16670	21468
能源部	11757	10590	10587	10693	11387
健康和公共服务部	80821	95008	114271	131414	152699
住房和城市发展部	14880	15814	28720	15484	19680
内务部	4456	4552	4820	5046	5207
司法部	2695	2849	3586	4333	6232
劳工部	29821	37604	23699	23253	22549
国务院	2347	2793	3310	3574	4577
交通部	22775	20643	25020	25424	26607
财政部	92622	116421	164967	180274	230576
退伍军人事务部	22907	24827	26333	26952	30041
美国工程兵团	3139	2918	2998	2757	3256
其他民防项目	13788	16004	15809	17963	20231
环境保护局	5242	4312	4490	4904	4906
总统行政办公室	96	94	111	110	124
联邦紧急情况管理局	773	709	660	544	531
总务管理局	100	126	8	63	-437
国际援助项目	8127	7878	11858	10406	4279
国家航空航天管理局	5537	6853	7251	7591	11036
国家科学基金会	976	1055	1313	1562	1752
人事管理局	18096	21278	23727	26966	29073
小企业管理局	2032	661	680	-65	85
社会保障管理局(预算)	8952	30932	17833	17480	19601
社会保障管理局(预算外)	138914	150731	183434	202422	227473
其他独立机构(预算)	12633	9412	7606	11876	30758

资料来源:http://www.ecocn.org/forum/viewthread.php?tid=11601&extra=page%3D1.

作为里根政府控制开支总努力的一部分，政府企图削减对穷人援助的费用和控制援助项目的贫困水平。在1981年里根政府的预算中，收入保障被减少的开支为128亿美元，1984年则达176亿美元，其中近60%的削减集中在低收入补助项目，如对抚养未成年子女家庭的补助、补充保障收入、低收入家庭能源补助、食品券、其他食品补助以及低收入住房补助等。在1981年财政预算中，日间看护（日托）、抚养照顾、计划生育等社会服务项目费用被削减了22%。取消了为社会上低收入者提供服务的社会服务管理署，其社会服务项目和其他相关补助项目合并，经费估计被削减了39%。与1981年相比，1982~1985年财政年度，对抚养未成年儿童家庭的补助将被削减13%，儿童营养补助项目费下降了20%，住房援助费下降了4.4%，医疗补助削减了5%，一般就业和训练基金削减了35%，工作刺激项目削减了33%。

3. 增加国防开支

里根总统执政以来，在"重新武装美国"的口号下，连年大规模增加军费，把扩军放在国内政策的优先地位。1983年3月23日里根总统发表演说，提出美国将进行战略防御计划（"星球大战"）的研究。从每年联邦政府实际的财政开支来看，国防开支1980年为1359亿美元，表3-8中显示1981年为1539亿美元，1983年飙升到2044亿美元，1985年又增加到2451亿美元，年均增长率为13.1%，比1960~1980年平均5.6%的年增长率高1倍以上。国防开支占政府经费支出的比重较大，据相关资料显示，国防开支占政府预算的比重从1980年的23.6%上升到1985年的26.8%。

通过以上措施，里根政府希望缩小政府规模，然而由于其面临着经济滞胀的尴尬局面，不得不在两难中进行选择，因而成效并不十分显著。虽然里根任总统期间，联邦雇员的人数增长率降低，政府开支的增长率也从14%下降至10%，但事实上在里根任期结束的时候，美国政府的规模非但没有缩小反而扩大了，这一点从联邦政府机构雇员的增长和经费支出的增加就能够看出来（见表3-8与表3-9）。

表3-9 里根执政时期美国联邦政府雇员人数

单位：人

机 构	1981年	1983年	1985年	1987年	1989年
行政机构雇员总数	**2806101**	**2820494**	**2963542**	**3032537**	**3064126**
总统行政办公室	1683	1621	1526	1553	1577
白宫办公室	394	384	367	366	371
副总统办公室	25	22	20	24	20
管理与预算办公室	677	611	566	550	527
行政办公室	188	209	194	193	202
经济顾问委员会	34	33	30	30	32
环境质量委员会	16	11	11	15	9
政策发展办公室	(X)	41	29	32	34
白宫行政人员	85	87	91	84	91
国家安全委员会	67	60	62	61	59
国家药品控制办公室	(X)	(X)	(X)	(X)	(X)

续表

机　构	1981年	1983年	1985年	1987年	1989年
科学和技术政策办公室	14	23	18	11	14
美国贸易代表办公室	131	140	138	149	152
行政机构	1707353	1739153	1789270	1806101	2065038
国务院	23775	23961	25254	25483	25327
财政部	122002	126020	130084	149187	152548
美国海关总署	15086	14952	13910	16413	17966
美国国内税局	84526	89657	94998	111241	112053
其他部门	22390	21411	21176	21533	22529
国防部	984183	1026461	1084549	1090018	1075437
军事职能人员总数	951418	992950	1053226	1058654	1044239
民事功能人员总数	32765	33511	31323	31364	31198
陆军部	354360	369229	394600	393803	382014
陆军军事职能的总数	321599	335722	363280	362441	350818
民用军队功能的总数	32761	33507	31320	31362	31196
工程分队	32618	33373	31191	31229	31062
公墓职能	143	134	129	133	134
海军部	315290	333756	347731	347915	347456
空军部	235014	240977	253333	254446	250840
国防后勤部	46757	46695	51926	53566	52653
其他防御活动	32762	35804	36959	40288	42474
司法部	55173	58869	64433	70696	79667
联邦监狱局/监狱系统	9648	10067	11386	12805	15946
移民归化局	10883	11651	12665	14659	17367
其他部门	34642	37151	40382	43232	46354
内务部	75899	79582	77485	76719	77545
土地管理局	(NA)	11013	10498	10427	10875
国家公园管理局	16019	18099	17508	19203	19712
其他部门	59880	50470	49479	47089	46958
农业部	128595	123987	117750	116993	122062
林务局	52658	48055	44076	42778	47246
自然资源保护局	16031	15009	14021	13899	14525
其他部门	59906	60923	59653	60316	60291
商务部	39689	35576	35150	34826	45091
国家海洋与大气管理局	14407	14617	13867	13365	12875
户口普查局	13107	8461	8633	9063	19317
其他部门	12175	12498	12650	12398	12899
劳工部	21243	19083	18260	17976	18125
矿山安全和健康管理局	(NA)	(NA)	(NA)	2848	2758
劳动标准管理局	(NA)	4268	4246	4146	4241
其他部门	21243	14815	14014	10982	11126
健康和公共服务部	155666	147162	140151	127039	122259

续表

机　构	1981年	1983年	1985年	1987年	1989年
卫生事业管理	20098	14524	15087	14473	(NA)
国家卫生研究院	14309	14621	13932	14134	14153
印第安人卫生服务	(NA)	(NA)	(NA)	(NA)	12770
其他部门	141357	132541	126219	98432	95336
住房和城市发展部	15617	12996	12289	13033	13544
交通部	59456	62959	62227	62488	65615
美国海岸警卫队	5739	5975	5937	5562	5671
联邦航空管理局	42590	46922	47138	47896	50875
其他部门	11127	10062	9152	9030	9069
能源部	19567	17229	16749	16749	17130
教育部	6488	5268	4889	4894	4696
退伍军人事务部	232417	238739	247156	250013	245992
独立机构	1097065	1079720	1172746	1224883	997511
常见关系顾问	39	34	28	22	17
历史调查研究委员会	42	40	34	42	35
非洲发展基础部	(X)	(X)	23	29	33
美国战争纪念碑委员会	377	392	397	393	402
阿巴拉契亚地区委员会	5	6	6	6	5
酒吧管理委员会	(X)	32	42	28	29
武装人员退休之家	(X)	(X)	(X)	(X)	(X)
海军之家	(X)	(X)	(X)	(X)	(X)
士兵与空军之家	979	990	1093	1054	1036
军备控制与裁军机构	187	174	201	183	194
北极研究委员会	(X)	(X)	(X)	(X)	(X)
暗杀纪录审查委员会	(X)	(X)	(X)	(X)	(X)
巴里·戈德沃特学校	(X)	(X)	(X)	(X)	(X)
美联储储备制度的政府委员会	1491	1551	1520	1487	1523
公民言论自由委员会	(X)	(X)	(X)	(X)	(X)
化学安全及危害调查委员会	(X)	(X)	(X)	(X)	(X)
哥伦比亚联谊基础部	(X)	(X)	(X)	(X)	(X)
精品艺术委员会	7	7	6	7	7
民权委员会	279	259	229	78	73
建筑业委员会	14	12	15	15	13
商品期货交易委员会	456	477	492	508	560
消费者安全委员会	820	633	591	532	532
公司及全国社区服务	(X)	(X)	(X)	(X)	(X)
防御核设施的安全委员会	(X)	(X)	(X)	(X)	(X)
环境保护局	12754	11931	13788	15173	15590
就业机会平等委员会	3413	3183	3222	3278	2743
美国进出口银行	366	335	356	344	330
农场贷款署	282	308	315	562	551

续表

机　构	1981年	1983年	1985年	1987年	1989年
农场信用体系监管部	(X)	(X)	(X)	(X)	21
联邦通信委员会	2089	1897	1908	1892	1794
联邦存款保险公司	3357	3660	6723	9219	9031
联邦选举委员会	250	219	239	253	240
联邦紧急事务署	2367	2509	3133	2700	3048
联邦考试委员会	(X)	(X)	(X)	(X)	(X)
联邦住房金融委员会	1538	1534	657	941	1447
联邦劳动关系署	370	290	292	251	255
联邦海事委员会	300	245	220	219	230
联邦医学委员会	479	359	336	326	320
联邦安全健康委员会	81	60	47	53	48
联邦节约委员会	(X)	(X)	(X)	41	79
联邦商务委员会	1669	1323	1215	1023	938
总务管理局	34237	29586	25782	21878	20063
杜鲁门学校	4	3	4	3	3
大屠杀纪念委员	(X)	12	17	19	23
泛美基金会	64	65	73	76	68
美国与墨西哥边界委员会	272	(NA)	260	263	256
美国与加拿大边界委员会	(X)	(X)	(X)	7	15
国际联合委员会	(X)	(X)	(X)	25	25
国际贸易委员会	434	420	503	490	499
詹姆斯麦迪逊基础部	(X)	(X)	(X)	(X)	(X)
日美联谊委员会	4	9	5	5	11
美国联邦海洋哺乳动物委员会	17	16	15	15	17
考绩制度保护委员会	475	524	430	387	393
莫里斯奖学基金	(X)	(X)	(X)	(X)	(X)
国家档案及记录管理	(X)	(X)	2168	3153	2916
国家航空及空间管理	23039	22784	22562	22950	24165
国家首都规划	57	49	46	48	41
国家图书馆及信息委员会	20	19	11	9	10
国家残疾人理事会	(X)	(X)	7	10	21
国家信贷联合会	707	615	598	832	893
国家教育目标小组	(X)	(X)	(X)	(X)	(X)
国家艺术与人文科学委员会	573	545	563	544	542
国家艺术基金会	305	277	295	272	266
国家人文基金会	268	259	255	255	260
博物馆服务协会	(X)	9	13	17	16
国家劳动关系局	2956	2726	2557	2350	2284
国家调解委员会	61	57	56	56	51
国家科学基金会	1366	1257	1215	1236	1275
国家安全委员会	361	337	343	336	322

续表

机　构	1981 年	1983 年	1985 年	1987 年	1989 年
核管理委员会	3545	3534	3605	3426	3288
核废料及技术复查委员会	(X)	(X)	(X)	(X)	8
建筑安全及监督委员会	161	103	78	76	77
印第安事务办公室	44	51	50	70	97
政府到的办公室	(X)	(X)	(X)	(X)	(X)
人事管理局	7635	6369	6353	6078	6859
办公室特别顾问	(X)	(X)	(X)	(X)	(X)
预防委员会	(X)	(X)	(X)	(X)	(X)
巴拿马运河管理委员会	8474	8356	8481	8569	8479
和平队	(NA)	1026	1063	1122	1143
养老及福利监督委员会	453	466	502	520	583
邮政费率委员会	68	65	63	59	55
铁路工人退休办事处	1634	1565	1681	1637	1692
证券交易委员会	1957	1897	1898	2014	2191
义务兵役制	280	284	301	295	294
小企业主利益保护局	5088	5100	4960	4846	4653
史密森博物馆	4359	4696	4757	5028	5158
国家艺术馆	727	763	763	851	859
史密森协会	3632	3933	3962	4145	4266
威尔逊中心	23	25	32	32	33
肯尼迪表演艺术中心	(X)	(X)	(X)	(X)	(X)
社会保障委员会	(X)	(X)	(X)	(X)	(X)
田纳西河流域管理局	50102	37181	32035	32738	26676
贸易与发展代理处	(X)	(X)	(X)	(X)	(X)
美国强化集团	(X)	(X)	(X)	(X)	(X)
美国信息部	7849	7983	8851	8896	8723
美国和平研究所	(X)	(X)	(X)	19	42
国防安全合作局	5835	5418	5054	4803	4816
国际开发机构	(NA)	(NA)	4890	4654	4656
海外投资公司	(NA)	(NA)	150	136	144
贸易和开发项目	(NA)	(NA)	14	13	16
美国邮政管理局	663100	663027	750021	797851	826310
犹他州开垦缓和委员会	(X)	(X)	(X)	(X)	(X)

资料来源：http://www.census.gov/govs/www/apesfed.html.NA 代表数据无法获得，X 代表数据不适用。

里根政府在精简政府机构方面做得非常有限，虽然他竭力宣称要缩减政府机构，但是在他执政期间几乎没有一个机构被裁撤，仅仅裁撤了联邦政府一些附属性机构。当年里根为了竞选总统，向选民承诺要解散能源部和教育部，在他当选以后，他甚至任命了两名主管专门负责裁撤事宜，但是到里根政府结束时，这两个部门依然相当活跃。支持教育部的是全国最大的院外集团之一——全国教育协会（National Education

Association），该组织在全国各州都有分支机构。支持能源部的是一些主要的公共设施和电力供应企业，一些出产油气的州和一些与能源有关的大学。在强大的利益集团面前，里根屈服了。不仅如此，他还建议把退伍军人行政管理局也升至内阁部门一级，建立了退伍军人事务部。克里斯托弗·波利特（Christopher Pollitt）和海尔特·鲍克尔特（Geert Bouckaert）评价说"里根总统留下了巨大的公共部门赤字，而联邦公共部门的规模在他执政的8年间只有很小的改变"（波利特等，2003）。

三、克林顿与布什（1993~2008）：重塑政府与联邦政府规模优化

（一）克林顿（1993~2001）的重塑政府与联邦政府规模优化

始自尼克松，经过里根的"鞭挞官僚"、改造官僚运动，虽然声势浩大，但美国政府官僚化现象始终没有得到有效改善，致使克林顿不得不持续关注政府行政能力与行政效率问题。事实上，克林顿竞选总统之时，美国社会面临的核心问题，是如何有效提高官僚机构的运用效率与效果。这可从当时美国社会面临的几个主要问题中获得洞见。

首先，传统的科层体制机制难以适应新时代对政府的要求。信息化时代要求政府办事快捷高效，并且灵活性强，而在西方一度盛行的科层制官僚体制组织结构等级太过森严、行政权力太过集中、行政行为太过规范化和程序化。因此，将政府管理模式转向企业化管理模式改造政府体制迫在眉睫。

其次，美国联邦政府机构臃肿、制度僵化、效率低下，成为自尼克松时期以来的顽疾。美国文官制度经过百余年的积弊，逐渐形成一种"规则变得比结果更重要"的服从文化。这种文化导致政府行政效率低下，并且缺乏创新性；政府机构极为臃肿。调查发现，政府办公室里"无用之人"的比例高达25%~50%。社会对公共行政或"官僚"失去控制的指责多种多样：为利益集团所俘获；只顾自身利益；置弱势群体于不顾；能力低下、缺乏效率；狂妄自大，自行其是，形式主义、官僚主义盛行；蔑视公众、歧视草根、侮辱人格、侵犯人权等（Kaufman，1981）。

最后，经济低迷不振，政府面临严重的财政危机和信任危机。美国经济在20世纪70年代陷入"滞胀"泥潭，80年代萎靡不振，联邦债务与赤字持续攀升。1981~1992年，联邦政府债务总额从10287亿美元升至35000亿美元，年支付利息达2923亿美元。1982~1992年，联邦预算赤字从1257亿美元增至2904亿美元。80年代后期，社会对政府的信任降到历史最低水平（如图3-1所示）。

为应对上述三个内在相关的问题，克林顿委托副总统戈尔研究、起草政府改革的方案。经过大量调查与咨询，戈尔先后提交了名为《重塑政府：从注重官样文章到注重结果》（Reinventing Government：From Red Tape to Results）、《创建一个运转更好成本更少的政府》（Creating a Government that works Better and Costs Less）的研究报告以及《美国政府绩效评估报告》（Report of the National Performance Review）。戈尔报告呼吁，通过确定明晰的使命感、更多导航更少划桨、权威委托、以激励代替规则与管制、实施基于结果的预算、政府运转过程引入竞争机制、寻求市场机制而不是行政控制、以

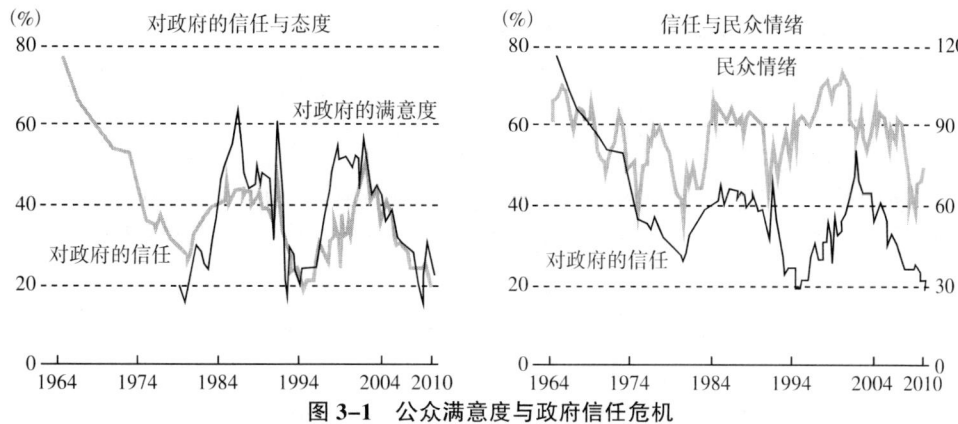

图 3-1 公众满意度与政府信任危机

公众或客户满意度测量政府行为绩效等,创建一个将民众放在首位的政府 (Inventing a Government that Puts People First) (Gore, 1993)。

基于戈尔报告,克林顿开始了其重塑政府运动。其主要措施或策略包括:

首先,精简政府机构,裁减雇员。1994年,美国国会通过《联邦雇员重新调整法》,要求联邦政府在1999年前裁减27.29万人(以1993年为基数),联邦文官雇员不得超过188万人。授权联邦政府采取适当措施鼓励政府雇员自愿辞职,联邦政府对自愿提前退休和自愿辞职的雇员一次性发给2.5万美元的"现金奖励"(黄贤全、黄贤华,2004)。压缩联邦政府各部的中间层次,取消不必要的层次。合并一批行政机构,如健康与人类服务部合并108个,教育部70个,农业部60个,住房与城市发展部60个,交通部30个,环境保护部12个。撤销一些行政机构。如州际贸易委员会、化学品与危险品调查局等机构。他还发布总统命令或敦促国会撤销政府部门的各类顾问委员会约700个(王世雄,2003)。

其次,放松规制,下放权力,注重结果。克林顿入主白宫后,下令简化行政工作程序,删减已有规章制度。仅联邦人事管理总署就在1994年废除了16000页烦琐的联邦人事工作守则。联邦财政预算也由每年制订、审议一次改为每两年一次。克林顿还要求政府机关减少文件报表,采用电子归档和电子记录,实行电子化办公。1993年国会通过《政府业绩与结果法案》,开始注重行政结果,改革各部门和文官的业绩考核办法,注重工作的质量、效益和公众的满意程度。克林顿总统与5个内阁部长和2个独立机构负责人签订了绩效合同。1994年有27个政府部门的71个示范项目实施绩效管理(刘旭涛,2004)。

再次,收缩政府的社会经济职能,放松对企业的管制。美国政府在80年代解除了对航空、能源、交通、金融、电信业的管制。1996年政府出台《联邦福利改革法》,其核心是以"工作福利"取代"社会福利",政府不再承担个人生存的责任。联邦政府不再规定统一的福利补助项目和金额,只给各州一揽子拨款,由各州自行决定。福利改革后,享受政府福利补助的人数和金额都明显减少。1996年以前领取福利补助(穷人医疗补助、食品券、未成年儿童家庭补助)的人有1300万,金额1320亿美元,改革后有 140 万人丧失享受福利补助的资格（雷爱先，1994）。1997 年《财政预算平衡法》把 1998~2002 年联邦政府的老年医疗保险和穷人医疗补助支出分别削减 1150 亿美元和 130 亿美元（雷爱先，1994）。

最后，将部分公共服务市场化，让非营利性组织和私人企业参与提供公共服务产品，其主要方式有合同承包、凭单制度以及公私合作和用者付费。美国邮政管理局把 4500 条农村邮路承包给私人经营，每条邮路的承包费只有其他邮路平均费用的一半。合同承包还能节省开支。萨瓦斯的研究结果表明，"公营部门提供服务的成本费用，平均比承包商提供服务的成本费用（包括管理合同执行的费用在内）要高出 35%~95%"（萨瓦斯，2002）。凭单制度是政府对有资格享受政府补贴的社会成员发放的优惠券，凭券到政府指定的公共服务组织接受服务，让公共服务组织为争取消费者手中的优惠券而竞争。联邦政府主要在食品、教育、医疗、住房领域实行凭单制度。凭单制能够有效节约公共服务成本，提高公共服务质量，削弱提供公共服务的利益集团对政府政策的影响和对消费者的控制，削弱卖方市场势力。

克林顿的重塑政府运动是美国历史上到目前为止政府规模与结构优化最为成功的一次。其具体表现在两个方面：一是优化了政府规模与结构；二是提高了政府行为的社会经济绩效。

重塑政府运动缩减了美国联邦政府的规模，降低了行政成本。表 3-10 显示，1993~1999 年，联邦政府雇员从 295 万人裁减为 269 万人，总数减少了近 26 万人，即裁减了 9%。其中国防部门裁减最多，达 23 万人，相对应地，表 3-11 中显示，国防部经费支出从 1993~2000 年降低 177 亿美元。14 个联邦政府部门中只有司法部没有裁员，1993~1998 年，联邦政府节省行政开支 1370 亿美元。从联邦政府雇员人数占全国总雇员人数的比率看，克林顿政府是 1931 年以来最低的，联邦文官总数也达到了 1960 年以来最少的水平，为政府节约了大量的薪酬开支。美国政府开支相对下降，联邦政府支出占国内生产总值的比重持续下降，1990 年占 22.2%，1994 年占 20.73%，1996 年占 20.29%，1998 年占 19.33%，1999 年仅有 18.7%，这是 1966 年以来的最低水平。

表 3-10 克林顿执政时期美国立法、司法、行政机构雇员人数

单位：人

机　构	1993 年	1994 年	1995 年	1996 年	1998 年	1999 年
行政机构雇员总数	2947130	2908192	2857917	2786264	2727316	2686690
总统行政办公室	1631	1568	1573	1559	1602	1632
白宫办公室	404	378	388	382	389	389
副总统办公室	21	20	18	20	19	20
管理与预算办公室	527	519	534	524	505	523
行政办公室	209	188	187	186	175	180
经济顾问委员会	28	32	26	30	27	27
环境质量委员会	12	6	18	17	19	19
政策发展办公室	40	39	30	30	28	27
白宫行政人员	90	88	87	86	84	87

续表

机　构	1993年	1994年	1995年	1996年	1998年	1999年
国家安全委员会	52	52	44	44	41	40
国家药品控制办公室	46	40	40	48	113	107
科学和技术政策办公室	31	39	33	35	33	32
美国贸易代表办公室	171	167	168	157	169	181
行政部门	1972569	1907895	1782834	1714460	1646245	1614097
国务院	26077	25596	24859	24489	24713	25892
财政部	156073	156373	155951	146137	140873	143088
美国海关总署	20019	19531	19366	19402	20374	20175
美国国内税局	108892	110462	111287	102000	96414	96482
其他部门	27162	26380	25298	24735	24085	26431
国防部	921179	879878	832352	795921	717901	690706
军事职能人员总数	890628	850137	802664	768098	692552	665679
民事功能人员总数	30551	29741	29688	27823	25349	25027
陆军部	296436	283303	273231	262482	239187	231903
陆军军事职能的总数	265886	253563	243544	234660	213839	206877
民用军队功能的总数	30550	29740	29687	27822	25348	25026
工程分队	30416	29620	29581	27728	25297	24995
公墓职能	134	120	106	94	51	31
海军部	278746	258657	238595	221684	196697	189674
空军部	195034	189588	180148	177025	166096	159047
国防后勤部	60425	55073	50656	47462	42095	38749
其他防御活动	90538	93257	89722	87268	73826	71333
司法部	97898	97910	103262	109794	122759	124885
联邦监狱局/监狱系统	24602	25870	28319	29235	30758	31096
移民归化局	19396	19204	20549	25605	30966	31592
其他部门	53900	52836	54394	54954	61035	62197
内务部	84864	80704	76439	71028	72434	72541
土地管理局	11960	11340	10675	10345	10560	10463
国家公园管理局	23082	22567	21498	20952	22405	22390
其他部门	49822	46797	44266	39731	39469	39688
农业部	124199	119558	113321	109586	105664	104661
林务局	48289	46552	44711	42699	40354	40011
自然资源保护局	14732	13611	12505	12448	12636	12314
其他部门	61178	59395	56105	54439	52674	52336
商务部	38680	37642	36803	35156	50041	60765
国家海洋与大气管理局	14531	14667	13893	13018	12340	12663
户口普查局	9972	8498	8714	8444	23633	33356
其他部门	14177	14477	14196	13694	14068	14746
劳工部	17407	16732	16204	15230	15894	15913
矿山安全和健康管理局	2598	2437	2371	2231	2168	2202
劳动标准管理局	3974	3543	3559	3599	3868	3867

续表

机　构	1993 年	1994 年	1995 年	1996 年	1998 年	1999 年
其他部门	10835	10752	10274	9400	9858	9844
健康和公共服务部	130216	128244	59788	58491	59813	61403
卫生事业管理	(NA)	(NA)	(NA)	(NA)	(NA)	(X)
国家卫生研究院	17568	16200	15935	15706	15784	16158
印第安人卫生服务	15713	15242	15077	14615	14766	14896
其他部门	96935	96802	28776	28170	29263	30349
住房和城市发展部	13459	13218	11822	11462	10063	10273
交通部	69144	64896	63552	63309	64859	64135
美国海岸警卫队	6280	6042	5825	5468	5831	5903
联邦航空管理局	53117	49386	48615	48611	50259	49548
其他部门	9747	9468	9112	9230	8769	8684
能源部	20336	19899	19589	18237	16156	15820
教育部	5002	4813	4988	4721	4677	4770
退伍军人事务部	268035	262432	263904	250899	240398	219245
独立机构	972930	998729	1073510	1070245	1079469	1070961
常见关系顾问	19	15	16	9	3	(X)
历史调查研究委员会	40	44	45	42	36	37
非洲发展基础部	52	51	49	26	26	24
美国战争纪念碑委员会	394	380	375	371	357	362
阿巴拉契亚地区事务委员会	8	8	10	10	10	10
酒吧管理委员会	36	38	40	32	44	43
武装人员退休之家	875	1056	960	908	848	801
海军之家	(X)	174	160	161	159	157
士兵与空军之家	875	882	800	747	689	644
军备控制与裁军机构	216	233	266	244	222	(X)
北极研究委员会	5	8	6	7	3	5
暗杀纪录审查委员会	(X)	(X)	31	29	23	(X)
巴里·戈德沃特学校	2	2	2	2	2	2
美联储储备制度的政府委员会	1678	1669	1704	1740	1669	1688
公民言论自由委员会	(X)	(X)	(X)	3	3	3
化学安全及危害调查委员会	(X)	(X)	(X)	(X)	15	26
哥伦比亚联谊基础部	(X)	(X)	1	1	1	1
精品艺术委员会	7	7	8	7	7	7
民权委员会	88	91	98	97	81	81
建筑业委员会	18	18	19	18	19	20
商品期货交易委员会	551	551	544	553	583	574
消费者安全委员会	532	484	486	468	468	483
全国公司及社区服务	33	607	574	516	538	597
防御核设施安全委员会	92	102	106	106	100	96
环境保护局	18415	18092	17910	17160	18787	18590
就业机会平等委员会	2868	2914	2796	2655	2571	2945

续表

机　构	1993年	1994年	1995年	1996年	1998年	1999年
美国进出口银行	467	462	443	426	413	414
农场贷款署	436	412	380	332	299	298
农场信用体系监管部	9	10	9	10	10	10
联邦通信委员会	1807	2015	2116	2069	1988	1978
联邦存款保险公司	21701	18775	14765	10008	7778	7492
联邦选举委员会	272	316	327	294	320	354
联邦紧急事务署	5099	5221	5256	6569	5812	5521
联邦考试委员会	9	9	8	8	7	7
联邦住房金融委员会	114	104	113	119	120	120
联邦劳动关系署	250	229	221	232	215	228
联邦海事委员会	201	200	169	150	142	136
联邦医学委员会	308	309	297	293	282	287
联邦安全健康委员会	55	52	53	52	48	49
联邦节约委员会	102	105	110	110	111	103
联邦商务委员会	971	969	996	941	1004	982
总务管理局	20502	19257	16500	15654	14207	14199
杜鲁门学校	6	6	5	5	4	4
大屠杀纪念委员	185	188	207	217	228	229
泛美基金会	77	74	70	65	55	62
美国与墨西哥边界委员会	258	248	236	246	258	286
美国与加拿大边界委员会	15	16	18	12	17	12
国际联合委员会	21	20	18	19	20	21
国际贸易委员会	455	464	442	391	417	403
詹姆斯麦迪逊基础部	7	7	7	6	6	6
日美联谊委员会	5	4	5	13	11	4
美国联邦海洋哺乳动物委员会	10	13	13	11	12	11
考绩制度监督委员会	316	296	271	265	244	232
莫里斯奖学基金	(X)	(X)	(X)	2	3	15
国家档案及记录管理	3082	3073	2833	3061	2610	2612
国家航空及空间管理	24826	23338	21635	21006	18899	18647
国家首都规划	53	56	58	57	50	53
国家图书馆及信息委员会	12	6	10	12	12	6
国家残疾人理事会	7	15	8	17	10	12
国家信贷联合会	962	921	912	935	882	997
国家教育目标小组	(X)	(X)	(X)	5	9	8
国家艺术与人文科学委员会	561	564	493	337	350	377
国家艺术基金会	284	280	244	160	151	160
国家人文基金会	261	266	235	162	167	177
博物馆服务协会	16	18	14	15	32	40
国家劳动关系局	2108	2077	2050	1970	1866	1897
国家调解委员会	51	54	54	47	46	43

续表

机 构	1993年	1994年	1995年	1996年	1998年	1999年
国家科学基金会	1223	1252	1292	1249	1231	1271
国家安全委员会	365	358	368	370	443	435
核管理委员会	3476	3336	3212	3148	2995	2862
核废料及技术复查委员会	18	22	22	20	23	18
建筑安全及监督委员会	72	74	72	70	66	64
印第安事务办公室	92	92	87	86	77	69
政府道德办公室	86	88	84	82	85	80
人事管理局	6776	5340	4354	3524	3576	3689
办公室特别顾问	95	90	94	91	91	88
预防委员会	(X)	(X)	(X)	(X)	(X)	(X)
巴拿马运河管理委员会	8568	8562	9060	9335	9966	9060
和平队	1235	1223	1179	1122	1059	1097
养老及福利监督委员会	727	697	716	763	750	742
邮政费率委员会	54	55	55	48	53	51
铁路工人退休办事处	1782	1683	1544	1440	1289	1252
证券交易委员会	2717	2689	2852	2838	2826	2866
义务兵役制	267	230	218	221	188	188
小企业主利益保护局	5526	6824	5085	4839	4574	4575
史密森尼博物馆	5497	5527	5444	5188	5166	5271
国家艺术馆	836	840	817	771	775	832
史密森协会	4620	4644	4541	4334	4307	4350
威尔逊中心	41	43	39	39	39	41
肯尼迪表演艺术中心	(X)	(X)	47	44	45	48
社会保障委员会	(X)	(X)	66850	66314	65257	64008
田纳西河流域管理局	18986	18846	16545	16022	13818	13321
贸易与发展代理处	(X)	(X)	(X)	(X)	37	40
美国强化集团	(X)	109	30	24	(X)	(X)
美国信息部	8283	7888	7480	6850	6378	6318
美国和平研究所	57	59	59	62	61	63
国防安全合作局	4273	4059	3755	3267	2800	2668
国际开发机构	4086	3864	3543	3049	2620	2471
海外投资公司	154	161	179	181	180	197
贸易和开发项目	33	34	33	37	(X)	(X)
美国邮政管理局	790286	822699	845393	852285	871467	866342
犹他州开垦缓和委员会	(X)	(X)	(X)	12	12	16

资料来源：http://www.census.gov/govs/www/apesfed.thml. NA 代表数据不可获得，X 代表数据不适用。

表 3-11 克林顿执政时期美国联邦政府机构经费规模（1993~2000 年）

单位：百万美元

部或其他机构	1993 年	1994 年	1995 年	1996 年	1997 年	1998 年	1999 年	2000 年
经费总和	1409512	1461902	1515837	1560572	1601282	1652611	1703040	1789562
立法部门	2406	2552	2625	2273	2363	2600	2609	3120
司法部门	2628	2677	2903	3059	3259	3467	3790	4133
农业部	63144	60753	56665	54352	52547	53947	62834	55167
商务部	2798	2915	3401	3702	3783	4046	5036	6647
国防部	278574	268646	259556	253253	258322	256122	261380	260834
教育部	30109	24557	31205	29727	30009	31498	32436	34971
能源部	16942	17839	17617	16203	14467	14438	16048	15756
健康和公共服务部	253835	278901	303081	319803	339535	350570	359701	400327
住房和城市发展部	25181	25845	29044	25236	27527	30227	32734	32533
内务部	6881	7071	7486	6785	6770	7274	7815	8470
司法部	10170	10005	10788	11954	14310	16168	18317	19794
劳工部	44651	37047	32092	32492	30458	30007	32461	38652
国务院	6412	6798	6267	5739	6033	5382	6456	6959
交通部	34457	37228	38777	38780	39832	39466	41829	45503
财政部	298804	307577	348579	364629	379342	390103	386698	377916
退伍军人事务部	35487	37401	37771	36920	39280	41773	43168	43953
美国工程兵团	3354	3483	3745	3627	3598	3845	4191	3065
其他民防项目	25961	26971	27977	28952	30282	31216	32014	33220
环境保护局	5930	5855	6351	6046	6164	6284	6750	7346
总统行政办公室	194	231	215	202	221	237	417	263
联邦紧急情况管理局	3253	4154	3136	3102	3326	2096	4039	2744
总务管理局	825	448	831	732	1084	1091	-46	429
国际援助项目	11526	10498	11129	9665	10126	8974	10059	10401
国家航空航天管理局	14305	13695	13378	13881	14360	14206	13664	13357
国家科学基金会	2452	2642	2845	3012	3130	3188	3283	3629
人事管理局	36794	38596	41276	42870	45404	46305	47515	50531
小企业管理局	785	779	677	873	333	-77	57	287
社会保障管理局（预算）	28944	31936	31753	31365	34939	38134	40575	40794
社会保障管理局（预算外）	298349	313881	330370	343869	358372	370069	379213	398221
其他独立机构（预算）	-17370	3286	-6102	2646	-2876	10773	6054	12969

资料来源：http//www.census.gov/govs/index.html.

重塑政府运动对美国社会经济产生了积极的影响。众所周知，在克林顿任期内，美国经济从 1991 年 3 月到 2000 年 12 月连续增长 117 个月，赢得美国历史上最长的经济扩张期。1990~1998 年美国国内生产总值年均增长率达 2.9%，是历史上第三个经济快速增长期。联邦政府财政赤字逐年减少，从 1992 年的 2904 亿美元降至 1997 年的 219 亿美元，1998 年终于实现财政盈余 692 亿美元，1999 年盈余 1242 亿美元，2000 年盈余 2370 亿美元，比原计划提前 4 年实现平衡财政预算。美国财政由赤字转为盈余,国债规模得以控制,国债利息支出从最高年份1997年的2440亿美元降至1999年的2297亿美元。

(二) 布什 (2002~2008): 持续推进重塑政府与优化联邦政府规模

任何时期任何社会的政府都是该时期该社会所有组织的核心制度象征,政府行为直接影响、塑造社会组织与个体行为;社会组织与个体行为反过来强化或修正、塑造政府行为。政府行为与社会组织或行为个体处于相互依存、相互强化与相互转换的共生情境之中。因而,一个时期的政府行为通常表现为某种惯例。由于惯例的特定属性,改变惯例是一个长期的演化过程,是一个需要不断注入新的动力与催化剂的过程。虽然早在尼克松、里根时期美国就发动了作为改造政府行为的"鞭挞官僚主义"运动,但真正实施重塑政府实践的,是20年之后的克林顿。这种校正政府行为的思想与意识的萌发、生成到思想与意识的实践、行动间的"延迟",正是由政府行为与社会个体间的水乳交融所致。美国在校正、重塑政府过程中的幸运之处在于,作为克林顿的继任者布什,能够继续推进克林顿所发动的"重塑政府"运动,而不是别出心裁地重新搞出一套"新思想"、"新理论"。当然,如果其前任所奉行的是一套挂着某种华丽的遮羞布的为某个特定利益集团掠夺利益提供保护伞的掠夺性政策,那么,其后任者政策上的改弦易辙可谓是"拨乱反正",可谓是文明的推进或现代化,相对于那些开历史倒车者可谓顺应于民心、顺应于时代、顺应于时间之矢。

布什在持续推进重塑政府与优化联邦政府规模方面,主要采取了如下几项措施:

1. 精简联邦政府机构和人员,改进政策实施方式

布什入主白宫不久,就提出了精简联邦政府机构和人员,提高政府管理效率的庞大方案。用他自己的话说,这是一个"大胆的改善联邦政府管理的计划",它涉及"从最高政府机构到最偏远的联邦政府办公室",共14个领域,5个涉及整个联邦政府,9个涉及专门的联邦机构;通过采取鼓励提前退休,给予自愿离职者以资金补偿等措施,激励联邦政府在岗人员自愿离职。由表3-12可见,布什执政时期美国政府雇员人数明显减少。

表3-12 布什执政时期美国立法、司法、行政机构雇员人数

单位: 人

机构	2003年	2004年	2005年	2006年
总数	2743063	2714140	2708753	2700007
立法机关	31297	30420	30303	30067
司法机关	34472	34224	33690	33834
行政机构	2677294	2649496	2644764	2636106
总统行政办公室	1701	1732	1736	1709
行政部	1687158	1688152	1689914	1689351
国务院	31402	33013	33808	33968
财政部	134302	117344	114194	112000
国防部	669096	668009	670790	676452
司法部	115259	103536	105102	106159

续表

机 构	2003年	2004年	2005年	2006年
内务部	74818	74500	73599	71593
农业部	107204	106186	104989	101887
商务部	37330	37641	38927	40335
劳工部	16296	16095	15599	15434
健康和公共服务部	67240	61495	60944	60756
住房和城市发展部	10660	10411	10086	9814
交通部	89262	57748	55975	53573
能源部	15823	15265	15050	14838
教育部	4593	4482	4429	4257
退伍军人事务部	226171	233501	236363	236938
国土安全部	150350	148927	149977	151771
独立机构	988434	959612	953113	945046
美国联邦储备委员会	1761	1820	1851	1869
环境保护局	18126	17975	17964	18166
就业机会平等委员会	2669	2513	2421	2285
联邦通信委员	2058	2024	1936	1857
联邦存款保险公司	5502	5416	4998	4583
联邦商务委员会	1076	1081	1046	1027
总务管理局	13615	12764	12685	12460
国家档案及记录管理	3027	3029	3048	3051
国家航空航天局	18908	19105	19105	18448
国家劳资委员会	1932	1934	1822	1832
美国国家科学基金会	1327	1327	1325	1325
核管理委员会	3034	3124	3230	3297
人事管理局	3410	3409	4333	4954
和平队	1118	1105	1064	1075
铁路工人退休办事处	1145	1110	1010	1004
证券交易委员会	3132	3632	3933	3760
小企业主利益保护局	3824	3520	4288	6148
史密森协会	5133	5034	4981	4953
社会保障委员会	64414	65215	65861	64884
田纳西河流域管理局	13379	13078	12721	12624
美国信息部	2362	2303	2212	2144
国防安全合作局	2351	2547	2644	2723
美国邮政管理局	801552	775834	767972	760039

资料来源：http://www.census.gov/govs/www/apesfed.html.

美国联邦政府促进其政策实施的方式主要是强化伙伴治理与合同治理。布什执政期间，联邦政府一方面直接削减不必要的项目和项目支出，例如布什政府在2005年终止或削减了大约90个重要性较低或成效不良的政府项目，减少了非保障项目的任意性支出。另一方面同企业签订合同，由企业提供市场化服务。大大节约了政府开支，公共服务外包5年时间为联邦政府节约资金近50亿美元。据估计,政府活动市场化5年里可给纳税人节约140亿美元(文选才,2006)。

2. 重新分割政府间责任与权力,缩小联邦政府权限、扩大州政府权限

布什政府极力主张缩小联邦政府权限,相应扩大州政府权限。他的这一理念贯穿于税收、社会福利、教育、对外贸易等公共政策领域。向州和地方政府分权的考虑主要基于两个方面,即放松联邦政府的管制,把一些制定规则的权力下放到各州;减轻联邦政府的财政负担。

3. 力推透明治理与电子政府,提高治理效率

继克林顿之后,布什政府大力推广信息技术在政府运转过程中的应用,强调运用信息技术阳光化政府运行规则与过程、强化整体性或协同性治理与虚拟治理,促进政府运转效率的提高,强化各部门的责任机制。截至目前,美国政府运行的60%以上的文件通过互联网传输。联邦政府的行为对州政府行为形成了巨大的激励,各州政府均大力推广信息技术在政府运行与公共治理中的应用。美国纽约州政府构建电子政府系统,通过网站提供在线审批和发放许可服务,所有规模的企业都可以快速有效地获得信息和业务许可情况,借助先进而可靠的工作流功能;理顺多个政府部门之间的信息交换,公民能够同时在线申请多项业务批准。经过深入的改革和调整,到2003年,纽约州政府已经把业务申请审批手续减少了50%,为纽约州企业、政府和公民节省了近30亿美元(周放,2003)。

现在几乎所有的联邦政府的机构和部门以及州政府都有自己的网站,4/5的城市和地方政府也建有网站。公众也比较多地访问政府网站。信息技术的运用使联邦政府和州及地方政府之间的交流更加便捷,缩小政府规模、减少政府支出、提高办事效率,都可以从挖掘电子政府潜力方面获得。布什政府着力推行"电子政府"的政策,关闭了近2000处办公室,减少了24万名工作人员,联邦政府开支减少了大约1180亿美元(周放,2003)。

4. 优化政府财政支出规模与结构

布什政府增加政府支出的政策主要表现在大规模扩大国防开支和发展导弹防御计划方面,布什意图通过增加国防开支来拉动经济早日走出低谷,其主要拨款建议包括:增加14亿美元用于提高军队的薪金和津贴,增加4亿美元用于改善部队居住条件或用于降低军事人员及其家庭的住房开销,增加退休军事人员的健康补助,2002~2006年,增加200亿美元国防科研发展资金,分配20%的科研发展资金特别用于推动美国武装力量和技术更新。

"9·11"恐怖袭击事件发生以后,布什签署了《国防拨款法案》,进一步加大了增加国防开支的力度,该法案向国防部提供了3172亿美元的资金,用于国家安全计划。2002年2月初,布什政府制定了2003年度总统预算,要求国防开支作20年来最大的增长。2003年预算计划拨款377亿美元用来保障国家安全,而2002年为195亿美元,增幅达93.3%,这表明布什政府把保障国家安全放在预算的最优先地位。2004财政年度美国军事开支达3800亿美元,比2003年增长4.2%,这还不包括对伊拉克战争的费

用，该预算用于国内安全方面的总开支是413亿美元，比2003年377亿美元的开支增长了36亿美元。在表3-13中，国防部开支从2003年的388.7亿美元增长到2006年的499.4亿美元，增长了110.7亿美元。

表3-13 美国联邦政府机构经费规模（2003—2006年）

单位：亿美元

部或其他机构	2003年	2004年	2005年	2006年
经费总额	2160.1	2293.0	2472.2	2655.4
立法机关	3.4	3.9	4.0	4.1
司法机关	5.1	5.4	5.5	5.8
农业部	72.8	71.6	85.3	93.5
商务部	5.7	5.8	6.1	6.4
国防部	388.7	437.0	474.4	499.4
教育部	57.1	62.8	72.9	93.4
能源部	19.4	19.9	21.3	19.6
健康与公共服务部	505.0	543.0	581.5	614.3
国土安全部	32.0	26.6	38.7	69.1
住房和城市发展部	37.4	45.0	42.5	42.4
内务部	9.2	8.6	9.3	9.1
司法部	20.8	29.6	22.4	23.3
劳工部	69.6	56.7	46.9	43.1
国务院	9.3	10.9	12.7	13.0
交通部	50.8	54.9	56.6	60.1
财政部	368.3	375.8	410.2	464.7
退伍军人事务部	57.0	59.6	69.8	69.8
美国工程兵团	4.7	4.7	4.7	6.9
其他民防项目	39.9	41.7	43.5	44.4
环境保护局	8.0	8.3	7.9	8.3
总统行政办公室	0.4	3.3	7.7	5.4
总务管理局	0.6	-0.5	(Z)	(Z)
国际援助项目	13.5	13.7	15.0	13.9
国家航空航天管理局	14.6	15.2	15.6	15.1
国家科学基金会	4.7	5.1	5.4	5.5
人事管理局	54.1	56.5	59.5	62.4
小企业管理局	1.6	4.1	2.5	0.9
社会安全管理局（预算内）	46.3	49.0	54.6	53.3
社会安全管理局（预算外）	461.4	481.2	506.8	532.5
其他的独立机构（预算内）	14.6	10.1	16.8	14.0
其他的独立机构（预算外）	-5.2	-4.1	-1.8	-1.1

资料来源：http://www.census.gov/govs/index.html。

除国防方面大幅增加支出以外，布什还在医疗保险、高科技、教育、环境等方面增加拨款，表3-13显示，从2003年到2006年健康与公共服务部增加支出109.3亿美元，教育部增加支出36.3亿美元，其他相关部门经费支出也有不同程度的增加。2004财政年度预算案中，布什要求以后10年内拨款4000亿美元，全面改善医疗制度，同时预算报告中计划2004年对国家宇航局的拨款增加到155亿美元，比2003财政年度上升了3%。

第四章 政府规模、结构与行为的福利最大化基本分析框架

如第二章所述,探索政府规模、结构与行为的社会经济效应,是一个极其复杂的心智演练与经验分析过程。由于此问题的宽泛性与复杂性,没有明确与具体的情境设定,泛泛地谈论政府规模、结构与行为的社会经济效应,必然由于缺乏相关情境的具体设定而变得毫无意义。本章将根据已有研究的几种典型的情境设定,在不同环境与模型假设下,从理论上分析、探索与模拟政府规模、结构与行为的社会经济效应,旨在为理解政府规模、结构与行为的社会经济效应及其经验研究,提供基本的理论分析框架。

第一节 导论

本章在新古典生产函数(Neoclassical Production Function)假设下,以代表性主体模型为基础,探讨政府规模、结构与行为的社会经济效应问题。代表性主体模型(Representative Agent Model),是当代替代传统凯恩斯宏观经济理论与理性预期理论的一种占优性的公共政策分析模型。传统凯恩斯宏观经济理论与理性预期理论的失败与被遗弃,关键在于其建立在任意设定的行为假设之上,缺乏分析宏观经济现象的微观基础。20世纪80年代以来,经济学家与政策分析人员普遍认为,一种有效分析政策的宏观模型,应该建立在坚实的微观基础之上。这意味着人们应该根据微观行为主体行为的瞬时优化角度获得微观行为主体的行为假设而不是基于主观的、任意的猜测。这种理念导致代表性主体模型,成为当代分析经济现象、政府行为以及相关社会经济效应的占优性模型或主导模型(Dominant Model or Framework)。事实上,基于微观主体行为构建政府行为分析模型,并不是什么新途径。早在1928年,拉姆齐(Ramsye,1928)开创性地分析最优储蓄率与经济增长率的决定问题时,就已经运用了这种以微观主体最优化行为为基础的模型建构途径。只不过由于拉姆齐的开创性研究,对于当时的大多数人来说,难以理解并且难以模仿而导致这种研究途径没有在当时兴盛起来。

新古典生产函数假设下的代表性主体模型,是一个非常丰富、具有强大扩展能力的分析框架,其基本或简单结构是单一实际物品模型(A Real One-good Model),可以

用于分析来自各种不同政府行为、政策变迁以及其他冲击（Shocks）的社会经济动态调整过程与效应。

新古典增长模型（Neoclassical Growth Model），源自 Solow（1956）与 Swan（1956）的开创性研究，不含政府部门或政府行为与财政政策这类变量，因而无法用于分析政府行为的经济增长与社会发展效应。该模型所显示的长期经济增长率由外生技术变迁与人口增长率唯一确定。

Arrow 和 Kurz（1969）的开创性研究，扩展了新古典生产函数模型，将公共资本服务整合到总体生产函数，政府通过征收比例消费税形成公共资本，促进生产能力扩张，但同时也使私人行为主体可利用资源减少。政府行为对于社会经济效应的这种双重影响，意味着政府规模与社会经济效应之间存在非线性关系（Bajo-Rubio，2000）。政府支出（或税收）份额处于经济总产出的某个阈值之下时，政府或公共支出的扩张将促进社会经济效应的增加；相反，则将阻碍或降低社会经济效应。给定新古典生产函数的性质，即关于私人资本与公共资本边际收益递减的性质，政府行为或公共政策对社会经济效应的影响，仅趋向于稳定态的转移路径范围之内，即政府行为或公共政策仅对趋向于稳定态的转移路径产生影响而对社会经济效应并没有形成长期影响。这种稳定态是经济长期收敛状态。

然而，至少从亚里士多德时期起的人类历史经验已经充分表明，政府行为与公共政策对于社会经济效应具有强大而且持续的影响力。由于没有捕捉到政府行为的长期经济与社会效应，理论与实际经验间的差别显然源自于理论的不足。人们对于现有理论没能捕捉到其长期社会经济效应的不满意，促使人们从 20 世纪 80 年代开始，付出巨大努力来寻求这种长期效应，进而导致内生性增长理论（Endogenous Growth Theories）的大量生成（Barro and Sala-i-Martin，1995；Carboni and Medda，2011）。美国经济学家 Barro（1990）的开创性研究，巧妙性地设定了一种新模型，其中政府或公共部门对于社会经济效应产生长期或持久的深刻影响（Futagami et al.，1993）。此种模型中，包含于模型中的政府各种支出均隐含地设定为生产性支出（Productive Spending），并且与私人投入具有互补性（Complementarity）。由于政府规模与社会经济效应间具有非线性关系，因而模型决定了公共支出的一个最优水平。同时，由于不再假设资本边际收益递减，因而内生模型使政府行为与公共政策对社会经济效应产生持续的、长期的或永久性影响（Romer，1994）。

Lee（1992）与 Devarajan 等（1996）分别扩展了 Barro 模型，均考虑了不同政府支出具有不同的社会经济效应这一经验性关系，利用生产性支出（Productive Spending）与非生产性支出（Non-productive Spending）这一传统的划分方式，基于政府支出的社会经济相对效应弹性（Relative Elasticitiesto Social and Economic Effects），确定了不同政府支出的最优组合（The Optimal Composition of Different Kinds of Government Expenditures）。遵循类似的思维逻辑，Chen（2006）研究了公共支出的最优组合及其与社会经济效应间的关系，给定相关公共政策与结构性参数，得到了政府总预算或总支出的最优生产性公共服务的比例或份额（The Optimal Productive Service Share of The Total

Government Budget）与最优公共消费份额（The Optimal Public Consumption Share）。

虽然人们已经付出了大量努力，探索政府规模、结构与行为的社会经济效应，但公共支出与政府行为的不同组合如何影响社会经济效应，至今仍然是公共财政与公共管理研究的核心问题。特别是在整个工业化世界遭遇生产率持续下降之后，人们对这一问题的关切更为强烈。Devarajan 等（1996）与 Kneller 等（1999）的经验研究表明，在确定公共政策与社会经济效应关系时，应同时考虑公共支出与税收的不同组合或结构的重要性。这一结果事实上表明了不同公共政策与政府行为间的互补性对于社会经济效应的重要性。Marrero（2010）以同样的方式分析了最优直接税与间接税组合（The Optimal Direct Versus Indirect Tax-mix），以及这种最优组合与政府支出的公共消费和公共投资间组合或结构（Composition of Public Consumption and Public Investment in Government Expenditure）的关系。

上述各种研究中，一个始终为人们关注的问题是，如何区分生产性与非生产性公共支出，以及一个国家如何通过调整两种不同类型的支出份额来改善其社会经济效应或绩效。显然这是一个非常复杂与困难的问题。过去几年，人们特别关注的是，给定总支出不断增加的趋势，应该进行削减哪种公共支出。虽然这一问题较前一问题容易回答，但由于不同国家的支出结构不同，不同国家的支出偏好，特别是支出决定权与支出偏好的组合不同，其答案亦存在重大差异，因而很难一概而论。从最为一般的意义上说，这一问题的答案取决于不同支出结构对于社会经济效应的影响程度（Devarajan et al., 1996）与影响的持续性。

现有文献一般普遍认为，基础设施、法律与秩序、公平竞争环境、资源保护与有秩序的开发、合作能力、诚信机制、科学与技术、非技术性制度创新教育以及各种职业培训等方面的支出，属于生产性支出；至于国家公园、社会政策或项目、社会保障以及各种社会福利性再分配，是否属于生产性支出，学者间存在较大争议。理论文献与经验文献中显现出的争论的焦点在于，哪种政府支出具有长期的或持续的生产率促进功能。

直观经验与相关的经验研究都表明，不同国家公共支出中消费与生产性支出结构存在重大差异（Baffes and Shah, 1998; Barro, 1997）。Aschauer（1989, 2000）、Barro（1997）以及 Chen（2006）等的研究表明，不同国家间经济绩效的差异基本可以由基础性资源加以解释。具体地说，在其他条件相同的条件下，生产性公共支出份额占比较高的国家较生产性公共支出份额占比较低的国家具有更高的经济增长率。

公共支出的最优结构或组合的决定，取决于相关公共政策与结构性参数。而这些反过来又通过公共支出结构影响社会经济效应。给定不同类型政府行为对于人们的偏好与技术进步的影响，改变政府行为与支出结构能够有效影响资本积累率与人们的行为激励取向，进而对社会经济效应产生持续的影响。Martins 和 Veiga（2012）利用1980~2010 年 156 个国家的样本数据，运用线性动态面板数据模型与 GMM 估计，探索了政府规模与既定规模下公共支出的不同结构对人类发展指数的影响效应，结果表明，政府规模的人类发展指数效应具有倒"U"形结构。这一研究结果表明，政府规模对于人类发展指数具有显著的影响效应（见表4-1和表4-2）。这一研究结果同时也表明，政府支出结构与人类发展指数间具有非线性关系，从而表明政府支出结构对于人类发展指数的影响，具有统计学意义上的显著性。

表4-1 政府规模与经济发展

Variables	(1) UN	(2) PWT-kg	(3) PWT-NA	(4) UN
Log (HDI) (-1)	-0.0590*** (-4.607)	-0.0630*** (-5.090)	-0.0611*** (-3.934)	
Log (GDPpc) (-1)				-0.0219*** (-3.962)
Size of government	0.138* (1.862)	0.136* (1.717)	0.0117* (1.958)	-0.620* (-1.898)
Size of government^2	-0.404** (-2.032)	-0.431** (-2.007)	-0.00487* (-1.776)	0.975 (1.199)
Investment growth	0.0135** (2.332)	0.0113** (2.472)	0.0190*** (3.823)	0.0539** (1.991)
Infant mortality	-0.000197*** (-3.036)	-0.000209** (-2.527)	-0.000191** (-2.408)	0.000109 (0.752)
Secondary school enrollment	0.000184** (2.327)	0.000191** (2.544)	0.000210*** (2.792)	0.00125*** (4.326)
Period 2	0.00258* (1.839)	0.00127 (0.881)	0.00325** (2.425)	0.194*** (4.969)
Period 3	0.000899 (0.663)	2.68e-05 (0.0214)	0.00115 (0.971)	0.195*** (5.081)
Period 4	0.00255** (2.451)	0.00170 (1.473)	0.00315*** (3.412)	0.189*** (4.975)
Period 5	0.00191** (2.245)	0.00128 (1.272)	0.00327*** (4.056)	0.194*** (5.183)
Period 6	0.00169** (2.047)	0.00167** (2.046)	0.00343** (5.341)	0.192*** (5.102)
Constant	-0.0384*** (-3.469)	-0.0381*** (-3.618)	-0.0338*** (-3.249)	0.181*** (4.748)
# Observations	610	618	618	610
# Countries	156	156	156	156
# Instruments	99	90	87	99
Hansen Test	0.300	0.441	0.256	0.371
Diff-Hansen Test	0.319	0.365	0.427	0.507
AR (1)	0.0491	0.0467	0.0286	0.000249
AR (2)	0.190	0.194	0.202	0.371

资料来源：Martins and Veiga (2012)。

表 4-2 政府支出结构与经济发展

	（1）	（2）	（3）	（4）	（5）
Log (HDI) (-1)	-0.0341***	-0.0460***	-0.0442***	-0.0394***	-0.0445***
	(-7.259)	(-6.744)	(-7.873)	(-4.610)	(-7.807)
Defense (% T.Expense)	0.0478*				
	(1.924)				
Defense (% T.Expense)^2	-0.172**				
	(-2.470)				
Health (% T. Expense)		-0.0810**			
		(-2.194)			
Health (% T. Expense)^2		0.329**			
		(2.105)			
Education (% T. Expense)			0.0872*		
			(1.704)		
Education (% T. Expense)^2			-0.381*		
			(-1.728)		
Social Protection (% T. Expense)				0.0437*	
				(1.874)	
Social Protection (% T. Expense)^2				-0.0826**	
				(2.025)	
Rest (% T. Expense)					-0.0457*
					(-1.793)
Rest (% T. Expense)^2					0.0463*
					(1.904)
Investment growth	0.0105*	0.0145***	0.0139***	0.00764	0.0135***
	(1.865)	(4.132)	(3.522)	(1.121)	(2.696)
Infant mortality	-7.56e-05**	-0.00018***	-0.00015***	-0.00012**	-0.00017***
	(-1.963)	(-4.131)	(-3.407)	(-2.439)	(-5.140)
Secondary school enrollment	8.68e-05**	0.000107***	9.17e-05*	0.000120***	9.73e-05***
	(2.126)	(3.084)	(1.950)	(2.750)	(2.726)
Constant	-0.0152***	-0.134***	-0.0195***	-0.0207***	-0.00581
	(-3.297)	(-2.627)	(-3.907)	(-3.137)	(-0.980)
# Observations	237	237	237	237	237
# Countries	79	79	79	79	79
# Instruments	58	60	69	43	66
Hansen Test	0.508	0.795	0.380	0.354	0.472
Diff-Hansen Test	0.652	0.775	0.618	0.787	0.641
AR (1)	0.226	0.201	0.137	0.261	0.157
AR (2)	0.408	0.190	0.459	0.469	0.343

资料来源：Martins and Veiga (2012).

为了理解政府规模、结构与行为的社会经济效应，本章首先给出新古典函数假设下政府规模、结构与行为的社会经济效应的最一般性模型的基本框架，而后扩展到生产性与非生产性支出结构以及其他方面。沿着 Turnovsky（1995，2000）的思路，坚持从简到繁的模型建构原则，本章首先关注政府消费支出的永久性变化与即时性变化，重点关注随着这些变化而出现的社会经济效应动态调整的一般特征。在此过程中主要关注两个方面，一是资本存量的瞬时调整（The Intertemporal Adjustment in the Eapital Stock）；二是政府支出的社会福利效应或结果（The Consequences of Government Expenditure for Economic Welfare）。瞬时优化模型是探索这些问题最合适的框架，因为代表性主体的效用水平提供了评估与衡量政策变迁和政府行为整体收益的最为可行与实际的准则。鉴于资本存量调整的渐近性，政府政策的资本存量调整效应随时间的变化而变化，因此我们将讨论，在整个计划期间或时间窗内，这些支出变化对于代表性主体瞬时效用变化的整个时间路径上的效应或影响，也将讨论这些支出变化对于社会福利的整体累积性效应或影响。在这一讨论过程中，我们可以清楚地理解政府支出如何涉及其所提供的福利或收益的瞬时替代或取舍（Intertemporal Trade-off）问题。

第二节 政府规模与结构福利最大化模型的基本框架

本节主要目的是描述与解释代表性主体分析模型的基本框架。为了便于扩展性理解这一模型的应用性，我们将以一般新古典生产函数为例加以描述与说明，并在后面进行不同方面的扩展与具体化。为了便于理解与简化，假设家庭与生产部门相重合，因而私人部门可以模型化为代表性复合劳动力—企业家（Composite Worker-entrepreneur）。不存在扭曲性税收情境下，这种设定充分表达了私人部门的特征，因为现实中，生产者亦是消费者，消费者亦是生产者。重点从模型要素方面进行分析。

假设市场代表性行为主体具有无限期考量而不是有限期考量，面临完备的资本市场，并且具有完备的预见能力。遵循 Barro（1990）的方法，将政府或公共支出分为生产性支出与消费性支出，公共消费影响家庭瞬时效用，公共生产性支出影响社会产出水平，即进入私人生产函数（Chen, 2006）。在此环境中，代表性行为主体选择其私人消费率（c），劳动力供给（l），资本存量（k），以及持有政府（短期）债券（b），以便最大化其终生效用，即以家户福利最大化作为政府规模、结构性支出以及经济增长的目标函数，因而本质上是一种从家户福利最大化角度审视政府规模与结构问题。福利最大化的目标函数为：

$$\int_0^\infty U(c, l, g_c) e^{-\beta t} dt, \ U_c>0, \ U_{cc}<0, \ U_l>0, \ U_{ll}<0, \ U_g>0, \ U_{gg}<0 \tag{4-1}$$

约束条件为：

$$c + \dot{k} + \dot{b} = F(k, l, g_I) + rb - \tau$$

初始条件为：$b(0) = b_0$, $k(0) = k_0$

其中，g_c 代表政府实际消费支出（Real Government Consumption Expenditure），g_I 代表政府基础设施实际支出（Real Government Infrastructure Expenditure），τ 代表实际一次性赋税（Real Lump-sum Taxes），β 代表消费者时间偏好率（假设为常数）（Rate of

Consumer Time Preference, Taken to be Constant), r 代表短期（即时）实际利率（Short (Instantaneous) Real Interest Rate）。

假设瞬时或即时效用函数 $U(c, l, g_c)$ 具有如下性质：代表性主体在消费私人物品与政府消费性物品方面，具有正的、递减的边际效用，即 $U_c>0$，$U_{cc}<0$，$U_g>0$，$U_{gg}<0$；代表主体的闲暇消费也具有正的、递减的边际效用，即 $U_l>0$，$U_{ll}<0$。这一假设意味着，劳动使代表性主体形成正的、递增的边际负效用；效用函数关于私人消费、闲暇与政府消费支出这三个要素是严格凹的，即 $U_{cc}<0$，$U_{ll}<0$，$U_{gg}<0$。此外，假设私人消费物品与闲暇消费品均是正常物品，即其消费随着财富的增加而增加。

经济产出由新古典生产函数生成，这一函数对于其全部投入要素具有正的、递减的边际产出率，即 $y=F(k, l, g_I)>0$；$F_k>0$，$F_{kk}<0$；$F_l>0$，$F_{ll}<0$，$F_g>0$，$F_{gg}<0$。

此外，假设生产函数关于私人生产要素，即劳动与资本，线性齐次，即 $F_{kk}F_{ll}-F_{kl}^2=0$，$F_{kl}>0$。关于 F_{kg} 与 F_{lg} 此刻不做任何限定，因此，从原则上说，政府基础设施支出既可能互补于也可能替代于资本或劳动。不过，生产关于私人投入线性齐次假设实际上限定了如下关系：$F_g=F_{kg}k+F_{lg}l$。

这一关系表明，当 $F_g>0$ 意味着 $F_{kg}<0$ 与 $F_{lg}<0$ 不可能同时成立。

当不考虑调整成本时，所有投资与撤资都以连续的速率发生。

在上述环境下，代表性主体将 τ、β 与 r 视为常数进行效用最大化决策。为获得该最优决策问题的解，可以构建如下现值拉格朗日函数：

$$H = U(c, l, g_c)e^{-\beta t} + \lambda e^{-\beta t}[F(k, l, g_I) + rb - \tau - c - \dot{k} - \dot{b}]$$

或哈密尔顿函数：

$$H = U(c, l, g_c) + \lambda [F(k, l, g_I) + rb - \tau - c]$$

上述问题最优解的条件为：

$$\frac{\partial H}{\partial z_i} = 0, \quad \frac{d\lambda}{dt} = \lambda \beta - \frac{\partial H}{\partial x_i}$$

依据一阶最优条件，可以得到如下关系：

$$U_c(c, l, g_c) = \lambda \quad (4\text{-}2a)$$

$$U_l(c, l, g_c) = -F_l(k, l, g_I)\lambda \quad (4\text{-}2b)$$

$$\lambda F_l(k, l, g_I) = -\dot{\lambda} + \lambda \beta \quad (4\text{-}2c)$$

$$\lambda r = -\dot{\lambda} + \lambda \beta \quad (4\text{-}2d)$$

其中，$\lambda(t)$ 为与预算约束相关的共状态变量，表示财富的边际效用。此外，为排除无限或爆发性均衡的情形，模型必须满足如下横截性条件：

$$\lim_{t \to \infty} k\lambda e^{-\beta t} = 0 \quad (4\text{-}2e)$$

$$\lim_{t \to \infty} b\lambda e^{-\beta t} = 0 \quad (4\text{-}2f)$$

当可以获得新信息时，λ 可以在时点 0 发生跳跃，而后随着资本存量 k 的变化而连续变化。

政府预算约束确定了累积政府债与政府税收和财政支出决定问题的关系：

$$\dot{b} = g_c + g_I + rb - \tau \tag{4-3a}$$

这是一个标准的政府约束，与过去假设唯一的差异在于，这一约束表明，政府可以将其一次性赋税收入用于两个不同的方面：消费与生产性支出。结合短期预算约束 (4-3a) 与横截性条件 (4-2f)，可以得到如下瞬时政府预算约束：

$$b_0 + \int_0^\infty g_c(s) + g_I(s) - \tau(s) \exp\left(-\int_0^s r(t')dt'\right) ds \tag{4-3b}$$

式 (4-3b) 要求政府债券的初始存量 b_0 加上经过不同时期利率贴现的后期债务 $g_c + g_I - \tau(s)$ 的现值必须等于零。由于本模型分析所关注的是研究政府支出的结构，而不是这种支出的资金来源，因而可以简单地假设，权力或权威部门能够以任何方式确定一次性赋税选择额度支持这种支出，只要这种赋税方式满足式 (4-3b)。

将方程 (4-3b) 代入代表性主体面临的预算约束方程，可以得到如下产出的市场出清条件 (The Market-clearing Condition for Output)：

$$F(k, l, g_I) = c + \dot{k} + g_c + g_I \tag{4-4}$$

上述方程描述了短期市场出清条件，即当前产出要么被私人部门消费，被政府部门消费，要么形成新的或额外的资本存量。这里一个暗含的假设是，任何产出都可以无成本地转换为资本品。虽然这一暗含的假设有些不太现实，但对于目前的分析仍然是充分的。事实上，完全可以放松这一假设，将调整成本包括进来，但这不是本研究的主题。有兴趣的读者可以参考相关调整成本问题的研究。

1. 短期均衡

上述的模型设定与描述表明，代表性主体的消费与劳动供给决定可以表示为如下形式：

$$c = c(\lambda, k, g_c, g_I), \quad c_\lambda < 0, \quad c_k < 0, \quad c_{g_c} > 0, \quad c_{g_I} > 0 \tag{4-5a}$$

$$l = l(\lambda, k, g_c, g_I), \quad l_\lambda > 0, \quad l_k > 0, \quad c_{g_c} > 0, \quad l_{g_I} > 0 \tag{4-5b}$$

将一阶条件式 (4-2a) 与式 (4-2b) 分别对 λ，k，g_c 与 g_I 进行微分，可以得到私人消费与劳动供给的偏导数：

$$\frac{\partial c}{\partial \lambda} = \frac{U_{ll} + \lambda F_{ll} + U_{lc} F_l}{D} < 0, \quad \frac{\partial l}{\partial \lambda} = \frac{-(U_{cc} F_l + U_{lc})}{D} > 0 \tag{4-6a}$$

$$\frac{\partial c}{\partial k} = \frac{U_{cl} \lambda F_{kl}}{D} > 0, \quad \frac{\partial l}{\partial k} = \frac{-U_{cc} \lambda F_{kl}}{D} > 0 \tag{4-6b}$$

$$\frac{\partial c}{\partial g_c} = \frac{-U_{cg}(U_{ll} + \lambda F_{ll}) + U_{cl} U_{lg}}{D}, \quad \frac{\partial l}{\partial g_c} = \frac{-U_{cg} U_{cg} - U_{cc} U_{lg}}{D}, \tag{4-6c}$$

$$\frac{\partial c}{\partial g_I} = \frac{U_{cl} \lambda F_{lg}}{D}, \quad \frac{\partial l}{\partial g_I} = \frac{-U_{cc} \lambda F_{lg}}{D}, \tag{4-6d}$$

其中，$D \equiv U_{cc}(U_{ll} + \lambda F_{ll}) - U_{cl}^2 > 0$。

上面各表达式中大于或小于零的符号可以解释如下：$c_\lambda < 0$ 与 $l_\lambda > 0$ 是一种自然因而很容易理解的情形，即财富的边际效用增加导致代表性主体在工作与消费间进行替代性选择：财富边际效用的增加，激励人们积累财富因而减少消费；同样，财富边际效用的增加，激励人们努力工作以便进一步积累财富。$c_k>0$ 与 $l_k>0$ 源于效用函数与生产函数的假设。资本存量的增加将促进劳动生产率提升，进而提高实际工资率，增加劳动供给。这一过程将视劳动供给增加提高或降低消费的边际效用而决定是提高还是降低了消费。从经验的角度说，假设边际消费效用随着闲暇的增加而增加，是较为合理的。在这种情况下，$U_{cl}<0$。但也不能先验地拒绝相反的情况或认为相反的情形不存在。政府支出增加的偏效应更多地依赖其与私人效用与生产函数如何相互作用的问题，即如何影响私人效用函数与生产函数的问题。

将式（4-2c）与式（4-2d）联合求解，可以得到短期利率与资本实际边际产出（The Marginal Physical Product of Capital）之间的关系：

$$r = F_k(k, l, g_l) = F_k(k, l(\lambda, k, g_c, g_l), g_l) \tag{4-5c}$$

式（4-5c）表明，在充分竞争的金融市场中，短期利率等于资本的实际边际产出。联合求解式（4-5c）与式（4-2c）或式（4-2d）可以得到跨期套利关系：

$$\beta - \frac{\dot{\lambda}}{\lambda} = r = F_k(k, l(\lambda, k, g_c, g_l), g_l) \tag{4-5d}$$

式（4-5d）是跨期宏观经济中最为基本的一个关系式，表明均衡时两种资产的回报率（等号的右端）必须等于消费回报率（The Rate of Return on Consumption），即式（4-5d）等号的左端。

为了更为直观地理解上述套利关系，设想代表性主体在任一时点面临这样的选择：如果他拿出一个单位的产出并将其储蓄起来，那么这一储蓄每单位时间将生成一个由式（4-5c）决定的收益或回报。

另外，假设他决定不是储蓄而是消费这一个单位的产出，那么这一决定给他带来的效用为：

$$\frac{U_c(t)e^{-\beta t} - U_c(t+dt)e^{-\beta(t+dt)}}{U_c(t)e^{-\beta t}dt}$$

将该式分子分母同除以 $e^{-\beta t}$，可以得到：

$$\frac{U_c(t) - U_c(t+dt)e^{-\beta dt}}{U_c(t)dt}$$

对于较小的时间期间 dt，可以等到近似关系 $e^{-\beta dt} \cong 1-\beta dt$，以及 $U_c(t+dt) \cong U_c(t) + \dot{U}_c(t)dt$。利用这种近似关系，可以将上式近似地写成如下形式：

$$\frac{U_c(t) - [U_c(t) + \dot{U}_c(t)dt][1-\beta dt]}{U_c(t)dt}$$

当 $dt \to 0$ 时，上式收敛于 $\beta - (\dot{U}_c/U_c)$。这正是（4-5d）关系式中的左端，可以视为消费的收益或回报率。这一关系在分析公共政策与政府行为引致代表性主体的福利或效用变化中发挥着重要的作用。

许多跨时宏观模型假设劳动供给是固定的。这种情形下，$U_c = U_c(c)$。求该式对 t 的微分，得到 $\dot{\lambda}/\lambda = U_{cc}\dot{c}/U_c$。据此，跨时套利条件式（4-5d）可以表示为：

$$\frac{\dot{c}}{c} = -\frac{1}{\eta(c)}(r-\beta) \tag{4-7}$$

其中，$\eta(c) \equiv U_{cc}c/U_c < 0$ 是消费边际效用的消费弹性（The Elasticity of the Marginal Utility of Consumption with Respect to Consumption）。参数 η 描述了效用函数的凹性程度（Curvature），在对数函数的情形下，$\eta = -1$。如果效用函数近似地为线性，边际效用则近似地为常数，那么这一弹性则近似地为零。消费边际效用的消费弹性与瞬时替代性（Instantaneous Elasticity of Substitution）密切相关。

两个不同时间点 t 与 s 之间的替代弹性可以表示为：

$$\sigma(c_t) \equiv -\frac{u'(c_s)/u(c_t)}{c_s/c_t} \frac{d(c_s/c_t)}{d[u'(c_s)/u'(c_t)]}$$

取上式 s 趋于 t 的极限（s→t），可以得到：

$$\sigma(c_t) = -\frac{u'(c_t)}{u''(c_t)c_t}$$

即瞬时替代弹性等于负的边际效用弹性的倒数，$\sigma = -1/\eta$。由此可知，当效用函数近似线性时，η 近似地为零，因而替代弹性将变得非常大（如图 4-1 所示）。

方程（4-7）就是著名的欧拉方程（Euler Equation），描述最优消费路径的必要条件的微分方程。它也是边际替代率等于边际转换率（The Marginal Rate of Transformation）的标准效率条件。

方程（4-7）也是著名的凯恩斯—拉姆齐法则，由拉姆齐在其经典文章中首先给出，而后由凯恩斯对其进行详细的文字解说。凯恩斯—拉姆齐法则表示，利率与代表性主体的时间偏好率（The Rate of Time Preference）的相对大小，决定消费随着时间变化是增加、不变还是减少。当利率大于时间偏好率时，也就是资本的边际产出大于时间偏好率时，代表性主体相对较有耐性，减少当前或短期消费，可以得到更多的资本收益，因而可以增加后来的消费，这样对以后消费更多更为有利，因而消费随时间变化而增加。

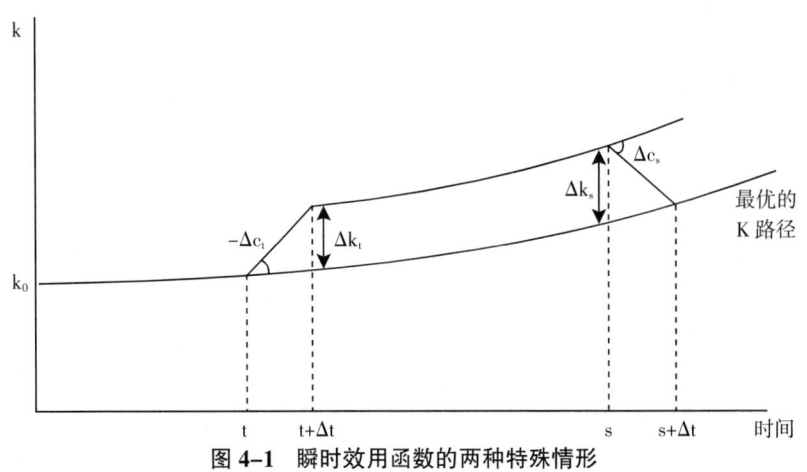

图 4-1 瞬时效用函数的两种特殊情形

两种典型的瞬时效用函数是跨时优化的经验研究与理论研究中经常使用的形式。一种是所谓的不变弹性或等弹性替代函数（The Constant Elasticity of Substitution，or Isoelastic，Function）：

$$u(c) = \frac{c^{1-\gamma}}{1-\gamma}, \quad \text{for} \quad \gamma > 0, \gamma \neq 1$$
$$\quad\quad = \ln c, \quad \text{for} \quad \gamma = 1$$

这一效用函数的基本性质已经体现在其名称之中，即在两个不同时间点 t 与 s 间消费的替代弹性不变并且等于 $1/\gamma$。这时瞬时替代弹性 σ 不再是消费函数，因为这一效用函数的边际效用弹性等于 $-\gamma$。

当用这一瞬时效用函数描述代表性主体的风险态度时，γ 有一种新的解释或含义，即被称为相对风险厌恶系数（The Coefficient of Constant Relative Risk Aversion），定义为 $-u''(c)c/u'(c)$。因而上述效用函数通常也被称为不变风险厌恶（Constant Relative Risk Aversion，CRRA）效用函数。

由于 γ 的大小严重影响不同消费冲击，特别是不同公共政策对于代表性主体消费影响而形成的效用变化，因而，成为研究公共政策的消费效应的重要方面。正因为如此，众多经验研究在假设 σ 也即 γ 不变的情形下，试图估计 σ 或 γ，进而揭示公共政策影响消费时的福利效应问题。虽然 σ 或 γ 的经验估计在不同研究中存在重大差别，但通常情况是在 1 附近或小于 1，即大部分经验研究表明，人们的跨时替代弹性一般说来相对较低。

另外一种经常使用的效用函数是指数形式的函数，也被称为不变绝对风险厌恶（Constant Absolute Risk Aversion，CARA）形式的函数：

$$u(c) = -\left(\frac{1}{\alpha}\right)\exp(-\alpha c), \quad \alpha > 0$$

此种设定下，边际效用弹性为 $-\alpha c$，瞬时替代弹性为 $(\alpha c)^{-1}$，因而 σ 随着消费的增加而减少。

该效用函数用于解释风险度时，该函数显示出不变绝对风险厌恶的特征，α 为绝对风险厌恶系数，定义为 $-u''(c)/u'(c)$。绝对风险厌恶通常被认为风险厌恶程度不如不变相对风险厌恶程度那么高。不过，绝对风险厌恶设定（CARA Specification），从分析的角度说，较相对风险厌恶的设定更为方便，因而属于标准的分析工具之一。

对于绝对风险厌恶效用函数来说，其欧拉方程的形式为：

$$\frac{dc}{dt} = \alpha^{-1}[r-\beta] \quad \text{或者} \quad \frac{dc}{dt} = \alpha^{-1}[F_k-\beta]$$

在这种情形下，消费随时间的变化与资本的边际产出和时间贴现率的差成比例，或者说，消费随时间的变化与实际利率和时间贴现率的差成比例。

2. 模型的稳定态与动态

稳定态（Steady State）以及产出如何随着政府行为以及受政府行为影响的资本与劳动供给的变化而变化，是理论模型分析的要点之一。为了获得本模型的动力学特征，可将式（4-5a）与式（4-5b）决定的短期均衡解 c 和 l，代入市场出清条件式（4-4）

与资本存量的最优一阶条件（4-2c），经过重新整理后得到：

$$\dot{k} = F(k, l(\lambda, k, g_c, g_I), g_I) - c(\lambda, k, g_c, g_I) - g_c - g_I \quad (4\text{-}8a)$$

$$\dot{\lambda} = \lambda[\beta - F_k(k, l(\lambda, k, g_c, g_I), g_I)] \quad (4\text{-}8b)$$

方程组（4-8）是一个自治动力系统，两个方程共同决定 k、λ 以及整体宏观经济的跨时演化。可持续的政府财政政策成为该系统保持均衡的重要支撑或决定因素。在本模型中，不同的政策选择，如一次性总赋税的财政支持与发行债务支持之间的选择，并不影响经济行为。不过，这种选择显然依赖一定的政策偏好。

在经济的稳定态，即 $\dot{k} = \dot{\lambda} = 0$ 时的状态，令式（4-8）中的方程等于零，可以得到下面的方程组：

$$F(\tilde{k}, l(\tilde{\lambda}, \tilde{k}, g_c, g_I), g_I) = c(\tilde{\lambda}, \tilde{k}, g_c, g_I) + g_c + g_I \quad (4\text{-}9a)$$

$$F_k(\tilde{k}, l(\tilde{\lambda}, \tilde{k}, g_c, g_I), g_I) = \beta \quad (4\text{-}9b)$$

其中 $\tilde{k}$ 与 $\tilde{\lambda}$ 表示稳定态，即 $\dot{k} = \dot{\lambda} = 0$ 时，k 与 λ 的稳定状态值。方程（4-9a）描述了新投资为零，即 $\dot{k} = 0$ 时，产品市场的稳定态均衡，方程（4-9b）说明，从长期看，资本的实际边际产出等于固定的时间偏好率。作为一个整体，方程组（4-9）决定了由政府消费 g_c 与基础建设支出 g_I 的特定水平所隐含决定的稳定姿态的 $\tilde{k}$ 与 $\tilde{\lambda}$ 的值。由于生产函数的齐次性，方程（4-9b）确定了长期资本—劳动比率。从这一关系中人们可以发现，政府消费与基础设施建设之间的长期效应的重要差异，尽管稳定状态的资本—劳动比率独立于政府消费水平，却依赖政府的基础设施建设水平。也就是说，政府生产性支出影响稳定状态的资本—劳动比率，从而影响整体经济的产出水平与代表性主体的福利水平。

围绕稳定态均衡式（4-9a）和式（4-9b），线性化式（4-8a）与式（4-8b）或将式（4-8a）与式（4-8b）进行泰勒级数的线性展开。对于给定的政府消费 g_c 与政府基础建设支出 g_I 的初始水平，关于 k 和 λ 的动态方程（4-8a）与方程（4-8b），可以近似地写成如下矩阵形式：

$$\begin{pmatrix} \dot{k} \\ \dot{\lambda} \end{pmatrix} = \begin{pmatrix} \theta_{11} & \theta_{12} \\ -\tilde{\lambda}\theta_{21} & -\tilde{\lambda}\theta_{22} \end{pmatrix} \begin{pmatrix} k - \tilde{k} \\ \lambda - \tilde{\lambda} \end{pmatrix} \quad (4\text{-}10)$$

其中：

$\theta_{11} \equiv F_k + F_l l_k - c_k > 0$，$\theta_{12} \equiv F_l l_\lambda - c_\lambda > 0$

$\theta_{21} \equiv F_{kk} + F_{kl} l_k < 0$，$\theta_{22} \equiv F_{kl} l_\lambda > 0$

由于上述矩阵行列式的秩 $\Delta \equiv \theta_{11}\theta_{22} - \theta_{12}\theta_{21} > 0$，可以证明，方程组（4-8）的两个特征值 μ_1 与 μ_2 满足如下条件：

$$\mu_1 \mu_2 = -\tilde{\lambda}(\theta_{11}\theta_{22} - \theta_{12}\theta_{21}) < 0$$

假设令 $\mu_1 < 0$ 与 $\mu_2 > 0$，并且满足性质 $\mu_2 > |\mu_1|$ 和 $\mu_2 + \mu_1 = \beta$。那么，式（4-10）的

解的一般形式可以表示为：

$$k = \tilde{k} + A_1 e^{\mu_1 t} + A_2 e^{\mu_2 t} \tag{4-11a}$$

$$\lambda = \tilde{\lambda} - \frac{\tilde{\lambda}\theta_{21}}{\tilde{\lambda}\theta_{22} + \mu_1} A_1 e^{\mu_1 t} - \frac{\tilde{\lambda}\theta_{21}}{\tilde{\lambda}\theta_{22} + \mu_2} A_1 e^{\mu_1 t} \tag{4-11b}$$

至此，我们可以发现，该模型决定的均衡为鞍点均衡（A Saddlepoint Equilibrium），其中，A_i 为常数，由 k 与 λ 的初始条件与端点条件决定。这些边界条件依赖政府行为或财政政策冲击的时间期限，如永久性冲击或短时冲击。假设 $A_2 = 0$，此时的解意味着一个满足横截性条件式（4-2e）的稳定的调整路径。或者说，式（4-11）的满足横截性条件式（4-2e）的解的充分必要条件为 $A_2 = 0$。假设初始资本存量 $k = k_0$，那么下述方程描述了这一路径的特征。

$$k = \tilde{k} + (k_0 - \tilde{k}) e^{\mu_1 t} \tag{4-12a}$$

$$\lambda = \tilde{\lambda} - \left(\frac{\tilde{\lambda}\theta_{21}}{\tilde{\lambda}\theta_{22} + \mu_1} \right) (k - \tilde{k}) = \left(\frac{\mu_1 - \theta_{11}}{\theta_{22}} \right) (k - \tilde{k}) \tag{4-12b}$$

为了直观地显示调整路径的特征，可以画出式（4-11）的解的相位图（Phase Diagram），如图 4-2 所示。式（4-12）的解正是相位图中斜率为负的直线 XX。这一路径表明，只要没有进一步预期政府行为或财政政策的冲击以及为满足横截性条件，经济将始终处于这一稳定的路径上。相反，如果存在进一步的政府行为或财政政策的冲击，那么，满足横截性条件式（4-2e）的解的充分必要条件为 $A_1 = 0$。若 $A_1 = 0$，那么式（4-11）的解可以写成如下形式：

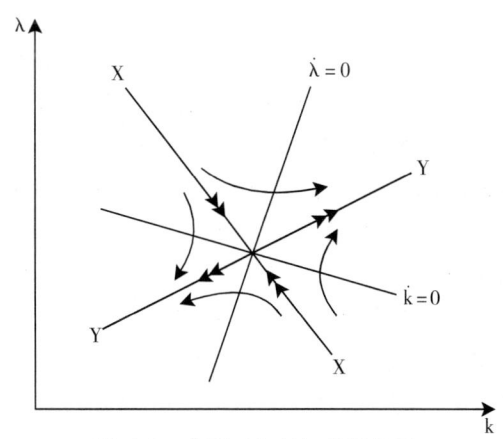

图 4-2　方程（4-11）的相位图

$$\lambda = \tilde{\lambda} - \left(\frac{\tilde{\lambda}\theta_{21}}{\tilde{\lambda}\theta_{22} + \mu_2} \right) (k - \tilde{k}) = \left(\frac{\mu_2 - \theta_{11}}{\theta_{12}} \right) (k - \tilde{k}) \tag{4-12c}$$

这意味着方程（4-11）的解是一个不稳定路径。这一不稳定路径可以描述为图 4-2 中的 YY。这是一个具有正的斜率路径，并且解的绝对值小于稳定路径的解的绝对值。

第三节 政府支出的长期效应

上述分析基于政府财政政策的完备预期,因而转移性调整部分地取决于稳定态的预期。基于此,探索政府支出变化的长期均衡效应是研究政府行为影响经济进而影响代表性主体福利水平的重要途径。在描述这种政策变迁过程中,将这种政策变迁分为永久性与短期性或临时性变迁,以及分为预期性与非预期性变迁,是非常重要的。本部分主要探索非预期的永久性变迁的社会经济福利效应。为了获得政府不同支出对于社会经济的福利效应,可以通过对稳定态的式(4-9a)与式(4-9b)分别就两种不同的政府支出 g_c 与 g_1 进行微分,并根据微分结果进行讨论。

一、政府消费支出增加效应

为了获得政府消费支出的稳定态效应,即政府支出对于稳定态的 k 与 λ 的影响,可以对式(4-9a)与式(4-9b)进行微分。将式(4-9a)与式(4-9b)对政府消费 g_c 进行微分,那么,政府支出对于稳定态的 $\tilde{k}$ 与 $\tilde{\lambda}$ 的长期效应可以表示为:

$$\frac{d\tilde{k}}{dg_c} = \frac{\theta_{22}}{\Delta} - \frac{U_c F_1^2 F_{kl}}{D\Delta} \cdot \frac{d}{dg_c}\left[\frac{U_c}{U_1}\right] \tag{4-13a}$$

$$\frac{d\tilde{\lambda}}{dg_c} = -\frac{\theta_{21}}{\Delta} + \frac{(\tilde{y}/\tilde{1}) F_{kk}(U_{cl}U_{cg} - U_{cc}U_{lg})}{D\Delta} + \frac{F_{kk}(U_{ll}U_{cg} - U_{cl}U_{lg})}{D\Delta} \tag{4-13b}$$

其中,$D \equiv U_{cc}(U_{ll} + \tilde{\lambda}Fll) - U_{cl}^2 > 0$,$\Delta \equiv \theta_{11}\theta_{22} - \theta_{12}\theta_{21} > 0$,式(4-13)将政府支出增加形成的效应分为两个部分。一方面,上述每个方程右端的第一项,表示了政府支出(g_c)增加的所谓的资源抽取效应(Resource Withdrawal Effect)或财富效应(Wealth Effect),反映了政府对资源的占有或支配对私人部门可利用资源的减少效应。另一方面,上述每个方程右端的其他项则表示政府消费支出(g_c)增加对私人消费与工作付出主观评价或感受的影响效应。

资源抽取效应趋于增加长期资本存量与提高财富的边际效用。这种效应的直观经验是,由于政府消费支出并不直接影响产出,因而并不影响资本与劳动的边际生产率,政府支出的增加,必然伴随一定时间内税收的增加,导致私人财富与消费的减少,进而导致产出并不以相同比例增加,即 $d\tilde{y}/dg_c < 1$。在此情形下,财富的边际效用将提高,进而诱发或激励代表性主体增加劳动供给。在向新的稳定态转移期间,劳动供给的增加将使资本的边际产出提高到高于(未改变的)长期均衡值的水平,因而将激励资本积累增加,直至资本—劳动比恢复到方程(4-9b)所决定的固定的初始均衡水平。

不过,资本积累的程度也受另一种效应的影响,即政府消费支出的长期增加对私人消费与劳动付出或劳动供给(Work Effort)间的边际替代率(The Marginal Rate of

Substitution) U_c/U_l 的影响效应。如方程 (4-13a) 所显示的,政府支出 (g_c) 的增加降低了边际替代率;这一效应反过来又强化了上述的财富效应,因而为资本积累提供了进一步的激励。这是因为如下事实:边际替代率的下降激励更多的就业或劳动供给,进而激励资本的进一步积累,因而导致代表性主体意愿放弃的私人消费激励,大于意愿获得的劳动供给减少的激励。换句话说,在此情形下,代表性消费主体更偏好于选择意愿放弃的私人消费的增加,而不是选择意愿获得的劳动供给的减少。相反,如果政府支出的增加提高了边际替代率,即如果政府支出的增加在降低代表性主体意愿放弃的私人消费的程度,较提高代表性主体意愿获得的劳动供给减少的程度更为强烈,那么将激励劳动供给的减少,因而政府支出增加对资本积累产生的资源抽取效应将会减缓。

研究政府支出的各种效应时,几种特殊的情形经常出现,并且具有更为直观的含义。第一种情形是加法可分效用函数 (Additively Separable Utility Function) 情形。如通常所假设的,如果效用函数是关于消费 c 与劳动供给 l 以及政府消费支出 g_c 加法可分效用函数,即形如 $U(c, l) + V(g)$ 的效用函数,那么,公共消费支出与私人决定间并不存在相互作用,因而方程 (4-13) 中的表达式将简化为只存在资源抽取效应:

$$\frac{d\tilde{k}}{dg_c} = \frac{\theta_{22}}{\Delta}; \quad \frac{d\tilde{\lambda}}{dg_c} = -\frac{\theta_{21}}{\Delta}$$

第二种常见形式是乘法可分效用函数 (Multiplicatively Separable Utility Function)。当效用函数是关于消费 c 与劳动供给 l 以及政府支出 g_c 乘法可分效用函数,即形如 $U(c, l)V(g)$ 的效用函数时,资本存量对政府消费支出的反应仍然形成资源抽取效应。不过在此情形下,财富边际效用对政府支出的反应将依赖政府消费支出与私人消费和劳动供给决定间的相互作用。

第三种重要的特殊情形是私人物品与公共品具有替代效应的效用函数形式。这种情形是 Barro (1981, 1989)、Aschauer (1988)、Christaiano 和 Eichenbaum (1992) 以及后来许多其他研究所采用的效用函数形式。在这种效用函数中,由原来的对消费的偏好变为对私人消费与政府消费支出组合的偏好,即 $U(c, l, g) \equiv U(c + \alpha g, l)$,其中 $0 < \alpha < 1$。参数 α 代表私人消费与公共消费之间的可替代性 (Substitutability) 程度。在此情形下,方程 (4-13) 简化为如下形式:

$$\frac{d\tilde{k}}{dg_c} = \frac{\theta_{22}(1-\alpha)}{\Delta} \tag{4-14a}$$

$$\frac{d\tilde{\lambda}}{dg_c} = -\frac{\theta_{21}(1-\alpha)}{\Delta} \tag{4-14b}$$

私人物品与公共品具有替代效应的效用函数形式下,政府支出仅存在资源抽取效应,只是经过了 $(1-\alpha)$ 比例性调整。很明显,政府支出对私人支出或消费的替代性越大(α 越大),政府支出所导致的财富效应降低与边际效用提高的程度越小。由此导致的结果是,劳动供给的长期增加以及由此引致的资本存量的增加将下降。在 $\alpha = 1$ 的极端情形下，代表性主体视公共物品与私人物品为完全可相互替代的物品，公共物品消费的任何增加都会导致私人物品消费一对一地减少，也就是说，公共物品消费的增加会完全"挤出"(Crowding Out) 私人物品的消费。与此同时，政府支出的增加对资本存量的积累或经济的增长不形成任何效应，仅仅导致消费的瞬时性补偿转换，而其他方面没有任何影响。

将式（4-5a）、式（4-5b）与 $y = F(k, l, g)$ 对政府支出 g_c 进行微分，并利用式（4-13）中给出的稳定态的 k 与 λ 对政府支出变化的反应，可以得到财政支出扩张对就业、产出与消费的长期效应关系：

$$\frac{d\tilde{l}}{dg_c} = \frac{-F_{kk}}{F_{kl}} \frac{d\tilde{k}}{dg_c}$$

$$\frac{d\tilde{y}}{dg_c} = -(\tilde{y}/\tilde{l}) \frac{F_{kk}}{F_{kl}} \frac{d\tilde{k}}{dg_c}$$

$$\frac{d\tilde{c}}{dg_c} = -\frac{F_{kk}}{D\Delta} \left\{ (U_{ll} + F_l U_{cl}) - \left(\frac{\tilde{y}}{\tilde{l}}\right) U_c F_l^2 \frac{d}{dg_c}\left(\frac{U_c}{U_l}\right) \right\}$$

经过整理，可以得到如下关系：

$$\frac{1}{\tilde{l}} \frac{d\tilde{l}}{dg_c} = \frac{1}{\tilde{y}} \frac{d\tilde{y}}{dg_c} = \frac{1}{\tilde{k}} \frac{d\tilde{k}}{dg_c} \tag{4-15a}$$

$$\frac{d\tilde{c}}{dg_c} = -\frac{F_{kk}}{D\Delta} \left\{ (U_{ll} + F_l U_{cl}) - \left(\frac{\tilde{y}}{\tilde{l}}\right) U_c F_l^2 \frac{d}{dg_c}\left(\frac{U_c}{U_l}\right) \right\} \tag{4-15b}$$

上述关系中，资本、就业与产出的长期调整中显现出的比例关系式（4-15a），是生产函数的线性齐次性（The Linear Homogeneity of the Production Function）与均衡时资本—劳动比独立于政府支出 g_c 的一个自然结果。如同资本存量一样，私人消费对政府支出的反应反映了资源抽取效应与替代效应，如式（4-15b）。资源抽取效应为负，反映了政府支出增加对私人消费的挤出效应。替代效应为负，说明如果增加政府支出降低了消费与劳动供给间的边际替代率 U_c/U_l，则进一步强化了政府行为的资源抽取效应。

二、政府生产性支出增加效应

为了获得政府生产性支出的稳定态效应，即政府生产性支出对于稳定态的 k 与 λ 的影响，可以对式（4-9a）与式（4-9b）进行微分。将式（4-9a）与式（4-9b）对政府生产性支出 g_I 进行微分，那么，政府生产性支出对于稳定态的 $\tilde{k}$ 与 $\tilde{\lambda}$ 的长期效应可以表示为：

$$\frac{d\tilde{k}}{dg_I} = \frac{\theta_{22}(1 - F_g)}{\Delta} - \frac{\theta_{12} F_{kg}}{D\Delta} + \frac{\tilde{\lambda} F_{kl} F_{lg}}{D\Delta} \tag{4-13c}$$

$$\frac{d\tilde{\lambda}}{dg_I} = -\frac{\theta_{21}(1 - F_g)}{\Delta} - \frac{(F_k + \tilde{\lambda} l_\lambda F_{kl}) F_{kg}}{\Delta} - \frac{(U_{cc}(\tilde{y}/\tilde{l}) + U_{cl})\tilde{\lambda} F_{kk} F_{lg}}{D\Delta} \tag{4-13d}$$

其中，$D \equiv U_{cc}(U_{ll}+\tilde{\lambda}F_{ll})-U_{cl}^2>0$，$\Delta \equiv \theta_{11}\theta_{22}-\theta_{12}\theta_{21}>0$，类似于式（4-13a）与式（4-13b），上述亦将政府生产性支出增加形成的效应分为两个部分。一方面，上述每个方程右端的第一项，表示了政府生产性支出（g_I）增加的所谓的资源抽取效应（Resource Withdrawal Effect）或财富效应（Wealth Effect），反映了政府对资源的占有或支配对私人部门可利用资源的减少效应，与政府消费支出情形不同的，只是增加了一个缩放因子（$1-F_g$）。另一方面，上述每个方程右端的其他项则表示政府生产性支出（g_I）增加对资本与劳动边际产出的影响效应。

式（4-13c）、式（4-13d）表明，只要政府生产支出促进经济产出的增加（$F_g>0$），那么政府生产性支出增加对于长期资本形成就产生了一种相互排斥效应。这是因为，只要政府生产性支出增加有利于产出的增加，那么它就形成了一种资源放大效应而不是资源抽取效应。资源放大效应生成了正的财富效应，因而降低了财富的边际效用，进而减少劳动供给与长期资本存量的增加。由于（$1-F_g$）测度了每一单位政府生产性支出的收益与资源成本关系，或者说，资源成本与收益比，因而它测度了政府生产性支出的净资源抽取效应。与式（4-13a）进行对比可以发现，就经济的扩张性效应而言，政府生产性支出产生的效应远远小于政府消费性支出产生的效应。事实上，当$F_g>1$时，政府生产性支出的扩张性效应已经事与愿违，形成了净的资源抽取效应。

当政府生产性支出的边际产出等于其资源边际成本时，即$F_g=1$时，资源抽取的净效应为零。政府生产性支出对于稳定态资本积累$\tilde{k}$与财富$\tilde{\lambda}$的影响仅仅通过政府生产性支出对资本与劳动边际产出的影响而发挥作用。这是一个非常重要而且具有重要政策含义与行政管理含义的情形，因为如果政府生产性支出互补于私人生产要素，即$F_{kg}>0$与$F_{lg}>0$，那么政府生产性支出将激励资本积累与劳动供给，虽然这种效应同时也会导致私人财富的增加进而降低$\tilde{\lambda}$。此时政府支出的产出乘数大于1，即$d\tilde{y}/dg_I>1$。在有些情境下，政府生产性支出g_I增加将在长期内提高私人财富水平与挤入私人消费，即激励私人扩大消费。事实上，私人财富水平的提高亦会促进其他私人物品与闲暇等消费的增加。这种情形产生了与$F_{lg}>0$效应相反的抵消性影响，从而使就业对政府生产性支出的长期反应出现了不确定性。下面这些式子显示了政府生产性支出对于消费、就业与产出的长期影响：

$$\frac{d\tilde{l}}{dg_I}=-\frac{F_{kk}l_\lambda(1-F_g)}{\Delta}+\left[-\frac{F_k l_\lambda}{\Delta}+\frac{\tilde{\lambda}F_{kl}}{D\Delta}\right]F_{kg}-\frac{\tilde{\lambda}F_{kk}F_{lg}}{D\Delta}$$

$$\frac{d\tilde{c}}{dg_I}=-\frac{F_{kk}(U_{ll}+U_{cl}F_l)(1-F_g)}{D\Delta}-\frac{[(U_{ll}+U_{cl}F_l)F_k-\tilde{\lambda}(\tilde{y}/\tilde{l})F_{kg}]}{D\Delta}-\frac{\tilde{\lambda}(\tilde{y}/\tilde{l})F_{kk}F_{lg}}{D\Delta}$$

$$\frac{d\tilde{y}}{dg_I}=-\frac{l_\lambda(\tilde{y}/\tilde{l})F_{kl}(1-F_g)}{\Delta}-\frac{[(U_{ll}+U_{cl}F_l)F_k-\tilde{\lambda}(\tilde{y}/\tilde{l})F_{kg}]}{D\Delta}-\frac{\tilde{\lambda}(\tilde{y}/\tilde{l})F_{kk}F_{lg}}{D\Delta}+F_g$$

上述关系表明，在资源净抽取效应为零，$F_g=1$以及$F_{kg}>0$与$F_{lg}>0$的假设下，下面的关系成立：

$$\frac{d\tilde{c}}{dg_1} > 0, \quad \frac{d\tilde{y}}{dg_1} > 1$$

即政府生产性支出增加促进了消费与产出的增加，不过，政府生产性支出对于就业的影响仍然存在不确定性，依赖受到政府生产性支出影响的不同因素间的大小或强弱关系。

第四节 政府永久性支出的动态调整效应

一、政府消费永久性增加效应

上述稳定态情形下政府支出的永久性增加对于资本存量 k 与财富 λ 的边际效用影响的理论分析，可以借助于图形较为直观地进行说明。图 4-3 描述了 $\tilde{k}$ 与 $\tilde{\lambda}$ 在稳定态时上升的动态调整过程，即对应于政府支出的永久性增加情形。假设经济起始于点 P，即初始的均衡状态，分别由式（4-11b）和式（4-12c）描述的稳定的调整路径 XX 和不稳定的调整路径 Y'Y'，在此 P 点相交（为了简化，图 4-3 没有画出初始均衡状态相应的

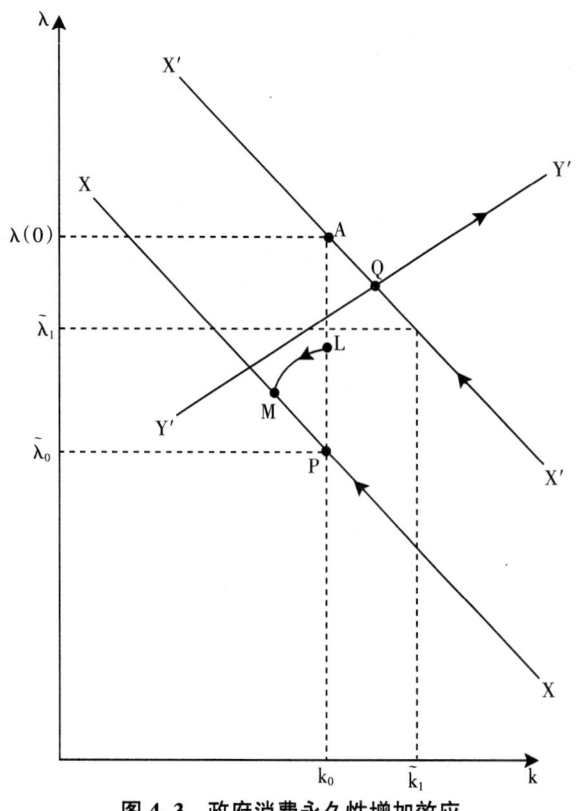

图 4-3　政府消费永久性增加效应

不稳定调整路径)。

政府消费支出 g 的一个永久性增加，将提高长期资本存量 $\tilde{k}$ 与财富边际效用 $\tilde{\lambda}$，并导致经济最终稳定在如 Q 点的位置，其位置处于初始均衡点的东北方向。相应的稳定调整路径与不稳定调整路径分别变为 X′X′ 与 Y′Y′。由于资本存量的调整是一个渐近的、连续的过程，政府支出的一个永久性增加对财富的边际效用形成即时性的冲击，即财富的边际效用在 t=0 时，也就是说政府支出永久性增加开始时，发生了一个跳跃。$\lambda(0)$ 的这种运动立即将经济带到新的稳定调整路径 X′X′ 的 A 点。$\lambda(0)$ 的上升反映了政府支出扩张导致的私人财富水准的下降。在短期内，财富边际效用的提高导致或激励代表性主体减少消费与闲暇，增加储蓄与劳动供给，而劳动供给的短期增加提高了资本的边际产出，进而引致利率的上升。

与此同时，资本边际产出提高到其稳定态均衡水平之上时，为了满足套利条件式 (4-2c)，消费回报率或消费的边际效用必须上升，这要求 $\dot{\lambda} = d\lambda/dt < 0$，即要求财富的边际效用随时间变化而递减。此外，较高水平的财富边际效用激励人们生成一个额外的正的储蓄，其额度为 $(F_1 l_\lambda - c_\lambda) d\lambda(0)$。

当政府支出对代表性主体效用的影响为加法可分时，由式 (4-12b) 可得到如下关系：

$$(F_1 l_\lambda - c_\lambda) d\lambda(0) = \theta_{12} \left[d\tilde{\lambda} - \left(\frac{\mu_1 - \theta_{11}}{\theta_{12}} \right) d\tilde{k} \right]$$

将方程 (4-13) 中的 $d\tilde{\lambda}$ 与 $d\tilde{k}$ 代入上式，可得到：

$$\frac{\theta_{12}}{\theta_{11}\theta_{22} - \theta_{12}\theta_{21}} \left[-\theta_{21} - \left(\frac{\mu_1 - \theta_{11}}{\theta_{12}} \right) \theta_{22} \right] dg = \left[1 - \frac{\mu_1 \theta_{22}}{\theta_{11}\theta_{22} - \theta_{12}\theta_{21}} \right] dg > dg$$

即储蓄的额外增加超过了政府的额外支出，因而导致资本积累增加。沿着转移路径变化的财富边际效用的下降，以及与之相伴随的资本积累的增加，实际上就是稳定路径 X′X′ 上的 A 点到新的稳定态 Q 点的变动或移动过程。这两种效应合在一起，导致资本的边际产出下降，因而在这种转移期间，短期利率收敛于其长期均衡点。

消费、劳动供给以及财富的边际效用对于政府支出扩张的短期反应，可以通过分析短期均衡的初始调整，进行更为正式的分析。对式 (4-5a) 与式 (4-5b) 进行微分，可以得到消费与劳动供给对于政府支出的短期反应：

$$\frac{dc(0)}{dg} = \frac{\partial c}{\partial \lambda} \frac{\partial \lambda(0)}{\partial g} + \frac{\partial c}{\partial g} \tag{4-16a}$$

$$\frac{dl(0)}{dg} = \frac{\partial l}{\partial \lambda} \frac{\partial \lambda(0)}{\partial g} + \frac{\partial l}{\partial g} \tag{4-16b}$$

上述方程描述了政府支出扩张影响消费与劳动供给短期反应的两种效应。一是直接效应，由 $\partial c/\partial g$ 和 $\partial l/\partial g$ 表示，这两个关系式的具体形式可以由前述的代表性主体优化的一阶条件得到，即：

$$\frac{\partial c}{\partial g} = \frac{-U_{cg}(U_{ll} + \lambda F_{ll}) + U_{cl} U_{lg}}{D}$$

$$\frac{\partial l}{\partial g} = \frac{-U_{cg}U_{cg} - U_{cc}U_{lg}}{D}$$

其中，$D \equiv U_{cc}(U_{ll} + \lambda F_{ll}) - U_{cl}^2 > 0$。

此外，式（4-16）中两个方程的右端的第一项，反映了财富边际效用的最初增加引致的劳动对消费的替代。对式（4-11b）关于政府支出求导，并假设资本存量暂时保持不变，可以得到 $\partial \lambda(0)/\partial g$ 的具体关系：

$$\frac{\partial \lambda(0)}{\partial g} = \frac{d\tilde{\lambda}}{dg} + \left| \frac{\tilde{\lambda}\theta_{21}}{\tilde{\lambda}\theta_{22} + \mu_1} \right| \frac{d\tilde{k}}{dg} \tag{4-11b'}$$

将上述三个式子代入式（4-16），不仅可以得到消费与劳动供给对于政府支出的短期反应，也可以得到它们与政府支出的短期产出效应、资本积累率效应等之间的关系。

前面的分析表明，劳动供给在经济的动态调整过程中发挥着至关重要的作用。那么，如果就业或劳动供给保持不变，会发生什么？当劳动供给不变时，稳定态最优条件式（4-9b）则意味着稳定态资本存量 $\tilde{k}$，由固定的时间偏好率 β 决定，并且独立于政府支出 g。根据动态解式（4-12a）可知，在此种情形下，资本存量与产出在任何时间点上都保持不变。这意味着不存在动态性调整。然而，经济却不停地向其新的稳定态移动，并且在这种移动过程中，政府支出对私人消费产生了一对一的挤出效应。这一效应反映在图4-3上则是，经济立即从XX上的P点跳到了X′X′上的A点，并停留在那里。不稳定调整路径Y′Y′因而穿过A点而不是Q点。在就业或劳动供给固定情形下，私人财富缩水得更多，因为代表性主体没有机会通过资本积累来抵消政府支出扩张的影响效应。

二、政府生产性支出永久性增加效应

图4-4直观地显示了政府生产性支出的永久性增加对于资本存量 k 与财富 λ 的动态影响，或者说，显示了资本存量与财富对政府生产性支出的永久性增加的动态回应。为了便于描述与说明，假设政府支出的资源抽取净效应为零，$F_g = 1$，并假设政府支出和资本与劳动这两种生产要素具有互补关系，即 $F_{kg} > 0$ 与 $F_{lg} > 0$。与政府消费支出情形一样，假设经济起始于均衡点P，那么对于政府生产性支出 g_I 的任何增加，由式（4-12b）和式（4-12c）描述的稳定与非稳定调整路径分别表示为ZZ与WW。为了简化图，图中没有画出初始均衡的不稳定调整路径。

与政府消费支出情形形成明显对比的是，政府生产性支出的永久性增加将经济推向新的稳定状态，即经济的新稳定态移动到原有均衡点P的西北方向，因为政府生产性支出的永久性增加导致稳定态财富的边际效用下降，并导致稳定态资本存量上升。两种不同财政冲击的另外一个差异是，尽管对于政府消费性支出 g_c 的一个永久性增加，λ 的初始反应一定是正的，但 $\lambda(0)$ 却可能随着 g_I 的增加而增加，也可能随着 g_I 的增加而下降。因为，如果在式（4-12b）中令 $t=0$，那么，边际效用的初始反应为：

$$\frac{d\lambda(0)}{dg_I} = \frac{d\tilde{\lambda}}{dg_I} + \frac{\theta_{11} - \mu_1}{\theta_{12}} \frac{d\tilde{k}}{dg_I}$$

在式（4-13d）中令 $F_g = 1$，以及对于相同的 θ_{11} 与 θ_{12}，代入到上式中，那么上式可以简化为：

$$\frac{d\lambda(0)}{dg_I} = \frac{-\tilde{\lambda}l_\lambda F_{lg}}{\theta_{12}} - \frac{\mu_1}{\theta_{12}} \frac{d\tilde{k}}{dg_I}$$

由此可以看出，在给定的模型约束下，λ 对于政府生产性支出的初始反应由两种相互抵消的因素决定，因而随着 g_I 的增加，它可能增加也可能减少或下降。

上述的两种效应分别是长期均衡点 $\tilde{\lambda}$ 的吸引效应与正的投资效应。政府支出增加的初始，由于政府支出挤占了私人可利用的消费资源，因而 $\lambda(0)$ 趋于上升。由 $|\mu_1|$ 所表达的稳定调整速率越快，以及 $\tilde{k}$ 增加得越多，那么这种正的投资影响效应就越大。因此，如果正的投资效应占据上风，那么边际效用也将上升，经济将迅速移向新的稳定路径 $Z'Z'$ 上的 B' 点。$W'W'$ 显示了不稳定路径的移动状态。如果 $\tilde{\lambda}$ 下降的影响成为主要力量或占据上风，那么在 $t=0$ 处边际效用将下降，经济将迅速跳到另外一个稳定调整路径 $Z''Z''$ 上的 B'' 点。经济的长期均衡点要么沿着 $Z'Z'$ 从 B' 点移动到 R' 点，或者沿着路径 $Z''Z''$ 从 B'' 点移动到 R'' 点。不过，不论长期均衡点沿着哪个路径进行调整，都涉及资本积累的增加（$\dot{k}>0$）与财富边际效用的下降（$\dot{\lambda}<0$），如图4-4所示。

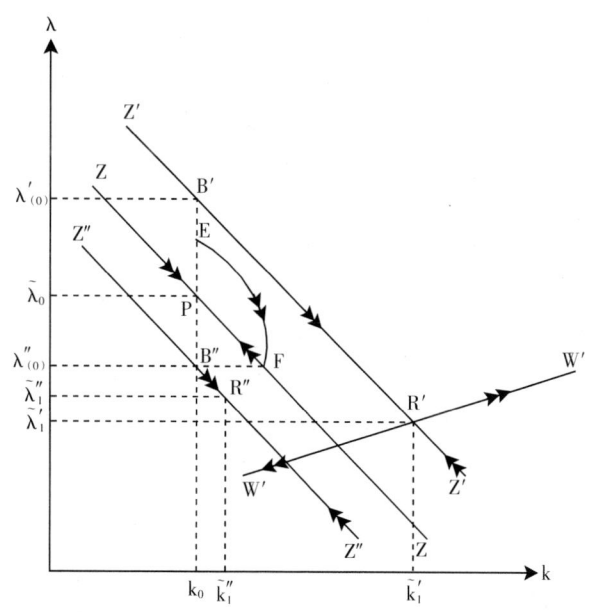

图4-4　政府生产性支出的永久性增加对资本存量与财富的动态影响

资本积累增加源自于政府生产性支出直接提高了资本的边际产出，$F_{kg}>0$，同时，也提高了劳动的边际产出，$F_{lg}>0$。

由式（4-5b）可知，就业的初始增加等于：

$$\frac{dl(0)}{dg_I} = l_\lambda \frac{d\lambda(0)}{dg_I} + l_{g_I}$$

利用上面相关表达式代替 $d\lambda(0)/dg_I$ 与 l_{g_I}，上式关于 $l(0)$ 的跳跃性增加可以表达为：

$$\frac{dl(0)}{dg_I} = \frac{\tilde{\lambda} F_{lg}}{\theta_{12}} - \frac{\mu_1 l_\lambda}{\theta_{12}} \frac{d\tilde{k}}{dg_I}$$

$\frac{dl(0)}{dg_I} > 0$ 意味着一定有 $F_{kl} > 0$。同时，由于 $dy(0)/dg_I = F_l dl(0) dg_I + 1$，就业增加意味着，政府生产性支出永久性增加既对初始产出具有乘数效应，也对稳定态的产出具有乘数效应。因此就业的初始增加又进一步刺激资本边际产出的增加，$F_{kl} > 0$。在动态调整过程中，随着 F_k 超过其长期均衡值 β，根据套利方程（4-2d），必然有 $\dot{\lambda} < 0$，即财富的边际效用随时间流逝而下降。

对于就业固定不变这一特殊情形，可以比较政府消费支出 g_c 的永久性增加与政府生产性支出 g_I 永久性增加的不同影响效应。政府生产性支出永久性增加同样会引起资本存量 k 与财富边际效用 λ 的动态调整。这一结论可以直接从稳定态边际产出条件（4-5b）以及 $F_{kg} > 0$ 中直接得到，g_I 的增加将提高 $\tilde{k}$。由于资本存量受经济调整的持续影响，经济向稳定态转换需要一定时期内投资的持续增加，$\dot{k} > 0$。如同可变就业情形一样，只要 $F_g = 1$，那么，就业固定情形下 g_I 的永久性增加，必然导致财富边际效用的长期下降，进而使资本存量与产出持续增加，最终引致稳定态私人消费增加。

福利效应

到目前为止，我们一直在描述经济如何随着政府支出的变化而变化。这些变化是多方面的而且存在各种不同机制。探索这些机制对于理解和研究政府行为、支出及其结构的社会经济效应相当重要。不过，所有这些探索，最终都将归结为探索政府行为与支出的经济福利效应问题。

为了研究政府规模、结构与行为的福利效应，首先必须确定某种福利准则。我们所运用的跨时优化分析框架的主要优点在于，将代表性主体的福利视为研究经济福利的自然准则。假设所有行为主体是同质的，那么，对于所有不同个体社会福利的影响就可以自然地视为对总体经济或社会福利的影响。我们将在这一分析框架下分析政策支出的福利效应。由于随着资本存量积累的变化，福利也将随时间而变化。因而这种研究中，需要探讨政府支出的变化如何影响福利的跨时替代问题，为此需要研究代表性主体的瞬时效用水平与问题考虑时间范围内的整体福利问题。

假设代表性主体在时间 t，其瞬时效用水平为 $Z(t)$。这一效用水平的形式为：

$$Z(t) = U(c(t), l(t), g) \tag{4-17}$$

代表性主体在考虑无限时界的总体效用问题时，为了能够进行比较，将其不同时期的效用贴现为时下效用，即：

$$W = \int_0^\infty U(c, l, g) e^{-\beta t} dt = \int_0^\infty Z(t) e^{-\beta t} dt \tag{4-18}$$

我们研究的问题是,当消费 c 与劳动供给 l 满足均衡路径条件式(4-5a)与式(4-5b),并且经济依据式(4-12a)进行演化时,政府支出规模对于代表性主体的瞬时效用 Z(t) 与整体效用 W 的影响效应。

为获得政府支出规模对于 Z(t) 与 W 的影响效应,可以对 Z(t) 关于 g 求导,得到:

$$\frac{dZ(t)}{dg} = U_c \frac{dc(t)}{dg} + U_l \frac{dl(t)}{dg} + U_g \tag{4-19}$$

利用劳动供给的最优决定条件式(4-2b),式(4-19)可写为:

$$\frac{dZ(t)}{dg} = U_c \left[\frac{dc(t)}{dg} - F_l \frac{dl(t)}{dg} \right] + U_g \tag{4-20}$$

为获得上式中方括号中表达式的形式,对产品市场均衡条件式(4-4)求关于政府支出的微分,可以获得:

$$F_k \frac{dk(t)}{dg} + F_l \frac{dl(t)}{dg} = \frac{dc(t)}{dg} + \frac{d\dot{k}(t)}{dg} + 1 \text{ 或等价地,}$$

$$\frac{dc(t)}{dg} - F_l \frac{dl(t)}{dg} = F_k \frac{dk(t)}{dg} - \frac{d\dot{k}(t)}{dg} - 1 \tag{4-21}$$

将式(4-21)代入式(4-20)中,得到:

$$\frac{dZ(t)}{dg} = U_g(c, l, g) - U_c(c, l, g) + U_c \left[F_k \frac{dk(t)}{dg} - \frac{d\dot{k}(t)}{dg} \right] \tag{4-22a}$$

前述式(4-12a)描述了资本存量冲击下均衡调整路径的线性化表达式。运用式(4-12a),可以将式(4-22)近似地线性化为:

$$\frac{dZ(t)}{dg} = U_g - U_c + U_c \left[F_k (1 - e^{\mu_l t}) + \mu_l e^{\mu_l t} \right] \frac{d\tilde{k}}{dg} \tag{4-22b}$$

式(4-22a)或式(4-22b)显示,不论是政府消费支出还是基础设施建设或生产性支出的增加,对于代表性行为主体瞬时福利水平的影响,存在两个不同的部分。一个部分可称为直接挤出效应(The Direct Crowding-out Effect),即公共消费的边际效用与私人损失的边际效用之差:$U_g - U_c$。它表明,政府支出的增加,减少或挤占了私人部门的可用资源,因而一对一地降低了私人消费,即一个单位的公共支出的增加,导致一个单位的私人消费的损失。

政府支出增加对于代表性主体福利影响的另一个部分的效应,是通过资本存量对于政府支出的反应而形成的跨时影响,可称为跨时资本积累效应(The Intertemporal Capital Accumulation Effect)。由式(4-22)可以看出,这种效应依赖于政府支出如何影响资本积累率,以及资本积累的这种变化如何影响产出进而如何影响私人消费。

政府支出增加对于代表性主体瞬时福利水准的上述两种影响效应相互排斥。这是因为,一定水平的投资挤占了私人当期的消费资源,进而降低了瞬时福利水平;与此同时,资本积累的增加促进了产出的增加,因而消费与福利会随着时间的变化而提高。

通过计算政府支出对于代表性主体初始福利水平 Z(0) 与稳定态福利水平 $\tilde{Z}$ 的影响,即分别计算式（4-22b）的初始状态与稳定态的福利，可以得到政府支出增加对私人福利水平形成的这种跨时替代（Intertemporal Trade-off）。具体地说，政府支出增加导致的初始福利水平与稳定态福利水平的变化可表示为：

$$\frac{dZ(0)}{dg}=U_g-U_c+U_c\mu_1\frac{d\tilde{k}}{dg}; \quad \frac{d\tilde{Z}}{dg}=U_g-U_c+U_cF_k\frac{d\tilde{k}}{dg} \qquad (4-23)$$

挤出效应仅仅缩小或放大了福利调整路径。如果忽略这一效应，那么式（4-23）表明，政府支出增加诱致瞬时性投资增加，$dk(0)/dg=-\mu_1 d\tilde{k}/dg$，结果导致私人消费减少，因而政府支出的短期效应是福利水平的下降。然而，随着资本积累的增加，产出也将随之增加，进而导致可供私人扩大或增加消费成为可能，福利因而开始逐步改善。事实上，只要政府支出增加提高长期资本存量，式（4-22b）的时间导数（对时间求导）表明，政府支出增加会随着经济逐步转移到其稳定状态而不断改善代表性主体的福利水平。

沿着均衡路径线性化整体福利水平式（4-18），$Z(t)$ 可以近似地表示为：

$$Z(t)=\tilde{Z}+(Z(0)-\tilde{Z})e^{\mu_1 t} \qquad (4-24)$$

将式（4-24）代入整体福利水平函数式（4-18），并进行积分，可以得到：

$$W=\frac{\tilde{Z}}{\beta}+\frac{(Z(0)-\tilde{Z})}{\beta-\mu_1} \qquad (4-25)$$

式（4-25）第一项是稳定状态下的瞬时福利 $Z(t)$ 的资本化价值，是经济达到稳定状态时的瞬时福利水平。第二项反映了福利向稳定状态福利的调整过程，因为稳定状态是沿着转移路径逐渐调整而最终达到的。

将式（4-25）关于政府支出 g 进行微分，利用式（4-23），可以得到如下关系：

$$\frac{dW}{dg}=\frac{1}{\beta}\left[U_g-U_c\left(1-F_k\frac{d\tilde{k}}{dg}\right)\right]-U_c\left(\frac{\mu_1-F_k}{\mu_1-\beta}\frac{d\tilde{k}}{dg}\right) \qquad (4-26)$$

由于在均衡点的邻域内 $F_k=\beta$，式（4-26）可以简化为：

$$\frac{dW}{dg}=\frac{1}{\beta}(U_g-U_c) \qquad (4-27)$$

这样，政府支出的永久性增加对福利的净影响效应就简化为只存在挤出效应。由于这种效应持续地存在，因而它等于在 β 处资本化的瞬时效应。更为重要的是，$Z(t)$ 调整路径对于总体福利的影响最终趋于零，也就是说，资本存量在稳定态时的增加对于福利的资本化影响 $U_c d\tilde{k}/dg$，被沿着转移路径放弃的消费所形成的福利损失的贴现完全抵消。

式（4-27）本质上表明了沿着动态调整路径与新稳定态下的福利效应的静态关系，注意到这一点很重要。事实上，政府支出的永久性增加对于私人活动产生的总的负效应 $-(U_c/\beta)$，可以分解为 $-U_c d\tilde{k}/dg$ 与 $-(U_c/\beta)(1-\beta d\tilde{k}/dg)$，分别代表了上述两种不同情形的福利效应。

令式 (4-27) 等于零，可以得到使福利效应达到最大化的政府规模 g 的条件，这一条件由下面的关系式决定：

$$\frac{\partial U(c, 1, g)}{\partial g} = \frac{\partial U(c, 1, g)}{\partial c} \tag{4-28}$$

式 (4-28) 表明，政府规模福利效应最大化的条件是，公共消费的边际效用应该等于私人消费的边际效用。这项优化条件表明，只有在政府支出没有产生挤出效应与漏斗效应，即政府支出每一单位货币能够像私人自己支出每一单位货币所产生的效应一样时，政府支出的福利效应才能达到最优状态。

本节关于政府支出增加而形成的福利水平 Z (t)，其调整路径描述如图 4-5 所示。其中政府支出 g 达到最优状态，不存在挤出效应，并且跨时整体福利效应规范化为零。

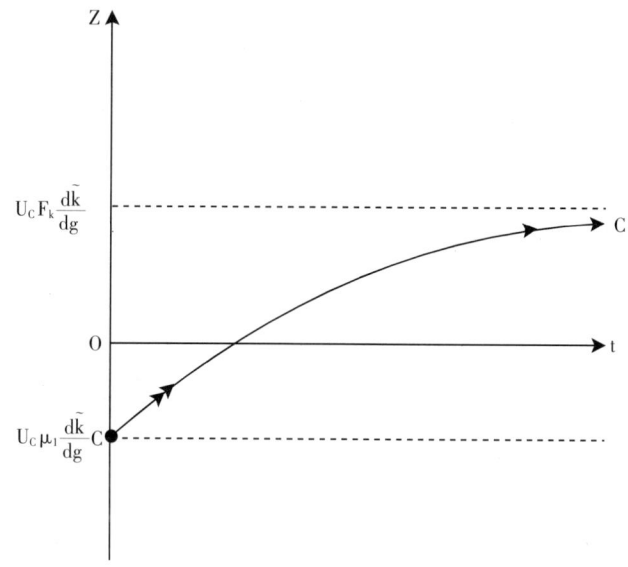

图 4-5　政府支出处于 $U_c = U_g$ 时瞬时效用永久性增加的时间路径

第五章 中国政府规模、结构与行为历史变迁的嵌入性分析与国际比较

本章的目的是较为全面地描述中国政府规模与结构全景（Panorama）及其变化过程，建立这一全景及其变化与相关触发性事件之间的联系，分析政府规模与结构特定样式形成的内在机制，透视政策偏好以及相关制度安排对中国政府规模与结构的决定方面发挥的作用，为后面的研究与论述提供一个较为全面的（Panoptic）历史背景与现实样式。

第一节 嵌入性分析视角的特征

政府规模与结构，从本质上说，以政府的职能确定与中央政府和地方政府间职能分担为基础，是一系列有关政府职能确定与划分的制度安排的反映，因而是社会公共治理的制度选择与制度实施的一种显现。分析和研究政府规模与结构，既要注重相关现象的描述，更重要的是通过外在现象，透视这种现象形成的内在机制、制度以及作为机制与制度选择前提的偏好。

按照诺斯的定义，制度是一个社会的博弈规则，或者正式地说，制度是人们有意设计的规范人们之间互动的行为激励或约束。制度的重要性在于制度提供了人们行为的激励结构。每一种制度安排都是一种有偏向的激励，因而不同的制度安排提供了对人们的不同行为取向的激励。更为重要的是，制度安排的激励作用存在形式上的方向与本质上的方向之间的差别，即存在制度安排不均衡问题。只有当一种制度具有"自我实施性"时，或一组制度安排构成了一个具有"自我实施性"闭路的情况下，制度安排内生的激励方向与制度意欲形成的本质上的激励方向才能够一致，即达到制度安排均衡的状态。如果一种制度不具有"自我实施性"，那么制度所形成的激励很可能与该制度意欲实现的激励出现严重的分歧。中国地方政府规模与结构，作为公共治理的一种基础性制度，首先是社会公共治理的一种结构性制度安排，或者说是一种根本性制度（Constitutional Institutions）安排。地方政府规模与结构显现出来的各种问题，本质上是规范、约束或激励政府职能分担与在不同级政府间配置的制度安排存在不均衡的表征，因此，深入探索规范、约束或激励中国地方政府职能分担与配置的内在机制，

是理解与解决中国地方政府规模与结构问题的关键。

制度安排的自我实施性，是一个很强的要求。除了存在纳什均衡、演化均衡、贝叶斯均衡以及马尔可夫均衡外，制度或行为或规范的自我实施性源自于制度安排的互补性机制。而这种互补性机制的识别与判断的一个重要途径就是对其进行嵌入性分析。

嵌入性（Embeddedness）是指社会的任何一个构成部分都以各种各样的复杂方式嵌入社会关系之中，每个构成部分都是其他构成部分相互作用的产物，每个构成部分的状态都是由各种不同力量以复杂方式相互作用而形成的一种均衡。由于社会是由各种关系与制度相互作用而形成的一个有机整体，是具有特定历史禀赋的各种微观行为主体复杂相互作用而形成的宏观样式，因而每个部分的状态也就构成了这种宏观状态的一个部分。嵌入性这一概念表明，只有将具有特定历史禀赋的个体行为放到更为广泛的关系性、制度性与文化性的背景之中，才能够得到有效的理解与说明。嵌入性视角将社会行动发生于其中的不同条件及这种条件的形成机制视为解释社会行动的优先条件，而不是脱离社会背景关系与机制孤立地分析个体行动及其生成的因果关系或机制。换言之，嵌入性视角强调"嵌入"（Embedding）与"脱嵌"（Dis-embedding）或"重新嵌入"（Re-embedding）的共时性的耦合过程（Synchronized Coupling Processes）。

嵌入性视角基于如下社会想象或理论假设：社会行为个体并不是孤立的、与社会其他方面不相干的原子式的个体；即时效用并不能够解释社会关系的所有意义；制度形成及制度的行为规范作用只有与其运转于其中的社会互动背景相联系才能得到有效的理解与解释；现代社会正在经历导致多种适应性过程的社会变迁，多种适应性过程源于原来相对独立的特定社会、文化与认知结构（Configurations）与现代化变迁趋势（Convergent Trends）之间的互动。

嵌入性概念最初源自于 Polanyi（1957）对社会转型的分析。Polanyi 在《大转型》中，从经济的社会嵌入性入手，深入剖析了具有自我调节功能的、非人格化的市场机制的重大局限性，提出市场机制需要重新嵌入社会关系，特别是政治、道德与法律关系中，才能够保证市场机制成为社会福利的一种生成机制而不是毁灭机制。Granovetter（1985）重新论述了经济的社会嵌入性并使这一概念成为社会科学整体性分析（Holistic Analysis）的理论与方法论的核心概念。与还原论不同，整体论强调社会网络、社会资本、文化与认知要素的多样性以及社会构建在理解社会现象中的重要性。

本人掌握的不完全的资料表明，Weick（1976）最早从整体论与嵌入性关系研究教育问题。在《作为一个弱耦合系统的教育组织》一文中，Weick 重新建构了教育的现实想象。Weick 认为，与传统的将教育作为一个自足的领域来看待的观点不同，教育是一个与外部环境不断发生耦合作用的领域。通过与足球赛进行类比，Weick 重新建构了教育与社会环境之间的关系，明确地描述了教育内部不同要素与外部环境不同要素之间不断发生耦合作用的现实过程。从方法论或认识论的角度上说，Weick 认为，对于教育与社会环境间耦合作用的这种关系的认识，与传统观点的差异，表现为传统观点是所谓的"眼见为实"（I'll believed it when I see it），而新的观点为"心诚则灵"或者"信而为真"（I'll see it when I believe it）。

Weick 的分析以"耦合"（Coupling）为核心概念。这一概念源自于 Glassman（1973）、March 和 Olson（2004）。所谓"弱耦合"（Loose Coupling）意指耦合的事件既相互回应，又各自保留其自己的特性，从而在物理或逻辑意义上保持相互分离的状态。弱耦合具有非永久性（Impermanence）、可融合性（Dissolvability）与相互适应性（Tacitness）的含义，这些构成了将各种不同组织或社会构成部分黏合在一起的"黏合剂"（Glue）所具有的潜在的与关键的性质。

Orton 和 Weick（1990）在《弱耦合系统：重新概念化》一文中，归纳了人们在弱耦合系统研究中识别出的各种要素，并将其整合到一个更为一般的理论框架中，进而提出了较为完整的弱耦合理论。这一理论虽然不再局限于教育问题，但其最初却来源于对教育问题的思考，因而可直接运用于教育问题的研究。Orton 和 Weick 的理论框架由四个输入关系，经由与相关组织（教育）的耦合，形成五个方面的产出。这四个输入性耦合关系为因果耦合关系、耦合关系种类、耦合的直接效应与补偿性耦合；五个输出是持续、缓冲性、适应性、满意性与有效性。

Goldspink（2007）在《重新思考教育改革：弱耦合与复杂系统的视角》中，综合了已有文献，示意性勾画了教育弱耦合系统的基本结构，论述了弱耦合系统的演化过程及其影响因素，并将弱耦合系统与复杂系统进行了理论对比。与 Orton 和 Weick 一样，Goldspink 意在说明教育及其改革问题是一个人们构建的过程，依赖于社会不同系统的势力及其之间的相互作用。因此，理解教育及其改革问题，需要从教育嵌入其中的社会、政治、经济与文化等方面进行理解，而不能根据其他国家面临什么问题，就开始谈论自己国家的教育也面临什么问题。因为这会使问题更复杂并引起某些问题的"早熟"，影响当下最重要的、能够解决的问题的有效解决。同样，解决问题的方式、途径，必须从问题产生的机制中自然推出，而不是寻找外生的机制。因为外生的机制只能是一种理想、一种渴望或祈祷，而不能够有效地解决问题。

弱耦合系统的这种理论，得到了美国教育研究发展历史的验证。美国基础教育研究相继经历了三个阶段：机会均等、结果平等以及充足性。第一个阶段设定的教育发展目标是一个现实的问题，也是一个现实能够解决的问题，而第二个阶段提出的基础教育结果平等几乎等于乌托邦，因而被第三个阶段设定的目标——教育充足性所取代。

Goldspink（2007）的《重新思考教育改革：弱耦合与复杂系统的视角》一文的另一个重要之处，是将弱耦合概念与复杂系统中的相关概念进行了比较，虽然没有提出直接用复杂性理论统摄弱耦合的概念，但毕竟表现出这一倾向。事实上，弱耦合概念基本上等同于嵌入性的概念，只是因为源于不同学科领域在抽象表述相同现象时由于作者在词汇选取上的偶然差异才形成了似乎是两种理论的局面。

与弱耦合视角和嵌入性视角同出一辙的是所谓的"社会结构矩阵"（Social Fabric Matrix）理论，可以视为弱耦合视角与嵌入性视角的一种操作化研究。社会结构矩阵理论将弱耦合视角与嵌入性视角的相关概念与关系具体化为可识别的变量，并通过矩阵的方式将这些不同要素之间的互动关系表现出来，从而进行实证性的分析与研究（Haydem，2009）。

嵌入性作为一种分析复杂制度关系与网络关系的视角，近年来获得了广泛应用。人们分析市场或社会中微观个体行为如何嵌入特定环境中显现出不同的行为特征。特别是在分析某一种制度安排被置于不同系统的环境中时所发挥的不同作用与影响方面，嵌入性显示其强大的能力。

政府职能确定以及在不同级政府间的责任分担机制或制度安排是政策选择偏好的结果。人们做出任何一种选择，总是在既定偏好的前提下所进行的选择。偏好决定了人们选择不同的政策组合，因而形成了不同的制度安排。例如，提供基础教育是政府的一项基本职能，但这种职能在不同国家的不同级政府间责任分担存在重大差异。中国基础教育的责任分担机制，源于中国公共政策选择的偏好。理解这种偏好是理解中国基础教育面临的一系列问题的源泉，也是改善基础教育现状的基础与前提。否则，人们设想的各种制度安排与政策建议，只能是没有任何约束力的"祈祷文"而已。由于人们的偏好内生于社会、经济、政治、文化等复杂的网络之中，因而偏好的改变是一个漫长的过程。从这个角度上说，偏好的改变是一个演化的过程。例如，基础教育的责任分担机制必然是一个演化的过程，基础教育存在的问题的解决同样必然是一个演化的过程。

新中国成立以来，有关政府规模的争论可以说从来没有停止过，不同的只是在不同时期人们争论的焦点、理论取向以及建议的改革方式不同而已。近年来，随着中国市场经济取向的社会经济体制的逐步建立与完善，随着社会理性水平的不断提高、信息技术的迅速发展与扩散以及中国地方政府可动用的公共资源总量的持续增加，学术界、社会公众以及中央政府等日益在更大程度上关注地方政府利用公共资源的效率与有效性问题，人们对有关中国地方政府规模、结构、运行成本或效率以及有效性问题不断提出各种各样的疑问。为了深入理解中国地方政府规模、结构、效率与有效性的理论性质与实践性质，即适应社会发展的要求以及促进社会发展效应方面的绩效，为了历史性地与实证性地说明中国地方政府实际规模和结构与相关理论之间的关系，以及说明或解释上述相关问题，从科学研究的角度上说，首先需要对中国地方政府规模与结构的演变过程进行实证性的描述，从而使我们的研究建立在稳固的客观事实的基础之上。为了让数据说话，本章的主要目的是描述中国地方政府规模与结构的历史演变趋势与过程，透视政府规模增长与构成规模的不同构成部分（The Various Components）变迁的基本样式或形态（Patterns），以及中央政府与地方政府财政支出关系的变化。

第二节 "统一领导，分级管理"：改革开放前的遗产（1953~1978年）

中国地方政府规模与结构，作为公共治理的一种基础性制度安排，或者说是一种宪政性制度安排，具有演化的性质。从历史演化的角度上说，中国地方政府规模与结构的优化或完善必然具有路径依赖性的特点。理解这种路径依赖性的有效途径之一是追溯这种制度安排的历史样式,即作为改革开放历史起点的中国地方政府规模与结构的原生状态(Prototype)。

一、"统一领导,分级管理"理念的形成与演进

自新中国成立直到改革开放之前,中国地方政府规模与结构的基本框架形成于1953年前后为实施第一个五年计划而进行的一系列筹划与探索过程之中。这一基本框架的核心是"统一领导,分级管理"。"统一领导,分级管理"既是从整体上确定政府职能的核心指导思想,也是划分不同级政府间职能的核心理念,因而成为确定地方政府规模与结构的基本原则。"统一领导"是计划经济体制的核心,其实质是几乎对社会生产与生活的所有领域或方面,实施全国上下的统一指挥,统一目标,统一行动,即所谓全国一盘棋(杨冠琼,1999),而"分级管理"则是社会各领域计划的具体组织与实施方式,分级管理的主体是各级地方政府。然而,由于缺乏国家治理的理论与经验,在确定不同级政府职能时,事权、财权、物权划分模糊以及不对称等问题一直没有得到有效的解决,不断出现的各种矛盾与问题使"统一领导,分级管理"的具体内容与方式一直处于调整与变化的过程之中,也就是权力的"集中与下放"的循环之中。

新中国经过1949~1952年国家在社会、政治、经济等方面的恢复性建设与探索之后,决策者们认为中国进行全面计划经济建设的条件基本成熟,决定从1953年起中国进入全面计划经济建设时期。为了推进全面计划经济建设,我国在借鉴苏联计划经济建设经验的基础上,结合中国的国情与探索实践,提出了"统一领导,分级管理"作为资源配置与社会动员的指导思想从而代替了《共同纲领》中的"统一领导,因地制宜"。

"统一领导,分级管理"的提出与实施最早起源于1950年3月中央人民政府发出的《关于统一国家财政经济工作的决定》。将国家财政由过去的大行政区与省两级重新划分为中央、省(市)和县(市)三级,划分了三级政府之间的收支范围,将全部财政收入划分为中央收入、省(市)收入与调剂收入。调剂收入由中央用以对省(市)地方预算入不敷出时的调剂。县级财政的收支范围包括:①县预算收入,主要包括屠宰税、城市房地产税、契税、特种消费行为税、车船使用牌照税、县管国营利润及折旧、县级,以及乡(村)镇的行政、事业、公产其他收入及上年结余。②县预算支出,主要包括县(区)行政经费,党派团体补助费、县人民代表会议费、司法费、干部培训费、各项事业费、社会抚恤救济费等。乡(村)镇的行政费等列入乡(村)镇的单位预算。

然而,社会活动的复杂性随着社会经济发展而不断变化,特别是社会公共问题随着社会的稳定与发展逐渐由人们接受的被忽视状态变为人们的一种自然的不能被忽视的要求,由此必然发展为财政权的划分与社会职能履行之间矛盾的日益突出。为了满足社会要求,缓解社会矛盾,完善"统一领导,分级管理"的计划体制,1954年中央提出了"财政六条方针",在加强财政收支规范性规定的同时,进一步规定了财权、事

权在不同级政府间的划分。在财政收入方面，按收入的性质和各级政府收支情况，将全部收入划分为中央预算和地方预算固定收入、固定分成收入和中央财政收入。在财政支出方面，主要分为两大类：按隶属关系划分，属于地方的企业、事业和行政单位的开支，列入地方预算；按收支划分，地方的财政支出，首先用地方的固定收入和固定比例分成收入抵补，不足部分由中央财政的调剂收入进行弥补，分成比例一年一定。预算收入超过或不抵预算支出时，结余部分（不足部分）由各级地方政府支配（地方政府自行调剂解决）。至此，作为中国各级政府职能确定与划分基础的"统一领导，分级管理"的基础结构基本成型，而这一基础结构在确定各级政府财政收支关系与范围的运用便成为这一基础结构的财政基础。同时，这种财政基础结构几乎每年都在变化的事实反映了中国各级政府职能确定与划分中存在的各种内在矛盾，以及确定各级政府职能与在不同级政府间划分的这种方式本身存在的内在问题。

此后，经过1958年的"以收定支，三年不变"，1959年的"收支下放，计划包干，地区调剂，总额分成，一年一变"，1961年与1962年的"调整、巩固、充实、提高"以及1971~1973年的"定收定支、收支包干、保证上缴（或差额补贴）、结余留用、一年一定"等连续不断的试错性尝试，中国地方政府规模与结构，随着时间的流逝围绕着"统一领导，分级管理"这一核心而试错性地演化。

（一）国家财政能力及其分割

中国各级政府职能确定与划分的上述演化过程，实际上与中国整个国家的经济产出与财政收支水平的波动相伴相随。从实证的角度看，1952~1977年，中国财政收支水平分别围绕GDP的28.4%和28.7%这一均值水平上下波动。财政收入与支出在1952~1960年处于平稳上升状态，并于1960年分别达到GDP的39.3%和40%的历史最高水平。"大跃进"对中国经济的负面影响于1961年开始显现，随着GDP的下降，财政收支也开始下降并平稳于GDP的27%左右。1966年开始的"文化大革命"在使GDP增长速度几乎停滞不前的同时也使财政收支下降到1968年的占GDP的20%左右。经历1969年以后的回升，直到1977年，财政收支稳定在GDP的28%左右（见图5-1）。

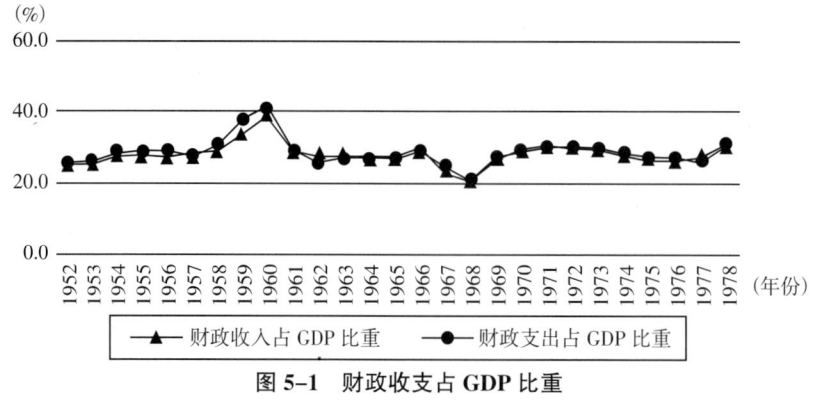

图5-1 财政收支占GDP比重

"统一领导，分级管理"的政府职能分割理念在财政关系上的应用，体现在国家整体财政能力在中央政府与地方政府间的分割。从整体上看，这种财政能力的分割基本可以分为三个阶段。"财政六条方针"虽然从趋势上扩大了地方财政自主权力，使地方有固定收入来源和一定的机动财力，但整个"一五"时期中国实行的是集中国家力量进行重点建设的财政体制，因而属于集中型的财政体制。这一时期，中央组织的直接收入虽然在逐年下降，但1953~1958年基本上占全部财政收入的80%左右，地方政府财政收入占20%左右；1958年的"以收定支，三年不变"（实际上只实施一年）和1959年的"收支下放，计划包干，地区调剂，总额分成，一年一变"的划分方式，伴随着事权或职责的下放，较大幅度地改变了中央政府与地方政府间财政能力的分配格局，使地方政府财政收入占国家总收入的比重在1968~1970年，平均上升到75%左右；1971~1973年的"定收定支、收支包干、保证上缴（或差额补贴）、结余留用、一年一定"进一步扩大了地方政府的财政能力，使地方政府的财政收入占国家总收入的80%以上。具体如图5-2所示。

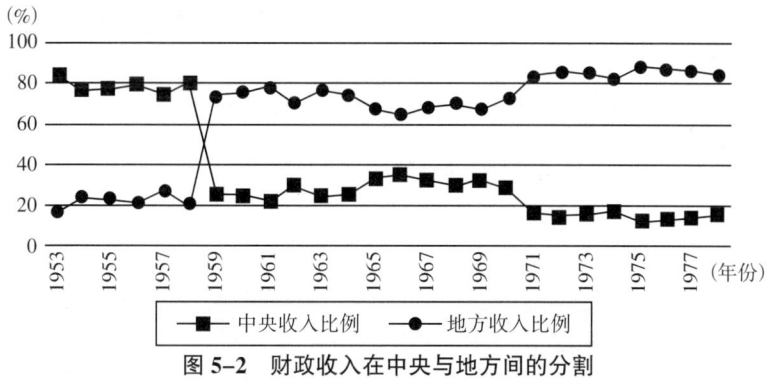

图5-2 财政收入在中央与地方间的分割

与国家财政能力在中央与地方政府间分割比例同时变化的，是中央政府和地方政府收支比例关系。当时总的支出原则是，国家财政支出，按企事业的行政隶属关系和业务范围划分为中央支出与地方支出。1953~1957年，中央财政支出占总支出的比例一直低于中央财政收入占整个国家收入的比例。自1958年开始，这种关系发生了根本性的变化，中央支出占全国总支出的比例，一直高于中央收入占全部收入的比例。中央财政收入比例基本围绕20%这一平均水平波动，而中央财政支出比例基本围绕57%这一平均值上下波动，如图5-3所示。中央财政支出比例之所以高于中央收入比例，主要是中央财政支出中包括中央直接组织的收入和地方上解的收入。中央财政支出主要包括中央所属的国有企业、行政事业、国防以及国家组织建设的基础设施，包括中央确定与组织的在各领域的重点项目、工程和全国范围内的调剂性支出。

地方财政的收支比例关系与中央财政收支比例关系正相反。1953~1957年，地方政府的财政支出占全国总支出的比例一直大于地方政府财政收入占全国收入的比例。地方政府的这种财政收支比例关系，使各地方政府财政面临的压力日益增大。1958年实行的"以收定支"和1959年的"收支下放，计划包干，地区调剂，总额分成，一年一变"的划分方式，正是为解决财政能力分割与事权分割不对称问题而提出的一种应对策略，并从此改变了地方政府财政收支比例关系的样式。自1959年起，地方政府财政收入比例一直高于地方政府财政支出比例。虽然从表面上看，地方政府财政能力获得了相当大的提升，但实际上，提升幅度没有数据显示的那么大。其原因在于，在地方收入中，有相当一部分要上解中央。根据当时的规定，"三年之内地方财政分成多得的部分不超过30亿~36亿元"（陈云）。虽然这一规定是在1958年确定的，但此后基本沿用了这一惯例。由于存在上解财力的规定，因此，这期间地方政府实际能够支配的财力平均大约相当于总收入的40%，如图5-4所示。

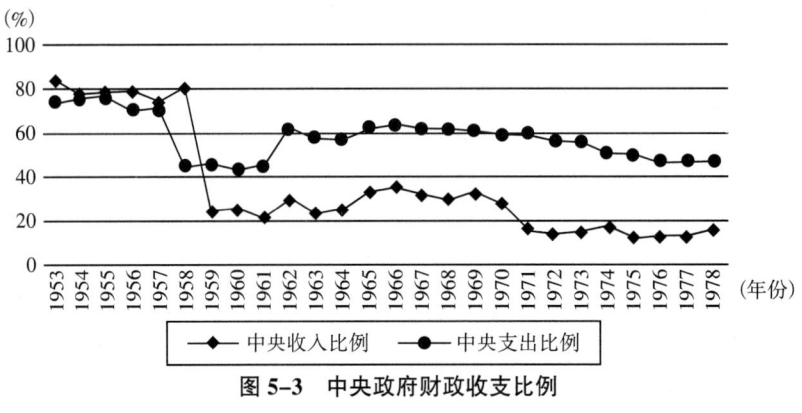

图5-3 中央政府财政收支比例

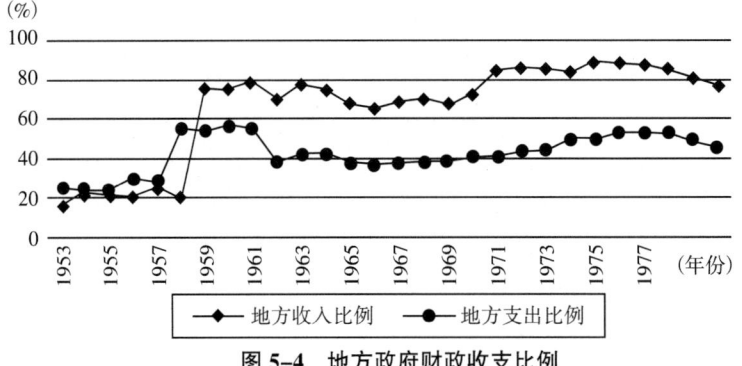

图5-4 地方政府财政收支比例

（二）显示性政策偏好

任何国家在任何时间内，可供调度的财政资源都是有限的。在总的财政资源有限的前提下，用于任何一个方面的资源增加必然意味着用于其他方面资源的减少。例如，任何一个时期，用于基础教育事业的财政都会挤占用于其他事业的财政。教育对国家资源的要求永远都会遇到诸如农业与工业、道路与住房建设等其他领域中为人们大量需要的事业，以及诸如卫生、养老措施、失业救济等重要的社会需求越来越大的竞争。在众多选项中如何分配有限的公共财政，由政府或决策者的偏好决定，因为所谓的"轻重缓急"也是偏好筛选的结果。因此，识别政府公共政策选择的内在偏好是理解社会经济发展责任不断向下分散与财政资源不断向上集中的关键。

直接获取政府或某些决策者的偏好首先必须知道偏好的函数形式。这是一个非常严格的要求，因为在公共领域中，决策者往往为隐藏其真实偏好而采取某种策略性行为，这时人们根本无法得到决策者偏好的具体的函数形式。特别地，利用这种方法识别或检验偏好稳定性时面临一个无法克服的问题，当用一种观察数据检验某个模型时，若出现偏好不稳定的情况，那么人们无法确定是偏好函数设定方面存在问题还是观测数据存在问题。一种被称为非参数检验的方法能够有效避免这些问题。这种方法的基本思想是检验某组观测数是否满足显示性偏好定理（Axioms of Revealed Preference）。如果这组数据满足显示性偏好定理，那么偏好就是稳定的并且是使某个效用函数达到最大化值的集合，否则就不是某个效用函数达到最大化值的集合。这种方法既不需要估计参数，也不需要事先知道效用函数的特定形式。检验程序基于 Afriat（1967，1973）与 Varian（1982，1983）在 Samuelson（1938）与 Houthakker（1950）的工作基础上发展的理论概念与操作性方法。

显示性偏好理论已经成功地应用于各种决策领域。在公共选择的框架下，Turnbull 和 Chang（1998）将这种理论和方法扩展到拥挤性公共物品（Congestable Public Goods）的研究，检验市政支出的代表性投票模型。DeBoer（1986）检验了美国州政府关于政府雇员规模的偏好，结果表明，效用最大化基本上近似地描述了州政府的行为。换言之，州政府在政府雇员规模方面的决策行为基本上是一种（官僚）效用最大化的行为。

在此，虽然无法获得检验中国政府决策的显示性偏好的详细数据，但可以观察国家财政支出的结构并将其与国际进行比较，基本可以得到中国政策决策显示性偏好的基本轮廓。因为财政支出结构显示了在既定财政能力下，政府选择发展不同方面的政策决策，而决定政策决策的基础性力量是选择的偏好，任何一组政策选择，都是在对不同选择进行了优先顺序排序之后而做出的选择，因而能够最有效地显示出政府公共政策选择的偏好。图 5-5 与表 5-1 显示了改革开放以来中国公共财政配置的结构性变迁。为了与前面论述的中国基础教育体制变迁的时间段相对照，我们仍分为三个阶段来加以说明。

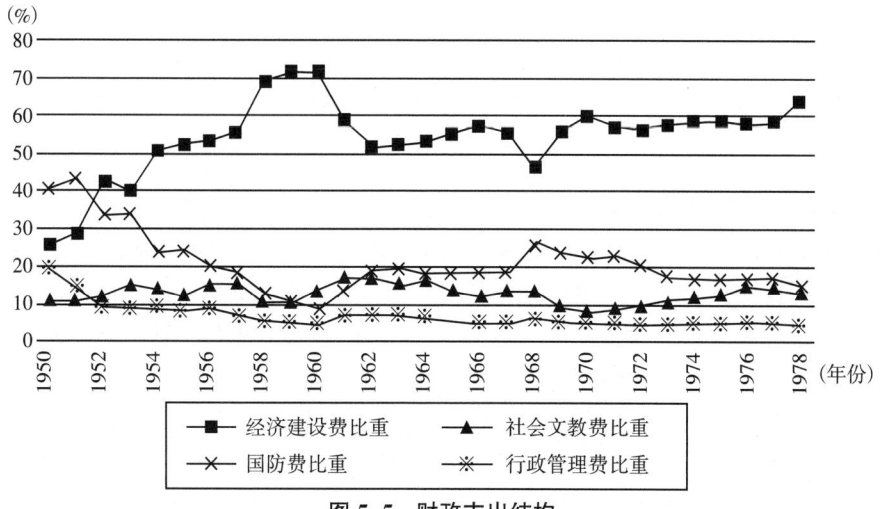

图 5-5 财政支出结构

表 5-1　中央与地方财政收支及其比例

年份	中央与地方财政收入及其比例				中央与地方财政支出及其比例			
	中央 (亿元)	地方 (亿元)	中央比例 (%)	地方比例 (%)	中央 (亿元)	地方 (亿元)	中央比例 (%)	地方比例 (%)
1953	177.02	36.2	83.0	17.0	162.05	57.16	73.9	26.1
1954	187.72	57.45	76.6	23.4	183.70	60.41	75.3	24.1
1955	193.44	55.83	77.6	22.4	201.05	61.68	76.5	23.5
1956	222.10	58.09	79.3	20.7	210.02	88.50	70.4	29.6
1957	222.94	80.26	73.5	26.5	210.03	85.92	71.0	29.0
1958	305.26	74.36	80.4	19.6	177.22	223.14	44.3	55.7
1959	118.78	368.34	24.4	75.6	249.34	293.83	45.9	54.1
1960	142.80	429.49	25.0	75.0	278.63	365.05	43.3	56.7
1961	76.65	279.41	21.5	78.5	160.32	195.77	45.0	55.0
1962	93.07	220.48	29.7	70.3	181.64	113.24	61.6	38.4
1963	78.92	263.33	23.1	76.9	192.31	139.74	57.9	42.1
1964	100.81	298.73	25.2	74.8	224.86	168.93	57.1	42.9
1965	156.07	317.25	33.0	67.0	284.17	175.80	61.8	38.2
1966	196.49	362.22	35.2	64.8	339.11	198.54	63.1	36.9
1967	132.44	286.92	31.6	68.4	269.94	169.90	61.4	38.6
1968	107.11	254.14	29.6	70.4	219.49	138.35	61.3	38.7
1969	171.10	355.66	32.5	67.5	319.16	206.70	60.7	39.3
1970	182.95	479.95	27.6	72.4	382.37	267.04	58.9	41.1
1971	119.36	625.37	16.0	84.0	435.67	296.50	59.5	40.5
1972	105.81	660.75	13.8	86.2	431.40	334.46	56.3	43.7
1973	119.86	689.81	14.8	85.2	449.33	359.45	55.6	44.4
1974	134.77	648.37	17.2	82.8	397.84	392.41	50.3	49.7
1975	96.63	718.98	11.8	88.2	409.40	411.48	49.9	50.1
1976	98.91	677.67	12.7	87.3	377.63	428.57	46.8	53.2
1977	113.85	760.61	13.0	87.0	393.70	449.83	46.7	53.3
1978	175.77	956.49	15.5	84.5	532.12	589.97	47.4	52.6
1979	231.34	915.04	20.2	79.8	655.08	626.71	51.1	48.9
1980	284.45	875.48	24.5	75.5	666.81	562.02	54.3	45.7

资料来源:《新中国财政五十年》。

(三) 政策偏好与责任分担

任何政策都是具有不同信念或政策偏好的博弈参与人之间所形成的博弈均衡。任何特定个体(利益集团)的政策选择都是在一系列约束下显现出的、有关探讨中的问题解决方式的一种信念或政策偏好。然而,不论在什么历史背景下,也不论在何种制度安排下,都存在众多具有各自政策偏好的不同个体。这些个体讨价还价的结果,是形成一种博弈均衡。在非合作博弈中,这种均衡通常并不代表一种好的选择,更不大可能达到帕累托最优的状态,犹如"囚徒困境"的博弈均衡一样,但在特定博弈情境下只有它才是可自我实施的,因而才是现实的与可能的。

第五章 中国政府规模、结构与行为历史变迁的嵌入性分析与国际比较

在经济资源特别是财政资源相对有限的情况下，政策偏好除了影响程序性与管制性政策以外，对社会事业发展的不同方面，如公共教育、医疗卫生、科学技术、社会救济以及社会文化等发展格局、途径与方式都将产生重大影响，从而对优化地方政府规模与结构发挥塑造性作用。由于各种原因，在此我们仅就基础教育方面显现出来的政策偏好与责任承担问题进行说明，其他方面不做论述。

中华民国成立之后，基础教育规划才从空头的、不可信的"祈祷书"转变为一种可信的承诺。早在1901年，管学大臣张百熙出使英国归来，向朝廷递交了中国的教育振兴计划。1904年，清政府颁布了《奏定学堂章程》，规定"儿童自6岁起受蒙学4年，10岁入寻常小学修业3年。埃各处学堂一律办齐后，无论何色人等皆应受此7年教育，然后听其任为各项事业"。中国基础教育由此而揭开了进入新纪元的帷幕。这是一个巨大的历史进步，是加速中国社会理性的重要开端。然而，风雨飘摇中的清政府实难再有能力践行此"祈祷"式的政策承诺。1912年，中华民国教育部颁布了《学校征收学费规程》，规定"初小、师范、高等师范免收学费"，由此真正的义务性基础教育终于登陆中华大地，成为中国义务性基础教育的开端。1935年，国民政府修正通过了《实施义务教育暂行办法大纲》，将义务教育年限增长4年。1939年，国民政府又颁布了《师范学校毕业生服务规程》，规定"6岁至12岁学龄儿童，一律受基本教育，免纳学费"。而早在1934年国民政府就规定，"教育经费之最低限度，在中央为其预算总额15%，在省区及县市为其预算总额30%，其依法律独立之教育基金并予以保障。贫瘠省区之教育经费，由国库补助之"。虽然由于连年的军阀混战、外强入侵以及国家内战，国民政府的基础教育政策大多仅止于法规条例，例如，直到1949年，全国学龄儿童的入学率仅为25%（见表5-2），但从其规定的形式与细节上来说，却是一种前所未有、后所难见的可信的政策承诺。最重要的是，这一规定将基础教育的责任首次纳入到国家（中央政府）的责任范围之内，而不是将其完全推卸给个人、社会组织或地方政府。

表 5-2 1949 年的在校学生

学 校	学生人数（万人）	同龄入学率（%）
小学（1~6年级）	2400	25.0
中学（7~12年级）	130	3.0
大 学	12	0.3

资料来源：麦克法夸尔，费正清.剑桥中华人民共和国史——革命的中国的兴起1949~1965年[M].北京：中国社会科学出版社，1990：194.

1949年新中国成立后，在继承了民国教育遗产的同时，在苏联的帮助下，新中国迅速确立了"苏联模式"的义务教育体制，即按照中央、大行政区和省（市）三级管理，实行"统一列支"的财政管理体制。然而，这种体制仅能够满足49%学龄儿童的入学要求。为了使更多的学龄儿童能够接受教育，我国继承延安时期的传统与经验，大力兴办民办学校。1949年12月的第一次全国教育工作会议决定，为工人、农民成立时间为三年的中学，并提出在1950年为每个村建一所民办学校的目标。1952年11月

15日，教育部发布了《关于整顿和发展民办小学的指示》，提出了政府统筹与发动群众办学相结合的教育方针。

然而，随着民办教育的发展，早在1942年就出现过有关教育的不同政策偏好或信念之间的冲突日益明显，两种相互冲突的政策观点或偏好在1953年同时出现。

在1953年讨论第一个五年计划时，"国家统计局在提到1949年至1952年时报告说，教育工作出现了很多问题。所用的字眼和名词在10年以后变得司空见惯，而且在10年以前边区1942年的改革中也出现过这些字眼和名词：缺乏计划与远见；与经济发展协调得不够；盲目冒进；扫盲和小学教育只重数量不重质量"（麦克法夸尔、费正清，1990）。1953年1月举行了各大行政区文教委员会主任出席的会议，讨论了上述错误并提出解决办法。会议宣布了一些指导制订教育工作计划的新方针，以协调教育发展与第一个五年计划第一年的工作，即调整巩固、发展重点、提高质量、稳步前进。周恩来在《政府工作报告》中重申这种观点（麦克法夸尔、费正清，1990）。郭沫若在1953年10月1日《人民日报》上撰文指出，教育工作的领导同志没有正确地把需要和可能结合起来，追求数量忽视质量，追求数字和速度，倾向于"只顾眼前，不顾将来"。他们不懂得文化建设应该在经济建设之后，而不能在经济建设之前。

几乎与此同时，1953年5月，毛泽东主持的中共中央政治局会议决定：允许小学民办，不限定几年，能办几年就办几年。1953年6月5日，第二次全国教育工作会议确定：在工矿区、城市、少数民族地区适当发展公立小学，农村提倡民办小学。企业、机关、团体、院校、合作社办学也被许可，同时，新私塾式、改良式、不正规式的学校也得到默许。显然，这种主张将基础教育的责任推向了社会个人以及各种社会组织，任由社会去自由发展。

两种不同政策偏好冲突的结果是形成了一个折中的方案："两条腿走路"，即一方面在精英层次上保持苏联模式，同时也保留中国共产党以往在农村探索出的经验——"民办学校"。然而这不是一个可自我实施的均衡路径，因为基础教育的个人需求远远超过了集体供给，公立学校的拥挤效应到1955年已经变得日益显著。同时，教育系统失衡也相当明显，小学的数量无法容纳全体学龄人口，即便如此，小学毕业生仍然超过现有中学的容量；而中学毕业生的数量则不能完全满足高等学校的需要。由此可见，非内生性的教育发展要维持教育系统的内部平衡并非易事，只能通过相当长时间的演化而逐步趋向平衡。正因为如此，当时的国家计划委员会主任李富春在1955年7月的《关于发展国民经济的第一个五年计划的报告》中指出，科学技术人员的短缺已经成为经济发展的严重障碍，同时也呼吁在质量与数量的平衡方面要兼顾和谨慎。他警告说，"那种片面追求数量而忽视质量的倾向，对于国家建设显然是不利的"（麦克法夸尔、费正清，1990）。

然而，到1955年底与1956年初，由于人们对现实状况看法的不同，以及人们对于解决同一问题的方式的观点不同，不同政策偏好之间的冲突开始突破原有的均衡。1955年末，毛泽东在关于农业生产合作社组建速度上与党内其他领导人的观点的进一步冲突，促使毛泽东改变了原先态度。在《〈中国农村的社会主义高潮〉的序言》中，毛泽东指出：“这件事告诉我们，中国的工业化的规模和速度，科学、文化、教育、卫生等项事业的发展的规模和速度，已经不能完全按照原来所想的那个样子去做了，这些都应当适当地扩大和加快”。

正是在这一背景下，1956年1月采纳新的12年农业发展纲要，宣布在未来5~7年内完成扫盲任务，农村在7~12年内实现小学全部实行义务教育的目标，方式就是举办民办学校；1955~1956学年要招收新生33000人，而当时1954~1955学年全部在校生也仅有51000人。由于学校迅速扩招对教师产生了需求压力，教育部相关人员为近年来师范学校招收人数减少而做了自我批评。尽管如此，关于教育政策的另外一种取向仍然存在。当时的教育部长在1957年初指出，"小学、中学毕业生不能全部逐级升学的现象，不仅在今年，并且在今后很长时期内也将存在"。即便是小学、中学已经普及而每个人都已"成为知识分子"，他们以后仍要习惯于从事生产劳动的观念。社会不能只有知识分子而没有农民和工人（麦克法夸尔、费正清，1990）。1957年6月，周恩来在《政府工作报告》中指出，现行教育体制面临的批评者的压力正在不断增强。即使如此，够条件的投考生总数的增长速度将超过更高一级学校的招生人数。以后日益增多的年轻人将不得不缩短学习年限而参加生产劳动。

然而，自此之后，全民办教育迅速升级，多样化办学迅速发展。1958年9月19日，中共中央、国务院发布《关于教育工作的指示》，确定了动员一切积极因素，采取统一性与多样性相结合，普及与提高相结合，全面规划与地方分权相结合的办学原则。之后，中共中央、国务院发布了《关于教育事业管理权力下放问题的规定》，下放教育事业管理权限，扩大地方政府在教育管理中的作用，鼓励采取各种方式大力发展教育。然而更重要的是，这两个文件反映了两种不同的政策取向。因为这两个文件都号召开展文化革命，批评了教育工作中忽视政治、忽视中国共产党的领导、忽视生产劳动的错误。它要求同那种"为教育而教育"、"劳心与劳力分离"以及"教育只能由专家领导"的资产阶级思想进行坚决的斗争（麦克法夸尔、费正清，1990）。这两个文件都反映了另外一种教育偏好，要求自1958年起的3~5年内，要基本扫除文盲并普及小学教育；在15年内要使每个有条件的自愿的人，都可以接受到高等教育；然后再用15年时间从事高等教育工作。

为了有效贯彻这两个文件所提倡的政策主张，1958年全国掀起了一场有关教育的大辩论，主要针对"某些资产阶级教育家"，这些人打算限制教育发展的范围和速度。他们提倡只搞一种形式的学校制度：由国家开办并由国家提供资金，具有正规的校舍、正规的教师和正规的教育方法的学校制度。不过这种讨论并没有改变坚持正规发展教育的主张，只是10年之后，这些"错误主张"才被认为是"刘少奇的修正主义教育路线以及几千年旧教育制度的残余"（麦克法夸尔、费正清，1990）。

1959年4月，周恩来在全国人民代表大会的报告中对教育问题做了评估，"去年一年，各级学校都有了很大的发展；现在需要在这个大发展的基础上进行整顿、巩固、提高的工作"。关于办学方式问题，他指出，"在各级全日制的正规学校中，应当把提高教学质量作为一个经常的基本任务，而且应当首先集中较大力量办好一批'重点'

学校,以便为国家培养更高质量的专门人才,迅速促进中国科学文化水平的提高"。新教育部长杨秀峰在会上的发言,表明了同样的观点,但显然更为明确:在1958年,由于缺乏经验,学校为了生产劳动而上课少些。现在应该努力对此加以修正。必须将群众性半工半读学校的劳动与以求质量为方向的全日制学校的劳动区别开来。要"提高各级全日制学校的质量,并且在全日制学校当中,挑出一批学校,作为重点,着重提高质量,使其成为教育事业中的骨干"。他坚持认为,这种有选择性的发展是一种"合理使用有限力量"的方法,这样才能"既照顾普及,又注意提高"。此后,在1960年的"调整、巩固、充实、提高"总方针的指导下,逐渐形成了"统一领导,分级管理"的基础教育体制以及"发展重点,照顾一般"的发展模式。

表5-3 教育经费占财政支出和GNP的比例(1950~1980年)

时期	教育经费占财政支出的比例(%)	教育经费占GNP的比例(%)	时期	教育经费占财政支出的比例(%)	教育经费占GNP的比例(%)
1950~1952年(恢复时期)	6.43	1.53	1966~1970年("三五"时期)	6.36	1.95
1953~1957年("一五"时期)	6.92	2.30	1971~1975年("四五"时期)	5.65	1.94
1958~1962年("二五"时期)	6.58	2.65	1976~1980年("五五"时期)	7.16	2.47
1963~1965年(调整时期)	7.58	2.57			

资料来源:Mun C. Tsang. Financial Reform of Basic Education in China [J]. Economics of Education Review, 1996, 15(4): 429.

表5-3数据基本上反映了上述两种偏好争论的结果。从1953年开始直到1962年,财政教育经费投入基本保持平衡上升趋势。1963~1965年虽然有了一定的减少,但减少的幅度并不是很大,特别是此时正是"三年困难时期"的恢复时期,能够保持如此之高的教育投入已经实属难得。持续提高的教育经费支出与毛泽东的快速经济发展策略显然有不和谐之处。在毛泽东看来,教育占用了过多的其他方面特别是经济建设方面的资金,从而无法保证经济建设中所需要的资金。郭沫若在1953年10月1日《人民日报》上撰文所说的"他们(指教育工作的领导同志)不懂得文化建设应该在经济建设之后,而不能在经济建设之前",恰当地反映了这种逻辑。当然,我们无法考证这句话是毛泽东授意的还是郭沫若的真实想法。如果是后者,那么,像郭沫若这样的大专家都这么认为,社会上其他人特别是民众的想法也就可想而知了。

表5-3中1965年以前的数据表明,虽然围绕教育经费支出问题进行了几次大的争论,结果并没有发生什么变化。但"文化大革命"的10年却使教育经费的财政支出从占GNP的平均2.5%以上下降到1.94%左右。这显然符合了毛泽东的政策偏好。这表明,通过"文化大革命"才使毛泽东的政策偏好得到了较为彻底的贯彻与实施。改革开放后,随着政策偏好的恢复,教育经费再次上升到占GNP的2.5%左右。这同样也反映了政策偏好的前后变化。

所谓"调整、巩固、充实、提高",在教育特别是基础教育领域就是集中较大力量办好一批"重点"学校。所谓重点学校,是指在不同学校等级间具有最高升学率而进行重点建设的学校,因而重点学校也就意味着从小学升初中、初中升高中、高中升大学的升学率最高。重点学校由省、市、县(区)分别指定,因而形成了省重点、市重点、县(区)重点学校。不同级别的重点学校由对应级别的政府直接负责财政拨款,例如省重点学校由省级政府负责建设,市重点学校由市级政府负责建设,县(区)级重点学校由县(区)级政府负责建设。由于重点学校能够得到最好的教师、最充足的财政经费、最佳的教师优惠待遇、最良好的设备以及最优秀的小学和初中毕业生的源源不断的供应,因而,随着时间的推移,重点学校进入了良性循环,而与其他学校之间的差距也越来越大,"马太效应"也日益明显。

由于教育资源的优先配置以及重点学校的层层升学的高比例,重点学校成为人们追逐、竞争的首选对象。据有关学者在广东及广州的随机抽样调查发现,在最好的重点初中里,只有11%的学生出身于工农家庭;48%则是"革命干部"子女。知识分子的孩子在质量较低的学校中占20%,而在重点或精英学校中却占32%。在招生人数更少的高中一级,竞争更为激烈,标准也因此更高,干部子女的比例虽然有所下降,但仍高于工农子弟所占的比例。在最好的重点学校里,干部子女占学生总数的27%,工农子女占12%。有些重点高中,知识分子的子女占34%,而其他非知识分子中产阶级家庭的子女占36%(麦克法夸尔、费正清,1990)。事实上,在北京、上海以及其他省会城市,新建或在原有学校基础上建设了一系列特殊的学校,即各种级别(小学、初中、高中)的高干子弟学校,这些学校后来均成为最高级别的重点学校,即省、市级别的重点学校,在所辖区内能够获得最好的各类教育资源、最优先的财政保障与设备以及最佳的教师待遇。

据1980年教育部一位发言人的说法,"重点学校"、"中心学校"的思想,源于"中国共产党在1937~1949年的抗日战争和解放战争时期的经济发展策略的基础,这一策略就是在贫困的农村根据地为经济建设的目的而集中使用人力、物力"。在1942年延安改革时期,为了在经济困难的情况下继续开展教育工作,开始设立"中心学校"。新中国成立后,面对捉襟见肘的财政状况,毛泽东于1953年在一项关于办好重点中学的指示中首次提出建设重点中学的主张。1959年4月,周恩来在《政府工作报告》中,首次引用了毛泽东的这一思想,提出了发展重点学校的政策主张。虽然重点学校自20世纪50年代中期之后就一直存在,但只是在1959年4月之后,才在全国范围内开始有组织地建立起来,得到协调一致的发展(麦克法夸尔、费正清,1990),至今是中国教育领域的一道亮丽的风景。

"统一领导,分级管理"的基础教育体制以及"发展重点,照顾一般"的发展模式,虽然在不同时期面临挑战(1958年的大辩论)且在"文化大革命"期间被间断了,但在1979年改革开放后却又流行起来,其基本架构一直延续至今。这表明,"统一领导,分级管理"的基础教育体制以及"发展重点,照顾一般"的发展模式,自1949年后便具有一种内在稳定性。这种内在稳定性表明,自1949年以来,中国的基础教育模式既与其存在于其中的外部政治、经济、文化环境形成了一种均衡，也在其内部形成了一种均衡。

二、总结性评论

中国地方政府规模与结构的宪政性制度安排，即有关中央政府与地方政府的职能划分，自新中国成立以来，经历过无数次的讨论。早在20世纪50年代，毛泽东在《论十大关系》中，特别强调了这一问题。毛泽东认为，中央和地方的关系也是一个矛盾。首先要承认两者之间确实存在矛盾，这是正常的，相反不存在矛盾倒是不正常。解决中央与地方关系的方式，就是"在巩固中央统一领导的前提下，扩大一点地方的权力，给地方更多的独立性，让地方办更多的事情"。这对我们建设强大的社会主义国家比较有利。我们的国家这样大，人口这样多，情况这样复杂，有中央和地方两个积极性，比只有一个积极性要好得多。因此要扩大地方自主权，充分发挥地方积极性。在后来同埃德加·斯诺谈话时，毛泽东又指出，要学美国那样把权力分给各个州，让地方有一点自主权。他说："看起来，我们也要扩大一点地方的权力。地方的权力过小，对社会主义建设不利。"本着这一思想，毛泽东认为，必须下放权力，给地方以自主权，充分发挥地方的积极性。归纳地说，毛泽东关于中央与地方关系的处理模式就是：统一领导，分级管理；大权统管，小权下放。然而，这是一种没有考虑各种因素影响的理想的均衡状态，因而必然只停留在思想的层面上。

事实上，直至1978年改革开放以前，中国地方政府规模与结构的宪政性制度安排之所以变动不居，主要受如下几个因素的影响：首先，由于受到中国政治的特色性、苏联模式以及中国根据地时期积累的经验三重因素的影响，在计划经济体制下，这种"统一领导，分级管理"的模式无法在一个有效平衡集中与分散的均衡路径上稳定地演化，最终不可避免地趋向于中央集权时社会经济就失去活力，中央放权时社会经济的整体计划性就几乎落空，即陷入所谓的"一统就死，一放就乱"的周期性循环。其次，"统一领导，分级管理"的模式受到中国政治运动的严重影响。"大跃进"运动、"文化大革命"等"极左"运动都使中国地方政府规模与结构受到扭曲性影响。最后，"统一领导，分级管理"的模式受到政策偏好选择的严重影响。在财政整体能力不足、追赶意识强烈以及理想感召与现实冲突的情形下，政策偏好更趋向于集中更多的权力与财力于中央和经济建设方面。

第三节 "放权让利"与扭曲性分割：改革开放后的新探索（1978~1993年）

1978年12月召开的中国共产党第十一届三中全会，开启了当代中国历史的新纪元。这次会议决定，"把全党工作的着重点和全国人民注意力转移到社会主义现代化建设上来"。为了实现这种转变，会议提出了在国家建设的所有方面全面实施"调整、改革、整顿、提高"的方针。所谓"调整、改革、整顿、提高"，主要是针对过去国家组织与经济管理体制存在的各种弊端而言的，而在国家组织与经济运行过程中表现出的各种各样的弊端，其"总病根"在于"权力过于集中"（《邓小平文选》第 2 卷，第 336 页）。"权力过于集中"主要体现在三个方面：一是权力过分集中于各级党委；二是权力过分集中于少数甚至个别领导手中；三是权力过分集中于中央（《邓小平文选》第 2 卷，第 141~142 页、第 327~328 页）。

为了有效解决国家组织与经济管理中存在的"权力过于集中"的问题，中国开始了以"放权让利"为核心的改革开放历程。"放权让利"主要包括四个方面：一是下放党委机构的权力，"各级党组织应该把大量日常行政工作、业务工作，尽可能交给政府、业务部门承担"（《邓小平文选》第 2 卷，第 327~328 页）。二是下放政府对企业事业单位的管制权，"扩大厂矿企业和生产队的自主权，使每一个工厂和生产队能够千方百计地发挥主动创造精神"（《邓小平文选》第 2 卷，第 146 页）。三是中央各部向地方放权，对各地方"在经济计划和财政、外贸等方面给予更多的自主权"（《邓小平文选》第 2 卷，第 146 页）。四是政府内部各机构和各个层次的放权。

然而，由于缺乏中央与地方权力划分的理论基础，缺乏权力与职责划分的综合考虑以及国家统筹治理与区域发展的均衡理论，"放权让利"使国家财政能力迅速突破其协调与统筹区域综合发展的能力界限，财政能力不仅在中央与地方政府间的分割出现扭曲，而且在功能性结构间的分割亦出现扭曲，导致中央财政的拮据与财政支出的结构性失衡，不仅未见公共财政的配置效率提高，反而导致社会发展失衡。

一、"放权让利"与国家财政能力的迅速提高

1978 年的农村生产责任制、1983~1984 年的城市商业流通体制改革以及 1985~1986 年有计划商品经济体制改革等一系列"放权让利"的制度性变迁，有效激发了生产主体（个人、企业）的生产积极性与创造性，中国的社会财富生成能力因而大幅度地提高。按 1952 年不变价格计算，中国实际 GDP 从 1978 年的 1904 亿元稳步上升到 1993 年的 6187 亿元，年均增长 10.56%；而 1952~1977 年的 25 年间才翻了四番，年均增长只有 6%。按 1978 年不变价格计算，人均实际 GDP 从 1978 年的 334 元迅速上升到 1993 年的 1087 元，而 1952~1977 年的 25 年间，人均实际 GDP 增长了 2.54 倍（见图 5-6）。

在社会产出能力获得大幅度提高的同时，生产者个体所分享到的产出增长的比例也获得相应的提高。1953~1977 年，国家财政收入占 GDP 的比重平均为 30.27%，而 1978~1993 年国家财政收入占 GDP 的比重降低为平均 23.46%。仅仅从政府与生产个体分享产出增长的比例的变化上说，此间生产者个体的分享比例就上升了近 7 个百分点（见图 5-7）。

1978~1993 年，中国财政支出占 GDP 比重的变化样式与改革开放前出现了较大的不同。图 5-7 表明，1953~1977 年，国家财政支出占 GDP 的比重为 20%~40%，并且波

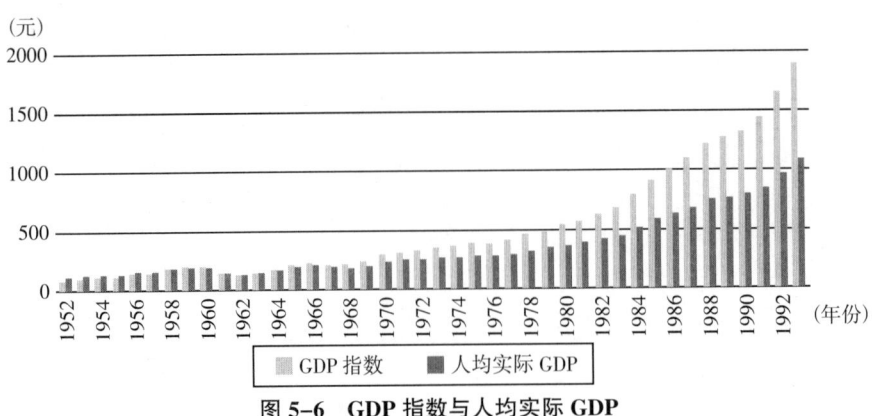

图 5-6 GDP 指数与人均实际 GDP

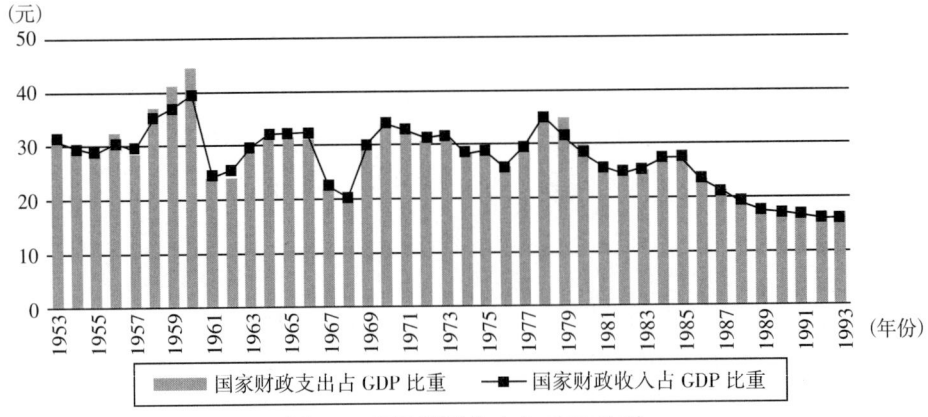

图 5-7 国家财政收支占 GDP 比重

动频率较高,一般 3~5 年就波动一次。改革开放后,财政支出占 GDP 的比重从 1978 年的 35.15% 下降到 1982 年的 24.78%,然后回升到 1985 年的 27.81%,此后一直下降到 1993 年的 16.15%。

虽然从纵向角度看,改革开放后,中国国家财政支出基本上是逐级下降的,但这种趋势能够说明的内容并不多,或者说没有什么意义,因为仅仅与自身历史变化相比较,并不能比较出社会发展与政府规模变化的一般规律或趋势,并不能说明其是否具有合理性。就像一个人,若仅仅从自身角度进行比较,从出生到成年,由婴儿成长到 25 岁,不论从其体重还是身高,抑或从其智力的角度上看,其成绩是极其显著的,值得骄傲之处非常多;但如果进行横向比较,与其他个体的类似过程及其结果进行比较,才能够看出他从出生到成年过程中是否存在值得骄傲之处。表 5-4 至表 5-5 是其他国

表 5-4 1870~1937 年主要西方国家政府一般支出的增长(占 GDP 的比重)

单位:%

	19 世纪后期	第一次世界大战前后		第二次世界大战前	第二次世界大战后			
	1870 年前后	1913 年	1920 年	1937 年	1960 年	1980 年	1990 年	1996 年
澳大利亚	18.3	16.5	19.3	14.8	21.2	34.1	34.9	35.9
奥地利	10.5	17.0	14.7	20.6	35.7	48.1	38.5	51.6

续表

	19世纪后期	第一次世界大战前后	第二次世界大战前	第二次世界大战后			
	1870年前后	1913年	1920年	1937年	1960年	1980年	1990年	1996年
加拿大	—	—	16.7	25.0	28.6	38.8	46.0	44.7
法国	12.6	17.0	27.6	29.0	34.6	46.1	49.8	55.0
德国	10.0	14.8	25.0	34.1	32.4	47.9	45.1	49.1
意大利	13.7	17.1	30.1	31.1	30.1	42.1	53.4	52.7
爱尔兰	—	—	18.8	25.5	28.0	48.9	41.2	42.0
日本	8.8	8.3	14.8	25.4	17.5	32.0	31.3	35.9
新西兰	—	—	24.6	25.3	26.9	38.1	41.3	34.7
挪威	5.9	9.3	16.0	11.8	29.9	43.8	54.9	49.2
瑞典	5.7^b	10.4	10.9	16.5	31.0	60.1	59.1	64.2
瑞士	16.5	14.0	17.0	24.1	17.2	32.8	33.5	39.4
英国	9.4	12.7	26.2	30.0	32.2	43.0	39.9	43.0
美国	7.3	7.5	12.1	19.7	27.0	31.4	32.8	32.4
平均	10.8	13.1	19.6	23.8	28.0	41.9	43.0	45.0

Central government for 1870~1937, general government thereafter

比利时	—	13.8	22.1	21.8	30.3	57.8	54.3	52.9
荷兰	9.1	9.0	13.5	19.0	33.7	55.8	54.1	49.3
西班牙	—	11.0	8.3	13.2	18.8	32.2	42.0	43.7
平均	9.1	11.3	14.6	18.0	27.6	48.6	50.1	48.6
总平均	10.7	12.7	18.7	22.8	27.9	43.1	44.8	45.6

注：a. Or closest year available for all columns. Pre-World War Ⅱ data sometimes on the basis of GNP or NNP instead of GDP.

b. Central government data for this year, New Zealand；1960=1970, and 1994–1995=1996.

c. 1996 data；calculations are based on the Maastricht definition, and are smaller than that published by the INSEE, the national statistical agency.

d. 1995 instead of 1996, because of break in data calculation.

资料来源：Compiled by Tanzi and Schuknecht based on Fernández Acha (1976)；Andie and Veverka (1964)；Australia, Bureau of Census and Statistics (1938)；Institut National de la Statistique [Belgium] (1952)；Brosio and Marchese (1986)；United States Bureau of Census (1975)；Butlin (1984)；Norway, Statistisk Sentralbyrd (1969, 1978)；Delorme and André (1983)；Flora, Kraus, and Pienning (1983)；IMF, Statistical Appendix, New Zealand；IMF, Switzerland；Recent Economic Developments (1996)；Historical Statistics of Japan (1987)；Mitchell, International Historical Statistics (various years)；Neek and Schnelder (1988)；The Netherlands, Centraal Bureau voo；de Statistiek (1956)；New Zealand Official (1933)；OECD, Economic Outlook (1996, 1997)；Italy, Istituto Nazionale de Statistica (1951)；Österreichisches Statistiches Zentralamt (1935).

表5-5　1960~1996年OECD国家的政府规模

国家	政府总支出占GDP的比例					
	1960年	1970年	1980年	1990年	1996年	Increase 1960~1996年
澳大利亚	21.2	25.5	34.0	37.7	37.5	16.3
奥地利	35.7	39.2	48.9	49.3	52.7	17.0
比利时	34.5	36.5	50.7	54.6	54.5	20.0
加拿大	28.6	35.7	40.5	47.8	46.4	17.8
丹麦	24.8	40.2	56.2	58.6	60.8	36.0

续表

政府总支出占GDP的比例						
国　家	1960年	1970年	1980年	1990年	1996年	Increase 1960~1996年
芬兰	26.6	31.3	36.6	46.8	59.4	32.8
法国	34.6	38.9	46.1	49.9	54.7	20.1
德国	32.4	38.6	48.3	45.7	56.0	23.6
希腊	17.4	22.4	30.5	49.6	49.4	32.0
冰岛	28.2	29.6	32.2	39.9	37.3	9.1
爱尔兰	28.0	39.6	50.8	40.9	37.7	9.7
意大利	30.1	34.2	41.9	53.8	52.7	22.6
日本	17.5	19.3	32.6	31.9	36.9	19.4
卢森堡	30.5	33.1	54.8	45.5	49.3	18.8
荷兰	33.7	46.0	57.5	57.5	58.1	24.4
新西兰	27.7	34.4	47.0	50.0	42.3	14.6
挪威	29.9	41.0	48.3	51.3	46.4	16.5
葡萄牙	17.0	21.6	25.9	41.9	46.0	29.0
西班牙	13.7	22.2	32.9	43.0	45.4	31.7
瑞典	31.0	43.7	61.6	60.8	66.1	35.1
瑞士[a]	17.2	21.3	29.3	30.9	36.9	19.7
英国	32.2	39.2	44.9	42.3	43.7	11.5
美国	28.4	32.5	33.7	34.8	34.6	6.2
平均	27.0	33.3	42.8	46.3	48.0	21.0

注：The data for Switzerland are for current government expenditures only.
资料来源：OCED Economic Outlook（December 1997）；OECD Historical Statistics（various issues）；IMF Government Finance Statistics Yearbook，1994（for 1990 Luxembourg data）；New Zealand Official Yearbook（various issues）；and Economic Report of the President（February 1997）.

家财政支出的情况。

虽然中国国家财政收入占 GDP 的比例自 1978 年以来逐渐下降，但国家财政能力的增长速度却在逐渐增加。1953~1977 年，按 1978 年不变价格计算，国家财政收入从 1953 年的 227.7 亿元提高到 1977 年的 942.2 亿元，国家财政能力增长了 4 倍多，年均增长只有 2.8%；而 1978~1993 年，按 1978 年不变价格计算，国家财政收入从 1013.9 亿元增加到 4533.9 亿元，国家财政能力却增长了 4 倍，年均增长达到 23.1%，远远高于此间 GDP 年均增长 14.9% 的水平（见图 5-8）。

二、国家财政能力在中央与地方政府间的分割

"放权让利"在国家财政能力分割方面的体现，是中国开始了重新建构财政能力分割制度的探索。在其他省份继续实行"收支挂钩，总额分成"办法的同时，1978 年中国开始在部分省试行"收支挂钩，增收分成"的办法，即地方预算支出仍同地方负责组织的收入挂钩，实行总额分成；地方机动财力，按当年实际收入比上年增长部分确定的分成比例提取，多增收可以多提取。到 1979 年，除江苏实行"固定比例包干"办

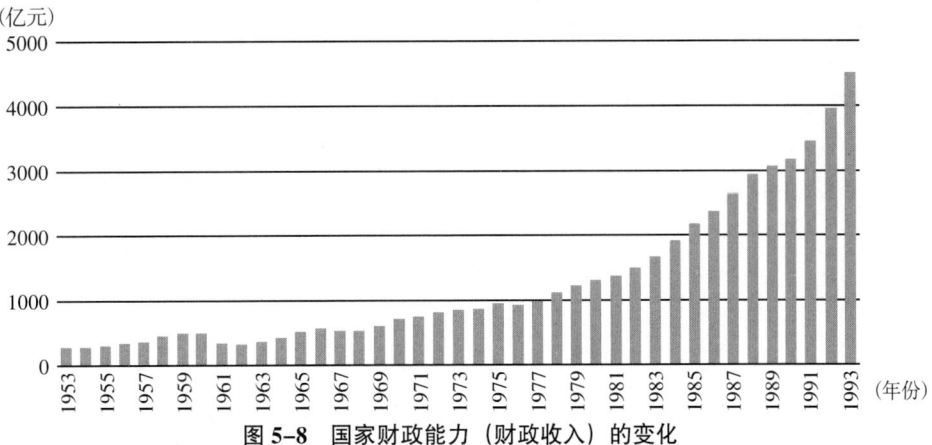

图 5-8 国家财政能力（财政收入）的变化

法，广西、新疆、内蒙古、西藏、青海、云南实行民族自治地方财政体制外，其余21个省、市均改行"收支挂钩，超收分成"的办法。1980年开始又对四川等15省实行"划分收支、分组包干"的办法[①]，对广东、福建两省实行"划分收支，定额上缴（广东）或定额补助（福建），一定五年不变"的特殊照顾办法。1983年"利改税"以后，从1985年起，对各省、市、自治区一律实行"划分税种、核定收支、分级包干"的过渡性财政管理体制。

1988年《国务院关于地方政府实行财政包干办法的决定》，对预算包干办法进行了重大调整，针对省、市、自治区和计划单列市的不同情况，对其分别实行不同形式的包干办法：北京等10个省（市）实行收入递增包干，即以1987年的决算收入和地方应得预算支出作为基数，参照各地区近几年的收入增长情况，确定各地区的收入递增率（环比）和地方留成、上解比例；在递增率以内的收入，按确定的留成、上解比例，实行中央与地方分成，超过递增率的收入，全部留给地方，收入达不到递增率而影响上解中央的部分，由地方的自有财力补足。天津等3个省（市）实行总额分成办法，即根据各地区前两年的预算收支情况，核定收支基数，以地方支出占总收入的比重，确定地方留成、上解中央的比例。大连等3个计划单列市实行总额分成加增长分成办法，即以上年实际收入作为基数，基数以内部分按总额分成比例分成；实际收入比上年增长部分，除按总额分成比例分成外，另加增长分成比例。广东、湖南两省实行上解额递增包干办法，即以1987年上解中央的收入为基数，每年按一定的比例递增上解。上海等3个省（市）实行定额上解办法，即按原来核定的收支基数的收大于支的部分，确定固定的上解数额。吉林等16个省（自治区）实行定额补助的办法，即按原来核定的收支基数的支大于收的部分，实行固定数额补助。除总额分成外，其他办法的共同特点是，地方可以从增收或超收中多提取机动收入，能够有效调动地方政府增收的积极性。

上述关于中央与地方财政收支范围的一系列调整，使国家财政能力与中央财政能

[①] 所谓划分收支，就是按隶属关系明确划分中央与地方的收支范围。

力显现出一种较为平缓的倒"U"形。中央收入占全部财政收入的比例由1978年的15.5%稳步上升到1984年的40.5%，中央集中的财力不断上升（见图5-9）。中央平衡地区间均衡发展关系、平衡中央与地方财政能力方面以及国家与个体（企业与个体劳动者）间分配关系，出现了一种新式样。在不断提高个体分享收入比例的同时，国家财政能力获得了重大提升。加上地方上解中央的财政收入，中央实际掌握的财政能力（中央收入占全部财政收入的比例）最高时达到54.96%，1984年亦达到52.52%。

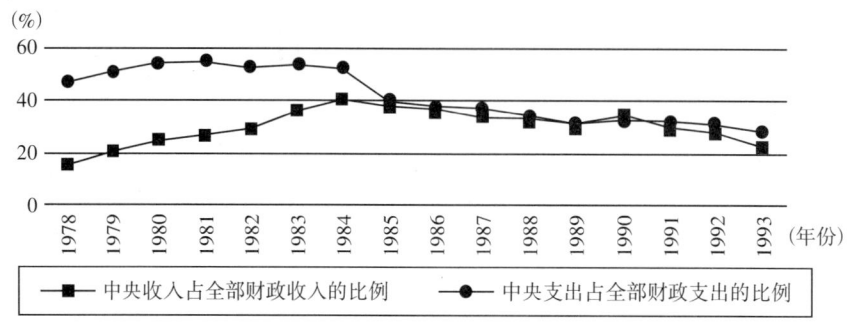

图5-9 中央财政收支占全部财政收支的比例

由"放权让利"而引发的国家整体产出水平的提高以及财政能力的增长，进一步强化了"放权让利"激励机制的有效性信念。与此同时，地方政府与中央政府关于财政分割的讨价还价能力与动机也不断增强。伴随着"利改税"以及1985年的"划分税种，核定收支，分级包干"（俗称"分灶吃饭"）与1988年的"划分税种、核定收支、分级包干"的财政包干体制的改革，财政分权的趋势日益明显。

由于这种分权趋势的本质精神是包死上解基数、超收多留，因而在总体财政能力稳步提高的同时，中央财政能力开始逐年下降。中央财政收入占全部财政收入的比例由1984年的40.5%下降到1985年的38.4%，1990年的33.8%，1993年进一步下降至22.0%。在总体财政能力与中央掌握的财政能力稳步上升的同时，财政收入占GDP的比重也在不断下降，由1978年的35.15%下降到1985年的27.81%，再平缓下降到1993年的12.6%。

中央财政收入占全部财政收入比重的下降与国家财政收入占GDP比例的下降，正是被专家们称为的国家财政能力的"双下降"。"双下降"导致中央财政捉襟见肘，不但要靠地方财政的收入上解维持平衡，而且还不得不通过设立"基金"向地方政府"借钱"。中央财政能力的下降使得中央政府调控、平衡经济的能力以及行政管理能力严重削弱。政府与学术界普遍认为"放权让利"已经超过了"分权的底线"（王绍光，1997）。

"放权让利"是否超过了财政"分权的底线"？事实上并没有一种理论能够说明这一点，但可以从发达国家的经验来进行比较和鉴别。正如前面所指出的，从一般规律的角度上说，单独一个国家的财政能力在不同级政府间分割的历史变化并不能说明其合理性，只有通过不同国家的比较才能显现出某种规律性或合理性的概念。

美国是发达国家中联邦政府集中财政资源较少的国家,因而与美国财政能力在不同级政府间的分割进行比较,可以从侧面说明中国财政能力在不同级政府间分割的合理性状态。图 5-10 表明,美国中央政府即联邦政府集中的财政资源占全国财政资源的比重分为两种情况,即联邦政府援助性转移支付前后的财政能力分割。总体来说,联邦政府收入占全部收入的比重,自 1962 年以来处于下降趋势。

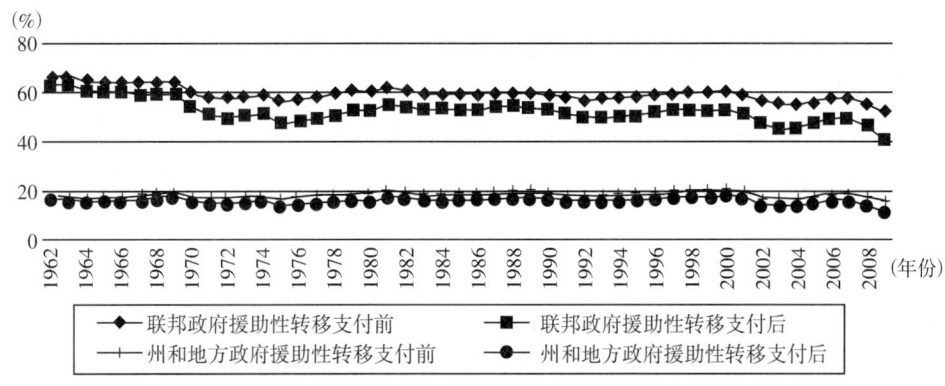

图 5-10 美国联邦政府与州和地方政府财政收入的分割(占全部财政收入与 GDP 的比重)

在援助性转移支付前,联邦政府财政收入占全部财政收入的比重,在 1962~2009 年,平均为 59.91%。其中最高的 1962 年为 66.58%,而后下降到 1975 年的 56.98%,之后小幅上升并围绕 59.61% 这一均值上下微小地浮动,2000 年以后开始波动性地下降,2010 年下降到 52.37%。

在援助性转移支付后,联邦政府财政收入占全部财政收入比重的变化模式与援助性转移支付前的模式基本相同,只是几乎同比例地降低了。援助性政府转移支付基本围绕全部财政收入的 9%~10% 上下波动,1989~2009 年,这种援助性转移支付占联邦政府收入的 15% 左右。2009 年联邦政府援助性转移支付后财政收入占全部财政收入的比重为 48.87%。同时,联邦政府财政收入占 GDP 的比重,也存在一个缓慢下降的趋势,从 1962 年的 16.83% 下降到 2009 年的 15.62%(援助性转移支付前)或 12.19%(援助性转移支付后)。

中国与美国的比较表明:①中央政府财政收入占全部财政收入与 GDP 的比重均存在下降趋势,不过中国的这两个比重下降得更快一些;②此间中央财政收入占全部财政收入的最高比重为 40.5%(1984 年),较美国此间联邦政府财政收入占全部财政收入的最低比重 52.37%(援助性转移支付前)或 40.87%(援助性转移支付后),少 11.87 个百分点或 0.37 个百分点;③美国联邦政府财政收入占 GDP 的比重此间最高为 20.67%(2009 年)或 18.19%,最低为 15.62% 或 12.19%,中国中央政府财政收入占 GDP 的比重此间最高为 1978 年的 35.15%,最低为 1993 年的 12.6%。

比较结果表明,"两个比重"总体趋势趋于下降;美国联邦政府财政收入占全部财政收入的比重始终高于中国中央政府的这一比重;中国中央政府财政收入占 GDP 比重的最高值与最低值分别高于美国联邦政府的相应值。仅从中美两国这两个比例来看,我们无法得出中国的"放权让利"超过了财政"分权的底线"的结论。但若考虑到经济发展的不同阶段、两国不同的社会组织方式以及时间区间等方面的差异,中国此间的"放权让利"的确有超过财政"分权的底线"之嫌。

与联邦财政收入占全部收入比重同时变化的是其支出比重的变化。为了了解美国联邦政府支出占全部支出比重变化的更为宽泛一些的图景,我们再向前追溯一些时间。表5-6列出了1902~1970年美国各级政府支出占总支出的比重。历史数据表明,自19世纪后期开始,不同级政府收入与支出结构发生了较为剧烈的变迁。一是政府收入与支出占经济产出的比重持续上升;二是联邦政府支出占总支出的比重逐渐上升。1902年州与地方政府财政支出占全部财政支出的比重约为66%,到1970年时则下降到45.5%;1902年州与地方政府支出约占其总收入的7/8,1970年则下降到只有2/3。自1902年以来的近70年间,政府支出每年以5.3%的速度增长,而国民收入每年的增长率却只有3.0%,与此前30年的增长样式完全相反。将此间划分为前30年(1902~1932年)与后38年(1932~1970年)两个时期,我们可以清楚地看到,政府支出的加速增长主要发生在后一个时期,前30年的增长率为每年5.4%,后一时期则为每年7.0%。不过去除国防支出,政府支出的每年增长率在此68年间下降到5.2%,前30年为5.6%而后38年为5.3%。国防支出成为这一时期政府支出加速增长的主要因素。

表5-6　美国各级政府直接公共支出比重(1902~1970年)

单位:%

年份	联邦	州与地方	州	地方
1902	34.1	66.0	8.2	57.7
1913	30.0	69.9	9.0	61.0
1922	39.4	60.7	10.3	50.3
1932	32.5	67.6	16.6	51.0
1940	45.0	55.0	17.4	37.6
1950	60.2	39.9	16.8	24.2
1960	59.8	40.3	14.5	25.6
1970	54.5	45.5	16.5	29.2

资料来源:作者整理。

三、国家财政在功能方面的分割

公共财政在不同领域的分割(支出)既是政府公共政策偏好的显现,也是针对本国当时情况理性选择的结果,同时也是社会各不同利益集团博弈的结果。从这一角度说,确定公共支出的领域与配置比例的合理性是一个非常复杂的过程。不过,人类社会的发展必然遵循某种规律,其表现形式之一便是不同国家的历史经验。马克思曾有过一句名言:发达国家目前所展现的正是不发达国家的未来景象。因此,我们可以参照发达国家公共财政支出的历史经验,比较中国的实际支出结构,并对中国公共财政支出结构有一个比较理性的理解或评价。

从世界各国的历史经验上看,公共支出结构并不存在一个固定的样式,而是随着社会经济发展的不同阶段而不断地变化。著名公共财政学家马斯格雷夫（R.A. Musgrave）于20世纪60年代对世界范围内不同国家公共支出结构与经济发展阶段之间的关系进行了较为明确的概括与描述，著名发展经济学家罗斯托（W.W. Roster）于20世纪70年代对这种关系进行了更为细致的描述，并利用计量经济学方法进行了实证性的经验检验。

各国经验表明，由于市场运转绩效对社会基础性结构的依赖，在经济发展的初期，经济基础设施，特别是道路、供水、电力和通信等基础设施方面的投资，对于促进经济起飞起到了至关重要的作用。然而，由于基础设施存在较强的正外部性效应，因此各国政府往往替代私人进行这些基础设施方面的投资，导致政府公共支出结构中，经济性支出通常占较高的比例。在经济发展的中期，随着私人部门的不断壮大、资本日益雄厚以及金融市场的日趋成熟，私人部门在相关基础设施中的投资逐渐增加，公共投资主体投资角色开始转向补充性投资角色。此间政府公共支出结构中虽然经济性支出仍然占据较高比例，但比经济发展初期将大幅下降。

在经济发展的成熟阶段，公共支出的结构通常发生重大转变，重点转向教育、社会保障、科学技术、市场监管以及环境保护等社会服务方面。在"大众消费"（Mass Consumption）阶段，人们价值取向日益转向对公平、正义的关注，公共支出适应人们基础价值的这种转变，日益提高了满足人们对公平、正义的社会性诉求的能力，同时对冲击和影响公共秩序与基本价值的新因素、新现象及时地进行回应。

1978年改革开放前，中国实行的是高度集中的计划经济体制，政府财政支出结构的赶超特征更为明显，即政府不仅在经济发展的基础性领域进行公共投资，也在竞争性领域进行投资，即所谓的重点项目、重点企业与重点工程的投资。因此，1953~1978年的公共支出结构中的经济性支出与国外的相应类别不具有可比性。1978年以后，中国的经济体制踏上转向市场经济的改革之路。这使得中国公共支出结构可能显现出所谓的"转轨特征"，即在改革传统的计划经济体制的同时，按照市场经济体制以及经济发展不同阶段的内在要求，调整政府的社会经济职能及其与之相适应的公共支出结构。中国公共支出的结构演变充分体现了这种"转轨特征"。

公共支出结构，从国外通行的口径来看，分为两种类型，一种是按照类型与目标（By Character and Object）进行划分；另一种是按照功能（By Function）进行划分。按类型与目标通常划分为两大类：政府间支出与直接支出，其中直接支出主要包括维持性（Current Operations）支出，资本性支出（Capital Outlay）（其中包括建设费与其他支出），援助与补贴（Assistance and Subsidies），债务利息（Interest on Debt）支出以及社会保险与再支付（Insurance Benefit and Repayments）等。按功能划分为政府一般性直接支出、设施等支出与保险信托支出，其中政府一般支出是我们关注的类别，其中包括政府一般性支出，教育、高速公路、公共福利、健康、医院、警察、火警、自然资源、卫生与排水、住房与社区开发、公园与休闲、金融行政以及利息支出等。不论是从类型还是从功能角度进行划分，中国公共支出的划分方式与国外通行的方式存在较大的差异，因而并不具有完全的可比性，但对于特定项目，如教育、社会福利以及行政管理等支出仍然是可比的。从功能的角度划分，中国公共支出主要划分为经济建设费、社会文教费、国防支出、行政管理费以及其他支出。本研究重点关注财政的民用方面，因而下面的讨论中不涉及国防支出，也不对其水平进行国际比较。

1. 经济建设支出

图 5-11 显示了 1978~1993 年中国公共支出主要结构（没有包括国防费比重）的变化。按照中国国家统计局的统计口径，经济建设费主要包括基本建设支出、政策性补贴支出、企业挖潜改造支出、地质勘探支出、科技三项支出、支援农村生产支出、农村水利气象等部门事业费、工业交通商业等部门事业费等，占全部财政支出的比重自 1978 年几乎一路下滑，从 1978 年的 64.08%下降到 1993 年的 39.52%，下降了 24.56 个百分点，年均下降 1.64 个百分点。

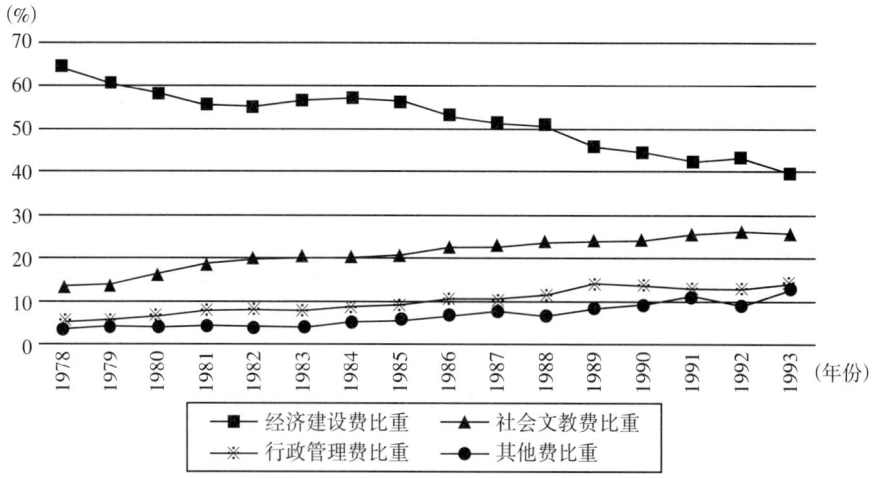

图 5-11 国家财政按功能划分的支出占总支出的比重

虽然自 1978 年以来中国财政支出结构中的经济性支出比重持续下降，这种趋势与马斯格雷夫总结的世界各国公共支出的历史趋势相符合，但与世界其他国家相比，仍处于较高的水平上。由于统计口径不同，中国的经济性支出与国外的相关统计不具有完全的可比性，但从多方面比较来看，仍能够做出一定的判断。按经济类型划分，高收入、中等收入与低收入国家的资本性支出占公共支出的比重分别为 10%、17.4%与 22%。显然中国的经济性支出占总支出的比重（39.52%）远高于不同发展水平国家的资本性支出占公共支出的比重；按职能划分，高收入、中等收入与低收入国家的经济服务支出占公共支出的比重分别为 14%、20.4%与 22.2%。中国的经济性支出比重亦远高于不同收入水平国家的经济服务支出占公共支出的比重。

中国的经济建设费与美国的资本性支出最为相近，但仍然不具有完全的可比性。若与美国政府的资本性支出相比，中国的经济建设费可以说相当高。美国各级政府资本性总支出占 GDP 的比重自 1962 年以来波动性下降，此间最高为 1962 年占 GDP 的 5.67%，20 世纪 70 年代至 90 年代围绕 3.65%这一均值波动，90 年代以后围绕 3.3%这一均值波动，2006 年以后有所增加，到 2009 年为 GDP 的 3.57%（见图 5-12）。从支出结构上说，1962~1969 年政府投资占总支出的比重平均为 22.50%，1970~2009 年，政府投资占总支出的比重围绕 17.26%这一平均值窄幅波动，波动范围不超过 1 个百分点。

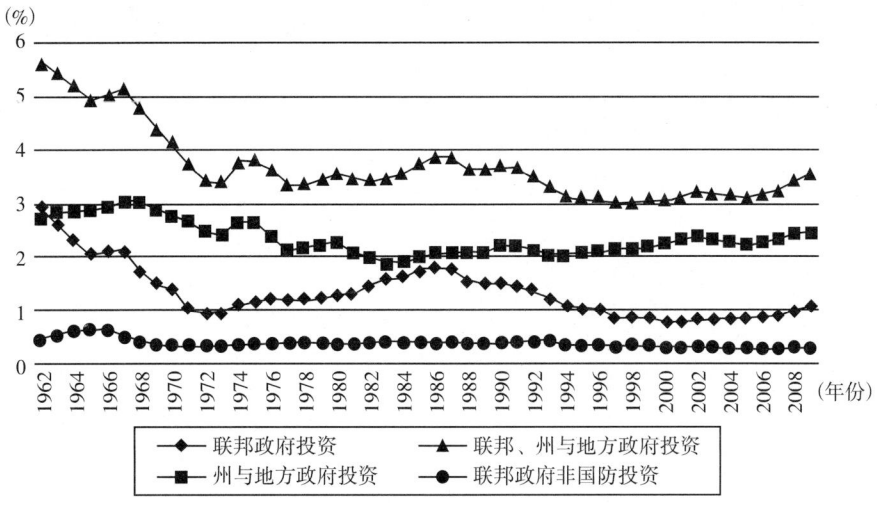

图 5-12 美国政府投资占 GDP 的比重

根据著名公共财政学家马斯格雷夫与著名发展经济学家罗斯托关于政府支出结构与经济发展阶段之间的关系，由于中国是发展中国家，对于其经济发展到底属于哪个阶段人们仍然存在分歧。有鉴于此，为了在不同水平上进行较为充分的比较，延伸历史视野是相当必要的。表 5-7 列出了主要 OECD 国家自 1870 年以来政府公共投资占 GDP 的比重。表中数据表明，在各个不同时期，政府的公共投资在不同国家显示出完全不同的样式：1870 年前后，表中几个获得数据的国家，其公共投资的平均规模为 GDP 的 2.0%，最高为澳大利亚的 6.9%，最低为法国的 0.5%；此后持续上升，1913 年政府公共投资的平均规模上升到 GDP 的 2.8%，1920 年上升到 3.4%，1937 年达到最高水平，为 GDP 的 3.8%，1994~1995 年回落到 3.0%。从趋势上看，不同国家公共投资占 GDP 的比重随时间的演进存在收敛效应，前期占比较高的国家，逐渐回落，而前期占比较低的国家则逐渐上升。例如，1913~1960 年，澳大利亚由 8.9%变为 3.6%；法国由 0.8%变为 3.4%；挪威由 1.1%变为 3.2%；美国由 2.7%变为 2.3%。另外一个现象是不同国家这一比重的变异状况存在较大的不同。日本政府的公共投资持续上升，由 1870 年的 1.3%上升到 1913 年的 3.7%，继而上升到 1994~1995 年的 6.8%；美国除两次世界大战期间外，其他年份的公共投资比重相对平稳。最后一个现象是，1960 年以后，除了日本等几个国家，表 5-7 中其他国家的公共投资比重均开始下降。

2. 社会文教支出或社会服务支出

社会文教费，按照中国国家统计局的统计口径，主要包括文（化）教（育）科学卫生事业费、抚恤和社会福利救济费、行政事业单位离退休支出、社会保障补助支出等，在财政总支出中所占比重在 1978~1993 年持续上升，由 1978 年的 13.1%平稳上升到 1993 年的 25.38%，上升了 12.28 个百分点，年均上升 0.82 个百分点。从统计口径上看，中国的"社会文教费"与国际上通行的社会服务性支出最为接近，其主要由教育、

表 5-7 政府一般公共投资支出（占 GDP 比例）（1870~1995 年）

单位：%

	About 1870[a]	1913 年	1920 年	1937 年	1960 年	1980 年	1994~1995 年
澳大利亚	6.9	8.9	8.5	7.0	3.6	2.8	1.9
加拿大	1.5	3.8	1.9	3.8	4.0	2.7	2.3
法国	0.5	0.8	2.7	6.3	3.4	3.1	3.1
日本	1.3	3.7	4.3	3.3	3.9	6.1	6.8
荷兰	—	2.1	6.4	4.5	4.3	3.5	2.7
挪威	0.9	1.1	1.6	2.3	3.2	3.7	3.1
西班牙	—	0.3	0.4	1.4	2.6	1.8	3.8
瑞典	—	—	—	0.6	3.2	3.3	2.4
英国	0.7	2.1	1.7	4.1	3.3	2.4	1.8
美国	2.2	2.7	3.5	5.1	2.3	1.7	1.7
平均	2.0	2.8	3.4	3.8	3.4	3.1	3.0
奥地利	—	—	—	—	4.2	4.2	3.1
比利时	—	—	—	—	2.2	3.6	1.5
德国	—	—	—	—	3.2	3.6	2.5
冰岛	—	—	—	—	2.8	5.6	2.3
意大利	—	—	—	—	3.7	3.2	2.3
新西兰	—	—	—	—	1.1	2.5	2.0
瑞士	—	—	—	—	3.7	5.6	5.7
平均	—	—	—	—	3.0	4.0	2.8
总平均	2.0	2.8	3.4	3.8	3.2	3.5	2.9

注：a Or closest year available for all columns. For historical data until 1937 central government data for France, Netherlands, Norway, Spain, and Sweden.

资料来源：Compiled by Tanzi and Schuknecht based on Fernández Acha (1976); Australia, Bureau of Census and Statistics (1938); Butlin (1984); New Zealand Department of Statistics (1937); Norway, Statistisk Sentralbyrå (1969, 1978); European Commission (1995); IMF, Government Finance Statistics (1995); OECD, Economic Outlook (1997); OECD, Historical Statistics, 1960~1990 (1985); OECD, National Accounts (various years); Republica di ltaliana Istituto Nazionale di statistica (1951)、Republigue Francaise, Institut National de la Statistique et des Etudes Economiques (1961).

卫生、社会保障和福利以及住房补助等构成。1983~1993 年，世界高收入、中等收入与低收入国家的社会服务支出占公共支出的比重平均分别为 49.5%、42.1% 与 27.5%（见表 5-8）。相比之下，中国社会文教费支出占总支出的比重，由于统计口径上的差异，实际上远低于低收入国家社会服务支出的平均比重。

表 5-8 不同收入水平国家公共支出结构（1983~1993 年）

单位：%

支出项目	高收入国家		中等收入国家		低收入国家		所有国家
	占 GDP	占总支出	占 GDP	占总支出	占 GDP	占总支出	占 GDP
按经济类型分类	43.6	100.0	27.7	100.0	25.6	100.0	33.0
经常性支出	38.4	87.0	21.9	79.7	18.6	74.7	27.1
商品与劳务	12.3	29.4	11.5	44.0	12.6	50.8	11.8
其中工资	7.0	16.8	7.9	29.9	6.7	27.9	7.4

第五章 中国政府规模、结构与行为历史变迁的嵌入性分析与国际比较

续表

支出项目	高收入国家		中等收入国家		低收入国家		所有国家
	占 GDP	占总支出	占 GDP	占总支出	占 GDP	占总支出	占 GDP
其他	5.3	12.6	3.6	14.1	5.9	22.8	4.5
利息	4.6	10.3	2.5	9.3	3.2	12.6	3.4
转移支付	21.5	47.2	7.9	26.4	2.8	11.3	11.9
资本性支出	4.0	10.0	4.7	17.4	6.0	22.0	4.7
借入减还款	1.3	3.0	1.1	2.9	1.0	3.3	1.0
按职能分类	43.6	100.0	27.7	100.0	25.6	100.0	33.0
国防	5.5	12.2	3.4	13.2	3.0	10.9	4.1
教育	4.3	11.0	3.8	14.9	3.9	14.7	4.0
卫生	3.4	8.3	2.0	7.7	1.7	6.3	2.5
社会保障	12.2	27.5	4.6	15.7	1.3	4.2	7.0
住房	1.2	2.7	1.1	3.8	0.7	2.3	1.0
经济性服务	5.5	14.0	5.7	20.4	6.4	22.2	5.8
其他政府服务	5.8	14.0	3.6	15.1	6.1	26.8	4.6
利息	4.6	10.3	2.5	9.3	3.2	12.6	3.4
国家个数	19	19	26	26	11	11	56

注：①有些合计数不等于100源于四舍五入的误差。②社会保障中包括公共福利。
资料来源：国际货币基金组织：《政府统计年鉴》，1995年。

那么，中国社会文教费在更广泛的或更大历史跨度的国际社会格局中处于什么位置呢？为了窥视到中国社会文教支出水平在世界经济格局中的全景，我们将目光投向更早的历史或更大的历史跨度。表5-9记录了OECD国家1880年以来社会转移支付（Social Transfers）的总体状况。

表 5-9 部分 OECD 国家社会转移支付占 GDP 的比重（1880~1995 年）

单位：%

	1880年	1890年	1900年	1910年	1920年	1930年	OECD Old			OECD New		
							1960年	1970年	1980年	1980年	1990年	1995年
澳大利亚	0	0	0	1.12	1.66	2.11	7.39	7.37	12.79	10.90	13.57	14.84
奥地利	0	0	0	0	0	1.20	15.88	18.90	23.27	23.43	24.54	21.39
比利时	0.17	0.22	0.26	0.43	0.52	0.56	13.14	19.26	30.38	22.45	23.11	27.13
加拿大	0	0	0	0	0.06	0.31	9.12	11.80	14.96	12.91	17.38	18.09
丹麦	0.96	1.11	1.41	1.75	2.71	3.11	12.26	19.13	27.45	26.44	26.97	30.86
芬兰	0.66	0.76	0.78	0.90	0.85	2.97	8.81	13.56	19.19	18.32	24.66	31.65
法国	0.46	0.54	0.57	0.81	0.64	1.05	13.42	16.68	22.55	22.95	23.70	26.93
德国 a	0.50	0.53	0.59	—	—	4.82	18.10	19.53	25.66	20.42	19.85	24.92
希腊 b	0	0	0	0	0	0	0.07	10.44	9.03	11.06	8.67	13.95	14.43
爱尔兰						3.74	8.70	11.89	19.19	16.20	18.05	18.30
意大利	0	0	0	0	0	0.08	13.10	16.94	21.24	17.10	21.34	23.71
日本	0.05	0.11	0.17	0.18	0.18	0.21	4.05	5.72	11.94	10.48	11.57	12.24
荷兰	0.29	0.30	0.39	0.39	0.99	1.03	11.70	22.45	28.34	26.94	27.59	25.70
新西兰	0.17	0.39	1.09	1.35	1.84	2.43	10.37	9.22	15.22	16.22	22.12	18.64

续表

	1880年	1890年	1900年	1910年	1920年	1930年	OECD Old			OECD New		
							1960年	1970年	1980年	1980年	1990年	1995年
挪威	1.07	0.95	1.24	1.18	1.09	2.39	7.85	16.13	20.99	18.50	26.44	27.55
瑞典	0.72	0.85	0.85	1.03	1.14	2.59	10.83	16.76	25.94	29.78	32.18	33.01
瑞士	—	—	—	—	—	1.17	4.92	8.49	14.33	—	—	18.87
英国	0.86	0.83	1.00	1.38	1.39	2.24	10.21	13.20	16.42	16.94	18.05	22.52
美国	0.29	0.45	0.55	0.56	0.70	0.56	7.26	10.38	15.03	11.43	11.68	13.67
中位数	0.29	0.39	0.55	0.69	0.78	1.66	10.41	14.84	20.09	21.36	24.00	22.52

注：0代表已知为零；空白代表还不是独立国家；—代表已知为正，但数据缺失。德国 a 代表1960~1990年仅指西德。希腊 b 代表"1995年"实为1993年的数据。

资料来源：Linder（1994），OECD（1985），OECD Social Expenditure Database 1980~1996（CD Rom）。

表5-9中所列的社会转移支付数据，其项目基本上是社会服务支出减去教育支出，即主要包括贫困家庭基本援助或家庭援助、失业救济或补偿、公共抚恤、公共健康以及住房补贴等项目。事实上，社会转移支付占GDP的比重自18世纪晚期以来大部分国家都很低，但在之后的近一个世纪里，社会转移支付占GDP的比重开始稳步上升：1880年到第二次世界大战期间开始加速增长，第二次世界大战至1980年几乎达到最鼎盛时期，自此以后总体来看几乎没有什么增长，虽然个别国家的这一比重仍在上升。至1980年，表5-9中所有国家的社会转移支付水平都达到了其GDP的10%以上，中位数达到20.09%的水平，而且表5-9中数据没有包括政府的教育支出。若加上政府在教育方面的支出，那么此间这些国家的政府平均支出将在社会转移支付平均水平基础上加上1.3~5.8个百分点，从而使政府的社会服务支出平均达到25.89%左右的水平（见表5-10）。

表5-10 1870~1993年主要西方国家的公共教育财政支出（占GDP的百分比）

单位：%

	教育总支出						高等教育支出	
	About 1870[b]年	1913年	1937年	1960年	1980年	1993~1994年	1970~1972年	1993年
澳大利亚	—	—	0.7	1.4	5.5	6.0	1.5	1.2
奥地利	—	—	2.5	2.9	5.6	5.5	0.7	1.1
比利时	—	1.2	—	4.6	6.1	5.6	—	1.0
加拿大	—	—	—	4.6	6.9	7.6	2.5	2.2
法国	0.3	1.5	1.3	2.4	5.0	5.8	0.7	0.9
德国	1.3	2.7	—	2.9	4.7	4.8	0.6	0.9
冰岛	—	—	3.3	3.2	6.6	6.4	0.8	1.1
意大利	—	0.6	1.6	3.6	4.4	5.2	0.5	0.8
日本	1.0	1.6	2.1	4.1	5.8	4.7	0.5	0.4
荷兰	—	—	1.5	4.9	7.6	5.5	2.1	1.4
新西兰	—	—	2.3	3.2	5.8	7.3	1.3	1.5
挪威	0.5	1.4	1.9	4.2	7.2	9.2	0.9	1.5
西班牙	—	0.4	1.6	1.3	2.6	4.7	—	0.8

续表

	教育总支出						高等教育支出	
	About 1870[b] 年	1913 年	1937 年	1960 年	1980 年	1993~1994 年	1970~1972 年	1993 年
瑞典	—	—	—	5.1	9.0	8.4	0.9	1.5
瑞士	—	—	—	3.1	5.0	5.6	0.8	1.2
英国	0.1	1.1	4.0	4.3	5.6	5.4	1.4	0.9
美国	—	—	—	4.0	—	5.5	1.3	1.3
平均	0.6	1.3	2.1	3.5	5.8	6.1	1.1	1.1

注：b. Or closest year available for all columns.

资料来源：Compiled by Tanzi and Schuknecht based on Fermández Acha (1976); Australian Bureau of Census and Statistics (1938); New Zealand Department of Statistics (1937); Japan Statistical Association (1987); League of Nations Statistical Yearbook (various years), Mitchell (1962); OECD, Education at a Glance (1996); [Italy] Istituto Nazionale di statistica (1951); UNESCO, World Education Report (1993); United Nations Development Programme, Human Development Report (1996); UN, World Economics Survey (various years).

社会转移支付变化趋势中另一个值得注意的现象是，在不同时期社会转移支付水平领先国家的变化。19世纪后期，斯堪的纳维亚国家在社会转移支付方面处于领先地位，特别是丹麦、挪威、瑞典与大不列颠，1890年分别达到1.11%、0.95%、0.85%与0.83%。1900年前后，澳大利亚与新西兰加入到领先国家行列，分别达到1.12%与1.35%，并引发其他国家在公共抚恤以及医疗服务等社会转移支付方面的迅速扩张。到1930年，社会转移支付的平均水平达到1.66%，领先国家由1890年时的4个，扩展到9个，分别为澳大利亚（2.11%）、丹麦（3.11%）、芬兰（2.97%）、德国（4.82%）、爱尔兰（3.74%）、新西兰（2.43%）、挪威（2.39%）、瑞典（2.59%）以及英国（2.24%）。一个值得注意的现象是，直到1930年，北美、日本以及任何大陆国家的社会转移支付水平都低于斯堪的纳维亚国家的水平。然而，1960年前后，领先国家的格局发生了较大变化。第二次世界大战以及大萧条使欧洲大陆国家开始迅速扩展其社会服务项目，使社会转移支付在政府支出中的比重开始迅速扩张。社会转移支付的中位数水平由1930年的1.66%迅速跃升到1960年的10.41%，30年增加了8.75个百分点，年均增加0.29个百分点。而1880~1930年的50年间，中位数由0.29%变为1.66%，增加了1.37个百分点，年均增加0.027个百分点。后30年是前50年增加速度的10倍多。不过自1880年以来，日本、瑞士以及美国的社会转移支付水平虽然持续上升，但远远低于其他OECD国家的水平，1930年分别为0.21%、1.17%与0.56%，1960年分别为4.05%、4.92%与7.26%。

这一历史数据表明，社会转移支付从来都不是政府支出中一项可忽视的类别，也并不是个别国家特有的历史现象，这是一个普遍历史现象，而且存在特定的扩散样式。由于政府公共财政在不同领域分割是一个政治过程，因而社会转移支付演变的这一历史不仅反映了政府内在的、本质的功能以及社会价值的演变与传播方式和过程，更反映了社会治理结构与作为这一结构基础的社会资本结构或社会整体的理性水平与价值取向构成。同时，社会转移支付在不同时期以及达到不同水平后的变化样式，也反映出社会转移支付所面临的各种约束及其对社会经济绩效可能形成的不同影响。相关问题，我们将在后面的讨论中进行专题性研究。

从社会服务支出这种更大跨度的历史比较中我们可以看出，中国的政府社会服务支出水平，仅相当于OECD国家20世纪60年代的平均水平。1978~1993年中国的社会文教费占GDP的比重平均为4.17%，最高的1984年也仅有4.58%，1993年达到此间的最低水平3.33%。同时，中国的社会文教支出费中还包括OECD国家社会转移支付与教育支出之外的项目，因而中国的社会文教费所包括的项目远多于OECD国家的社会转移支付与教育支出，因而水平远低于OECD国家20世纪60年代的社会转移支付加教育支出的平均水平。不过这一结论仍然存在一定的争议，因为中国在"房改"以前，实行的是各种各样的福利住房制度，有正式工作的人员均可获得单位的福利分房，如果将这一隐性补贴加入中国的社会服务支出中，中国的社会服务支出水平可能会发生较大的变化。由于没有相关数据，对此我们也很难给出有经验数据支持的估计性结论，但我们认为这是一个值得关注的问题。

事实上，从社会服务性支出的分项支出来观察，更能窥探到中国相应项目的政府支出在国际格局中的关系。例如，从基础教育经费占GDP的比重上看，加拿大自1870年之后一直处于世界前列，其次是德国、美国、比利时、荷兰等。德国、加拿大、美国以及荷兰1910年的基础教育经费支出占GDP的比重，已经分别达到1.64%、1.72%、1.36%与1.63%。这些国家的基础教育支出在整个19世纪都处于世界领先地位，尽管其他国家与德国并没有太大的差距。而1978~1993年，中国在各级教育中的政府财政支出占GDP比重，最高为1983年的2.59%，最低为1993年的1.96%，平均为2.37%。这一水平不仅低于表5-10中所列国家1960年的平均水平（3.5%），也仅比表中所列国家1937年2.1%的平均水平高0.27个百分点，远低于此时奥地利的2.5%、冰岛的3.3%、英国的4.0%的水平。

3. 行政管理（费）支出

行政管理费或支出是任何国家的政府支出中一个主要的功能性项目。按照中国国家统计局的统计口径，行政管理费主要包括行政管理支出、党派团体补助支出、外交支出、公共安全支出、司法支出、法院支出、检察院支出和公检法办案费用补助。

中国行政管理费自1950年以来经历了一个"U"形变迁过程。行政管理费占全部财政支出的比重，由新中国成立初期的19.29%（1950年）、14.30%（1951年）和9.00%（1952年）逐级下降，1953~1977年平均占全部财政支出的6.25%，1978年达到4.71%这一新中国成立以来直到现在的最低值。自1978年开始，行政管理费占全部财政支出的比重开始稳步上升，由1978年的4.71%上升到1993年的13.66%，15年上升了8.95个百分点，年均上升0.60个百分点。虽然与社会文教费年均上升0.82个百分点的速度相比，低了0.22个百分点，但相比于教育支出占全部财政支出的比重，增长速度相对较快。1978年与1993年中国政府教育支出占全部财政支出的比重分别为6.69%和14.90%，平均为11.66%，平均水平高于行政管理费平均占全部财政支出9.43%的水平，但15年仅上升了8.21个百分点，年均仅上升0.55个百分点，比行政管理费年均上升0.63个百分点的水平低了0.08个百分点。

虽然行政管理费占全部财政支出的比重上升速度较快，但其占GDP的比重相对较为稳定。行政管理费占GDP的比重，1952~1977年平均为1.80%，期间最高的1952年为2.52%，最低的1968年为1.28%。1978~1993年，行政管理费占GDP的比重平均为1.84%，最高的1989年为2.27%，最低的1978年为1.45%，1993年为1.80%。

与前面的论述类似，中国行政管理费的上述历史变化，仅从其自身变化的角度考虑，很难发现实质性的问题，即很难说明其是否合理。只有将其放入世界不同国家这一支出的格局中去，通过比较才能发现问题或说明其合理性。由于统计口径不同，完全等同意义上的比较是不大可能的，但可以从趋势中发现相关的规律或问题。

在国际货币基金组织统计口径中，行政管理费包含在经常性支出范畴之内，大致相当于经常性支出减去利息支出、补贴以及转移支付后的部分，即商品与劳务，或称为维持性支出（Current Operations）。从表5-8中可以发现，低收入国家的维持性支出占总支出的比重为50.8%，比中等收入国家的44%高出大约7个百分点，比高收入国家的29.4%高出21.4个百分点。但这一支出包括国防支出，若剔除国防支出，不同收入水平国家维持性支出的这种差别仍然存在，只是这些数字发生了相对变化而已。事实上，剔除国防支出，低收入国家的维持性费用占全部财政支出的比重为39.9%，比中等收入国家的30.8%高出大约9个百分点，比高收入国家的17.2%高出大约23个百分点。剔除国防支出的维持性支出占GDP的比重，低收入国家为9.6%，比中等收入国家的8.1%高出1.5个百分点，比高收入国家的6.8%高出2.8个百分点。这种格局表明，政府维持性支出占全部财政支出与GDP比重随经济发展水平的提高而不断下降。这一经验性规律提供了判断任何一个国家维持性支出历史变化趋势是否合理的一个经验性法则。

上述维持性支出的国际格局表明，中国行政管理费不论从其占全部财政收入的比重还是从其占GDP比重的角度进行比较，都分别低于高收入国家17.2%和6.8%的水平。这种格局表面上显示中国行政管理费一直在一个合理的范围内变动，但这是一个相当严重的错觉。由于统计口径不同，中国的行政管理费与国际上通行的维持性支出减国防支出并不具有可比性，[①] 因为维持性支出包括公共部门各领域的经常性"运作"或"运转"（Operation）支出，如教育、公共卫生、公共设施维护等，比中国的行政管理费所包含的项目宽泛得多。

事实上，考察一下维持性支出所在的分类体系，可以更清楚地明确维持性支出所包含的具体项目或内容。在国际通行的统计口径中，维持性支出被划分在"按类型与目标"（By Character and Object）分类的范畴内，主要包括维持性支出、资本性支出（含设施建设、设备、土地与现有结构）（Construction, Equipment, Land and Existing Structures）、援助与补贴、债务利息以及保险收益与再支付五项。每个项目中所涵盖的

---

① 国内有些文献混淆了中国的"行政管理费"与国际上通行的"维持性支出"减去国防支出的概念，认为两者相近。这是非常错误的。

范围或领域应该是一致的，只是项目支出的用途不同而已。例如资本性支出中包括国防、教育、高速公路、健康与医院、自然资源、住房、航运、水运、排水、公园与休闲、水电气交通设施以及其他等项目的资本性支出。同样道理，维持性支出中至少包括上述这些领域的维持性运转，而与中国的"行政管理费"所包含的支出项目与内容大相径庭。

在美国及其他发达国家的统计口径中，并不存在与中国的"行政管理费"所包含内容完全相对应的统计项目，但可以根据各分项整理出相似或具有可比性的项目。在美国及其他发达国家的统计口径中，也存在"政府行政"（管理）（Governmental Administration）以及"一般政府"或"政府一般"（General Government）支出项目，前者主要用于州与地方政府功能分类统计项目，后者主要用于联邦政府功能分类统计项目，主要包括立法功能、直接行政管理、中央财政运转、公共财产与社会统计管理。但这两个支出概念与中国的"行政管理费"并不同，因为美国还存在司法功能分类统计项目，即"司法行政"（Administration of Justice），主要包括联邦法律实施、联邦司法活动、联邦教化活动（监狱）以及犯罪司法援助。一般来说，美国联邦政府的"一般政府"支出加上"司法行政"支出，大约相当于中国中央政府的"行政管理费"，美国州与地方的"行政管理"支出加上警察、消防与监狱支出，大约相当于中国地方政府的"行政管理费"。

在美国各种统计资料中（见图 5-13），1970~1984 年，我们只找到警察维护、消防、金融行政（Financial Administration）以及一般控制（General Control）等联邦或州与地方政府的支出项目数据，缺少监狱支出和其他与政府行政相关的数据。警察维护、消防、金融行政以及一般控制虽然包括中国的行政管理费中所包括的主要项目，但明显少于中国的行政管理费所包含的项目内容。不过，这些总和数据的变化趋势对于甄别中国行政管理费变化趋势是否合理具有参考意义。图 5-13 是 20 世纪 60 年代到 1984 年美国行政管理不完全支出统计数据。联邦政府行政管理支出占全部财政支出的比重基本在 1%~4% 的范围内波动，而且自 1973 年起这一比重稳步下降。包含联邦与州和地方政府行政管理支出的不完全统计变化同样较为平稳，自 1960 年起一直在 3%~4%

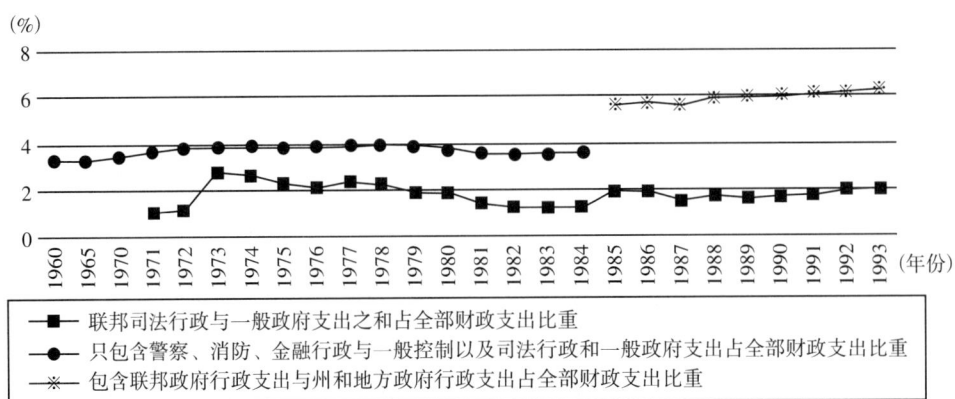

图 5-13　不同统计口径下美国政府行政支出占全部财政支出比重

范围内窄幅波动。这种样式与中国行政管理费变动的样式呈现明显的对照，而且远远低于中国行政管理费占全部财政支出的比重。

自 1985 年起，美国重新规范了政府支出统计概念与类别，美国州与地方政府支出统计相对更为完整，不仅统计了监狱支出，而且在州与地方政府的"金融行政"与"一般控制"两个概念基础上，综合成了"政府行政"（Governmental Administration）支出项目，从而使美国政府行政支出统计数据与中国的行政管理费更加接近。更重要的是，1985 年以后美国政府财政支出按功能划分的分类中，每个类别中各子类别支出相加与此类别之和完全相同，因而不存在未统计项目。从这个意义上说，1985 年以后美国政府行政支出数据与中国的行政管理费基本可以进行对比。通过对比部分年份的数据我们发现，美国州与地方政府的"政府行政"支出较"金融行政"[①]与"一般控制"之和，在可对比的年份内，每年多出 40 多亿美元（名义值）。因此，1985 年以后美国各级政府行政支出数据应该更接近中国的行政管理费。

从图 5-13 中可以看出，1985~1993 年包含联邦政府行政支出与州和地方政府行政支出占全部财政支出的比重，比 1960~1984 年的数据高出一个基本相同的比例。这表明，1960~1984 年的数据并没有包括政府行政支出的某些支出，也表明 1985~1993 年的数据更接近中国的行政管理费。虽然 1985~1993 年美国政府行政支出占全部财政支出的比重缓慢上升，但上升幅度非常小，基本在 5.6%~6.3%之间波动。这一数据与 1953~1977 年中国行政管理费占全部财政支出 6.25%的平均水平基本相当，但远低于 1981 年以后中国行政管理费占全部财政支出比重的平均水平，也远低于 1985~1993 年中国行政管理费占全部财政收入 11.31%的平均水平，而且其增长速度与幅度也远低于中国的行政管理费占全部财政支出比重的增长速度与幅度。

在其他条件相同的情况下，行政管理费占财政支出比重越高，说明政府运转的"X"无效率越严重，因而其在履行社会经济职能方面的效率越低。一般来说，经济发展水平与政府运转效率是互为因果或相互决定的：经济发展水平越高，政府运转效率越高；政府运转效率越高，经济发展水平越高。低收入国家经常性支出占全部财政支出与 GDP 的比例高于中等收入水平国家的经常性支出所占的比例，而后者又高于高收入国家经常性支出占全部财政支出与 GDP 的比例，正是这种相互决定关系的反映。从这种一般性结论来看，中国行政管理费占全部财政支出与 GDP 比重高于美国的对应比重，既合乎理论预期，也与经验相一致。在这种一般规律的支配下，我们能够做的，就是找到影响政府运转效率的相关因素与决定机制，尽可能促进能够有效提高政府运转效率因素与机制的生成与完善。

[①] 虽然 1985 年以后，美国相关统计文献中偶尔也出现"金融行政"支出类别，但此时的"金融行政"与"政府行政"所包含的内容已经完全一致，而与以前的"金融行政"和"一般控制"并列时的"金融行政"已经完全不同。

第四节　中国式分权与扭曲性激励：社会性支出危机的形成与治理（1994~2009 年）

1978~1993 年的"放权让利"，特别是经济领域的市场化改革与对外开放，去除了大部分抑制中国社会生产与经营积极性和创造性的各种羁绊，有效扩展了生产个体（个人、经营性组织以及基层政府等）生产、经营与选择的自主性活动空间，迅速激发了社会的创造性与主动性动机，有效促进了中国社会经济的迅速发展，国家财政能力因而随之迅速提高。然而，"放权让利"的另外一种结果，是中央可支配财政能力的迅速下降。中央财政能力的下降使得中央政府调控、平衡经济能力以及行政管理能力受到严重削弱，使中央政府控制地方政府行为、协调地区间平衡发展以及平衡社会各项事业发展的能力，出现了与国家整体财政能力不协调的状态。中国是一个有几千年"大一统"文化积累与底蕴的国家，"大一统"与"统率"思想根深蒂固。在国家财政能力迅速扩张的同时，中央财政能力相对于地方财政能力的相对减弱，对于具有偏好于控制与统领地方悠久治理理念的国度来说，是不可接受的。因而中国从 1994 年开始了以"分税制"为核心的中国式财政分权改革，使中国国家财政能力在不同级政府间的分割出现了新样式，也使政府特别是地方政府规模与结构发生了重大变迁。

中国的财政分权改革并不是完全意义上的分权改革，因而被称为"中国式分权"改革。由于这一特征，特别地，中国式分权更多地偏向于关注如何增加中央政府的财政能力，忽略了财政能力上收引发的各项社会事业发展面临的问题；由于没有设定与"分税制"相互匹配的制度性安排或与"分税制"互补性的制度安排，中国式分权改革产生了严重扭曲性激励，使社会各项事业的发展与经济发展出现严重不均衡现象，引发社会性支出的危机。

一、中国式分权：国家财政能力分割的新格局

1994 年以来，虽然经历了东南亚金融危机与美国次贷危机的影响，中国的经济仍然保持着高速增长，1993~2009 年，中国国内生产总值年均增长 10.33%，此间最低的 1999 年为 7.62%，最高的 2007 年为 14.16%。按可比价格计算，人均 GDP 从 1993 年的 1088 元增加到 2009 年的 4333 元，增加了 3 倍。随着中国经济的强劲发展，中国财政能力持续上升，国家财政收入占 GDP 的比重由 1994 年的 10.83% 上升到 2009 年的 20.12%，上升了 9.29 个百分点，年均上升 0.62 个百分点。特别地，国家财政收入的增长速度，一直高于 GDP 的增长速度，年均为 18.90%，高出 GDP 年均增长速度 8.57 个百分点。按 1978 年不变价格计算，财政收入由 1994 年的 5128.31 亿元增加到 2009 年的 20401.77 亿元，是 1994 年的 3.98 倍（见图 5-14）。

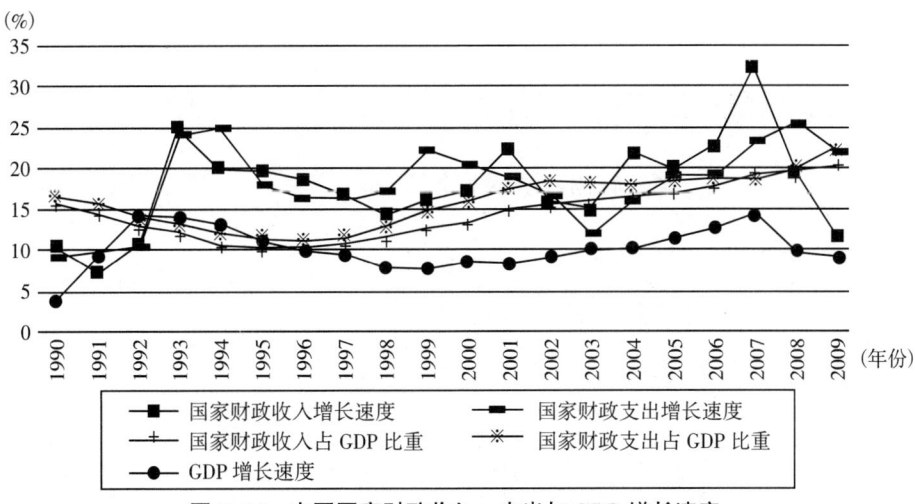

图 5-14 中国国家财政收入、支出与 GDP 增长速度

为了提高中央财政收入占财政总收入的比重，从而提高中央政府调控、平衡经济的能力与行政管理能力，1994 年实行了"分税制"，即将税种划分为中央税、地方税与共享税三大类。企业的消费税被划为中央税，企业增值税被划为共享税，其中中央占 75%，地方占 25%。为了保证税收大省发展企业的积极性和照顾既得利益的分配格局，"分税制"体制同时确定了税收返还和转移支付制度。税收返还以 1993 年为基数，将原属地方支柱财源的"两税"（增值税和消费税）按实施分税制后地方净上缴中央的数额（增值税 75%+消费税－中央下划收入），全额返还地方，保证地方既得利益，并以此作为税收返还基数。分税制运行两年以后，为平衡区域间财政能力，中央实施了"过渡期转移支付办法"，即中央财政从收入增量中划分出部分资金，依据对地方财政收支影响较为直接的客观性与政策性因素，在考虑各地收入能力与努力程度的基础上，确定转移支付补助额度，重点用于解决地方财政运行中的主要矛盾与突出问题，并适度向少数民族地区倾斜。

以"分税制"为核心的中国式财政改革，彻底地改变了中央与地方财政能力分割的格局。通过这种划分，中央财政收入在财政总收入中的比重获得跳跃性提高，中央财政收入占全部财政收入的比重，由 1993 年的 22.02%一跃变为 1994 年的 55.70%，此后一直以 55.25%这一平均数为中心在一个很小的范围内波动，最高的 2004 年为 54.96%，最低的 1997 年为 48.9%，2009 年为 52.42%（见图 5-15）。可以看出，通过分税制改革，中央集中了大量的地方财政收入，占财政总收入的 20%~30%，这正是"分税制"所造成的"财权上收"的效应。相反，地方财政收入在总财政收入中的比重由 1993 年的 77.98%骤降至 1994 年的 44.30%，此后的 15 年间一直围绕 47.44%这一平均值窄幅波动，最高的 1997 年为 51.1%，最低的 2002 年为 45.04%，2009 年为 47.58%（见图 5-15）。

图 5-15 表明，中央财政收入比重大幅度提高的同时，中央财政支出比重从 1993 年到 2000 年却几乎没有什么变化，始终围绕 29.92%的平均值小幅波动，最低的 1997

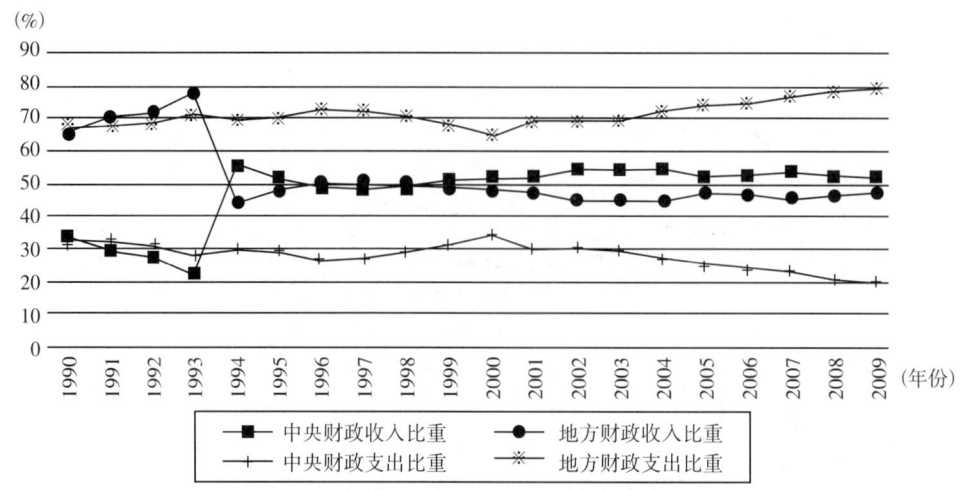

图 5-15　1994 年前后中央与地方财政收支比重变化

年为 27.10%，最高的 2000 年为 34.7%。自 2000 年以来，中央财政支出比重平稳下降，到 2009 年仅为 19.99%。与此相对照的是，地方财政支出比重在其收入比重大幅缩小的同时，总体趋势却是上升的。虽然 2000 年达到近 20 年来最低值的 65.3%，但 1990~2007 年以后的连线却是一条上升的趋势线。地方财政支出比重 1990 年为 67.43% 左右，1996 年和 1997 年分别为 72.90% 和 72.57%。2000 年降到此间最低点后便开始稳步上升，2004 年上升至 72.29%，2009 年则上升到 80.01%。

"分税制"形成的中国财政能力分割的新格局的最主要特征，不在于中央政府与地方政府直接支出结构的改变，而在于中央与地方政府掌握的收入结构的改变。通过这种改革，中央掌握了更大的财政能力，掌握了更多的财政自主权，从而使地方财政支出受到中央政府的控制，因为"分税制"使地方财政收入和支出间出现 20%~30% 的巨大缺口，而这个缺口正由中央上收的财政权力来弥补，从而使地方政府必须依赖中央政府转移支付的补助维持其经常性支出或运转。

"分税制"改革后，中国中央与地方政府的财政收入分割比例，与美国联邦政府与州和地方政府之间财政分割比例非常相近，即中央政府财政收入占全部财政收入的比重在 50%~55% 波动。然而，中国与美国差异最明显的在于美国联邦政府直接支出占全部支出的比重，1962~2009 年基本围绕 63.25% 的均值，上下波动大约为 5%，并且这一支出水平一直高于援助性转移支付前联邦政府的收入比重。数据表明，剔除国防支出波动后，不仅联邦政府民用支出占全部民用支出比重可以说相当稳定，而且转移支付比重基本为 9%~10%（见图 5-16）。

与此形成鲜明对照的是，中国中央政府直接支出占全部支出比重，自 2000 年以后持续下降，2009 年已经下降到不足 20%。这意味着中央政府转移支付比重由 2000 年的大约 20% 增加到 2009 年的 30% 以上，比美国联邦政府转移支付水平高出 10~20 个百分点。在缺乏相对稳定与客观的转移支付规则的情况下，转移支付水平越高，表明中央政府掌握的财政机动权力越大，因而对地方政府财政支出或行为控制力度越大（见图 5-15）。

第五章　中国政府规模、结构与行为历史变迁的嵌入性分析与国际比较

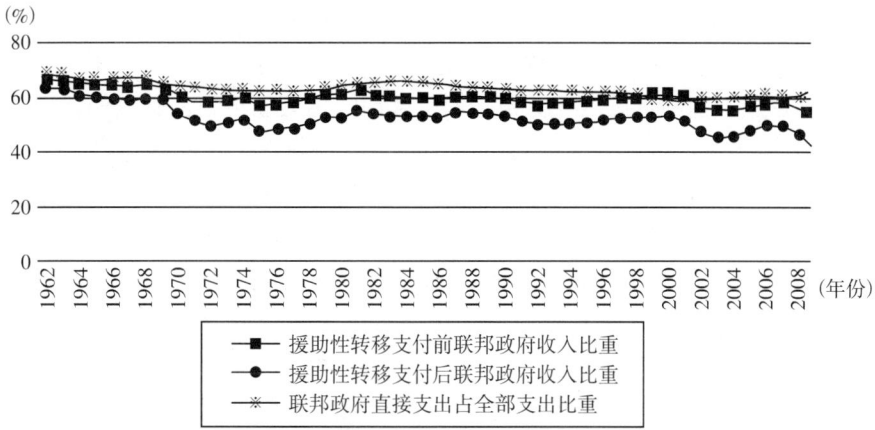

图 5-16　联邦政府收入与支出占全部收入与支出比重

虽然从理论上说，中央掌握一定量的转移支付比重可以有效地平衡经济结构与区域结构的发展，但若转移支付资金占其全部支出的比重过大，可能就不仅仅是为了平衡发展的问题。虽然中央掌握大量转移支付比重的真正目的我们并不十分清楚，但世界各国的历史经验表明，中央掌握的转移支付比重越大，对地方政府行为以及全部政府行为产生的负效应越多。从中国以及世界经验来看，这些负效应至少包括如下四个方面：

（1）容易生成"人格化的转移支付"。由于中国中央政府掌握着相对较大的转移支付的自由裁量权，中央政府可以通过转移支付力度与水平的调整控制或引导地方政府行为，也使地方政府为获得更多的转移支付而展开竞争，即所谓的"跑部钱进"。通过各种关系，包括非正常运用的权力关系，政府转移支付容易依据特定的人际关系或权力关系而定，从而形成"人格化的转移支付"。特别地，在转移支付中，专项资金占了相当大的比例，这些专项资金分配的随意性较强，所以在这些地区，"跑项目、跑专项"的"跑部钱进"成了地方财政工作的一项重要内容（周飞舟，2006）。

（2）容易滋生腐败。由于"人格化转移支付"完全依赖于转移支付相关方面的关系，所谓"跑部钱进"也就是跑关系、拉关系，请客、吃饭并送礼。在这种跑关系的过程中，地方政府为了获得更多的转移支付，容易运用各种各样的激励（掌握资源的部门与人员）方式，包括运用直接"回扣"或变相"回扣"的方式。同样地，掌握这种资源的部门或人员，也容易利用这种转移支付的自由决定权进行"设租"与"寻租"，从而为腐败行为的生成提供了更多的机会。

（3）容易造成资源运用浪费或低效率。转移支付通常以某种项目为依托，专款专用。但全国各地经济、资源以及社会条件差别很大，不同地方在不同方面发展也不均衡，因此，以项目为依托和专款专用经常会使资源配置到边际效用较低的方面，从而造成资金利用的低效率甚至无效率。例如，某个项目要求将资金用于特定方面，但某个地区在这方面已经有了相当的基础，无须进一步投资，但依托项目制的专款专用却要求其必须将资金用于其不太需要的方面而不能用于其真正需要的方面。这样就会使

资金配置的边际效率很低。同时，各种要求地方进行配套资金的项目也会大量生成，进而形成较明显的政府支出的"粘蝇纸效应"，驱动地方政府财政支出规模的不断扩张。

（4）容易形成不良的行政文化。由于相关部门掌握大量可自由裁量的转移资金，地方政府为了获得这些转移资金，会利用这些部门社会调查工作或其他机会，以非常隐蔽的方式变相行贿掌握资金部门的人员。这种方式在不同部门以及不同地区间的扩散很容易形成一种惯例或潜规则，从而形成极为不良的行政文化。如普遍存在的公款吃喝、公费旅游以及地方承包会议等，都与资金转移支付存在较密切的关系。

转移支付占全部财政收入比重过大的上述各种负效应形成的总的结果，就是过大的转移支付比重与其他制度安排相互作用，严重扭曲了各级政府的行为激励与支出结构，从而使政府支出常常与社会需求之间出现有偏的或扭曲性配置，不仅严重影响公共资金的配置效率，更容易导致地区或区域间因获得转移支付水平不同而形成的发展不均衡，还会使社会结构性矛盾不断累积，危及社会和谐与可持续发展。事实上我们可以从政府实际支出的结构性样式中窥见上述这些负效应的一般状况。

二、扭曲性激励：地方政府行为偏向与财政支出结构失衡

以"分税制"为核心的中国式财政分权，其最初动机与目的是在增强中央政府调控和平衡经济结构与区域结构能力的同时，继续消解计划经济体制的后遗症，即中央规定地方政府的支出结构，提高地方政府的自主决定权，扩展地方政府的自主行为空间，充分调动地方政府的积极性与主动性，有效促进社会发展经济、社会福利以及地方财政能力水平从而实现中央政府、地方政府财政状况以及社会福利的帕累托改进。

从一般意义上说，在公共领域特别是有关政府行为与制度安排领域，人们往往忽略一个重要事实，即某一种政府制度的意欲目的本身是一回事，而该制度实际运转结果或实际发挥什么作用是另外一回事。这其中的一个关键因素是，制度设定者的意图与制度实施者的意图，由于前后两个行为主体并不相同，并不能够总是一致的，而且通常是完全相反的，因而制度实际运行或实施的结果与其最初意欲的目的可能由于各种原因而截然相反。

"分税制"的改革目的与实施的实际结果便是一个典型例子。虽然上述这种动机与目的是良好的，选择扩展地方政府自主行为空间与增加地方政府自主行政决策权的方式来实现这种动机与目的，大方向也是正确的，即符合一般意义上的理论预期与经验法则，但由于缺乏相关互补性制度与社会资本的支撑，现实情境缺乏理论设定的前提，因而以"分税制"为核心的中国式财政分权演变为地方政府行为的一种扭曲性激励，其运行或实施的结果是财政支出结构与社会需求分布间发生错位性的匹配，出现了财政支出的结构性失衡。

为了透视到1994年分税制改革以来中国财政支出结构的变迁形态，图5-17展示了1978年以来中国财政支出按功能性质分类的状况。图5-17显示，经济建设费自1978年以来占全部财政支出的比重持续下降，但下降的速度存在明显的不同。1984~1993年的下降速度明显高于1994年以后的下降速度。1984~1993年经济建设费占全部

财政支出的比重10年间下降了17.4个百分点,年均下降1.74个百分点;而1994~2003年10年间下降了13.28个百分点,年均下降1.33个百分点,由1994年的41.32%下降到2003年的30.26%。"分税制"改革前后,经济建设费比重曾经小幅回升,由1993年的39.5%分别上升到1995年的41.85%和1996年的40.74%,而后在26.5%上下徘徊。

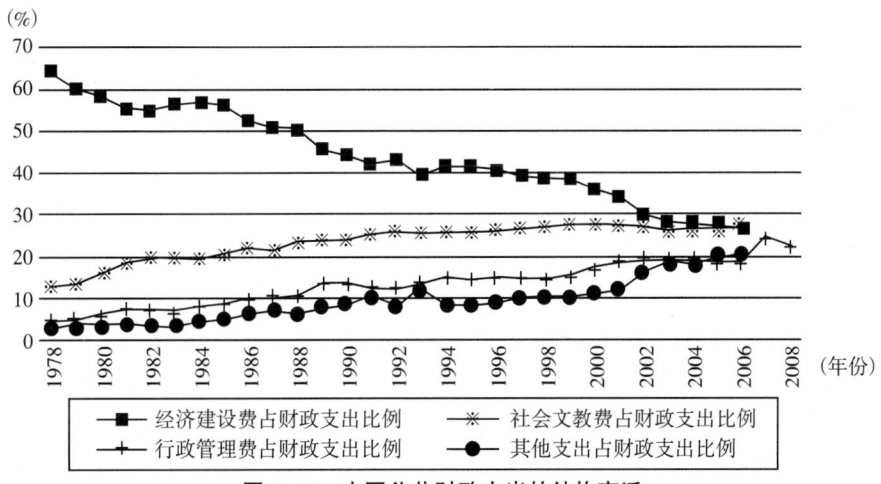

图 5-17 中国公共财政支出的结构变迁

上述表明,自1994年实行"分税制"改革以来,中国经济建设费在全部财政支出中所占的比重,总趋势仍然是下降的,并且日益趋向于国际通常的水平。从收入水平角度进行划分,1985~1993年,高收入国家经济服务支出的平均水平为14%,中等收入国家为20.4%,低收入国家为22.2%。中国的经济建设费占全部财政支出的比重,虽然高于1985~1993年低收入国家的比重,但从经济发展阶段来看,已经接近国际上较为合理的水平。这种经验上的合理性,可以从美国经济服务支出占全部财政支出比重的变化中得到检验。

美国政府支出的迅速扩张主要源于20世纪30年代的大危机,并持续增长到第二次世界大战之后。第一次世界大战前,美国政府开支占GNP的7%~8%,其构成主要为国防、税务与警察方面。20世纪70年代,美国政府开支达到其高点,接近GNP的40%,其构成主要集中在公共福利或统称为人力资源方面。20世纪30~60年代是美国政府的经济服务性支出在财政支出中占比较高的时期。

从表5-11中可以看出,1913年与1927年美国政府支出占GNP的比重分别仅为8%和11.8%,1932年迅速翻倍,达到21.5%,而且联邦政府支出的扩张速度显然大于州与地方政府支出的扩张速度。1932~1983年,联邦政府支出占GNP的比重翻了3.57倍,州政府翻了2.04倍,而地方政府支出却下降了50%。

表 5-11　1902~1983 年美国政府财政支出占 GNP 的比例

单位：%

年　份	联邦政府	州政府	地方政府	合　计
1902	2.6	0.9	4.1	7.6
1913	2.4	1.0	4.6	8.0
1927	3.7	2.2	5.9	11.8
1932	7.4	4.9	9.2	21.5
1936	11.1	4.7	4.5	20.3
1940	10.1	5.2	5.0	20.3
1950	15.6	5.3	3.7	24.6
1960	19.2	6.2	4.4	29.8
1970	21.0	8.5	4.0	33.5
1980	23.5	9.8	3.1	36.4
1983	26.4	10.0	4.5	40.9
1989	24.4	7.7	7.1	39.1

为了获得美国政府经济服务支出在这一支出格局中的比重，我们需要获得与中国经济建设费可进行比较的美国经济服务支出项目。在美国的统计口径中，不存在与中国的经济建设费对等的概念，但通过分项加总，基本可以得到与中国经济建设费可比的美国经济服务支出项及其占全部财政支出的比重。在美国联邦政府支出项目中，分列了能源、自然资源与环境、农业（含农产品价格稳定支出）、商业与住房、交通运输（水、陆、空）、社区与区域开发等支出项目；在州与地方政府财政支出中，分列了资源与环境、住房与社区开发、公园与娱乐设施、公共卫生（Sanitation）（主要是垃圾处理与市容清洁）与排水（Sewerage）、高速公路以及公用设施与液体储藏（包括供水系统、电力系统、供气系统、区域内交通以及液体储藏）等支出项目。将上述各项目分别加总得到联邦与州和地方经济服务支出，再将两者加在一起得到美国经济服务的财政支出。

图 5-18 显示了 20 世纪 60 年代以来美国经济服务支出占全部财政支出比重的变化。美国经济服务支出自 20 世纪 50 年代开始上升，到 60 年代基本达到其历史高点，占全部财政支出的 31.23%，而后开始下降，70 年代中期到 90 年代，基本稳定在 22% 左右，20 世纪 90 年代以后基本稳定在 20% 左右。1993~2006 年，中国经济建设费占全部财政支出的比重平均为 35.04%，始终高于 20 世纪 60 年代美国经济服务支出 31.23% 的最高历史水平。虽然 2006 年中国经济建设费占全部财政支出的比重下降到了 26.5% 左右，但这一支出比重仍高于美国 1978~1991 年的平均水平。考虑到中美两国经济发展水平的差距以及中国经济基础设施的现状，从经验和比较的角度上说（由于缺乏理论依据），可以认为中国经济建设费占全部财政支出的比重，在未来 10~30 年内稳定在 25% 左右的水平较为合适。

经济建设费占全部财政支出的比重，反映了一个国家的财政能力在不同功能领域中的分割状态，但它并没有反映这种财政分割在不同政府间的配置关系。与美国一样，

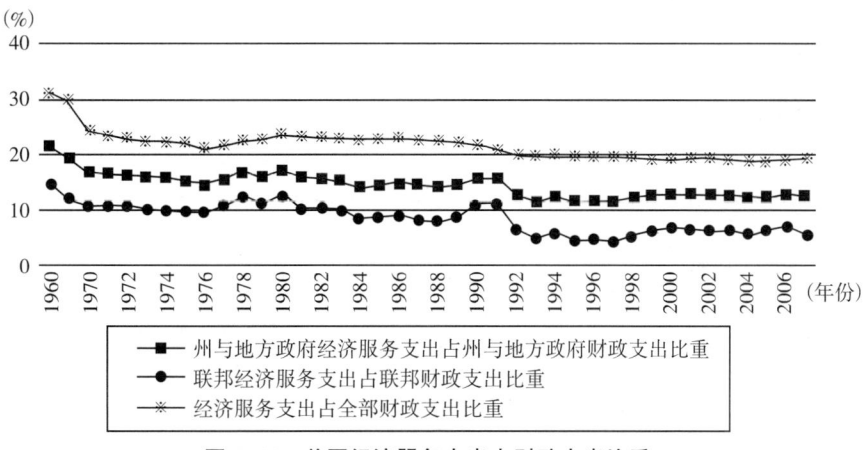

图 5-18 美国经济服务支出占财政支出比重

中国是一个幅员辽阔而且地域间差异较大的国家,经济建设费或经济服务性支出在不同政府间的配置对于提高公共财政的配置效率至关重要,因此有必要对比中美两国经济服务支出在不同级政府间的配置。

美国州与地方政府经济服务支出占其全部财政支出的比重,一直高于联邦政府经济服务支出占联邦财政支出的比重,而且这两者之间基本保持一个确定的比例关系。20 世纪 60~70 年代,州和地方政府经济服务支出占全部财政支出的比重处于快速下降时期,从 1960 年的 21.39% 下降到 1970 年的 16.55%,而后一直围绕 15.5% 这一平均值小幅波动,直到 1991 年;1991 年以后则下了一个台阶,围绕 12.80% 这一平均值小幅波动。联邦政府经济服务支出占其全部财政支出的比重与州和地方政府的相应比重基本上保持同比例的变化,从 1960 年的 14.88% 下降到 1970 年的 10.66%,经过 1991 年的小幅波动后,自 1993 年起,基本围绕 6.30% 这一平均值小幅波动。

美国联邦与州和地方政府经济服务支出方面这种较为稳定的比例关系表明,联邦与州和地方政府的经济服务支出既存在相互关联的领域或项目,也存在较为明确的责任分工。从联邦与州和地方政府经济服务支出统计项目上看,能源、农业、自然资源与环境、商业与住房以及社区与区域开发等,是各级政府共同负责的领域,但各自的侧重点不同。公用设施与液体储藏基本由州与地方负责,同时在公路建设与维护、住房与社区开发、公园与娱乐设施以及公共卫生与排水等方面,承担大部分责任。联邦政府在这些共同的经济服务项目中给予一定的资金补助,同时主要承担经济服务中的能源开发与利用、自然资源与环境(包括国家公园与保护区、环境治理与维护等)、水运与航运以及农业服务(包括农业技术研发与推广、农产品价格稳定以及农业基础设施建设等)。简单但不完全准确地概括美国各级政府经济服务的责任分担,可以这样说,各州都存在的经济服务项目,联邦与州共同负责;只在个别州存在的项目,各州自己负责;涉及各州之间的服务项目,联邦政府负责。或者说,联邦政府负责全国性经济服务项目,联邦与州政府共同负责各州均存在的经济服务项目,各州负责其特有的经济服务项目(包括供水系统、电力系统、供气系统、区域内交通以及液体储藏等)。

中国的经济建设费在中央政府与地方政府间的分割，与美国的情形存在较大的差异。图5-19表明了中国中央政府与地方政府经济建设费的配置样式。这一样式表明了五个方面的问题。

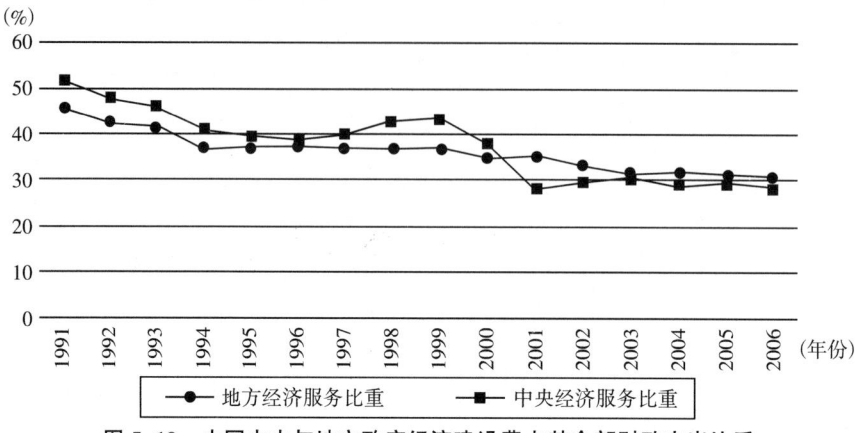

图5-19　中国中央与地方政府经济建设费占其全部财政支出比重

（1）中国中央政府与地方政府经济建设费的分割并不存在类似于美国联邦与州和地方政府间较为明确的分割比例关系。2000年之前，中国中央政府经济建设费比重一直高于地方政府的经济建设费比重，这种样式与美国完全相反。

（2）虽然1994年之前，中央政府与地方政府经济建设费支出比重几乎等比例地下降，但实施"分税制"改革后，中央政府的经济建设费经历了短暂的下降之后又开始上升，从1996年的38.82%上升到1999年的43.56%，而后下降到2001年的27.94%，此后基本围绕28%的平均水平小幅波动。这一水平比1970~1991年美国联邦政府经济服务支出比重的平均水平高出17个百分点以上，比1992~2006年的平均水平高出20个百分点以上。

（3）2001年以后中央政府经济建设费比重一直低于地方政府经济建设费比重，这一样式与美国联邦和州与地方政府间的样式基本类似。

（4）中国地方政府经济建设费虽然持续下降，但1994年以后的下降速度明显减慢，而且始终保持高于30%的水平，比1970~1991年美国州和地方政府的经济服务费平均水平比重高出15个百分点左右，比1992~2006年的平均水平高出18个百分点左右。更明显的是，地方政府经济建设费比重降低幅度远远小于中央政府经济建设费比重下降幅度。这一样式表明，中国地方政府较美国州和地方政府更偏好于经济建设支出。

（5）中国中央政府在宏观调控方面发挥着较美国联邦政府更大的作用。1994年以来，中国中央政府与地方政府经济建设费比重差距最大的时期分别为1999年与2001年，此间正是1997年东南亚金融危机爆发与缓解时期。为避免或缓解东南亚金融危机对中国经济的冲击，中国中央政府实施了积极的财政政策，因而经济建设支出比重开始逐渐提高。随着东南亚金融危机的缓解，中国中央政府逐渐淡出积极的财政政策，缩减了财政支出特别是经济性支出比重。美国联邦政府经济服务性支出基本不存在类似于中国中央政府经济建设费比重幅度较大的波动样式。

上述中美两国中央政府与地方政府经济服务支出的比较表明，中国中央政府与地方政府更偏好于经济服务支出。这种偏好引发三个需要回答的问题：一是这种偏好产生的动机或来源。事实上，这种偏好的形成是多因素共同作用的结果，包括历史惯性、经济发展水平、社会治理技术选择以及相关体制与机制等。有关中国地方政府更偏好于经济服务支出的现行制度与机制安排方面的原因，我们将在后面进行较为全面与深入的分析。二是这种偏好对经济发展的影响或效应。从理论上说，一方面，经济服务支出能够有效形成经济运转所需要的经济基础设施，对私人资本运行产生一种互补性作用从而提高私人资本的运行效率；另一方面，经济服务支出也可能存在各种负效应，如挤出私人资本的效应、扭曲效应以及低效率重复效应与腐败效应等。这表明经济服务支出存在一个正负效应的权衡取舍问题。由于正负效应的大小与众多因素相关，因此这种正负效应的分析与确定十分复杂，我们将在后面进行更为详细的分析与研究。三是这种偏好的社会后果。我们在下一节对这一问题从现象上进行描述，而更为深入的理论分析则放在后面的相关章节中。

三、结构性失衡：社会性支出危机及其治理

前面的分析与描述表明，1994年的分税制改革将地方财政收入在总财政收入中的比重由1993年前的接近80%迅速下降到1994年的45%，此后的10年间一直在这一水平徘徊。但与此同时，中央和地方的职能划分几乎没有发生显著变化，即分税制没有从根本上改变中央和地方的"统一领导、分级负责"的事权划分格局。

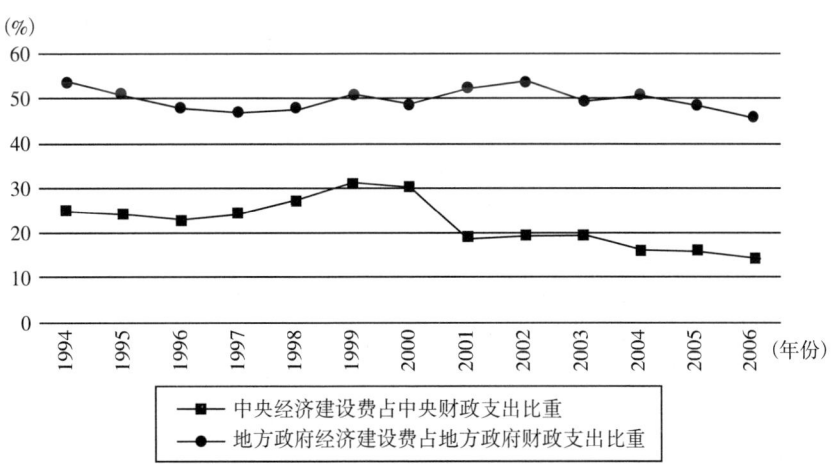

图5-20　中国中央与地方政府经济建设费占财政支出比重

图5-20最鲜明的特点是它展示了自分税制以来形成的地方财政收入和支出间的巨大缺口，地方财政支出的20%~30%要依靠中央财政对地方的转移支付补助。而地方财政支出的比重在过去15年变化很小，1990年为68%左右，2004年则微升至75%左右。可以看出，通过分税制改革，中央集中了大量的地方财政收入，占财政总收入的20%~

30%，这就是分税制所造成的"财权上收"的效应。分税制之后，社会上流行的一种说法是，"中央财政喜气洋洋，省市财政勉勉强强，县级财政拆东墙补西墙，乡镇财政哭爹叫娘"。

前面的分析表明，中国地方政府的规模与结构取决于中央政府与地方政府间权力与职责或社会经济职能的分割，而其实际样式则反映了这种职能承担的实际水平。地方政府规模与结构的变迁，既是决策者偏好变化的产物，也是地方与中央博弈所形成的均衡。因此，地方政府规模与结构的每一次重大变迁，要么是决策者偏好变化或不同决策者偏好的反映，要么是地方与中央博弈力量变化的结果。正是在这个意义上，熊彼特认为，研究财政历史特别是财政在不同政府间分配以及政府支出，使人们能够"洞悉社会存在和社会变化的规律，洞悉国家命运的推动力量"。然而，从地方政府规模与结构变迁的世界历史的角度考察可以发现，地方政府的规模与结构依赖于地方政府承担的各种职能。因而理解中国地方政府规模与结构整体状况的重要前提，是了解中央政府与地方政府之间在履行社会、经济、政治等职能方面的分割。

目前，中国中央与地方政府之间最大的问题仍然是财力分割与职能分割或事权分割不匹配，由此导致两种现象的发生：一是"跑部钱进"，导致中央各部门掌握更多的财力分配权，地方政府为获得更多的分配份额，不得不与各相关部委结成良好的关系，从而引发了一系列腐败问题与分割不公平的问题；二是地方财政的捉襟见肘导致其另谋他途，获得履行相关事项所需要的资金。这种现象催生了地方的土地财政与相关的腐败。

中央和地方财政与职能分割的结构性失衡引致中国的社会性结构与体制性结构之间出现了较大的断裂与失衡。这种断裂与失衡不断地孕育和累积一系列深层次社会矛盾，并且僵滞或粘滞的体制性结构不断地抑制这些矛盾的释放与解决。这种断裂与失衡演化的结果就是连续不断或间歇地爆发突发性的群体性事件和网络群体性事件。（网络）群体性事件，作为深层次的、结构性社会矛盾的信号与反映，日益成为社会关注的一个焦点问题，成为威胁中国社会稳定与和谐的重大因素，而且这种影响程度正在与日俱增。

20世纪90年代以来，现实的群体性事件与网络群体性事件相互激发，使中国社会的群体性事件表现出了数量增加、规模扩大、触发点日趋复杂、行为日趋激烈、涉及面日趋广泛、对抗性日益增强等特点。据有关部门的不完全统计（见表5-12），群体性事件从1993年的1万起增加到2004年的7.4万起，年平均增长17%；参与人数由73万多人增加到376万多人，年平均增长12%；其中百人以上参与的由1400起增加到7000多起。2005年全国群体性事件的数量一度下降，但从2006年起又上升到6万多起，到2007年达到了8万多起，而在2008年更爆发了一些震惊全国的群体性事件（王东进等，2004；李培林等，2008）。

正是在上述这种历史背景下，中共十八届三中全会《中共中央关于全面深化改革若干重大问题的决定》指出，"适度加强中央事权和支出责任，国防、外交、国家安全、关系全国统一市场规则和管理等作为中央事权；部分社会保障、跨区域重大项目建设

表 5-12 1993 年以来中国群体性事件的不完全统计

	1993 年	2004 年	1993~2004年年均增长速度（%）	2006 年	2007 年	2006~2007年增长速度（%）	2008~2010 年
群体性事件数量（万）	1	7.4	17	>6	>8		2008~2010 年，爆发了一系列震惊全国的群体性事件和网络群体性事件。例如以"史上最牛"、"天价"等词搜索，就会发现"史上最牛的中部地区处级官员别墅群"、"史上最牛的官腔"、"史上最牛的官员语录"、"史上最牛服务通知"、"史上最牛公章"、"天价烟局长"、"天价薪酬高管"、"天价表县委书记"、"天价公款账单"、"云南躲猫猫事件"等话题，无一例外都是网上热点问题。而且总是呈现为"滚动散发型"，过一段时间总能出现类似的一个帖子引发网民热议
参与人数（万人）	73	376	12				
其中百人以上参与的群体性事件数	>1400	>7000					

维护等作为中央和地方共同事权，逐步理顺事权关系；区域性公共服务作为地方事权。中央和地方按照事权划分相应承担和分担支出责任。中央可通过安排转移支付将部分事权支出责任委托地方承担。对于跨区域且对其他地区影响较大的公共服务，中央通过转移支付承担一部分地方事权支出责任"。

由于本书仅关注相关理论问题，因此并不对具体事权划分进行研究，但由于这个问题的重要性，我们将在后面仅对基础教育问题进行分析，以便作为一种实践问题研究的案例。

第六章 中国政府规模与结构的需求决定分析

提供基本公共服务是当代政府必须承担的重要职能之一,但各国的制度安排与体制不同,基本公共服务提供的职能由不同级政府负担。随着1994年分税制的推行,中国各地方政府在基本公共服务的供给上,承担了越来越大的责任与职能。如何确定基本公共服务的合理水平,是各地方政府在提供基本公共服务时必须首先确定的问题。由于私人物品不同,确定基本公共服务水平无法通过市场机制或价格来判断,因此,需要根据基本公共服务的属性以及人们对其需求决定因素进行研究,以正确分析个人对基本公共服务的需求,从而确定基本公共服务提供的合理水平。

在综述了国内外学者对这一问题的研究理论之后,本章以中间投票人定理为理论基础,在省、自治区、直辖市级别和地级市级别上,分别建立了个人对地方基本公共服务需求的模型,并结合年鉴的统计数据对模型进行回归,得到了各变量系数的估计值。

在省、自治区、直辖市级别,模型描述了社会(个体)对不同基本公共服务的需求情况,而在地级市级别,则分市级和市辖区研究了对总体基本公共服务和教育事业的需求。

总体看来,中国个人对基本公共服务的需求,呈现出以下几个主要特征:首先,收入对基本公共服务需求产生的影响并不是很大,需求收入弹性基本小于1;其次,在省与地级市之间、市级与市辖区之间、不同地区的城市之间,个人对基本公共服务的需求价格弹性存在较大差异,具体表现为,在省级和市辖区中,所研究的基本公共服务的需求价格弹性的绝对值均大于1,而在市级,该数据均小于1;再次,从拥挤系数来看,省级和市辖区的基本公共服务的拥挤系数都小于-1,说明存在较严重的"拥挤效应",而在市级中,拥挤系数均为正,意味着存在"规模效应";最后,东部、中部、西部城市在基本公共服务供给上存在较大差别。

第一节 相关研究的理论与方法

一、问题的提出

第二次世界大战以来，随着凯恩斯理论的盛行，西方许多国家不断加强政府在经济领域中的宏观调控力度，政府职能开始涉足人们生活的多个领域，包括教育、卫生、社会保障等，财政支出占国民生产总值的比重也不断增长。然而，基本公共服务在数量和规模上的扩大对政府的管理能力提出了挑战，"政府失灵"问题日益凸显。越来越多的学者开始质疑，政府提供的基本公共服务是否能满足大众的需求，财政支出是否真正有效、是否具有可持续性。

随着社会的持续发展与收入水平的持续提高，以及城市化进程的加速与城市人口的迅速增长，基本公共服务的社会需求迅速扩张。由于基本公共服务提供方式与价格形成机制的制约，基本公共服务的社会需求或消费出现"拥挤效应"，部分基本公共服务的过度供给与过度拥挤并存，与政府干预基本公共服务以提高资源利用率的想法背道而驰。

改革开放以来，中国经济的迅猛发展带来了人们生活水平的极大提高，但在基本公共服务的供给方面仍存在许多问题。许多学者认为，中国基本公共服务供给的结构不均衡，地方政府将大量的财政经费投入到行政管理、城市形象工程中，忽视了对科教文卫事业的投入。不仅如此，不同地区之间，政府对基本公共服务的供给也存在相当大的差异，东部地区优于中西部地区。

不难发现，上述各种情况均涉及政府对基本公共服务的供给问题。然而，评判基本公共服务的供给是否合理，应从考察居民对基本公共服务的需求入手，进而探究供给与需求是否平衡。另外，一个地方对基本公共服务的供给是否存在拥挤现象，不能单纯地将这个地区的人均基本公共服务量和其他地区作比较，而是要结合这个地区的经济状况、人均收入、个体对基本公共服务的需求量等方面进行详细考察。

对基本公共服务需求的研究始于 20 世纪初。学者们发现对于私人物品，市场这只"看不见的手"引导着人们对其的供给和需求。通过考察需求与价格之间的变化关系，可以明确个体对不同私人物品的偏好情况。但对于基本公共服务，市场的解释能力却非常有限。

因此，寻找到合适的理论并确定个人对基本公共服务的需求，是对现有基本公共服务理论的完善；另外，分析经济发展、人均收入、人口数量等因素对基本公共服务需求的影响，详细探讨各地区是否存在基本公共服务的拥挤效应，将有助于优化地方政府对基本公共服务的供给，具有一定的经济和社会意义。

二、基本公共服务需求决定的相关研究与方法

对于私人物品而言，市场中的价格机制能够直观反映个人对它的需求，但对基本公共服务来说，其供给量通常是由集体决策的，它的成本也由集体来承担，因此很难直接看出个人对基本公共服务的需求。针对这种情况，学者们提出了各种理论及方法，以揭示个人对基本公共服务的偏好和需求。

1. 用脚投票理论

为了揭示个人对基本公共服务的偏好，蒂博特（CM Tiebout，1956）提出"用脚投票"的方法。在人口流动不受限制、居民完全明了各地方的财政收支信息、存在大量可供选择的地区，不考虑居民因工作地点的局限而受到的搬迁约束、地区间无利益外溢等假设条件下，由于各地方政府提供的基本公共服务和税收方式不尽相同，各地居民可以根据各地方政府提供的基本公共服务和税收方式，选择那些最能满足自己偏好的地方定居。结合中国实际情况，虽然地方政府现阶段正逐步放松对户籍的限制，但人口流动仍然受到比较大的限制，居民在选择居住点时难免考虑更换工作地点的成本。因此，在中国基本公共服务需求这个问题上，"用脚投票"理论的应用受到了限制。

2. 密封投标递价法

该方法由维克里（Vickrey）提出，起初被用于竞标。投标者先写出标价并将其密封，最终，赢标者所需付出的价格不是他所标的价格，而是第二高标。可以证明，用这种投标法，投标者的最好策略，就是依照自己的真实偏好据实出标。然而，这种方法的实施过程比较复杂，在真实世界中，一般不会用投标方式确定基本公共服务需求量。

3. 或有估价法（Contingent Valuation Method）

与前两种方式相比，或有估价法是对基本公共服务偏好的直接显示。这种方式以调查和问卷的形式获取个人对基本公共服务的偏好，要求被调查者对研究人员所描述的某种假设事件做出可能的回答。1963 年，Davis 为了确定一块独特的休闲地区对荒地爱好者和狩猎者的价值，首次设计并运用了或有估价试验，直接诱导出人们对这些基本公共服务的评价。可以看出，这种方法的实施依赖于调查问卷的巧妙设计和顺利发放，对调查实施过程有较高要求。

4. 观察投票过程法

Edward Banfield 和 James Willson（1965）、William Birdsall（1965）、Shapiro（1973），以及 Robert Deacon 和 Perry Shapiro（1975）通过观测公民在有关基本公共服务供应的投票中的表现，估计个体对基本公共服务的需求。这些学者的研究往往针对某几次具体的投票，依据统计出的赞成票与反对票的数量，分析投票结果与投票人收入、受教育年限、地理环境等因素间的关系。一般来说，使用这种方法考察的基本公共服务比较具体。

5. 中间投票人法

该方法假定基本公共服务的供给量取决于投票表决的结果，而这个结果体现出中间投票人对基本公共服务的需求。"中间投票人法"的思想，可以追溯到20世纪40年

代。Bowen（1943）在"The Interpretation of Voting in the Allocation of Economic Resources"一文中，借用投票机制中的"多数法则"，从理论上描述了基本公共服务的供应与需求均衡状态，这种均衡使多数人的个体效用最大化。学者们对基本公共服务需求的后续研究，都或多或少地受到了 Bowen 的影响。

1957年，Downs（1957）借用霍特林（Harold Hotelling，1929）在研究空间竞争（Spatial Competition）时使用的方法，正式提出了中间投票人（Median Voter）定理，用以描述两党为了在竞争中取胜而对中间投票人的争取。这一定理被许多学者丰富并加以使用，Barr 和 Davis（1966）、Robin Barlow（1970）、Borcherding 和 Deacon（1972），以及 Bergstrom 和 Goodman（1973）均以这个定理为基础，建立了个人对基本公共服务需求的数学模型，并定量估计出模型的参数。在这些模型中，居民以纳税的方式支付基本公共服务的成本，每个居民均可依据自身效用函数，选择最有益于自己的基本公共服务量并进行投票表决。根据中间投票人定理，政府最终确定的基本公共服务供应量由中间投票人决定，在研究中，用收入为总体收入中位数的居民对应中间投票人。这种研究方法在法国学者 Alain Guengant 等（2002）以及中国学者王德祥、李建军（2008）分析各自国家中影响基本公共服务需求的因素时，同样得到了体现。

综合比较这几类研究方法容易看出，中间投票人法操作起来相对容易，从结论的适用性来看，该方法适用于研究大范围的基本公共服务的需求决定因素，例如将基本公共服务作为整体进行探讨。

第二节 基本公共服务的需求决定因素：一个基本理论框架

一、人口规模

将人口规模引入对基本公共服务的探讨，最早可以追溯到布坎南（Buchanan，1965）的"俱乐部理论"，该理论旨在确定最优俱乐部规模，即俱乐部最优人口数，使基本公共服务给成员带来的效益最大化。

从诸学者的研究中可以发现，在许多国家和不同地区，人口规模确实能影响基本公共服务需求。对于美国，Bergstrom 和 Goodman（1973）以826个城市为研究对象，初步分析了城市中居民人数对基本公共服务需求的影响，他们用 $Z^* = g(N)Z = n^{-\gamma}Z(\gamma > 0)$[①] 描述拥挤函数，得出对于人口数为10000~150000人的城市，拥挤系数 γ 不小于1。Ladd 和 Yinger（1991）也发现在美国城市中，人口越多，公共服务的成本越高，一般

---

① Z^* 表示个人所能消费的基本公共服务量，Z 表示基本公共服务的总体供给量，$g(N)$ 表示自变量为 N 的函数。

公共服务和警察服务均具有人口规模不经济的特点。在法国，Guengant 等（2002）证实在大、中、小三类样本地区中，基本公共服务需求的人口效应呈现不同的特征。对于澳大利亚，Glenn Withers 对该国各地方政府的文化艺术支出进行了专门研究，发现存在严重的拥挤效应。王德祥、李建军（2008）以湖北省各县、市为研究对象进行建模的结论显示，县域人口数量增加1%可使居民获得的公共服务水平提高约0.134个百分点，而地级市人口数量同等程度的增加对应的公共服务水平则提高0.4197个百分点，优于县级。

因此，人口规模影响着基本公共服务需求，但对于不同的基本公共服务、不同的地域，影响程度又存在差别。

二、人口特征

各地区的人口在种族、年龄分布等方面所存在的差异，可能引起居民对基本公共服务类型、数量的不同需求，因此，许多学者将体现人口特征的因素作为研究对象。在 Bergstrom 和 Goodman（1973）的模型中，对于美国的部分地区，有房居民的人口比例、失业率，以及人口总量的变化率等因素，负向影响着个人对基本公共服务的需求量，而65岁以上人口比例则对公园和娱乐需求有正向影响。Glazer 和 Niskanen（1997）通过分析穷人与富人在对待部分基本公共服务（如教育）公有与私有方面的不同偏好，探讨了基本公共服务存在拥挤效应的原因。考虑到可能存在"同类群体效应"，Calabrese 等（2005）在 Benabou（1993）、Durlauf（1996）、Nechyba（2000）以及 Sethi 和 Somanathan（2004）等学者理论分析的基础上用数据证实了相同偏好的人群容易聚集这种现象。

具体到地方教育，钟宇平、陆根书（2006）从社会资本因素的角度分析个体对高等教育的需求，指出家庭中兄弟姐妹的数量对中国大陆学生的高等教育需求具有显著的负面影响，父母的教育期望对学生的高等教育需求具有显著的积极影响。许善娟、丁小浩、钟宇平（2006）研究发现，香港高中生的社会资本能显著影响其对高等教育的需求，高中生的家庭背景变量的影响则不显著。

三、地域范围

关于地域范围对基本公共服务需求的影响，美国房地产研究协会（RERC，1974）在研究中发现，缺少规划、人口密度低的城市发展模式，相对于人口密度高的紧凑型模式而言，需要更多的政府开支。Burchell 等（2002）以及 Holcombe 和 Williams（2008）均发现，城市的人口规模和人口密度能在不同程度上影响个人对基本公共服务的需求。王德祥、李建军（2009）通过对中国的鄂、鲁、吉3省178个县（市）进行实证研究发现，地域面积的扩大将增加个人对人均财政总支出、支农支出与教育支出的需求。

四、收入

研究收入对基本公共服务需求影响的学者很多,一方面,收入的增加使地方政府能征收更多的税款投资基本公共服务;另一方面,收入的增加也使公民对教育等存在更多的需求。Bergstrom 和 Goodman(1973)的模型回归结果显示,在美国,对总体基本公共服务需求的收入弹性为 0.64,对警察服务需求的收入弹性为 0.71,对娱乐事业需求的收入弹性为 1.32。在澳大利亚,对艺术事业需求的收入弹性为 1.9~2.2。Guengant 等(2002)证实在法国人口规模不同的地区中,收入对基本公共服务需求的弹性亦呈现出不同的特征。王德祥、李建军(2008)对湖北各县市进行的研究说明,无论地市级还是县级地区,基本公共服务需求的收入弹性都大于 1 且富有弹性。

具体到地方教育,杨明、刘毅、赵细康(2003)通过实证研究,证实居民对教育服务的需求类似于对正常商品的需求,随着可支配收入的增加,居民用于教育的支出相应增长。广东居民收入与教育消费之间存在正相关性,城镇居民教育消费的增长速度高于收入的增长速度,而农村居民教育消费的增长速度则略低于收入的增长速度。罗姗(2005)用相同的研究方法对重庆居民的收入与教育需求进行了回归分析,结论与广东类似。

五、经济发展阶段

从经济发展不同阶段的角度思考,美国经济学家罗斯托认为,在经济发展的早期阶段,为了给生产性投资创造一个良好的环境,政府必须提供交通、水利、通信等方面的基础设施,因此,这一时期基础设施等方面的公共需求比率较高。当经济进入成熟阶段后,随着人均收入的提高,按照推广的恩格尔法则,衣、食、住等基本需要方面的消费支出在整个消费支出中的份额会随着人均收入的上升而下降,资源可能更多地被用于满足更高层次消费,如教育、卫生、保健、安全、福利、娱乐等。

六、其他

除了以上讨论的比较普遍的影响因素之外,对于不同地域、不同时间段个人对基本公共服务的需求,学者们的见解又有独到之处。关于个人的税收份额,Bergstrom 和 Goodman(1973)详细分析了其对基本公共服务支出额的影响,并用个人的不动产税收份额近似估计总的税收份额,证实这一因素显著影响着个人对基本公共服务的需求。除此之外,上级政府的财政补助对基本公共服务需求的影响也在 Guengant 等(2002)、刘小鲁(2008)以及王德祥和李建军(2008)的研究中得到了分析。

具体到地方教育,又有特定因素影响着个人对公共教育的需求。许善娟等(2006)发现,中国香港高中生的公开考试成绩显著影响其对高等教育的需求,母亲的教育程度也能正面影响高中生升读大学的决策。另外,吴克明(1998)认为,社会思想观念也影响着人们对教育的需求,当传统的"万般皆下品、唯有读书高"等社会观念盛行时,个人的教育需求会增加,当"读书无用论"的观念占主导时,个人的教育需求会降低。

综上所述,关于个体对基本公共服务需求的研究,西方学者在研究方法上已经比较成熟,对各影响因素也做了详细深入的探讨,相对而言,国内对这一问题,使用定量方法进行的详细研究才初露锋芒,研究范围大多为省级和几个地区的市、县,运用各地级市的数据进行全面分析的还比较少见。

七、研究方法

基于前文对各学者研究方法的综述可以看出,定量分析已成为西方学者研究个人对基本公共服务需求的主流方法,其解释力度不可忽视。在方法的选择上,本章采用中间投票人法,原因主要有三点:一是国内外定量研究这一问题的学者大多以此类方法所对应的模型为基础;二是这类方法所需要的数据通过统计年鉴较容易获得,具有可操作性;三是这种方法能将基本公共服务当作整体进行研究,结论具有一般性。

1. 研究假设

在研究私人物品时,市场的价格机制能直接揭示消费者的偏好,然而,这种方法并不适用于基本公共服务。因此,本章参照 Bergstrom 和 Goodman (1973) 的研究结果,设定以下假设。

假设一:对于给定的基本公共服务,其单位成本可用如下方式衡量:城市 j 能够以单位成本 c_j 供应基本公共服务。

假设二:对于基本公共服务的消费者 i 存在一个税收份额 τ_i,i 必须承担基本公共服务总支出的 τ_i 份。消费者 i 的税收份额可能取决于他的福利、收入等其他个人因素,但是不会随着地方财政总支出的改变而改变,他如何表达自己对基本公共服务的需求也不会影响其税收份额。

假设三:每一个生活在城市 j 的基本公共服务消费者 i 明白自己的税收份额 τ_i 和基本公共服务单位成本 c_j,同时,在付出总成本的 τ_i 份的条件下,消费者 i 有权力决定基本公共服务的供应量。为了实现这个目标,他只需在一个线性预算约束的情况下,选择能最大程度满足自己偏好的一种方案。

假设四:在每一个城市,基本公共服务的供应量等于城市的中间投票人对基本公共服务的需求量。

假设五:在每一个城市,中间投票人的收入对应着所有居民收入的中位数。

基于上述假设,如果假设四和假设五是正确的,基本公共服务的供应量由城市中收入为居民收入中位数的公民对基本公共服务的需求量决定。可以证明,当条件弱于假设五时,仍然可以通过收入为中位数的居民的偏好描述整个城市的居民对基本公共服务的需求。① 这样,地方政府对基本公共服务的财政支出就与收入中位数的居民对基本公共服务的需求联系起来。

---

① 详细描述参见附录。

2. 研究对象

本研究以中国各省、地级市的基本公共服务财政支出为研究对象，具体分析人口规模、人口特征、地域范围、收入等因素对其的影响。

第三节 具有拥挤系数的需求决定模型

由于基本公共服务的竞争性与地区人口规模有关，因此，引入函数 $Q=f(Z, N)$，Q 表示每个居民所获得的基本公共服务供给量，Z 表示地方政府提供的基本公共服务总量，N 表示该地区同时享受该基本公共服务的人数。依照 Borcherding 和 Deacon (1972)，以及 Bergstrom 和 Goodman (1973) 的估计，$Q=f(Z, N)=g(N)Z$。

对 Q 微分，可得：

$$dQ = Zg'(N)dN + g(N)dZ \tag{6-1}$$

变形有：

$$\frac{dQ}{Q} = \frac{g'(N)dN}{g(N)} + \frac{dZ}{Z} \tag{6-2}$$

在此，定义拥挤系数（或区域的规模弹性）为：$\eta_N = \frac{\partial Q}{\partial N} \cdot \frac{N}{Q}$，用以描述人口数量对个人所能享受的基本公共服务量的影响。当 $\eta_N=0$ 时，个人所享受的基本公共服务量与人口数量无关，意味着该基本公共服务是纯基本公共服务。若 $\eta_N>0$，意味着人口数量的增多使个人享受的基本公共服务量 Q 增加，这可能由于在一定范围内，人数的增多提高了单位基本公共服务的利用率，同时降低了居民平均所需承担的基本公共服务成本，学者们将其称为"规模效应"。反之，若 $\eta_N<0$，则表示人口的增加减少了 Q 的量，说明存在"拥挤效应"，若 $\eta_N<-1$，则意味着基本公共服务的供给效率不及私人物品，这是因为根据私人物品的可分性，个人享受的私人物品是总供给的 $\frac{1}{N}$。

根据对 η_N 的定义，有：

$$\eta_N = g'(N) \cdot Z \cdot \frac{N}{g(N)Z} = \frac{g'(N)N}{g(N)} \tag{6-3}$$

结合式 (6-2)、式 (6-3)，有 $\frac{dQ}{Q} = \eta_N \cdot \frac{dN}{N} + \frac{dZ}{Z}$。

若 $g(N)=N^\gamma$，则 $Q=N^\gamma \cdot Z$，$\eta_N = \frac{\partial Q}{\partial N} \cdot \frac{N}{Q} = \gamma \cdot N^{\gamma-1} \cdot Z \cdot \frac{N}{N^\gamma Z} = \gamma$ (6-4)

此时，可用 γ 的值来衡量拥挤系数 η_N 的大小。

模型的推导部分基于 Borcherding 和 Deacon (1972) 的研究。根据前面的假设，地方政府在基本公共服务上的花费完全体现了中间投票人（用 m 表示）的利益。因此，根据微观经济学的说法，中间投票人的决策旨在最大化其个人收益，即：

$$\max U_m(x_m, Q) \tag{6-5}$$

约束条件为 $x_m + \tau_m cZ = y_m$, $Q = g(N) \cdot Z = N^\gamma \cdot Z$ (6-6)

其中，U_m 为中间投票人的效用函数，取决于他所消费的私人物品总和 x_m 以及基本公共服务总和 Q。c 为基本公共服务的单位成本，τ_m 表示中间投票人的税收份额。y_m 表示中间投票人的总收入。第一个约束条件描述中间投票人的预算限制，第二个约束条件在前一部分已详细说明。

将两个约束条件融合于一个方程，可得：

$$x_m + \tau_m c N^{-\gamma} Q = y_m \quad (6-7)$$

这样看来，确定中间投票人对基本公共服务的需求 Q 可以转化为寻找一个需求函数，对应的价格是 $\tau_m c N^{-\gamma}$，因而将个体对基本公共服务的需求函数形式设定为：

$$Q = k_0 (\tau_m c N^{-\gamma})^\alpha (y_m)^{\beta_1} \quad (6-8)$$

由式（6-6）中 Z 与 Q 的关系，可得：

$$Z = N^{-\gamma} Q = N^{-\gamma} k_0 (\tau_m c N^{-\gamma})^\alpha (y_m)^{\beta_1} \quad (6-9)$$

用 E 表示基本公共服务人均需求金额，$1/N$ 近似估计税收份额 τ_m，则有：

$$E = \frac{Zc}{N} = \frac{1}{N} k_0 \left(\frac{1}{N}\right)^\alpha c^{\alpha+1} N^{-\gamma(\alpha+1)} (y_m)^{\beta_1} = k_0 c^{\alpha+1} N^{-(\gamma+1)(\alpha+1)} (y_m)^{\beta_1} \quad (6-10)$$

对式（6-10）取自然对数得：

$$\ln E = k_0 + (\alpha+1)\ln c - (\alpha+1)(\gamma+1)\ln N + \beta_1 \ln y_m \quad (6-11)$$

由以上推导可知，式（6-11）基本描绘了个人对基本公共服务的需求，结合中国各地区的数据情况，在式（6-11）的基础上引入模型（6-12）。其中，$k_1 = \alpha+1$，$k_2 = -(\alpha+1)(\gamma+1)$，$k_3 = \beta_1$。另外，$i$ 表示地区；t 表示时间；α_i 对应影响基本公共服务需求但不随时间改变的因素；u_{it} 为误差项，表示不容易观测，但影响基本公共服务需求并随时间改变的因素总和；$x_{j,it}$ 对应控制变量，后面将结合实际对控制变量的具体构成进行探讨。

$$\ln E_{it} = k_0 + k_1 \ln c_{it} + k_2 \ln N_{it} + k_3 \ln y_{m,it} + \sum_{j=4}^{s} k_j x_{j,it} + a_i + u_{it} \quad (6-12)$$

第四节　实证研究

为了估计模型（6-12）中各自变量的系数值，本章将在省、自治区和直辖市这一级别上详细探讨个人对不同类型的基本公共服务需求的情况，在地级市级别上分析城市中个体对基本公共服务的总需求。这样研究的原因在于，前者包含不同类型的基本公共服务支出的详细数据，而后者的样本量比较大，利于做整体分析。

一、省、自治区、直辖市级

1. 变量与数据

基于模型（6-12）的设定，引入模型（6-13）。可以看出，模型（6-13）在模型

(6-12) 的基础上，增加了人均 GDP（Avgdp）、失业率（Unemploy）、14 岁及以下人口比率（per14-）、65 岁及以上人口比率（per65+）、人口的自然增长率（Perpop+）、男女性别比（Genderration）、第一产业产值占总产值的比重（Industry）、因变量的一阶滞后项，以及 2002~2006 年所对应的取值为 0 或 1 的虚拟变量。

考虑到失业率可能影响贫富分布，而依据前文的综述，穷人与富人在对待部分基本公共服务（如教育）公有与私有的方面，存在不同偏好，因此将失业率作为影响因素。另外，本章将 14 岁及以下人口比率、65 岁及以上人口比率、男女性别比以及人口的自然增长率纳入模型，以进一步考察人口结构对基本公共服务需求的影响。将第一产业产值占总产值比重包含进来，是因为产业结构能在一定程度上反映经济发展状况，而居民对基本公共服务的需求又受到经济发展的影响。对于人均 GDP，它可能与基本公共服务的单位成本相关，也可能正影响于个体对基本公共服务的需求，为了防止模型的估计结果有偏，将其作为控制变量包含进来。除此以外，模型还包含了因变量的一阶滞后项，用来描述上一年的需求对下一年的影响。有时候，具体的重大事件也能影响居民对基本公共服务的需求，因此，模型中也包含了 2002~2006 年所对应的二值虚拟变量。

需要说明的是，与文献综述中以往学者所考察影响因素相比，模型（6-13）包含的自变量相对有限，之所以这样处理，一方面是考虑到许多不随时间变化的因素，如占地面积，可以包含在 α_i 中，因而这样设定模型不会导致对其他系数的估计有偏，另一方面则是受制于部分数据不易获得。另外，笔者也尝试了将"东部地区"、"中部地区"等变量纳入控制变量，但回归结果均显示出其影响不显著，因此模型（6-13）没有体现。从后文中回归结果的拟合优度上看，模型（6-13）的设定比较合适。

本章选取 2001~2006 年中国 30 个省、自治区、直辖市的面板数据进行研究。① 选择这一时段的原因在于，该时间段的各统计指标具有一致性，便于做面板数据的回归。因此，下标 i 对应不同的地区，其取值为 1~30 的整数，下标 t 对应不同的年份，其取值为 2001~2006 年的整数。该部分所有数据均来自于 2002~2007 年的《中国统计年鉴》。

$$\ln E_{it} = k_0 + k_1 \ln c_{it} + k_2 \ln N_{it} + k_3 \ln y_{m,it} + k_4 \ln(avgdp)_{it} + k_5(unemploy)_{it} + k_6(per65+)_{it} + k_7(per14-)_{it} + k_8(popgrowth)_{it} + k_9 \ln(genderration)_{it} + k_{10} \ln E_{i,t-1} + k_{11} year\,2002_t + k_{12} year\,2003_t + k_{13} year\,2004_t + k_{14} year\,2005_t + k_{15} year\,2006_t + \alpha_i + u_{it}$$

(6-13)

各变量的含义、估计方式和数据来源如下：

E 表示该地区的人均基本公共服务支出，即人均地方财政支出。具体到不同的基本公共服务，包括教育、社会保障等的财政支出。数据来自《中国统计年鉴》中"各地区财政支出"。依据现有数据，本章研究的基本公共服务支出主要考察：

---

① 中国共有 32 个省、自治区和直辖市以及 2 个特别行政区，本章没有分析西藏、台湾和 2 个特别行政区的数据，因为在《中国统计年鉴》中，这 4 个地方的数据存在缺失。

(a) 人均地方财政总支出 E_1（单位：万元）；

(b) 人均地方教育支出 E_2（单位：万元）（用教育事业费衡量）；

(c) 人均卫生支出 E_3（单位：万元）；

(d) 人均武装警察部队支出 E_4（单位：万元）；

(e) 人均社会保障补助支出 E_5（单位：万元）；

(f) 人均文体广播事业费 E_6（单位：万元）；

(g) 人均行政管理支出 E_7（单位：万元）。

c 表示基本公共服务单位价格，用该地区的居民消费价格指数（CPI）衡量①。需要说明的是，年鉴中所记录的当年 CPI 均以前一年为基准，为了保证这五年 CPI 的基准年一致，本章选取 2001 年的 CPI 为基准，其他依次换算，数据来自《中国统计年鉴》中"各地区居民消费价格分类指数"。

N 表示地区人口总数，数据来自《中国统计年鉴》中"各地区总人口和出生率、死亡率、自然增长率"（单位：万人）。

y_m 表示中间投票人的收入，由于年鉴中没有直接统计该数据，本章利用居民人均年收入替代。计算居民人均年收入的方法为：居民人均年收入=城镇居民年均可支配收入×城镇人口比重+农村居民家庭平均每人纯收入×农村人口比重。数据来自《中国统计年鉴》中"各地区城镇居民平均每人全年家庭收入来源"、"各地区农村居民家庭平均每人纯收入"以及"各地区人口的城乡构成"。需要说明的是，只有 2006 年、2007 年和 2008 年的年鉴统计了"各地区人口的城乡构成"这一指标，由于人口的城乡构成在相邻的几年中不会发生很大变化，因此，本章根据 2005 年、2006 年和 2007 年三年年均城镇人口比重和农村人口比重，描述 2001~2004 年各地区人口的城乡构成。

avgdp 表示人均 GDP。数据来自《中国统计年鉴》中"各地区生产总值"（单位：亿元）。

unemploy 表示失业率，取值范围为 0~1。数据来自《中国统计年鉴》中"各地区城镇登记失业人员及失业率"。

per65+表示年龄大于或等于 65 岁的人数占总人口数比率，取值范围为 0~1。数据来自《中国统计年鉴》中"各地区人口年龄构成和抚养比"。

per14-表示年龄小于或等于 14 岁的人数占总人口数比率，取值范围为 0~1。数据来自《中国统计年鉴》中"各地区人口年龄构成和抚养比"。

popgrowth 表示各地区人口自然增长率，取值范围为 0~1。数据来自《中国统计年鉴》中"各地区总人口和出生率、死亡率、自然增长率"。

genderration 表示男女性别比，数据来自《中国统计年鉴》中"各地区户数、人口数、性别比和户规模"。

---

① CPI 指数的构成包括食品、烟酒及用品、衣着、家庭设备用品及服务、医疗保健及个人用品、交通和通信、娱乐教育文化用品及服务、居住八大类，每个大类中又包含若干个具体项目，总共有 300 多项，如果用基本公共服务的原料价格对应基本公共服务单价，CPI 综合考虑了各种物品的价格，比较全面。

industry 表示第一产业产值占地区生产总值比重，取值范围为 0~1。数据来自《中国统计年鉴》中"各地区生产总值"。

需要说明的是，上述变量中的 E、avgdp、y_m 均为绝对数，因而用 CPI 对其进行处理。处理方法，以 E 为例可以表示为，E = E × 100/CPI。

2. 模型估计结果

对于面板数据，具体到模型的选择，使用比较广泛的是混合回归模型、固定效应模型与随机效应模型。Wald F 检验值可用来判断是否存在固定效应，Breusch-Pagan 拉格朗日乘数 LM 检验可用于判断是否存在随机效应。选择固定效应模型还是随机效应模型，则依赖于 Hausman 检验的结果。

为了保证 t 统计量的准确性，需要考察异方差与自相关这两种情况是否存在。在检验自相关时，采用伍德里奇（Wooldridge）的差分估计量的检测方法，如果拒绝不存在一阶自相关的原假设，则存在自相关。用 Stata10 中的 Xttest3 命令检测面板数据中截面的异方差性。

对于既存在自相关又存在异方差性的情况，本章选择 Driscoll J. C.和 A. C. Kraay 的修正方法，对应 Stata 中的 Xtscc 命令；对于存在异方差但不自相关的情况，本章用稳健性标准误进行衡量。表 6-1 给出了具体的检验值和估计结果。

表 6-1　省、自治区、直辖市级别的回归结果

	总支出	教育事业费	人均卫生支出	人均武装警察部队支出	人均社会保障补助支出	人均文体广播事业费	人均行政管理支出
lnN	−1.0325*** (0.0661)	−1.1231*** (0.0883)	−1.2499*** (0.1273)	0.0049 (0.0353)	−2.1076*** (0.5029)	0.1487 (0.0948)	0.0201 (0.0450)
lnc	−0.3531*** (0.1279)	−2.1084*** (0.3805)	−1.3861** (0.5161)	1.4389 (2.0111)	−3.5994*** (1.1863)	−1.0805*** (0.3397)	−0.5734*** (0.1797)
lny_m	0.5836*** (0.1566)	−0.0288 (0.0821)	0.1462 (0.2144)	0.1395 (0.3130)	2.5499*** (0.6593)	0.1497 (0.1186)	0.3324*** (0.0486)
lnavgdp	0.1237*** (0.0349)	0.1217*** (0.0175)	0.2286*** (0.0335)	0.0820 (0.2128)	−0.3502* (0.1944)	0.1403 (0.0884)	0.1171*** (0.0375)
unemploy	0.9662 (0.6290)	1.6735** (0.6272)	0.0800 (1.9859)	9.2298* (4.7409)	9.8650*** (3.2932)	0.6042 (0.7943)	0.7043 (1.0446)
per14−	−0.9743*** (0.3133)	−0.3516 (0.3514)	0.2204 (0.4899)	1.9326 (1.5574)	−3.5281** (1.6913)	−0.4588*** (0.1534)	−0.3771*** (0.1225)
per65+	0.7338*** (0.2448)	−0.2186 (0.1361)	1.5002*** (0.5375)	−3.7767 (2.9995)	−1.8494** (0.7692)	1.6793*** (0.4949)	1.1073*** (0.2029)
popgrowth	−8.2228* (4.5709)	−11.9937*** (1.8941)	−14.7842*** (3.8071)	3.5728 (18.6277)	39.3999** (15.6774)	−14.6908*** (1.5148)	0.1134 (4.5238)
genderration	−0.2496 (0.1844)	−0.2925** (0.1111)	−0.3358 (0.2766)	−2.4051* (1.2335)	0.6570 (0.4205)	−0.3441*** (0.1094)	−0.1788* (0.0951)
industry	−0.1829 (0.3125)	−0.6706** (0.2513)	0.2112 (0.2701)	0.9702 (0.6283)	4.2258*** (1.3626)	0.1005 (0.3586)	0.4455 (0.2651)
$lnE_{i,t-1}$	0.3578*** (0.0984)	0.3921*** (0.0259)	0.2513*** (0.0842)	0.9575*** (0.0374)	0.2894*** (0.0780)	0.3732*** (0.0475)	0.4899*** (0.0410)

续表

	总支出	教育事业费	人均卫生支出	人均武装警察部队支出	人均社会保障补助支出	人均文体广播事业费	人均行政管理支出
year2002	−0.1340*** (0.0415)	−0.4215*** (0.0590)	−0.4779*** (0.1422)	0.0026 (0.1883)	−0.1245 (0.2752)	−0.3135*** (0.0152)	−0.1721*** (0.0612)
year2003	−0.1655*** (0.0301)	−0.4046*** (0.0486)	−0.3401*** (0.1127)	0.0368 (0.1618)	−0.1369 (0.1996)	−0.2894*** (0.0111)	−0.1743*** (0.0456)
year2004	−0.1088*** (0.0190)	−0.2542*** (0.0285)	−0.3111*** (0.0648)	0.0365 (0.1015)	−0.0891 (0.1172)	−0.1920*** (0.0056)	−0.1133*** (0.0282)
year2005	−0.0413*** (0.0130)	−0.1221*** (0.0124)	−0.1680*** (0.0425)	0.0809 (0.0814)	−0.0250 (0.0728)	−0.0972*** (0.0041)	−0.0449*** (0.0156)
year2006	(dropped)	(dropped)	(dropped)	(dropped)	(dropped)	(dropped)	(dropped)
_cons	10.3215 (1.2763)	23.2835*** (3.1363)	18.9805*** (5.6941)	−5.8300 (9.9276)	14.3256 (10.1807)	10.5154*** (1.5426)	6.5951*** (1.9555)
拥挤系数	−3.92425***	−1.53267***	−1.9017**		−1.58555***	−0.86242	−0.96501
价格弹性①	−1.35309***	−3.10841***	−2.38613***		−4.59938***	−2.0805***	−1.57341***
组内 R 方	0.9778	0.9796	0.9597	0.8000	0.7061	0.9725	0.9825
F 检验	4.08***	3.78***	3.94***	1.15	2.83***	3.71***	2.86***
LM 检验	0.23	3.56*	3.82*	3.68*	2.93*	0.73	2.12
Hausman 检验	86.88***	106.01***	108.94***	14.88	79.13***	89.26***	68.14***
选择模型	固定效应	固定效应	固定效应	随机效应	固定效应	固定效应	固定效应
自相关检验	49.825***	12.871***	11.840***	16.528***	12.313***	32.235***	26.151***
异方差检验	12919.54	773.92***	582.65***	—	915.34***	31740.48***	1677.46***

注：括号中标注的是标准误差。*** 表示在1%的水平上显著，** 表示在5%的水平上显著，* 表示在10%的水平上显著。下同。

表 6-1 显示出在省、自治区、直辖市这一级别上，居民对不同基本公共服务的需求呈现出以下几点不同的特征：

（1）基本公共服务的价格显著影响了居民对总体基本公共服务（教育事业、卫生、社会保障补助、文体广播事业、行政事业）的需求。这些物品的需求价格弹性的估计值均为负，即价格上升对应着个人对基本公共服务需求的下降，符合市场的供需规律。从具体数值上看，在其他条件不变的情况下，基本公共服务的价格每上升 1 个百分点，居民对总体基本公共服务的需求就会减少 1.35309%，对教育的需求减少 3.10841%，对卫生的需求减少 2.38613%，对社会保障补助的需求减少 4.59938%，对文体广播事业的需求减少 2.0805%，对行政事业的需求减少 1.57341%，这些数据均在 5% 的水平上统计显著。

可以看出，居民对这些基本公共服务的需求价格弹性的绝对值均大于 1，有的甚至达到 4 以上，说明这些基本公共服务类似"奢侈品"而非"生活必需品"。从弹性的绝对值上看，按从大到小顺序，排在前三位的依次是社会保障补助、教育、卫生，表明居民对这三类基本公共服务的需求很不稳定，受价格的影响比较大。这个结论与美国经济学家罗斯托的研究一致，他认为，当经济发展到比较高的阶段时，资源可能更多地被用于满足更高层次消费，如教育、卫生、福利、娱乐等。中国正处在社会主义初级阶段，为了给生产性投资创造一个良好的环境，政府必须提供交通、水利、通信等方面的基础设施，从而导致对教育、卫生等基本公共服务的投入不足、需求不稳定。

（2）从收入弹性的角度看，居民对总体基本公共服务、社会保障补助、行政事业的需求收入弹性的估计值均在1%的水平上显著。在其他条件不变的前提下，居民的收入上升1个百分点，其对总体基本公共服务的需求就会增加0.5836%，对社会保障补助的需求增加2.5499%，对行政事业的需求增加0.3324%。从弹性的大小来看，从大到小依次是社会保障补助、行政事业和总体基本公共服务。一般来说，需求的收入弹性的大小以1为分界点，表6-1中，对社会保障补助的需求远远超过1，说明它类似"奢侈品"，结论与（1）中的需求价格弹性相一致。

（3）从拥挤系数的估计值上看，总体基本公共服务、教育、卫生、社会保障补助所对应的拥挤系数在5%的水平上显著，且在数值上均小于-1。依照前文中对拥挤效应的界定，这些基本公共服务均存在明显的拥挤效应，在供给效率方面甚至不及私人物品。这个结果说明在省、自治区、直辖市这一级别上，人口的增加会减少居民人均所享受的总体基本公共服务以及在教育、卫生、社会保障补助等方面的服务。

（4）从失业率的角度看，在其他条件不变的情况下，失业率增长1%将会使人均教育事业费增加1.6735%、人均武装警察部队支出增加9.2298%、人均社会保障补助支出增加9.8650%，失业率对这三项基本公共服务财政支出的影响分别在5%、10%、1%的水平上显著。产生这个结果的原因可能在于，失业率的上升影响了社会的稳定性，因而需要增加在警察方面的投入，而失业率的上升也意味着更多人需要接受社会保障补助。至于教育事业需求的增加，产生的原因可能在于，失业会引发居民接受培训和再教育的浪潮，从而增加其在教育方面的支出。

（5）从人口构成来看，首先，在其他条件不变的前提下，小于14岁的人口比例减少1%，将会导致人均财政总支出增加0.9746%（在1%的水平上显著）、人均社会保障补助增加3.5281%（在5%的水平上显著）、人均文体广播事业费增加0.4588%（在1%的水平上显著）、人均行政事业费增加0.3771%（在1%的水平上显著），说明小于14岁的公民对这些基本公共服务的需求较小。

其次，在其他条件不变的情况下，大于65岁的人口比例增加1%，人均财政总支出则会增加0.7338%（在1%的水平上显著），人均卫生支出增加1.5002%（在1%的水平上显著），人均社会保障补助减少1.8494%（在5%的水平上显著），人均文体卫生费增加1.6793%（在1%的水平上显著），人均行政事业费增加1.1073%（在1%的水平上显著），说明小于65岁的居民对卫生、文体事业等基本公共服务需求较大。

最后，保持其他条件不变，男女比例增加1%，人均卫生支出、武装警察支出、文体广播事业费、行政事业费就会相应减少0.2925%、2.4051%、0.3441%、0.1788%，显著性水平分别为5%、10%、1%、1%。

（6）从人口增长率上看，如果人口增长率提高1%，那么人均财政支出将减少8.2228%（在1%的水平上显著），人均教育事业费减少11.9937%（在1%的水平上显著），人均卫生支出减少14.7842%（在1%的水平上显著），人均社会保障补助支出增加 39.3999%（在 5%的水平上显著），人均文体事业费则减少 14.6908%（在 1%的水平上显著）。这样看来，人口的增加会减少人均所能享受的教育、卫生和文体事业等服务，却需要更多的社会保障补助。人均财政支出的增长速度慢于人口增长的速度，这个现象在 Bergstrom 和 Goodman（1973）的论文中也有体现。因此，在省、自治区、直辖市这一级别，人口加速增加会带来不好的影响。

（7）被解释变量的一阶滞后项对人均基本公共服务支出的影响均显著，且数值为正，说明在公共财政支出上，地方公共财政支出受到前一年财政支出的影响。值得注意的是，在警察支出方面，这个影响系数高达 0.9575，说明上一年警察支出增加 1%，下一年会随着增加 0.9575%。

（8）从产业结构对人均财政支出的影响上看，在保持其他条件不变的前提下，第一产业的产值占地区生产总值的比例每增加 1 个百分点将会导致人均教育事业费减少 0.6706%，该数据在 5%的水平上具有统计显著性。产生这一现象的原因可能在于，教育事业属于第三产业，随着第一产业产值份额的减少，另外两个产业的产值份额相应就会增加，第三产业中的人均教育事业费可能也会增加。联系中国当前实际情况，随着物质生产的发展，人们的生活水平正向小康型和富裕型过渡，发展第三产业能更多地满足人们日益增长的物质和精神需求。另外，在保持其他条件不变的情况下，第一产业的产值占地区生产总值的比例每减少 1 个百分点将会导致人均社会保障补助支出减少 4.2258%（在 1%的水平上统计显著）。这可能是因为，第一产业产值份额的减少标志着第二、第三产业的发展，从而使人民生活更加富足、社会更加稳定，对社会保障的需求就相应减少了。

（9）以 2001 年为基准年，考虑 2002~2006 年各项基本公共服务人均财政支出的变化情况。表 6-1 显示，在不存在价格、GDP、人口等变量影响的情况下，2002~2005 年人均财政总支出比 2001 年分别降低 13.4%、16.55%、10.88%、4.13%。不仅如此，在人均教育事业费、卫生支出、文体广播事业费、行政支出上，2002~2005 年也少于 2001 年，这些数据均在 1%的水平上统计显著。因此，从这个角度来看，虽然中国经济发展近年来突飞猛进，但中国人均财政总支出、教育事业费等却比不上 2001 年。另外，从数值上看，2002 年、2003 年、2004 年、2005 年依次递增，说明各年与 2001 年的差距正逐渐减少。

二、地级市级

1. 变量与数据

在地级市级别上，本章对控制变量的设定见模型（6-14）。

$$\ln E_{it} = k_0 + k_1 \ln c_{it} + k_2 \ln N_{it} + k_3 \ln y_{m,it} + k_4 \ln (avgdp)_{it} + k_5 (unemploy)_{it} + \\ k_6 (permstudent)_{it} + k_7 (perstudent)_{it} + k_8 (percitizen)_{it} + k_9 (popgrowth)_{it} + \\ k_{10} \ln E_{i,t-1} + k_{11} year2004_t + k_{12} year2005_t + k_{13} year2006_t + k_{14} year2007_t + \alpha_i + u_{it}$$

(6-14)

与模型（6-13）相比，模型（6-14）去掉了"14 岁及以下人口比率"、"65 岁及以上人口比率"、"男女性别比"、"第一产业占总产值比率",增加了"中小学生占总人口比率(permstudent)"和"学生占总人口比率(perstudent)"以及"城市中市辖区人数占总人数的比率(percitizen)"三个自变量。这主要是受制于在考察人口结构对基本公共服务需求的影响时,统计数据有限。然而去掉这些变量后,可能产生对模型系数的有偏估计,因而,本章在省、自治区、直辖市级别上,考察了自变量间的相关性,结果显示,去掉的这些变量与余下的变量间并不存在非常明显的相关性,因此,可以推知,在这里对变量的处理不会对模型系数的无偏估计产生很大影响。

如表6-2所示,"男女性别比"和"第一产业占总产值比率"对"人均财政总支出"的影响均不显著,可从一个侧面推知,在地级市中,这两者对人均财政总支出的影响可能也不显著。因此,去掉这两个变量不会对模型系数的无偏估计产生很大影响。为了证实这个想法,本文去掉这两个变量对省级的模型进行了回归,估计出的系数和保留这两个变量得到的结果相差很小。

本章选取2003~2007年中国155个城市的面板数据进行回归分析①。以此时间段为研究对象的原因与省级相同,就不做赘述。因此,下标i对应不同的城市,其取值为1~282的整数,下标t对应不同的年份,其取值为2003~2007年的整数。所有数据均来自于2003~2008年的《中国城市统计年鉴》和《中国统计年鉴》。

各变量的估计方式与具体来源如下:

E表示用地方财政支出衡量,数据来自《中国城市统计年鉴》中"地级及以上城市财政统计"(单位:万元)。

c表示基本公共服务单位价格,用该地区的居民消费价格指数(CPI)衡量。和省级的处理方法相同,这里以2003年的CPI为基准,其他依次换算,数据来自各省年鉴。

N表示城市人口总数,数据来自《中国城市统计年鉴》中"人口统计"(单位:万人)。

y_m 表示中间投票人的收入,由于年鉴中没有直接统计该数据,本研究使用在岗职工平均工资进行衡量,数据来自《中国城市统计年鉴》中"地级及以上城市劳动工资统计"(单位:元)。

avgdp 表示人均GDP,数据来自《中国城市统计年鉴》中"地级及以上城市综合经济统计"(单位:亿元)。

unemploy 表示失业率,取值范围为0~1。数据来自《中国城市统计年鉴》中"地级及以上城市劳动力与就业统计"。

perstudent 表示城市的学生数占总人数的比率,取值范围为0~1。数据来自《中国城市统计年鉴》中"地级及以上城市在校学生数统计"。

permstudent 表示城市的中小学生数占总人数的比率,取值范围为0~1。数据来自

---

① 中国共有32个省、自治区和直辖市和2个行政特区,本研究的地级市分布在河北、山西、内蒙古、辽宁、福建、浙江、安徽、湖北、广西、广东、河南、四川、贵州、陕西、新疆、宁夏共16个省(自治区),之所以没有包含所有的地级市,是因为各省的统计年鉴不尽相同,而这16个省(自治区)的数据比较全面。

《中国城市统计年鉴》中"地级及以上城市在校学生数统计"。

percitizen 表示城市中市辖区人数占城市总人数的比率，取值范围为 0~1。数据来自《中国城市统计年鉴》中地级市和市辖区的"人口统计"。

popgrowth 表示城市人口自然增长率，取值范围为 0~1。数据来自《中国城市统计年鉴》中"人口统计"。

2. 模型估计结果

在地级市级别上，本研究将分别考察全市范围和市辖区范围内，个人对基本公共服务的需求情况。单独处理市辖区数据，是基于《中国城市统计年鉴》中对市辖区的描述，"辖县的功能不是城市功能的主体，城市的功能又主要体现在市辖区。市辖区的基本情况，基本上反映了（狭义上的）城市各个主要方面"。这样看来，考察市辖区，比较便于剔除非城市的因素，从而反映城市的作用和发展特点。另外，由于地级市所管辖县（市）的数量会不时发生改变，"市辖区"则相对稳定，便于城市自身以及城市之间的对比。

另外，考虑到改革开放以来中国的经济发展战略，东、中、西部的建设可能存在不均衡的情况，因此，本研究也将依行政区划对东北、东部、中部、西部四个区域进行回归分析。①

模型选择的方法与省级的处理方法相一致。具体结果参见表 6-2 至表 6-6。

表 6-2 地级及以上城市总体回归结果

	市级总支出	市级教育事业费	市辖区总支出	市辖区教育事业费
lny_m	0.3973*** (0.0200)	0.4032*** (0.0566)	0.2037*** (0.0308)	0.2048*** (0.0299)
lnN	−0.9427*** (0.0263)	−0.6076*** (0.1655)	−0.7717*** (0.0589)	−0.7722*** (0.0583)
$lnavgdp$	0.1355*** (0.0083)	0.2929*** (0.0261)	0.2089*** (0.0354)	0.2082*** (0.0361)
lnc	0.3149*** (0.1146)	0.4939* (0.2680)	−0.9726** (0.4293)	−1.9039*** (0.4396)
unemploy	0.3408 (0.3457)	2.6837*** (0.6087)	−1.5280*** (0.3984)	−1.5157*** (0.3949)
perstudent	−0.7376* (0.3958)	1.7981* (1.0721)	−1.2855** (0.5139)	−1.2837** (0.5151)
permstudent	0.6143 (0.4366)	−1.1139* (0.6466)	1.4180*** (0.3843)	1.4154*** (0.3871)
percitizen	−0.1299*** (0.0283)	−0.2058*** (0.0605)	−0.0131 (0.1747)	−0.0200 (0.1754)
popgrowth	3.8128*** (0.0903)	0.6614 (1.2228)	3.0680** (1.4351)	3.1259** (1.4882)

---

① 依照《中国统计年鉴》（2006），对研究的区域进行如下划分：东部地区包括河北省、浙江省、福建省、广东省；中部地区包括山西省、安徽省、河南省、湖北省；西部地区包括内蒙古自治区、广西壮族自治区、四川省、贵州省、陕西省、宁夏回族自治区、新疆维吾尔自治区；东北地区包括辽宁省。

续表

	市级总支出	市级教育事业费	市辖区总支出	市辖区教育事业费
lag_lnaexp/ lag_lnaedue	0.1239*** (0.0405)	0.1575 (0.0969)	0.1558* (0.0918)	0.1502* (0.0895)
year2004	−0.3385*** (0.0252)	−0.3181*** (0.0660)	−0.4534*** (0.0505)	−0.4608*** (0.0502)
year2005	−0.2258*** (0.0188)	−0.2879*** (0.0481)	−0.3189*** (0.0378)	−0.3213*** (0.0388)
year2006	−0.0984*** (0.0117)	−0.2104*** (0.0303)	−0.1552*** (0.0257)	−0.1553*** (0.0269)
year2007	(dropped)	(dropped)	(dropped)	(dropped)
_cons	5.4939*** (0.7844)	−0.6175 (2.8084)	10.7523*** (2.4377)	15.0880*** (2.5231)
拥挤系数	1.993649***	0.230209*	−1.79344**	−1.40559***
价格弹性①	−0.6851***	−0.5061*	−1.9726**	−2.9039***
组内R方	0.9537	0.9359	0.7803	0.7352
F检验	9.92***	4.61***	3.50***	3.54***
LM检验	0.49	0.11	1.85	1.83
Hausman检验	1986.80***	822.28***	452.86***	461.12***
自相关检验	37.348***	24.860***	3.939**	3.961**
异方差检验	34048.12***	1.0e+07***	2.9e+06***	8.0e+06***

表6-3 地级市以人均财政总支出为因变量依区域划分的回归结果

总支出	东北	东部	中部	西部
lny_m	0.4010*** (0.0611)	0.2515** (0.0984)	0.0955*** (0.0159)	0.3010*** (0.0410)
lnN	2.0017** (0.6731)	−0.9626*** (0.0438)	0.9580** (0.3681)	−1.3973*** (0.1623)
lnavgdp	−0.1036 (0.1467)	0.1228*** (0.0281)	0.1425*** (0.0240)	−0.0340 (0.0314)
lnc	2.9753*** (0.8284)	−0.2471 (0.5878)	0.8953* (0.4676)	−1.7843*** (0.0557)
unemploy	1.2127*** (0.2252)	−2.1095 (1.5280)	−0.2743 (2.6704)	7.1231*** (2.5874)
perstudent	−0.4238 (1.5490)	−0.7517*** (0.0995)	1.9944 (1.8256)	−3.9709*** (0.6283)
permstudent	−1.8374 (2.2875)	0.5893*** (0.1191)	−1.2522 (1.6793)	2.2351** (1.1063)
percitizen	4.0841*** (1.1837)	−0.3979 (0.8971)	−0.0521 (0.0374)	−0.0845 (0.0699)
popgrowth	−0.2166 (2.8839)	5.4203*** (0.6613)	−3.3645* (1.8216)	−0.0517 (0.6311)
lag_lnaexp/ lag_lnaedue	−0.3277*** (0.0721)	0.0613* (0.0357)	0.0575 (0.0382)	0.2900*** (0.0980)
year2004	−0.3897*** (0.0493)	10.0993*** (1.8798)	−0.4534*** (0.0466)	−0.5503*** (0.0671)

续表

总支出	东北	东部	中部	西部
year2005	−0.2215*** (0.0362)	10.2241*** (1.8864)	−0.3020*** (0.0344)	−0.4012*** (0.0509)
year2006	−0.0476 (0.0291)	10.3628*** (1.8899)	−0.1058*** (0.0262)	−0.2315*** (0.0287)
year2007	(dropped)	10.5184*** (1.9126)	(dropped)	(dropped)
_cons	−19.1633*** (5.4378)	(dropped)	−5.4023 (3.6296)	19.4446*** (1.7301)
拥挤系数	−1.6728**	−4.8955	−2.0701*	−1.7831***
价格弹性①	1.9753***	−1.2471	−0.1047*	−2.7843***
组内 R 方	0.9820	0.9668	0.9584	0.9617
F 检验	4.26***	22.61***	6.80***	3.58***
LM 检验	3.85**	5.18**	1.18	0.93
Hausman 检验	63.36***	134.01***	533.52***	130.14***
自相关检验	8.717**	10.479***	10.398***	22.884***
异方差检验	1248.96***	1.0e+06***	3747.36***	25641.82***

表 6-4 地级市以人均教育事业费为因变量依区域划分的回归结果

教育事业费	东北	东部	中部	西部
lny_m	0.4019*** (0.0616)	0.2539** (0.0972)	0.0949*** (0.0166)	0.3073*** (0.0399)
lnN	1.8904** (0.6760)	−0.9636*** (0.0435)	0.9580** (0.3734)	−1.4264*** (0.1619)
lnavgdp	−0.1086 (0.1472)	0.1223*** (0.0279)	0.1426*** (0.0249)	−0.0259 (0.0278)
lnc	1.8604** (0.8415)	−1.2266** (0.6075)	−0.0873 (0.4643)	−2.6179*** (0.1232)
unemploy	1.3220*** (0.2429)	−2.0914 (1.5487)	−0.3033 (2.6357)	7.2233*** (2.5864)
perstudent	−0.4734 (1.5301)	−0.7588*** (0.1021)	1.9812 (1.8168)	−4.1325*** (0.6677)
permstudent	−1.7497 (2.2752)	0.5915*** (0.1183)	−1.2329 (1.6710)	2.4428** (1.1446)
percitizen	4.1183*** (1.1843)	−0.3772 (0.8939)	−0.0526 (0.0371)	−0.0831 (0.0720)
popgrowth	0.1836 (2.8782)	5.4170*** (0.6715)	−3.3120* (1.8246)	0.1172 (0.5828)
lag_lnaexp/ lag_lnaedue	−0.3434*** (0.0771)	0.0583 (0.0354)	0.0563 (0.0404)	0.2640*** (0.0955)
year2004	−0.3921*** (0.0510)	14.6117*** (1.9788)	−0.4572*** (0.0455)	−0.5646*** (0.0659)
year2005	−0.2290*** (0.0376)	14.7382*** (1.9848)	−0.3033*** (0.0342)	−0.4060*** (0.0519)
year2006	−0.0527 (0.0300)	14.8779*** (1.9881)	−0.1062*** (0.0262)	−0.2322*** (0.0302)

续表

教育事业费	东北	东部	中部	西部
year2007	(dropped)	15.0338*** (2.0112)	(dropped)	(dropped)
_cons	−13.2700** (5.4815)	(dropped)	−0.8628 (3.6759)	23.4923*** (1.9799)
拥挤系数	−2.0161**	−1.7856**	9.9785	−1.5448***
价格弹性①	0.8604**	−2.2266**	−1.0873	−3.6179***
组内R方	0.9776	0.9583	0.9481	0.9492
F 检验	4.28***	22.70***	6.81***	3.80***
LM 检验	3.88**	5.08**	1.17	1.05
Hausman 检验	65.28***	280.16***	573.70***	95.07***
自相关检验	8.139**	10.528***	10.808***	23.942***
异方差检验	2122.85***	3.6e+06***	3619.12***	18022.79***

表6–5 市辖区以人均财政总支出为因变量依区域划分的回归结果

总支出	东北	东部	中部	西部
lny_m	0.2252 (0.1387)	0.1476*** (0.0405)	0.1891 (0.2236)	0.1872* (0.1013)
lnN	−3.9542*** (1.0737)	−0.9203*** (0.0645)	−0.9425*** (0.2581)	−0.7722*** (0.1440)
lnavgdp	0.1418 (0.1533)	0.2111*** (0.0469)	0.2436 (0.1924)	0.2905** (0.1100)
lnc	2.0340** (0.9279)	1.4569** (0.7106)	−1.4579 (1.7387)	−3.6315*** (0.3471)
unemploy	−2.1872*** (0.3391)	−2.9437 (1.8007)	−2.9817 (3.6833)	−2.3980 (2.3506)
perstudent	−2.3905** (1.1087)	0.4683 (0.5076)	0.2719 (1.7069)	−5.5878*** (0.8377)
permstudent	3.6809** (1.2478)	−0.6251 (0.4593)	1.3745 (2.4801)	5.6625*** (0.9249)
percitizen	14.7540* (7.5805)	−9.1755** (3.7613)	0.2822 (0.4642)	0.5807 (0.6567)
popgrowth	−8.8791 (12.1243)	−3.3046 (3.9560)	−0.4123 (7.9909)	4.7863*** (1.0350)
lag_lnaexp/ lag_lnaedue	−0.0641 (0.1058)	0.1773*** (0.0636)	0.0963 (0.0929)	0.2107*** (0.0780)
year2004	−0.3169*** (0.0786)	3.3830 (2.9049)	−0.6150*** (0.1884)	−0.6452*** (0.1089)
year2005	−0.1454** (0.0523)	3.4390 (2.9159)	−0.4208*** (0.1514)	−0.5020*** (0.0728)
year2006	−0.0156 (0.0416)	3.5550 (2.9193)	−0.1764 (0.1032)	−0.3233*** (0.0396)
year2007	(dropped)	3.6296 (2.9485)	(dropped)	(dropped)

续表

总支出	东北	东部	中部	西部
_cons	7.8773** (3.2602)	(dropped)	13.6355** (9.1506)	22.0240*** (2.7250)
拥挤系数	0.944051**	−0.36832**	−1.64648	−1.21264***
价格弹性[⑧]	1.034**	0.4569**	−2.4579	−4.6315***
组内R方	0.9345	0.8285	0.7653	0.8193
F检验	3.19***	4.14***	3.05***	2.51***
LM检验	3.52**	0.01	0.25	1.07
Hausman检验	52.08***	380.99***	146.39***	63.96***
自相关检验	3.706*	4.577**	1.275	44.944***
异方差检验	1098.37***	56624.15***	76697.82***	12848.85***

表 6-6 市辖区以人均教育事业费为因变量依区域划分的回归结果

教育事业费	东北	东部	中部	西部
lny_m	0.2270 (0.1389)	0.1493*** (0.0410)	0.1892 (0.2231)	0.1868* (0.1008)
lnN	−3.9455*** (1.0776)	−0.9227*** (0.0646)	−0.9431*** (0.2571)	−0.7843*** (0.1485)
lnavgdp	0.1382 (0.1549)	0.2095*** (0.0467)	0.2423 (0.1916)	0.2952** (0.1113)
lnc	1.0196 (0.9160)	0.5168 (0.7262)	−2.4238 (1.7355)	−4.5284*** (0.3714)
unemploy	−2.1771*** (0.3356)	−2.9018 (1.7768)	−2.9935 (3.6839)	−2.2703 (2.3192)
perstudent	−2.4271** (1.1188)	0.4657 (0.5134)	0.2826 (1.7063)	−5.5991*** (0.8392)
permstudent	3.7283*** (1.2412)	−0.6255 (0.4687)	1.3765 (2.4810)	5.6749*** (0.9413)
percitizen	14.6538* (7.6007)	−9.1543** (3.7185)	0.2802 (0.4641)	0.6180 (0.6677)
popgrowth	−9.0414 (12.2168)	−3.2798 (3.9645)	−0.3713 (8.0148)	4.8499*** (1.0122)
lag_lnaexp/ lag_lnaedue	−0.0779 (0.1044)	0.1746*** (0.0642)	0.0958 (0.0922)	0.2004** (0.0770)
year2004	−0.3228*** (0.0821)	7.7352** (3.0795)	−0.6200*** (0.1880)	−0.6540*** (0.1084)
year2005	−0.1515** (0.0537)	7.7965** (3.0899)	−0.4220*** (0.1514)	−0.5041*** (0.0737)
year2006	−0.0185 (0.0417)	7.9152** (3.0931)	−0.1763* (0.1033)	−0.3232*** (0.0406)
year2007	(dropped)	7.9902** (3.1234)	(dropped)	(dropped)
_cons	12.6825*** (3.229)	(dropped)	18.1023 (9.1645)	26.2286*** (2.8606)
拥挤系数	2.869655	0.78541	−1.3891	−1.1732***

续表

教育事业费	东北	东部	中部	西部
价格弹性⑧	0.0196	−0.4832	−3.4238	−5.5284***
组内 R 方	0.9197	0.7923	0.7252	0.7727
F 检验	3.24***	4.15***	3.07***	2.57***
LM 检验	3.47*	0.01	0.24	1.04
Hausman 检验	53.47***	387.94***	148.13***	66.13***
自相关检验	3.610*	4.619**	1.222	45.034***
异方差检验	1114.28***	59038.56***	73145.84***	13355.97***

针对表 6-2 至表 6-6 所列出的回归结果，下面笔者将结合实际，探究数据所揭示出来的个人对地级市基本公共服务需求的特点。

（1）收入弹性 β_1。由第二部分模型推导过程可知，lny_m 的系数即为收入弹性 β_1。可以看到，在表 6-2 至表 6-6 中，大部分 β_1 的估计值均为正且显著地不等于 0，没有出现显著地不为 0 且为负的估计值。表 6-2 显示，以 155 个地级市为总体研究对象，在市级，居民收入提高 1 个百分点，对基本公共服务总体的需求上升 0.3973%，对教育的需求上升 0.4032%；而在市辖区，对基本公共服务总体的需求收入弹性为 0.2037，对教育事业的需求收入弹性为 0.2048，均低于市级的估计值，甚至只有市级估计值的一半。因此，收入对整个城市中基本公共服务需求的影响要大于在市辖区中的影响程度。对比表 6-3 和表 6-5、表 6-4 与表 6-6 中收入弹性的估计值，也能得到上述结论。

将各地级市按其所在的区域进行分别研究，在市级，东北、西部、东部、中部城市中，对基本公共服务总体以及教育事业的需求收入弹性的估计值大小依次递减，且都在 5% 的水平上统计显著。以市辖区为研究对象，需求收入弹性的估计值只在东部和西部统计显著，并且西部高于东部。

与省、自治区、直辖市的收入弹性相比，在地级市这一级别，无论是以 155 个地级市总体为研究对象，还是分区域进行研究，无论是在市级还是在市辖区，对基本公共服务的需求收入弹性的显著估计值均不大于 1，说明地级市的基本公共服务更多呈现"生活必需品"的特征。

（2）价格弹性 α。对于 155 个地级市总体，由表 6-2 可知，价格弹性在市级和市辖区中呈现出很大的不同。在市级中，基本公共服务的价格上升 1%，居民对基本公共服务整体的需求降低 0.6851%（在 1% 的水平上显著），对教育事业的需求降低 0.5061%（在 10% 的水平上显著）；而在市辖区，居民对前者的需求降低 1.9726%（在 5% 的水平上显著），对后者的需求降低 2.9039%（在 1% 的水平上显著）。因此，市级城市中，基本公共服务的需求价格弹性的绝对值均小于 1，而在市辖区，绝对值均大于 1。一般来说，价格弹性的绝对值小于 1 对应着"生活必需品"，而大于 1 对应着"奢侈品"。从这个角度来看，市级城市中居民对基本公共服务的需求程度要超过市辖区。

将各城市按其所在区域划分，值得注意的是，东北地区市级城市中，基本公共服务总体的需求价格弹性的估计值为正，且在 1% 的水平上统计显著，具体表现为，在其他条件不变的前提下，基本公共服务的价格上升 1%，需求将提高 1.9753%；在东北地区市辖区中，对基本公共服务总体的需求价格弹性的估计值也达到了 1.034。另外，在东部城市的市辖区中，也出现了类似的情况，需求价格弹性的估计值为 0.4569，且在 5% 的水平上统计显著。价格的上升并没有抑制居民对基本公共服务的需求，出现这种情况的原因可能是，在东北地区和东部地区的地级市中，基本公共服务的供给量并非完全取决于居民需求，更多可能是受到政府宏观调控的影响。不是价格上升导致居民对基本公共服务需求的上升，而是政府没有因为价格上升而减少财政支出，因此价格机制在这里不起作用。

（3）拥挤系数 v。对于 155 个地级市总体，由表 6-2 可知，拥挤系数在市级城市和市辖区中体现出巨大的差异。在市级中，无论是对基本公共服务总体还是教育事业，拥挤系数均为正，意味着存在"规模效应"，即人口增多并没有削减个人所能享受的基本公共服务量，反而使其增加。但是在市辖区中，结论恰好相反，拥挤系数的估计值均小于 -1，且在 5% 的水平上统计显著，说明出现了"拥挤"效应，即人数的增多减少了个人所能享受的基本公共服务量。产生这一现象的原因可能在于，当前中国，城乡差异使人们纷纷涌入城市，这样一来就加重了城市的负担。虽然从整体上看，基本公共服务的供给存在规模效应，然而在市辖区，拥挤效应却非常明显。

将各城市按其所在区域划分，在市级，基本公共服务总体的拥挤系数均为负，其绝对值从大到小依次是：中部（-2.0701）、西部（-1.7831）、东北（-1.6728），且都在 10% 的水平上统计显著，说明在这三个区域的地级市中，均存在明显的拥挤效应，中部的拥挤效应最严重。值得注意的是，虽然东北地区的城市总体上存在拥挤效应，但在市辖区，基本公共服务总体的拥挤系数为 0.9441，大于 0。东北地区的这种市辖区不拥挤、整体拥挤的情况与前面所说的地级市总体不拥挤、市辖区拥挤恰好相反。这个结果说明，不同地方拥挤情况存在差别。

（4）失业率。对于 155 个地级市总体，由表 6-2 可知，在市级，保持其他因素不变，失业率上升 1%，人均教育事业费将提高 2.6837%，这种现象与省、自治区、直辖市的情况相同。然而，在市辖区中，失业率上升 1%，人均教育事业费反而降低了 1.5157%。

对各区域的地级市而言，由表 6-3 和表 6-4 可知，在市级，东北城市的失业率提高 1%，人均财政支出将上升 1.2127%，人均教育事业费则上升 1.3220%；西部城市的失业率上升 1 个百分点，人均财政支出提高 7.1231%，人均教育事业费提高 7.2233%。由此可知，西部城市的人均财政支出和教育事业费受到了失业率相当大的影响，失业率增高，意味着政府要提供更多的社会保障等基本公共服务。

（5）学生比例。对于 155 个地级市总体，由表 6-2 可知，在市级，保持其他因素不变，学生所占人口比例提高 1%，人均财政总支出将降低 0.7376%，而在市辖区中，人均财政总支出则会降低 1.2855%，说明在市辖区中，学生人数比例对人均财政总支出的影响更大。而对于教育事业费，在其他因素不变的情况下，整个城市中学生人数比例提高 1%，人均教育事业费提高 1.7981%，说明城市中学生人数的增加产生了更多的教育需求。

对各区域的地级市而言，由表6-3和表6-4可知，在市级，东部地区学生人口比例提高1%，人均财政总支出将降低0.7517%，人均教育事业费则降低0.7588%；西部地区学生人口比例提高1%，人均财政总支出降低3.9709%，人均教育事业费则降低4.1325%，这说明在西部地区，学生人口比例对人均财政支出、教育事业的影响更大。在市辖区，结果与市级结果类似，就不做赘述。

（6）城镇人口占总人口比例。将155个地级市作为总体进行研究，城镇人口占总人口比例对人均财政支出和人均教育事业费存在显著影响，具体表现为，城镇人口占总人口的比例提高1%，人均财政支出下降0.1299%，人均教育事业费下降0.2058%。这说明与农村的人口相比，城镇人口消耗了更多的财政支出。然而，将各地级市按其所在的区域进行分别研究，在东北地区的市级，保持其他条件不变，城镇人口占总人口的比例提高1%，人均财政支出将提高4.1841%，人均教育事业费提高4.1183%，这个影响在1%的水平上是统计显著的，而其他地区都没有出现类似状况。这说明在东北，城镇人口比例的上升不会减少人均财政支出。

（7）人口增长率。将155个地级市作为总体进行研究，人口增长率对人均财政支出和人均教育事业费的影响显著。在市级，人口增长率提高1%，人均财政支出提高3.8128%；在市辖区，人口增长率提高1%，人均财政支出提高3.068%，人均教育事业费提高3.1259%。

将各地级市按其所在的区域进行分别研究，在东部地级市中，人口增长率提高1%，人均财政支出提高5.4203%，人均教育事业费提高5.4170%，这两个数据在1%的水平上统计显著。在西部市辖区中，人口增长率提高1%，人均财政支出提高4.7863%，人均教育事业费提高4.8499%。

（8）一阶滞后变量。将155个地级市作为总体进行研究，在市级和市辖区，被解释变量的一阶滞后项对人均教育事业费的影响均显著，且数值为正，说明在公共财政的支出上，地方教育事业费受到前一年教育事业费的影响。

将各地级市按其所在的区域进行分别研究，在市级，东北地区的一阶滞后项对人均财政支出和教育事业费的影响均在1%的水平上显著，且为负，而在西部地区，该估计值为正，也在1%的水平上显著。在市辖区，东部地区和西部地区，该估计值均为正，即上一年对本年人均财政支出有正影响。

（9）年份所对应的虚拟变量。将155个地级市作为总体进行研究，以2003年为基准年，保持其他变量不变，2004年、2005年市级人均财政支出分别比2003年低32.28%、15.15%；2004年、2005年、2006年市辖区人均财政支出分别比2003年低62%、42.2%、17.63%；2004年、2005年、2006年市级人均教育事业费分别比2003年高773.52%、779.65%、791.52%，而这三年市辖区人均教育事业费则分别比2003年低65.4%、50.41%、32.32%。这个结果说明，如果不考虑人口、GDP、物价等因素的影响，市级和市辖区的人均财政支出、市辖区的人均教育事业费在数额上都不如2003年，不过，2004~2006年与2003年的差距逐年减少，说明2004~2006年，这些基本公共服务支出有了一定程度的上升。另外，地级市的人均教育事业费从2003年起，即使没有经济等因素的影响，也在历年增加，这个结果反映出中国正逐步加大教育方面的投入，不过，这种教育事业费的增加并没有在市辖区的人均教育事业费中反映出来，这可能是因为大部分增加的投入都流向了农村而非城市。

将各地级市按其所在的区域进行分别研究，东北、中部、西部地级市中，无论市级还是市辖区，在保持其他因素不变的前提下，2004~2006年的人均财政支出和人均教育事业费均低于2003年，只有东部是历年增长。这说明东部城市中，地方政府比较重视在基本公共服务上的投入，即使GDP不增长，人均财政支出也增加了。

第五节 进一步讨论和相关建议

对比省、自治区、直辖市级别和地级市级别的回归结果，可以看出，中国个人对基本公共服务的需求，呈现出以下几个主要特征：

第一，在中国，收入对基本公共服务需求产生的影响并不是很大。从收入水平对需求的影响上看，地级市的需求收入弹性均小于1，省级除了"社会保障补助"，其他基本公共服务的需求收入弹性也都小于1。这些基本公共服务均类似"生活必需品"。

第二，在省与地级市之间、市级与市辖区之间、不同地区的城市之间，个人对基本公共服务的需求价格弹性存在较大差异。在省级和市辖区中，所研究的基本公共服务的需求价格弹性的绝对值均大于1，也就是说，市场价格对这些基本公共服务需求的影响非常大。而在市级，该数据均小于1，说明对基本公共服务的需求比较稳定。另外，东北地区市级城市中，基本公共服务总体的需求价格弹性的估计值出现了正值，价格越高，需求量不仅不降低，反而升高。

出现上述现象的原因可能在于，虽然居民是基本公共服务的最终需求者和价格的承担者，但中国基本公共服务的供给可能缺乏"自下而上"的需求表达和决策机制，政府主导或是包办的做法，使得基本公共服务价格对需求的作用机制不适用于中国现实。因此，价格对需求的影响程度，也取决于政府的干预程度。

第三，在省与地级市之间、市级与市辖区之间，基本公共服务的拥挤系数各不相同。从省级来看，所研究的基本公共服务的拥挤系数都小于−1，说明存在较严重的"拥挤效应"。而在市级中，拥挤系数均为正，意味着存在"规模效应"，即人口增多并没有削减个人所能享受的基本公共服务量，反而使其增加。但是在市辖区中，拥挤系数的估计值又小于−1。这个结论表明，从整体上看，各省和各市辖区人口的增加将会对个人所能享受的基本公共服务量产生不利影响，但增加市级的人口，特别是增加城市中非市辖区的人口数，将有助于提高个人所能享受的基本公共服务量。

近年来，中国城乡之间发展的差距较大，大量人口涌入城市，加大了城市在基本公共服务上的负担。改善城市中非市辖区的居住环境，使人们居住得更加分散，有助于缓解城市拥挤的困境。

第四，东部、中部、西部的城市在基本公共服务供应上存在较大差别。即使除去物价、GDP、人口等因素的影响，东部城市从 2003 年开始，人均财政支出逐年上升，而中部和西部城市 2004~2006 年的人均财政支出都比不上 2003 年。这个现象反映出，在基本公共服务的供给上，东部地区优于中部、西部地区。

这个现象的出现，可能与以下两个方面有关：一是财政支出依赖于财政收入，东部地区经济比较发达，容易通过各种渠道提高地方政府的财政收入，因此有能力在基本公共服务支出上加大力度，但中西部地区受到财政收入的限制，心有余而力不足；二是本研究用地方财政支出描述基本公共服务支出，忽略了上级政府的转移支付，近年来，国家不断倡导推进中西部地区的发展，部分基本公共服务是中央政府直接提供的，因此，如果加上中央政府的转移支付，上述结论可能会有所变化。

本书虽然通过实证研究得到了一系列结论，并相信这些结论有助于学者进一步分析个人对基本公共服务的需求，但仍存在许多不足。第一，从模型的构建上看，由于模型中对控制变量的引入依赖于年鉴中数据的可得性，因此，可能会由于某些数据无法获得，而产生控制变量的缺失。第二，在对模型进行实证研究时，对某些变量的估值可能并不是十分准确，例如，在描述基本公共服务的价格时，CPI 可能无法完全反映其变化情况，在描述中间投票人的收入时，用人均收入作为代理变量可能产生偏差。第三，模型的建立依赖于使中间投票人定理成立的五个假设，然而，个人对基本公共服务的需求、政府对基本公共服务的供给都非常复杂，财政支出并不一定完全取决于中间投票人对基本公共服务的偏好，因此，理论和现实情况的差异，可能会影响本书回归结果的说服力度。第四，在对拥挤系数进行分析时，本书界定的拥挤函数比较简单，但是，拥挤函数可能会对应更复杂的形式，例如，将行政区域划分方式包含进来，等等。

今后的研究需要从以下几个方面加以完善：首先，需要对基本公共服务需求的理论进行更深一步的探讨，并结合中国现实情况，将影响个人对基本公共服务需求的宏观因素与微观因素相结合，政府意愿和居民意愿相结合。其次，需要对数据进行完善，如果能够直接通过统计年鉴得到居民收入的中位数和基本公共服务价格的测量指数，那么回归的结果将更加可信。最后，本研究只是对省级和部分地级市进行了研究，这个结论是否能够推广到其他的城市，这种方法是否适用于农村，还需要进行进一步的分析。

附 录

考虑城市的集合 M。P^i 表示城市 i 中一部分市民的集合，$i \in M$。$\{P_1^i, P_2^i, \cdots, P_n^i\}$

是 P^i 的一部分，λ_j^i 表示 P_j^i 占 P^i 的比例（对于每个 $i \in M$，$\sum_{j=1}^{n} \lambda_j^i = 1$）。令 F_j^i 表示函数 P_j^i 的累积收入分布函数。因此，$F_j^i(Y)$ 是 P_j^i 中收入不超过 Y 的总人数的比例。

定义：M 中的收入分布是成比例的（对于划分 $\{P_1^i, P_2^i, \cdots, P_n^i\}$ 而言），如果存在一系列函数 F_j^i，对每个 $i \in M$，都存在一个正实数 $k_i > 0$，对所有的 $j = 1, 2, \cdots, n$，$F_j^i(Y) \equiv F_j(k_i Y)$。

定理：如果对每个城市 $i \in M$，人口按照上面的讨论划分。令 M 中的收入分布对于划分 $\{P_1^i, P_2^i, \cdots, P_n^i\}$ 而言成比例。令 P_j^i 中收入为 Y 的市民的税收份额由下列函数形式决定：$\tau_j^i(Y) = \tau^i \tau_j Y^\varepsilon$（$\tau^i$，$\tau_j$ 是由市民所在社区和子集决定的常数）。令 P_j^i 中收入为 Y 的市民对基本公共服务的需求由下列函数形式决定：$c_j f(X^i) [\tau_j^i(Y)]^\delta Y^\varepsilon$。同样假设收入分布函数满足某种连续性，$\varepsilon + \xi\delta \neq 0$。那么市民 i 决定的，对基本公共服务的需求的中位数 $\hat{E}_i$ 由下列函数形式决定：$\hat{E}_i = h(\lambda_1^i, \lambda_2^i, \cdots, \lambda_n^i) c_1 f(X^i) [\hat{\tau}_1]^\delta [\hat{Y}^i]^\delta$。

h 是一个连续的向量值函数，$\hat{Y}^i$ 是城市 i 里中等的收入，$\hat{\tau}_1$ 是 P_1^i 中收入为 $\hat{Y}^i$ 的市民所对应的税收份额。

第七章 瓦格纳法则与马斯格雷夫假设的检验

第一节 引言

一、问题的提出及研究意义

近年来,随着国际、国内社会经济环境的变化,有关政府职能问题得到了重新定位和讨论,随着经济增长驱动力,特别是内生经济增长理论的提出,以及主要发达资本主义国家政府支出结构正在发生重大变化,人们开始关注政府规模与支出结构的非经济增长效应或社会福利效应。Tanzi 和 Schuknecht(1997)发现,1870~1990 年,发达国家政府支出结构日益从国防、法律与秩序、产权保护向社会领域和医疗保健、教育、环境保护方面转变。这种转变表明,各国政府的政策目标正在发生变化。因此,需要研究政府支出在社会福利效应方面的绩效。Tanzi 和 Schuknecht(1997)利用失业率、婴儿死亡率、基础教育年限、人类发展指数的相对变化、收入最低的40%人口的收入份额、高中教育普及率、平均寿命、犯罪率、离婚率、迁移率等指标显示社会福利水平。Tanzi 和 Schuknecht(1997)运用世界主要国家 1870~1990 年的横截面数据所进行的经验估计结果表明,政府规模增长对社会福利的作用具有规模递减效应,因而社会福利效应并没有得到与政府规模增长和结构变化相匹配的改善,大政府(政府规模约为 GDP 的 50%)并不比相对较小的政府(政府规模约为 GDP 的 30%~40%)的福利效应大。这意味着,政府规模及其各构成部分超过一定的范围并不一定是"生产性的"。Tanzi 和 Schuknecht(1997)最后的结论是,为了获得期望的社会目标,政府规模不应该超过 GDP 的 30%。

Scully(2001)运用上述基本相同的社会福利效应指标,利用政府与社会福利指标的非线性方程和 112 个国家的横截面数据,运用非线性回归估计方法,分别获得了政府支出的社会进步(Social Progress)边际收益等于零(MB=0)和政府支出的社会进步边际收益(MB)等于政府边际支出(ME)时的政府规模,即社会福利最大化的政府支出的最优规模。这一最优规模表明,不同国家存在较大的差异,从美国的政府消费占

GDP 的 3.7%到葡萄牙的政府消费占 GDP 的 8.0%。对于 26 个高收入国家来说，政府的最优规模为政府消费占 GDP 的 5.1%。Bjornskov、Dreher 和 Fischer（2006）利用 74 个国家的横截面数据，实证研究了政府规模与人们生活满意度之间的关系，结果表明，人们的生活满意度或生活质量与政府规模负相关。Him 和 Lau（1995）通过改造 Barro（1990）模型，比较了福利最大化与经济增长速度最大化的政府投资规模与消费规模条件，发现两者存在重大差别。此外，人们还研究了政府支出规模与结构的国家创新能力、人力资本形成、减少贫困等方面的效应。

事实上，对于政府行为而言，无论是调结构还是扩大内需，最终都要归结为政府公共支出的问题，它包括政府公共支出的总量和投向两个方面。而提到政府公共支出，我们自然而然就想到了著名的"瓦格纳法则"。历史证明，对"瓦格纳法则"相关理论模型的研究和实证检验，对解决政府公共支出问题有重要意义。而本书正是基于中国省级面板数据，对"瓦格纳法则"和其经典阐释之一的"马斯格雷夫假设"相关理论模型的研究和实证检验。通过本书，可以对如何更好地运用政府公共支出去拉动经济的增长有一个更加科学合理、全面深入的认识。

二、"瓦格纳法则"及其相关理论

19 世纪，德国著名经济学家阿道夫·瓦格纳在考察了当时许多西欧国家以及美国和日本政府公共部门的增长状况之后，于 1890 年提出"随着经济的增长，国家活动的范围将不断扩大"的理论，这一理论即被后人称为"瓦格纳法则"。不过，瓦格纳在阐述这一规律时，仅仅将它表述为"国家活动的范围不断扩大"，并没有明确讲清楚他所谓的政府公共支出增长，究竟是指政府公共支出在 GDP 中所占份额的时序性增长，还是指政府公共支出绝对数额的时序性增长。后来，美国著名的财政学家马斯格雷夫在做了大量的研究后指出，"瓦格纳法则"所指的应该是政府公共支出在 GDP 中所占份额的时序性增长，即它应被表述为：随着人均收入的提高，政府公共支出在 GDP 中所占比重也随之提高。而且，马斯格雷夫认为，在经济增长和经济发展的早期阶段，政府的公共投资在社会总投资中占有较高的份额，这是因为在早期阶段，需要政府部门提供社会基础设施，如道路交通系统、环境卫生系统、法律秩序、教育和在人力资本上的其他投资；在经济增长的中期阶段，私人投资的份额会上升，政府公共投资的份额会相对下降；在经济发展的成熟阶段，政府公共支出的结构将从基础设施之处转移到增加教育、医疗、保障和服务方面的支出，尤其是在成熟阶段中的大规模消费时期，用于收入维持计划和福利再分配方面的政府公共支出，将会占据 GDP 的较大份额。

三、国内外研究背景

在过去几十年中，针对"瓦格纳法则"的实证研究层出不穷，但研究结果却不尽相同。Abisadeh 和 Gray 于 1985 年对 53 个国家在 1963~1979 年这段时期内"瓦格纳法则"的适用情况进行了实证研究，研究结果表明"瓦格纳法则"只对发展中国家适用，而对于落后国家和发达国家是不适用的。Ram 在 1986 年对 63 个国家在 1950~1980 年这段时期内进行了"瓦格纳法则"适用情况的实证检验，检验结果表明"瓦格纳法则"只是被有限度的支持。Anthony 和 Courakis 于 1993 年对希腊和葡萄牙这两个国家在 1958~1985 年这段时期内的研究得出了不支持"瓦格纳法则"的结果。1996 年，Afxentiou 和 Serletis 对 6 个欧洲国家（法国、意大利、德国、比利时、荷兰和卢森堡）在 1961~1991 年这段时期内的"瓦格纳法则"的适用情况进行了实证检验，结果发现其中的任何一个国家都没有足够的证据来支持"瓦格纳法则"。同样，Ansari 在 1997 年对 3 个非洲国家（加纳、肯尼亚和南非）的研究中也给出了不支持"瓦格纳法则"的研究结果。然而，Chang 在 2002 年分别对亚洲的韩国、中国台湾、泰国和 3 个发达国家日本、美国、英国在 1951~1996 年这段时期内进行了"瓦格纳法则"的适用性检验，结果表明除中国台湾之外均支持法则的正确性。值得注意的是，在 2004 年，Chang 通过利用协整理论和误差修正模型改进了研究方法之后，对 10 个国家又重新进行了"瓦格纳法则"的适用性检验，发现有 5 个国家是支持法则的，而剩下的 5 个国家则不支持。另外，同样运用了协整和误差修正模型的相关理论，Wahab 在 2004 年对 30 个 OECD 国家的研究中，也只得到了对"瓦格纳法则"有限支持的研究结果。除了上述研究外，对"瓦格纳法则"的研究还有很多。其中，支持法则的研究有：Ganti 和 Kolluri（1979），Yousefi 和 Abizadeh（1992），还有 Islam（2001）对美国的研究；Khan（1990）对巴基斯坦的研究；Gyles（1990）对英国的研究；Nomura（1995）对日本的研究等。相对的，不支持法则的研究有：Mann（1980）和 Lin（1995）对墨西哥的研究；Chletsos 和 Kollias（1997）对希腊的研究；Henrekson（1993）对瑞典的研究；Burney（1999）对科威特的研究；Lyare 和 Lorde（2004）对 9 个加勒比地区国家的研究等。

计量经济学的不断发展，特别是协整分析与 Granger 因果分析相关理论的不断完善发展，使对"瓦格纳法则"进行的实证研究在方法上更加科学合理。因此，最近几年，又有许多专家学者对"瓦格纳法则"的适用性进行了实证检验。其中值得注意的有：Paresh Kumar Narayan、Ingrid Nielsen 和 Russell Smyth 利用中国省级面板数据进行了"瓦格纳法则"的适用性研究。研究除针对整个中国之外，还把中国分为东部、中部、西部，通过面板协整分析和面板 Granger 因果检验，发现西部和中部都不同程度地支持了"瓦格纳法则"，而东部和整个中国则不支持"瓦格纳法则"。Chiung-Ju Huang 在 2006 年对中国和中国台湾地区在 1979~2002 年这段时期内的研究中发现，政府公共支出与 GDP 的增长并不存在 Granger 因果关系，也就是说"瓦格纳法则"在此并不适用。Sideris D. 于 2007 年对 1833~1938 年的希腊政府公共支出和经济增长进行了协整分析和 Granger 因果检验，结果表明政府公共支出与经济增长存在长期均衡关系，并且经济增长是政府公共支出占 GDP 份额增加的 Granger 原因，也就是说研究结果支持了"瓦格纳法则"。Arpaia 和 Turrini 在 2008 年对 15 个欧洲国家的面板数据的分析中发现，政府公共支出与经济增长之间确实存在长期均衡关系，但这种关系需要有短期调节，这个期限平均来看是 3 年，并且当时间超过 10 年时，两变量间的弹性就会有显著下降。

虽然过去几十年国外许多学者都针对"瓦格纳法则"进行了实证检验，但这些检验从研究的对象、方法及最后结论上来看，都不尽相同。从研究对象上来看，有针对几个乃至几十个国家的研究,也有针对单个国家的研究,但是很少有利用某个国家省级数据进行"瓦格纳法则"的适用性的研究。从检验所用数据上来看,主要包括了时间序列数据和横截面数据。从研究方法上来看,早期的研究大多直接利用简单的线性回归模型,运用 OLS 方法对时间序列数据作模型参数的估计,而没有考虑数据的平稳性。随着计量经济学的发展和单位根检验的提出,很多研究者注意到在运用时间序列数据进行研究时,数据的不平稳会使得出现"伪回归"的问题。因此,随着 1987 年 Granger 协整概念的提出,很多研究者利用了协整理论对不平稳的时间序列数据进行研究,并在此基础上建立误差修正模型(ECM)。近年来,随着面板单位根检验、面板协整检验的提出,也出现了少量基于面板数据进行的"瓦格纳法则"的适用性分析研究。从研究结论上来看,"瓦格纳法则"虽然被称为"法则",但这并不代表说它是一个放之四海而皆准的"定律"。相反,它是受研究对象、研究时期、研究方法、研究数据等多方面因素制约的。因此,在众多的研究中,出现了各不相同的结论。有支持"法则"的,有与"法则"相违背的,也有部分或者说有保留的支持的。

第二节 研究方法与理论模型

本书基于中国省级面板数据,利用了近些年在计量经济学中开始发展完善的面板协整理论和面板模型估计理论,参照马斯格雷夫对"瓦格纳法则"的模型阐释,进行计量检验模型的建立与实证应用。

下面简要介绍一下研究中所用到的重要理论模型与估计方法。

一、"瓦格纳法则"理论模型

由于对"瓦格纳法则"的理解不同,在以往的大量实证研究中,主要产生了如下五个版本的最具代表性的模型:

Model 1: $G = f(GDP)$,   Peacock-Wiseman Version (1961)

Model 2: $G = f(\frac{GDP}{N})$,   Goffman Version (1968)

Model 3: $\frac{G}{N} = f(\frac{GDP}{N})$,   Gupta Version (1967)

Model 4: $\frac{G}{GDP} = f(\frac{GDP}{N})$,   Musgrave Version (1969)

Model 5: $\frac{G}{GDP} = f(GDP)$,   Mann Version (1980)

其中,G 代表政府公共支出,GDP/N 代表人均国内生产总值,G/GDP 代表政府公共支出占 GDP 的比例。

在以上五个模型中，目前最被广泛认可的即为第四个模型，也就是马斯格雷夫在1969年针对"瓦格纳法则"而提出的模型假设。马斯格雷夫在这个模型中具体描述的是：随着人均GDP的增长，政府公共支出占GDP的比例也将相应增长。本章的实证研究即是选取参照此模型，并结合面板模型理论和误差修正模型理论进行计量建模。

二、面板数据理论与模型

（一）面板数据的定义

面板数据指的是同时在时间和截面上取得的二维数据。所以，面板数据（Panel Data）也称作时间序列与截面混合数据（Pooled Time Series and Cross Section Data），它是截面上个体在不同时点的重复观测数据。

面板数据用双下标变量表示。例如：

y_{it}, $i = 1, 2, \cdots, N$; $t = 1, 2, \cdots, T$

其中，i对应面板数据中不同个体，N表示面板数据中含有N个个体；t对应面板数据中不同时点，T表示时间序列的最大长度。若固定t不变，则y_i（$i = 1, 2, \cdots, N$）是横截面上的N个随机变量；若固定i不变，y_t（$t = 1, 2, \cdots, T$）是纵剖面上的一个时间序列。

1. 面板数据的优点

一般说来，对于面板数据，其优点主要表现在：可以克服变量间多重共线性的困扰，能够提供更多的信息和变化、更高的自由度和估计效率，并且能为研究数据的动态矫正提供更好的支持。具体而言，可分为以下四点：

（1）面板数据指的是N个不同个体在T个不同时点被观测的数据，是可以控制某些类型的遗失变量。众所周知，多元回归是控制变量的一种有力工具，但它所要求的变量必须有全面的数据，如果某些变量的数据得不到，则有些遗失变量就不能包括在回归中，从而就会使参数估计的OLS估计量存在估计偏差。例如，当研究因变量随时间而变化的情况时，面板数据就有可能消除那些在个体之间有差异但不随时间变化的遗失变量的影响。

（2）一个面板数据集共含有N×T个数据，能够提供更多的数据信息和更大的自由度。它既能体现个体之间的差异情况，又能描述个体的动态变化特征；不但可以从不同角度反映已有数据的信息，而且还可以反映被遗失变量的信息。

（3）面板数据模型提供了更为实用有效的模型方法，它可将研究对象划分为更多的类别，能更为准确地估计模型参数，从而更好地捕捉社会复杂行为。

（4）随着计算机计算速度和能力的提高，以及现有时间序列分析理论的完善，与过去相比，如今面板数据的计算与分析已更为简便。

2. 面板数据模型形式及分类

关于面板数据模型，Baltagi（2005）和Hsiao（2003）做了比较全面系统的介绍，书中依据不同的接入点，给出了面板数据模型几种不同的分类方式。下面对面板数据模型及其分类做一下简要介绍。

面板数据模型的一般形式为：

$y_{it} = \alpha_{it} + X_{it}\beta_{it} + \varepsilon_{it}$

其中，下标 i 代表不同的个体，下标 t 代表不同的时点。

根据面板数据模型受个体和时间影响的差异，可分为混合模型、固定影响模型、随机影响模型。根据面板数据模型参数的设定不同，又可分为变系数模型和变截距模型。由于依据不同的介入点对面板数据模型会有多种不同的分类方式，因此，下面综合考虑了参数和影响因素两个方面，可将面板数据模型划分为以下几类：

（1）常截距常系数模型：

$y_{it} = \alpha + X_{it}\beta + \varepsilon_{it}$, $i = 1, 2, \cdots, N$; $t = 1, 2, \cdots, T$

（2）个体固定影响常系数模型：

$y_{it} = \alpha_i + X_{it}\beta + \varepsilon_{it}$, $i = 1, 2, \cdots, N$; $t = 1, 2, \cdots, T$

（3）时点固定影响常系数模型：

$y_{it} = \alpha_t + X_{it}\beta + \varepsilon_{it}$, $i = 1, 2, \cdots, N$; $t = 1, 2, \cdots, T$

（4）个体时点双固定影响常系数模型：

$y_{it} = \alpha_{it} + X_{it}\beta + \varepsilon_{it}$, $i = 1, 2, \cdots, N$; $t = 1, 2, \cdots, T$

（5）因个体不同而系数不同固定影响变系数模型：

$y_{it} = \alpha_i + X_{it}\beta_i + \varepsilon_{it}$, $i = 1, 2, \cdots, N$; $t = 1, 2, \cdots, T$

（6）因时点不同而系数不同固定影响变系数模型：

$y_{it} = \alpha_{it} + X_{it}\beta_t + \varepsilon_{it}$, $i = 1, 2, \cdots, N$; $t = 1, 2, \cdots, T$

（7）随机影响常系数模型：

$y_{it} = \alpha + X_{it}\beta + v_i + u_{it}$, $i = 1, 2, \cdots, N$; $t = 1, 2, \cdots, T$

其中，α 为截距中的常数项部分，v_i 为截距中的随机变量部分。

（8）随机影响变系数模型：

$y_{it} = X_{it}\beta + u_{it} + X_{it}\varepsilon_i$, $i = 1, 2, \cdots, N$; $t = 1, 2, \cdots, T$

其中，β 为系数中的均值部分，ε_i 为系数中的随机变量部分。

（二）面板单位根检验

面板单位根检验主要用于判定面板数据的稳定性问题。在时间序列中，如果非平稳时间序列对另一非平稳时间序列回归，标准的 T 和 F 检验是无效的，会产生伪回归。面板数据同样存在类似的问题，因此，对于面板数据应该检验其稳定性。

面板数据的单位根检验与时间序列数据的单位根检验有所不同，根据单位根的异同主要分为两大类：第一，相同单位根的检验方法主要包括：LLC 检验（2002）、Hadri 检验（2000）和 Breitung 检验（2000）；第二，不同单位根的检验方法主要包括：IPS 检验（2003）、Fisher-ADF 检验和 Fisher-PP 检验（1999）等。

下面首先简要介绍一下 IPS 面板单位根检验：

由于在同质面板检验中存在着不同界面的时间序列一阶滞后项回归系数相同，从而截面的时间序列或都含有单位根或都是平稳的。针对这一缺陷，Im、Pesaran 和 Shin（2003）提出了异质面板 IPS 检验。IPS 检验放松了各截面时间序列一阶滞后项系数必须相同的这一假定,在备则假设下,允许一些截面序列含有单位根。

首先,利用如下模型对每个截面成员进行单位根检验:

$$\Delta y_{it} = \alpha_i y_{it-1} + \sum_{j=1}^{p_i} \beta_{ij} \Delta y_{it-j} + X'_{it}\delta + \varepsilon_{it} \tag{7-1}$$

其中,$i=1, 2, \cdots, N$;$t=1, 2, \cdots, T$

原假设和备择假设为:

$$H_0: \alpha_i = 0, \forall i = 1, 2, \cdots, N \tag{7-2}$$

$$H_1: \begin{cases} \alpha_i = 0, \forall i = 1, 2, \cdots, N_1 \\ \alpha_i < 0, \forall i = N_1+1, N_1+2, \cdots, N \end{cases} \tag{7-3}$$

在对每个截面成员进行单位根检验之后,得到每个截面成员 α_i 的 t 统计量,记为 $t_{iT_i}(p_i)$,利用每个截面成员 α_i 的 t 统计量构造检验整个面板数据是否存在单位根的参数 α 的 t 统计量如下:

$$\bar{t}_{NT} = (\sum_{i=1}^{N} t_{iT_i}(p_i))/N \tag{7-4}$$

在每个截面成员的滞后阶数为 0 的情况下,即式(7-1)中不存在差分项的滞后项,Im、Pesaran 和 Shin 通过模拟给出了统计量在不同显著性水平下的临界值。

如果截面成员中包含滞后项,即式(7-1)中存在差分项的滞后项,那么 Im、Pesaran 和 Shin 检验给出了服从一个渐进正态分布的统计量 $W_{t_{NT}}$:

$$W_{t_{NT}} = \frac{\sqrt{N}(\bar{t}_{NT} - N^{-1}\sum_{i=1}^{N} E(t_{iT_i}(p_i)))}{\sqrt{N^{-1}\sum_{i=1}^{N} Var(t_{iT_i}(p_i))}} \to N(0, 1) \tag{7-5}$$

因此,可以利用这个渐进正态分布的统计量检验存在滞后项的面板数据。另外,在 Im、Pesaran 和 Shin 检验中,需要设定每个截面成员是否存在截距项或者时间趋势项。

另外,LLC 检验模型为:

$$\Delta y_{it} = \alpha y_{it-1} + \sum_{j=1}^{p_i} \beta_{ij} \Delta y_{it-j} + X'_{it}\delta + u_{it}, 其中,i=1, 2, \cdots, N;t=1, 2, \cdots, T$$

Fisher-ADF 检验与 Fisher-PP 检验模型同 IPS 检验,检验统计量分别为:

渐进卡方分布:$-2\sum_{i=1}^{N}\log(\pi_i) \to \chi^2(2N)$;其中,$\pi_i$ 为第 i 组截面成员单位根检验的 p 值,卡方分布的自由度为 2N。

渐进正态分布:$Z = \frac{1}{\sqrt{N}}\sum_{i=1}^{N}\phi^{-1}(\pi_i) \to N(0, 1)$;其中,$\phi^{-1}$ 是标准正态分布函数的反函数,π_i 为第 i 组截面数据单位根检验的 p 值。

(三) 面板协整检验

自从 Pedroni 最初在 1995 年提出面板协整检验的方法以来,面板协整检验方法经过不断发展完善，已有了丰硕的研究成果。主要检验方法包括：Kao（1999）面板协整检验、Pedroni（2003）面板协整检验、McCoskey 和 Kao（1998）提出的 LM 面板协整检验、Johansen（1995）提出的 LR 面板协整检验等。其中，以 Kao（1999）面板协整检验和 Pedroni（2003）面板协整检验运用最为广泛。值得注意的是，Luciano 在 2003 年利用 Monte Carlo 模拟的方法对面板协整检验的几种方法进行了比较，发现在 T 较小时 Kao 检验比 Pedroni 检验更有效，而 T 较大时则反之；并且发现这两种检验都比 LM 和 LR 面板协整检验效果更好。

下面简要介绍一下 Pedroni 面板协整检验方法。

为了得到 Pedroni's 面板协整检验统计量，首先我们要估计如下面板协整回归方程：
$$y_{it} = \alpha_i + \rho_i t + \beta_{1i} x_{1i} + \cdots + \beta_{Mi} x_{Mi,t} + \varepsilon_{i,t}, \quad t=1,\cdots,T; \ i=1,\cdots,N; \ m=1,\cdots,M$$

其中，T 指的是样本观测时间点的个数，N 指的是样本观测个体数量，M 指的是回归变量的个数。首先，我们将原始数据进行差分并计算如下差分方程的残差：$\Delta y_{i,t} = \sigma_{1i} \Delta x_{1i,t} + \sigma_{2i} \Delta x_{2i,t} + \cdots + \sigma_{Mi} \Delta x_{Mi,t} + \eta_{i,t}$。其次，我们利用上面得到的残差值可以计算出 $\hat{L}_{11i}^2$ 作为 $\hat{\eta}_{i,t}^2$ 的长期方差。对于非参数统计量，我们首先利用最初的协整方程的残差 $\varepsilon_{i,t}$，估计可得其自回归方程：$\hat{\varepsilon}_{i,t} = \hat{\Psi}_i \hat{\varepsilon}_{i,t-1} + \hat{\kappa}_{i,t}$。再次，计算出其残差 $\hat{\kappa}_{i,t}$ 的长期方差，记为 $\hat{\sigma}_i^2$；同样，再计算出其残差 $\hat{\kappa}_{i,t}$ 的同期方差，记为 s_i^2。最后，我们就可以计算得到 $\hat{\lambda}_i = 1/2(\hat{\sigma}_i^2 - s_i^2)$。同样，对于参数统计量，我们首先估计出自回归方程 $\hat{\varepsilon}_{i,t} = \hat{\Psi}_i \hat{\varepsilon}_{i,t-1} + \sum_{k=1}^{K_i} \hat{\Psi}_{i,k} \Delta \hat{\varepsilon}_{i,t-k} + \hat{\mu}_{i,t}^*$，接着，计算出其残差 $\hat{\mu}_{i,t}^*$ 的方差记为 $\hat{s}_i^{*2}$。通过以上的计算，我们就可以得到如下七个面板协整统计量：

Panel v-Statistic：
$$Z_v = T^2 N^{\frac{3}{2}} \left(\sum_{i=1}^{N} \sum_{t=1}^{T} \hat{L}_{11i}^{-2} \hat{\varepsilon}_{i,t-1}^2 \right)^{-1}$$

Panel ρ-Statistic：
$$Z_\rho = TN^{\frac{1}{2}} \left(\sum_{i=1}^{N} \sum_{t=1}^{T} \hat{L}_{11i}^{-2} \hat{\varepsilon}_{i,t-1}^2 \right)^{-1} \sum_{i=1}^{N} \sum_{t=1}^{T} \hat{L}_{11i}^{-2} (\hat{\varepsilon}_{i,t-1}^2 \Delta \hat{\varepsilon}_{i,t} - \hat{\lambda}_i)$$

Panel t-Statistic（nonparametric）：
$$\bar{Z}_t = \left(\sigma_{N,T}^2 \sum_{i=1}^{N} \sum_{t=1}^{T} \hat{L}_{11i}^{-2} \hat{\varepsilon}_{i,t-1}^2 \right)^{-\frac{1}{2}} \sum_{i=1}^{N} \sum_{t=1}^{T} \hat{L}_{11i}^{-2} (\hat{\varepsilon}_{i,t-1}^2 \Delta \hat{\varepsilon}_{i,t} - \hat{\lambda}_i)$$

Panel t-Statistic（parametric）：
$$\bar{Z}_t = \left(\tilde{s}_{N,T}^{*2} \sum_{i=1}^{N} \sum_{t=1}^{T} \hat{L}_{11i}^{-2} \hat{\varepsilon}_{i,t-1}^{*2} \right)^{-\frac{1}{2}} \sum_{i=1}^{N} \sum_{t=1}^{T} \hat{L}_{11i}^{-2} \hat{\varepsilon}_{i,t-1}^2 \Delta \hat{\varepsilon}_{i,t}^*$$

Group ρ-Statistic:

$$\tilde{Z}_\rho = TN^{-\frac{1}{2}} \sum_{i=1}^{N} \left(\sum_{t=1}^{T} \hat{\varepsilon}_{i,t-1}^2 \right)^{-1} \sum_{t=1}^{T} (\hat{\varepsilon}_{i,t-1} \Delta \hat{\varepsilon}_{i,t} - \hat{\lambda}_i)$$

Group t-Statistic (non-parametric):

$$\tilde{Z}_t = N^{-\frac{1}{2}} \sum_{i=1}^{N} \left(\hat{\sigma}_i^2 \sum_{t=1}^{T} \hat{\varepsilon}_{i,t-1}^2 \right)^{-\frac{1}{2}} \sum_{t=1}^{T} (\hat{\varepsilon}_{i,t-1}^* \Delta \hat{\varepsilon}_{i,t}^* - \hat{\lambda}_i)$$

Group t-Statistic (parametric):

$$\tilde{\tilde{Z}}_t = N^{-\frac{1}{2}} \sum_{i=1}^{N} \left(\sum_{t=1}^{T} \hat{s}_i^{*2} \varepsilon_{i,t-1}^{*2} \right)^{-\frac{1}{2}} \sum_{t=1}^{T} \hat{\varepsilon}_{i,t-1}^{*2} \Delta \hat{\varepsilon}_{i,t}^*$$

Pedroni 讨论了以上七个 Panel Data 的协整统计量，其中前四个是用联合组内尺度描述的，即 Panel v-Statistic、Panel ρ-Statistic、Panel t-Statistic (nonparametric)、Panel t-Statistic (parametric)；另外三个是用组间尺度来描述的，即 Group ρ-Statistic、Group t-Statistic (non-parametric) 和 Group t-Statistic (parametric)，作为组平均 Panel 协整统计量。根据 Pedroni 的计算，统计量是服从标准正态分布的，所以可以得到相关临界值。原假设：如果统计检验值小于临界值-1.28，在10%显著性水平下拒绝，说明没有协整关系。

(四) 面板 Granger 因果关系检验

经济计量学中，在对时间序列数据进行分析时，我们通常需要判断一个变量的变化是否是另一个变量变化的原因，此时，我们常常用到 Granger 因果关系检验。本研究将 Engle 和 Granger (1987) 提出的 Granger 因果关系、误差修正模型 (ECM) 理论引入到面板数据的协整分析中，用面板误差修正模型 (PVECM) 去估计变量间的长短期关系，进行面板 Granger 因果关系检验。具体估计方法采用的是 Engle 和 Granger (1987) 提出的"两步法"。检验所用面板误差修正模型为：

$$\Delta y_{it} = \lambda_{1j} + \sum_p \lambda_{11ip} \Delta y_{it-p} + \sum_p \lambda_{12ip} \Delta x_{it-p} + \Psi_{1i} ecm_{t-1}$$

$$\Delta x_{it} = \lambda_{2j} + \sum_p \lambda_{21ip} \Delta x_{it-p} + \sum_p \lambda_{22ip} \Delta y_{it-p} + \Psi_{2i} ecm_{t-1}$$

其中，Δ 表示一阶差分，p 代表滞后阶数，$ecm_{i,t-1}$ 代表长期均衡误差。

三、固定影响变截距模型的广义最小二乘 (GLS) 估计

在固定影响变截距模型中，随机误差项一般不会满足等方差或相互独立的假设，这时需要使用广义最小二乘法 (GLS) 对模型进行估计。由于方差结构和序列相关情形的不同，固定影响变截距模型的广义最小二乘法 (GLS) 主要有如下四种基本的加权估计方法：个体成员截面异方差、时期异方差、个体成员截面异方差和同期相关协方差、时期异方差和同期相关协方差。对于以上四种不同的方差结构和序列相关情形，其广义最小二乘 (GLS) 估计过程的主要步骤均为：首先估计系数，然后计算 GLS 的转换

重，之后在加权数据的基础上重新估计，或者利用迭代的方法重复上面的步骤，直至系数和权重收敛为止。

需要说明的是，当截距随个体不同而变化时，选用前两种估计方法；当截距随时点不同而变化时，选用后两种估计方法。对于相应的变系数模型，上述估计方法同样适用。由于具体的估计方法不在本论题讨论范围之内，故在此不作详述。

第三节 实证研究结果

通过应用上面讨论的相关理论模型和研究方法，我们对"瓦格纳法则"在中国各省的适用性情况做以下的实证研究。

众所周知，在进行实证研究中，必须使用实际GDP而不是名义GDP。因此，要得到实际GDP，首先需要明确名义GDP与实际GDP增长指数的意义，它们是反映经济绩效的重要指标，同时也是核算实际GDP所需要的重要指标。名义GDP，即名义的国内生产总值，它未考虑价格因素。实际GDP增长指数是指国内生产总值相对于上一年的实际增长量，它考虑了价格因素。

本章研究所使用的数据来源于《中国统计年鉴》、《中国财政年鉴》和《新中国55周年统计资料汇编》，数据为1952~2007年各省（除去海南、重庆、四川、港澳台地区）的年度数据。对历年人均地区生产总值的名义值，以1952年为基期，通过迭代的方法得到实际人均地区生产总值。为了减小数据中存在的异方差的影响，对各省政府公共支出占本省GDP的比例、各省实际人均GDP这两个变量分别取了自然对数，并记为LRATIO和LGDP。

一、初步分析

为了对各省政府公共支出占本省GDP的比例、各省实际人均GDP这两个变量间的关系有一个初步认识，首先利用散点图，从整体上考察一下两变量LRATIO、LGDP的相关情况。

图7-1和图7-2给出了1952~1977年和1978~2007年两段时期内，就全国各省整体情况而言，两变量LRATIO、LGDP差分前后呈现出的大致情形。从图中可以看出，改革开放前后的两段时期内，就全国各省整体情况而言，LRATIO、LGDP两个变量之间在差分前后均没有呈现出明显的线性相关关系。

为了对全国各不同省份两变量LRATIO、LGDP的具体相关情况进行更直观的横向比较，给出在1952~1977年和1978~2007年两段时期内的全国各省面板数据散点图。

从图7-3、图7-4的比较来看，改革开放前（1952~1977年）的各省政府公共支出占本省GDP的比重没有明显的时间趋势，而改革开放后（1978~2007年）的各省政府公共支出占本省GDP的比重呈现出较明显的时间趋势。并且，从图7-6中可看出，改

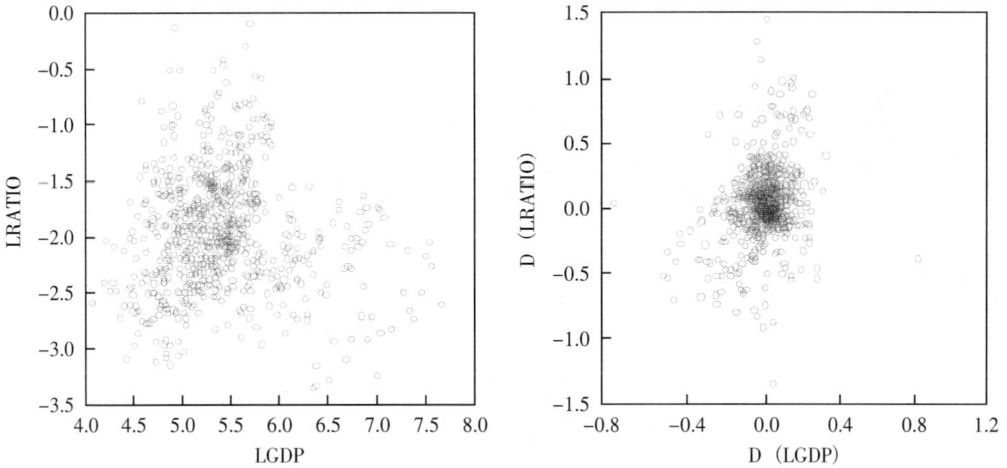

第七章 瓦格纳法则与马斯格雷夫假设的检验

图 7-1 两变量 LRATIO、LGDP 差分前后散点图（1952~1977 年）

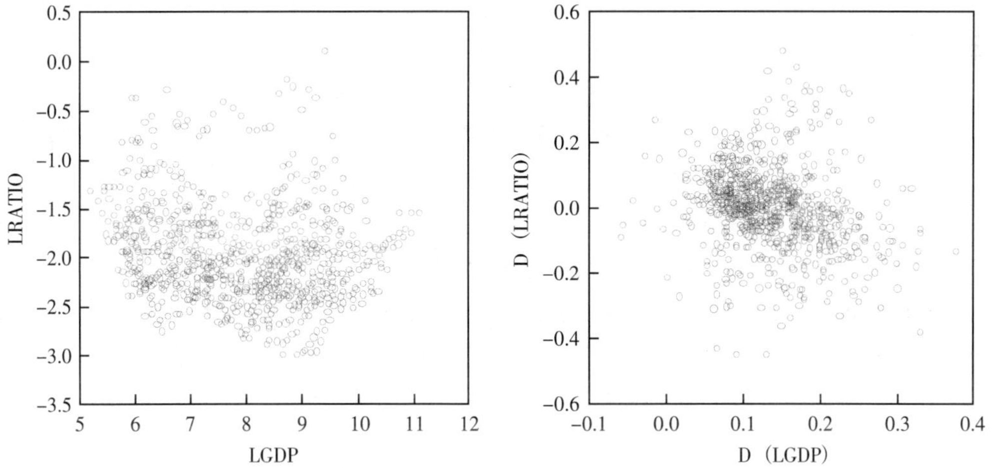

图 7-2 两变量 LRATIO、LGDP 差分前后散点图（1978~2007 年）

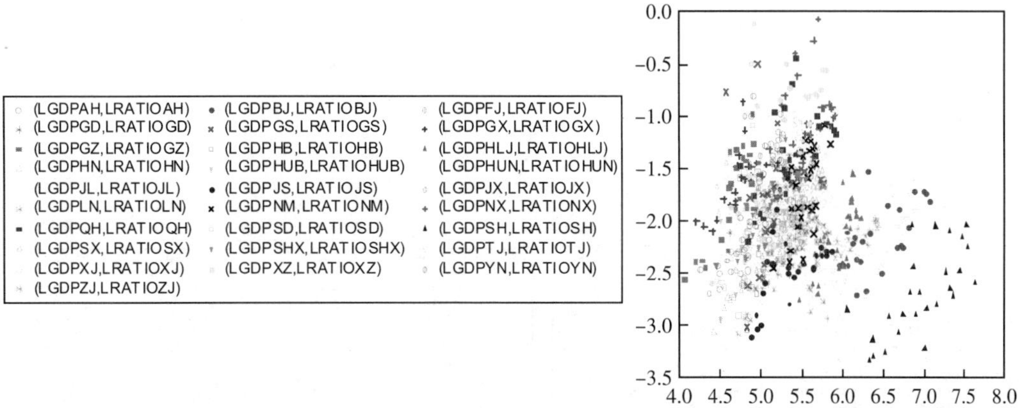

图 7-3 改革开放前（1952~1977 年）全国各省两变量 LRATIO、LGDP 面板数据散点图

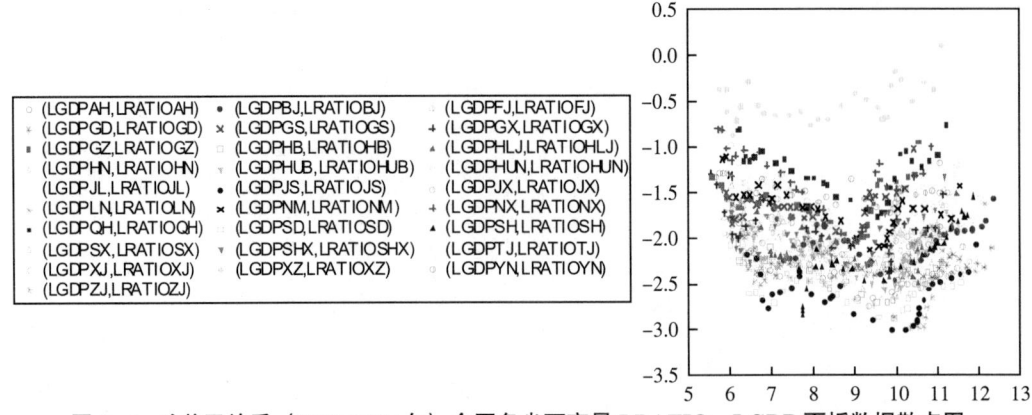

图 7-4 改革开放后（1978~2007 年）全国各省两变量 LRATIO、LGDP 面板数据散点图

革开放后的各省政府公共支出占本省 GDP 的比重随着该省人均 GDP 的增长大致呈现出两头高、中间低的情形。由于改革开放以后，各省人均 GDP 是随时间而正增长的，也就是说横坐标轴也可大致看作是时间轴，因此，从图 7-6 中可看出，各省的政府公共支出占本省 GDP 的比重在改革开放初期和最近几年最高，而在中间的一段时期较低。另外，从图 7-6 中还可看出，改革开放后各省在相同时期内政府公共支出占本省 GDP 的比重相对于各省人均 GDP 的增长速度大致相近。而且，从图中明显可看出，西藏的政府公共支出占 GDP 的比例最高，青海、宁夏、贵州等经济发展水平相对落后地区也较高，而浙江、江苏和山东等经济较发达地区则相对较低。

为了从整体上了解全国各省两变量 LRATIO、LGDP 差分前后呈现出的大致趋势，给出如下两张在 1952~1977 年和 1978~2007 年两段时期内的时序图（见图 7-5 和图 7-6）。由图 7-5 和图 7-6 可看出，从改革开放前后的比较来看，开放后（1978~2007 年）的各

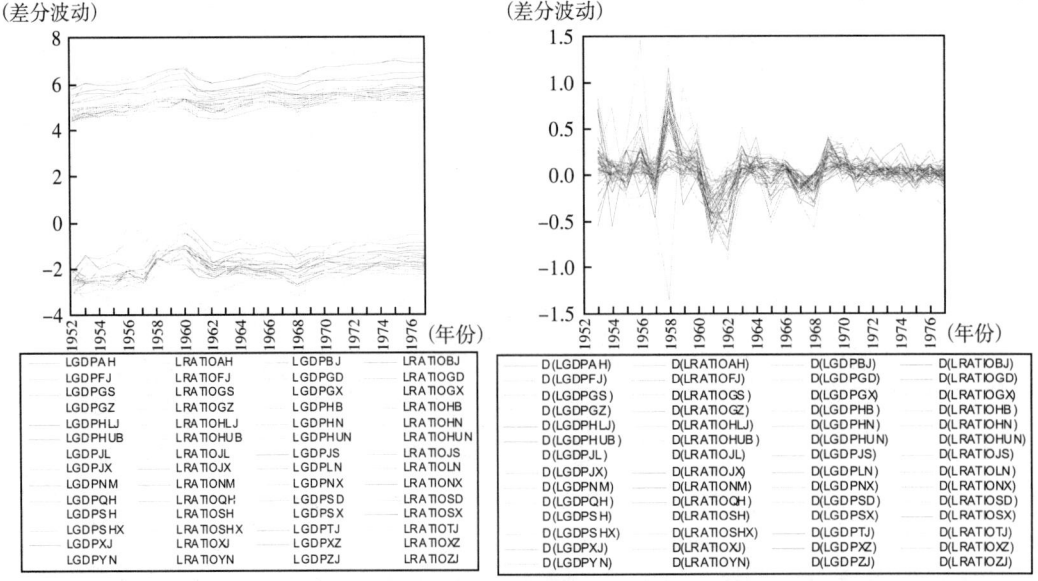

图 7-5 改革开放前（1952~1977 年）两变量 LRATIO、LGDP 差分前后时序图

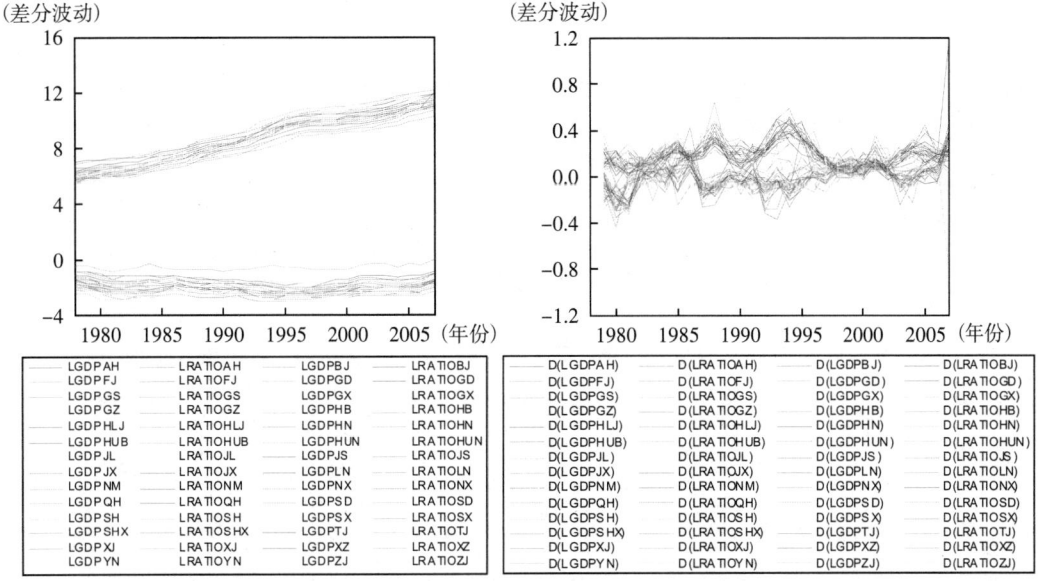

图 7-6 改革开放后（1978~2007 年）两变量 LRATIO、LGDP 差分前后时序图

省人均 GDP 增长明显比开放前（1952~1977 年）要快，这同时也使得改革开放后各省政府公共支出占本省人均 GDP 的比重相对于改革开放前不但没有增长，反而有略微的下降。从差分前的时序图中明显可看出，各省政府公共支出占本省 GDP 的比重明显跟不上该省人均 GDP 的增长速度。

1. 面板单位根检验

为了更准确地把握变量的平稳性，下面对各变量做面板单位根检验。

检验模型中含常数项的检验结果如表 7-1 和表 7-2 所示。

表 7-1 改革开放前（1952~1977 年）两变量 LRATIO、LGDP 差分前后面板单位根检验结果

变量	LLC 检验	IPS 检验	ADF 检验	PP 检验
LGDP	−1.45737	−0.41225	59.8378	74.1979
	(0.0725)	(0.3401)	(0.3382)	(0.0522)
LRATIO	−5.00272	−9.02772	184.834	127.134
	(0.0000)	(0.0000)	(0.0000)	(0.0000)
ΔLGDP	−13.0187	−14.9641	310.619	368.089
	(0.0000)	(0.0000)	(0.0000)	(0.0000)
ΔLRATIO	−16.9354	−17.8638	373.749	431.745
	(0.0000)	(0.0000)	(0.0000)	(0.0000)

表 7-2 改革开放后（1978~2007 年）两变量 LRATIO、LGDP 差分前后面板单位根检验结果

变量	LLC 检验	IPS 检验	ADF 检验	PP 检验
LGDP	1.59886	9.31755	3.88831	2.85556
	(0.9451)	(1.0000)	(1.0000)	(1.0000)
LRATIO	2.60560	0.57973	48.9900	67.7967
	(0.9954)	(0.7190)	(0.7352)	(0.1342)

续表

变量	LLC 检验	IPS 检验	ADF 检验	PP 检验
ΔLGDP	−8.72125	−10.1495	208.775	191.329
	(0.0000)	(0.0000)	(0.0000)	(0.0000)
ΔLRATIO	−7.64175	−10.8871	229.599	214.099
	(0.0000)	(0.0000)	(0.0000)	(0.0000)

检验模型中带有常数项和时间趋势的检验结果如表 7-3 和表 7-4 所示。

表 7-3　改革开放前（1952~1977 年）两变量 LRATIO、LGDP 差分前后面板单位根检验结果

变量	LLC 检验	IPS 检验	ADF 检验	PP 检验
LGDP	−0.87153	−5.61452	118.887	89.5872
	(0.1917)	(0.0000)	(0.0000)	(0.0029)
LRATIO	−0.91387	−4.16928	92.5268	81.6727
	(0.1804)	(0.0000)	(0.0015)	(0.0142)
ΔLGDP	−8.91985	−11.7677	225.150	310.853
	(0.0000)	(0.0000)	(0.0000)	(0.0000)
ΔLRATIO	−13.5190	−14.7832	285.257	341.242
	(0.0000)	(0.0000)	(0.0000)	(0.0000)

表 7-4　改革开放后（1978~2007 年）两变量 LRATIO、LGDP 差分前后面板单位根检验结果

变量	LLC 检验	IPS 检验	ADF 检验	PP 检验
LGDP	−1.84825	−4.44571	108.563	36.7112
	(0.0323)	(0.0000)	(0.0000)	(0.9784)
LRATIO	5.33828	6.47427	20.0631	16.3166
	(1.0000)	(1.0000)	(1.0000)	(1.0000)
ΔLGDP	−6.86192	−7.80617	157.188	138.124
	(0.0000)	(0.0000)	(0.0000)	(0.0000)
ΔLRATIO	−7.20045	−12.0206	232.389	243.417
	(0.0000)	(0.0000)	(0.0000)	(0.0000)

从以上检验结果可看出：在改革开放前（1952~1977 年），变量 LRATIO 在 1%的显著性水平下拒绝原假设，即不存在面板单位根，是平稳的。而变量 LGDP 虽然在检验模型中不含时间趋势项时不能显著拒绝原假设，但在检验模型中含有时间趋势项时，除 LLC 检验外均在 1%的显著性水平下拒绝原假设，即不存在面板单位根，这说明变量 LGDP 的不稳定是由时间趋势造成的，故可考虑通过差分来分析。在改革开放后（1978~2007 年），两变量在 5%的显著性水平下均不能拒绝原假设，即存在面板单位根，是非平稳的；而两变量的一阶差分值则在 1%的显著性水平下拒绝原假设，即不存在面板单位根，是平稳的。因此，两变量都是一阶单整的，即 LGDP~I(1)，LRATIO~I(1)，可以进行协整分析。

第七章 瓦格纳法则与马斯格雷夫假设的检验

2. 面板协整检验

由前面面板单位根检验结果可知，在 1978~2007 年这段时期内，两变量均为 I(1) 变量，故可对其进行面板协整检验。下面选用 Kao 面板协整检验和 Pedroni 面板协整检验的方法对 LGDP 和 LRATIO 进行面板协整检验，见表 7-5 和表 7-6。

表 7-5　改革开放后（1978~2007 年）两变量 LRATIO、LGDP Kao 面板协整检验结果

检验变量	t-Statistic	Pro
LGDP、LRATIO	5.344380	0.0000

注：以上检验模型中只含有常数项。

表 7-6　改革开放后（1978~2007 年）两变量 LRATIO、LGDP Pedroni 面板协整检验结果

组内统计量		组间统计量	
Panel v-Statistic	124.7065		
	(0.0000)		
Panel ρ-Statistic	0.276825	Group ρ-Statistic	2.250401
	(0.6090)		(0.9878)
Panel PP-Statistic	−1.708089	Group PP-Statistic	−0.442523
	(0.0438)		(0.3291)
Panel ADF-Statistic	−6.312994	Group ADF-Statistic	−6.706296
	(0.0000)		(0.0000)

注：以上检验模型中同时含有常数项和时间趋势项。

由 Kao 面板协整检验可知，两变量 LGDP、LRATIO 在 5% 的显著性水平下是存在面板协整关系的。同样，从 Pedroni 面板协整检验结果来看，7 个统计量中，Panel ADF-Statistic、Group ADF-Statistic 在 5% 的显著性水平下拒绝原假设，即两变量 LGDP、LRATIO 存在面板协整关系。虽然由 Panel ρ-Statistic、Group ρ-Statistic 两个统计量的检验结果显示两变量显著接受原假设，即两变量 LGDP、LRATIO 不存在面板协整关系，但由 Pedroni 面板协整检验在样本量不大的情况下 Panel ADF-Statistic、Group ADF-Statistic 检验效果最好可知，两变量存在面板协整关系。

3. 面板 Granger 因果关系检验

根据前面的分析，在改革开放后（1978~2007 年），两变量 LGDP、LRATIO 存在面板协整关系，故可基于以下误差修正模型进行面板 Granger 因果关系检验：

$$\Delta \text{LRATIO}_{it} = \lambda_{1j} + \sum_{p} \lambda_{11ip} \Delta \text{LRATIO}_{it-p} + \sum_{p} \lambda_{12ip} \Delta \text{LGDP}_{it-p} + \Psi_{1i} \text{ECM}_{t-1}$$

$$\Delta \text{LGDP}_{it} = \lambda_{2j} + \sum_{p} \lambda_{21ip} \Delta \text{LGDP}_{it-p} + \sum_{p} \lambda_{22ip} \Delta \text{LRATIO}_{it-p} + \Psi_{2i} \text{ECM}_{t-1}$$

从以上检验结果来看，在改革开放后（1978~2007 年），两变量 ΔLRATIO、ΔLGDP 存在双向面板 Granger 因果关系，见表 7-7。

表 7-7 改革开放后（1978~2007 年）两变量 LRATIO、LGDP 面板 Granger 因果检验结果

因变量	自变量		
	ΔLRATIO	ΔLGDP	ECM_{t-1}
ΔLRATIO		2.37385 (0.0938)	35.4280 (2.E-15)
ΔLGDP	6.89653 (0.0011)		6.81886 (0.0012)

注：检验滞后阶数为 2。

二、面板模型的建立估计与结果分析

1. 固定效应常系数模型建立估计与结果分析

由于在面板单位根检验中得知，在改革开放前（1952~1977 年），两变量 ΔLRATIO 和 ΔLGDP 是平稳的，因此可直接建立如下时点固定影响常系数模型。为了应对数据中出现的时期异方差和同期相关，我们在此运用时期近似不相关（Period SUR）情形下的广义最小二乘（GLS）估计方法对模型进行加权估计。估计结果如下（截距项仅标出相同部分）：

$LRATIO_{it} = \alpha_t + \beta \Delta LGDP_{it} + \varepsilon_{it}$

$\beta = -0.396663$, $\alpha = -1.897667$

(-36.09643) (-165.8224)

$R^2 = 0.953614$, $ADR^2 = 0.951893$, $D.W. = 1.997483$

由于在面板单位根检验和面板协整检验得知，在改革开放后（1978~2007 年），两变量 LRATIO 和 LGDP 之间存在面板协整关系，因此，利用 Engle-Granger（1981）两步法，结合面板数据模型与误差修正模型（ECM）理论，可建立如下个体固定影响常系数误差修正模型，并进行估计。

首先，估计如下协整方程：

$LRATIO_{it} = k_i + \mu LGDP_{it} + u_{it}$

其次，令 $ecm_{it} = \hat{u}_{it} = LRATIO_{it} - \hat{k}_i - \hat{\mu} LGDP_{it}$，建立如下因个体变化而系数不同的固定影响变系数误差修正模型：

$\Delta LRATIO_{it} = \eta_i + \beta \Delta LGDP_{it} + \lambda ecm_{it-1} + \varepsilon_{it}$

将第一步估计得到的误差修正项代入，即为：

$\Delta LRATIO_{it} = \eta_i + \beta \Delta LGDP_{it} + \lambda (LRATIO_{it-1} - \hat{k}_i - \hat{\mu} LGDP_{it-1}) + \varepsilon_{it}$

令：$\gamma = -\hat{\mu}\lambda$，$\alpha_i = \eta_i - \hat{k}_i \lambda$，则模型即为：

$\Delta LRATIO_{it} = \alpha_i + \beta \Delta LGDP_{it} + \lambda LRATIO_{it-1} + \gamma LGDP_{it-1} + \varepsilon_{it}$

其中，截距项 α_i 代表不同个体间被解释变量 ΔLRATIO 的差异，系数 β 代表变量 LGDP 对变量 LRATIO 短期波动的影响，系数 λ 反映了对偏离长期均衡的调整力度。另外，$\mu = -\dfrac{\hat{\gamma}}{\hat{\lambda}}$，它代表 LRATIO 和 LGDP 两变量间的长期均衡关系。

下面对模型进行估计，为了应对数据中出现的截面异方差和同期相关，我们在此运用个体成员截面似不相关回归（SUR）情形下的广义最小二乘（GLS）估计方法对模型进行加权估计。估计结果如表 7-8 所示（α 为 α_i 中不同个体的相同部分）：

表 7-8　固定效应常系数模型估计结果

α_{bj}	α_{tj}	α_{hb}	α_{sx}	α_{nm}	α_{ln}	α_{jl}
−0.026761	−0.026178	−0.040038	0.002409	0.027852	−0.005093	0.011397
α_{hlj}	α_{sh}	α_{js}	α_{zj}	α_{ah}	α_{fj}	α_{jx}
0.020505	0.032103	−0.066082	−0.071375	−0.021053	−0.045319	−0.000377
α_{sd}	α_{hn}	α_{hub}	α_{hun}	α_{gd}	α_{gx}	α_{gz}
−0.062202	−0.028961	−0.032372	−0.015716	−0.051844	0.007382	0.057617
α_{yn}	α_{xz}	α_{shx}	α_{gs}	α_{qh}	α_{nx}	α_{xj}
0.053910	0.161141	0.018084	0.055744	0.065917	0.063780	0.020749

$$\Delta LRATIO_{it} = \alpha_i + \beta \Delta LGDP_{it} + \lambda LRATIO_{it-1} + \gamma LGDP_{it-1} + \varepsilon_{it}$$

β = −0.271736,　　λ = −0.093313,　　α = −0.373339,　　γ = 0.027587
　（−247.7326）　　（−54.84800）　　（−98.30697）　　（110.2611）
R^2 = 0.991969,　　ADR^2 = 0.991660,　　D.W. = 2.074767

从对以上两模型的估计结果来看，在改革开放前（1952~1977 年），随着各省人均 GDP 的增长，本省政府公共支出占 GDP 的比例保持相对稳定，这也印证了面板单位根检验的结果。具体说来，当各省人均 GDP 的增量（ΔLGDP）每增长 1%时，本省政府公共支出占 GDP 的比例才会减小 0.397%。相比而言，在改革开放后（1978~2007 年），短期波动方面，当各省人均 GDP 每增长 1%时，当年本省政府公共支出占 GDP 的比例将减小 0.272%；长期均衡关系方面，由 $\mu = -\dfrac{\hat{\gamma}}{\hat{\lambda}} = 0.296$ 可知，各省政府公共支出对本省人均 GDP 的长期弹性为 0.296>0，这说明，以改革开放后 30 年的时间长度来看，全国各省人均 GDP 对本省政府公共支出占 GDP 的比例还是有正向影响的。从误差修正项的系数 λ = −0.093 来看，当短期波动偏离长期均衡时，将以−0.093 的调整力度将非均衡状态拉回到均衡状态。另外，在改革开放后，从模型的截距项还可以明显看出，各省政府公共支出占本省人均 GDP 的比例明显不同，并且呈现出中西部地区各省比东部地区各省要大的特征，其中西藏明显高于其他省份，这是由中国地区经济发展不均衡造成的。

2. 固定效应变系数模型建立估计与结果分析

通过建立个体固定影响常系数模型，我们可以在整体上把握改革开放前后"瓦格纳法则"在中国各省的适用情况。但是，由于个体固定影响常系数模型是将各省政府公共支出占 GDP 的比例受本省人均 GDP 影响的变化情况视为等同的，而实际中各省的变化情况是不同的。因此，下面通过建立个体固定影响变系数模型，将因省份不同而造成的"变化情况"不同体现出来。

由于在面板单位根检验中得知，在改革开放前（1952~1977年），两变量 ΔLRATIO 和 ΔLGDP 是平稳的，因此，可直接建立如下因个体变化而系数不同的固定影响变系数模型。

$$\text{LRATIO}_{it} = \alpha_t + \beta_i \Delta \text{LGDP}_{it} + \varepsilon_{it}$$

为了应对数据中出现的时期异方差和同期相关，我们在此运用时期近似不相关（Period SUR）情形下的广义最小二乘（GLS）估计方法对模型进行加权估计。估计结果如表7-9所示。

表7-9　1952~1977年固定效应变系数模型估计结果

β_{bj}	−0.269809	β_{hlj}	−0.442105	β_{sd}	−2.105314	β_{yn}	0.187343
β_{tj}	−0.733500	β_{sh}	−1.977003	β_{hn}	−0.867272	β_{xz}	3.763500
β_{hb}	−0.786357	β_{js}	−3.496222	β_{hub}	−1.093456	β_{shx}	−0.029680
β_{sx}	−0.718344	β_{zj}	−3.061734	β_{hun}	−1.955958	β_{gs}	−0.927654
β_{nm}	−0.331660	β_{ah}	−0.600525	β_{gd}	−1.476182	β_{qh}	1.380702
β_{ln}	−0.931432	β_{fj}	0.006647	β_{gx}	1.672725	β_{nx}	2.740035
β_{jl}	−0.432859	β_{jx}	−0.909062	β_{gz}	−0.235835	β_{xj}	0.912793

其中，$R^2 = 0.992696$，$ADR^2 = 0.992109$，$D.W. = 1.981059$。

从上述模型的估计结果来看，由于省份不同，变量 ΔLGDP_{it} 的系数 β_i 也各不相同，有的省份系数为正，而有的省份系数为负；有的省份系数的绝对值较大，而有的省份系数的绝对值较小。这说明在改革开放前（1952~1977年），虽然总体上各省政府公共支出占GDP比重相对稳定，但就不同省份的比较而言，各省人均GDP的增长对本省政府公共支出占GDP的比重又会在方向、大小上均有着不同的影响，有的省份会造成"比重"的微小增加，而有的省份则会造成"比重"的微小减小；有的省份使得"比重"的变化幅度较大，而有的省份则使得"比重"的变化幅度较小。

由于在面板协整检验中得知，在改革开放后（1978~2007年），两变量 LRATIO 和 LGDP 之间存在面板协整关系，因此，利用同前面类似的建模方法，可直接建立如下因个体变化而系数不同的固定影响变系数误差修正模型，并进行估计。

$$\Delta \text{LRATIO}_{it} = \alpha_i + \beta_i \Delta \text{LGDP}_{it} + \lambda_i \text{LRATIO}_{it-1} + \gamma_i \text{LGDP}_{it-1} + \varepsilon_{it}$$

为了应对数据中出现的截面异方差和同期相关，我们在此运用个体成员截面似不相关回归（SUR）情形下的广义最小二乘（GLS）估计方法对模型进行加权估计。估计结果如表7-10所示（截距项仅给出各省间不同部分）：

表7-10　1978~2007年固定效应变系数误差修正模型估计结果

β_{bj}	−0.506362	λ_{bj}	−0.292316	α_{bj}	−0.353711	γ_{bj}	0.031588
β_{tj}	−0.342244	λ_{tj}	−0.263095	α_{tj}	−0.327480	γ_{tj}	0.032013
β_{hb}	−0.270087	λ_{hb}	−0.136422	α_{hb}	0.026402	γ_{hb}	0.016973
β_{sx}	−0.415520	λ_{sx}	−0.014507	α_{sx}	0.188221	γ_{sx}	0.036193
β_{nm}	−0.561286	λ_{nm}	−0.061982	α_{nm}	0.277712	γ_{nm}	0.020260

续表

β_{ln}	−0.114784	λ_{ln}	−0.201715	α_{ln}	−0.215343	γ_{ln}	0.024631
β_{jl}	−0.482761	λ_{jl}	−0.136048	α_{jl}	0.214785	γ_{jl}	0.008151
β_{hlj}	−0.426210	λ_{hlj}	−0.084697	α_{hlj}	0.151820	γ_{hlj}	0.022048
β_{sh}	−0.002350	λ_{sh}	−0.284901	α_{sh}	−0.753628	γ_{sh}	0.062099
β_{js}	−0.327146	λ_{js}	−0.121656	α_{js}	−0.039324	γ_{js}	0.026228
β_{zj}	−0.270357	λ_{zj}	−0.147506	α_{zj}	0.035470	γ_{zj}	0.009372
β_{ah}	−0.485351	λ_{ah}	−0.204681	α_{ah}	−0.207423	γ_{ah}	0.033296
β_{fj}	−0.659228	λ_{fj}	−0.384961	α_{fj}	0.182447	γ_{fj}	−0.051751
β_{jx}	−0.461020	λ_{jx}	−0.041213	α_{jx}	0.216255	γ_{jx}	0.027884
β_{sd}	−0.490881	λ_{sd}	−0.263955	α_{sd}	−0.224536	γ_{sd}	0.010545
β_{hn}	−0.430179	λ_{hn}	−0.081132	α_{hn}	0.163909	γ_{hn}	0.021109
β_{hub}	−0.393574	λ_{hub}	−0.186189	α_{hub}	−0.110742	γ_{hub}	0.024298
β_{hun}	−0.391340	λ_{hun}	−0.056250	α_{hun}	0.199887	γ_{hun}	0.023638
β_{gd}	−0.198710	λ_{gd}	−0.394608	α_{gd}	−0.378120	γ_{gd}	−0.003440
β_{gx}	−0.312811	λ_{gx}	−0.058544	α_{gx}	0.228385	γ_{gx}	0.019500
β_{gz}	−0.549390	λ_{gz}	−0.012190	α_{gz}	0.339758	γ_{gz}	0.024683
β_{yn}	−0.067850	λ_{yn}	−0.449580	α_{yn}	−0.270449	γ_{yn}	0.005421
β_{xz}	0.172867	λ_{xz}	−0.410055	α_{xz}	−0.051425	γ_{xz}	0.031889
β_{shx}	−0.260746	λ_{shx}	−0.182151	α_{shx}	−0.158602	γ_{shx}	0.036957
β_{gs}	−0.480248	λ_{gs}	−0.022096	α_{gs}	0.303233	γ_{gs}	0.035177
β_{qh}	−0.392297	λ_{qh}	−0.031763	α_{qh}	0.212448	γ_{qh}	0.031376
β_{nx}	−0.467941	λ_{nx}	−0.067292	α_{nx}	0.177197	γ_{nx}	0.032086
β_{xj}	−0.480069	λ_{xj}	−0.032499	α_{xj}	0.172853	γ_{sj}	0.035327

其中，$R^2 = 0.994330$，$ADR^2 = 0.993431$，$D.W. = 2.166447$。

从上述模型的估计结果来看，在改革开放后（1978~2007 年），短期波动方面，对于各不同省份，除西藏外，变量 $\Delta LGDP_{it}$ 的系数 β_i 均为负，这说明改革开放后，各省人均 GDP 的增长会使得当年本省政府公共支出占 GDP 的比例减小，但减小的速度各不相同。长期均衡关系方面，由 $\mu_i = -\dfrac{\hat{\gamma}_i}{\hat{\lambda}_i}$ 可推知，各省政府公共支出对本省人均 GDP（的对数）的长期弹性大小各不相同，但除广东和福建之外均为正，这说明除广东和福建外，以改革开放后 30 年的时间长度来看，绝大部分省份的人均 GDP 对本省政府公共支出占 GDP 的比例是有正向影响的，但影响大小各不相同。从误差修正项的系数 λ_i 均为负来看，当短期波动偏离长期均衡时，各省上一年度的非均衡误差对本年度的 $\Delta LRATIO_{it}$ 做出反向修正，但会以不同的调整力度将非均衡状态拉回到均衡状态。

另外，就改革开放前后的比较来看，各省人均 GDP 的增长对本省政府公共支出占 GDP 比重的短期影响，在改革开放后比改革开放前要明显得多。其是由改革开放前僵化的计划经济体制和缓慢的经济增长速度所致。

前面考虑了因个体变化而使得模型中的系数不同，同样，为了考查时间对系数的影响情况，我们再建立如下因时点变化而系数不同的固定影响变系数模型。

$LRATIO_{it} = \alpha_t + \beta_t \Delta LGDP_{it} + \varepsilon_{it}$

为了应对数据中出现的时期异方差和同期相关，我们在此运用时期近似不相关（Period SUR）情形下的广义最小二乘（GLS）估计方法对模型进行加权估计。估计结果如表7-11所示（下标1~25代表1952~1977年的25个差分项）。

表7-11 1952~1977年时间变化的固定效应变系数模型估计结果

β_1	−0.525678	β_6	−1.956416	β_{11}	−0.606272	β_{16}	−2.714644	β_{21}	−3.336580
β_2	0.845909	β_7	−0.497686	β_{12}	0.286150	β_{17}	−0.907383	β_{22}	0.369400
β_3	0.888056	β_8	−0.889953	β_{13}	−0.176644	β_{18}	−1.447759	β_{23}	−0.486693
β_4	−0.169303	β_9	0.845099	β_{14}	−3.445852	β_{19}	2.415239	β_{24}	−1.218919
β_5	−2.585999	β_{10}	0.626102	β_{15}	1.609200	β_{20}	−1.362989	β_{25}	−1.169087

其中，$R^2 = 0.932217$，$ADR^2 = 0.927107$，$D.W. = 1.994920$。

从上述回归方程的估计结果来看，变量$\Delta LGDP_{it}$的系数β_t时而为正时而为负，并且其绝对值的大小也有较大起伏。这说明，在改革开放前（1952~1977年），虽然长期来看各省政府公共支出占GDP比重相对稳定，但就不同年份的比较而言，各省人均GDP的增长对本省政府公共支出占GDP的比重又会在方向、大小上均有着不同的影响，有的年份"比重"会有微小增加，而有的年份"比重"则有微小减小；有的年份"比重"的变化幅度较大，而有的年份"比重"的变化幅度较小。

另外，值得注意的是，同前面建立的因个体变化而系数不同的个体固定变系数回归方程的估计结果相比，因时点变化而系数不同的个体固定变系数回归方程的R^2与ADR^2要略小，这说明在改革开放前，不同省份对系数的影响要比不同年份对系数的影响更大。也就是说，在改革开放前，不同年份造成的两经济变量的差距不如不同省份造成的差距大。这也从一个层面说明了改革开放前国家经济发展的缓慢。

同样，对于改革开放后（1978~2007年），由于在面板协整检验中得知，两变量LRATIO和LGDP之间存在面板协整关系，因此，为了考查时间对系数的影响情况，我们运用同前面类似的建模方法，建立如下因时点变化而系数不同的固定影响变系数误差修正模型，并进行估计。

$\Delta LRATIO_{it} = \alpha_i + \beta_t \Delta LGDP_{it} + \lambda_i LRATIO_{it-1} + \gamma_i LGDP_{it-1} + \varepsilon_{it}$

为了应对数据中出现的截面异方差和同期相关，我们在此运用个体成员截面似不相关回归（SUR）情形下的广义最小二乘（GLS）估计方法对模型进行加权估计。估计结果如表7-12所示（下标1~29代表1978~2007年的29个差分项）：

其中，$R^2 = 0.997178$，$ADR^2 = 0.996726$，$D.W. = 2.174573$。

从上述模型的估计结果来看，在改革开放后（1978~2007年），短期波动方面，变量$\Delta LGDP_{it}$的系数β_t在1983~1986年和2007年为正，其余均为负，并且其绝对值大小在各年间有较大差距，这说明除上述几个年份之外，在改革开放后的各年间，各省人均GDP的增长均会使得当年本省政府公共支出占GDP的比重下降，但下降的快慢不稳

表 7-12 1978~2007 年时间变化的固定效应变系数模型估计结果

β_1	-0.108655	λ_{bj}	-0.341865	γ_{bj}	0.058428	α_{bj}	-0.542702
β_2	-1.279454	λ_{tj}	-0.350964	γ_{tj}	0.061864	α_{tj}	-0.594967
β_3	-1.167164	λ_{hb}	-0.124671	γ_{hb}	0.041890	α_{hb}	0.046620
β_4	-0.082431	λ_{sx}	-0.058713	γ_{sx}	0.061285	α_{sx}	0.074815
β_5	0.000765	λ_{nm}	-0.058159	γ_{nm}	0.045813	α_{nm}	0.218990
β_6	0.149034	λ_{ln}	-0.161245	γ_{ln}	0.037672	α_{ln}	0.015115
β_7	0.139412	λ_{jl}	-0.091104	γ_{jl}	0.033784	α_{jl}	0.240517
β_8	0.903860	λ_{hlj}	-0.093770	γ_{hlj}	0.042171	α_{hlj}	0.121989
β_9	-0.562224	λ_{sh}	-0.391224	γ_{sh}	0.104659	α_{sh}	-1.146497
β_{10}	-0.341284	λ_{js}	-0.088364	γ_{js}	0.049029	α_{js}	0.030729
β_{11}	-0.211709	λ_{zj}	-0.041526	γ_{zj}	0.049241	α_{zj}	0.162736
β_{12}	-0.575955	λ_{ah}	-0.142352	γ_{ah}	0.053492	α_{ah}	-0.085580
β_{13}	-0.559963	λ_{fj}	-0.323215	γ_{fj}	-0.019414	α_{fj}	0.160293
β_{14}	-0.858211	λ_{jx}	-0.093321	γ_{jx}	0.049158	α_{jx}	0.100205
β_{15}	-0.398424	λ_{sd}	-0.098841	γ_{sd}	0.032875	α_{sd}	0.167914
β_{16}	-0.589652	λ_{hn}	-0.073067	γ_{hn}	0.042047	α_{hn}	0.179182
β_{17}	-0.498034	λ_{hub}	-0.225490	γ_{hub}	0.046553	α_{hub}	-0.219476
β_{18}	-0.724187	λ_{hun}	-0.067318	γ_{hun}	0.045690	α_{hun}	0.167843
β_{19}	-1.420894	λ_{gd}	-0.340626	γ_{gd}	0.011412	α_{gd}	-0.171391
β_{20}	-1.616300	λ_{gx}	0.011804	γ_{gx}	0.036518	α_{gx}	0.412338
β_{21}	-1.428892	λ_{gz}	-0.003733	γ_{gz}	0.052727	α_{gz}	0.278650
β_{22}	-1.025273	λ_{yn}	-0.323901	γ_{yn}	0.021736	α_{yn}	0.025895
β_{23}	-0.136567	λ_{xz}	-0.434565	γ_{xz}	0.055472	α_{xz}	0.020446
β_{24}	-1.039579	λ_{shx}	-0.134070	γ_{shx}	0.073418	α_{shx}	-0.164310
β_{25}	-1.051079	λ_{gs}	-0.129342	γ_{gs}	0.061915	α_{gs}	-0.000272
β_{26}	-0.741370	λ_{qh}	-0.063167	γ_{qh}	0.056741	α_{qh}	0.127754
β_{27}	-0.484964	λ_{nx}	-0.147738	γ_{nx}	0.038529	α_{nx}	0.177994
β_{28}	-0.729038	λ_{xj}	-0.061769	γ_{xj}	0.046502	α_{xj}	0.195172
β_{29}	0.268270						

定,时而下降快时而下降慢;但与此同时也应注意到,除福建省外 γ_i 均为正,这说明上一年的各省人均 GDP 对当年本省政府公共支出占 GDP 比重的增长有正向影响。这同时也说明,在 1983~1986 年和 2007 年,就全国整体情况而言,各省政府公共支出有明显的提高。长期均衡关系方面,由 $\mu_t = -\dfrac{\hat{\gamma}_t}{\hat{\lambda}_t}$ 可推算,各省政府公共支出占 GDP 比重对本省人均 GDP 的长期弹性大小各不相同。另外,从误差修正项的系数 λ_i 均为负来看,当短期波动偏离长期均衡时,各省上一年度的非均衡误差对本年度的 $\Delta LRATIO_{it}$ 将做出反向修正,并且从调整系数估计值的绝对值来看,当短期波动偏离长期均衡时,各省将非均衡状态拉回均衡状态的调整力度又各不相同。

三、东部、中部、西部三个地区间比较分析

考虑到中国地区间经济发展不均衡的特点,笔者将中国分为东部、中部、西部三个地区,分别考查各地区的总体情况,并进行比较分析。

1. 初步分析

为了对东部、中部、西部三个地区的具体情况进行比较,本节分别给出在改革开放后(1978~2007年)三个地区的面板数据散点图。由图7-7至图7-9的比较可看出,西部地区政府公共支出占人均GDP的比重明显比中部和东部地区要高,这同时也印证了国家的西部大开发战略在西部各省的有效实施。不过,三个地区在整体趋势上均呈现出两头高中间低的情形。

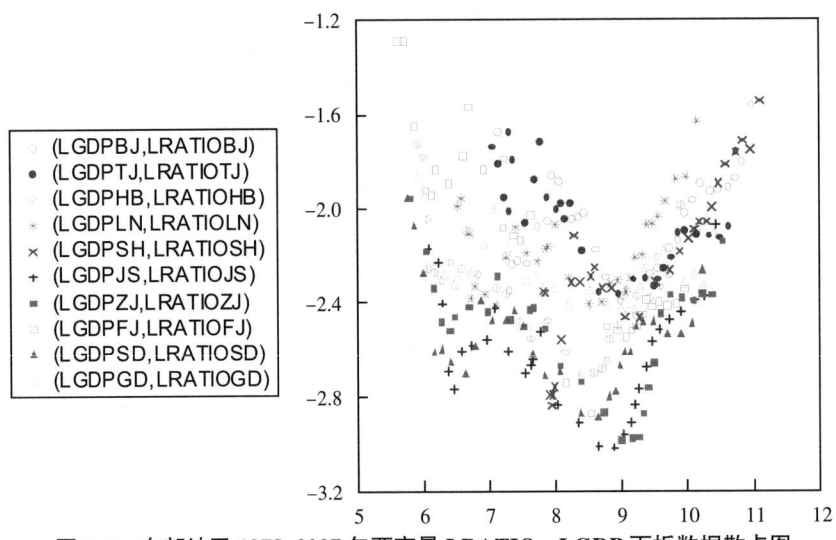

图7-7 东部地区1978~2007年两变量LRATIO、LGDP面板数据散点图

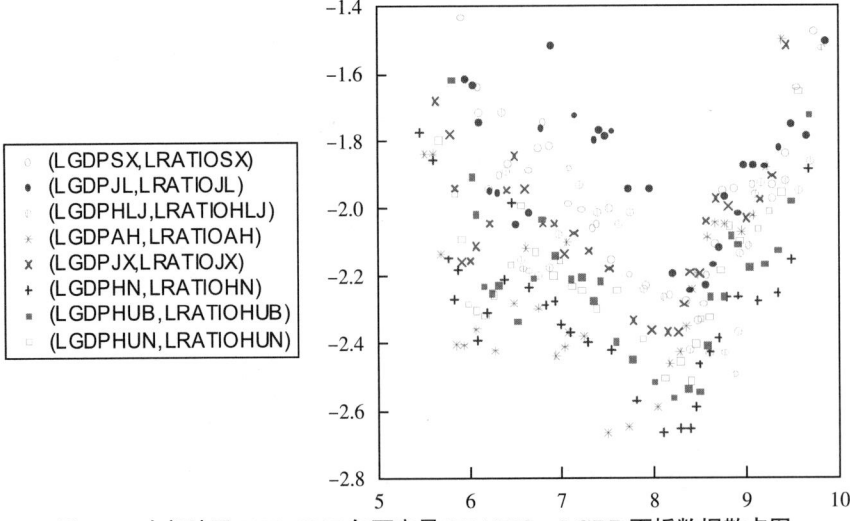

图7-8 中部地区1978~2007年两变量LRATIO、LGDP面板数据散点图

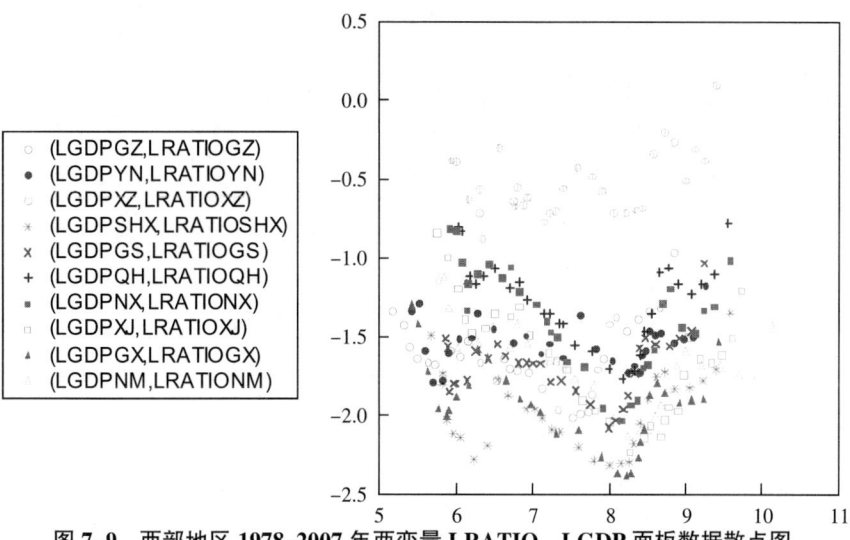

图 7-9 西部地区 1978~2007 年两变量 LRATIO、LGDP 面板数据散点图

2. 面板单位根检验

为了准确把握变量的平稳性，下面分别对改革开放后（1978~2007 年）的东部、中部、西部地区的各变量做面板单位根检验。检验模型中含常数项的检验结果。

表 7-13　改革开放后（1978~2007 年）东部地区两变量 LRATIO、LGDP 差分前后面板单位根检验结果

变量	LLC 检验	IPS 检验	ADF 检验	PP 检验
LGDP	−5.3874 (0.2950)	3.89321 (1.0000)	3.53647 (1.0000)	1.39261 (1.0000)
LRATIO	−0.25862 (0.3980)	−0.99407 (0.1601)	27.9970 (0.1095)	30.9806 (0.0554)
ΔLGDP	−6.05949 (0.0000)	−6.11217 (0.0000)	73.6706 (0.0000)	52.1078 (0.0001)
ΔLRATIO	−6.58036 (0.0000)	−7.94718 (0.0000)	96.8067 (0.0000)	87.9390 (0.0000)

表 7-14　改革开放后（1978~2007 年）中部地区两变量 LRATIO、LGDP 差分前后面板单位根检验结果

变量	LLC 检验	IPS 检验	ADF 检验	PP 检验
LGDP	1.51188 (0.9347)	5.44242 (1.0000)	0.70444 (1.0000)	0.49165 (1.0000)
LRATIO	2.30748 (0.9895)	0.64036 (0.7390)	9.96964 (0.8682)	16.6004 (0.4119)
ΔLGDP	−4.59931 (0.0000)	−5.05949 (0.0000)	53.4640 (0.0000)	54.1913 (0.0000)
ΔLRATIO	−4.53953 (0.0000)	−5.62659 (0.0000)	60.7049 (0.0000)	57.4838 (0.0000)

表 7-15　改革开放后（1978~2007 年）西部地区两变量 LRATIO、LGDP 差分前后面板单位根检验结果

变量	LLC 检验	IPS 检验	ADF 检验	PP 检验
LGDP	2.30517 (0.9894)	6.88731 (1.0000)	1.19640 (1.0000)	0.97129 (1.0000)
LRATIO	0.74805 (0.7728)	0.14116 (0.5561)	18.2594 (0.5703)	20.4055 (0.4238)
ΔLGDP	−5.67893 (0.0000)	−6.61152 (0.0000)	81.6389 (0.0000)	85.0297 (0.0000)
ΔLRATIO	−4.03755 (0.0000)	−6.39806 (0.0000)	77.7168 (0.0000)	74.3418 (0.0000)

由表 7-13 至表 7-15 的面板单位根检验结果来看，两变量 LGDP 和 LRATIO 在东部、中部、西部三个地区均存在单位根过程，而在一阶差分之后则变得平稳了。也就是说，在东部、中部、西部三个地区，两变量 LGDP 和 LRATIO 均为 I（1）变量，可以进行面板协整分析。检验模型中含有常数项和时间趋势项的检验结果。

表 7-16　改革开放后（1978~2007 年）东部地区两变量 LRATIO、LGDP 差分前后面板单位根检验结果

变量	LLC 检验	IPS 检验	ADF 检验	PP 检验
LGDP	−2.33532 (0.0098)	−2.43557 (0.0074)	34.3138 (0.0241)	11.4279 (0.9344)
LRATIO	1.58292 (0.9433)	2.73232 (0.9969)	8.73833 (0.9857)	10.0464 (0.9673)
ΔLGDP	−4.65284 (0.0000)	−4.23163 (0.0000)	50.2994 (0.0002)	30.0573 (0.0689)
ΔLRATIO	−6.59829 (0.0000)	−8.73783 (0.0000)	100.597 (0.0000)	96.3613 (0.0000)

表 7-17　改革开放后（1978~2007 年）中部地区两变量 LRATIO、LGDP 差分前后面板单位根检验结果

变量	LLC 检验	IPS 检验	ADF 检验	PP 检验
LGDP	−2.02853 (0.0213)	−3.28978 (0.0005)	36.0776 (0.0028)	9.87348 (0.8732)
LRATIO	3.31589 (0.9995)	4.36801 (1.0000)	1.35323 (1.0000)	1.81345 (1.0000)
ΔLGDP	−3.28398 (0.0005)	−3.43818 (0.0003)	36.1997 (0.0027)	35.3973 (0.0035)
ΔLRATIO	−5.04809 (0.0000)	−6.48361 (0.0000)	66.6388 (0.0000)	62.9280 (0.0000)

表 7-18　改革开放后（1978~2007 年）西部地区两变量 LRATIO、LGDP 差分前后面板单位根检验结果

变量	LLC 检验	IPS 检验	ADF 检验	PP 检验
LGDP	−1.17753 (0.1195)	−2.50822 (0.0061)	41.4482 (0.0033)	15.4097 (0.7525)
LRATIO	2.91638 (0.9982)	4.32209 (1.0000)	5.08843 (0.9997)	3.46738 (1.0000)
ΔLGDP	−4.94898 (0.0000)	−6.19917 (0.0000)	74.1488 (0.0000)	72.6691 (0.0000)
ΔLRATIO	−4.27632 (0.0000)	−7.42625 (0.0000)	85.4011 (0.0000)	88.8814 (0.0000)

由表 7-16 至表 7-18 的面板单位根检验结果来看，当面板单位根检验模型中加入时间趋势项时，则变量 LGDP 不再出现单位根过程，这也说明变量 LGDP 的单位根过程是由时间趋势项造成的，可以通过差分来消除单位根。

3. 面板协整检验

由面板单位根检验结果可知，1978~2007 年，东部、中部、西部三个地区的两变量 LGDP 和 LRATIO 均为 I（1）变量，故可对其进行面板协整检验。下面选用 Kao 面板协整检验和 Pedroni 面板协整检验的方法分别对东部、中部、西部三个地区的两变量 LGDP 和 LRATIO 间关系进行面板协整检验。

表 7-19　改革开放后（1978~2007 年）三地区两变量 LRATIO、LGDP Kao 面板协整检验结果

	检验变量	t-Statistic	Pro
东部	LGDP、LRATIO	2.909467	0.0018
中部	LGDP、LRATIO	3.289837	0.0005
西部	LGDP、LRATIO	3.069005	0.0011

注：以上检验模型中只含有常数项。

由表 7-19 的面板协整检验结果来看，东部、中部、西部三个地区的两变量 LGDP 和 LRATIO 间均存在明显的协整关系。

表 7-20　改革开放后（1978~2007 年）东部地区两变量 LRATIO、LGDP Pedroni 面板协整检验结果

组内统计量		组间统计量	
Panel v-Statistic	59.01295 (0.0000)		
Panel ρ-Statistic	0.412300 (0.6599)	Group ρ-Statistic	1.632119 (0.9487)
Panel PP-Statistic	−1.020717 (0.1537)	Group PP-Statistic	−0.219173 (0.4133)
Panel ADF-Statistic	−3.996467 (0.0000)	Group ADF-Statistic	−4.102308 (0.0000)

表 7-21　改革开放后（1978~2007 年）中部地区两变量 LRATIO、LGDP Pedroni 面板协整检验结果

组内统计量		组间统计量	
Panel v-Statistic	85.41319 (0.0000)		
Panel ρ-Statistic	0.005258 (0.5021)	Group ρ-Statistic	1.237518 (0.8921)
Panel PP-Statistic	−0.796842 (0.2128)	Group PP-Statistic	0.046392 (0.5185)
Panel ADF-Statistic	−5.043213 (0.0000)	Group ADF-Statistic	−4.732933 (0.0000)

表 7-22　改革开放后（1978~2007 年）西部地区两变量 LRATIO、LGDP Pedroni 面板协整检验结果

组内统计量		组间统计量	
Panel v-Statistic	83.67526 (0.0000)		
Panel ρ-Statistic	−0.133652 (0.4468)	Group ρ-Statistic	1.015983 (0.8452)
Panel PP-Statistic	−1.253525 (0.1050)	Group PP-Statistic	−0.639499 (0.2612)
Panel ADF-Statistic	−1.454008 (0.0730)	Group ADF-Statistic	−2.309192 (0.0105)

注：以上检验模型中同时含有常数项和时间趋势项。

由表 7-20 至表 7-22 的 Pedroni 面板协整检验结果来看，7 个统计量中，Panel ADF-Statistic、Group ADF-Statistic 均在 5%的显著性水平下拒绝原假设，即三个地区的两变量 LGDP、LRATIO 均存在面板协整关系。虽然 Panel ρ-Statistic、Group ρ-Statistic 两个统计量的检验结果显示两变量不能显著拒绝原假设，即两变量 LGDP、LRATIO 不存在面板协整关系，但由 Pedroni 面板协整检验在样本量不大的情况下 Panel ADF-Statistic、Group ADF-Statistic 检验效果最好可知，三个地区的两变量均存在面板协整关系。

4. 三地区分别进行面板误差修正模型估计

由对东部、中部、西部三个地区分别进行的面板协整检验可知，在改革开放后（1978~2007 年），两变量 LGDP 和 LRATIO 在三个地区均存在面板协整关系。因此，为了分别考查东部、中部、西部三个地区的整体情况，从而进行相互间比较分析，我们运用同前面类似的建模方法，对每个地区分别建立时点固定影响常系数误差修正模型和个体固定影响常系数误差修正模型，并分别进行估计。根据两种模型的不同特点，我们在此分别运用时期异方差情形下的广义最小二乘（GLS）估计方法和个体成员截面异方差情形下的广义最小二乘（GLS）估计方法对模型进行加权估计（截距项仅给出相同部分）。

东部地区时点固定影响常系数误差修正模型估计结果如下：

$$\Delta LRATIO_{it} = \alpha_t + \beta \Delta LGDP_{it} + \lambda LRATIO_{it-1} + \gamma LGDP_{it-1} + \varepsilon_{it}$$

$\beta = -0.645277$，$\lambda = -0.042964$，$\alpha = -0.073836$，$\gamma = 0.00798$
$R^2 = 0.816285$，$ADR^2 = 0.794211$，$D.W. = 1.745373$

东部地区个体固定影响常系数误差修正模型估计结果如下：
$\Delta LRATIO_{it} = \alpha_i + \beta \Delta LGDP_{it} + \lambda LRATIO_{it-1} + \gamma LGDP_{it-1} + \varepsilon_{it}$
$\beta = -0.637469$，$\lambda = -0.108799$，$\alpha = -0.399861$，$\gamma = 0.028662$
$R^2 = 0.292324$，$ADR^2 = 0.261667$，$D.W. = 1.811001$

中部地区时点固定影响常系数误差修正模型估计结果如下：
$\Delta LRATIO_{it} = \alpha_t + \beta \Delta LGDP_{it} + \lambda LRATIO_{it-1} + \gamma LGDP_{it-1} + \varepsilon_{it}$
$\beta = -0.834886$，$\lambda = -0.057886$，$\alpha = -0.136364$，$\gamma = 0.016826$
$R^2 = 0.837299$，$ADR^2 = 0.812081$，$D.W. = 1.961942$

中部地区个体固定影响常系数误差修正模型估计结果如下：
$\Delta LRATIO_{it} = \alpha_i + \beta \Delta LGDP_{it} + \lambda LRATIO_{it-1} + \gamma LGDP_{it-1} + \varepsilon_{it}$
$\beta = -0.704969$，$\lambda = -0.0171664$，$\alpha = -0.605242$，$\gamma = 0.044393$
$R^2 = 0.363245$，$ADR^2 = 0.334432$，$D.W. = 1.810622$

西部地区时点固定影响常系数误差修正模型估计结果如下：
$\Delta LRATIO_{it} = \alpha_t + \beta \Delta LGDP_{it} + \lambda LRATIO_{it-1} + \gamma LGDP_{it-1} + \varepsilon_{it}$
$\beta = -0.778848$，$\lambda = -0.016180$，$\alpha = -0.183018$，$\gamma = -0.013985$
$R^2 = 0.813930$，$ADR^2 = 0.791572$，$D.W. = 2.024831$

西部地区个体固定影响常系数误差修正模型估计结果如下：
$\Delta LRATIO_{it} = \alpha_i + \beta \Delta LGDP_{it} + \lambda LRATIO_{it-1} + \gamma LGDP_{it-1} + \varepsilon_{it}$
$\beta = -0.614997$，$\lambda = -0.095479$，$\alpha = -0.281644$，$\gamma = -0.029212$
$R^2 = 0.320109$，$ADR^2 = 0.290655$，$D.W. = 2.0147047$

从以上三个地区的估计结果可以看出：首先，从三个地区间的比较来看，由 $\mu = -\dfrac{\hat{\gamma}}{\hat{\lambda}}$ 可推算，东部、中部和西部地区各省人均 GDP 对本省政府公共支出占 GDP 的比例的长期弹性分别为 -0.182、-0.291 和 0.864，从中明显可看出在政府公共支出方面，西部明显高于东部和中部，而中部又高于东部。这说明各省政府公共支出占本省 GDP 的比例，越是经济发达地区越小。其次，无论是东部、中部还是西部地区，时点固定影响常系数误差修正模型的 R^2 均比个体固定影响常系数误差修正模型的 R^2 明显要大。这说明在同一地区，时间变化对两变量间关系的影响要比个体不同对两变量间关系的影响大得多。

第四节 研究结论与政策建议

第一，面板单位根检验表明：在改革开放前（1952~1977年），各省政府公共支出占GDP的比重呈现出较平稳的特性。这也印证了当时计划经济的特点，即虽然随着各省GDP的逐年缓慢增长，各省政府公共支出在绝对量上逐年相应增长，但各省政府公共支出占本省GDP的比重并没有明显增加，而是保持相对稳定。这也反映出，在改革开放前的计划经济时期，地方政府机械地按照当时财政的一定比例来确定公共支出总量，而不是根据具体情况，以实际拉动经济增长为目标灵活地确定公共支出总量。

第二，面板协整检验表明：在改革开放后（1978~2007年），各省政府公共支出占GDP的比重与本省人均GDP具有长期稳定的协整关系。

第三，面板Granger因果关系检验表明：在改革开放后（1978~2007年），各省政府公共支出占GDP的比重与人均GDP之间存在着双向Granger因果关系。

第四，面板误差修正模型的估计结果表明：各省政府公共支出占GDP的比重与本省人均GDP之间具有动态调整机制，非均衡误差项的存在能够保证两者之间长期均衡关系的自动实现。具体而言，在改革开放后（1978~2007年），短期波动方面，绝大多数省份的人均GDP使得当年本省政府公共支出占GDP的比例下降，但不同省份的下降幅度不同；长期均衡关系方面，以整个改革开放后30多年的时间长度来看，各省政府公共支出占GDP的比重随经济增长是有所提高的。这也就是说，从短期来看，"瓦格纳法则"在中国各省似乎是"反向适用"的，但从长期来看，是"正向适用"的。而"瓦格纳法则"本来是就相对较长时期而言的，故可以说，"瓦格纳法则"在中国各省（指绝大多数省）是适用的。

第五，改革开放前后的比较表明：各省政府公共支出占GDP的比重，在改革开放前相对稳定，而改革开放后则有较大波动，大致呈现出开始减小后来增大的趋势。造成这种现象的原因在于，改革开放后的初期阶段，人均GDP的增长速度明显增大，而政府公共支出的增长速度则相对慢了很多；而改革开放后的成熟阶段，特别是近些年，随着市场经济体制的日渐成熟，由于经济又快又好的增长需要政府合理有效的宏观调控的趋势日渐明显，故政府扩大了其活动范围，表现之一就是政府公共支出的大幅增加。这与马斯格雷夫对"瓦格纳法则"的阐释是相一致的。另外，在改革开放前，省份不同对各省政府公共支出占GDP的比重与本省人均GDP之间关系的影响比时间不同要大，而在改革开放后则相反。这也从一个侧面反映了改革开放后全国各省经济增长迅速。

第六，东部、中部和西部三个地区的比较表明：政府公共支出占本省GDP的比重，西部＞中部＞东部。同时，在同一地区，时间变化对两变量间关系的影响要比省份间差异对两变量间关系的影响大得多。

改革开放前后分析结果的比较再次印证了计划经济体制不能更好地带动经济的增长,同也印证了合理的宏观调控对经济增长的重要作用。而好的宏观调控,必须遵循的很重要一点就是,政府的公共支出不应机械地保持相对于 GDP 比例的固定不变,而应该紧跟经济发展的需要,与时俱进。

改革开放后的 30 多年,随着经济的迅速增长,各省政府公共支出占 GDP 的比重呈现出先下降后增长的情形,即按马斯格雷夫提出的经济发展的三个阶段的理论,中国的经济发展已进入"成熟阶段",但仍属于成熟阶段的初期,政府公共支出的结构应从基础设施支出转移到增加教育、医疗、社会保障和服务方面的支出,尤其是当发展到这个阶段中的大规模消费时期时,应将政府支出更多用于收入维持计划和福利再分配方面。换个角度看,如今政府一再强调要扩大内需、转变经济增长方式,事实上,要解决这两个问题归根结底是要提高老百姓的实际消费能力。而如今,受收入分配不均、社会医疗保障不健全、城乡收入差距过大、房价居高不下等诸多因素制约,可以说老百姓不敢消费,也无钱消费。造成这一现状的根本原因是,我国社会经济体制中还存在很多不合理的成分。因此,政府只有通过进一步深化体制改革,消除那些造成分配不均等社会现象的不合理体制,才能真正做到提高老百姓的实际消费能力,从而扩大内需,自然地达到转变经济增长方式的目的。

第八章　中国地方政府最优规模的实证检验

本章在 Barro 的政府规模的内生决定理论框架下，运用中国省级地方政府规模的面板数据，实证性地估计了中国地方政府的最优规模区间以及分区域地方政府的最优规模区间。结果表明，虽然中国地方政府一般财政支出与政府消费是生产性的，但一般财政支出与政府消费规模过大；政府财政支出与政府消费的边际产出均显现出随其规模扩大而缩小的效应；中国地方政府一般财政支出与政府消费的平均最优规模区间分别为 7.0%±2.1% 和 4.1%±1%；东部、中部和西部地区政府一般财政支出的平均最优规模区间分别为 11.3%±1.9%、11.04%±1.8% 和 7.5%±2.0%。

第一节　导言

中国地方政府规模问题是近年来学术界、政府和各种媒体普遍关注的问题。自 1978 年中国改革开放以来，随着改革的深化和市场经济的发展，中央与地方财政分权的力度不断加大，特别是 1994 年的分税制改革和 1998 年之后持续推行的积极财政政策，中国地方政府规模不断扩张，行政成本不断扩大。从改革开放初期 1978~2003 年的 25 年间，中国的行政管理费增长了 87 倍。行政管理费占财政总支出的比重在 1978 年仅为 4.71%，到 2003 年上升至 19.03%，比日本的 2.38%、英国的 4.19%、韩国的 5.06%、法国的 6.5%、加拿大的 7.1%、美国的 9.9% 分别高出 16.65 个、14.84 个、13.97 个、12.53 个、11.93 个和 9.13 个百分点。近年来，中国政府的行政管理费还在大幅提升，平均每年增长 23%，远高于同期 GDP 与财政收入的增长速度。[①] 2005 年，中国行政管理费支出占财政支出的比重已经跃居到 19.2%，远远超出国际货币基金组织确定的 15.6% 的上限标准。然而，随着 2006 年农业税的全面取消与近年来政府社会性支出规模的扩大，继续维持庞大的地方政府规模使中央财政与地方财政都面临巨大压力。因此，从理论上和经验上确定地方政府的适当规模或最优规模，是有效解决中央和地方的财政困境、保持各项社会政策的可持续性和设计地方政府改革方案不可或缺的前提条件。

---

① 《中国青年报》2006 年 3 月 6 日。

本章借用美国经济学家 Robert Barro 的政府规模的内生决定理论，获得政府最优规模的实证性判断标准。在此基础上，利用 2004 年全国经济普查后各省经过调整的新的数据集以及中国省级地方政府规模的经验数据，实证性地估计了中国地方政府的最优规模区间以及分区域地方政府的最优规模区间。

本章与现有国内研究文献有几点不同：一是对国外研究文献进行了更细致的系统性评述，特别是首次介绍了 Armey 效应、Vedder 和 Gallaway、Scully 以及 Aly 和 Strazicich 等的最新工作。二是运用 2004 年经济普查后各省经过调整的新分省数据，样本长度直至 2005 年。三是将地方政府样本分为东、中、西三个区域，分别分析了不同区域地方政府财政支出的经济发展效应，并估计了不同区域地方政府的平均最优规模及其 99% 的置信区间。四是运用不同方法对异方差性和同时决定性或内生性问题进行了修正，从而使经验估计结果更稳健和可信。

本章的基本结论是：中国地方政府一般财政支出与政府消费是生产性的，即对经济增长具有正的影响，但一般财政支出与政府消费的边际产出显著小于 1，说明政府财政支出与政府消费没有处于最优状态，而是规模过大；一般财政支出的边际产出与一般财政支出规模有关。政府财政支出与政府消费的边际产出均显现出随其规模扩大而缩小的效应；中国地方政府一般财政支出与政府消费的平均最优规模分别为 GDP 的 7.0% 和 4.1%，在 1% 的显著性水平上，平均最优规模区间分别为 7.0%±2.1% 和 4.1%±1%，均低于样本中的平均值。这一结果表明，中国地方政府实际规模与最优规模之间，存在巨大的差距；本章首次估计了分区域地方政府一般财政支出与政府消费的平均最优规模及其区间。估计结果表明，政府财政支出与政府消费的经济效应与不分区域时的情形完全一致，但政府财政支出与消费支出的平均最优规模存在较大的差异。东部、中部和西部地区政府一般财政支出的平均最优规模分别为 11.3%、10.04% 和 7.5%，在 1% 的显著性水平上，平均最优规模区间分别为 11.3%±1.9%、11.04%±1.8% 和 7.5%±2.0%，呈现出与经济发展水平相似的阶梯形分布结构。

本章安排如下：第二节通过内生增长模型探讨了政府最优规模的含义与条件，并获得了经验估计方程和待检验的研究假设；第三节对中国地方政府一般财政支出与政府消费规模进行了实证性检验与分析；第四节总结了研究结论并提出相关政策建议。

第二节　实证检验模型与假设

遵循 Karras 的方法，假设生产函数为：

$$Y_{it} = F(K_{it}, N_{it}, G_{it}) \tag{8-1}$$

其中，Y 为 (i 省 t 年，以下略) 真实产出，K 为资本存量，N 为就业人数，G 为地方政府支出。假设 F 为时间不变，关于 K、N、G 二次连续可微且一次齐次的生产函数，并且对于 i=K, N, G，偏导数满足 $F_i>0$，$F_{ii}<0$。其中 $F_G>0$ 是遵循 Barro 关于政府支出为生产性的假设,因为政府支出包括用于法律制度、国家安全、政府管制、社会安全、基础设施、公共教育和公共卫生等方面的开支,而这些支出提供了市场无法提供的公共物品、改善了资源配置效率,因此,政府支出对于社会产出具有正的边际效应。

将式(8-1)两边同时除以劳动力,则得到如下人均(假设劳动力等于总人口)生产函数:

$$y = f(k, g) \quad (8-2)$$

其中,$y = Y/L$ 为实际人均产出,$k = K/L$ 为实际人均资本存量,$g = G/L$ 为实际人均政府支出,且生产函数 f 满足 $f_i > 0$,$f_{ii} < 0$,$i = k, g$。

将式(8-2)两边求时间的导数并同时除以 y,可得到如下待估计的经验方程:

$$\frac{\dot{y}}{y} = \alpha \frac{\dot{k}}{k} + MPG \frac{\dot{g}}{g} \cdot \frac{g}{y} \quad (8-3)$$

其中,$\dot{y}/y$ 为实际人均 GDP 增长率,$\dot{k}/k$ 为实际人均资本存量增长率,$\dot{g}/g$ 为实际人均政府支出增长率,$\alpha = (\partial f/\partial k)(k/y)$ 表示资本的产出弹性,$MPG = \partial f/\partial g$ 为政府支出的边际产出。根据 Karras 的方法,对式(8-3)的经验估计可以检验政府支出是否为生产性的假设。

H1. 原假设:$MPG = 0$,政府支出 G 是非生产性的。

备择假设:$MPG > 0$,政府支出 G 是生产性的。

上述的原假设及备择假设虽然能够检验政府支出是否具有生产性,但它并没有说明政府支出的效率情况。Barro 在其构造的内生经济增长模型的框架内讨论公共财政政策时,获得了经济增长的最优公共消费条件,即 $MPG = 1$。这一条件被称为"Barro 法则"(Barro's Rule),也被称为政府规模的自然效率条件。Karras 在静态框架下也获得了这一条件,并研究了其稳定性问题。

"Barro 法则"的直观含义是,当政府消费增加 1 个货币单位时总产出也增加 1 个货币单位,即政府消费的边际成本等于边际收益,因而对应经济增长率达到最大化。如果产出的增加大于(小于)1,那么,就意味着政府服务供给不足(过度),增加(减少)政府支出能够改善资源配置效率。因此,经验估计式(8-3),可以检验政府活动是否为最优的假设。

H2. 原假设:$MPG = 1$,政府活动最优。

备择假设 1:$MPG < 1$,政府服务提供过度。

备择假设 2:$MPG > 1$,政府服务提供不足。

根据"Barro 法则",可以推断人均变量时的政府最优规模。根据定义,政府支出的产出弹性为 $\gamma = (\partial f/\partial g)(g/y)$,而政府支出的规模,即政府支出占 GDP 的比重为 $s = g/y$。因而有 $MPG = \partial f/\partial g = \gamma/s$。根据政府支出最优条件 $MPG^* = 1$,可以得出政府支出的最优规模为 $s^* = \gamma$。

由于 $\gamma = MPG \cdot (g/y)$,将其代入式(8-3)中,得到:

$$\dot{y}/y = \text{MPK}(\dot{k}/y) + \gamma(\dot{g}/g) \tag{8-4}$$

其中，MPK 和 γ 为待估参数。估计此式可以获得 γ 的估计。

遵循 Karras（1996）的方法，可以获得 γ 的另外一种估计方式，即假设政府支出的边际产出与政府规模之间存在如下线性关系，MPG = $\beta + \varphi s$。于是得到与上述对应的式子：

$$\frac{\dot{y}}{y} = \alpha\frac{\dot{k}}{k} + \text{MPG}\frac{\dot{g}}{g}\cdot\frac{g}{y} + \varphi\frac{\dot{g}}{g}\cdot\left(\frac{g}{y}\right)^2 \tag{8-5}$$

政府最优规模为：$s = (1-\beta)/\varphi$。

此外，式（8-5）可以用来研究政府支出的生产率与政府规模之间逆向变化的假设。

H3. 原假设：$b = 0$，政府支出的边际产出不依赖于政府规模。

　　备择假设：$b < 0$，政府支出的边际产出随政府规模的扩大而下降。

式（8-5）成立的条件是政府支出的边际产出与政府规模之间存在线性关系。这是一个很强的假设。一般而言，当社会平缓发展时，这一条件成立，而当社会处于转型期时，这一条件不一定成立。因此，由此式估计的政府最优规模只具有参考价值。

为了对上述三个假设进行实证性检验，可以将式（8-3）、式（8-4）和式（8-5）统一表示为如下形式：

$$z_{it} = \sum_{k=1}^{K}\beta_k x_{kit} + u_{it'} \tag{8-6}$$

其中，i 代表省份，t 代表时间，k 代表不同变量（包括常数项），$u_{it'}$ 为误差项。由于误差项 u 的协方差矩阵可能不是对角形，因而普通最小二乘（OLS）估计通常是无效率的，并可能会产生不一致的标准误差。为了避免这种情况出现，我们假设误差项同时具有地区效应和时间效应，即假设：

$$u_{it} = w_i + v_t + e_{it'} \tag{8-7}$$

其中，$e_{it'}$ 为独立同分布（i.i.d）白噪声。本章利用扩展的最小二乘法（GLS）对式（8-6）进行估计，并分别将 w 和 v 视为固定效应和随机效应。不过，Karras（1996）等认为，固定效应估计量较随机效应估计量在更为一般的假设下更具有一致性，因此下面只报告固定效应模型估计结果，虽然我们对随机效应模型也进行了估计，并且得到了基本一致的结果。

第八章 中国地方政府最优规模的实证检验

第三节 变量界定与估计结果

一、变量界定与数据处理

本章中各地区的产出用地区生产总值表示，地方政府规模分别用各省一般财政支出和政府消费占 GDP 的比重表示，劳动力用各地区年底就业总人数表示。各地区数据时限为 1978~2005 年，其中地区生产总值、资本形成总额等均为 2004 年全国经济普查后调整过的数据。本章中各种原始数据均来自各省统计年鉴和《新中国五十五年统计资料汇编》。为了消除价格因素的影响以及为了与已有研究进行对比，我们根据以 1978 年为 100 的各地区生产总值指数计算出以 1978 年价格为基准的各地区各年不变价地区生产总值，并通过各年名义地区生产总值计算出各年地区生产总值隐含缩减指数，再用此缩减指数缩减所有与价格相关的数据，使之变成以 1978 年价格表示的可比数据。

GDP 缩减指数的计算式如下：

$$\text{Deflator} = \frac{\text{GDP}_i}{\text{GDP}_i \text{ index}} \times \frac{\text{GDP}_{\text{base}} \text{ index}}{\text{GDP}_{\text{base}}}$$

其中，GDP_i 为第 i 年的名义 GDP，GDP_i index 为第 i 年 GDP 指数，GDP_{base} 为基年 GDP 名义值，GDP_{base} index 为基年 GDP 指数（=100）。本章取 1978 年为基年。

本章利用永续存盘法估算各省资本存量：$K_{it} = (1-\delta)K_{it-1} + I_{it}$。其中，$K_{it}$ 为省份 i 第 t 年的资本存量；δ 为资本折旧率，本章统一取 5%；I_{it} 为省份 i 第 t 年的固定资投资，用各省固定资本形成总额来计算。为了消除价格因素的影响，我们以各地区 1978 年固定资产投资指数为 100，形成各地区各年的资本形成总额指数，再将各年份的资本形成总额换算成以 1978 年价格为基准的资本形成总额。遵循 Hall 和 Jones 的方法，初始年份以 1978 年资本存量按照如下方式估算：$K_{i1978} = I_{i1978}/(g_i + \delta)$，其中，$g_i$ 为省份 i 在 1978~2005 年固定资本形成总额的几何平均增长率。

二、样本观测值的统计特性描述

本章利用中国大陆 29 个省区（不包括西藏和重庆）1978~2005 年的统计样本，共 756 个样本观测值。样本观测值的统计特性较好（见表 8-1）：样本均值与样本中位数基本相同，斜度适合，峰度值均大于 3，而且 Jarque-Bera 正态性检验的显著性水平均小于 0.01，表明样本观测数据遵循正态分布。表示政府规模的两个变量，其变距都很大：政府消费占 GDP 的比重，各地区平均值的最大值为 0.312，最小值为 0.039；政府一般财政支出占 GDP 的比重，各地区平均值的最大值为 0.444，最小值为 0.049。同时，图 8-1 给出了政府一般性财政支出、政府消费以及 GDP 增长率的平均值。从图 8-1 中可以看出，20 世纪 90 年代中期政府一般财政支出处于最小的状态，而经济增长速度则处于较高的状态；政府消费则从 1978 年开始不断上升，到 90 年代初达到局部最高点，然后开始下降，1997 年以后开始重新上升，直到 2000 年达到新的最高点。从总的趋势来看，政府一般财政支出、政府消费与 GDP 增长速度之间处于逆周期状态。

表 8-1 样本观测值的统计特征描述

	人均 GDP 增长率 (LGDP)	政府一般财政支出占 GDP 的比重 (GE)	政府消费占 GDP 的比重 (GC)	人均资本存量增长率 (KGR)	人均政府消费增长率 (CLGR)	人均政府一般财政支出增长率 (CLGR)
样本均值	8.018	0.143	0.125	0.092	0.112	0.112
样本中位数	8.372	0.126	0.121	0.094	0.101	0.101
样本最大值	27.831	0.444	0.312	0.343	1.089	1.089
样本最小值	−15.983	0.049	0.039	−0.131	−0.312	−0.312
标准误差	5.088	0.0645	0.045	0.051	0.135	0.135
斜度	−0.316	1.568	0.761	−0.219	1.539	1.539
峰度	5.4186	6.0753	3.973	6.068	10.221	10.221
Jarque-Bera	196.853	630.143	106.639	302.557	1940.959	1940.959
显著性概率	0.000	0.000	0.000	0.000	0.000	0.000
样本数	756	784	784	756	756	756

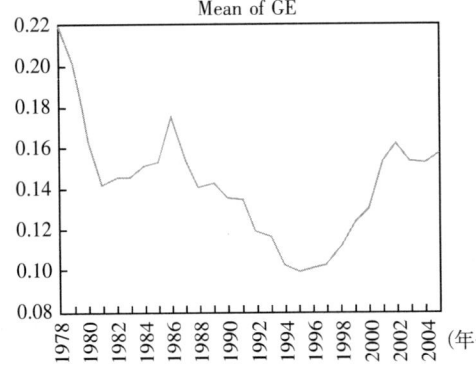

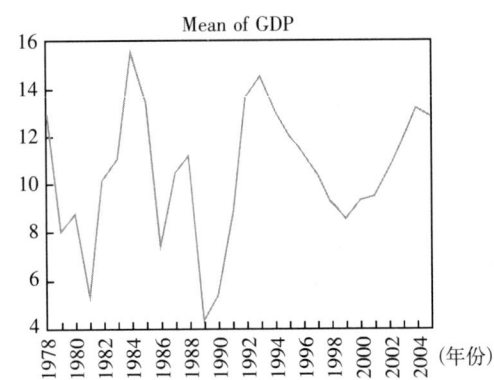

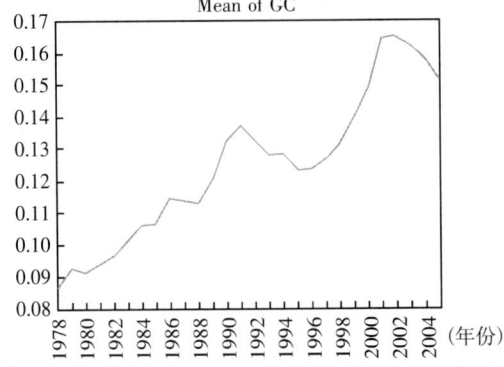

图 8-1 政府一般性财政支出、GDP 增长率以及政府消费的平均值曲线

三、中国地方政府平均最优规模的经验估计结果

利用中国各省数据对上述各方程进行估计时，如果简单地运用面板数据的普通最小二乘估计，则存在严重的序列相关和异方差性。当异方差性和序列相关性并存时，通常利用 SUR 加权最小二乘法（也被称为 Parks 估计量）来估计方程。但由于对序列相关性的 Parks 修正只在观测期间的长度（T）超过横截面样本点个数（N）时才有效（Beck 和 Kavy，1995），因此人们通常利用另一种不同的方法来处理异方差性和横截面序列相关性问题：即利用下面所谓的"面板修正的标准误差"（Panel Corrected Standard Errors，PCSE）来修正协方差矩阵：

$$\text{Cov}(\hat{\beta}) = (X'X)^{-1}(X'\Omega X)(X'X)^{-1}$$

Ω 是由 $N \times N$ 共时协方差对角矩阵 Σ 构成的一个 $NT \times NT$ 块对角矩阵。Σ 的代表性元素可通过计算如下普通最小二乘估计的残差而得到：

$$\hat{\Sigma}_{ij} = \frac{\sum_{t=1}^{T} \hat{\varepsilon}_{it} \hat{\varepsilon}_{jt}}{T}$$

此外，也可以利用 White 横截面方法对模型加以修正。该方法将要估计的回归方程视为一个多元回归方程，即每一截面方程视为一个要估计的方程，然后计算这一联立方程组的 White 型稳健性标准误差（White-type Robust Standard Errors，WRSE）（Wooldridge，2002），此时参数的协方差估计为：

$$\text{Cov}(\hat{\beta}) = (X'X)^{-1}(X'\hat{\varepsilon}\hat{\varepsilon}'X)(X'X)^{-1}$$

本章将中国地方政府作为一个整体样本集估计经验方程时，运用 WRSE 方法进行异方差和序列相关性的修正，而在估计分区域政府财政支出经验方程时，则利用了 PCSE 方法，因为该方法使参数的显著性水平获得显著性改善。

表 8-2 总结的经验估计结果表明，式（8-3）关于政府一般财政支出和政府消费对经济增长影响的估计效果很好，各变量均在 1% 的显著性水平上显著，而且经济显著性也较为明显。式（8-3）的估计结果表明，模型对经济增长率变异的解释能力在 35% 以上；在政府一般财政支出方程和政府消费方程中，劳均资本存量增长率变化 1 单位，导致 GDP 增长率分别变化 0.473 个单位和 0.494 个单位，劳均政府财政支出增长率与政府财政支出规模乘积以及政府消费增长率与政府消费规模乘积变化 1 个单位，导致 GDP 增长率分别变化 0.356 个单位和 0.213 个单位。特别地，政府一般财政支出方程和政府消费方程均在 1% 的显著性水平上拒绝了政府支出边际产出为零的原假设，说明中国地方政府财政支出和政府消费为生产性的；两个方程不仅都在 1% 的显著性水平上拒绝了政府财政支出和政府消费的边际产出等于 1 的原假设，并且表明政府支出与政府消费的边际产出显著地小于 1。这表明中国地方政府的财政支出与政府消费均没有处于最优状态，而且规模均过大。

式（8-4）主要估计政府一般财政支出与政府消费的最优规模。估计结果表明，各变量均在 1% 的显著性水平上显著，模型解释了 GDP 增长率变异的 36% 以上；地方政

府一般财政支出和政府消费的平均最优规模分别为7.0%和4.1%,在1%的显著性水平上,平均最优规模区间分别为7.0%±2.1%和4.1%±1%,远远低于样本中的平均值14.26%和12.47%。从统计的角度上说,这一结果是无可怀疑的,因为各种统计上的标准均不存在问题(见表8-2)。从实际角度看,政府一般财政支出与政府消费的最优水平小于样本中的平均值也是正常的,因为样本中平均政府规模并不一定表明这一政府规模是最优的,或者说,就表明政府边际产出等于1,否则人们可以根据政府在某一时期的平均规模来确定最优规模而不是根据理论来确定最优规模了。

表8-2 地方政府一般财政支出与消费的经济效应及平均最优规模估计结果

	式(8-3)的估计		式(8-4)的估计		式(8-5)的估计	
	政府支出	政府消费	政府支出	政府消费	政府支出	政府消费
C	0.033**	0.032**	0.032**	0.031**	0.028**	0.030**
KGR	0.473**	0.494**	0.466**	0.488**	0.511**	0.494**
ELGR(CLGR)×GE(GC)	0.356**	0.213**			0.775**	0.807**
ELGR(CLGR)			0.070**	0.041**		
ELGR(CLGR)×GE^2(GC^2)					−1.841**	−3.430**
样本观测数量	756	756	756	756	756	756
调整的R^2	0.361	0.353	0.363	0.361	0.361	0.349
H1: MPG=0 Alternative: MPG>0	P=0.0020	0.0093				
H2: MPG=1 Alternative MPG<1 Alternative MPG>1	P=0.0000 −1+MPG= −0.644	P=0.0000 −1+MPG= −0.787				
H3: b=0 Alternative b<0					P=0.3415	P=0.0000
政府最优规模			7.0% (±2.1%)**	4.1% (±1.0%)**	12.2%	5.6%

注:**表示在1%的显著性水平上显著。KGR表示劳均资本存量增长率;ELGR(CLGR)×GE(GC)表示劳均政府财政支出(政府消费)增长率与政府支出(政府消费)占GDP比重的乘积;ELGR(CLGR)表示劳均政府财政支出(政府消费)增长率;ELGR(CLGR)×GE^2(GC^2)表示劳均政府财政支出(政府消费)增长率与政府支出(政府消费)占GDP比重的平方的乘积。下同。

式(8-5)是对政府规模的另一种估计,即假设地方政府支出的边际产出与政府支出之间存在线性关系。式(8-5)的估计结果表明,从总体上说,该模型在拟合中国地方政府财政支出和政府消费与经济增长之间的关系上效果不错。具体表现为:除劳均财政支出增长率与财政支出占GDP比重的平方项乘积在统计上不显著外,其他变量均在1%的显著性水平上显著。式(8-5)估计结果表明,中国地方政府财政支出的平均最优规模为7.2%,政府消费的平均最优规模为5.6%。显然,式(8-4)和式(8-5)估计出的地方政府财政支出的平均最优规模非常接近,但政府消费的平均最优规模的估计存在一定的差距,式(8-4)的估计为4.1%,而式(8-5)的估计为5.6%。这种差异可以从关于政府边际产出与政府消费之间关系的角度来说明，式（8-5）估计的结果表明，中国地方政府消费与政府支出的边际产出之间可能并不存在线性关系。这是很容易理解的，因为中国自1978年改革开放以来，政府职能在不断的调整之中，政府支出与政府消费的范围也在不断的调整之中，特别地，随着市场经济的发展，私营部门或非国有经济在不断发展，而非国有经济的资本产出弹性要远大于国有经济的资本产出弹性，换句话说，非国有经济的效率要远高于国有经济的效率，而政府支出的边际产出效率条件，既依赖于政府部门的效率，也依赖于市场经济或非国有经济部门的效率。由于非国有经济部门的增长与政府部门的效率之间不一定是线性的，因此，政府部门的边际产出与非国有经济的边际产出之间不可能是线性关系。

式（8-5）的估计还表明，政府一般财政支出方程并没有拒绝政府服务的边际产出不依赖于政府规模的原假设，表明政府财政支出的边际产出依赖于政府规模，由于参数$b<0$，说明政府财政支出的边际产出随着政府支出规模的扩大而缩小。虽然政府消费的边际产出在1%的显著性水平上拒绝了不依赖于政府消费规模的原假设，但由于相应参数显著为负，表明政府消费的边际产出随着政府消费规模的扩大而缩小，政府消费的边际产出处于规模递减的状态。这一经验结果从另一个角度说明中国地方政府财政支出与消费的平均规模过大。

四、分区域中国地方政府平均最优规模经验估计结果

上一小节的估计中，虽然在模型中设定了代表个别省份特征的哑变量，进而考虑了不同省份的不同特定特征，但这只是为了消除异方差问题，从而使经验估计更为有效率。由于中国大陆地理范围非常广泛，东西南北不同区域在经济发展水平、地理环境、文化观念以及政府在经济发展政策方面存在较大差异，因此中国地方政府总的平均最优规模并不能很好地揭示不同区域背景和不同经济发展水平之间地方政府最优规模的差异。获得在地理位置、气候条件和经济发展水平大致相同的不同区域的中国地方政府的最优规模，显示出不同地理位置、气候条件和经济发展水平对地方政府最优规模的影响，能够为地方政府改革和规模设定提供理论依据和经验依据，因此，估计不同区域的地方政府平均最优规模具有更重要的理论意义和更具针对性的实践意义。

遵循近年来中国区域研究中人们普遍运用的划分准则，本节将中国大陆划分为东部、中部和西部，并利用前面的经验模型分别检验关于东部、中部和西部地区地方政府规模经济效应假设，并估计其最优平均规模。

为了便于比较和说明，我们先给出东部、中部和西部地区地方政府一般财政支出与政府消费的描述性统计特征（见表8-3）。表8-3显示，不同区域间政府财政支出与政府消费的平均值和中位数，按东部、中部、西部地区的顺序依次上升，与经济增长速度和经济发展水平呈现反向相关关系。

表8-4总结了不同区域地方政府财政支出规模的经济增长效应与最优平均规模的经验估计。从估计结果来看，分区域估计地方政府规模的经济增长效应与最优平均规模，与将不同区域地方政府作为统一样本进行估计，从显著性水平的角度上看，要更

表 8-3　东部、中部、西部地区政府一般财政支出与政府消费的描述性统计特征

	东部地区		中部地区		西部地区	
	财政支出	政府消费	财政支出	政府消费	财政支出	政府消费
平均值	0.1038	0.1049	0.1215	0.1125	0.2093	0.1633
中位数	0.0985	0.1024	0.1159	0.1134	0.1903	0.1523
最大值	0.2282	0.1875	0.2399	0.1865	0.6852	0.4382
最小值	0.0492	0.0396	0.0694	0.0391	0.0849	0.0511
极　差	0.179	0.148	0.171	0.147	0.600	0.387

注：本章中的东部地区包括北京、天津、河北、辽宁、上海、江苏、浙江、福建、山东和广东 10 个省市；中部地区包括山西、吉林、黑龙江、安徽、江西、河南、湖北和湖南 8 个省份；西部地区包括四川、贵州、云南、陕西、甘肃、青海、宁夏、新疆、广西和内蒙古 10 个省（自治区）。

优越一些。表 8-4 表明，各种不同模型不仅在整体上非常显著（F=0.000），而且不同变量的显著性水平均得到了提高。这说明，分区域估计地方政府规模，能够更好地控制区域特征变量。从另一个角度上说，区域特征变量对政府规模的经济效应与最优平均规模具有实质性的影响。

与不分区域的样本估计结果相同（见表 8-2），三个区域的政府活动均为生产性的，因为检验结果均拒绝了政府支出的边际产出（MPG）等于零的原假设，而且政府支出的边际产出为正。与表 8-2 不同的是，东部地区和中部地区政府规模的检验结果并没有拒绝 MPG=1 的原假设，这表明东部、中部地区的政府规模较为适中，既不过大也不过小；但西部地区政府规模的检验结果则拒绝了 MPG=1 的原假设，而且 MPG<1，说明政府支出规模过大。在政府支出的边际产出是否依赖于政府规模方面，三个区域显示的结果也不同：东部、中部地区的检验结果拒绝了政府支出的边际产出不依赖于政府规模（b=0）的原假设，同时，由于显著地有 b<0，这说明东部、中部地区政府边际产出随政府规模的扩大而减小；西部地区的检验结果并没有拒绝政府支出的边际产出不依赖于政府规模（b=0）的原假设，同时，由于参数 b 在统计上不显著且为负数，这说明西部地区政府支出的边际产出与政府规模之间的关系具有不确定性，同时也表明，西部地区政府规模与政府支出的边际产出之间的线性关系也不显著。

表 8-4　不同区域政府规模经验模型的估计结果

自变量	东部地区			中部地区			西部地区		
	式 (8-3) 的估计	式 (8-4) 的估计	式 (8-5) 的估计	式 (8-3) 的估计	式 (8-4) 的估计	式 (8-5) 的估计	式 (8-3) 的估计	式 (8-4) 的估计	式 (8-5) 的估计
C	0.073**	0.073**	0.074**	0.047**	0.047**	0.408**	0.014**	0.017**	0.017**
KGR	0.126**	0.113**	0.102**	0.240**	0.222**	0.209**	0.742**	0.675**	0.682**
ELGR×GE (CLGR×GC)	0.773**		3.046**	0.717**		2.996**	0.193**		0.402*
ELGR (CLGR)		0.113**			0.104**			0.075** (0.051**)	
ELGR×(GE)^2 CLGR×(GC)^2			−17.129**			−16.47			−0.443

续表

自变量	东部地区			中部地区			西部地区		
	式(8-3)的估计	式(8-4)的估计	式(8-5)的估计	式(8-3)的估计	式(8-4)的估计	式(8-5)的估计	式(8-3)的估计	式(8-4)的估计	式(8-5)的估计
调整的 R^2	0.357	0.365	0.422	0.110	0.127	0.142	0.780	0.445 (0.782)	0.442
H1：MPG = 0 MPG > 0	p = 0.000			p = 0.000			p = 0.005		
H2：MPG = 1 MPG < 1	p = 0.269 −0.227			p = 0.155 −0.283			p = 0.000		
H3：b = 0 b < 0			p = 0.00			p = 0.00			p = 0.430
最优规模		11.3% (±1.9%)	11.94%		10.4% (±1.8%)	12.12%		7.5% (±2.0%)	不显著

三个区域的平均政府最优规模显现出一种阶梯形结构：东部、中部和西部地区地方政府的平均最优规模分别为11.3%、10.04%和7.5%，在1%显著性水平上，平均最优规模区间分别为11.3%±1.9%、11.04%±1.8%和7.5%±2.0%。东部地区平均政府最优规模的两种估计结果非常相近，分别为11.3%和11.94%，这表明东部地区政府支出的边际产出与政府规模之间线性关系较为明显；中部地区和西部地区的平均政府最优规模的两种估计结果存在较大的差距，表明这两个区域政府支出的边际产出与政府规模之间并不存在显著的线性关系，或者说，这两个区域政府支出的边际产出与政府规模之间的关系较为复杂。

对比表8-3和表8-4的结果可以看出，东部、中部地区政府财政支出的平均最优规模与平均值非常接近，而西部地区政府财政支出的平均最优规模要远远小于其平均值。这种情况表明，中国地方政府财政支出对经济增长的影响具有Armey效应，即政府行为对经济增长的影响呈现倒"U"形结构，而不是简单的线性关系。

由于篇幅限制，表8-4并没有报告政府消费的经济增长效应及最优消费规模，但本章的估计结果表明，不同区域政府消费均显著为生产性的，政府消费的边际产出随政府消费规模的扩大而减小，不同区域政府最优消费水平均为6%~8%，而且其在不同区域间的分布与政府一般财政支出规模在不同区域间的分布基本相同。

五、本章估计结果与现有文献估计结果的比较

由于本章是国内首次运用理论模型对不同区域中国地方政府平均最优规模进行经验估计，因此，在不同区域中国地方政府一般财政支出与政府消费平均最优规模方面，没有可供比较的先例。

孙群力利用1978~2004年中国分省数据对省级地方政府的最优规模进行了估计，结果表明，省级地方政府平均最优财政支出规模和最优政府消费分别为GDP的10.6%和10.2%。显然，从表8-2的数据来说，本章的估计结果与孙群力的估计结果存在较大的差异。这种差异可能源自如下几个原因：一是本章运用地区固定效应和时间随机效

应模型进行估计,而孙群力统一选择地区和时间固定效应与随机效应。本章检验结果表明,利用地区固定效应和时间随机效应模型更好地拟合了经验数据。二是本章对异方差性和内生决定性进行了权数校正,因而消除了有偏性和同时决定性问题。本章曾利用普通最小二乘估计方法对模型进行估计,结果与孙群力的估计结果基本相同,但这是有偏的,因为存在序列相关性和异方差性问题。三是本章的模型解释了人均经济增长率变异的36%和35%左右,即本章中校正的 R^2 为 0.36 和 0.35 左右,这是比较符合面板数据模型的一般状态的;而孙群力的研究中,模型解释了人均GDP增长率变异的 97.8%,即 R^2 为 0.978。一般而言,只有在时间序列模型中,才能得到这样高的 R^2,而在面板数据模型中,这几乎是不可能的。我们较为细致地考察了国内外大量文献,发现在面板数据模型中,从未获得过如此大的 R^2。四是从分区域政府财政支出和政府消费平均值与政府财政支出平均最优规模的关系方面来看,本章的估计更合理。因为当将不同区域地方政府作为统一的样本进行估计时,由于西部地区政府财政支出的平均规模远高于东部和中部各自的平均规模,同时,西部地区的平均经济增长速度和平均经济发展水平又远远低于东部和中部各自的平均速度和水平,因此估计出来的最优结果必然低于总体样本的平均值;而当将不同区域分开进行估计时,消除了政府规模与经济增长速度之间的逆向关系,因而得到东部、中部地区政府财政支出的平均最优规模接近于其平均规模,这符合经验,也符合统计推断规律。

第四节 结论与政策建议

本章在 Barro 的内生增长理论框架下,借鉴 Karras 经验估计方程,运用人均变量模型和 1978~2005 年分省统计数据,对中国地方政府一般财政支出平均最优规模与政府消费平均最优规模进行了经验估计。估计结果表明:

第一,中国地方政府一般财政支出与政府消费是生产性的,即对经济增长具有正的影响,但由于政府一般财政支出与政府消费的边际产出显著小于1,说明政府财政支出与政府消费没有处于最优状态,而是规模过大。

第二,经验估计没有拒绝中国地方政府一般财政支出的边际产出不依赖政府一般财政支出规模的原假设,说明中国地方政府一般财政支出的边际产出与一般财政支出规模有关。同时,政府财政支出与政府消费的边际产出均显现出随其规模扩大而缩小的效应,这从另一个角度说明了中国地方政府规模过大。

第三,本章估计的中国地方政府一般财政支出与政府消费的平均最优规模分别为人均 GDP 的 7.0% 和 4.1% 左右,在 1% 的显著性水平上,平均最优规模区间分别为 7.0%±2.1% 和 4.1%±1%,均低于样本中的平均值。这一结果表明,中国地方政府实际规模与最优规模之间,存在巨大的差距。

第四,本章估计的中国地方政府一般财政支出和政府消费的平均最优规模与孙群力的估计结果存在较大的差异,但综合各方面信息来看,本章的估计更为合理。

第五,本章首次估计了分区域地方政府一般财政支出与政府消费的平均最优规模。结果表明,政府一般财政支出和政府消费的经济效应与不分区域时的情形完全一致,但政府财政支出与消费支出的平均最优规模存在较大的差异。东部、中部和西部地区政府一般财政支出的平均最优规模分别为 11.3%、11.04% 和 7.5%,在 1% 显著性水平上,平均最优规模区间分别为 11.3%±1.9%、11.04%±1.8% 和 7.5%±2.0%,呈现出与经济发展水平状态相似的阶梯形分布结构。

上述研究结果表明,为了提高中国地方政府在促进经济增长和提高社会福利水平方面的作用,必须深化行政管理体制改革,进一步压缩政府规模,提高政府运行效率,降低政府运行成本;优化政府支出和消费结构,提高政府支出的边际产出水平;加强政府预算管理的制度建设,实施绩效管理,加强绩效评估,增强政府支出的透明度,规范中国地方政府财政支出与消费行为;根据经济发展水平确定不同区域的政府财政支出规模和结构,彻底改变地方政府机构设置千篇一律而不考虑地区特征的传统政策。

一个国家的政府最优规模与历史、文化、经济发展水平以及政治体制和行政管理体制密切相关,即使在一个国家内部,在经济发展的不同时期和不同阶段政府最优规模也不会完全相同,因此,中国地方政府最优规模是一个动态的变量,而不是一个静态变量。此外,政府最优规模的估计结果与估计的技术方法以及数据的可靠性密切相关。随着估计方法的改进和数据的进一步完善,人们将得到不同的政府最优规模的估计。受历史数据与方法的局限,本章的估计只是一种尝试性的探索,而不是关于中国地方政府最优规模的确定性结论。由于篇幅限制,本章没有分析为什么不同国家、不同区域政府最优规模存在重大差异。这是一个非常重要也是非常现实的理论与实践问题。

第九章 中国地方政府最优规模：三类模型的比较与检验

第一节 研究综述

许多学者通过实证检验估计政府最优规模。Scully（1996）研究结果表明，美国的最优政府规模为 21.5%~22.9%，新西兰的最优税收规模约为 GDP 的 20%。Barro（1990）通过引入政府边际产出将非线性问题线性化，获得了政府最优规模的实证判断标准。

政府最优规模的估计模型主要有三类：一是在线性回归模型中引入二次项；二是利用"Barro 法则"和 Karras 导出的实证分析模型；三是直接使用各种非线性回归方法估计最优的政府规模，其中以"门槛回归"模型最常见。利用这三种方法分析中国经验数据的研究也很丰富。钟正生等（2006）通过检验包含二次项的回归模型，认为中国的政府规模与经济增长之间并不存在倒"U"形关系。孙群力（2006）得到的最优政府规模约为 10%。蔡芸等（2010）采用类似的方法，从人均的角度进行检验，发现中国地方政府一般性财政支出与政府消费的平均最优规模分别为人均 GDP 的 7% 和 4.1% 左右。杨友才等（2009）采用门槛回归的方法进行估计，认为政府财政支出规模存在明显的门槛效应，其最优规模约为 11.6%。陈创练等（2010）用门槛回归的方法进行检验，认为以政府消费衡量政府规模时不存在倒"U"形的关系，但政府消费规模存在门槛效应，其中单一门槛效应反映的最优政府消费规模约为 13.74%。

本章将在相同的样本空间与数据结构下，分别采用不同的估计模型进行检验，比较模型与估计结果的异同，分析最适合中国地方政府的估计模型与最优估计结果。

第二节 基于"Barro 法则"的估计模型

Barro（1990）认为，即使政府行为是生产性的，这种生产性活动也具有边际收益递减的特征。因此，Barro 在假设政府活动是生产性的基础上分析了内生经济增长模型中的政府支出，并证明了政府最优规模的判断标准为政府支出的边际收益是否等于1。

一、Karras 模型与其衍生形式

假设生产函数 $Y=F（K，N，G/N）$。其中，Y 代表实际产出量，K 代表资本投入，N 代表劳动力投入，G 代表政府实际支出，这些都是时间 t 的函数，且每种要素都具有边际收益递减的特征。对此生产函数求关于时间的导数，且两边同时除以 Y，经整理可以得到如下关系：

$$\frac{\dot{Y}}{Y} = \frac{\partial F}{\partial K}\frac{K}{Y}\frac{\dot{K}}{K} + \frac{\partial F}{\partial N}\frac{N}{Y}\frac{\dot{N}}{N} + \frac{\partial F}{\partial G}\frac{G}{Y}\frac{\dot{g}}{g}$$

如果将资本的边际收益 $\partial F/\partial K$ 记为 MPK，将劳动力的边际收益 $\partial F/\partial N$ 记为 MPN，将政府支出的边际收益 $\partial F/\partial G$ 记为 MPG，将资本的产出弹性 $MPK\times K/Y$ 记为 α，劳动力的产出弹性 $MPN\times N/Y$ 记为 β。那么，可将上式改写为如下形式：

$$\frac{\dot{Y}}{Y} = \alpha\frac{\dot{K}}{Y} + \beta\frac{\dot{N}}{N} + MPG\times s\times\frac{\dot{g}}{g}$$

其中，$s=G/Y$ 是政府支出占总产出的比重，即政府规模。根据"Barro 法则"，当政府支出的边际收益 $MPG=1$ 时，政府规模达到最优。此时每增加一单位的政府支出，能增加一单位的实际产出。改写上式，将其调整为线性回归模型，以面板数据结构为例，形式如下：

$$(\dot{Y}/Y)_{it} = \_const + u_i + \alpha(\dot{K}/K)_{it} + \beta(\dot{N}/N)_{it} + \gamma(\dot{g}/g)_{it} + v_{it} \tag{9-1}$$

待估计参数中，$\gamma=MPG\times s$ 是最受关注的。如果让政府规模处在最优水平（$MPG=1$），就要满足 $\gamma/s=1$。因此，当政府规模 s 等于估计值时 γ 达到最优，即政府最优规模 $s^*=\gamma$。

基于该模型，马拴友（2000）的估计结果发现中国最优政府规模大约在 26.7%。

孙群力（2006）将政府支出以非劳均量的形式计入方程，并用一次齐次假设，将方程两边同时除以劳动力 N，得到生产函数的劳均形式，然后可得到如下形式的回归模型：

$$(\dot{y}/y)_{it} = \_const + u_i + \alpha(\dot{k}/k)_{it} + \gamma(\dot{g}/g)_{it} + v_{it} \tag{9-2}$$

从回归模型看，该模型全部变量都以劳均的形式进入回归方程。

马树才等（2005）也将政府支出以整体量的形式计入方程，但没有先对生产函数进行劳均处理。因此，最终的待估计方程都以非劳均的形式进入回归方程。他的估计结果显示，中国政府的最优财政支出规模约为 24%。

$$(\dot{Y}/Y)_{it} = \_const + u_i + \alpha(\dot{K}/K)_{it} + \beta(\dot{N}/N)_{it} + \gamma(\dot{G}/G)_{it} + v_{it} \tag{9-3}$$

本章不再考虑其他的控制变量，仅重点考察这三种形式，为了便于模型的区分，将 Karras 导出的估计模型称为劳均政府支出模型，将另外两种形式分别称为劳均模型与非劳均模型。

二、数据说明

样本数据结构为省级面板数据，包括 23 个地区 1978~1010 年的观测。在指标的选择上，总产出 Y 用实际 GDP 衡量，劳动力 N 用全社会从业人员数量衡量，资本 K 使用全社会固定资本存量衡量，政府支出 G 从三个角度考虑，分别是财政预算收入、财政预算支出和政府消费。

首先，实际 GDP 用支出法的名义 GDP 以及支出法的 GDP 指数核算而得，2008 年及以前的数据来自《新中国六十年统计资料汇编》，2008 年以后的数据来自《中国统计年鉴》。

其次，全社会固定资本存量使用永续盘存法核算。对于平均增长率，根据 Hall 等（1999）的方法，使用几何平均数计算近十年（2001~2010 年）的平均增长率。

最后，政府支出的三个指标来源相同，2008 年及以前的数据来自《新中国六十年统计资料汇编》，2008 年以后的数据来自《中国统计年鉴》。

三、估计结果及比较

由于数据结构为静态面板数据，因此，可使用固定效应（FE）与随机效应（RE）两种方法进行估计。首先考察劳均政府支出模型的估计结果，如表 9-1 所示。

表 9-1 劳均政府支出模型的估计结果

	GDP	GDP	GDP	GDP	GDP	GDP
K	0.2398*** (0.0622)	0.2610*** (0.0573)	0.2268*** (0.0587)	0.2444*** (0.0539)	0.2130*** (0.0568)	0.2326*** (0.0521)
N	−0.0278 (0.0497)	−0.0102 (0.0553)	0.0256 (0.0457)	0.0397 (0.0474)	0.0666 (0.0480)	0.0794 (0.0514)
c	0.0203* (0.0111)	0.0214* (0.0110)				
r			0.0502*** (0.0111)	0.0520*** (0.0114)		
e					0.0629*** (0.0131)	0.0637*** (0.0119)
_const	0.8384*** (0.0979)	0.7950*** (0.0976)	0.7677*** (0.0973)	0.7312*** (0.0915)	0.7265*** (0.0849)	0.6902*** (0.0840)
Type	FE	RE	FE	RE	FE	RE
R^2	0.1141		0.1522		0.1449	
Adj R^2	0.0829		0.1223		0.1148	

注：圆括号内为自体抽样标准误（Bootstrap），抽样次数为 1000；* 表示 $p<0.1$，** 表示 $p<0.05$，*** 表示 $p<0.01$。

表 9-1 中左边一列的变量分别代表如下内容：K 为全社会固定资本存量的增长率，N 为全社会从业人员的增长率，c 为劳均政府消费的增长率，r 为劳均财政预算收入的增长率，e 为劳均财政预算支出的增长率。

从六个估计结果可以看到,全社会固定资本存量增长率的估计系数与全社会从业人员增长率的估计系数比较稳定。K 的估计结果在 0.23 附近波动,与实际情况较为一致。N 的估计结果有正有负,但都不显著,这说明劳动力的增长不是经济增长的关键因素。需要重点关注的是政府规模指标的估计结果。不难发现,不同的衡量指标得到的估计结果具有显著差异。不同指标下的最优政府规模从 2.03% 到 6.37% 各不相等。从 Bootstrap 标准误(自体抽样)的推断看,除 c 的估计结果外,其他均可在 1% 的水平下显著。最后,虽然拟合优度 R^2 不高,但也在非时间序列数据的正常范围内,而且 R^2 并不影响估计系数的性质,因此并不会影响本书的结论。

从 Hausman 检验的结果看,要么是无法得到 p 值,要么是拒绝不存在系统性差异的原假设。说明随机效应的前提假设并不成立,固定效应的估计结果更合适。

其次考察劳均模型,其估计结果如表 9-2 所示。其中,k 为劳均全社会固定资本存量的增长率。其他变量的意义同劳均政府支出模型。与前面的估计结果类似,从 Bootstrap 标准误的推断结果看,不同指标下的最优政府规模从 4.50% 到 10.74% 各不相等,Hausman 检验的结果同样认为固定效应的假设更为合理。

最后考察非劳均模型,估计结果如表 9-3 所示。其中,C 为政府消费的增长率,R 为财政预算收入的增长率,E 为财政预算支出的增长率。其他变量的意义同上。从 Bootstrap 标准误的推断结果看,不同指标下的最优政府规模从 1.91% 到 6.33% 各不相等。Hausman 检验的结果依然接受固定效应的估计结果。

比较以上三个模型可以看到,劳均模型的估计结果与中国的实际最为符合。

表 9-2 劳均模型的估计结果

	GDP	GDP	GDP	GDP	GDP	GDP
k	0.4624*** (0.0769)	0.4473*** (0.0756)	0.4353*** (0.0731)	0.4229*** (0.0736)	0.3900*** (0.0742)	0.3823*** (0.0720)
c	0.0450*** (0.0165)	0.0496*** (0.0161)				
r			0.0697*** (0.0145)	0.0717*** (0.0141)		
e					0.1049*** (0.0161)	0.1074*** (0.0167)
_const	0.5168*** (0.0831)	0.5277*** (0.0803)	0.5218*** (0.0811)	0.5337*** (0.0811)	0.5326*** (0.0716)	0.5385*** (0.0693)
Type	FE	RE	FE	RE	FE	RE
R^2	0.3571		0.3929		0.4045	
Adj R^2	0.3354		0.3724		0.3844	

注:圆括号内为自体抽样标准误(Bootstrap),抽样次数为 1000;* 表示 $p < 0.1$,** 表示 $p < 0.05$,*** 表示 $p < 0.01$。

表 9-3 非劳均模型的估计结果

	GDP	GDP	GDP	GDP	GDP	GDP
K	0.2400*** (0.0635)	0.2615*** (0.0562)	0.2268*** (0.0577)	0.2439*** (0.0522)	0.2129*** (0.0580)	0.2322*** (0.0520)
N	−0.0505 (0.0452)	−0.0339 (0.0496)	−0.0280 (0.0424)	−0.0161 (0.0464)	−0.0029 (0.0424)	0.0090 (0.0467)
C	0.0192* (0.0114)	0.0202* (0.0111)				
R			0.0497*** (0.0109)	0.0514*** (0.0111)		
E					0.0625*** (0.0127)	0.0633*** (0.0119)
_const	0.8622*** (0.0976)	0.8195*** (0.0936)	0.8220*** (0.0913)	0.7882*** (0.0892)	0.7968*** (0.0847)	0.7615*** (0.0832)
Type	FE	RE	FE	RE	FE	RE
R^2	0.1138		0.1528		0.1455	
Adj R^2	0.0826		0.1230		0.1154	

注：圆括号内为自体抽样标准误（Bootstrap），抽样次数为 1000；* 表示 p<0.1，** 表示 p<0.05，*** 表示 p<0.01。

第三节 包含二次项的估计模型

如果政府规模与经济绩效之间存在如"Armey 曲线"所描述的倒"U"形关系，那么可通过附带二次项的线性回归方程来拟合这一关系，从劳均变量角度设置如下模型：

$$(\dot{y}/y)_{it} = \_const + u_i + (\dot{k}/k)as_{it}^2 + bs_{it} + v_{it} \tag{9-4}$$

因为都采用劳均变量，所以只考虑资本存量一个控制变量。模型中，因变量为实际劳均 GDP 的增长率，自变量为政府规模 s 的一次项与二次项。政府规模同样从财政预算收入、财政预算支出以及政府消费这三个指标衡量。由模型的设置可知，如果存在"Armey 曲线"，那么待估计的参数 a 应该显著小于零，同时待估计的参数 b 应该显著大于零，此时估计的最优政府规模为 b/−2a。

模型在三种不同衡量指标下的估计结果如表 9-4 所示。需要指出，表中第一行不是因变量，而是表示政府规模的指标，因变量全部都是实际劳均 GDP 的增长率。首先，Hausman 的检验结果全部拒绝了不存在系统性差异的原假设，因此固定效应的估计结果更适合。从使用固定效应得到的三个结果可以看到，只有政府消费的估计结果符合存在"Armey 曲线"的理论预期，即 a<0 且 b>0。但是，在 Bootstrap 标准误（自体抽样）的推断下，即使考虑最为宽松的 10%，该结果也不显著异于零。如果不考虑推断结果，那么可计算得到的最优政府规模约为 22.93%，比基于"Barro 法则"的估计结果大很多。另外两个衡量指标的估计结果则无法计算最优政府规模。

表9-4 含二次项最优政府规模估计模型的估计结果

	c	c	r	r	e	e
a	−1.5679 (1.0453)	−1.4214 (0.9345)	0.5047** (0.2562)	0.4445* (0.2658)	0.5236 (0.5471)	0.3421 (0.3839)
b	0.7531** (0.2924)	0.5949** (0.2676)	−0.5256*** (0.0740)	−0.4248*** (0.0753)	−0.3500 (0.2541)	−0.1763 (0.1418)
k	0.4843*** (0.0780)	0.4844*** (0.0800)	0.4676*** (0.0793)	0.4599** (0.0808)	0.4949*** (0.0848)	0.4614*** (0.0815)
_const	0.4732*** (0.0945)	0.4912*** (0.0981)	0.6071*** (0.0889)	0.6062*** (0.0912)	0.5669*** (0.0968)	0.5838*** (0.0932)
Type	FE	RE	FE	RE	FE	RE
N	736	736	736	736	736	736
R^2	0.0456		0.1383		0.0086	
Adj R^2	0.0134		0.1092		−0.0249	

注：圆括号内为自体抽样标准误（Bootstrap），抽样次数为1000；* 表示 $p<0.1$，** 表示 $p<0.05$，*** 表示 $p<0.01$。

以上结果说明，包含有二次项的估计模型，基本否定了中国存在"Armey 曲线"可能性，这与钟正生等（2006）的结果是一致的。

第四节 门槛回归估计模型

利用 Ram 的两部门生产函数导出一个简单易行的估计模型，其具体形式如式（9–5）所示。

$$\left(\frac{\dot{Y}}{Y}\right)_{it} = \beta_0 + \beta_1\left(\frac{I}{Y}\right)_{it} + \beta_2\left(\frac{\dot{L}}{L}\right)_{it} + \beta_3\left(\frac{\dot{G}}{G}\frac{G}{Y}\right)_{it} + u_i + \dot{O}_{it} \tag{9-5}$$

门槛回归主要包括两部分内容：一是确定门槛值的数量，二是估计在门槛效应下各个区域内的待估计系数。估计模型前先考察政府规模这一门槛变量的一般统计特征，因为这些特征会影响到对估计结果的推断。如表9–5所示。

表9-5 政府规模三个衡量指标的基本统计信息

	样本数（个）	均值	标准差	最小值	最大值
政府消费占GDP比重	736	0.1336	0.0550	0.0390	0.4378
财政收入占GDP比重	736	0.1045	0.0669	0.0278	0.6029
财政支出占GDP比重	736	0.1459	0.0655	0.0492	0.5505

从均值看，三种衡量指标的均值差别不大，从离散的程度看，财政收入指标的离散程度最大，其最小值与最大值分别为 0.0278 与 0.6029，标准差达到了 0.0669。由于较高的离散程度不仅可以有效地提高模型的估计效率，而且还有可能反映出完整的

"Armey 曲线"。因此,可从预期财政收入角度的检验结果更有可能得到存在"Armey 曲线"的结论。按照门槛回归的步骤,先确定门槛效应的个数。分别对单一门槛效应、双重门槛效应和三重门槛效应进行检验。政府消费的检验结果如表 9-6 所示,自抽样(Bootstrape)次数均为 300。从 F 统计量和对应的 p 值看,以政府消费衡量政府规模时,不只存在一个门槛,而是显著存在三个门槛值。但是,从 95% 的置信区间看,双重门槛与三重门槛的估计区间几乎包含了全部的样本空间,两者的置信区间都是 [0.051,0.352]。与此相反,单一门槛的置信区间为 [0.105,0.111]。

表 9-6 政府消费指标下门槛数量检验结果

	门槛估计值	95%的置信区间	F	p
单一门槛	0.107	[0.105,0.111]	13.136	0.007
双重门槛	0.174	[0.051,0.352]	6.125	0.030
三重门槛	0.103	[0.051,0.352]	4.831	0.023

更加清晰直观的结果还可以从相应的似然比函数图中得到,如图 9-1 所示。

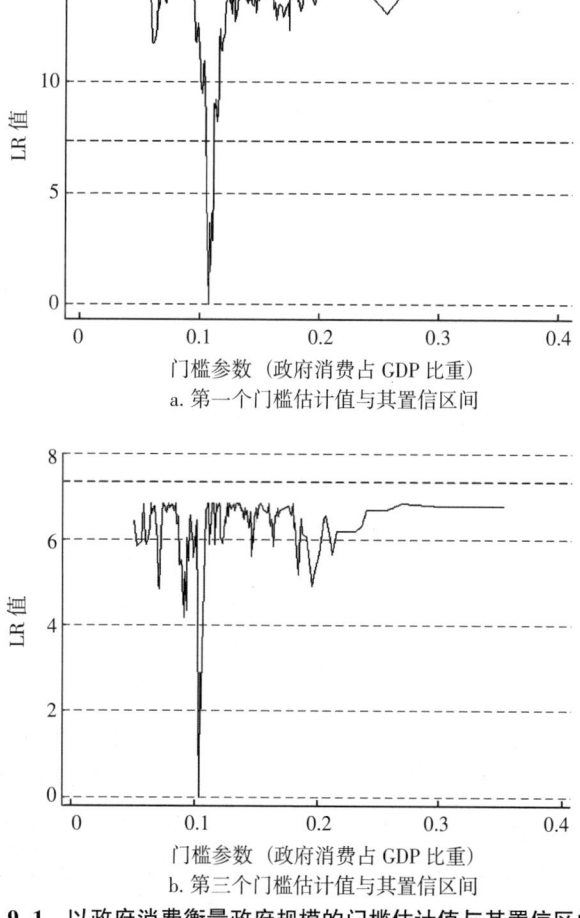

图 9-1 以政府消费衡量政府规模的门槛估计值与其置信区间

门槛估计值是指似然比检验统计量 LR 为零时的取值,从图 9-1a 与表 9-6 都可以看到单一门槛的估计值为 0.107,从图 9-1b 与表 9-6 也都可以看到三重门槛的估计值为 0.103。因此,从门槛效应的估计值来看,三重门槛估计值与单一门槛没有显著差异。但是,两者的置信区间却存在显著差异。95% 的置信区间是指所有在 LR 等于 7.35 这一临界值(5% 的显著性水平)以下的区间。从图 9-1a 可以看到,单一门槛的置信区间很小,说明门槛估计值准确,而三重门槛的置信区间则包含了几乎全部的样本空间,说明三重门槛估计值不太合理。即使 F 检验可以在 5% 的水平上显著,这样的门槛值也不合理。双重门槛估计值也具有同样的情况。根据以上信息,基本上可以认为从政府消费的角度来衡量政府规模时,模型存在一个门槛值,约为 0.107。

采用同样的方式,检验从财政收入与支出角度衡量政府规模时的门槛数量,结果如表 9-7 所示。从财政收入角度衡量政府规模时,F 统计量的检验结果说明显著存在三个门槛。但从 95% 的置信区间看,只有单一门槛的置信区间较小,另外两种情况的置信区间都是 0.038~0.372,几乎包含了全部的样本空间。从财政支出角度衡量政府规模时,F 统计量的检验结果说明显著存在两个门槛,这两个门槛估计值的 95% 置信区间分别是 [0.068, 0.093] 和 [0.088, 0.114],都相对合理。

表 9-7　以政府财政收入或支出衡量政府规模时门槛数量的检验结果

	门槛估计值	95% 的置信区间	F	p
财政收入				
单一门槛	0.114	[0.080, 0.177]	12.122	0.030
双重门槛	0.148	[0.038, 0.372]	10.673	0.000
三重门槛	0.045	[0.038, 0.372]	5.794	0.017
财政支出				
单一门槛	0.069	[0.068, 0.093]	19.691	0.000
双重门槛	0.092	[0.088, 0.114]	13.921	0.027
三重门槛	0.113	[0.057, 0.349]	6.409	0.323

从前面的检验结果看,政府规模不仅显著存在门槛效应,而且从政府财政支出的角度看,还可能存在两个门槛值。就政府消费而言,当政府规模小于门槛值 10.7% 时,政府部门对经济绩效贡献程度的估计值为 0.1993,而当其大于门槛值 10.7% 时,虽然贡献程度的估计值没有小于零,但其已经明显变小为 0.0617,不足前面的 1/3,而且显著性水平也有所降低。这说明随着政府规模的不断扩大,其对产出的贡献程度也在不断降低。虽然这一结果没有表现出"Armey 曲线"所描绘的负影响,但按照这一趋势发展下去,可以预期负面影响的形成。同样,从财政收入的角度看,当财政收入占 GDP 的比重小于门槛值 11.4% 时,政府部门对经济绩效的贡献程度为 0.0974,虽然数值不大,但也能在 10% 的水平上显著。当财政收入占 GDP 的比重大于门槛值 11.4% 以后,虽然从统计推断的角度看,这一估计结果并不显著,但估计值已经为负,说明政府部门开始对经济绩效形成负面影响。从财政支出的角度看,存在两个门槛值,当政府规模低于单一门槛值 6.9% 时,其对经济绩效的贡献程度最高,达到 0.6254,且在 1% 的水平

上显著，当其高于单一门槛值6.9%低于双重门槛值9.2%时，其贡献程度降低到0.1973，当其高于双重门槛值时，其对经济绩效就不再具有显著的积极作用。

从三组估计结果看，虽然只有财政收入角度的估计结果与存在"Armey曲线"的理论预期较为一致，得到了一正一负的估计系数，但是其他两个角度的估计结果也都显著存在门槛效应，并表现出政府支出的边际收益递减特征。因此，可以认为中国地方政府已经基本表现出了"Armey曲线"的特征，只是还没有完整地显现出负向影响的那一部分。从最优政府规模（门槛值）的估计结果看，三个指标下的最优规模估计值分别为10.7%、11.4%和9.1%。

综上可知，中国地方政府的三类估计模型中，基于"Barro法则"的劳均模型与门槛回归模型对中国地方政府规模的拟合最好，从这两类模型的估计结果看，中国地方政府的最优规模在11%左右。

第十章 政策偏好、地方政府责任分担与社会非均衡发展

本章旨在说明政策偏好、各级政府责任分担以及由此引致的社会经济发展状况。由于这一问题的复杂性,本章仅以基础教育作为基本或普遍公共服务的一个例子加以讨论。而基础教育问题中所显现出来的政策偏好、各级政府责任分担、职能划分以及由此引致的社会经济后果,对于其他基本公共服务具有完全相同的理论与政策含义。

第一节 导论

虽然 1994 年"分税制"改革以来,中国基础教育经费投入不足与配置不均衡问题受到学术界和社会的普遍关注,但中国基础教育经费投入不足与配置不均衡已经不是一个短期现象了,而是一个长期存在但一直不为人们所知的问题。然而,目前研究中国基础教育经费投入不足以及配置不均衡的相关文献,涉及各个不同级政府的经费分担、经费均衡指标设计以及实现经费均衡配置的相关措施。这些研究,对于认识、缓解中国基础教育经费不足与配置不均衡问题,具有重要的意义。但笔者认为,要从根本上解决中国基础教育经费不足与配置不均衡的问题,需要从更广泛的角度,理解和认识中国基础教育经费面临的长期不足与配置不均衡的制度机制,并通过优化制度安排,寻求基础教育经费配置优化的长效机制,从而实现基础教育经费的优化配置。

从本质上说,基础教育经费筹措与配置问题是基础教育责任分担问题,因而是责任制度安排的结构性问题。基础教育经费不足与配置不均衡本质上是制度安排不均衡的结果。按照诺斯的定义,制度是一个社会的博弈规则,或者正式一些说,制度是人们有意设计的规范人们之间互动的约束。制度的重要性在于其提供了人们行为的激励结构。每一种制度安排都是一种有偏向的激励,因而不同的制度安排提供了对不同行为取向的激励。更重要的是,制度安排的激励作用存在形式上的方向与本质上的方向之间的差别,即存在制度安排不均衡问题。只有当一种制度具有"自我实施性"时,制度安排内生的激励方向才与制度意欲形成的本质上的激励方向相一致,即达到制度安排均衡的状态。如果一种制度不具有"自我实施性",那么制度所形成的激励很可能与该制度意欲实现的激励出现严重的分歧。中国基础教育经费不足与配置不均衡正是

规范、约束或激励基础教育经济分担与配置的制度安排存在不均衡的表征，因此，深入探索规范、约束或激励中国基础教育经费分担与配置的内在机制，是理解与解决中国基础教育经费问题的关键。

基础教育的责任分担机制或制度安排是政策选择偏好的结果。人们做出任何一种选择，总是在既定偏好的前提下所进行的选择。偏好决定了人们选择的不同的政策组合，因而形成了不同的制度安排。从基础教育的角度来说，中国基础教育的责任分担机制，源于中国公共政策选择的偏好。理解这种偏好才是理解中国基础教育面临的一系列问题的源泉，也是改善基础教育现状的基础与前提。否则，人们设想的各种制度安排与政策建议，只能是没有任何约束力的"祈祷文"而已。如前文所述，由于人们的偏好内生于社会、经济、政治、文化等复杂的网络之中，因而偏好的改变是一个漫长的过程。从这个角度上说，偏好的改变是一个演化的过程，基础教育的责任分担机制也就必然是一个演化的过程，解决基础教育存在的问题也必然是一个演化的过程。

第二节 基础教育的社会属性

为了便于理解与叙述，首先有必要分析一下基础教育的社会属性。所谓基础教育的社会属性，不是指现有文献关于基础教育的（准）公共物品或优效物品的类别划分，而是指基础教育的社会经济功效及其显现的特征。

基础教育的重大社会经济功能至少可以分为以下三个方面：一是基础教育能够有效提高人们的理性水平。理性水平是促进社会进步的动力来源和最终力量，是最重要的生产力。人类社会历史变迁的过程正是人类理性水平逐步提高的过程。通过基础教育，人们获得阅读与理解的能力。这种能力使人们能够通过阅读了解到历史以及人们自身所能实际地、直接地接触到的范围以外的社会过程与社会制度，从而增强了人们可以进行比较的维度，可以了解更多在自己所能接触到的范围之内没有或不可能发生的事情或事物。比较维度的不断扩大使人们克服了仅仅向自己经历过的事物进行比较的局限性，从而克服或摆脱那些"从来如此"因而"天然合理"的观念，生发出达到同样目的可能存在多种途径的想法。试想一下，如果中国封建社会能够使基础教育得到一定的普及，并且人们能够阅读到西方社会治理的相关文献，了解到除了存在长久的皇帝制度外还有西方各种类型的制度，那么，中国历史可能就不会仅仅在封建王朝之间不断循环了。同样，中国近代革命之所以突破了皇帝制度，正是因为有一批洋务派了解到了西方文化与西方政治制度。但若没有一定的基础教育，仅就这一点可能也很难实现。理性使人有了推理、提问、实验以及追根究底的意识。理性的重要作用在于提供了人们理解什么是合乎义理的或规律的，因而避免向愚昧、虚伪与非理性顶礼膜拜。最为明显的例证是，人们受教育程度越高，盲目迷信、崇拜权威，不加审视地接受某种说教的可能性就越小；受教育程度越低，人们越容易轻信谣言、盲目崇拜权威观点以及不可信或不现实的美好承诺与幻想等。

二是基础教育能够有效提高劳动生产率。基础教育虽然没有直接提供各种不同的生产技能，但却大大提高了人们的理解能力、模仿能力以及创新能力，能够有效地促使人们从用"蛮力"到用"巧力"的转换。正如刘易斯所说："如果大多数农民、搬运工、理发匠或佣人是有文化的，他们的生产率会大大提高，以至于补足受教育的经费还有余。"基础教育能够有效提高劳动生产率的另外一种途径是通过阅读可以学到各种技术与技艺，从而有效减少亲临现场进行实践性探索与学习的成本，大大缩短掌握不同技术与技艺的时间。通过基础教育及由此而来的阅读能力，能够掌握科学原理，从而提高创新的可能性。16~17世纪美国农业并不比中国的农业先进多少，均为刀耕火种，但美国农民在发明各种家具的意识与努力方面却远远超过了中国农民。正是这些发明，使美国农业不断获得生产率方面的优势，从而发展成为一个农业大国；而在中国，家具的发明与创新似乎与农民没有关系，农民只知道用历史或其他部门传递或提供给他的工具进行辛苦劳作，从不曾有或很少有改进工具的理念。"踏实、老实、勤劳、任劳任怨"，换言之，肯出蛮力而不是巧力，是中国农民的传统美德，也是典型的传统农民行为方式的写照。中美两国农民在创新方面的意识与努力程度的差异，不是源于聪明与愚笨，而是源于受教育程度（受教育年限与受教育的比例）不同所引致的意识、理念与理性方面的差异。

三是基础教育能够有效扩展人的社会能力，增进社会资本。所谓人的社会能力，是指人们结合成社会并维持社会团结与社会紧密性的能力，主要体现在人们的合作意愿与倾向的增强以及行为贴现率较低，即更注重长远互惠关系与长期利益所得，而不是看重"一次性交易"的短视行为。合作意愿与倾向的增强能够有效提高人们集体行动的能力，有效避免"搭便车"的机会主义行为，从而有效增强集体效用；注重长远的互惠关系能够有效增强人们之间的相互信任以及增强承诺的可信性，有效促进社会资本的生成与积累，从而降低社会运转的成本，提高社会运转效率。基础教育的社会能力扩展功能源自教育使人更为理性，能够更自主、更批判地审视某种观点与治理主张，能够有效确定自己的偏好以及对于什么才能够有效增进个人的福利水平做出独立自主的判断。基础教育具有较强的外部效应与网络效应。受过一定教育的个人，通过各种社会交往（生活交流、家庭生活、工作交往、社交活动等）能够以非正式的方式传播知识，因而传播和使他人接受相关知识的边际成本几乎为零。知识的交流与增进具有较强的网络效应，类似于电话、传真机等类型的产品，使用的人越多其价值越大。受到良好的基础教育的人越多，人们在各种交往过程中越能够以非正式的方式获得启迪，激发灵感以及增进知识，从而以指数方式扩大知识的社会资本。

虽然基础教育至少具有如上所述社会功能，但这些功能的实现却是一个潜移默化的过程，因而这些功能的显现需要漫长的时间。基础教育与技能培训不同，其社会功能的实现并不具有立竿见影的功效。获取基础教育的社会功能需要很小的时间贴现率，或者说需要有足够的耐心。只有基础教育延续到一定时间，相关知识积累到一定程度，基础教育的社会功能才能显现出来。文艺复兴运动的兴起正是过去几个世纪知识积累的结果,这一结果又催生了资本主义政治制度进而才催生了产业革命,从而将人类推到今天的文明程度。

第三节 政策偏好与责任分担:改革开放前的遗产

任何政策都是具有不同信念或政策偏好的博弈参与人之间形成的博弈均衡。任何特定个体(利益集团)的政策选择都是在一系列约束下显现的、有关解决探讨中的问题解决方式的一种信念或政策偏好。然而,不论在什么历史背景下,也不论在何种制度安排下,都存在众多具有各自政策偏好的不同个体。这些个体讨价还价的结果,是形成一种博弈均衡。在非合作博弈中,这种均衡通常并不代表一种好的选择,更不大可能达到帕累托最优的状态,犹如"囚徒困境"的博弈均衡一样,但在特定博弈情景下只有它才是可自我实施的,因而才是现实的、可能的。

中国的基础教育,起源于中国社会理性的发展,是理性发展到一定程度的不同个体间互动的结果。1901年,管学大臣张百熙出使英国归来,向朝廷递交了中国教育的振兴计划。1904年,清政府颁布了《奏定学堂章程》,规定"儿童自6岁起受蒙学4年,10岁入寻常小学修业3年。埃各处学堂一律办齐后,无论何色人等皆应受此7年教育,然后听其任为各项事业"。中国基础教育由此而揭开了进入新纪元的帷幕。这是一个巨大的历史进步,是加速中国社会理性的重要开端。然而,风雨飘摇中的清政府实难再有能力践行此"祈祷"式的政策承诺。

中华民国成立之后,基础教育才从空头的、不可信的"祈祷书"转变为一种可信的承诺。1912年,中华民国教育部颁布了《学校征收学费规程》,规定"初小、师范、高等师范免收学费",由此真正的义务性的基础教育终于登陆中华大地,成为中国义务性的基础教育的开端。1935年,国民政府修正通过了《实施义务教育暂行办法大纲》,将义务教育年限增长4年。1939年,国民政府又颁布了《师范学校毕业生服务规程》,规定"6岁至12岁学龄儿童,一律受基本教育,免纳学费"。而早在1934年政府就规定,"教育经费之最低限度,在中央为其预算总额15%,在省区及县市为其预算总额30%,其依法律独立之教育基金并予以保障。贫瘠省区之教育经费,由国库补助之"。虽然由于连年的军阀混战、外强入侵以及国家内战,国民政府的基础教育政策大多仅

表10-1 1949年的在校学生

学 校	学生人数(万人)	同龄入学率(%)
小学(1~6年级)	2400	25.0
中学(7~12年级)	130	3.0
大 学	12	0.3

资料来源:[美]R.麦克法夸尔.剑桥中华人民共和国史——革命的中国的兴起1949~1965[M].费正清译.北京:中国社会科学出版社,1990.

止于法规条例。例如，直到1949年，全国学龄儿童的入学率仅为25%（见表10-1）。但从其规定的形式与细节上来说，却是一种前所未有、后所难见的可信的政策承诺。最为重要的是，这一规程将基础教育的责任首次纳入国家（中央政府）的责任范围之内，而不是将其完全推卸给个人、社会组织或地方政府。

1949年新中国成立后，在继承了民国教育遗产的同时，在苏联的帮助下，新中国迅速确立了"苏联模式"的义务教育体制，即按照中央、大行政区和省（市）三级管理，实行"统一列支"的财政管理体制。然而，这种体制仅能满足49%学龄儿童的入学要求。为了使更多的学龄儿童能够接受教育，中央政府继承延安时期的传统与经验，大力兴办民办学校。因此，1949年12月的第一次全国教育工作会议决定，为工人、农民成立时间为三年的中学，并宣布了在1950年为每个村建一所民办学校的目标。1952年11月15日，教育部发布了《关于整顿和发展民办小学的指示》，提出了政府统筹与改动群众办学相结合的教育方针。

然而，随着民办教育的发展，早在1942年就出现过有关教育的不同政策偏好或信念之间的冲突日益明显，两种相互冲突的政策观点或偏好在1953年同时出现。

在1953年讨论第一个五年计划时，"国家统计局在提到1949年至1952年时报告说，教育工作出现了很多问题。所用的字眼和名词在10年以后变得司空见惯，而且在10年以前边区1942年的改革中也出现过这些字眼和名词：缺乏计划与远见；与经济发展协调得不够；盲目冒进；扫盲和小学教育只重数量不重质量"。1953年1月举行了各大行政区文教委员会主任出席的会议，讨论了上述错误并提出解决办法。会议宣布了一些指导制订教育工作计划的新方针，以协调教育发展与第一个五年计划第一年的工作，即调整巩固、发展重点、提高质量、稳步前进。周恩来在《政府工作报告》中重申这种观点。郭沫若在1953年10月1日《人民日报》上撰文指出，教育工作的领导同志没有正确地把需要和可能结合起来，追求数量忽视质量，追求数字和速度，倾向于"只顾眼前，不顾将来"。他们不懂得文化建设应该在经济建设之后，而不能在经济建设之前。

几乎与此同时，1953年5月，毛泽东主持的中共中央政治局会议决定：允许小学民办，不限定几年，能办几年就办几年。1953年6月5日，第二次全国教育工作会议确定：在工矿区、城市、少数民族地区适当发展公立小学，农村提倡民办小学。企业、机关、团体、院校、合作社办学也被许可，同时，新私塾式、改良式、不正规式的学校也得到默许。显然，这种主张将基础教育的责任推向了社会个人以及各种社会组织，任由社会去自由地发展。

两种不同政策偏好冲突的结果是形成了一个折中的方案："两条腿走路"，即一方面在精英层次上保持苏联模式，另一方面也保留作为中国共产党以往在农村探索出的经验的"民办学校"。然而这不是一个可自我实施的均衡路径，因为基础教育的个人需求远远超过了集体供给，公立学校的拥挤效应到1955年已经变得非常显著。同时，教育系统失衡也相当明显，小学的数量无法容纳全体学龄人口，即便如此，小学毕业生仍然超过现有中学的数量；而中学毕业生的数量则不能完全满足高等学校的需要。由此可见，非内生性的教育发展要维持教育系统的内部平衡并非易事，只能通过相当长时间的演化而逐步趋向平衡。正因为如此，国家计划委员会主任李富春在1955年7月的"关于发展国民经济的第一个五年计划的报告"中指出，科学技术人员的短缺已经成为经济发展的严重障碍，同时也呼吁在质量与数量的平衡方面要兼顾和谨慎，因为"那种片面追求数量而忽视质量的倾向，对于国家建设显然是不利的"。

然而，到1955年底1956年初，随着人们对现实状况的看法的不同，以及由于人们对于解决同一问题的方式的观点不同，不同政策偏好之间的冲突开始突破原有的均衡。1955年末，毛泽东在关于农业生产合作社组建速度上与党内其他领导人观点的进一步冲突，促使毛泽东改变了原先态度。在《〈中国农村的社会主义高潮〉的序言》中，毛泽东指出，"这件事告诉我们，中国的工业化的规模和速度，科学、文化、教育、卫生等事业的发展的规模和速度，已经不能完全按照原来所想的那个样子去做了，这些都应当适当地扩大和加快"。

正是在这一背景下，1956年1月采纳的新的12年农业发展纲要，宣布了在未来5~7年内完成扫盲任务，农村在7~12年内小学全部实行义务教育的目标，方式就是举办民办学校；1955~1956学年要招收新生33000人，而当时1954~1955学年全部在校生也仅有51000人。由于学校迅速扩招对教师产生了需求压力，教育部相关人员为近年来师范学校招收人数减少而做了自我批评。尽管如此，关于教育政策的另外一种取向仍然存在。当时的教育部长在1957年初指出，"小学、中学毕业生不能全部逐级升学的现象，不仅在今年，并且在今后很长时期内也将存在"。即便是小学、中学已经普及而每个人都已"成为知识分子"，他们以后仍要习惯于从事生产劳动的观念。社会不能只有知识分子而没有农民和工人。1957年6月，周恩来在《政府工作报告》中指出，现行教育体制面临的批评者的压力正在不断增强。即使如此，够条件的投考生总数的增长速度将超过更高一级学校的招生人数。以后日益增多的年轻人将不得不缩短学习年限而参加生产劳动。

然而，自此之后，全民办教育迅速升级，多样化办学迅速发展。1958年9月19日，中共中央、国务院发布《关于教育工作的指示》，确定了动员一切积极因素，采取统一性与多样性相结合，普及与提高相结合，全面规划与地方分权相结合的办学原则。之后，中共中央、国务院发布了《关于教育事业管理权力下放问题的规定》，下放教育事业管理权限，扩大地方政府在教育管理中的作用，鼓励采取各种方式大力发展教育。然而，更重要的是，这两个文件反映了两种不同的政策取向。因为这两个文件都号召开展文化革命，批评了教育工作中忽视政治、忽视中国共产党的领导、忽视生产劳动的错误。它要求同那种"为教育而教育"、"劳心与劳力分离"以及"教育只能由专家领导"的资产阶级思想进行坚决的斗争。这两个文件都反映了另外一种教育偏好，要求自1958年起的3~5年内，要基本扫除文盲并普及小学教育；在15年内要使每个有条件的自愿的人，都可以接受到高等教育；然后再用15年时间从事高等教育工作的提高工作。

为了有效贯彻这两个文件所表明的政策主张，1958年掀起了一场有关教育的大辩论,主要针对"某些资产阶级教育家",这些人打算限制教育发展的范围和速度。他们提倡只搞一种形式的学校制度:由国家开办并由国家提供资金,具有正规的校舍、正规的教师和正规的教育方法的学校制度。不过这种讨论并没有改变坚持正规发展教育的主张,只是10年之后,这些"错误主张"才被认为是"刘少奇的修正主义教育路线以及几千年旧教育制度的残余"。

1959年4月,周恩来在全国人民代表大会的报告中对教育问题做了评估:"去年一年,各级学校都有了很大的发展;现在需要在这个大发展的基础上进行整顿、巩固、提高工作。"关于办学方式问题,他指出:"在各级全日制的正规学校中,应当把提高教学质量作为一个经常的基本任务,而且应当首先集中较大力量办好一批'重点'学校,以便为国家培养更高质量的专门人才,迅速促进中国科学文化水平的提高。"新教育部长杨秀峰在会上的发言,表明了同样的观点,但显然更为明确:在1958年,由于缺乏经验,学校为了生产劳动而较少上课。现在应该努力对此加以修正。必须将群众性半工半读学校的劳动与以求质量为方向的全日制学校的劳动区别开来。要"提高各级全日制学校的质量,并且在全日制学校当中,挑出一批学校,作为重点,着重提高质量,使其成为教育事业中的骨干"。他坚持认为,这种有选择性的发展是一种"合理使用有限力量"的方法,这样才能"既照顾普及,又注意提高"。此后,在1960年的"调整、巩固、充实、提高"的总方针指导下,逐渐形成了"统一领导、分级管理"的基础教育体制以及"发展重点、照顾一般"的发展模式。

表 10-2 1950~1980 年教育经费占财政支出和 GNP 的比例

单位:%

时期	教育经费占财政支出的比例	教育经费占GNP的比例	时期	教育经费占财政支出的比例	教育经费占GNP的比例
1950~1952年(恢复时期)	6.43	1.53	1966~1970年("三五"时期)	6.36	1.95
1953~1957年("一五"时期)	6.92	2.30	1971~1975年("四五"时期)	5.65	1.94
1958~1962年("二五"时期)	6.58	2.65	1976~1980年("五五"时期)	7.16	2.47
1963~1965年(调整时期)	7.58	2.57			

资料来源:Mun C. Tsang. Financial Reform of Basic Education in China [J]. Economics of Education Review, 1996, 15 (4).

表10-2中的数据基本上反映了上述两种偏好争论结果。从1953年开始直到1962年,财政教育经费投入基本保持平衡上升趋势。1963~1965年虽然有了一定的减少,但幅度并不是很大,特别是此时正是"三年困难时期"的恢复时期,能够保持如此之高的教育投入已经实属难得。持续提高的教育经费支出,与毛泽东同志的快速经济发展策略显然有不和谐之处。在毛泽东同志看来,教育占用了过多的其他方面特别是经济建设方面的资金,从而无法保证经济建设中所需要的资金。郭沫若在1953年10月1

日《人民日报》上撰文所说的"他们（指教育工作的领导同志）不懂得文化建设应该在经济建设之后，而不能在经济建设之前"，恰当地反映了这种逻辑。

表10-2中，1965年以前的那些数据表明，虽然围绕教育经费支出问题进行了几次大的争论，结果并没有发生什么变化。但"文化大革命"的10年却使教育经费的财政支出从占GDP的平均2.5%以上下降到1.94%左右。改革开放后，随着政策偏好的恢复，教育经费再次上升到GDP的2.5%左右。这都反映了政策偏好的前后变化。

所谓"调整、巩固、充实、提高"，在教育特别是基础教育领域就是集中较大力量办好一批"重点"学校。所谓重点学校，是指在不同学校等级间具有最高升学率而进行重点建设的学校，因而重点学校也就意味着从小学升初中、初中升高中、高中升大学的升学率最高。重点学校由省、市、县（区）分别指定，因而形成了省重点、市重点、县（区）重点学校。不同级别的重点学校由对应级别的政府直接负责财政拨款，例如，省重点学校由省级政府负责建设，市重点学校由市级政府负责建设，县（区）级重点学校由县（区）级政府负责建设。由于重点学校能够得到最好的教师、最充足的财政经费、最佳的教师待遇、最良好的设备以及最优秀的小学和初中毕业生的生源。因而，随着时间的推移，重点学校进入了良性循环，而与其他学校之间的差距也越来越大，因而"马太效应"日益明显。

由于教育资源的优先配置以及重点学校的层层升学的高比例，重点学校成为人们追逐、竞争的首选对象。据有关学者在广东及广州的随机抽样调查发现，在最好的重点初中里，只有11%的学生出身于工农家庭；48%是"革命干部"子女。知识分子的孩子在质量较低的学校中占20%，而在重点或精英学校中却占32%。在招生人数更少的高中一级，竞争更为激烈，学术标准也因此更高，干部子女的比例虽然有所下降，但仍高于工农子弟所占的比例。在最好的重点学校里，干部子女占学生总数的27%，工农子女占12%。有些重点高中，知识分子的子女占34%，而其他非知识分子中产阶级家庭的子女占36%。事实上，在北京、上海以及其他省会城市，新建或在原有学校基础上建设了一系列特殊的学校，即各种级别（小学、初中、高中）的高干子弟学校，这些学校后来均成为最高级别的重点学校，即省、市级别的重点学校，在所辖区内能够获得最好的各类教育资源、最优先的财政保障与设备以及最佳的教师待遇。

据1980年教育部一位发言人说，"重点学校"、"中心学校"的思想，源自于"中国共产党在1937~1949年的抗日战争和解放战争时期的经济发展策略的基础，这一策略就是在贫困的农村根据地为经济建设的目的而集中使用人力、物力"。在1942年延安改革时期，为了在经济困难的情况下继续开展教育工作，开始设立"中心学校"。新中国成立后，面对捉襟见肘的财政状况，毛泽东同志于1953年在一项关于办好重点中学的指示中首次提出建设重点中学的主张。1959年4月，周恩来同志在政府工作报告中，首次引用了毛泽东同志的这一思想，提出了发展重点学校的政策主张。虽然重点学校自20世纪50年代中期之后就一直存在，但只是在1959年4月之后，才在全国范围内开始有组织地建立起来，得到协调一致的发展，并成为至今中国教育领域中的一道亮丽的风景。

"统一领导、分级管理"的基础教育体制以及"发展重点、照顾一般"的发展模式，虽然在不同时期面临挑战（1958年的大辩论），而且在"文化大革命"期间被间断了，但在1979年改革开放后却又流行起来，其基本架构一直延续至今。这表明，"统一领导、分级管理"的基础教育体制以及"发展重点、照顾一般"的发展模式，自1949年后便具有一种内在稳定性。这种内在稳定性表明，自1949年以来，中国的基础教育模式既与其存在于其中的外部政治、经济、文化环境形成了一种均衡，也在其内部形成了一种均衡。

第四节 政策承诺与责任分担：改革开放后的嬗变

一、"统一领导、分级管理"的恢复时期（1978~1985年）

改革开放伊始，在全面"拨乱反正"的旗帜下，基础教育也随着"拨乱反正"的大潮而进行恢复性重建，开始重新确立"统一领导、分级管理"的教育体制。1978年，教育部颁布了《关于试行全日制小学暂行工作条例》（试行草案）和《关于试行全日制中国暂行工作条例》（试行草案）。这两个条例规定，全日制小学与初中由县（市辖区）教育行政部门统一领导和管理，社队办的小学与中学可以在县政府的统一领导下，由社队管理。基础教育投入体制也随着中央和地方财政管理体制的改革而改变，"文革"期间实行的教育经费由中央财政切块单列、"戴帽下达"的办法改为由中央和地方两级财政切块安排的体制，地方政府成为负担地方基础教育经费的主体力量。

与此同时，基础教育的建设途径也开始恢复性建设，结构性调整陆续展开。为了保证"重点学校"和"中心学校"的建设，各地对农村地区的学校进行大幅度的撤销或合并，教育资源重新开始向"重点学校"和"中心学校"集中。1977~1985年，农村小学由94.9万所减少到76.6万所，农村中学（包括初中和高中）由18.2万所减少到不足7万所，分别减少了19.3%和62%；同时，城市和城镇的小学从3.3万所增加到5.7万所，中学从1.9万所增加到2.4万所，分别增加了72.7%和26.3%。随着学校结构的调整，教学资源也随之进行重新配置。1966~1976年被分配到农村基层的教育人才和资金再度向城镇集中，城镇基础教育得到加强和提高的同时，不同级别的重点学校与中心学校重新获得发展。

与此同时，教育的政策承诺也展现了美好的前景。1980年，中共中央颁布了《关于普及小学教育若干问题的决定》，提出要在20世纪80年代在全国基本普及小学教育。随后，国务院于1983年发出了《关于加强和改革农村小学教育若干问题的通知》，重申了普及小学的思想与办法。

然而，中央的教育政策承诺与上述实际的调整过程并不具有内在一致性。事实上，这种调整的结果是可想而知的：全国儿童入学率由1977年的96.5%下降到1982年

93.2%，同期小学毕业生的升学率也从 92% 下降到 65.9%，其中农村由 90.8% 下降到 62.6%。全国未能升学的小学毕业生从 215.3 万人增加到 705.8 万人，其中绝大多数为农村少年。

至此，中国基础教育的政策偏好，不仅完全回归到了"文革"前，而且不再有"两腿走路"的噪声，因而变得更具有内在一致性。但与"文革"前不同的是，基础教育的筹划与实施进一步分离，并日益显现出基础教育责任分散的取向。观察表 10-3 财政收入与支出之间的巨大差额，就能够预测到这种分散的必然性。每年 300 多亿元的财政亏空，在短期没有有效增长财政收入的情况下，必定紧缩开支。而教育往往成为紧缩开支的领先地带，因为从政府效用最大化的角度来说，短期内，任何教育支出都只是一种非生产性的消费。削减这种消费，在短期内，既不会影响人们的生活水平，也不影响社会稳定。不过，削减的方式可能对于人们的感受存在一定的影响。若中央政府直接削减教育开支，社会将会将由此而引发的教育中的问题归结为中央的政策；若将其下放给地方政府，并由地方政府依据其政策偏好与能力自行决定教育开支额度，那么，中央对教育中出现的问题可以归结为地方政府问题。因而，从责任分担与科层行政的社会性格上来说，分散教育责任是上级政府的最优选择。

二、"三级办学，两级管理"体制的形成（1985~2001 年）

1978 年农村经济体制改革的一个重大的、人们未曾料想的连带效应是乡镇企业的迅速崛起。1980 年以来，中国乡镇企业的产值一直以年均 35% 左右的速度增长，虽然 20 世纪 80 年代中期曾经因财政紧缩而有一个短暂的缓慢增长期，但总的情况是以远远高于其他经济领域的增长速度而增长，这种情况一直持续到 20 世纪 90 年代末。随着乡镇企业的迅速发展，乡镇财政得到了很大的改善。而与此形成鲜明对比的是，中央财政却一直处于非常紧张甚至危机的状态。

表 10-3 显示，1978~1985 年，中央财政一直入不敷出。当年中央财政预算收入与预算支出差额，在 1982 年以前，均为 300 亿元以上。仅 1978~1985 年，总的财政亏空

表 10-3 1978~1985 年中央与地方预算收入与支出及其差额

单位：亿元

年　份	中央财政预算收入	中央财政预算支出	收支差额	地方财政预算收入	地方财政预算支出	收支差额
1978	175.77	532.12	-356.35	956.49	589.97	366.52
1979	231.34	655.08	-423.74	915.04	626.71	288.33
1980	284.45	666.81	-382.36	875.48	562.02	313.46
1981	311.07	625.65	-314.58	864.72	512.76	351.96
1982	346.84	651.81	-304.97	865.49	578.17	287.32
1983	490.01	759.6	-269.59	876.94	649.92	227.02
1984	665.47	893.33	-227.86	977.39	807.69	169.7
1985	769.63	795.25	-25.62	1235.19	1209	26.19

资料来源：《新中国五十五年统计资料汇编》（1949~2004）。

就达到2300多亿元。地方财政预算收入与支出之间则存在一定余额，但若将这些总余额除以31个省（市），则平均每个省（市）的财政节余并不多。即使这样，中央不得不向地方借款维持其相对于收入而言的庞大的支出。

中央财政预算内收入与支出存在巨大缺口。有可能利用预算外收入来弥补。然而，预算外收入与支出的状况，也不是很乐观。表10-4显示了部分年份财政预算外收入与支出情况。虽然中央预算外收入与支出的差额为正，但也无法弥补预算内财政收支的巨大缺口。表10-3、表10-4中的数据表明，当时中央财政面临极大的压力。

表10-4 1982~1985年中央与地方预算外收入与支出及其差额

单位：亿元

年　份	中央财政预算外收入	中央财政预算外支出	收支差额	地方财政预算外收入	地方财政预算外支出	收支差额
1982	270.7	227.05	43.65	532	507.48	24.52
1983	359.9	300.38	59.52	607.8	575.43	32.37
1984	470.5	420.24	50.26	717.9	694.5	23.4
1985	636.1	562.05	74.05	893.9	812.98	80.92

资料来源：《新中国五十五年统计资料汇编》(1949~2004)。

表10-5显示了中央与地方合计的财政收入与支出情况。表10-5中的数据表明，从1979年起到1985年，中国整体财政处于亏空状态。其中1980年达到最高的127亿元之多。为了维持庞大的财政开支，从1979年起，中国政府不得不中断长达20年之久的外债举借。1981年又开始以发行国库券的形式举借内债，并陆续发行重点建设债券、财政债券、国家建设债券、特别国债和保值公债。显然，举借过日的这种财政状况是不可持续的，必须通过缩减支出、增加收入来改变总体财政状况。

表10-5 1978~1985年中国财政收支情况

单位：%，亿元

年　份	财政收入	财政支出	收支差额	中央财政收入占全部财政支出的比例	中央财政收入占GDP的比例
1978	1121.12	1110.95	10.17	52.8	—
1979	1103.27	1273.94	−17.67	—	28.4
1980	1085.23	1212.73	−127.50	24.50	25.7
1981	1089.46	1114.97	−25.51	26.45	24.2
1982	1123.97	1153.31	−29.34	28.61	22.9
1983	1248.99	1292.45	−43.46	35.45	23.0
1984	1501.86	1546.40	−44.57	40.50	22.9
1985	1866.40	1844.78	21.62	38.38	22.4

资料来源：《新中国五十五年统计资料汇编》(1949~2004)。

正是在乡镇企业迅速发展与中央财政捉襟见肘的背景下，中国形成了"三级办学、两级管理"的基础教育的治理结构。为了减轻财政开支的压力，1985年起党和国家开始"放权"性改革，将一些原来由国家财政负担的项目"放权"给地方，教育特别是基础教育自然在这一系列"放权"的行列中。1985年颁布了《中共中央关于教育体制改革的决定》与《中国教育改革和发展纲要》。在此基础上,1986年先后颁布了《中华人民共和国义务教育法》、《中华人民共和国义务教育法实施细则》与《中华人民共和国教育法》。

基于1985年颁布的《中共中央关于教育体制改革的决定》与《中国教育改革和发展纲要》,《中华人民共和国义务教育法》与《中国教育改革和发展纲要》设定了中国义务教育治理结构的基本框架。《中华人民共和国义务教育法》规定,国家实行九年义务教育制度,中国大陆内适龄儿童拥有接受基础教育的权利和义务。义务教育的实施,由国务院统一领导,地方各级人民政府负责,按省、县、乡分级管理。中央政府负责制定教育政策和综合规划,省级政府负责全面制定基础教育发展规划,并且协调各县级政府之间的教育事业性经费支出。地方各级人民政府设置的实施义务教育学校的事业费和基本建设投资,由地方各级人民政府负责筹措。实施义务教育的学校新建、改建、扩建所需资金,在城镇,由当地人民政府(市区一级政府)负责列入基本建设投资计划,或者通过其他渠道筹措;在农村,由乡、村负责筹措,县级人民政府对有困难的乡村可酌情予以补助。由此形成了延续至今的中国义务教育治理的基本结构:"三级办学、两级管理",即义务教育实行县、乡(镇)、村三级办学,县、乡(镇)两级管理。

中国基础教育的这一治理结构是高度集权的科层化治理结构的必然结果。这一高度集权的科层结构最明显的特点是不同级政府在基础教育治理过程中的权力与责任的不对称性。拥有更多资源和更多权力的上级组织负责设定教育的各种标准与要求,拥有最少资源与最小权力的基层组织负责义务教育的具体实施。事实上,中国基础教育治理的根本问题一直是教育经费的筹措与分担问题。早在1984年12月,国务院发布了《关于筹措农村学校办学经费的通知》,首次提出由乡镇政府向农民征收"教育费附加"的政策。1985年《中共中央关于教育体制改革的决定》明确规定,农村义务教育实行"三级办学、两级管理"的体制,即县、乡、村三级办学,县、乡两级政府管理。县、乡两级政府利用财、税、费、产、社、基等多渠道来源筹措教育经费。1986年4月,国务院发布《关于征收教育费附加的暂行规定》,明确规定农村义务教育费附加收入应使用于农村学校的基本建设。"教育费附加"政策的实施本质上重新分配了基础教育的责任,即公众与不同级政府共同承担基础教育的经费需求。

"三级办学、两级管理"或"地方负责,分级管理"的国家义务教育由此转变为名副其实的"县乡义务教育"。然而,这还不是基础教育的底线。1994年的财政"分税制"改革将基础教育推到义务教育的底线。虽然自1985年起,基础教育实施"三级办学、两级管理"的体制,减轻了中央的财政压力,缓解了中央财政危机,但中央财政危机依然严重。

随着经济体制改革的深入发展与"放权让利"财政体制的形成,地方财政能力获得了较大的提升,各地普遍出现投资饥渴症,进而导致经济过热与严重的通货膨胀。同时,"放权让利"的财政体制导致了"两个比重"——财政收入在国内生产总值中的比重和中央财政收入在财政总收入中的比重迅速下降。"两个比重"由 1979 年的 28.4% 和 46.8%分别下降到 1993 年的 12.6%和 31.6%，导致中央财政捉襟见肘，不但要靠地方财政的收入上解维持平衡，而且还不得不通过设立"基金"向地方政府"借钱"。中央财政能力的下降使得中央政府调控、平衡经济的能力以及行政管理能力严重削弱。政府与学术界普遍认为"放权让利"已经超过了"分权的底线"（王绍光，1997）。

为了提高中央财政收入占财政总收入的比重，从而提高中央政府调控、平衡经济的能力与行政管理能力，1994 年我国实行了"分税制"，即将税种划分为中央税、地方税与共享税三大类。企业的消费税划为中央税，企业增值税被划为共享税，其中中央占 75%，地方占 25%。通过这种划分，中央财政收入在财政总收入中的比重获得极大提高，中央和地方由"倒四六"一跃变为"正四六"。为了保证税收大省发展企业的积极性和照顾既得利益的分配格局，"分税制"体制同时确定了税收返还和转移支付制度。税收返还以 1993 年为基数，将原属地方支柱财源的"两税"（增值税和消费税）按实施分税制后地方净上划中央的数额（增值税 75%＋消费税－中央下划收入），全额返还地方，保证地方既得利益，并以此作为税收返还基数。分税制运行两年以后，为平衡区域间财政能力，中央实施了"过渡期转移支付办法"，即中央财政从收入增量中划分出部分资金，依据对地方财政收支影响较为直接的客观性与政策性因素，在考虑各地收入能力与努力程度的基础上，确定转移支付补助额度，重点用于解决地方财政运行中的主要矛盾与突出问题，并适度向少数民族地区倾斜。

从收入上看，地方财政收入在总财政收入中的比重由 1993 年的接近 80%迅速下降到 1994 年的 45%，此后的十年间一直在这个水平徘徊。而地方财政支出的比重在过去 15 年变化很小，1990 年为 68%左右，2004 年则微升至 75%左右（如图 10-1 所示）。可以看出，通过分税制改革，中央集中了大量的地方财政收入，约占财政总收入的 20%~30%，这就是分税制所造成的"财权上收"的效应；但与此同时，中央和地方的支出划分几乎没有发生显著变化，即分税制没有根本改变中央和地方的事权划分格局；图 10-1 的最鲜明特点是它展示了自分税制以来形成的地方财政收入和支出间的巨大缺

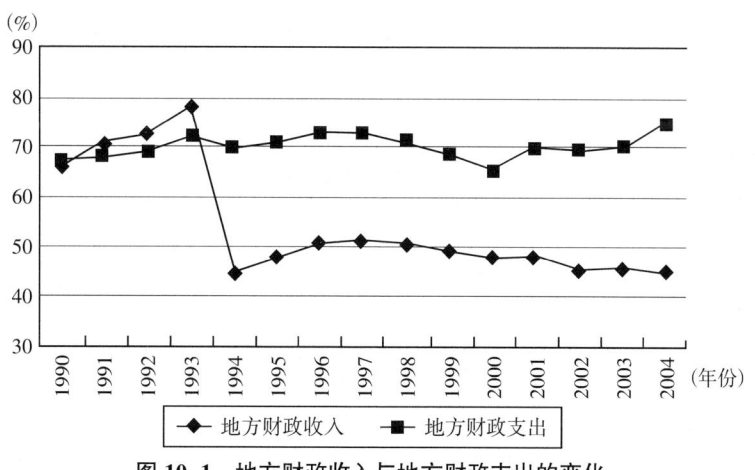

图 10-1　地方财政收入与地方财政支出的变化

口，地方财政支出的20%~30%要依靠中央财政对地方的转移支付补助。

虽然分税制设计的是中央财政与省级财政之间的分配格局，但是这种格局对省以下财政，尤其是对县乡两级财政也会产生巨大影响。首先，原来属于县乡收入的部分企业税按分税制规定划为中央收入；其次，按照中国目前的财政体制设计，每一级政府有权决定它与下一级政府采取的财政划分办法，所以省级财政自然会将财权上收的压力向下级财政转移，从而造成财权层层上收的效应。对比分税制前后县级财政的变化，就可以鲜明地看出这种上收效应向下传递（见表10-6）。

表10-6 分税制前后县乡财政收入构成

单位：亿元

年 份	1993	1994
县乡中央收入合计	—	1072.2
县乡地方收入合计	1372.3	967.3
县乡地方支出合计	1458.7	1703.2
缺口（地方支出－地方收入）	86.4	735.9

从县乡两级的支出来看，改革前为1459亿元，改革后为1703亿元，所以地方支出的总量不但没有减少，而且还有显著的增加。对比分税制前后的县乡地方支出和收入部分，我们可以算出改革前收入对支出的缺口是86.4亿元，而改革后这个缺口扩大到735.9亿元。按照1994年的数据测算，这个缺口约占当年县乡财政总收入（包括地方收入和中央划走的收入）的37%左右。这恰恰是图10-1中的缺口在县乡的反映。由此可以看出，分税制所划定的中央与省之间的关系几乎被完整地传递到县乡基层财政。

为了考察中央集中的收入和县乡地方收入的比重变化情况，我们在中央集中收入中减去了税收返还部分，而在县乡地方收入中加上了税收返还的部分，得到图10-2。从总的趋势来看，中央、县乡两级集中地收入是在不断扩大的。1995年这一比重略高于10%，到2002年，中央集中地两税收入比重已经接近30%。

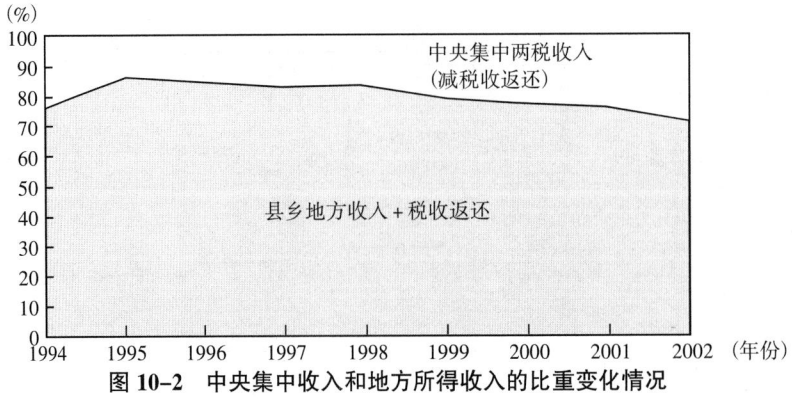

图10-2 中央集中收入和地方所得收入的比重变化情况

分税制的这种收入集中效应必然使得地方收支缺口扩大。我们前面对比了分税制前后两年的情况,下面是分税制实施后近十年的长期趋势情况。

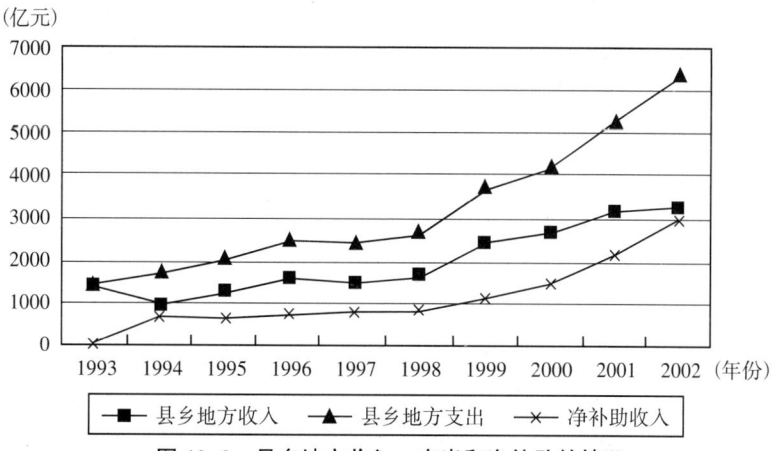

图 10-3 县乡地方收入、支出和净补助的情况

图 10-3 鲜明地显示出分税制对县乡财政的长期效应。首先,县乡地方收入和支出的缺口呈不断扩大趋势,1998 年后尤其明显。1994 年的收支缺口约 700 亿元,1998 年增加到 1000 亿元,2002 年则迅速增加到 3000 亿元左右。2002 年,县乡的地方财政收入为 3225 亿元,支出高达 6313 亿元,其缺口的规模恰好相当于其自身财政收入的规模。其次,净补助的情况值得注意。可以看出,补助曲线几乎与支出曲线的变化一致。这说明,迅速增长的上级补助一直在弥补县乡的财政缺口。最后,我们可以算出县乡财政的"净缺口"(经过上级补助以后的缺口):

粗缺口 = 县乡地方收入 – 县乡地方支出

净缺口 = 县乡地方收入 – 县乡地方支出 + 上级净补助收入

表 10-7 县乡财政的缺口情况

单位:亿元

年份	1993	1994	1995	1996	1997	1998	1999	2000	2001	2002
收入	1372	967	1261	1578	1497	1677	2426	2636	3096	3225
支出	1458	1703	2042	2451	2390	2651	3734	4199	5253	6313
粗缺口	−86	−736	−781	−873	−893	−974	−1308	−1563	−2157	−3088
净补助	2	651	665	741	789	837	1098	1451	2108	2979
净缺口	−84	−85	−116	−132	−104	−137	−210	−112	−49	−109

对比表 10-7 中的粗缺口和净缺口,我们就可以看到上级补助的作用。由于分税制造成的收入集中效应,县乡财政的粗缺口是不断扩大的。1994 年为 736 亿元,到 2002 年已经高达 3088 亿元;但加上上级净补助后却完全没有增加,一直维持在 50 亿元和 150 亿元之间的水平。

据有关部门的调查显示,2001 年,在全部义务教育投入中,乡(镇)一级的负担高达 78%,县财政负担约 9%,省级负担约 11%,中央财政只负担了 2%。中央及省市

级财政在义务教育投入上是缺位的,而县乡财政的窘境尤其是乡镇财政空转是不争的事实。据全国教育工会1999年的调查,全国有2/3的省、市、自治区、直辖市拖欠教师工资,拖欠时间最长超过1年。据有关部门统计,全国乡镇债务高达2000亿元,平均每个乡镇近450万元,如果再考虑村级债务,数字恐怕还要翻一番。目前全国乡镇教师总数约为690万人,教育开支占全部乡镇开支的一半以上。

虽然从2001年起,国务院颁布的《关于基础教育改革与发展的决定》,提出了实施"在国务院的领导下,由地方政府负责、分级管理、以县为主"的办学体制,将基础教育的办学责任由乡镇政府提升到县级政府,但由于"分税制"后县级财政被大幅度抽水,致使1998年和1999年全国县级财政赤字面分别达到31.8%和35.5%。根据国家统计局的统计,1999年,全国共有2109个县,其中亿元县有593个,一般县480个,而财政补贴县高达1036个,半数以上县的财政成为"吃饭"财政。截至2004年4月,全国共拖欠教师工资76.68亿元(柳海民和周霖,2007)。县级财政的这种状况,虽然将基础教育的责任由乡镇上升到县政府一级,但对于缓解基础教育财政紧张状况未必有实际作用。

三、"地方政府负责、分级管理、以县为主"体制的形成(2001年至今)

1994年实施"分税制"以来,县乡可支配的财政资源被中央政府抽走了近30%。虽然通过各种方式的返还与补贴,被中央抽走的财政资源远远小于30%,但经过自上而下的返还与补贴,落实到县里的实际数额只相当于理论上的返还与补贴额的60%~70%。分到乡政府的财政,就更加微乎其微了。乡镇政府的财政因此而极其困难。当时,流行这样一种说法,"中央财政喜气洋洋,省市财政勉勉强强,县级财政拆东墙补西墙,乡镇财政哭爹叫娘"。这在一定程度上反映出"分税制"后各级政府的财政状况。在今天的一些地方,其财政状况大致也是如此。

随着乡镇财政的日益拮据,乡镇的社会、经济、政治、文化功能并没有减少,而且上级考核与同级竞争日益严格与激烈。为了获得维持乡镇政府履行其社会、经济、政治、文化功能所必需的财政,乡镇政府唯一能够做的就是将这一财政压力转移到民众身上。由此导致1994年以后近七八年里,乡镇政府为增加财政收入而确定的各种名目的收费项目充斥于农村,农民财政负担越来越重,上交费用的压力越来越大,以至于到了农民无法忍受的程度。因此,自20世纪90年代后期,各地农民纷纷自发地组织起来,集体抗交各种"乱收费",或集体"上访"要求"减负"。不论是集体抗交还是集体"上访",都会与乡镇政府乃至县政府发生冲突。群体性的维权(维护自身利益的权利)事件因此而在全国各地时有发生。

例如,洪阿斌在1998年领导农民抗交提留时,与镇干部发生了肢体冲突,结果农民群情激愤,不听洪阿斌的劝阻,掀翻了镇政府的吉普车。洪阿斌因此被以聚众扰乱社会秩序罪判处有期徒刑三年。但是他于2001年9月被减刑释放后继续领导农民进行减负上访活动。他曾多次表示"砍头不要紧,只要主义真;杀了洪阿斌,还有后来人"。

全国各地接连不断地发生的因群众集体维权而形成的与政府冲突事件的日益增多,

危机到了社会的稳定甚至政权的稳定，因而引起了中央的高度重视。通过广泛的社会调查，中央发现"乱收费"已经到了不得不解决的时候了。因此，中央政府从2000年起，在安徽开展了以减轻农民负担为政策目标的"税费改革"试点，2003年在中国大陆全境铺开，推行农村税费改革。主要内容包括：取消乡统筹、农村教育集资等专门向农民征收的行政事业性收费和政府性基金、集资，取消屠宰税，取消统一规定的劳动义务工；调整农业税和农业特产税政策；改革村提留征收使用办法等。2004年开始，取消牧业税和除烟叶外的农业特产税；实行取消农业税试点并逐步扩大试点范围，对种粮农户实行直接补贴、对粮食主产区的农户实行良种补贴、对购买大型农机具户的农户给予补贴；吉林、黑龙江等8个省全部或部分免征了农业税，河北等11个粮食主产省区降低农业税税率3个百分点，其他地方降低农业税税率1个百分点。2005年上半年，中国22个省免征农业税；2005年底28个省（区市）及河北、山东、云南三省的210个县（市）全部免征农业税。2005年12月，中共第十届全国人民代表大会常务委员会第十九次会议通过决定，自2006年1月1日起废止《农业税条例》。

随着税费改革以及农业税的取消，乡镇政府的财政来源消失了。为了弥补由此而引发的乡镇政府的财政空虚，中央政府一方面采取农业税返还的办法来维持乡镇政府的运转，另一方面调整基础教育责任分担机制，减轻乡镇政府的财政负担。2001年，国务院颁布《关于基础教育改革与发展的决定》，对义务教育制度进行重大改革，实行"在国务院的领导下，由地方政府负责、分级管理、以县为主"的基础教育体制。

基础教育的这一责任划分必然形成三个方面的结果：一是基础教育的财政投入不足。前面已经论述了"分税制"以来县财政的现实状况。二是地区间基础教育投入不均衡。基础教育的这种责任划分，实际上承认了各区域间基础教育经费配置存在差异的合理性。因为负责实施基础教育的地方政府，事实上必然包含于各个不同的省（市、自治区）之内，而不同省份的经济发展水平不同，从而财政能力历来存在较大差异，不同省份之间财政能力的不同必然导致基础教育经费的配置在各省份之间存在差异，而且这种差异将随着不同省份之间的经济发展水平的变化而变化。三是区域内基础教育投入不均衡。

第五节　公共财政支出与显示性政策偏好

改革开放以来，每次调整基础教育责任分担都伴随着良好的政策承诺与远景承诺。然而，由于财政资源不断向上集中，责任不断向下转移，使得政策承诺与远景承诺都成为不可信的承诺。

1985年颁布的《中共中央关于教育体制改革的决议》以及以此为基础的《中国教育改革和发展纲要》提出，"要把发展基础教育的责任交给地方政府，有步骤地实行九年义务教育"，同时要求"各级党委和政府都要按照党的十二大的决策，把教育摆到战略重要地位，把发展教育事业作为自己的主要任务之一，上级考察下级都要把义务教育普及作为地方政府政绩的主要内容之一"。在即将进行"分税制"改革前夕的1993年，中共中央、国务院颁布的《中国教育改革和发展纲要》提出了"财政性教育经费占国民生产总值（GNP）的比重，在本世纪末（2000年）达到4%"的战略发展目标。在这一政策目标的指导下，国家通过一系列政策措施的实施持续增加财政性教育投入，财政性教育支出占GDP的比重从1993年的2.51%增加到2002年的3.41%，但直到2010年，这一目标仍然没有达到。

任何国家在任何时间内，其可供调度的财政资源都是有限的。在总财政资源有限的前提下，用于任何一个方面的资源的增加必然意味着用于其他方面资源的减少。因此，任何一个时期，用于教育事业的财政都会挤占用于其他事业的财政。教育对国家资源的要求永远都会遇到诸如农业与工业、道路与住房建设等在其他领域中为人们大量需要的事业以及诸如卫生、养老措施、失业救济等重要的社会需求越来越大的竞争。在众多选项中如何分配有限的公共财政，由政府或决策者的偏好决定，因为所谓的"轻重缓急"也是偏好筛选的结果。因此，识别政府公共政策选择的内在偏好是理解基础教育责任不断向下分散与财政资源不断向上集中的关键。

要想直接获得政府或某些决策者的偏好首先必须知道偏好的函数形式。这是一个过于严格的要求，因为在公共领域中，决策者往往为隐藏其真实偏好而采取某种策略性行为，这时人们根本无法得到决策者偏好的具体函数形式。特别地，利用这种方法识别或检验偏好稳定性时面临一个无法克服的问题，当用一种观察数据检验某个模型时，若出现偏好不稳定的情况，那么人们无法确定是由于偏好函数设定方面存在问题还是观测数据存在问题。一种被称为非参数检验的方法能够有效避免这些问题。这种方法的基本思想是检验某组观测数是否满足显示性偏好定理（Axioms of Revealed Preference）。如果这组数据满足显示性偏好定理，那么偏好就是稳定的并且是某个效用函数的最大化值的集合，否则就不是某个效用函数的最大化值的集合。这种方法既不需要估计参数，也不需要事先知道效用函数的特定形式。

显示性偏好理论已经成功地应用于各种决策领域。在公共选择的框架下，Turnbull和Chang（1998）将这种理论和方法扩展到拥挤性公共物品（Congestable Public Goods）的研究，检验市政支出的代表性投票模型。De Boer（1986）检验了美国州政府关于政府雇员规模的偏好，结果表明，效用最大化基本上近似地描述了州政府的行为。换言之，州政府在政府雇员规模方面的决策行为基本上是一种（官僚）效用最大化的行为。

在此，虽然无法获得检验中国政府决策的显示性偏好的详细数据，但可以观察中央财政支出的结构并将其与国际进行比较，基本可以得到中国政策决策显示性偏好的基本轮廓。因为财政支出结构显示了在既定财政能力下，政府选择发展不同方面的政策决策，而决定政策决策的基础性力量是选择的偏好，任何一组政策选择，都是对各不同选择进行了优先顺序排序之后而做出的选择，因而能够最有效地显示出政府公共政策选择的偏好。表10-8显示了改革开放以来中国公共财政配置的结构性变迁。为了与前面论述的中国基础教育体制变迁的时间段相对照，我们仍分为三个阶段来加以说明。

表 10-8 中数据表明，自 1978 年以来，预算内教育经费占 GDP 的比例从 2.06% 上升到 1985 年的 2.50%，增长速度非常缓慢，增长了 0.44 个百分点，年均上升 0.06 个百分点；预算内教育经费占当年财政支出总额的比例从 6.69% 上升到 11.26%，上升了 4.57 个百分点，平均每年上升 0.65 个百分点。与之形成鲜明对照的是，行政管理费用占财政支出总额的比例从 1978 年的 4.71% 上升到 1985 年的 8.53%，上升了 3.82 个百分点，比教育经费上升的 0.44 个百分点高出 3.38 个百分点；平均每年上升 0.59 个百分点，比基础教育的 0.06 个百分点高出 0.53 个百分点。从这种变动关系中，我们可以探知，与基础教育的投入相比，政府更偏好于行政管理费用的增加。经济建设费占财政支出总额的比例，虽然从 1978 年的 64.08% 下降到 1985 年的 56.28%，但由于其占整个财政支出总额的 56% 以上，说明中国政府非常注重经济的发展和建设。可以说，这种财政配置是典型的"生产型财政"和典型的"生产型政府"。

生产型财政能够集中有限的资源进行重点项目与基础设施的建设，从而促进经济的快速增长。马斯格雷夫认为，世界各国的经验表明，在经济发展或起飞的初始时期，各国用于经济建设方面的财政支出占财政总支出的比例均较高。从这一点来说，中国

表 10-8　1978~2008 年中国财政支出结构变迁

单位：%

年份	经济建设费占财政支出	社会文教费占财政支出	国防费占财政支出	行政管理费占财政支出	其他支出占财政支出	教育支出占财政支出	教育支出占GDP
1978	64.08	13.09699	14.9578	4.714417	3.155718	6.688412	2.058862
1980	58.22286	16.19508	15.77435	6.146497	3.661206	9.289324	2.511206
1985	56.28	20.3782	9.556193	8.534863	5.272795	11.26157	2.496589
1990	44.3642	23.9205	9.414676	13.44407	8.85656	13.30754	2.198167
1991	42.17981	25.08844	9.753382	12.22487	10.75349	14.33258	2.228451
1992	43.09791	25.92379	10.09727	12.38336	8.497675	15.14377	2.104892
1993	39.5233	25.38117	9.172178	13.66262	12.26073	14.89736	1.957269
1994	41.3231	25.92143	9.507097	14.63379	8.614582	16.21287	1.948531
1995	41.85078	25.74432	9.330981	14.60406	8.469867	15.88225	1.782684
1996	40.74028	26.21161	9.071565	14.93257	9.043975	15.97848	1.781906
1997	39.5008	26.74353	8.800181	14.71643	10.23906	15.14486	1.770744
1998	38.70569	27.14143	8.656088	14.81981	10.67698	14.45873	1.849808
1999	38.38024	27.59199	8.16217	15.32189	10.54371	13.38265	1.968017
2000	36.18393	27.59897	7.601045	17.42498	11.19107	12.76272	2.043601
2001	34.24	27.57946	7.6288	18.58207	11.968	13.24634	2.283431
2002	30.26189	26.86501	7.743928	18.59743	16.53174	13.5173	2.47729
2003	28.04083	26.24496	7.739853	19.03152	18.94284	13.48275	2.446932
2004	27.84878	26.29459	7.722886	19.38429	18.74947	14.13919	2.519301
2005	27.45913	26.38752	7.294252	19.1933	19.6658	13.75083	2.537525
2006	26.56	26.83193	7.370556	18.72969	20.5119	14.33751	2.748417
2007	自 2007 年起，上面各栏项目的统计口径已经改变，因而不再有对应数据					15.38	3.07
2008						14.39499	2.996711

财政支出结构符合世界的一般经验。但中国与其他国家不同的是，中国是社会主义国家，经济建设除了基础设施建设之外，还用于国有企业的投资与补助，特别是用于垄断行业的投资与补助。众所周知，垄断会造成巨大的社会福利损失；国有企业的效率仅为私营企业的50%~70%；政府投资往往与腐败和浪费相伴随；除了一次总赋税，其他任何形式的税收都会导致社会净福利的损失。这四个方面造成的福利损失若超过其促进经济增长所获得的福利所得，那么这种"生产型的财政"就是一种阻碍经济增长的财政。虽然在此我们无法对上述观点进行实证性的经验检验，但世界上所有计划经济体的共同特征——极度的短缺——已经构成了检验这种观点的一种充分统计量，并且从没有任何一个计划经济体不是短缺的，也可以基本得出结论，这种观点在统计上和通常的显著性水平上是显著的。

1985~2001年，国家预算内教育经费支出占GDP的比例，呈现出一个较为平坦的、拉长了的"U"字形：从1985年的2.50%下降到1995~1997年的1.77%~1.78%，进而再上升到2001年的2.28%。这种现状表明，1994年开始实施的"分税制"改革，是中央政府政策偏好的改变，中央将基础教育的责任完全下放到地方，而由于地方政府财政又被集中到中央，因而导致基础教育经费甚至整个教育经费的严重削减。国家预算内教育经费支出占GDP比例这条曲线的底部，对应于1995~1997年，是地方政府基础教育经费最困难的时期。也正是在这一时期，乡镇政府开始大面积扩张各种提留、税费，并提高这些税费与提留的比例，因而1998年以后，乡镇教育经费的困难局面有了一定程度的改善，整个教育经费占GDP的比例也开始重新上升。然而，通过增加民众负担改善教育经费的这种方式，代价十分高昂：农民有组织性地集体维护自身利益与权利，与政府进行艰巨的抗争。这类集体维权行为的普遍发生以及集体维权行为与政府冲突的加剧，导致社会不稳定因素不断地积聚。

2000年以后，政府预算内教育经费占GDP的比例开始上升。这主要与农民以被判入狱为代价争取来的农村税费改革有关，迫使国家增加教育投入以减轻农民负担。与前面论述的历次教育经费支出额度的改变一样，这一次又是嵌入农村税费改革的过程之中，而税费改革的直接原因不是教育问题，而是由社会不稳定因素加剧触发的。因而再次表明了基础教育支出是政府政策偏好的筛选结果。

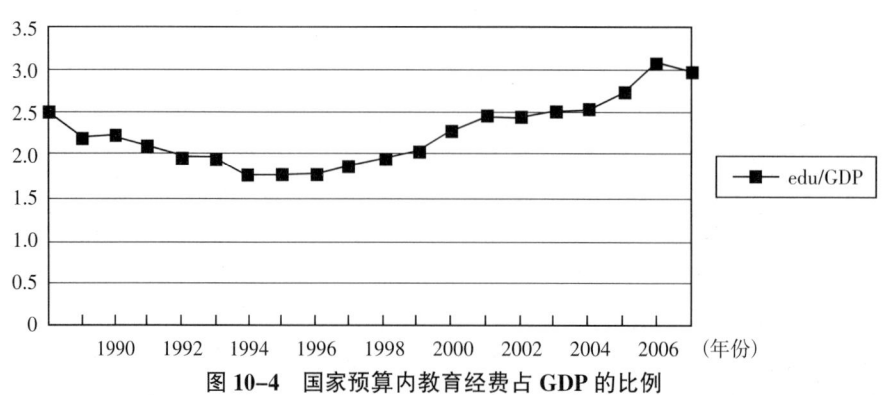

图10-4　国家预算内教育经费占GDP的比例

教育经费支出占财政支出总额的比例，波浪式地从1985年的11.26%上升到1994年的16.21%，而后缓慢下降到2000年的12.76%，2001年再回升到13.25%。其中，1994年以后相对较为平稳，说明在地方负责的基础教育体制下，即使向农民征收再多的税费，用于教育方面的仍然不会有太多的增加，但毕竟能够基本稳定在占财政总支出的15%的水平上。由此可以推断，在当时的制度安排下，占财政总支出的15%左右的教育支出，处于自组织临界的状态，达到了一个相对平衡的水平。

行政管理费占财政支出总额的比例，在此期间由1985年的8.53%相对稳健地增加到2001年的18.58%，增加了10多个百分点。相比于教育而言，政府明显地偏好于增加行政管理费的支出。粗略地看，这种现象与尼斯坎宁的官僚预算最大化理论十分吻合。尼斯坎宁认为，官僚具有一种内生的增大其财政支出的倾向，因而科层制或官僚制总是以最大化其预算作为目标。然而，中国的科层制，与尼斯坎宁所指的建立在韦伯科层组织理论基础之上的科层制有重大的区别。中国的科层制，主要通过扩大其自身利益来扩大政府运转费用，将公共组织的运转过程与个人，特别是其家庭（族）的利益最大化的过程联结在一起，通过混淆公与私的关系，来实现自身利益的最大化。长期以来，媒体不断曝光的"政府机关集体购房"、兴建"政府机关集体住宅区"，公车使用过程中的"三三制"以及政府招待中的"三三制"、出国考察中的"三三制"等，都是一些典型的例子。政府行为或政府公共财政中的"三分之一为社会、三分之一为机关、三分之一为自己"可能是中国官僚制与资本主义官僚制区别的根本所在。

预算内经济建设费占财政支出总额的比例，从1985年的56.28%骤降到2001年的34.24%，下降了22.04个百分点，下降幅度不小，但仍然远远高于世界其他国家的水平。按支出性质划分，世界高收入国家的资本支出一般占GDP的4%、财政总支出的10%；中等收入国家一般分别为4.7%和17.4%；低收入国家一般分别为6%和22%；所有国家平均占GDP的4.7%。按职能划分，高收入国家的经济服务支出一般占GDP的5.5%、财政总支出的14%；中等收入国家一般分别为5.7%和20.4%；低收入国家一般分别为6.4%和22.2%；所有国家平均占GDP的5.8%。

2001年以来，随着中国社会的结构性变迁，社会需求与社会意愿通过各种不同方式冲击政府过于偏好经济建设与行政管理费用，对政府原有的政策偏好产生了一定的影响。在各种利益诉求方式中，群体性事件自20世纪90年代以来逐渐成为一种较为普遍的形式。近十多年来，现实的群体性事件与网络群体性事件相互激发，使群体性事件表现出数量增加、规模扩大、触发点日趋复杂、行为日趋激烈、涉及面日趋广泛、对抗性日益增强等特点。据有关部门的不完全统计，群体性事件从1993年的1万起增加到2004年的7.4万起，年平均增长17%；参与人数由73万多人增加到376万多人，年平均增长12%；其中百人以上参与的由1400起增加到7000多起。2005年全国群体性事件的数量一度下降，但从2006年起又上升到6万多起，到2007年达到了8万多起，而在2008年更爆发了一些震惊全国的群体性事件（王东进等，2004；李培林等，2008）。

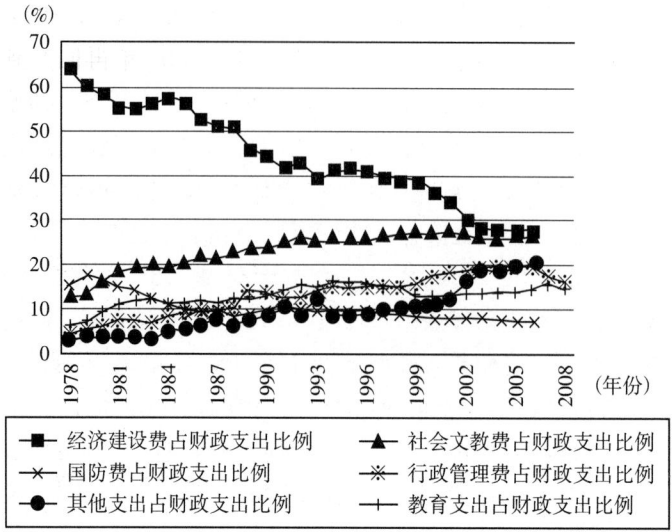

图 10-5　中国公共财政支出的结构变迁

作为一种重要利益诉求方式的社会群体性事件，对政府政策偏好的影响会从政府预算内各种支出构成上显著地显现出来。如图 10-5 所示，预算内经济建设费占财政支出总额的比例从 2001 年的 34.24% 下降到 2006 年的 26.56%，下降了 7.68 个百分点，下降速度明显加快。同时，社会保障、社会救济、医疗卫生、环境保护、教育等社会性支出有了明显的改善。财政预算内教育经费占财政总支出的比例稳定在 13.5% 以上，2007 年达到 15.38%。2008 年为 14.39%，虽然较 2007 年稍有下降，但仍然处于平稳的波动中；财政预算内教育经费占 GDP 的比例上升得也较明显，从 2001 年的 2.28% 稳步上升到 2007 年的 3.07%，2008 年稳定在 3% 的水平上。行政管理费占财政总支出的比例从 2001 年的 18.58% 开始向上在约 1 个百分点波动（2003~2005 年分别为 19.03%、19.38% 和 19.19%），2006 年稍有下降，为 18.73%。从 2007 年开始，国家统计局改变了统计口径，将原来的"行政管理费"分为两个部分：一般公共服务和公共安全[①]。2007 年和 2008 年一般公共服务支出占财政总支出的比例分别为 17.1% 和 15.65%，但一般公共服务与公共安全支出之和占财政总支出的比例分别为 24.54% 和 22.52%。显然，政府对行政管理支出的偏好一直没有发生大的改变。

总体来说，自 1978 年以来，中国公共支出的结构及其偏好，日益向国际经验的共同模式靠拢。经济建设支出占财政总支出的比例在持续下降，目前达到世界低收入国家这一比例的上轨。对于中国来说，这是公共政策偏好的一个巨大改进。其他支出占

---

① 一般公共服务指政府提供基本公共管理与服务的支出，包括人大事务、政协事务、政府办公厅（室）及相关机构事务、发展与改革事务、统计信息事务、财政事务、税收事务、审计事务、海关事务、人力资源事务、纪检监察事务、人口与计划生育事务、商贸事务、知识产权事务、工商行政管理事务、国土资源事务、海洋管理事务、测绘事务、地震事务、气象事务、民族事务、宗教事务、港澳台侨事务、档案事务、共产党事务、民主党派事务及工商联事务、群众团体事务、彩票事务等。公共安全指政府维护社会公共安全方面的支出，包括武装警察、公安、国家安全、检察、法院、司法行政、监狱、劳教、国家保密、缉私警察等。

财政总支出的比例在不断地上升。由于其他支出是一个非常模糊的概念，许多不愿意在相关统计中出现的项目都归入到这一项目下，因而，这是一个说不清楚的项目。从国际经验来说，在透明度较高的国家，其他项目支出一般稳定在某个水平上，或随着经济增长而缓慢地增长，但在中国，这一项目增长得过快。教育支出占预算内财政支出的比例，在过去30多年里，波动性最大。这表明，教育支出受社会、政治、经济等结构性变迁的影响较大，没有形成教育支出的内生决定机制。

虽然中国财政支出结构在不断向国际通行的结构趋近，但在教育支出方面这种趋近的速度有些过于缓慢了。表中数据表明，早在1960年，表10-9中所列17个国家的教育经费占GDP的比例，平均已经达到了3.5%，1980年达到5.8%，1993~1994年达到6.1%。1960年教育支出占GDP比例超过4%的国家有8个，而到1980年，不到4%的国家只剩下西班牙。目前，中国的教育支出的水平，仅相当于这些国家20世纪60年代的水平。这表明，从经济发展水平以及国家财政能力的角度，无法解释中国教育支出的相对低水平。

表10-9　1870~1993年主要欧洲国家教育的公共支出（占GDP的比重）

	教育总支出 [a]						高等教育支出	
	1870年[b]前后	1913年	1937年	1960年	1980年	1993~1994年	1970~1972年	1993年
澳大利亚			0.7	1.4	6.0	6.0	1.5	1.2
奥地利			2.5	2.9	5.5	5.5	0.7	1.1
比利时		1.2		4.6	5.6	5.6		1.0
加拿大				4.6	6.1	7.6	2.5	2.2
法国	0.3	1.5	1.3	2.4	6.9	5.8	0.7	0.9
德国	1.3	2.7		2.9	5.0	4.8	0.6	0.9
爱尔兰			3.3	3.2	4.7	6.4	0.8	1.1
意大利		0.6	1.6	3.6	6.6	5.2	0.5	0.8
日本	1.0	1.6	2.1	4.1	4.4	4.7	0.5	0.4
荷兰			1.5	4.9	5.8	5.5	2.1	1.4
新西兰			2.3	3.2	7.2	7.3	1.3	1.5
挪威	0.5	1.4	1.9	4.2	2.6	9.2	0.9	1.5
西班牙			0.4	1.6	1.3	9.0	4.7	0.8
瑞典				5.1	5.0	8.4	0.9	1.5
瑞士				3.1	5.6	5.6	0.8	1.2
英国	0.1	1.1	4.0	4.3	5.4	5.4	1.4	0.9
美国				4.0	5.5	5.5	1.3	1.3
平均	0.6	1.3	2.1	3.5	6.1	6.1	1.1	1.1

资料来源：Compiled by Tanzi and Schuknecht based on Fernández Acha (1976); Australian Bureau of Census and Statistics (1938); New Zealand Department of Statistics (1937); Japan Statistical Association (1987); League of Nations *Statistical Yearbook* (various years). Mitchell (1962); OECD, *Education at a Glance* (1996); [Italy] Istituto Nazionale di Statistica (1951); UNESCO, *World Education Report* (1993); United Nations Development Programme, *Human Development Report* (1996); UN, *World Economics Survey* (various years).

1999年以前,行政管理费支出占财政总支出与GDP的比例一直低于教育经费占财政总支出与GDP的比例,而1999年以来,则一直高于教育经费占财政总支出与GDP的比例。行政管理费占GDP的比例,自2001年起,几乎每年都高出教育经费占GDP比例近1个百分点,2006年达到了3.59%,而教育经费却只有2.75%。2007年调整行政管理费统计口径后,一般公共服务与公共安全两项合计占到GDP的4.90%,2008年为4.69%。虽然中国早在1993年设定了教育经费要在2000年实现占GDP 4%的目标,至今最高的2007年也只有3.07%,2008年退回到3%,而行政管理费支出却率先冲过了占GDP 4%的水平。1978~2006年,文教、科学、卫生以及社会保障等公共服务支出,按可比价格计算,由131.57亿元增长到11787.76亿元,增长了89倍;行政管理费从49.09亿元增加到5639.05亿元,增长了近114倍。不论从绝对数额的角度看还是从占公共支出与GDP比例的角度看,行政管理费的增长速度都远远超过社会公共服务支出的增长速度。行政管理费与教育经费占GDP比例的这种关系(如图10-6所示)再次说明中国政府政策偏好的内生性倾向及其超强的稳定性。

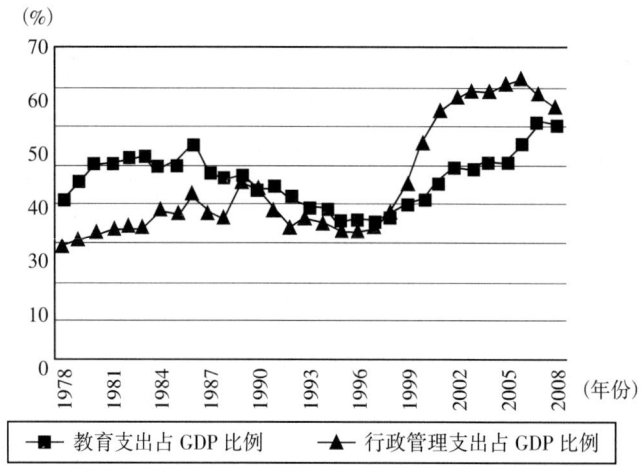

图10-6 中国行政管理支出与教育支出占GDP比例的变化

第十一章 决策体制、政府偏好与制度性优化建构

中国社会发展失衡引发了一系列社会问题,如何矫正这些"失衡"成为人们关注的焦点。但与此同时,几乎同等重要的是如何预防未来可能出现的新失衡。因此,探寻中国社会发展失衡形成的内在机制意义重大。政府偏好是识别与诊断社会问题的过滤镜,是政策选择的基础与前提。政府偏好决定了中国财政支出结构,而正是后者的失衡导致中国社会发展失衡。政府偏好是决策体制与机制运行的自然结果。因此,矫正与预防中国社会发展失衡的根本在于优化决策体制、过程与机制。

第一节 导言

随着中国改革开放在广度、深度方面的持续推进,蕴藏于中国社会中的、被压抑多年的创造动机与潜力被持续地释放和激发出来。经过中国人民 30 年的不懈努力,中国社会的财富创造能力使中国取得了举世瞩目的成就。1978~2007 年,中国经济年均增长 9.88%,远远高于同期世界经济平均 3%左右的增长速度,经济总量由世界第十跃居世界第四,对世界经济增长的贡献率由 1.8%跃升为 6%,居世界之首。财政收入从 1132 亿元增长到 5.13 万亿元,增长了 44 倍多。

然而,随着中国经济的持续高速增长,对外交往与对内交往的扩大,中国人理性水平的提高,中国社会正在持续不断地经历着迈向光明的但过程痛苦的结构性变迁。特别地,中国社会不同领域改革开放的非均衡性地推进——内部改革滞后于对外开放的需要;宏观改革滞后于微观行为主体的需要;政府管理体制改革滞后于社会结构变迁的需要;政治体制改革滞后于经济发展的需要——使中国的社会性结构与体制性结构之间出现了较大的断裂与失衡。"失衡"已经成为中国当前经济社会发展的一个重要特征,甚至有人用"一条失衡腾飞的巨龙"来形容近年来中国社会的现状(刘福垣,2003)。

中国社会发展的"失衡"不断地孕育和累积着一系列深层次的社会矛盾,并且僵滞或粘滞的体制性结构不断地抑制这些矛盾的释放与解决。这种发展"失衡"演化的结果就是连续不断地或间歇地爆发突发性的群体性事件和网络群体性事件,中国社会

发展失衡问题因而引起了党和政府的高度关注。中共十六大提出了以"统筹发展"为基础的科学发展观。学术界则一直在第一时间敏锐地关注着中国社会发展的"失衡"问题，对其进行了广泛与深入的探讨。中国经济增长与宏观稳定课题组的《增长失衡与政府责任——基于社会性支出角度的分析》是众多相关研究中较具有权威性、系统性与典型性的研究。这一研究首次提出"当前中国的发展出现了以国富与民生关系失衡为本质特征的增长失衡"的判断，并认为这种国富与民生关系的失衡，是当前各类失衡的本质体现。大量相关研究文献实证地展现了失衡的各种证据与样式，探讨了中国社会发展失衡的原因，并有针对性地提出了一系列政策建议（王金秀，2007；孙立平，2007）。

虽然这些研究对于理解与矫正中国社会发展失衡起到了巨大的促进作用，但我们认为，理解和认识中国社会发展失衡的产生机制更为重要，因为它不仅有助于矫正现有的失衡，更有助于防范以后出现新的失衡，因而更具根本性。我们认为，中国的发展失衡源于政府的政策选择偏好而不仅仅是发展策略问题（事实上发展策略也是政策偏好筛选的结果），然而这种政策偏好又是相关决策体制的内生结果。因此，从根本上治理与避免发展失衡问题，需要优化决策体制或制度安排，从源头上排除产生发展失衡的内生因素。

第二节　政策偏好与基础教育责任分担：国际经验

基础教育纳入政府责任体系发生于19世纪的西方国家，但不同国家承担这一责任的持续性与先后性以及程度存在重大差异。这为我们研究基础教育纳入政府责任体系的制度安排提供了一个初始景象，可以探索西方不同国家政府承担基础教育责任的决定条件与机制。

从19世纪开始，随着经济的发展，特别是社会理性的增强与对于政府责任观点的改变，西方国家的社会领域，对基础教育的关注与日俱增。由于各国基础教育的发展水平存在重大差异，因此，有关如何发展教育的问题引起广泛的社会讨论，并最终将教育发展问题归结为如何分担基础教育的责任问题。这个问题成为当时各个国家普遍关注的问题，在政府与社会中都掀起了一次次讨论的浪潮，其景象很像目前的中国。

由于纳入政府责任体系的基础教育，与传统教育存在众多差异，纳入政府责任体系的基础教育成为一种重要的社会创新。为了了解这种教育的发展方式、形式以及相关的教学方式、课程体系等，很多国家的教育界领导或专家，开始到教育发达的国家进行考察，试图学习这些国家在公共教育和基础教育领域的创新。这些考察者中主要包括美国与法国的教育界领导与教育专家，他们考察的最深入和细致的国家主要是德国，还有荷兰、瑞士。正如今天中国各领域的官方代表团到世界各国对相关领域进行考察一样，所不同的是，目前中国的考察更多地带有周游世界的性质而主要不是为了真正的考察。分辨考察是否为真正的考察的标准是，这种考察是否提出了改善本国相关领域的制度安排的建议并得到了有效的实施。如果派出了大量考察团进行了广泛的考察，而后只写几份考察心得，保留于几乎从来不会有人去翻阅的档案馆，等待时间的侵蚀最后化为灰尘，那只是对纳税人的辛苦钱的浪费，是一种极不负责任的行为。如果绝大部分考察都是这种行为，那么，这种考察行为本身就是一种腐败。腐败的考察行为能够对国内相关领域产生实质性影响，除非邪恶的魔鬼能在瞬间变成善良的天使。正因为这一点，中国中央政府已经将这种考察行为界定为公款旅游，再三申明严禁政府机构组团出国考察。

法国的 Victor Cousin 和 Eugene Rendu 分别于 1831 年和 1854 年到德国各州考察与研究那里的教育体系。包括 Horace Mann 在内的至少三位美国专家在 1837~1843 年到德国进行了考察，并就考察结果与政策建议向国会进行了报告。斯堪的纳维亚于 19 世纪 40 年代派官员考察了普鲁士国家的教育情况。在 Mark Pattison 报告了德国的教育情况和 Matthem Arnold 报告了法国、荷兰与瑞士的教育情况后，英国于 1859~1861 年派政府官员对大陆国家的教育体系进行考察。然而，1861 年 Newcastle 委员会关于欧洲大陆国家公共教育状况的报告却认为，大陆国家的经验不适合英国，英国没有大陆国家的社会背景与环境。中国与日本在 19 世纪也相继派官员考察大陆国家的公共教育，并发表了几份报告。1901 年，管学大臣张百熙出使英国归来，向朝廷递交了中国的教育振兴计划。1904 年，清政府颁布了《奏定学堂章程》，规定"儿童自 6 岁起受蒙学 4 年，10 岁入寻常小学修业 3 年。埃各处学堂一律办齐后，无论何色人等皆应受此 7 年教育，然后听其任为各项事业"。

众所周知，德国是世界上最早实行现代意义上的基础教育的国家。1619 年德国魏玛颁布的学校法令中规定，"8~12 岁儿童都要到学校读书"。正是由于这一悠久的历史传统，1815~1860 年，不论从适龄儿童入学率还是从基础教育支出占 GDP 的比率的角度来看，德国各邦的基础教育一直走在世界的前列，然而，随后不仅被美国超越了，也被其他几个欧洲大陆国家超越了。从基础教育经费占 GDP 的比率上看（见表 11-1），

表 11-1 部分国家基础教育支出占 GDP 的比率（1850~1910 年）

年份	1850	1860	1870	1880	1890	1900	1910
加拿大			1.31	1.80	1.68	1.54	1.72
美国	0.32	0.46	0.71	0.71	1.05	1.16	1.36
				0.77	1.01		
英国							0.63
法国	0.26	0.26	0.30	0.63	0.81	0.75	0.80
德国		0.56	0.67	1.03	1.01	1.26	1.64
比利时	0.33		0.59	1.07	0.85	0.98	1.06
荷兰		0.39	0.50	0.77	0.92	1.26	1.63
				0.89			
挪威				0.50	0.53	0.70	0.71
日本				0.10	0.61		

加拿大在自1870年之后一直处于世界前列，其次是德国、美国、比利时、荷兰等。德国、加拿大、美国以及荷兰1910年的基础教育经费支出占GDP的比率，已经分别达到1.64%、1.72%、1.36%与1.63%。这些国家的基础教育支出在整个19世纪都处于世界领先地位，尽管其他国家与德国并没有太大的差距。令人不解的是，在英国成为世界经济领先者之前，在识字率与教育方面一直是领先世界的，然而，在1891年以前，英国的基础教育却处于相对较低的发展水平上。

图11-1、图11-2和表11-2显示了不同国家在不同时期的基础教育入学率。从图11-1、图11-2可以看出，在基础教育方面处于领先地位的国家，至少发生了一次变迁，而且到1910年，几个国家几乎同时处于适龄儿童入学率的世界前列。1860年以前

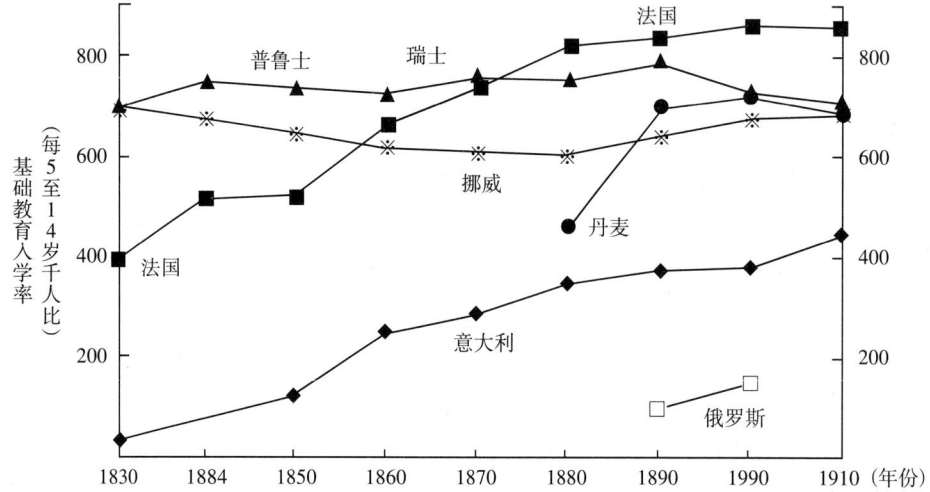

图11-1 Public schools only；All other data points include some private school enrollments

资料来源：Engerman, Stanley L., Elisa Mariscal, and Kenneth L. Sokoloff. 1997. Schooling, Suffrage, and the Persistence of Inequality in the Americas, 1800–1945. In Stephen Harber, ed., How Latin America Fell Behind, Stanford：Stanford University Press.

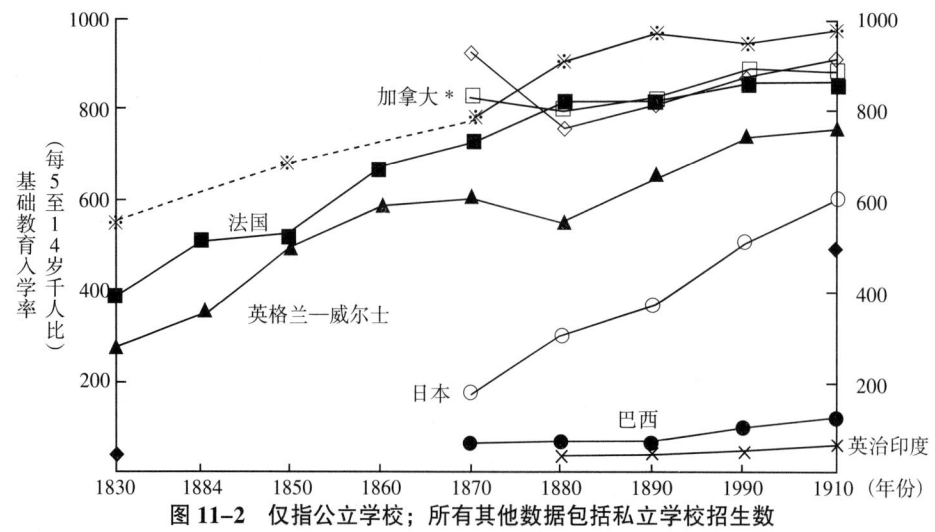

图11-2 仅指公立学校；所有其他数据包括私立学校招生数

的近半个世纪中，普鲁士是全球适龄儿童入学率最高的国家，紧随其后的是北美与挪威。1860~1900年，北美与新西兰是当仁不让的领先者，澳大利亚则紧随其后。从1882年起，法国成为欧洲适龄儿童入学率最高的国家，直到1900年后，英国才进入世界适龄儿童入学率较高国家的行列。

适龄儿童接受基础教育的比例与一个国家基础教育的供给密切相关，而这种供给能力在很大程度上又与整个社会提供的基础教育高度相关。从基础教育经费支出占GDP比率的角度上说，德国一直处于领先地位，无论是否包括私人教育支出。在基础教育经费支出占GDP比率方面，与德国最为接近的是加拿大、法国、瑞士与挪威等国。德国在各级教育中的经费支出都处于当时世界领先的地位，特别是其大学与高等职业教育的发达程度，令世界其他国家望尘莫及。然而，德国在希特勒统治时期，政府的公共支出偏好发生了重大变化，从而将教育的责任从政府转移、分散到了社会组织与个人身上，致使其教育水平从此从未能够重新获得世界领先的地位。

此外，从这些国家基础教育发展的过程来看，基于税收的公共教育的发展并没有取代私人教育支出与私立教育的发展。依据对德国、法国以及美国的公共教育与私人教育支出数据的估计表明，随着公共教育支出的大幅增加，私人教育支出并没有发生明显的减少性变化。公共教育支出不存在显著的挤出私人教育支出的效应表明，公共教育支出与私人教育支出之间存在很强的互补性关系。这种互补性关系一方面增加了社会总的教育供给能力，从而使更多的适龄人群能够受到教育，另一方面也扩大了人们选择的范围，从而满足了具有不同教育偏好的受教育群体的需求，有效提高了私人教育的社会效应。

尽管教育支出占GDP的比率是人们常用的衡量一个国家教育投入水平的指标，反映了所得税率用于教育的比例，但这一指标并没有显示出用于每个学生方面的支出，

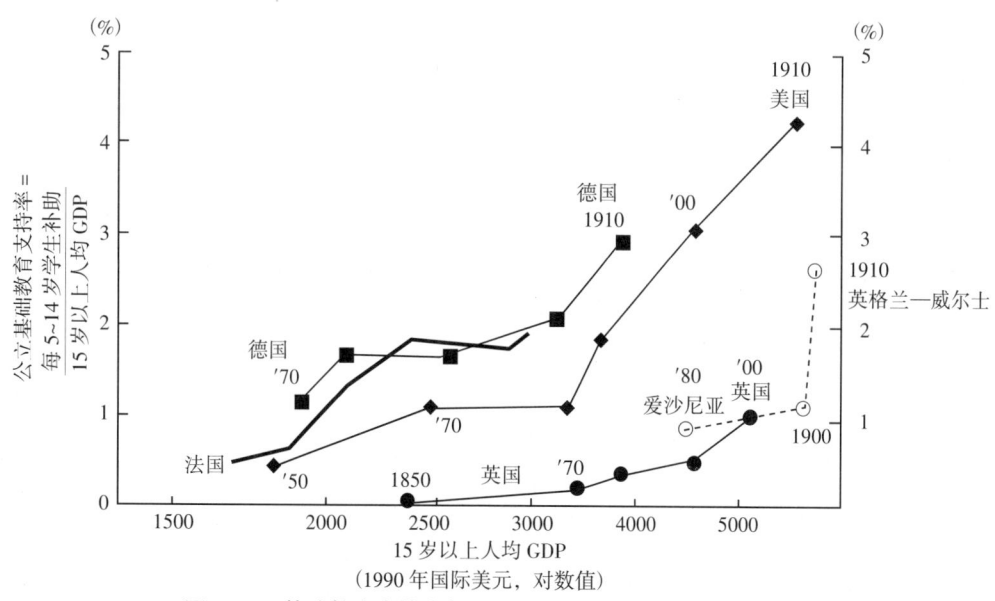

图11-3 基础教育支持率与平均成人收入水平（1850~1910年）

因为不同国家在不同时期，基础教育适龄人口的分布并不相同。在这种情况下，即使两个国家用于基础教育的经费占GDP的比率相同，也不具有可比性。为了反映基础教育支出的总规模，也为了反映每个学生所获得的教育经费，一个更为合适的指标是基础教育支持率，即每个学生的经费支出占每个成人的人均GDP。

表11-2 部分国家基础教育入学率（1830~1930年）

	基础教育入学率（5~14岁每1000人）										
	1830年	1840年	1850年	1860年	1870年	1880年	1890年	1900年	1910年	1920年	1930年
奥地利，公立+私立		367	389	417	426	562	633	670	746	917	839
奥地利，仅公立					412	543	612	647	680	805	704*
比利时，公立+私立	346	526	549	557	582	522	434	592	618	757	701*
比利时，仅公立					427	371	312	358	339	757	701*
保加利亚，公立+私立							238	332	412	444	472
丹麦						462	701	717	687	648	674*
芬兰，公立+私立								274	400	582	
芬兰，公立						68	105	188	260	400	582*
法国，公立+私立	388	513	515	665	737	816	832	859	857	704	803
法国，公立入学率			398	367	418	424	545	584	625	848	565	653
法国，公立资助			359	351	469	515	780	800	820	850	697	796*
德国，仅公立					719		711	742	732	720	758	699
普鲁士，仅公立	687	736	722	698	717	741	747	763	757		
普鲁士，公立+私立	695	714	730	719	732	749	755	768	764		
希腊					253	293	312	324	408	589	617*
匈牙利					334	457	513	542	526	484	495
意大利，公立+私立	28		124	247	286	346	370	382	446	506	594
意大利，仅公立				219	260	324	350	362	422	479	563*
荷兰，公立+私立			541	591	639	628	647	663	703	706	780
荷兰，公立			417	466	491	473	458	456	438	706	780*
挪威，公立+私立					658	637					
挪威，仅公立	685	671	640	616	606	596	637	674	685	694	717*
葡萄牙，仅公立			52		132	178	220	194	200	219	300*
罗马尼亚，仅公立								256	354	293	588
俄罗斯								99	149	293	588
塞尔维亚											
西班牙					285	401	517	506	475	473	566	717*
瑞典，公立						589	705	683	689	699	640	779*
瑞士，仅公立						759	753	789	727	707	710	701
英国，公立					521	559	549	646	720	729	701	745*
英格兰—威尔士，公立+私立	274	351	498	588	609	555	657	742	748	725	755
苏格兰，公立+私立			592	643	697	776	802	765	729	648	675
苏格兰，仅公立			572	620	673	749	774	748	724	648	675
爱尔兰，公立+私立				294	384	443	508	525	574	559	751

第十一章 决策体制、政府偏好与制度性优化建构

续表

	基础教育入学率（5~14岁每1000人）									
	1830年	1840年	1850年	1860年	1870年	1880年	1890年	1900年	1910年	1920年	1930年
爱尔兰，仅公立				218	285	379	462	525	574	559	751
北爱尔兰										272	316
加拿大，公立初级+中级					835	808	831	901	917	992	1000*
加拿大，仅基础教育					827	800	822	892	886	949	966
美国，仅公立	546		681		779	800	857	884	896	857	835*
美国，公立+私立						906	971	939	975	924	921
墨西哥						187	181	185	186	231	374*
澳大利亚，初级+中级				453	601	891	762	872	892	883	923*
澳大利亚，仅初级				453	598	882	751	855	870	856	890*
新西兰，公立+私立					923	756	803	879	912	887	962
新西兰，公立					775	654	706	769	793	778	835*
阿根廷						143	266	324	409	548	613*
玻利维亚								136			
巴西						61	70	69	102	123	147	215
智利							111	192	245	431	422	556
哥伦比亚										250	
哥斯达黎加						271	142	259	306	329	405
古巴，初级+中级，仅公立								373	354	414	516
萨尔瓦多											119
危地马拉								453		218	
牙买加，至1895年初级+中级						333	509	506	449	442	554
尼加拉瓜										174	
特立尼达和多巴哥						444	517	690	663	688	
乌拉圭								207	292		
埃及								7	74	108	178
印度（英属）						42	44	47	65	80	113
日本						182	306	370	507	599	602	609*
菲律宾，仅公立											364
斯里兰卡，初级+中级										352	
泰国										59	78	242

注：w/sec=primary plus secondary enrollments together. pub only = just public (government-run) school. pub+pr = public plus private schools together. (blank after country name) = secondary source does not state whether the estimates include private schools. *= series used in the 1880–1930 sample.

资料来源：Stephen Harber, ed., 1997. How Latin America Fell Behind, Stanford: Stanford University Press. 下同。

基础教育支持率反映了给定人口年龄结构分布与收入水平的前提下，不同国家对基础教育的支持力度。与表11-3显示了不同国家在不同时期的这一关系。图11-3表明，基础教育支持率随着收入水平的提高而不断上升。为了能够有效地对比不同国家的基础支持率，粗黑线显示了法国的这一比率的路径。图11-3中每条线上的两位数字

前面加上一个"'"，表示 19 世纪的年份，例如，"'70"表示 1870 年。

图 11-3 与表 11-3 表明，德国在 1870~1910 年，基础教育支持率基本一直处于最高的位置，虽然在成年人人均 GDP 处于 2480 美元处被法国的支持率超过，但这种超越并没有持续性。1850~1870 年，在成年人人均 GDP 处于相同的位置上，各国基础教育支持率存在较大差别。在成年人人均 GDP 位于 1900~4000 美元时，德国、法国以及美国的基础教育支持率一直处于世界前列。相对于其较低的平均收入水平，意大利与日本的基础教育支持率也是十分可观的。同时，对比图 11-1 与图 11-2 可知，基础教育适龄人口接受教育的比率与基础教育支持率基本保持同步的状态。这再一次证明，政府分担基础教育责任对于扩大基础教育供给能力具有重大作用。

图 11-3 与表 11-3 给人印象深刻的另一个事实是，英国在 1900 年前，基础教育的支持率一直处于很低的位置，1850 年时，其成年人人均 GDP 已经达到了 2460~2480 美元，但其基础教育支持率远远小于成年人人均 GDP 不到 2000 美元的美国、法国与德国，甚至其成年人人均 GDP 达到 5000 美元时，基础教育支持率仍然远远小于上述三个国家。在当时来说，如此富裕的国家，在基础教育方面的支出相对如此之少，彻底否定了关于基础教育发展依赖于经济发展水平的理论假说。因为，若基础教育发展，特别是公共基础教育的发展，与经济发展水平相关，那么，英国应该比美国、德国以及法国投入更多的公共教育经费。这说明，决定一个国家公共政策偏好的并不仅仅是经济因素，其他因素可能更为重要。事实上，有关英国令人费解的公共教育支出状况，早在 1839 年就有人开始质疑。英格兰大主教 Henry Alford 就曾抱怨过，"普鲁士走在了我们前面；瑞士走在了我们前面；法国走在了我们前面。世界上没有哪个国家的文明程度如此之高，在艺术与消遣方面如此之丰富，而像英国这样如此彻底、普遍地忽视公共基础教育"。尽管如此，英国在 1910 年以后，逐渐地追赶上来，在基础教育方面跃入到世界前列，虽然其每个学生的公共支出与世界前列国家仍存在不小的差距。

正如我们前面所指出的，政府公共支出取决于政府偏好。在既定的财政能力约束下，有些国家更偏好于基础教育的支出而不是其他方面的支出，而另外一些国家可能更偏好于其他方面的支出而不是基础教育的支出。图 11-3 与表 11-3 所展示的另外一个特征是，一个国家在基础教育方面的支出，不论从哪个角度或指标加以衡量，都基本呈现出相对稳定的、单调上升的趋势。这表明，这些国家一旦公共支出特别是在基础教育支出方面形成一定的偏好后，这种偏好就基本稳定下来。这说明，促使不同国家政府公共支出决定偏好改变并保持相对稳定的支撑力量，不仅是不可逆转的，而且是持续加强的。从这个角度说，为了使一个国家在公共基础教育方面不断地增强投入，必须理解这种改变政府偏好的支撑力量及其发挥作用的机制，并通过完善相关机制来加强或培育这种支撑力量。

第三节 公共政策偏好的制度决定

各国政府在基础教育发展中的不同作用以及由此引起的基础教育发展的差异,引起了人们的极大兴趣,是什么因素导致不同国家的政府在基础教育方面形成完全不同的偏好呢?人们在试图回答这一问题时,从不同的角度进行审视而形成了不同的理论。这些理论基本可以分为两类:一类是国家主导或政府主导情形下解释基础教育发展的差异;另一类是民主社会下政府的偏好特征。

表 11-3 1830~1930 年部分国家每个学生的公共基础教育支持率(平均成人收入的比例)

基础教育支持率 = (5~14 岁每个适龄儿童基础教育经费)/(15 岁以上人均 GDP)×100

年 份	1830	1840	1850	1860	1870	1880	1890	1900	1910
美国		0.28	0.45	0.67	1.08	1.12	1.82		
英国			0.06	0.18	0.17	0.36	0.51	1.01	
英格兰和威尔士						0.87		1.05	2.60
法国	0.19	0.53	0.48	0.52	0.62	1.36	1.84	1.70	1.87
德国				0.91	1.15	1.68	1.65	2.07	2.83
比利时			0.56		0.95	1.36			2.01
意大利						1.03			
荷兰				0.56	0.78	1.22	1.49	1.96	2.72
挪威						0.84	0.85	2.14	1.20
瑞典					0.76	1.47	1.80	2.14	2.72
日本						0.14	1.17		

资料来源:同表 11-2。

一、自我享乐的政府(The Self-enriching Autocrat)

Mc Guire 和 Olson 构建了一个简单而极富有吸引力的"自我享乐的政府"模型,描述和比较了自我中心政府与民主政府在公共物品与转移支付方面的不同偏好。这是一个最优获利模型,类似于生物学中的捕食者——被食者模型或最优税收模型。这一模型能够有效地说明产权的性质对于个人与组织的重要性,从而能够有效说明注重长期利益与短期利益者之间的行为差别,以及由此引发的制度安排对于获取长期利益的重要性。Mc Guire 和 Olson 模型(以下简称"M&O 模型")研究了两类不同的集团:流动的集团与定居于某处的集团对于特定区域治理的不同行为。这一模型来源于 M&O 关于 20 世纪初中国人对待地方军阀(Warlords)与土匪(Bandits)的不同态度的研究。M&O 发现,虽然土匪与军阀都会征用或掠夺民众的财产,但基本在任何一个确定的地方,与土匪相比,当地人更喜欢军阀。这一问题激起了 Olson 很强的兴趣。他试图理解并说明这一现象,进而抽象出一个模型,能够解释不同集团行为的特征以及这些特征同产权性质的关系。

M&O 发现，军阀与土匪最大的不同，在于军阀一般固守于范围基本确定的地盘，而土匪却不断地流动。正是军阀的相对固定于某一地区与土匪不断流动决定了这两个集团的不同行为。固定的军阀（Stationary Warlords or Bandits）由于相对较长时间地驻扎某地，而且依赖当地人提供资源以便维持其生存与发展，因此，固定军阀更注重长期利益。为了获取长期利益并能够获得更多利益，固定军阀有激励投资于当地公共物品的投资与建设。同时，由于较长时间固守一个地方，长期投资收益的产权能够有保障。由于公共物品能够有效促进私人物品的生产效率的提高，因此，在固定的军阀治理下，民众能够获得更多福利。相比之下，流动土匪（Roving Bandits）由于其流动性，因而在任何一个地方都不进行公共物品的投资，加上其短期效用最大化行为的激励，每到一处都尽可能掠夺更多的资源。因而民众从自身福利的角度考虑，更偏好于军阀。显然 M&O 模型中的两种组织，仅代表了两种性质不同的集团。一个集团注重长期利益，一个集团注重短期利益，因而导致其在同一个地方治理时，治理方式截然不同。

将 M&O 模型运用于基础教育支出方面的分析时，有两个方面值得注意：一是政府的时间贴现率或时间偏好；二是如何看待基础教育。在如何看待基础教育方面，关键是将其视为惠及某个群体的转移支付还是将其视为能够促进整个社会财富增长的公共物品。如果仅将基础教育的公共支出视为一种转移支付，那么 M&O 模型表明，这种转移支付仅达到使统治集团获得满足的程度，超过这个程度对于统治集团来说就是难以接受的。因而，历史上各个国家几乎都有基础教育的公共支出，但由于各国不同的统治集团对于满足其需求程度认识的不同而存在重大差异。若将基础教育视为公共物品，那么统治集团最关心的是维持基础教育公共支出所需要的税收，对经济发展形成一种负效应，或一种福利损失，但同时基础教育也能够促进社会财富的生成，因此，在这种情形下，统治集团在教育方面的支出在于其如何估计与这种支出相等的税收所造成的社会福利损失，只有其认为基础教育的公共支出所产生的社会福利的增进超过相等额度的税收造成的福利损失时，统治集团才认为是合理的。同样，不同国家以及相同国家不同时期的统治集团，在基础教育支出所能够产生的社会福利的增进以及与这种支出等额的税收造成的福利损失这两者的估计的不同，形成了不同国家在基础教育方面支出的差异。

M&O 模型的一个重要缺陷是将集团的时间偏好率视为外生给定的，或集团主观生成的，没有说明不同集团时间偏好率是如何决定的，因而，在解释相关现象，特别是为什么不同国家以及相同国家不同时期具有不同的政策偏好时说服力不足。

二、致力于国家建设的政府（The State-building Central Government）

解释不同国家在不同时期基础教育方面的公共支出差异的另外一种理论，是所谓的"致力于国家建设理论"。这一理论的主要代表人物有 Melton（1988），Lott（1987，1990，1999），Lott 和 Kenny（1999）以及 Green（1990）等。"致力于国家建设理论"的倡导者注意到这样一个事实：自19世纪中期以来，几乎每个国家都在不同程度上提供公共基础教育,即由公共财政支持基础教育的发展。这是由几乎每个国家都提供的极少数物品——国防、法院、警察以及道路等之一。然而,为什么基础教育能够获得如此重要地位,能够受到几乎所有国家的高度重视,这显然并非不假思索就可以回答的问题。

令人更为不解的是,公共基础教育的生均支出大大高出私人教育的生均支出,也就是说,公共学校的成本远远高于私立学校的成本。同时,公共学校的学生认知能力的开发远远低于私立学校。既然无论从效率还是从效果方面公立学校都远不如私立学校,那为什么所有国家都采取公立学校的形式来提供基础教育呢?

为了回答上述问题,Lott (1987) 分别考察了几种有代表性的理论。一是公共物品与公共提供理论。这里涉及基础教育与民主、降低犯罪率、促进经济增长等问题。二是公共基础教育作为向教育者创造财富转移途径的理论。三是公共基础教育作为向资本家创造财富转移途径的理论。四是公共基础教育作为向中产阶级财富转移的理论。五是官僚规模经济理论。六是资本市场不完备理论。七是基础教育作为教化手段的理论 (Education as Indoctrination)。Lott 认为,这些理论大部分没能解释为什么要通过公立学校的方式而不是其他方式提供或干预基础教育的发展,没能解释为什么其他物品并没有通过设立公共机构来提供。这些理论中大多数都存在两大问题:缺乏检验解释公立学校合理性的经验证据,缺乏可应用于所有国家的一般性理论。

根据这些标准,Lott 认为,上述理论中,只有基础教育作为教化手段的理论才是一种能够处于上述各项批评之外的理论。换言之,既可以找到缺乏检验解释公立学校合理性的经验证据,也可以应用于解释所有国家都设立公立学校的一般性理论。

利用公立学校灌输某种宗教观念或思想,很早就被许多国家广泛接受。通过学校进行政治教化 (Political Indoctrination) 具有同样悠久的历史。英格兰在 19 世纪中后期之所以开始设立公立基础教育,并不是因为人们担心孩子能否获得教育,而是担心他们获得"不当的教育" (The Wrong Sort of Education) (West, 1980)。塔洛克 (1983) 认为,许多国家的公立学校都是在教会的鼓动下开始的。因为有些教会首先开办了学校,主要灌输本教派的观点与信仰,引起了其他教会的不满。Nasaw (1979) 详细讨论了"辉格党的偏见"如何影响了美国初期公共教育历史课本中的"问题呈现方式"。Bethell (1983) 以及 Lott (1986) 提供了当代观点教化的证据。High (1985) 对不同经济学家关于如何运用公共学校灌输"优良社会基本价值观念"的讨论,进行了较为细致的文献调查。

观念教化理论之所以能够解释为什么各国普遍设立公立学校,在于其成本收益的核算方式与通常的核算方式不同。如果注意到教化某种价值对于统治者的收益或效用,那么,就可以理解公立学校的普遍性。事实上,所有的政府活动都具有财富转移效应,而且通过调整转移支付的规模与结构,政治家可以获得最大化的支持。因此,若从转移支付可能面临的反对的成本与可能获得的支持的收益这个角度来审视,政治家通过公共教育进行教化所获得的支持收益,远远大于放任教育而教化其他观念所形成的反对成本,即通过思想观念的统一的教化所获得的支持收益,远远大于不进行这种教育而形成各种不同观念的成本。同时,教化使人们接受政治统治现实的合理性,从而能够有效减少为安抚某些群体而不得不实施的其他形式的转移支付。从这个角度说,发展公共基础教育是统治集团一种理性的和明智的行为。

Richard B. Coffman (1990) 对于这种观点提出三点异议:首先,当理性投票人的无知使投票人对于财富转移支付的反对降低到较低水平时,政治教化的边际价值已经微乎其微。其次,教化需要在相对较长时期内才能获得收益,因此,受短期利益驱使的政治家并不会采取这类"短视行为"(Shortsighted Actions)。最后,政治家的教化价值是宪法允许或规定的转移活动水平的函数。1877年以前,美国是一个宪政民主(Constitutional Democracy)国家,直到第一次世界大战,才经过多年逐渐地转变为多数决定的民主(Majoritarian Democracy)国家,因此这期间寻租的范围受到严格的限制(Anderson 和 Hill,1980)。如果这个结论正确,那么,在早期投资于公共基础教育作为教化的方法,收益非常有限。

Coffman 的上述批评不无道理。这说明政治教化可能是公共教育起源的部分原因但并不是全部原因。除此之外,还存在三个需要解释的问题:一是致力于国家建设理论并没有说明或解释各国公共教育支出存在的差异。解释这种差异是追寻解决不同国家公共基础教育发展的关键。二是并没有说明或解释为什么有些国家公共教育与私人教育大量地共存,而其他国家却存在不同的样式。三是历史上政治教化在不同国家是如何演化的,哪些因素决定政治教化在公共教育中处于核心地位,政治教化对于基础教育的发展产生了哪些不良结果等。

三、民主化政府理论

前面两种理论都将政府在公共基础教育发展中的偏好当作外生给定的,因而没有很好地解释为什么不同国家以及同一国家在不同时期具有不同的政策偏好。从这角度看,公共基础教育的民主化政府理论具有相当的解释力。

民主化政府理论首先注意到这样一个事实:大众基础教育的出现依赖于学校财政与课程设置是由地方政府还是由中央政府决定,然而这一事实在各种解释公共基础教育发展差异的理论中都被忽略了。一个可能的原因是这种因果关系是双向的:地方政府控制既可能促进也可能阻碍公共基础教育的发展。然而,随着经济的发展,对公共财政支持的教育或任何其他类型的教育的总需求也随之增加,在某些背景下,地方政府对公共教育的发展具有明显的促进效应,而在其他背景下,却具有明显的阻碍效应。

历史经验表明,在最落后与最发达的经济体中,由哪级政府提供基础教育的财政支持都无关紧要。不过从需求的角度来说,在贫穷与落后的经济体中,几乎所有地方政府都没有对公共教育产生需求,而在相对富裕与发达的经济体中,几乎所有的地方政府都希望提供公共基础教育。在从贫穷落后向相对富裕与发达状态转变的过程中,由哪级政府提供基础教育的财政支持对于基础教育的发展至关重要。因为政府的任何活动都具有财富转移效应,包括中央政府与地方政府的财政权力划分。事实上,中央政府与地方政府的财政权力划分与由哪级政府提供公共基础教育的财政支持是一种等价的制度安排。民主化政府理论认为,正是这种制度安排决定了政府的不同偏好,因而能够有效解释不同国家公共基础教育发展的重大差异。

民主化政府理论的倡导者注意到,民主选举权的扩张在解释为什么各国在公共基础教育发展中政府发挥着不同作用从而导致不同国家基础教育发展出现重大差距方面起着关键作用。1880—1930 年 21 个国家的发展经验显示,公共基础教育学生招收率不同样式背后的制度因素,因而提供了理解不同政府在基础教育支持的政治承诺上存在差异的线索。图 11-4 显示的历史样式表明,投票权的兴起和扩散显著地加速了公共基础教育的发展。图中实线描绘了基础教育发展与民主发展之间关系的轨迹。显然,投票权与基础教育发展之间存在显著的正相关关系,而且显现一种"U"形结构。民主发展与公共基础教育之间的这种关系也证实了不平等的政治权力与落后的人力资本开发之间关系的现代观点(Engerman,Sokoloff 和 Mariscal,2011)。

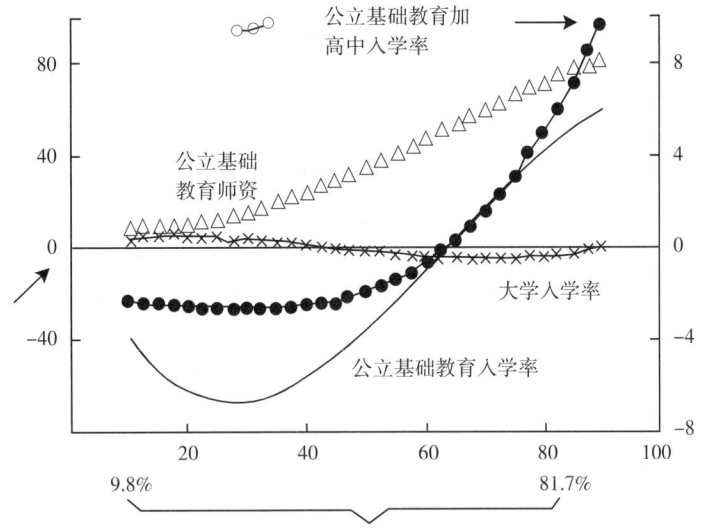

图 11-4 选举权扩散与基础教育的发展

资料来源:Anderson 和 Hill(1980).

民主化政府理论面临的一个重大挑战是如何有效辨明基础教育与民主化之间因果方向,是否存在其他更为基础的力量同时促进了民主化与基础教育的发展呢?这一疑问存在两种变体形式:①人们普遍接受的一种观点是,基础教育促进了民主化的发展。那么,是否基础教育本身就是投票权扩大的一个重要影响因素?②是不是宗教多样性成为民主与基础教育差异的历史来源?

"基础教育状况影响或决定社会民主化水平",从普通意义来理解,似乎并没有什么不妥,人们广泛接受这一观点,而且可以获得世界横截面数据的支持。但这一命题本身是一个没有良好界定的问题。"基础教育状况影响或决定社会民主化水平"的历史前提或背景结构是什么,这一命题在什么意义上成立?其成立是否需要一组控制变量的约束?从格兰杰因果检验的角度上说,基础教育的扩展与民主化的扩展哪一个在先?

"基础教育状况影响或决定社会民主化水平"必然依赖于一组控制变量作为其社会

结构背景才成立。例如，朝鲜的基础教育不能不说很落后，特别与19世纪的那些国家相比，朝鲜的基础教育应该说很发达，但并没有促进民主化的进步，反而因为观念的灌输而使人们固守朝鲜的制度是人类最好的制度的观念，人人缩衣节食地要为解放全人类做贡献。"基础教育状况影响或决定社会民主化水平"命题成立的前提条件，至少包括但绝不限于社会的开放程度或人们的交往范围，包括受教育的内容、人们合作或集体行动的能力、生存的价值观念（如西方文艺复兴时期扩散的"不自由毋宁死"以及与此相对照的"好死不如赖活着"）等。

从格兰杰因果关系检验的角度来说，应观察民主与基础教育发展的历史时序而不是横截面的经验。事实上，大部分国家的选举权早在基础教育水平达到1880年的水平时就已经相当普遍了。同时，公共基础教育依赖于公共财政支出，而决定是否通过公共财政支持基础教育的关键，是投票权的扩散。正是投票权的扩散改变了政府公共支出的偏好，从而才有效促进了基础教育的发展。法国在19世纪七八十年代基础教育迅速发展，是在1848年选举权扩大到几乎每个成年男子之后的事；英格兰基础教育于1891年追赶上来，原因不仅在于1891年学费法案以及1870年的Forster教育法案，更在于之前的三次改革选举权法案所扩大的投票权的范围。美国与加拿大也是在几乎将选举权扩大到每个白人男子之后才确立了以税收作为支持基础教育庞大成本的立法，澳大利亚与新西兰也同样如此（Anderson和Hill，1980）。

至于宗教多样性与民主和基础教育的关系，虽然较为复杂，但早期基础教育首先发展起来的国家，既有单一宗教的国家也有多宗教的国家，因此，多宗教可能促进了民主的发展但没有明显的证据表明多宗教促进了教育的发展。因此，从这个角度上说，民主化是改变政府政策偏好的因素，是基础教育发展的动力来源。

第十二章 社会公平、稳定与地方政府规模和结构优化

第一节 问题的提出与相关研究的不足

近 10 年以来特别是最近一段时间，世界各地频繁爆发群体性事件，如中东、北非、英国伦敦和美国的华尔街，其中一些事件产生了重大的社会、政治影响。随着社会经济的发展，中国因人民内部矛盾引发的上访、集会、请愿、游行、示威、罢工等群体性事件也频繁发生，并日趋表现出数量多、人数多、规模大等特征。据有关部门统计，1993~2005 年，每年发生群体性事件由不到 1 万起增加到了 8.7 万起，2008 年和 2009 年更是突破了 10 万起。"瓮安事件"、"陇南事件"与"石首事件"等，在几个小时内就使上万人参与到暴力事件之中，对社会秩序和社会稳定造成了重大的负面影响。为什么以前的群体性事件相对较少且表现方式相对和平，而现在却表现得日趋激烈？哪些社会结构性因素的改变使得群体性事件频频出现？又是哪些因素使如此多的非利益相关者在相对较短的时间内迅速聚集起来？导致群体性事件突发的各种不同因素在引发群体性事件中发挥多大的作用？不同方面的因素累积到什么程度可能爆发群体性事件？这些问题引起了国内外学者的极大关注，对于这些问题的研究，不仅有助于了解群体性事件发生的内在原因与形成机制，更有助于对群体性事件的有效预防与妥善解决。

在国内学者的众多相关研究中，于建嵘（2009，2003）的研究独具特色，主要是一种实证性调查研究，利用丰富的第一手调查材料详细描述各个事件发生的背景、过程与机制，并分析了不同事件的特征以及引发事件的结构性因素。于建嵘的研究生动鲜活，极易引起人们的关注，而且也极具启发性，研究归纳了可能引发群体性事件的各种因素，但没有说明各种不同因素及其组合发展到什么程度才会引起群体性事件的发生。肖文涛（2009）发现群体性事件多指向基层政府，认为这一现象反映了有些基层政府应对能力的明显薄弱与不足。赵守东（2007）认为，民众的政治参与要求无法满足，利益协调机制无法发挥作用，民众找不到利益协商机制和利益维护机制是影响群体性事件形成的重要因素。唐斌（2009）分析了信息网络在群体性事件中的利与弊，

认为一方面它给政府治理带来强大的舆论压力和流言风险，但另一方面它也加速了政民之间的信息交流，使得公众的知情权、监督权得到充分体现从而有效促进政府治理。陈华森（2010）从政治文化的角度出发认为群体性事件形成的原因是传统的政治文化与转型期的中国之间的矛盾。刘德海（2010）利用演化博弈论的工具证明了机会主义导致地方政府在处理群体性事件中总是延误最佳时机，致使事态扩大化。陈潭和黄金（2009）的研究是利用或基于国外相关理论解释中国群体性事件的众多研究中较具典型性的。相对于其他类似的研究，较为全面地介绍了国外不同的理论框架并将其运用于近年来中国发生的群体性事件的特征、诱发因素及发生机制的分析。事实上，斯米尔塞的专著，是国外有关群体性事件研究的集成之作，将政治学、社会学、心理学以及传播学等领域的相关研究结果或理论，经过筛选整合为一种被称为"价值累加理论"。"价值累加理论"实际上构筑了一个相对宽泛的概念框架，不仅包括了到那时为止的几乎所有的理论，而且几乎能够解释任何地方发生的群体性事件。然而，理论的这种宽泛性具有不可避免的内在缺陷，即其对问题或事件的解释精度相对较差，仅涉及几乎所有群体性事件都具有的共性特征与因素，而对具体事件的关键细节或差别性因素、机制等缺乏考虑或重视不够。

不论基于价值累加理论，还是基于相对剥夺理论、亚健康政治理论等对群体性事件发生所做的解释，都仅基于群体性事件发生所需要的必要条件。这些必要条件是在群体性事件已经发生之后，人们进行后验性原因追溯得到的，因而这些必要条件的存在仅表明了群体性事件发生的可能性，并不能说明这些条件的存在一定引发群体性事件。因而，利用这些基于必要条件的理论解释群体性事件面临如下问题：首先，在引发群体性事件方面，各种不同因素的实际显著性与统计显著性达到了什么程度；其次，哪些必要条件仅仅必要而不充分，而哪些必要条件是关键性（充分性）的条件；最后，在这些必要条件的基础上，增加什么条件才能获得群体性事件发生的充分条件。

归纳起来说，利用国外相关理论解释群体性事件的相关研究，没有识别出哪些因素是内生性因素，即主导着群体性事件的发生，一些重要问题，例如，内生性因素达到什么水平可能引发群体性事件、各种不同因素的组合如何影响群体性事件的发生等，并没有得到深入的研究。在中国目前的社会经济形势下，探讨相关问题，加深对群体性行为产生和演化机制的理解，对于加强社会管理、促进全社会和谐发展意义重大。

第二节　中国群体性事件发生的内生性因素

探索中国群体性事件发生的结构因素，必须紧密联系中国群体性事件发生的具体背景与过程，从这些具体的背景与过程中识别具有决定性作用的因素。虽然斯米尔塞的"价值累加理论"较为全面地总结了可能导致群体性事件发生的各种结构性因素，并论述了群体性事件的发生机制，但运用这些结构性要素解释中国群体性事件的发生，由于相关概念界定得过于一般化,显得宽泛而缺乏针对性,因而解释能力较差。首先,中国是一个单一制国家,全国各省、市、县都统一地执行中央政府的相关政策或政策框架,各地方的社会结构及其演化具有很强的同质性,社会矛盾的累积也几乎在相同时间开始并以基本相同的速度和强度同时演变。其次,作为群体性事件触发器的偶发事件在全国各地均有出现。最后,拆迁问题、环境污染问题、不公平待遇问题等在各地均有发生。那么,为什么有些地方发生了群体性事件而有些地方却没有发生群体性事件?

为了有效解释中国群体性事件的发生,显然需要进一步限定引发群体性事件的结构性因素,寻求引发群体性事件的更为关键性的、内生性因素或变量,从而说明,正是这些内生性因素决定着群体性事件是否发生。或者说,群体性事件是否发生,敏感地依赖于这些变量存在与否。事实上,这些内生性因素构成了群体性事件发生的"充分统计量",不仅凝聚了导致群体性事件发生的充分条件或因素,而且增加新的因素或变量并不能够改变这些充分统计量的结构。因而内生性因素强调影响群体性事件的充分条件而不仅是必要条件。充分条件表明,当这些条件具备并达到一定水平时,群体性事件一定会发生,而当这些条件不具备时,群体性事件是否发生则依赖于其他条件。这样我们就可以近似地获得群体性事件发生的充分必要条件,从而提高对群体性事件发生的解释能力与针对性。

仔细考察诸如"瓮安事件"、"陇南事件"、"石首事件"以及"通钢事件"等典型事件(以下简称"典型事件"),我们可以发现,导致群体性事件是否发生的关键性结构因素或内生性因素,主要包括:①个体行动的主观性强度(意欲性强度);②个体对政府(官员)行为的认同程度;③社会问题解决机制或个体利益诉求渠道;④社会普遍情绪或共同信念水平。

个体行动的主观态度或意欲性强度是指个人对于特定事件或情景的不同信念的组合,它决定个体对特定事件或情景反应的行为偏好。关于特定事件或情景的这些信念,可能涉及事实,也可能涉及评价。个体行动的主观态度也就是不同信念的集成或者说是"一揽子信念",既包括特定事件或情景对相关事件的效应真与伪的关联性判断,也包括特定事件或情景形成的效应是否为人们所期望的判断。Fishbein 认为,个人关于任何事物的主观态度是下面两个因素的函数:关于事件的信念的强度和这种信念的评价性影响。这一函数关系可表示为:$A_O = \sum_{i=1}^{N} B_i \alpha_i$。其中,$A_O$ 是个体关于事件 O 的主观行动态度,B_i 是个体 i 关于事物 O 的信念的强度,α_i 是其关于这一信念的评价(Fishbein,1963)。

在上述"典型事件"中,事件所涉及的不同当事人之间的势力通常是不均衡的,而个体行动的主观态度主要是对这一不均衡必然形成某种结果的习惯性结构认知的反应。简单但有些片面地说,人们在长期社会生活中已经形成了这样的认知结构:具有不同势力的当事人之间的纠纷,总是会形成对势力较强一方有利的结果。因此,若事件中一方有官方背景或强势力背景,另一方为没有任何势力的普通民众,那么人们总是习惯地认为有关方面宣布的结论总是在袒护有官方或强势力背景的当事人。而这种信念对个体行动的评价性影响又与个体以往的经历以及普遍的社会情绪相关。若个体在类似情景中受到过不公平对待，则会增加其对行动评价的影响。这种评价性影响越大，个体认为参与群体性行动越能够消解其因过去受到的不公平对待而形成的怨气，因而个体参与群体性事件的欲望就越强烈，越可能参与群体性事件。在一定社会中，个体行动的主观性强度（意欲性强度）较高的人在总人群中所占的比例越多，发生群体性事件的可能性越大。

个体对政府（官员）政策或行为的认同程度，是个体对政府行为合乎义理性的认同程度，或个体对政府权威性的认同程度。个体对政府行为合乎义理性的认同程度决定个体对政府的信任程度。政府的权威性若缺乏社会的认同，政府便不再被社会认同为疏导、解释、表达和协调利益或权利冲突的公正裁判者，政府行为因而也不被认同为促进公共利益或社会正义的行为，而是被认同为谋取或偏袒特殊利益、剥夺特定群体权利的行为。当人们认为社会已经不存在能够包容并反映道德和谐与互惠互利原则的权威机构时，人们就会自发地组织起来维护自己的利益与权利，群体性事件也就容易爆发。正是在这个意义上卢梭说："最强者并非永远能保持其主人的地位，除非他将力量化为正义，将服从化为责任。"

个体对政府的认同程度或信任程度取决于两个因素：一是政府行为的公共性程度，即政府行为在多大程度上旨在促进公共利益；二是社会个体的理性化水平，即个体对于什么是"应该的政府行为"或"规范的政府行为"的认知。在任何一个特定时期，政府行为的合乎义理性都是这两种力量相互作用而形成的均衡结构。因此，即使政府行为与以前没有什么不同，但由于人们理性水平的提高而不再认为以前那种政府行为合乎义理性时，政府的实际行为与人们认为的"规范行为"之间便失去对称性，从而引发实际政府行为是否合乎义理性的危机。同样，有些地方，虽然政府行为的公共性有所下降，但民众认同度较高，在民众的认知结构或理性意识之中，"规范的政府行为"与"实际的政府行为"之间并没有出现强烈冲突，因而就不会引发实际政府行为的合乎义理性的危机。

所谓社会问题解决机制或个体利益诉求渠道，是指当个体的利益或权利受到侵害时，个体能够进行有效的申诉，并得到公正、合理纠正的各种可能机制与渠道。所谓有效的申诉机制或渠道，是指存在相关权威机构受理这种申诉并将申诉的处理结果按相关法定程序告知申诉人。个体利益申诉机制是否完善正是决定群体性事件是否爆发的一个内生性因素。当前，中国的利益表达机制还很不完善，存在诸如动力缺失、网络缺失以及作用缺失等问题（王春福，2007）。同时，部分地方腐败的存在使不负责任的"体制性颓丧"与不受约束的基层政府行为日趋严重，"官官相护"与政府短期行为不仅几乎完全屏蔽了个体利益申诉机制与渠道，而且往往使利益申诉者面临各种被制裁或惩罚的风险。"体制性颓丧"又引发出另一种鲜明对照的现实：有权有势的个体几乎可以突破所有政策、制度限制，而无权无势的普通民众则处处受到约束、限制甚至权利和利益被剥夺。这种状况虽然与个体利益申诉机制受阻不同，但两者反映的社会权力运转的内在规则却是一样的。比如,农民土地的征用就引发过大量的群体性事件(蒋省三等,2007)。更为重要的是,这种状况成倍地激化了普通民众实际感受到的生活压力感、进取的挫折感与机会或权利的被剥夺感。事实上,前述的"典型事件"中也普遍存在个体利益申诉机制或渠道的长期缺乏或受阻现象,致使各种社会问题不断累积,社会怨气不断积淀叠加,个体容忍度或克制力趋于极限。在这种状态下,个体借助某种事件发泄怨气的动机日趋强烈,当某个突发事件出现时,个体便自觉地、积极地参与其中,从而引发规模较大的群体性事件。

社会普遍情绪或共同信念水平是指社会中实际存在的关于正义、道德和谐以及相关制度或规则的一般性态度或观点,是影响社会凝聚状态或社会稳定的基础性因素。西塞罗曾明确指出,数目颇众的人们正是基于对法律和权利的共同认知以及渴望参与彼此获益的交往而聚合在一起。而"对法律和权利的共同认知"又基于人们共享某种态度或信念(Belief),即道德和谐。因此社会凝聚或稳定的基础是道德和谐、互惠互利以及维护这两者的制度或规则的可实施性。正是在这个意义上,涂尔干将制度化信念(Institutionalized Beliefs)视为制度的灵魂,认为制度或秩序是集体共享的信念与行为模式(Durkheim,1950)。然而,当社会普遍情绪或制度化信念与现行制度发生冲突时,前者将成为人们行为选择的认知、协调与信息基础。正如哈耶克所指出的,个体的行为选择依赖于其所具有的认知结构和足够多的正确信息,但由于个体获得完全理性认知结构与足够多的正确信息的能力十分有限,因而个体总是倾向于将社会普遍情绪视为完全理性认知结构与所有正确信息的表征,就如同人们在市场上自动接受市场价格作为商品质量等所有信息的表征一样。因此,普遍情绪可以加速更多的非直接利益相关人聚集在一起。Kuran 利用社会普遍情绪的转变,有效地解释了 1789 年法国大革命、1917 年俄国革命以及 1978~1979 年伊朗革命的突然爆发(Kuran,1988)。这表明,社会普遍情绪与既有制度安排的偏离,对于群体性事件的爆发有重要影响。上述"典型事件"中,群体性事件的爆发无不与社会普遍情绪的迁移密切相关。

上述关于群体性事件发生的内生性因素的分析,既对已有相关理论所界定的群体性事件发生的必要条件做了进一步深化,也在此基础上增加了一些新的条件,从而进一步限定了群体性事件发生的可能空间,能够有效提高中国群体性事件发生的解释精度。事实上,这些内生性因素不仅构成了在中国目前社会结构背景下群体性事件发生的"充分统计量",也对理解世界范围内群体性事件的爆发具有一般意义。这些因素存在并达到一定的水平,必定在较小的显著性水平上爆发群体性事件。计算社会学的发展为我们验证以上分析和结论的一般性提供了新的途径,我们在下一部分将利用基于社会网络的计算社会学模型进行模拟研究,并试图确定各种内生性因素及其组合引发群体性事件的临界值。

第三节 基于社会网络的群体选择模型

上述内生性结构因素以及个体之间的相互作用决定了个体的行为选择。由于每个个体受上述结构性因素影响的程度不同，因此行为选择也就存在一定的差别。然而，当个体受到特定情景激发，特别是受到社会普遍情绪或共同信念的激发以及其他个体的影响时，会产生聚合在一起的动机，从而使有差别的行为选择出现趋同或协同。通过基于社会网络的计算社会学，模拟社会群体的相关态度在社会网络上传播与达成一致的过程，可以探讨各不同因素对行为选择趋同性的影响与各种因素之间的耦合作用方式。

近年来，计算社会学不断发展，成为认识社会现象、探讨政策效应的有力工具，研究领域涵盖了社会学的各方面，其中许多工作利用社会关系网络反映个体之间的相互作用，进而研究思想传播、舆论形成、群体决策等问题。Huang 在小世界网络上模拟了传染性非典型肺炎（SARS）的动态传播机制，并检验了相应的公共卫生政策的有效性（Huang 等, 2004）。Sznajd-Weron 和 Sznajd (2000) 开创性地在一维网格上模拟了"地理邻近影响规则"可能使公共舆论达成一致的过程与机制。Grabowski (2006) 将一致性公共舆论的形成推广到了复杂网络之中，不仅考虑地理邻近规则的影响，还考虑到社会网络的影响作用。Stocker 等 (2001) 则进一步模拟了网络上个体之间思想传播与相互影响。他还通过模拟检验了层级网络与无标度网络中的个体如何形成稳定的舆论。Suo 和 Chen (2008) 模拟考察了不同网络结构中的多种因素共同作用时，公共舆论的形成特征。可见，通过基于社会网络的计算社会学可以有效模拟群体性事件形成的过程。

在本书中，我们假定个体生活在虚拟的社会网络中，每一个体仅有两种行为可以选择：一是保持沉默不行为，二是亲群体性行为，且他们都具有独特的社会关系与背景特征（对政府的信任程度）。所有个体根据一定的决策方式，在一定的社会背景影响下（个体利益诉求渠道的完备程度）相互作用，并决定自己的行为选择。假设初始社会网络中的所有个体均保持沉默不行为。此时，一个诱发因素的出现可能使当事人放弃沉默不行为的决定，选择亲群体性行为。他的这一改变就会影响到他的亲戚朋友以及周围的陌生人。而这种影响也会一级一级地传播下去。当社会背景、个体背景特征分布以及行为决策方式达到某一特定临界值时，这种亲群体性行为的影响范围就会不断扩大，选择亲群体性行为的个体会不断增多，并最终导致群体性事件的形成。

已有实证研究表明，个体之间相互作用的社会网络具有两个重要特征：其一，网络度分布的无标度性质，即群体中直接利益相关者多（或亲戚朋友多）的个体相对较少，而直接利益相关者少（或亲戚朋友少）的个体相对较多。其二，社会网络具有小世界性质，即同时具有较短的平均路径程度和较高的集聚系数（Clustering Coefficient）

(Hamill 和 Gilbert，2009)。这一特征会提高网络中信息传递的效率。基于这两个特征，本书模拟所用的复杂社会网络先用 Barabasi-Albert 算法（Barabasi 和 Albert，2009）生成无标度网络，再用三人组形成（Triad Formation）机制提高网络的集聚系数，以使模拟网络与实际社会网络的结构性质定性一致。

除了人们相互作用的社会网络以外，模型还考虑了个体空间区域因素的影响。在这个模拟的社会网络中共设置 $N = L \times L$ 个个体，用二维坐标 $i \in [1, L]$ 和 $j \in [1, L]$ 标识每一个个体，同时，该坐标也是该个体的实际地理位置。网络中的所有个体只能持有两种行为选择，一是亲群体性行为，用 $S_{ij} = 1$ 表示，二是保持沉默或不行为，用 $S_{ij} = 0$ 表示。当个体持有亲群体性行为时，个体参与群体性事件的主观性强度就很高。

网络中任意个体行为选择总是在不断变化，这种变化主要受两方面的影响：一是与该个体有密切关系的朋友、亲人、同学或同事或有类似经历的人，他们都是该个体的利益相关者，在社会网络中表现为与该个体有连接的一阶近邻，这部分影响用 F 来表示；二是与该个体没有密切关系的陌生人，这些陌生人与该个体没有直接的利益相关性，只是生活在他的周围。这部分与空间区域有关的影响用 D 来表示。当个体 n 受到不公平对待且没有合适的申诉渠道时，他就会试图通过非正常的途径来表达怨气，这时他的社会态度就转变为亲群体性行为（$S_{i(n)j(n)} = 1$）。与此同时，他会将自己经历的不公平对待通过社会网络传播出去，影响与他有连接的亲戚朋友和他周围的陌生人。假设传播这种经历的努力程度取决于他对政府的不认同不信任程度 $A_{i(n)j(n)}$。$A_{i(n)j(n)} \in [0, \lambda] (\lambda \in [0, 1])$ 满足 0 到 λ 上的均匀分布，值越大表示个体对政府的认同程度越低或越不信任。那么，当他越不认同不信任政府（$A_{i(n)j(n)}$ 越大）时，他就越会想尽办法在社会网络上表达自己受到的不公平待遇，这样他对其他人行为选择的影响就越大（$A_{i(n)j(n)}S_{i(n)j(n)}(t)$ 越大）；相反，当他越认同信任政府（$A_{i(n)j(n)}$ 越小）时，他对别人选择的亲群体性行为的影响就越小（$A_{i(n)j(n)}S_{i(n)j(n)}(t)$ 越小），因此，网络中利益相关个体与非利益相关个体对个体 ij 态度的影响可以分别记为：

$$F_{ij}(t) = k_{ij}^{-1} \sum_{n=1}^{k_{ij}} A_{i(n)j(n)} S_{i(n)j(n)}(t) \text{ 和 } D_{ij}(t) = N_d^{-1} \sum_{n=1}^{N_d} A_{i(n)j(n)} S_{i(n)j(n)}(t) \quad (12-1)$$

式（12-1）中，$F_{ij}(t)$ 是个体 ij 在 t 时刻受到的所有利益相关个体影响的平均效果，$D_{ij}(t)$ 是个体 ij 在 t 时刻受到的所有生活在自己附近的非利益相关个体影响的平均效果（非利益相关个体定义为：以个体 ij 为中心，上下左右距离均为 d 的矩形内的 N_d 个个体）。下标 i(n) 与 j(n) 是定位个体 n 的二维坐标 ij 的标记。$A_{i(n)j(n)}S_{i(n)j(n)}(t)$ 就是个体 n 在 t 时刻对群体所产生影响的大小。如果个体沉默不作为，那么他对群体性事件形成的影响是 0。如果个体有亲群体行为，那么他对群体性事件形成的影响就取决于他对政府的不信任程度，越不信任影响就越大。

这两部分影响的加权平均决定着个体 ij 在 t+1 时刻的行为选择。假设利益相关个体对 ij 行为选择的影响效应为，非利益相关个体的影响效应为 ¯，那么两部分的总影响 $h_{ij}(t+1)$ 可记为：

$$h_{ij}(t+1) = \alpha F_{ij}(t) + \beta D_{ij}(t) \tag{12-2}$$

h_{ij} 是个体间相互作用对个体 ij 产生的影响，但他如何选择自己的行为还取决于当前的社会总体环境与他自身的背景特征。考虑到这两个因素的作用，可将他在 t+1 时刻改变自己当前行为的概率 p_{ij} 写成：

$$p_{ij} = \begin{cases} A_{ij}(1-\exp[-h_{ij}/T]); & S_{ij} = 0 \\ (1-A_{ij})\exp[-h_{ij}/T]; & S_{ij} = 1 \end{cases} \tag{12-3}$$

当个体在沉默不行为状态时（$S_{ij}=0$），他对政府越不信任，转变为亲群体性行为的概率越高。当个体亲群体性行为时（$S_{ij}=1$），他对政府越信任，他转变为沉默不行为的概率越高。其中的参数 $T \in [0, \infty)$ 是对社会环境的总体描述，表示个体利益诉求渠道的完备程度，或者说利益诉求获得满足的可能性有多大，是社会环境的总体背景。T 越大表示利益诉求的渠道越多，个体利益诉求越容易得到满足。相反，T 越小表示利益诉求的渠道越少，个体的利益诉求获得满足的可能性越小。

T=0 时个体寻求不到任何有效的利益诉求渠道，个体行为转变的概率简化如下：

$$p_{ij} = \begin{cases} A_{ij}; & S_{ij} = 0 \\ 0; & S_{ij} = 1 \end{cases} \tag{12-4}$$

可以看到，在完全没有利益诉求渠道的社会中（T=0），如果个体 ij 处于沉默不行为状态，那么他改变行为的概率就等于他对政府的不信任程度（$p_{ij}=A_{ij}$）。当其越不信任政府时，他采取亲群体性行为的概率越高。如果个体原本就是亲群体性行为的，那么他将始终保持该选择不变（$p_{ij}=0$）。

T=1 时利益诉求的渠道相当完备，个体面临的所有问题几乎都可以通过正常渠道解决。此时，个体对政府态度转变的概率可以简化如下：

$$p_{ij} = \begin{cases} 0; & S_{ij} = 0 \\ 1 - A_{ij}; & S_{ij} = 1 \end{cases} \tag{12-5}$$

可以看到，如果有正常的利益诉求渠道，那么当个体原本就处于沉默不行为状态时，他始终不会选择亲群体性行为（$p_{ij}=0$）。而当个体持有亲群体性行动态度时，他对政府的信任程度就是他转变选择的概率（$p_{ij}=1-A_{ij}$）。个体对政府越信任，他选择沉默不行为的概率越大。

按照上述规则，在一定的初始条件下，随着时间的演化，网络中的个体不断改变自己的行为选择。当更多的个体选择亲群体性行为时，发生群体性事件的可能性就会越大，或者可以说群体性事件发生的规模就会更大。因此，可用网络中选择亲群体性行为个体的比例表示当前社会的总体情况，即 $\langle S \rangle = N^{-1}\sum_{i,j}^{L} S_{ij}$。$\langle S \rangle$ 越大说明网络中选择亲群体性行为的个体越多，那么发生群体性行为的概率就越高，或者说群体性事件发生的规模就越大。

假设初始状态是社会中所有个体都处于沉默不行为状态。而演化开始于一个"偶发事件"的出现。该偶发事件的当事人因为找不到有效的利益诉求渠道，因此首先转变为亲群体性行为，并按照上述的演化规则影响其他个体。受到影响的个体也将继续按照同样规则影响着他的利益相关者与非利益相关者。这种类似链式的过程经过不断扩展的演化，当条件适合时，这一仅由少数几个人参与的"偶发性事件"就很有可能成为导火索事件，触发群体性事件的生成。相反，当条件不适合时，这种仅由少数几个人参与的"偶发事件"只可能是一个孤立的个别事件，难以形成群体性事件。那么，满足群体性事件生成的临界值是多少，就是我们需要关注的问题。

第四节　模拟检验结果：内生性因素的临界值

为了理解各种不同因素影响群体性事件生成的作用，需要确定各不同内生性因素及其组合在不同水平上对于群体性事件是否生成的影响，并确定内生性因素引发群体性事件的临界值。下面我们将通过相关参数对模型行为的影响，分别考察在其他条件既定的情况下，民众不认同或不信任政府的程度、利益诉求渠道以及社会普遍情绪的不同水平对群体性事件形成的作用。

一、民众不认同或不信任政府程度的影响

每个个体对政府的不认同或不信任程度都不相同。因此，本书假设民众对政府的不认同程度或不信任程度 A_{ij} 是 0 到 λ 上的均匀分布，λ 的大小决定了民众整体对政府不认同或不信任程度的分布情况。λ 越大，民众整体对于政府的不认同或不信任程度越高；λ 越小，民众整体对政府的不认同或不信任程度越低。因此，可通过考察不同的 λ 来分析民众对政府的不信任程度对群体性事件形成与规模的影响。

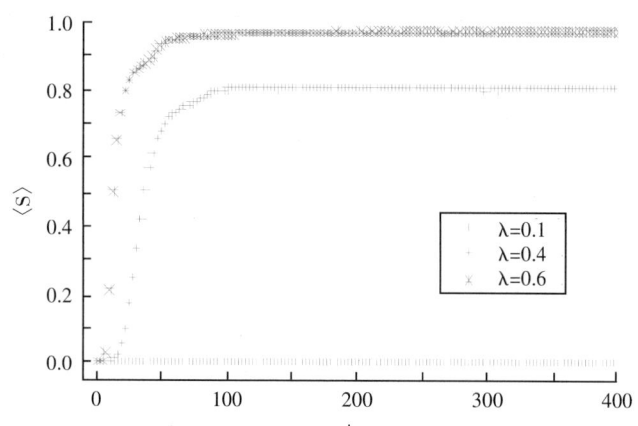

图 12-1a　不同 λ 下民众对政府态度的演化过程。其中 T = 0.05。图为前 400 次的演化结果，t > 400 后 ⟨S⟩ 基本达到稳态

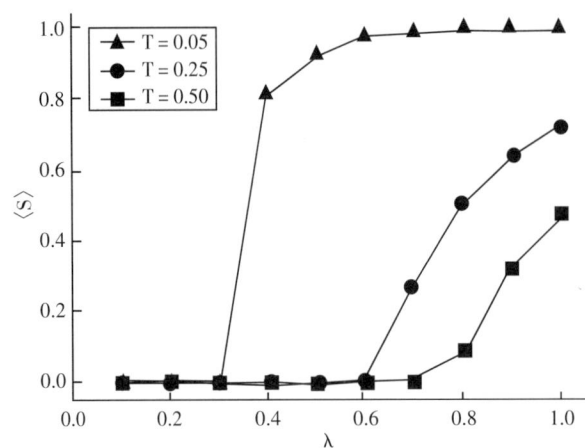

图 12-1b 民众不信任程度与民众对政府态度的稳态关系

图 12-1a 不同 λ 下民众对政府态度的演化过程及其稳态结果。其中 L = 50，L_C = 10，m_0 = 5，m = 3，p_t = 0.4，d = 5，α = β = 0.5。图为 20 个独立样本演化的平均值，每个样本均进行 2000 次演化，1 次演化指网络中的所有个体全部完成一次观点选择。

从图 12-1a 中可以看到，当民众整体对政府认同或信任程度较高时（λ=0.1），社会网络中选择亲群体性行为的个体始终不多，⟨S⟩一直接近于 0，没有明显的变化。这说明只要民众对政府的信任程度相对较高，即使出现一两个偶发性事件，也远不能使更多的个体同时参与其中，也就不能形成群体性事件。然而，在其他因素不变的情况下，随着民众整体不信任程度的提高，就会有越来越多的个体参与偶发事件，群体性事件也因此更容易形成。从图中可以看到，在利益诉求渠道较少的前提下（T = 0.5），当民众的不信任程度达到一定的水平后，参与偶发事件的个体就会迅速增加。当 λ = 0.4 时，稳态时参与偶发事件的个体达到 80%左右。当 λ = 0.6 时，稳态时参与偶发事件的个体基本上达到了 100%。

图 12-1b 考察了不同社会背景下，不同的民众信任程度最终会令多少个体选择亲群体性行为。不难发现，在利益诉求渠道较少的社会背景下（T = 0.5），当信任程度较高时（λ≤0.3），始终难形成有大量的亲群体性行为个体，不会形成群体性事件。但是，当不信任程度高于该值后（λ > 0.3），随着不信任程度的增加，参与偶发事件的个体数量会迅速增加。当 λ 达到 0.4 时，就已经有约 80%的个体选择亲群体性行动。可以说，此时群体性事件已经形成，而且规模巨大。因此，当民众的利益诉求渠道较少时（T = 0.05），民众对政府的不信任程度与群体性事件生成之间存在一个临界值 $λ_C$≈0.3。当民众的不信任程度低于该值时（λ < $λ_C$），群体性事件几乎不会形成。当民众的不信任程度高于该值时（λ > $λ_C$），群体性事件形成的概率和参与的人数就会快速增加。在图中还可以看到，当民众的利益诉求渠道增多时，不信任程度的临界值也会增大，当 T = 0.25 时，这一临界值变为 $λ_C$≈0.6。当 T = 0.5 时，这一临界值变为 $λ_C$≈0.7。

二、利益诉求渠道的影响

利益诉求的各种渠道是减缓个体怨气的一种重要机制。随着利益诉求渠道的不断增多（T 不断增大），个体的怨气得到缓解的可能性就不断提高，群体性事件形成的概率与规模也就会相应的降低。当 T~∞ 时，群体性事件就一定不会形成。相反，当个体完全没有利益诉求的可能时（T = 0），即使没有"导火索事件"，也会形成群体性事件。图 12-2a 是民众对政府不信任程度较高时（λ = 0.8）的演化结果。

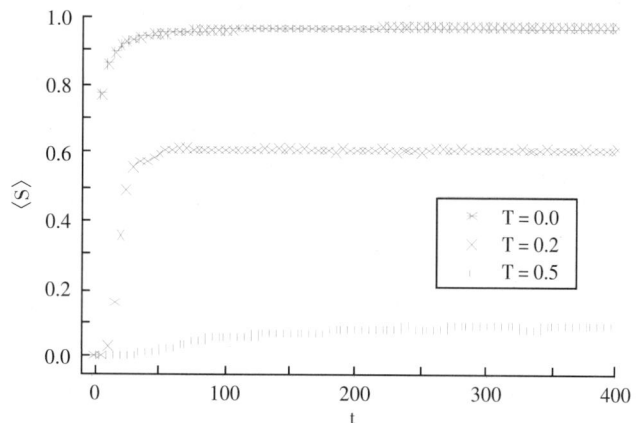

图 12-2a 不同利益诉求渠道下民众对政府态度的演化过程。其中 **λ = 0.8**。图为前 **400** 次的演化结果，**t > 400** 后 ⟨S⟩ 基本达到稳态

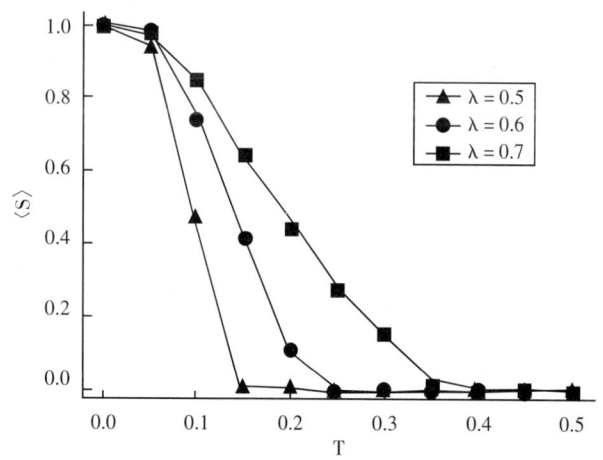

图 12-2b 利益诉求渠道的多少与民众对政府态度的稳态关系

图 12-2b 是不同利益诉求渠道情况下民众对政府态度的演化过程及其稳态结果。其中 L = 50，L_c = 100，m_0 = 5，m = 3，p_t = 0.4，d = 5，α = β = 0.5。图为 20 个独立样本演化的平均值，每个样本均进行 2000 次演化过程，1 次演化指网络中的所有个体全部完成一次观点选择。

图 12-2a 表明，当民众的不信任程度较高时（λ = 0.8），如果再没有任何利益诉求

渠道（T=0），那么群体性事件的形成不仅是必然的，而且非常迅速，规模巨大。可以看到，只要经过不到50步的演化，几乎所有的民众都会选择亲群体性行为，并参与到"偶发事件"之中，从而导致群体性事件的形成。当利益诉求渠道逐渐增多时，参与偶发事件的个体数量就会逐渐降低。当T=0.2时，最终只有大概60%的个体选择亲群体性行为并参与偶发事件。当T=0.5时，选择亲群体性行为并参与偶发事件的个体数就可以下降到了20%以下。

图12-2b中显示了各种民众不信任程度下，利益诉求渠道的多少最终会令多少个体选择亲群体性行为。一个很明显的特点是，在极端情况下，即利益诉求渠道完全没有时（T=0），不管民众的整体信任程度如何（$\lambda > 0$），都会导致几乎全体民众选择亲群体性行为，此时形成的群体性事件的规模是巨大的。当然，这种极端的情况在实际社会中几乎不会存在。当利益诉求渠道逐渐增多时，选择亲群体性行为的个体就会不断减少。当民众对政府的信任程度较适中时（$\lambda = 0.5$），只要社会中的利益诉求渠道T≥0.15，就难以形成群体性事件。这说明，在这种条件下，社会利益诉求渠道的临界值$T_c \approx 0.15$。当其他条件不变时，只要社会中的利益诉求渠道大于该临界值时，群体性事件就难以形成。当其小于该临界值时，群体性事件形成的概率与规模就会随着利益诉求渠道的不断减少而增加。同样，从图中还可看到，当$\lambda = 0.6$时，该临界值大约为0.25，当$\lambda = 0.7$时，该临界值继续增加到大约0.35。

三、普遍情绪或共同信念的影响

群体性事件的形成有一个重要特点，那就是参加群体性事件的众多个体并非"偶发事件"的直接利益相关者。而这些非利益相关者在多大程度上会参与其中，取决于对他们的影响权重有多高。这可以通过当前社会的普遍情绪或共同信念的强度来反映。随着社会中普遍情绪或共同信念的不断增强，影响非利益相关个体的权重就不断增加（β 变大），这就导致群体性事件的形成在速度与规模上成倍提高。假设"偶发事件"的直接相关者（与当事人相连的个体）一定会选择亲群体性行为，而其他的二级（与当

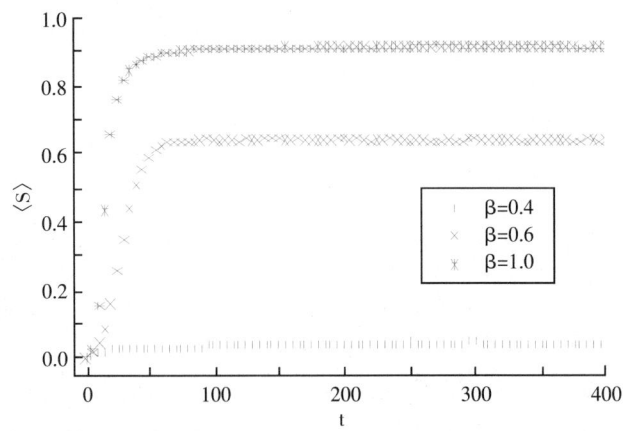

图12-3a 不同非利益相关个体的影响权重与民众对政府态度的演化过程。其中 $\lambda = 0.4$。
图为前400次的演化结果，t > 400后 $\langle S \rangle$ 基本达到稳态

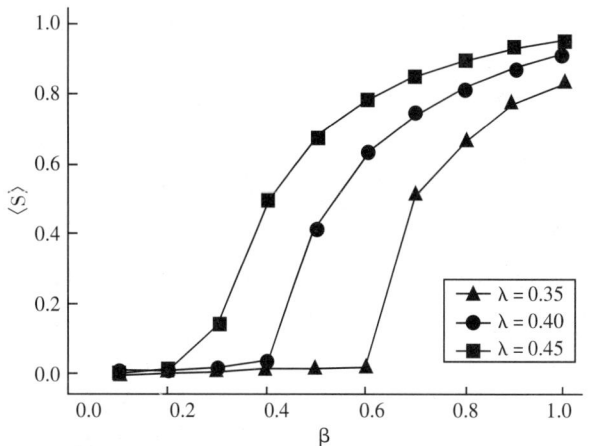

图 12-3b 非利益相关个体的影响权重与民众对政府态度的稳态关系

事人连接个体连接的个体)或更高级的利益相关者受到的影响只有 20%（α = 0.2）。此时，普遍情绪或共同信念即非利益相关者的影响程度（β）与群体性事件形成的演化模拟结果如下。

图 12-3b 中各种非利益相关个体的影响程度与民众对政府态度的演化过程及其稳态结果。其中 L = 50，L_C = 10，m_0 = 5，m = 3，p_t = 0.4，T = 0.05，α = 0.2，d = 5，β = 0.5。图为 20 个独立样本演化的平均值，每个样本均进行 2000 次演化过程，1 次演化指网络中的所有个体全部完成一次观点选择。

β 是某一个体的行为选择对其周围的非利益相关个体行为选择的影响权重，在某种程度上也反映了该个体周围有多大比例的非利益相关个体会受到它的影响。随着 β 的不断变大，个体对周围非利益相关个体的影响能力就会不断提高。图 12-3a 表明，在利益诉求渠道较少（T = 0.05），不信任程度适中（λ = 0.4），利益相关个体影响力度不高（α = 0.2）的情况下，只要普遍情绪或共同信念不是很高（β = 0.4），大规模的群体性事件就不会形成。但是，当这种普遍情绪或共同信念超过 0.4 以后，选择亲群体性行为的个体就会快速增加。当 β = 1 时，形成群体性事件的概率非常大，几乎是必然发生的。图 12-3b 表明了各种民众信任程度下，普遍情绪的高低最终会令多少个体选择亲群体性行为。显然，随着民众对政府行为的认同程度的降低，普遍情绪影响群体性事件形成所要求的水平越来越低。在民众不认同政府的水平为 0.35 时，只要普遍情绪 β≤0.6，群体性事件就难以形成。可见，在这种民众不认同水平下，普遍情绪或共同信念的临界值 $β_C$≈0.6。只要普遍情绪或共同信念小于该临界值时，群体性事件就难以形成。当普遍情绪或共同信念大于临界值以后，群体性事件形成的概率与规模会随着其增加而不断增加。当民众对政府的不认同水平上升到 0.4 时，普遍情绪或共同信念的临界值会下降到 0.3 附近。当这种不认同水平继续上长到 0.45 后，只要普遍情绪超过 0.2 就有可能形成群体性事件，即普遍情绪或共同信念的临界值降低到了 0.2 附近。

如果用黑色表示选择亲群体性行为，并参与"偶发事件"的个体（S_{ij} = 1），用白色表示保持沉默不行为的个体（S_{ij} = 0）。那么，可通过图 12-4 的演化过程展示个体行动选择分布的演化情况，从而表明群体性事件是如何通过个体不断参与到"偶发事件"之中而一步步形成的。从图12-4中可以看到，在 t=1 时，出现一个"偶发事件"，除当事人外，还有3个直接利益相关人参与其中。经过10次演化（例如各种消息、传言等不断生成与传播）以后，参与此"偶发事件"或聚集在此"偶发事件"周围的个体数量开始不断增加，但此时仍具有明显的区域性（或孤立性）。当 t=30 时，这种区域性特征已不明显，分散于社会网络不同之处的个体越来越多地变为持有亲群体性行为。最后，随着演化的不断进行，原本只是几个人的事件就因为个体不断的选择亲群体性行动并参与到"偶发事件"之中而形成。

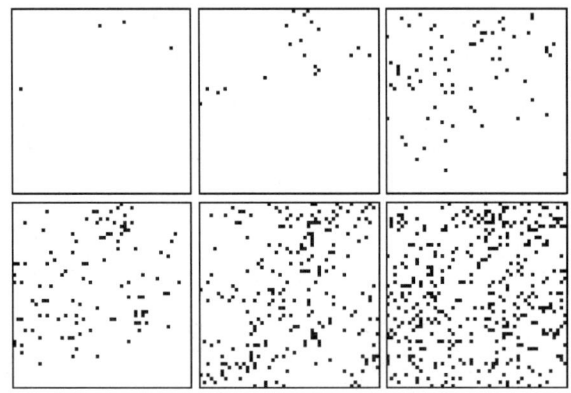

图 12-4 普遍情绪或共同信念与群体性事件关系演化

其中 L=50, L_C=10, m_0=5, m=3, p_t=0.4, λ=0.4, T=0.05, α=0.2, d=5, α=0.1, β=0.6。从左向右，从上到下，依次为 t=1, t=10, t=20, t=30, t=40 和 t=50 的情况

第五节 结 论

本章在有关群体性生成的相关理论，特别是累加价值理论的基础上，针对中国社会近年来发生的群体性事件的特征，提炼出个体行动的主观态度或意欲性强度、个体对政府（官员）行为的认同程度、社会问题解决机制或个体利益诉求渠道、社会普遍情绪或共同信念水平等作为解释中国群体性事件生成的内生性因素。这些因素虽然有些与已有理论提出的因素相近，但已有理论主要将这些因素视为必要条件，本书主要寻求群体性事件生成的充分条件。因而这些因素构成了群体性事件生成的"充分统计量"。在此基础上，通过基于社会网络的计算社会学模型对这些因素生成群体性事件的机制、过程进行了模拟，并获得了在其他条件不变的前提下这些相关因素生成群体性事件的临界值。通过分析我们得到了如下几点结论：

首先，个体行动的主观性态度或意欲性强度是群体性事件生成的重要因素，也是为什么有些地方发生了群体性事件而有些地方没有发生群体性事件的关键因素。在其他条件相同的情形下,个体行动的主观性态度或意欲性强度的高低直接决定着群体性事件的是否发生。特别重要的是,个体行动的主观性态度对于偶发性事件所涉及的不同当事人之间势力不均衡非常敏感:如果偶发性事件中涉及强势力个体与弱势力个体,那么弱势力个体采取的抗议性行动,就很容易引起众多非直接利益相关者情感或态度的共振,因而生成群体性事件。

其次,个体对政府(官员)行为的认同程度来源于个体关于"规范性政府行为"与"实际政府行为"之间的认同关系。若社会中一定数量的个体认为"政府的实际行为"严重偏离了"政府的应当行为",群体性事件生成的可能性就会明显提高,因为这种认知上的差异会严重降低民众对政府的信任程度。本书的模拟结果表明,在民众的利益诉求渠道较少(T = 0.05)的情形下,当民众对政府的信任或认同程度较低(λ < 0.3)时,群体性事件就非常容易形成。

再次,利益诉求渠道的畅通与否是缓解个体怨气的重要机制,因而也是降低群体性事件形成的概率与规模的重要途径。本书的模拟结果表明,即使民众对政府的认同程度很低,或者说是不信任程度很高(λ = 0.8),但只要利益诉求的渠道较为完善(T = 0.6),偶发事件的直接利益相关者的亲群体性行为不会令更多的非利益相关个体参与其中,从而也不会引发群体性事件。

最后,民众关于公平、正义以及道德和谐与互惠互利等价值准则所形成的普遍情绪或共同信念,是决定个体是否参与偶发事件的关键因素。当人们对他们的处境形成某种共同感受,对某些问题产生共同的看法或发生态度的共振,出现相似的普遍情绪时,即使是陌生人、非直接利益相关者,他们也可能集中到一起形成群体性事件。本书的模拟结果表明,当民众对政府的不认同程度在 0.35 的水平时,只要这种普遍情绪或共同的信念超过 0.6,群体性事件非常容易生成。

综上可知,为了有效地预防群体性事件的形成,为了在群体性事件发生之前消除其形成的隐患,就必须通过公共治理结构创新,提高民众对政府的认同与信任程度以及政府行为合乎义理性程度,有效扩展和完善民众利益诉求的机制与渠道,保证其利益诉求的畅通与问题的及时解决。值得注意的是,以上计算社会模型的数值结果主要是在定性的基础上揭示了系统演化过程中的突变行为,如果可以通过某种方式对各种参数进行真实的调查统计以及定量分析,比如民众信任程度分布情况(λ),民众利益诉求机制的完备程度(T),以及普遍情绪或共同信念水平(β)。那么,就有可能计算出各种参数在实际社会网络中的临界值,从而可以更加有效地预见并防止群体性事件的形成。

第十三章　政府组织结构决定因素与优化

结构决定功能，而功能则可以不同程度地由多种结构来实现。这是从自然界到人类社会普遍适用的一个自然规律。从根本上说，任何生物体的最终目的都是生存。生存是生物体的自然本性。为了能够生存，生物体必须演化出各种功能来适应生存环境的变迁。演化的过程就是"适者生存"的过程。为了适应变化了的环境而发展出来或演化出来的各种功能，必须有一个生成它的载体，即结构，功能是由不同的结构内在生成的。

从作为有生命的存在物的角度来说，人类与生物是等同的。人类高于生物之处，在于生物实现功能转化的过程是一个以功能不适应环境的个体或类的死亡为特征的，而人类在某种程度上则能够有预见性地进行组织结构调整以便演化出能够更好地适应变化了的环境的功能。不过，人类发展史已经充分表明，那些不能够开发出适应变迁的环境的族群，在历史的不同时期相继消失；而存在至今的人类，都在历史的不同时期经历了重大的组织结构调整从而拥有了适应新环境的功能。

前几章的论述表明，当下人类社会正面临一次重大的自然环境和社会环境的变迁。不同社会的发展前景完全依赖于这一社会能否通过组织结构调整实现功能的转变，从而适应新的社会与自然环境。组织结构创新是开发新功能的关键，因而也是决定一个社会前途的重要因素。科学地研究组织环境、组织功能与组织结构之间的演变关系，是有预见地根据组织功能的需要调整组织结构的基础。

人类社会组织的功能随着科学技术的进步和社会分工的发展而变迁。然而，组织结构并不是随着科学技术进步和分工发展而线性地变化，这是一个复杂的演化过程，也是一个复杂自适应过程。因为组织功能受专业化分工、组织协调、控制、激励、文化、价值等多种因素的影响。事实上，组织功能是由构成组织的各种要素相互作用而生成的一种涌（突）现（Emergence），即组织功能并不能还原为结构的各种要素。组织功能越高级，这种涌现特征越明显。就像人类的意识是人类大脑各种构成要素相互作用而显现出的特征一样。换言之，越是能够从组织构成要素导出组织功能的，其功能越简单、原始和机械，适应性越弱；突现特征越明显，功能越复杂，适应性越强。当然，功能强大而且复杂的组织，其构成要素必然具有某种性质。构成要素没有某种特殊性质，是不可能产生适应性很强的功能的。就像本质上不发光的粒子无论给其输入多么大的能量，不论它们怎样地相互激发也不会产生激光一样。

本章从构建具有强大适应能力的组织功能的角度来研究组织设计问题，并从组织构成要素、各要素之间相互作用机制以及组织面临的不同环境的角度，研究具有不同功能的组织的一些特征。这些特征及其不同的组合以及各要素之间的相互作用机制是构建不同要求或拟实现不同功能的组织的基础，因而也是组织创新的基础。

第一节　社会分工、职能专业化及其非理性

政府组织或行政组织，伴随着政府的诞生而出现，因而具有悠久的历史。正如格莱登所说，政府的设立使更大规模的社会成为可能，而政府组织使政府管理富有了效率。政府管理是所有社会活动的中介，虽然看上去不那么壮观，但它是社会活动可能性的基础。

自从政府出现以来，人们就一直根据政府职能按照分工和专业化原理来设计和建构政府组织。从古希腊到古罗马、从古代中国到古埃及直到今天。马克斯·韦伯是人们公认的最早系统研究政府组织、在政府组织研究方面最具有权威性的学者。他在研究普鲁士军队组织结构的基础上，结合当时的思想智慧，在考察不同组织结构与其绩效之间的关系后，归纳出了科层组织（Bureaucracy）结构的理想形式。

韦伯将专业化分工的组织设计原则作为其理想行政组织的重要构成要素，连同其他要素一起，使这种理想行政组织与其他任何一种组织形式比较起来，都具有绝对的技术（效率）优势。充分发展的科层制组织与其他形式的组织相比，在效率上就犹如生产的机械化模式与非机械化模式一样。在标准的科层制组织中，精确化、速度、清晰性、知识运用、连续性、自由裁量范围、一致性、严格服从、降低摩擦以及人力成本，都达到了最优状态（Gerth 和 Mills，1970）。因而，科层制组织是最理想的组织，可以应用到任何情景之中。

虽然从遥远的历史直到20世纪80年代，政府组织的演化都遵循韦伯的理想科层制组织的设计原则，都遵循分工和专业化原理，但韦伯的想法过于线性化了。事实上，历史上正确的，不等于未来一定也正确，而且随着情景的变化，历史上正确的，在新的情景中可能是错误的。分工与专业化原理，作为组织结构设计的原则，就遭遇了如此的命运。

20世纪80年代以来，随着科学技术的迅猛发展，社会分工日益细密化。随着社会分工的日益细密化，社会各不同领域之间及各领域内部的交换活动日益增加，社会生产、社会生活的各个不同方面水乳交融、相互渗透。社会政治、经济、文化、心理乃至艺术，都浑然一体，形成不可分割的一个整体。社会成为一个多维因素的连续统，从其中切割出的任何一块都包含这个连续统的所有方面。与此同时，随着社会分工的日益深化，功能制组织的分化日益加剧，功能制组织越来越多，越来越专业化，而且从设计的角度上说，越来越相对独立。然而，这些功能化组织不是运行于想象中的、分工整齐划一没有任何联系的理想世界之中，而是运行于真实的、具体的社会之中；

这些组织不仅要运行而且要干预、影响其领域内的相关事务。由于社会已经成为一个连续统，牵一发而动全身，因此，这些专业化分工部门的任何一种管理行为都会因为其他部门的管理行为而受到影响，任何其他部门管理上的变化也会影响本部门的管理行为。社会生产和社会生活的连续统由此决定社会管理也成为一个连续统。因而按专业化分工原则设置管理机构与管理构成一个连续统的内在性质之间相互矛盾。

上述表明，社会分工的细密化导致社会是一个连续统，由此内在地决定了管理也必然成为一个连续统；而政府组织是按专业化分工原则设计的，理论上说这些专业化组织是离散的和相对独立的。由此出现一个结果：专业化分工组织的相对独立性与管理构成一个连续统相矛盾。

这种理论上的关系，反映到实践中去，就出现了如下的景象：日益细密的分工，一方面使组织专业化程度越来越高，专业化组织间越来越相互独立，另一方面使不同分工之间的联系日益紧密，由此一方面导致组织的不同功能部门之间出现了大量的职能交叉，进而导致职责不清，互挑奶皮（Cream-skimming），相互推诿；不同职能部门之间相互掣肘，摩擦不断，致使功能部门之间协调成本呈现指数方式增加，内耗严重。组织效率因此而迅速降低，直接威胁着组织的生存。

面临市场竞争的经济组织，在生存竞争的巨大压力下，以产权明晰为特征的现代企业总是能够最灵敏、最有效地对环境做出反应，因而市场经济环境下的现代企业的组织结构的变迁，是我们理解和分析政府组织结构设计影响因素的重要风向标。

事实上，修正按分工和专业化原则重构组织的实践，在20世纪初就已经开始。1919年杜邦公司正在重新调整其组织结构过程中，当时的一份内部备忘录证明了这一点："通过整合相关职能，分离不相关职能，我们以最小的成本实现了最有效率的结果。例如，原材料采购与产成品销售之间的相关性，要远远小于生产与销售或生产与采购之间的相关性；而法律活动与上述各项活动的相关性更小"（Chandler，1962）。另外一个例子是有关染印厂的组织结构调整，"一个部门控制了生产和销售，因为产品及其质量与市场对该产品的需求是如此紧密地联系在一起，以至于如果将这些活动分离为单独的生产部门和一个独立的销售部门，那么对企业效率将产生严重影响"（Chandler，1962）。正如钱德勒所说，由于当时社会环境的变迁，"部门之间的协调问题变得日益严重"，因此，多部门组织结构开始在不同组织中逐渐扩散（Chandler，1962）。

基于钱德勒的研究，威廉姆森较为详细地研究了美国私人大型企业的组织结构，由功能结构（The Functional Organization）转为部门结构（The Multidivisional Organization）的原因。威廉姆森认为，在功能结构的组织中，不同部门间的盈利水平只能通过某种任意确定的转移价格机制来测量；而在部门结构的组织中，各个不同部门间的绩效更容易测量、更具有相对独立性且更便于市场检验。因此，部门结构与功能结构相比，具有三大优势：一是稀缺性资源可以很容易地获得最有效的利用；二是部门经理的工作绩效更容易测量，因而有效克服扭曲激励问题（Williamson，1975）；三是能够有效地和大幅度地降低协调成本。

Polanyi较早地认识到了科层组织的巨大社会力量。他在《大转变》（Great Transformation）一书中较为深入地研究了从19世纪30年代到20世纪50年代科层组织的革命过程，认为这种组织革命构成了由自由资本主义到现代混合经济转变的内在本质。Polanyi详细描述了科层组织革命（大转变）如何塑造了现代市场经济，如何导致以功能专业化和劳动分工为基础的大型组织的出现，如何使那些旨在治理市场失灵的各种各样的公共政策、公共组织与治理机制失去功效，如何使现代社会的治理陷入"科层制铁笼"牢牢控制之中（Polanyi，1957）。

据笔者所知，著名管理学专家西蒙（Simon）最早对简单地按照韦伯的分工和专业化原则设置组织提出质疑并对此问题进行了较为深入的理论思考。西蒙（1973）认为，按照专业化分工原则对一个组织的任何划分（子系统）都会产生不同程度的外部性，这种外部性是由于忽略了各个不同部门之间的相互依赖性而形成的。组织结构不应该简单地按照专业化原则来划分，而应该是最小化这种外部性，因而在各子系统中最大可能地分散化组织的决策权，以及最大可能地利用简单和经济的（Cheap）协调机制（如市场）使各个部分（决策子系统）联结起来。

同时，西蒙提出了组织结构设计的另一个原则，即时间性原则。西蒙认为，如果人们关注于稀缺性资源的分配或使用效率，那么，根据决策的时间限制（是否存在必须行动的最后时间）来划分组织就特别重要。将那些要求严格时间限制的决策问题交由某个部门来处理，而将那些没有严格时间限制的决策问题交给另一个部门来处理。不同的组织子系统在处理这些不同问题方面，具有不同的优势。因此，处理这些在时间限制上不同的问题，需要完全不同的组织子系统。例如，美国国会往往负责那些争论性很强同时又没有严格时间限制的决策问题，这些问题往往涉及重大的资源分配，涉及不同利益群体的利益，而且最重要的是，不同人对如何分配这些稀缺资源，可能持有完全不同的看法。这类问题交由国会来讨论，有利于通过争论使问题变得更为清晰，也有利于让不同意见者充分发表其意见，有利于扩大公共决策的民众参与；而美国总统则负责那些时间性很强的决策问题，这些问题无须公众参与讨论，总统的决策或可视为代表了政府的一种主张，或视为国家意志的体现，或视为公共利益的体现。

尽管大型私营部门的组织结构自20世纪20年代以来就已经开始修正韦伯的分工与专业化的组织设计原则，而且多部门结构在20世纪80年代已经成为大型私营公司一种标准的或典型的组织结构，但在公共部门的组织设计中，由于人们长期以来忽视了西蒙关于外部性的论述，因此在公共部门的组织设计方面并没有形成较为完善并受到人们重视的系统理论，来修正韦伯的组织设计原则，致使政府组织的部门划分一直缺乏有效理论的指导。缺乏指导公共部门组织结构设计的有效理论的结果，是政府部门的分分合合，或者完全受控于不同领导者个人的经验与偏好，或者完全受主要决策者智囊团的经验与偏好，政府管理效率和效果在这种机构的不停变动中损失严重。

如上所述，韦伯的分工与专业化原则，最严重的缺陷是忽略了随着分工的细化而必然产生的部门间的协调问题，即西蒙所说的外部性问题。因此，如何依据分工和专业化以及部门间协调成本来设计政府组织结构或政府不同部门，是寻求政府组织结构设计理论基础的重要途径。同时，由于分工细化带来的不同活动之间相互依赖性的增强，也使政府面临的问题具有更大的不确定性，更具有复杂性的特征。人们在多大程度上能够处理不确定性和复杂性问题，依赖于信息搜寻与处理能力，因此，组织结构或政府部门的设计，还必须考虑信息搜寻的有效机制与信息处理能力问题。

虽然分工和专业化是组织设计必不可少的重要影响因素，但它并不是组织获得组织性收益的唯一因素。事实上，在很大程度上，组织的存在是为解决伴随专业化和分工而出现的协调问题。正如哈耶克所说，由于信息收集和处理能力的制约，每个个体只能获得相关问题的一部分知识，因此，协调这些分散化的知识，包括决定谁学习什么、将有能力处理某些问题的人指派去处理或解决这些问题的哪些方面（分配人员）以及如何协调不同活动间的关系，是生产性组织面临的最为重要的问题之一（Hayek，1945）。协调活动本身不仅需要人力和时间，也需要相关资源，因而是有成本的。新制度经济学的代表人物诺斯认为，协调成本随着分工和专业化水平以及相关活动的复杂性水平的提高而以指数方式增加。从这个意义上说，协调成本成为组织的合作性收益、专业化和分工收益以及协调收益的抵消性因素。因此，组织设计在考虑分工和专业化的同时，必须考虑协调成本，寻求两者的均衡。

第二节　协调成本与政府职能部门结构优化

克莱默在 Marshak 和 Radner 团队理论模型的基础上，构建了一个组织部门（组织的各水平结构或横向结构）划分的理论模型。① 该模型虽然不是直接研究政府部门划分问题，但这一理论模型的一般性足以使我们从中获得政府部门划分的相关理论知识，并可以指导政府职能部门组合、划分的实践。

一、理论模型的基本设定

克莱默模型的基本思想较为简单。首先将组织面临的工作划分出不同的最小的生产单元。再将这些生产单元按其相关程度进行划分，形成不同的部门，而且保证如此形成的组织结构能够实现成本优势。假设任何一级政府的横向基本组织单位为"单元"，如中央政府的横向基本组织单位为"司（局）"；省级政府的横向基本组织单位为"处"；而后再根据工作相关程度归类为"部门"，如中央政府的横向组织单位为各个部或直属局、委、办；省级政府的横向组织单位为各个局（司、厅），直属委、办等。每一个"单元"由其所属的各种机构和人员组成，而且将每一个"单元"视为一个生产（服务）组织，有其特定的生产任务（不同的职能）和产品（不同的服务）。用 x_{ik} 表示"单元" i（i=1，2，…，n）生产的产品 k（k=1，2，…，m）的净产出（扣除不同"单元"间的转移支付），x_i 为 m 维向量，其第 k 个元素为 x_{ik}。由于 x_i 为"单元"的净

---

① 该模型取自 Cremer（1980）。

产出，某些 x_{ik} 可能为负。为了生产 x_i，该"单元"必须从市场上购买相关投入品，如办公用品、电脑、劳动力等，其成本函数为 $C_i(x_i)$。

这些不同的"单元"可以根据其生产的性质或工作任务的相关程度进行分类（分为部门）。因此，这些类（部门）的选择与不同的分类方式实际上是确定这些"单元"关于工作性质的分布。这一分布将影响组织满足外部需求的成本。

假设生产周期为一年。在任何一个生产周期开始之前，组织并不完全知道每个"单元"的成本函数以及社会对其产品的需求。然而，组织必须确定不同部门间产品转移支付计划，而且，由于不同部门间沟通成本极高且沟通的不准确性极大以至于无法进行即时计算，因此，这种转移支付在生产周期内是不可调整的。不过，部门之间的转移支付可以根据随机变量的不同实现值进行调整。通过将职能最相关的"单元"合并为同一个部门，组织就能够有效地降低其协调成本。

为了反映职能相关性以及协调成本在组织建构中的作用，克莱默模型通过加总不同"单元"的成本函数而得到一个总的成本函数。由于这一总成本函数依赖于将"单元"分为不同部门的方式，因而影响到组织的结构。为此，假设不同部门的管理者无法从自己的观察中推断出其他部门的管理者面临的随机参数。同时假定，在组织内部分享信息与按照贝叶斯方式进行计算相比要更为简单。这些假设使模型简单了许多。

一般而言，一个组织如果没有内部的进一步分工，事实上这个组织是无法进行管理的。但为了能够进行比较，克莱默模型将组织中的所有"单元"都划分在一个部门内作为一种理想的、不现实的参考基准。这种组织可称为一体化组织（Integrated Organization）。在这类组织中，每一个"单元"（i = 1, 2, …, n）的产出为 $x_i^d(\varepsilon) + t_i(\varepsilon)$，其中在每一个自然状态 ε 下，$x_i^d(\varepsilon)$ 是外部关于"单元 i"的产品需求，$t_i(\varepsilon)$ 是"单元 i"关于其他"单元"的最优转移支付。

组织的一种部门结构可以定义为专司于不同职能或服务的组织的一种划分。假设 J 代表不同服务单元的集合，$x_i^d(\varepsilon)$ 是组织部门结构 J 各不同"单元 i"产出 $t_i(\varepsilon)$ 的总和。

在上述假设和条件下，克莱默将组织结构 θ 界定为"单元"的一种划分（Partition），这种划分将不同的"单元"分为不同的类，即部门。这一划分的原则是最小化不同部门成本之和，即求解下列带约束条件的最小值问题：

$$\min_{x_1, x_2, \cdots, x_n} \sum_i C_i(x_i)$$

$$\sum_{i=1}^{n} x_i = \sum_{i=1}^{n} x_i^d$$

如果用 x_i^n（i = 1, 2, …, n）表示该问题的一个随机解，$\bar{x}_i$ 表示 x_i^n 的均值，那么，可以假设成本函数如下：

$$C_i(x_i) = A_i - \Gamma_i' B_i(x_i - \bar{x}_i) + \frac{1}{2}(x_i - \bar{x}_i) B_i(x_i - \bar{x}_i) \tag{13-1}$$

其中，只有 m 维向量 Γ_i 是一个随机向量（Γ_i' 是 Γ_i 的转置），$m \times m$ 矩阵 B_i 为正定

(Positive Definite) 矩阵时，成本函数为凸函数。

假设我们已经按照上述方式选择了一个组织结构 θ，那么它就确定了构成组织的不同部门，使得每一"单元"只属于唯一一个部门。用集合论的语言来说，θ 构成了"单元"集合的一个划分。从这种构造过程我们知道，组织的任何一个部门 J，都由某些确定的"单元"构成，并将属于组织 θ 的这一部门表示为 J∈θ，而属于 J 的"单元"表示为 i∈J。

给定组织结构 θ，对于组织的任何一个部门 J∈θ 以及其每一产品 l∈(1, 2, …, m)，组织在生产周期之间选择由 J 到组织其他部门的转移支付 w_{Jl}，而且该转移支付在生产期间是不可更改的，表明不同部门间协调成本很高。给定这些条件，部门 J 在其各个"单元"中配置资源，在满足外部需求的前提下，最小化其成本，即解决如下约束规划问题：

$$\min \sum_{i \in J} C_i(x_i)，约束条件为：\sum_{i \in J} x_i = \sum_{i \in J} x_i^d + w_J$$

对于每一个 w_J，都存在部门 J 的一个期望成本，记为 $C_J^E(w_J)$。因此，组织结构设计就是在知道这些随机的 w_J 之前，使组织 θ 最小化其期望成本，即寻求 w_J 以便求解下列问题：

$$\min \sum_{J \in \theta} C_J^E(w_J)，约束条件为 \sum_{J \in \theta} w_J = 0$$

由于部门 J 对于组织中其他部门的最优转移支付 $w_J^* = \sum_{i \in J} \bar{x}_i - \sum_{i \in J} E(x_i^d)$，因此，组织 θ 的期望成本为：

$$\sum_J C_J^E(w_J^*) = \sum_{J \in \theta} E[(\Gamma_J' - x_J^d - E(x_J^d))B_J(\Gamma_J - x_J^d - E(x_J^d))] \tag{13-2}$$

其中，$B_J = (\sum_{i \in J} B_i^{-1})^{-1}$ 是成本函数 $C_J^E(w_J)$ 的曲率，$x_J^d = \sum_{i \in J} x_i^d$。

定义 $t_J = \sum_{i \in J}(x_i^{\bar{n}} - x_i^d)$ 为一体化组织中部门 J 对其他部门的随机转移支付，则 t_J 的变化表明了部门 J 与其他部门之间的联系。例如，如果部门 J 与其他部门完全没有关联，那么，t_J 将在任何一种状态下都为常数；如果部门 J 与其他部门关联度很高，则这一最优转移支付将出现很大的变异性。因此，t_J 的不同分布反映了组织结构的变化，进而克莱默获得了最小化组织协调成本的组织结构问题的如下定理。

克莱默定理：最优的组织部门结构为使下列成本函数最小化的组织部门结构：

$$\sum_{J \in \theta} E[(t_J - E(t_J))B_J(t_J - E(t_J))]$$

或等价地：

$$\sum_{J \in \theta} E[(\Gamma_J - x_J^d - E(\Gamma_J - x_J^d))B_J(\Gamma_J - x_J^d - E(\Gamma_J - x_J^d))] \tag{13-3}$$

如前文所述，式（13-3）中，$x_J^d - E[x_J^d]$ 代表外界对组织服务需求的变化，与组织的外部环境相关；$-(\Gamma_J - E[\Gamma_J])$ 表示边际成本的变化，与组织的内部结构因素相关。

一般而言，这两个变量是负相关的。

克莱默的上述研究，为组织设计，特别是组织横向部门的划分提供了较分工与专业化更为细致的理论基础。青木（Aoki）在更特殊的层次上，将上述模型进行了细化，普拉特（Prat）将克莱默的模型扩展到报酬函数不为二次型函数近似以及不可导的情形，因而使克莱默模型具有更为广阔的应用情景。

为了便于说明和理解克莱默模型在组织横向部门设计中的指导意义，我们将上述较为一般的成本函数改为由青木确定的、更为特殊和简单的成本函数。这一成本函数只考虑两个"单元"，因此其成本函数具有如下的形式：

$$V = V^* + (\gamma_s + \gamma_1)x_1 + (\gamma_s + \gamma_2)x_2 - \frac{1}{2}[G(x_1 + x_2)^2 + H(x_1 - x_2)^2]$$

$$= V^* + (\gamma_s + \gamma_1)x_1 + (\gamma_s + \gamma_2)x_2 - \frac{1}{2}(G+H)(x_1^2 + x_2^2) - (G-H)x_1x_2 \quad (13-4)$$

其中，γ_i 表示环境（i）状态 E_i（i = s, 1, 2）特征的随机变量。假设这一随机变量服从期望值为零，方差为 σ_i^2 的正态分布。可以将这一成本函数视为一般的成本函数在 x 的最优值处作泰勒级数展开的逼近，其中 x 的最优值对应着随机参数的先验分布。参数 G 表示两个单元之间的资源约束和多样性条件，参数 H 表示两个单元之间的技术和特征关系。如果 G – H < 0，则：

$$\frac{\partial^2 V}{\partial x_1 \partial x_2} = -(G-H) > 0 \quad (13-5)$$

表明一个决策变量的边际报酬随另一个决策变量的增加而递增，说明这两个单元的活动是互补的。如果 G – H > 0，则：

$$\frac{\partial^2 V}{\partial x_1 \partial x_2} = -(G-H) < 0 \quad (13-6)$$

表明一个决策变量的边际报酬随另一个决策变量的增加而递减，说明这两个单元的活动是相互替代的。

二、克莱默定理的政府组织设计含义

克莱默定理表明，最优的政府组织部门结构最小化部门间转移支付 t_j 的变异水平，即一旦环境的不确定性水平确定之后，就会使不同部门间转移服务达到最优化状态。换言之，克莱默定理表明，最优的组织部门结构，应该使部门间转移服务尽可能地可预见。该定理说明，由于不同时期之间职能转换受到一定的约束，人们只能依赖于成本函数与需求函数的不完备的知识确定不同服务之间的实际转移情况，因而人们既不能完全消除部门间的职能交叉，也不能完全确定交叉的程度，但应该使这种职能交叉变得相对稳定从而变为具有可预见性，同时应该使不同部门间职能交叉的这一"灰色区域"成为明确的相关部门的共同责任。

t_j 的变异依赖于 B_j，即各个不同服务成本函数的曲率（Curvature）。当环境及工作任务的不确定性程度确定之后，从事后的角度说，部门间最优服务转移支付是由不同部门间生产的边际成本相等这一条件确定的。由于模型中设定的成本函数为二次型函数，事先确定的实际转移支付由不同服务部门的期望边际成本（Expected Marginal Cost of Production）相等这一条件所决定。因此，如果不同服务的成本函数的曲率较小，那么，不同服务的边际成本随产出的变化而不会发生很大的变化。这说明，即使在预测转移支付 t_j 时存在较大的误差，对结果也不会产生什么不利的影响，因为不同服务的事后边际成本仍然几乎是不变的。

克莱默模型提供了分析组织部门结构（B_J）的成本函数的曲率与其各个不同构成部门（B_i, $i \in J$）的成本函数的曲率之间的关系。如前文所述，B_J 是正定矩阵（Positive Definite Matrices）B_i 的调和均值（Harmonic Mean），根据基本的数学事实：正实数的调和均值小于这些正实数中最小的正数，下列不等式成立：

$$xB_J x = x(\sum_{j \in J}(B_j^{-1})^{-1})x \leqslant xB_i x, \quad \forall i \in J \tag{13-7}$$

式（13-7）表明，组织的成本函数的曲率小于其任一构成部门的成本函数的曲率。

从应用的角度说，上述结论提供了优化组织结构的三种策略：首先，应该将单元（部门）间具有重要转移支付关系的整合在同一个部门中，从而将部门间的职能交叉转变为同一个部门内部的子单元间的职能交叉。这样能够减少组织的部门间总的转移支付，即职能交叉。其次，如果一个部门与其他部门间的转移支付存在较大的不确定性，那么应该将此部门与那些容易形成替代性服务的单元归并为一类，并通过某种制度安排使这一服务的替代性增强，即强化这类服务的竞争性，从而增强相互补充的可选择性。最后，由于 $x_j^d - E[x_j^d]$ 代表外界对组织服务需求的变化，因此，政府部门的行为必须受社会需求的规范，必须随社会环境的变迁而进行调整。这表明，政府部门的行为必须接受社会需求的检验，接受社会公众或其代表性机构的审核、评估与校正。

第三节 不确定性与政府层级结构优化

政府组织设计除了涉及上述横向部门结构之外，还涉及纵向层级的划分。政府纵向结构划分关涉不同级政府的责任机制、不同级政府对社会需求的回应能力与方式、政府行为的规模效应以及政府行政成本等一系列问题。因此，政府纵向层级划分以及相关事权、财权的分割，一直是政府管理创新关注的焦点。

政府层级结构的确定存在各种各样的规范性标准。从政治学的角度说，层级结构问题主要是不同层级政府间政治权力的划分问题，而这种划分的规范性标准是所谓的集权化与分权化之间的选择问题。从经济学的角度上说，层级结构问题主要是公共物品提供的经济性或规模经济性问题，其规范性标准是不同层级政府提供不同类型公共物品的社会福利最大化和最大公平问题。从管理学的角度上说，政府层级问题是控制成本与政府效率之间的选择问题，其规范性标准是成本与效率之间的替代性选择问题。

近年来，随着公共资源特别是公共财政问题以及官僚主义问题日益成为公众关注的敏感问题，责任性、回应性、经济性以及公平性问题成为政府层级研究中特别突出的问题，而由于经济学领域中发展出委托—代理理论、交易费用理论、公平理论以及道德风险、逆向选择等不同概念，政府层级问题的研究日益趋向于一种综合性的分析，即利用博弈理论研究责任性、回应性、经济性以及公平性等问题。由于博弈论是一种形式化的研究工具，不同学科传统都可以从不同角度加以利用，因而研究的学科划分性质已经日趋淡化。鉴于此，本书突破部分学科间的传统划分，而以问题为切入点，以不同的规范性标准为尺度，利用不同的分析工具研究政府层级的优化问题。

一、政府层级决定的传统理论

目前，有关政府不同层级的权力划分问题主要存在如下三类理论：第一类理论倡导者是 Musgrave 和 Oates，主要关注中央政府与地方政府之间的最优权力分割（Musgrave，1959）。这一理论最重要的结论是所谓的权力分割定理（Decentralization Theorem）（Oates，1972），即识别出在什么条件下，地方政府为其辖区提供帕累托效率水平的公共物品，比中央政府提供各辖区统一水平的公共物品更有效率。该定理的一个重要推论是，分散化提供公共物品的收益与各辖区对集中提供的公共物品需求的方差（Variance）正相关。换言之，各不同辖区在文化（民族差异等）、经济发展水平、地理环境（气候、地形地貌等）、自然资源禀赋等方面差别越大，分散化提供公共物品的收益越大。

第二类理论主要关注各种不同形式的组织成本。Breton 和 Scott 认为，分散化体制可降低流动性和充分发挥成本信号显示功能，但可能会增加行政成本和协调成本，因此最优分散化体制是最小化这两类成本的体制（Breton 和 Scott，1978）。与这一类理论相类似的是更为宏观的理论观点，即一方面认为分散化体制可能导致社会无序或混乱，如区域分割、地方保护、侵犯产权、各种犯罪、宗族冲突、敲诈勒索、恶意垄断、行贿受贿、寻私弊等问题；另一方面，集中化体制虽然能够有效避免区域分割、地方保护、宗族冲突等问题，但可能面临政府侵犯私人产权的问题，即斯密所说的来自统治者的暴力（The Violence from Superiors）。Montesquieu 曾观察到，"商业繁荣于共和制政府而不是专制政府的社会中……在这些共和制社会中，拥有财产的确定性使得'商人们'可以从事任何生产和贸易活动……由于人们相信他们可以安全地拥有其所获得的东西，因此人们为获得更多的财产而向人显示其财产……一般性的规则是，在奴隶制劳动的国家中人们更倾向于隐藏而不是获得财产；在自由国家中人们更倾向于获得而不是隐藏财产"。在启蒙思想中，财产权的主要危险来自政府的掠夺，这类政府就是所谓的专制政府。

从上述角度说，任何社会都面临"混乱"和"专制"这两类主要危险。"混乱"是指个人及其财产面临其他个人侵犯的危险，如绑架、暗杀、盗窃、违反合约、欺诈以及垄断等。混乱也可能来自私人通过贿赂和威胁对公共组织（如法院等）的控制，导致私人故意侵犯法律而不受到任何制裁。"专制"是指个人及其财产面临政府及其代理人侵犯的危险，如暗杀、横征暴敛、任意侵犯产权等。专制也可能来自政府对竞争性进入的限制，在竞争性领域设置大量进入壁垒，从而人为地设置大量的"租金"（Rents）。某些现象，例如普遍的腐败，则可能既是无序的反映也是专制的反映。当个人可以通过贿赂而逃避对其恶行的法律制裁时，这种腐败就是无序的反映；而当政府官员创设不正当规则以便获取贿赂（租金）而不受到阻止时，这种腐败就是专制的反映（Tullock，1967；Posner，1974；Shleifer 和 Vishny，1993，1998；Ades 和 D. Tella，1997）。组织成本理论的制度设计就是在这两种危险中选择一种均衡，从而使社会运转的成本最小化（见图 13-1）。

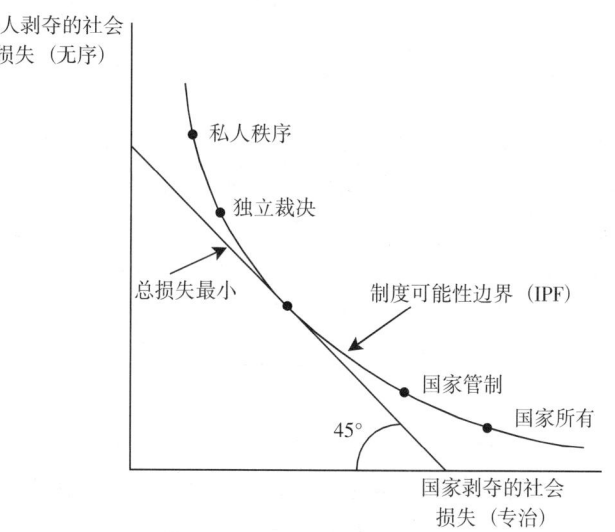

图 13-1 制度可能性边界

第三类理论强调不同区域间竞争的收益。Tiebout 的研究表明，在一个由不同行政区域构成的体制中，行为人（Agents）将"用脚投票"进行选择，落户于那些实施与其偏好最为接近的政策的行政区域。在地方政府财政收入最大化和行为人可自由流动假设的前提下，政府将为获得更多的物质资本和人力资本而展开竞争，以便获得更多的税收来源，因而将制定不同的引进资本和人才的政策，特别是税收政策和公共财政支出政策。个体行为人（自然人和法人）将依据自己的目标、资源禀赋以及发展潜力选择那些实施最适合自己偏好的政策的区域。由于行为人的选择以各不同区域实施的不同政策为内生变量，因此这种选择行为将促使地方政府尽可能地制定有利于吸引人才和资本的政策，进而有效促进全社会治理水平，特别是政府服务水平的提高，最终实现社会福利的最大化（Tiebout，1956）。

与 Tiebout 强调政府间横向竞争的理论不同，Breton 强调政府间垂直竞争的收益。Breton（1996）认为，政府间除了横向竞争外，也存在纵向竞争。不同层级的政府，为了提高其"市场份额"，即公民的支持程度，将根据其各自优势，为公众提供最优类型和最优数量的公共物品。政府间纵向竞争以公民社会治理意识或理性水平的提高以及纵向间政府职能划分为基础，因为这一理论假设公众能够有效识别出哪些公共物品的提供属于哪一级政府的职能范围。Brennan 和 Buchanan（1980）认为，不同级政府间的横向竞争与纵向竞争对于社会福利水平的提高都是重要的，因为这种竞争能够有效制约政府规模的预算，提高政府效率，优化公共资源配置。

上述三类理论对于设计政府层级结构具有重要的指导意义，而且其本身亦具有重要的理论研究意义，我们将在后面对此进行较详细的研究，这里主要从不确定性和延迟成本的角度来研究政府层设计问题。因为，随着现代交通和通信技术的迅速发展以及全球化、区域化水平的提高，社会面临的问题日益具有强烈的不确定性和风险性特征，风险管理或例外管理成为政府面临的新问题。因此，设计能够有效进行信息传递和处理的政府组织结构是当下不容忽视的重大理论问题和实践问题。

二、风险、不确定性与科层组织信息传递的有偏性

以马克斯·韦伯的科层制理论为中心框架的传统行政理论，主要在环境变量稳定这一假设的前提下，从控制效率（Efficiency of Control）的角度研究政府层级结构，认为充分发展的科层制组织与其他形式的组织相比，在效率上就犹如生产的机械化模式与非机械化模式一样。在标准的科层制组织中，精确化、速度、清晰性、知识运用、连续性、自由裁量范围、一致性、严格服从、降低摩擦以及人力成本，都达到了最优状态（Gerth 和 Mills, 1970）。因而，科层制组织是最理想的组织，可以应用到任何情景之中。

在相对稳定或线性世界中，韦伯理想的科层行政组织的确是一种最有效的组织。然而，当环境发生了变化，即政府运行于其中的环境不再是相对稳定或线性而是不断变化的情况下，擅长于处理稳定性环境中常规性问题或任务的科层制，由于按照自上而下的命令链运行，同时，由于人们信息收集能力和理性水平有限，必然面临功能失调或功能丧失的问题。这种"功能丧失"存在多种表现形式，① 其中近年来日益受到人们关注的一种表现形式是风险、不确定性和上级指令与社会现实状态真实信息之间的差异问题。科层组织的这类"功能丧失"源于如下三个方面：

一是科层制的运转原理与现实社会状态之间的冲突。科层制运转的基础是规则，它是按照既定的程序和规范运转的，而这些既定的程序和规范是基于过去的社会现实而制定的。如果当下的社会现实已经不是这些程序和规范制定时的社会现实，那么，规则和规范与社会现实便处于两个完全不同的时空之中，因而必然出现"过去支配现在"、"死人支配活人"现象。

二是科层制的责任链与社会偏好之间的冲突。科层制是一种典型的向上负责的组织机制。下级只有得到上级的赏识，才能获得晋升或其他奖励。这种激励机制使得下级极力维护上级的偏好、迎合上级的口味。因此，下级总是尽可能地向上级报告有利于自己获得上级赏识和符合上级偏好的信息，并尽可能地将有利于自己获得上级赏识和符合上级偏好的信息转换为"硬信息"（Hard Information），而极力隐藏符合社会真实

---

① 如激励问题、内部人腐败或控制问题、回应性问题、官僚主义问题以及成本问题等。

状态的信息，并极力将符合社会真实状态的信息转换为不可证实的、扭曲的"软信息"（Soft Information）。这样，科层制将社会运转的变化性、不确定性转换为一种人为的确定性，科层制的这一信息转换过程将使上级偏好日益脱离社会偏好，最终将引发社会危机，即社会偏好与科层组织偏好发生严重冲突。

三是科层制的运转机制与其期望的目的之间的冲突。一个组织的结构是组织目标和目的、社会内部结构以及外部环境条件的函数。当外部环境存在不确定性时，决定做什么和怎么做成为管理者越来越重要的任务，而要有效完成这种任务，调整组织的结构是至关重要的。Galbraith 和 Kazanijan（1986）在总结和借鉴 Lawrence 和 Lorsch 等经典研究的基础上，提出了组织内部结构调整的原则：当组织的任务变得更为复杂和更缺乏可预料性时，组织将趋向于更大程度的分权化：甄拔更具能力的人员并授予自由处置权、减少组织层级、缩减下级向上级请示的决策事项、减少管制性程序等。Besanko，Dranove 和 Shamley 认为，Galbraith 理论的重要意义在于，组织的不同层级履行不同类型的任务，常规性任务由最基层的组织根据标准的常规性程序处理，而例外情况则由高级层次组织处理。"依据 Galbraith 的理论，行政层级制（例如，行政首长、监督者等）的发展，出于对'例外情况'（Exceptions）处理的需要：决定如何解决不能够运用标准的组织日常程序（Standard Organizational Routines）解决的问题。为了处理更为困难的例外情况，需要处于等级链中更高层级的组织"（Beggs，2001）。如果由于技术进步或交往范围的扩大而使环境条件发生了变化，那么，组织必须处理更为复杂的决策问题或需要对这些问题做出更为迅速的反应。这时组织现存的常规程序可能就无法应对这种情景，大量新的例外情况需要更高层级的组织来决定，因而必须重新调整和设计组织结构，以便有效应对新的大量例外情况并对这些例外情况做出及时的反应。

然而，科层组织的这种期望性目的，与其信息传递机制内在地存在扭曲信息的性质存在冲突。首先，科层组织是自上而下地执行指令而倾向于忽略上级指令与实际状况之间的差别，因为上级指令所辖范围要远远超出单一一个下级所辖的范围，单一一个下级所辖范围的事项可能并不与上级指令所要规范的一般事项完全一致。同时，科层制更倾向于事无巨细地规定下级具体的工作事项和工作程序。其次，组织结构的调整不是来自基层而是来自高层，而高层调整组织结构的动机在很多情况下可能并不足够强烈，因为处于高层的人员作为组织的代理人（Agents）而不是所有人（Owners），可能存在"道德风险"（Moral Hazard）、"创租"（Create Rents）与"寻租"（Seek Rent）等问题。最后，也是最重要的，如果仅依赖于科层组织来传递例外情况的信息，那么，即使排除因各种不同动机人们主观扭曲信息的所有可能性，科层制在信息传递方面仍然存在内生性缺陷：扭曲信息，而且等级层次越多，信息扭曲越严重；科层结构需要传递的信息越多，信息扭曲的频率越高。这样，组织内部结构的调整将严重滞后于环境的变迁和社会的需求。这种调整滞后的一种表现就是科层结构几乎总是在经历了大量的和相当长时间的组织危机之后才进行调整。

三、科层组织及其信息传递的形式化描述

根据行政管理理论,科层组织的根本特征是指令自上而下地传递,而信息和建议则自下而上地传递:基层组织代理人(基层官员)向高层组织代理人(上一级领导者)提供相关信息和政策建议,在科层组织的某一层级上做出最终决策,并将这一决策转换为指令向下传递。

如果决策者的决定是科层结构中下属提供的信息和建议的函数,那么,决策者所接收到的信息和建议的变化将导致决策者的决策发生变化。在给定基层官员提供的某些初始信息和建议的前提下,如果干预结构的变化并不改变决策者的决策选择,那么,此种结构就被认为是中性的(Neutral)或无偏的(Unbiased)。在基层官员提供的初始信息和建议不变的情况下,如果干预结构的变化改变了决策者的决策选择,那么这种结构本身就影响决策者的决策。此种结构相对于决策选择来说就不是中性的(Nonneutral),因而被称为导致选择有偏的(to Bias the Choices)结构。这里的结构或干预结构是指组织的结构形式,图13-2显示了两种典型的科层组织结构形式。

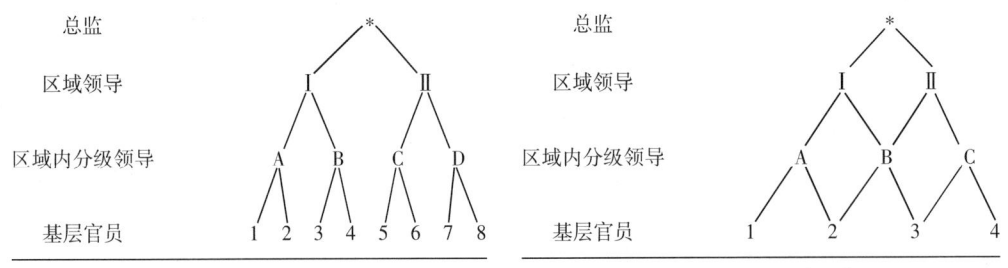

图 13-2a 层级树   图 13-2b 矩阵层级

为了从数学或形式化的角度说明科层组织在信息传递方面存在内在的扭曲信息的缺陷,我们遵循 Hammond 和 Thomas 的研究,首先对科层组织及其信息传递的相关概念进行数学上的界定和描述[①]。

根据 Owen(1968)的界定,一个树可以正式地定义为由直线连接起来的点构成的集合,这些连接点的直线相互连接但不封闭。因此,连接两个点的直线构成了点和直线间唯一的序列关系。例如,考虑由 A、B 和 C 三个点,并且 A 点(特殊点)与其他两个点不同所构成的树。我们说,点 B 先于或优于点 C(点 C 后于或从属于点 B),如果连接点 A 与点 C 的直线通过点 B;我们说,点 B 直接先于点 C(点 C 直接后于或从属于点 B),如果点 C 从属于点 B 且存在连接点 B 与点 C 的直线。一个点被称为初始点,如果没有任何点从属于它,所有非初始点均为决策点。

树的概念应用于组织时,特殊点是指组织的最终决策者,初始点为基层官员(Field Official),所有其他决策点指管理者(Managers)。具有同一个直接上司的点集称

---

① 本模型取自 Hammond 和 Thomas(1989)。

为"政策群体"（Policy Group）。

一个科层组织是一个具有下列性质的树：

H1：存在一个组织可选择的备选方案集合 S。

H2：对于每一个人 i（决策者或基层官员）存在一个其可选择方案的集合 $S_i \subset S$。

H3：对于每个基层官员 i，存在一个其选择函数 f_i。选择函数的变量是每个基层官员所面临的外在因素或其被赋予的相关责任，选择函数的形式依赖于一些没有确定的参数，如职业信念、个人偏好、政治策略等。每一个 f_i 对选择集合 S_i 都是封闭的，即 $f_i \in S_i$。

H4：对于每一个管理者和决策者，都存在一个加总函数 g_i，其变量为其所有直接下属选择函数的向量，称为建议向量，而且其对选择集合 S_i 是封闭的，即 $g_i \in S_i$。

给定上述四个性质，科层组织按如下程序制定政策：每一个基层官员 i 通过其选择函数 f_j 选择其备选方案集合中的一个元素（一种策略）上报给其直属上级；一个政策群体的基层官员上报的建议形成一个建议向量，政策群体的直属上级利用其加总函数 g_i 进行加总（选择），并形成政策建议（选择 S_i 中的某个元素）。这一过程不断向上移动直到组织的最终决策者。最终决策者利用其加总函数 g_d 对其直属下级的建议向量进行加总，选择 S_d 中的某个元素（形成决策）。

为了形成无偏性结构的条件，假设组织存在一定的复杂性，即满足如下两个条件：一是组织策略选择集合中至少存在两个元素；二是至少存在两个基层官员。满足这两个条件的科层组织称为非退化的科层组织。

四、科层组织信息传递无偏性条件

上文描述了科层组织信息传递与加总过程。为了保证这一信息传递和处理过程是无偏的或中性的，即不发生信息扭曲，那么，从基层官员到管理人才再到决策者在信息处理的每一个过程都必须是无偏的或中性的。由于我们主要研究组织结构对信息传递与处理的有偏性影响，因此，必须排除个人在处理信息过程中可能存在的各种非中性问题。具体地说，科层组织在信息传递与处理过程中是中性的或无偏的，必须满足如下八个条件。

N1：选择规则中性：对于每一个基层官员，其信息选择必须是中性的，即 f_i 的像必须是整个集合 S_i。

这一条件要求，每一个基层官员在某种情况下，利用选择规则 f_i 进行选择时，可以选择其备选方案（策略集合）S_i 中的任何一种方案，也就是说，对于每一个基层官员，都不存在某种偏见，以至于在任何一种情况下都排除某些选择而偏向于其他选择。如果某些方案被选择规则事先地排除出去，那么所得到的最终结果一定是非中性的。同时，这一假设对于研究科层结构和组织设计具有重要的含义，因为后面将证明，即使任何一个基层官员在传递和处理信息过程中是完全无偏的，或者说，既不偏好也不歧视任何一种选择，组织结构也能够使信息发生扭曲。

N2：加总规则中性：对于每一个管理者或最终决策者来说，其利用加总规则 g_i 进行信息处理时,是中性的或无偏,即 g_i 的像是整个集合 S_i。

这一条件与前面的条件完全相同,它要求在给定其下属提供了"建议向量"(Advice Vector)的前提下,每一个决策者和管理者在利用加总规则进行加总信息时,可以取得集合中的任何一个元素。如果用于处理其下属"建议向量"的加总规则时,总是形成同一种决策或总是排除某种可能的决策,那么决策结果就是非中性或有偏的。

N3:可选择的备选方案中性:对于所有的基层官员、管理者和决策者 i,可选择的备选方案是同样可达到的或可选择的,即 $S_i = S$。

这一条件说明,组织中的每一个人(基层官员、管理者和决策者)可利用选择规则 f_i 和加总规则 g_i 选择整个组织可利用的每一个策略或方案,因而排除了某些策略的管辖领域的限制。因此,每一种策略组合(Configuration of Choices)对于每一个人来说都是可能的。这是社会选择理论中经常运用的一种共同假设,即所谓的"共同域"(Universal Domain)假设。

N4:决策者中性:存在一个定义在选择集合 S 上的二元算子(Binary Operator),对于每一个决策者和管理者来说,位于加总规则 g_i 的域(Domain)中的任何"建议向量"(a_1, a_2, …, a_k),二元运算的结果 $a_1 \circ (\cdots (a_{k-2} \circ (a_{k-1} \circ a_k)))$ 位于 S 中。也就是说,在 N2 中定义的加总规则 g_i 是一个二元算子(Binary Operator)。

这一性质需要一些解释。首先,该条件说明,组织信息处理中性要求每个管理者和决策者都必须运用相同的加总规则,也就是说,每一个决策者都要像其他决策者那样进行决策。这意味着,面对基层官员提供相关报告或信息,决策者和管理者必须不加入任何个人情绪或观点地依据某个固定的规则进行决策,不存在任何自由裁量权,只是根据直接下属报告的信息严格按照固定的程序和标准进行决策。

虽然这种没有任何自由裁量权式的决策有些不太合乎实际,但组织设计中面临的重大问题就是如何避免个人情绪和偏好对决策的影响。同时,如果决策规则或加总规则可以任意变动,那么,两个管理者面临其下属相同的信息报告就会形成两种完全不同的决策,决策因而必然是非中性的。此外,如果在排除了个人特征对决策是否有偏性影响后,科层结构仍然形成有偏的决策结果,那么,这一结论就比简单地想象决策有偏性是由于个人情绪影响的结果更具有理论意义和实践意义。

其次,加总规则界定为二元算子,意味着决策者同时考虑其下属提供的两种策略选择,或者说,两个两个地考虑不同的政策建议。事实上,二元算子的加总规则假设并不是中性条件所必不可少的,只是为了形式化证明的方便而做的假设。这一假设也是决策科学中顺序决策所内含的一种假设。

N5:组合中性:二元算子,∘,满足结合律。

加总规则满足结合律表明,管理者和决策者在利用相关"建议向量"进行决策时,与不同策略之间的排列顺序无关,只与建议向量的内容相关。如果加总规则不满足结合律,那么决策结果将依赖不同策略的不同组合方式,这时科层结构对于信息处理将是非中性的或有偏的。

N6:中性选择与决策的可能性:策略选择集合 S 中存在一个右中性元素 e,对于任

何元素 $a \in S$，有 $a \circ e = a$。

这一性质看起来很奇怪，但却有非常直观的经验意义。这一条件表明，允许组织中的个体服从或遵从其政策群体中其他人的选择或决策。也就是说，在集合 S 中总是存在一个"中性选择"，例如，"我的确对此没有任何意见"。这一"中性选择"与其他政策建议结合时并不改变建议的结果。事实上，在现实中，经常存在这样的情况，某个人对某政策领域不感兴趣，或没有相关知识因而完全服从其他的判断。

N7：中性化选择和决策的可能性：对于每一个 $a \in S$，至少存在一个右中性化元素 $a^* \in S$ 使得 $a \circ a^* = e$。

这一性质要求，对于每一个政策建议 a，都存在与其相反的政策建议 a^*，这两者作用的结果是一个中性建议。这种情况在基层经常会出现，例如，某一个基层官员可能建议上级发出"做这件事"的指令，而另一个基层官员可能建议上级发出"不要做这件事"的指令。一个接到这两个信息的上司因而得出类似于"关于此事我没有明确的官方指令"的结论。如果这种相反的作用不是形成一个中性的决策，那么科层结构在加总信息时必然存在有偏或非中性，因为其赞成一种观点而反对另外一种观点。

N8：一致同意情况下的决策中性：如果政策群体提供一致的政策选择或决策（对于政策群体的每个人都存在 $a \in S$ 使得 $f_i = a$ 或者 $g_i = a$），那么其直接上司的加总函数等于政策群体的一致建议，即 $a \circ a = a$。换言之，如果管理者或决策者从其直接下属那里所获得的政策建议都一样，那么决策者一定同意其下属的政策建议。

这一性质与公共选择理论中的帕累托原理相似。帕累托原理为，如果每个人偏好于 x 胜过 y，那么如果 x 是可实行的，y 就不可能成为社会选择。如果决策者不选择其下属一致同意的政策建议而选择其他建议，那么决策者明显地偏好于其他选择，因而决策一定是非中性的，也必然存在帕累托无效率。为了叙述上的方便，Hammond 和 Thomas 将满足上述八个性质的科层组织称为结构中性的组织。

五、科层组织信息传递中性的不可能定理

上述界定的科层组织的八个性质，构成了科层组织信息传递与处理无偏性的必要条件，也就是说，如果这八个条件中的任何一个不存在，给定至少存在两个基层官员，那么科层式的信息传递与加总必然导致某种有偏性。虽然上述界定的八个性质看上去有些过于严格，甚至不合情理或不大可能，但这些要求正是行政组织变革所极力要实现的状态，同时，由于我们是要形式化地（Formally）或从严格的数学推理的角度获得组织结构中性的条件，因此，即使这种要求超越了组织现实可能的状态，在理论上，也是完全正常的。因为如果在这些较为严格的条件下科层结构在信息传递与处理方面仍然是有偏的话，那么这一结论就为组织设计提供了更为坚实的理论基础。此外，这些条件只是组织结构中性的必要条件而不是充分条件。

为了证明科层结构在信息传递与处理方面的有偏性，除了上述八个基本要求外，仍然需要一个必不可少但与现实完全一致的要求，即要求策略选择集合 S 中至少包括两个元素。这种情形被称为是非退化的科层结构。

具有数学素养的读者一定会注意到，满足前面关于科层结构中性的四个基本性质，即N4，N5，N6和N7的集合，事实上构成了一个代数群（Algebraic Group）。根据Dean（1966）的定义，一个代数群$<S, \circ>$是在非空集合S上定义了二元运算$\circ$，并且满足下列条件：

（1）结合律：对于S中任意三个元素（a，b，c），有$(a\circ b)\circ c = a\circ(b\circ c)$，即二元运算$\circ$在不改变顺序的前提下对于元素的不同组合保持不变。

（2）存在右单位元：在集合S中存在一个元素$e(e\in S)$，使得对于S中的任何一个元素$a(a\in S)$，都有$a\circ e = a$。

（3）存在右逆元：对于集合S中的每一个元素$a(a\in S)$，都存在另外一个元素$a^* \in S$，使得$a\circ a^* = e$。

很明显，关于科层结构无偏性条件中的N4，N5，N6和N7，保证了我们定义的策略集合构成了一个（半）群。利用Dean（1966）中的一个基本结论，我们可以证明下述定理：

中性科层组织的不可能性定理：不存在拥有三个以上基层官员的非退化的在信息传递与处理方面是中性的科层组织。

换言之，拥有三个以上基层官员的非退化的科层组织，要保证其在信息传递与处理方面是中性的，这类科层组织是不存在的。或者说，拥有三个以上基层官员的非退化的科层组织，在信息传递与处理方面一定是非中性的。

中性科层组织的不可能性定理的证明：根据基本假设N4（二元运算满足封闭性）、N5（二元运算满足结合律）、N6（存在右单位元）以及N7（存在右逆元），则$<S, \circ>$是一个代数群。不失一般性，我们可以将基层官员进行任意地排序，其前三个基层官员分别选择策略选择集中的三个策略或建议x_1，x_2，x_3，其他基层官员都选择中性策略e（由假设N6保证这种中性策略的存在），那么策略选择结果可写为$(x_1, x_2, x_3, \bar{e})$。很明显，如果只存在三个基层官员，那么这种策略选择结果可表示为(x_1, x_2, x_3)。根据非退化假设以及N1，N3，N6和N7，以及至少存在三个基层官员的假设，那么在策略选择集S中至少存在两个不同的元素x，y（$\in S$），使得$(x, x, x^*, \bar{e}) = \tilde{x}$和$(y, y, y^*, \bar{e}) = \tilde{y}$必然被基层官员选择，其中$x^*$和$y^*$分别为x和y的右逆元素（假设N7保证其存在）。根据假设N2，N4和N5，决策者将分别按如下方式加总基层官员的选择（信息）：

$g_d(\tilde{x}) = x\circ(x\circ(x^*\circ e(\cdots(e\circ e))))$

$g_d(\tilde{y}) = y\circ(y\circ(y^*\circ e(\cdots(e\circ e))))$

根据假设N6和N7，$g_d(\tilde{x})$的加总结果为：

$x\circ(x\circ(x^*\circ e)) = x\circ(x\circ x^*) = x\circ e = x$

但是，根据假设N5（结合律），$x\circ(x\circ x^*)$同时等价于$(x\circ x)\circ x^* = x^*$，所以有：

$x\circ(x\circ(x^*\circ e)) = x\circ(x\circ x^*) = (x\circ x)\circ x^* = e$

于是得到x=e。同样地，$g_d(\tilde{y})$也可以简化为$y\circ(y\circ y^*)$，进而有y=e，结果是x = y = e。这意味着，策略集合S中只存在一种策略。而这一点要求策略集合S中至少存在两个元素相矛盾。由此可知,中性假设、非退化假设与至少存在三个基层官员的假设相互矛盾。

上述定理的证明过程表明,中性科层组织的不可能性定理与公共选择理论中其他的不可能性定理存在一个明显的差异:公共选择理论中不可能性定理的一般结构是,所要求设置的基本假设越多,这些基本假设之间的不相容性程度(相互矛盾性越强)越高;而中性科层组织的不可能性定理的基本假设则是意在消除可能产生非中性的各种可能性,因而其特征是基本假设越多,产生偏性的可能性应该越小。此外,非退化假设和至少存在三个基层官员的假设,基本是每一个科层组织必不可少的,因而这两个假设实际上是事实的一个描述。然而,即使在决策的每一个环节上尽可能地排除产生非中性的可能性,科层组织在信息传递与处理方面仍然无法达到中性。从这个意义上讲,中性科层组织的不可能性定理是一个结论性很强的定理。

第四节 不可能性定理的政府组织层级优化含义

政府组织结构设计是行政改革和公共管理改革的中心环节之一,直接关系到政府职能分解、转换或重新定位的实现程度,关系到社会经济绩效和社会运转的和谐性水平。科层组织在信息传递与处理方面中性的不可能定理,在较为纯粹的意义上,即除去所有可能的人为因素影响后,揭示了科层组织的内在性质。这种内在性质不论在理论意义还是在实践意义上,对于政府组织改革和重新设计,都具有极为重要的启示性意义。具体地说,这种启示性意义包括如下几个方面:

首先,科层组织结构中性的不可能定理从基本理论上消除了关于科层组织性质的争论。在行政管理理论中,一直存在关于科层组织性质的两种截然不同的观点。一种观点认为,科层组织是中性的,即马克斯·韦伯所揭示的标准化、非人格性、政治中立以及专业化,因而是最有效率的。这种观点不仅体现在威尔逊(Wilson)和古德诺(Goodnow)的"政治与行政两分"(Politics Versus Administration Dichotomy)理论中,也体现在进步运动改革者(Progressive Reformers)的科层结构中性可能性(the Possibility of Neutral Competence)的坚定信念之中。March 和 Olsen 在总结性评价传统公共行政理论时因此指出,传统行政理论将公共行政视为公共政策的中性工具(Neutral Instrument)(March 和 Olsen,1983),而且这种观点至今仍在某些学者中存在。

另一种观点认为,组织设计并不是在真空中进行的,因而组织设计不可避免地涉及政治选择与困境问题(Meriam,1939)。组织是组成组织的个人的目标、愿望和偏好的一种实现方式和表达方式,组织安排不可能是中性的。任何一种组织安排都倾向于追求某些利益、某些观点和某些手段,都存在其追求的某些方面的优先性(Seidman,1970)。Hammond(1986)提出了分析组织结构如何影响组织运行结果的一个基本框架,并从不同的假设出发得出了设计一种中性组织的不可能性命题。

科层结构中性的不可能性定理说明在非常一般的假设下，科层结构在信息传递和处理方面仍然是非中性的，因而基本上可以消解关于科层组织两种性质的争论。

其次，组织结构是导致组织目标置换（Goal Displacement）的根源，因此，需要正确理解和解决目标置换问题。韦伯理想的科层组织结构以其效率、专业化和标准化以及非人格化而受到人们的重视。然而在现实中，科层组织的运转结果往往与其理论上的理想模式大相径庭，经常出现目标置换问题，即科层结构设置的目的与其实际的运转结果完全不同。传统上，人们往往将这种目标置换归因于掌控这些组织的个人方面的因素，如职业道德、行为动机、价值偏好等，因而运用大量资源进行思想教育、道德教育以及意识形态方面的教育，但结果仍然不那么令人满意。科层结构中性的不可能性定理表明，虽然就职于科层结构的个人能够影响组织结构的偏向及其大小，但最根本的仍然是科层结构本身的内在性质，决定了其在信息传递与处理方面中性的不可能性。因此，解决目标置换问题，首先需要正确理解认识目标置换问题。具体主要包括如下几个方面：

一是正确认识科层组织结构中性的复杂性。科层结构中性的八个性质表明，设计完全中性的科层结构是极其困难的工作，要求科层结构完全中性（Ntterly Neutral），几乎是一种不现实的想象。二是应该从更广泛的环境的角度解决目标置换问题。由于在单一的科层组织内部几乎不可能解决目标置换问题，因此从不同科层组织间以及科层组织与非科层组织间相互关系的角度上，即从相互制约、相互促进和相互替代的角度解决目标置换问题，可能是一种更现实与可行的途径。三是从信息传递与处理的多渠道的角度解决目标置换问题。现代社会，由于信息技术的迅速发展，信息传递渠道众多，特别是充分发挥新闻媒体高度发达的优势，能够最为有效地解决信息偏差和信息不对称问题，从而能够及时解决或纠正目标置换行为。四是强化利益相关者在信息传递与决策过程中的参与作用，尽可能地削弱全权代理结构。利益相关者既具有隐藏相关真实信息的足够动机，也具有充分显示和披露相关真实信息的积极性。在信息传递和决策过程中，通过扩大利益相关者的参与机会，各自披露相关真实信息，能够真实再现事物的本源状态，因而能够有效避免目标置换问题。例如，实施民主选举的国家，通过政治家间的竞选机制，激烈的竞争可以有效揭示出对方隐藏的各种信息包括政纲的真实目的与动机、政策选择的各种可能结果以及组织中存在的各种弊端等，大力降低信息不对称的程度，有效克服和校正目标置换问题。

再次，政府科层结构设计必须权衡各种不同有偏性之间的关系，形成有利于或偏向于创新的科层结构。一是无偏性或中性的性质问题。组织设计与组织决策过程是否无偏性优于中、有偏性，这是一个很微妙和复杂的问题，尽管自韦伯以来，组织结构中性或非人格化、标准化、专业化等成为组织设计追求的一种状态，但这一状态是否应该成为追求的目的，仍是一个没有进行过深入探索的问题。如果因为追求组织结构中性而使组织的某些方面必然具有不是人们所期望的性质，那么，组织结构中性与这些非人们所期望的性质之间就存在一种替代性选择。因此组织结构中性的选择问题是在各种人们并不期望的组织性质之间一种复杂的权衡选择。二是各种不同有偏性之间的权衡与替代性选择问题。例如，公平与效率、规则与自由裁量、特殊集团利益与一般社会利益、公共积累与发展能力、长期潜力与短期社会福利、不同意识形态、科层结构与市场结构、网络结构等之间都存在复杂的权衡选择。三是环境、技术与组织结构中性之间复杂的权衡关系。由于组织结构是组织目标、社会内部结构与外部环境的函数，因此，不论是技术进步与变迁，还是外部环境的变化，都将影响到组织结构中性问题。近年来，人们普遍承认的一个事实是，环境的不确定性与组织结构之间存在密切的关系。由于环境的动态性、多样性和复杂性，组织结构必须依据具体环境及其对组织影响程度的参数而确定，并不存在确定组织结构的、无条件的"放之四海而皆准"的统一标准。但存在一些一般性的结论，可以作为组织设计和政府改革的指导原则，即环境的不确定性程度越高，社会对政府管理的期望和要求越高，变革组织结构的迫切性越强。因此在这种情景下，形成偏向于促进创新的组织结构，增强政府的服务性、回应性、经济性和责任性，是政府组织结构设计的时代的需求和未来发展的方向。

最后，对于本书来说也是最重要的，就是在管理幅度（Span of Control）许可的范围内，政府层级结构应尽可能地少，尽可能地减少层级结构。科层结构中性的不可能定理表明，组织层级越多，产生信息扭曲的可能性越大，因此，减少层级是减少信息扭曲的一种重要途径；交易成本理论表明，层级越多，交易成本越高，减少层级是减少交易成本的有效途径；层级越少，决策与行动的"时滞"（Lag）越短，越能够及时有效地处理和解决相关问题。特别是在不确定性程度和复杂性程度越来越高的情况下，非标准化、非常规化和非预料中的事件越来越多，迅速解决突发问题，是避免因非线性作用而使问题变得极难处理的关键；政府层级直接涉及政府运行的物质成本（人力、物力和财力成本），在公共资源日益紧缺的情况下，尽可能地减少政府运行的物质成本，提高政府运行的经济性，建设廉价政府，既是经济或财政状况的客观要求，也是民主的客观要求。因而降低行政要求必然不断冲击政府的合乎义理性；政府层级越多，信息披露越困难。信息不对称是产生各种代理问题，特别是内部腐败和外部腐败的关键。随着经济全球化程度和民主化程度的日益提高，人们对政府腐败问题越来越关注，对政府的廉洁性水平要求越来越高。减少政府层级，不仅能够有效地披露信息，降低信息的不对称水平，从而减少腐败，而且能够有效地提高治理腐败的绩效，降低治理腐败的成本，有利于建设服务型、廉洁型和责任型政府。

政府层级的减少会产生决策能力和规模经济约束问题。规模经济约束涉及组织设计的其他问题，因此不在此论述。在此我们主要关注决策能力约束问题。如前文所述，传统理论观点认为，科层组织的存在，在某种程度上是为解决"例外情况"（所谓的非程序化决策问题）。由于处于层级结构较为低端的组织，其处理"例外情况"的能力有限，因而需要设置更为高级的层次，以便有效处理"例外情况"。这种观点的成立建立在一系列前提条件之上：政府管理以控制社会和下级执行上级计划为基本导向；社会受教育程度普遍较低，能够处理"例外情况"的决策者十分有限，因而只能录用到层级结构的较高层级组织中；信息传递速度较慢，事件发生与信息传递存在较大时滞，因而几乎无法瞬时传递信息；社会治理依赖于人治而不是法治，治理过程几乎完全是

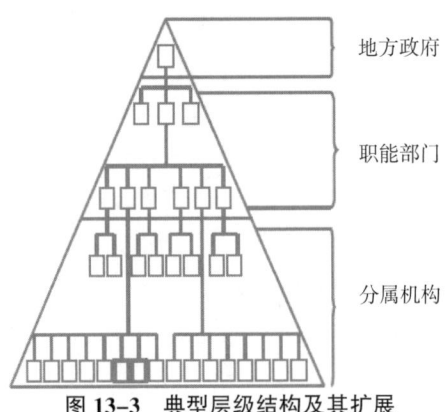

图 13-3　典型层级结构及其扩展

一个"自由裁量"过程；社会治理机制是自下而上负责而不是向社会负责（如图 13-3 所示），向民众负责。这些情况如今已经发生了根本性的改变，因此，决策能力约束不再是增加层级或保留层级的合理因素。事实上，只要有效地治理内部腐败问题，形成公开竞争的人员选拔机制，寻求基层的、能够进行有效决策的代理者，并不是减少政府层级的真正约束力。此外，在交通和通信技术高度发达的今天，要素流动，特别是人员流动几乎没有限制和壁垒、新闻媒体高度发达、社会科学知识高度普及的今天，存在一系列提高基层和中间层次政府决策能力的途径，也存在一系列减少政府层级的互补性变量。

目前，优化中国政府组织结构（水平结构和层级结构）的真正障碍，不是上述提到的各种社会性和技术性约束，而是来自地方政府自身利益最大化动机和政府内部对各种既得利益的争夺。从政府纵向层级来说，近年来，各地方在城市化等旗号下迅速地将地区行署转变为"市"一级的实体政府，由原来的"省、县、乡（镇）"三级地方政府体制转换为"省、市、县、乡（镇）"四级地方政府体制。根据科层组织非中性定理可知，这种转换不可避免地导致信息传递扭曲程度加大，严重恶化政府运转效率。

一是上级指令在向下传递过程中不断地被扭曲，上级日益失去对下级政府利益最大化追求的控制。例如，各地的"造市运动"、"形象工程"以及富丽堂皇的"楼堂馆所"建设，虽然中央三令五申严禁此类行为，但各地巧立名目，移花接木，花样不断翻新地逃避中央政府的"禁令"。再如，财政资源被层层盘剥。中央拨付给地方的各种财政转移支付，被各级地方政府盘剥得如此严重，以至于类似于救灾款等这类"救命钱"落在救济对象身上时已不到中央政府拨付的 30%，其他款项被盘剥的严重程度由此也就可想而知了。

二是基层信息在向上传递过程中被严重扭曲。形成了"市辖县"体制。以各种不同名义设置了大量与地方政府相差半级或与地方政府职能部门同级的机构，随之而来的是这类机构向下延伸的树状结构以及各节点上大量的领导干部。

三是责任不明确。上级指令下级所实施的相关政策，对于下级来说可能根本无法实施。一方面，如果下级采取自由裁量行为，或不行为，那么一旦出现问题，下级往往成为"替罪羊"，而决策者却不负任何责任。另一方面，下级往往报喜不报忧。由于晋升依赖于政绩和执行上级政策的绩效，如果下级将政策执行过程中存在的严重问题真实地反映给上级，则在其他下级不反映这种情况下，反映者的工作能力将受到怀疑，进而会影响其在上级领导面前的表现而影响到晋升。因此，经验使下级选择隐藏事实真相的行为，只报成绩，不报问题。这样做的后果是，相关问题不仅久拖而得不到有效解决，而且问题不断累积。当这些累积下来的问题与其他问题合成在一起时，在某些特定时刻，某一特定事件就可能成为一种导火索，引发社会问题的全面爆发，而真正的原因却是各种问题的长期累积。

第十四章 "省直管县"的经济绩效：一个经验检验

近年来，全国许多省份开始根据本省的情况尝试"省直管县"的体制。关于"省直管县"体制的理论分析研究表明，这一体制对地方经济绩效既存在许多积极的因素，也存在不少不可忽视的问题。为了从经验上检验"省直管县"体制对地方经济绩效净的影响方向与大小，需要对"省直管县"体制的经济效应进行实证检验。本书利用包含控制变量的双差分模型，检验浙江省的"省直管县"体制对经济绩效净的因果效应或影响。结果表明，"省直管县"体制对浙江的经济绩效具有显著的、持续的积极影响。相对于"市管县"体制而言，"省直管县"体制实施的第一年与第二年可以使各县的 GDP 指数平均增加 4.56 个百分点以上，以后逐渐减弱，第五年时这种效应基本消失，而且这一结果通过了稳健性检验。

然而，"省直管县"体制的实施是一个复杂的博弈过程，众多因素影响着人们的选择。其中结构性偏好是最具决定性的因素。但这种偏好是如何形成的，仍然是一个令人不解的问题。本章利用欧洲不同国家在承担基础教育方面的责任差异来透视这一过程，作为解释结构性偏好的一个示范性的例子，以引起人们的思考。

第一节 引言

地方政府在促进经济增长中发挥的作用不容忽视，特别是其层级设置对经济绩效产生重要影响。新中国成立之初，中国实行的是"中央—大区—省—(地区)—县"的管理体制，之后经过几次调整，也都基本上保持着"省管县"、"地市并存"的局面。改革开放以后，城市经济和规模得以快速发展，从而导致城乡差距以及地区差距不断加大。行政管理体制的市县分治使得城市在一定程度上脱离了周围的农村而独立发展。在此背景下，中央于 1982 年决定在经济比较发达的地区试行"市领导县"体制，以经济比较发达的城市为中心，带动周围农村的发展。1998 年底，全国共有 219 个市领导 1228 个县。2003 年底，全国除中国香港、澳门、台湾和 4 个直辖市外的大部分地区，普遍实行了"中央—省—市—县—乡镇"五级行政管理体制。虽然，这种寄予厚望的"市管县"体制在实施之初对加强城乡关系与合作，促进城乡的共同发展确实起到了一定的促进作用。但是，这种行政管理体制远没有实现当初设计时的意愿。与此相反，随着"市管县"体制的不断深化，许多消极因素和负面影响逐渐凸显出来。社会舆论将"市管县"的各种弊端概括为三大"漏斗效应"，即财政漏斗、权利漏斗与效率漏斗。庞明礼（2007）将"市管县"体制存在的问题总结为三个悖论：城乡悖论、财政悖论和效率悖论。这三个悖论揭示了"市管县"体制不仅没能缩小城乡差距，反而进一步拉大了城乡差距；不仅没能缓解县级财政的困难，反而导致县级财政越发困难；不仅没能提高各级政府的行政效率，反而令行政效率进一步下降。张占斌（2009）也指出，"市管县"体制产生了"挤出效应"，从而导致城乡差距越来越大。

为了消除"市管县"体制的种种弊端，2002年国务院批转了财政部《关于完善省以下财政管理体制有关问题意见的通知》。从2003年开始，全国许多省份开始根据本省的具体情况实行财政体制上的"省直管县"试点，一些省份还将一部分经济管理权与社会管理权下放到县级。2004年4月，湖北省委、省政府决定在全省实行省管县（市）的财政管理体制。2007年5月，安徽省政府宣布无为县等12个县实行扩大经济社会管理权限试点。到2009年6月，已有24个省份对818个县陆续进行了财政体制省直管县的改革试点。2009年7月财政部发布了《关于推进省直接管理县财政改革的意见》，要求到2012年底前，力争全国除少数民族自治地区外，全面推进"省直管县"的财政体制改革。

"省直管县"体制包含两层含义：一是财政意义上的，在财政预算编制上，由省直接对县编制预算，在收入划分上，省对县直接划分。二是政府管理体制上的，市县平级，不仅是财政体制，在人事权、审批权等经济社会各方面的管理权，都由省直接跟县打交道，也将其称为"强县扩权"。因此，本书认为不论是财政体制上的"省直管县"，还是政府管理体制上的"强县扩权"，均属于"省直管县"体制。那么，"省直管县"的改革是否可以避免"市管县"的各种弊端，并有效促进县级经济增长，从而进一步推进中国的经济发展呢？针对这一问题，已有许多学者从理论层面做出了分析。一些学者提出了"省直管县"改革的优势。比如，有助于缓解县乡财政困难（庞明礼等，2009），可以降低政府管理层级，提高政府行政效率，提高政府层级之间的信息传递质量，激励县级发展经济，规范省、市、县（市）之间的财政分配关系等（薄贵利，2006；傅光明，2006；庞明礼，2007）。同时，也有一些学者提出了一些相反的观点，指出了其中可能存在的诸多问题。比如，省级管辖幅度过宽，地级市存在利益流出与人员精减的压力，区域性公共物品供给不足（傅光明，2006；庞明礼，2007），短期内无法实现降低行政成本的目的（汤伶俐，2009），权力下放是否会引发腐败（杨茂林，2010）等。

为了进一步确定"省直管县"体制对于经济绩效的影响到底是利大于弊还是弊大于利，需要对该体制产生的效应进行实证检验。才国伟和黄亮雄（2010）利用中国500县（市）2000~2007年的数据，运用虚拟变量回归的方法检验了"省直管县"与"强县扩权"政策对县级经济绩效的影响。结果认为，财政上的"省直管县"体制对财政支出的促进作用要强于"强县扩权"，而"强县扩权"对于经济增长的作用要强于财政上的"省直管县",同时使用两个体制对财政支出和经济增长的促进作用会更大。才国伟和黄亮雄(2010)的检验结果只是说明了两种政策实施前后县级经济绩效的差异,这种差异可能来自政策本身,也可能来自其他与时间相关的因素,他们并没有将该体制的净效应从中分离出来。要想真正地分离出该体制的净经济效应,应选择双差分模型。徐现祥等(2007)利用双差分模型分析了中国官员的交流机制对经济增长的净影响,但利用双差分模型检验"省直管县"体制的研究并不多见。袁渊和左翔(2011)以浙江省和福建省的数据为样本,从微观角度检验"扩权强县"对经济增长的作用。结果认为"扩权强县"不但促进了县城经济增长,同时对市场化改革有促进作用。但是,他们的检验在双差分模型的使用上有所不同。通常,政策实施的前后是以时间进行划分的,袁渊和左翔(2011)则以地理位置进行划分,选择福建省作为原双差分模型中的时间差分项。简单来说,就是将福建省看作政策实施前的浙江省,或者说将浙江省看作政策实施后的福建省。这一做法自然暗含了这样一个假设,即福建省具有与浙江省相同的或者极为相似的经济发展水平、制度背景、文化习俗等各种不可观测的背景因素。只有当该假设成立时,才可能通过差分的方法有效消除不可观测的背景因素,从而得到该体制影响的净效应。由于浙江省与福建省之间在文化背景、资源环境以及地理位置等方面存在显著差异,因此这一假设显然不现实。

综上可知,虽然针对"省直管县"体制经济绩效效应的理论分析较多,但实证检验研究却较少见,而且,现有的实证检验要么是没有分离出政策影响的净效应,要么是净效应的分离不够有效(存在有偏性)。因此,本书拟使用包含控制变量的双差分模型检验"省直管县"体制的净经济效应。本章第二节简要说明双差分模型的设定以及控制变量的选择;第三节为具体的实证检验结果;第四节给出了一个简要的结论。

第二节 模型设置

"省直管县"体制对经济绩效的影响可以看作一个自然实验(Natural Experiment)或准实验(Quasi-experiment)。如果单纯地比较样本在"省直管县"政策执行前后的经济差异,或者单纯地比较实施了"省直管县"的样本与未实施"省直管县"的样本之间的经济差异,都无法获得该体制对经济绩效的真实影响。这是因为,该体制执行前后的经济差异或者实施该体制同未实施该体制样本之间的差异,既可能来自于该体制本身的影响,也可能来自于其他与时间相关因素的影响,还可能是两种或多种因素的共同作用。为了能够获得"省直管县"体制的净效应,本书拟采用双差分方法(Difference in Differences)进行效应分析(Meyer,1995)。

一、模型设定

根据双差分的方法,首先需要按照是否实施政策与政策实施前后这两个维度将所有的样本分成四组。其中，是否实施政策可将样本分为实施政策的"实验组"与未实施政策的"对照组"。再加上政策实施前后，就将样本分为实施前的"实验组"和"对照组"，以及实施后的"实验组"和"对照组"。如果用 y_i 表示经济绩效，用 x_i 表示各种控制变量的向量，用虚拟变量 du_i 表示样本是否会实施政策（$du_i=0$ 表示对照组，$du_i=1$ 表示实验组），用虚拟变量 dt_i 表示政策执行的前后（$dt_i=0$ 表示政策实施前，$dt_i=1$ 表示政策实施后）。那么，可以构建双差分模型如下：

$$y_i = \beta_0 + \beta_1 du_i + \beta_2 dt_i + \beta_3 du_i \times dt_i + \beta X_i + \varepsilon_i$$

在该双差分回归模型中，估计系数 β_3 是我们最为关心的估计结果，它反映了在控制了其他影响因素时，"省直管县"政策对经济绩效的净影响。具体分析如下：

首先，在对照组中（$du_i=0$）"省直管县"政策实施前后的经济绩效可分别记为：

$$\begin{cases} y_{i,1} = \beta_0 + \beta X_i + \varepsilon_i, & dt_i = 0 \\ y_{i,2} = \beta_0 + \beta_2 + \beta X_i + \varepsilon_i, & dt_i = 1 \end{cases}$$

可以看到，在对照组中政策实施前后的经济绩效差异为 $y_{i,1} - y_{i,2} = \beta_2$，可将该差分结果记为 D_1。

其次，在实验组中（$du_i=1$）"省直管县"政策实施前后的经济绩效可分别记为：

$$\begin{cases} y_{i,1} = \beta_0 + \beta_1 + \beta X_i + \varepsilon_i, & dt_i = 0 \\ y_{i,2} = \beta_0 + \beta_1 + \beta_2 + \beta_3 + \beta X_i + \varepsilon_i, & dt_i = 1 \end{cases}$$

可以看到，在实验组中"省直管县"体制实施前后的经济绩效差异为 $y_{i,1} - y_{i,2} = \beta_2 + \beta_3$，可将该差分结果记为 D_2。

最后，将对照组的差分结果 D_1 与实验组的差分结果 D_2 再做一次差分，就可以得到政策实施后的实验组与对照组之间的经济绩效差异，即 $D = D_2 - D_1 = \beta_3$。这一结果也是"省直管县"政策的净影响。可以看到，在双差分模型中引入背景因素相同或相似的对照组，可以有效地控制一些与时间相关但又难以观测的其他因素，这样就可以有效得到"省直管县"政策的净效应。根据一些理论的预期以及现有的一些实证检验结果可知，"省直管县"政策应当对经济绩效有积极影响，因此 β_3 的估计系数应该显著为正。

为了令双差分模型的估计结果更有效，在双差分模型中引入一些影响经济绩效的控制变量十分必要，因为这些控制变量同样会对经济绩效产生影响，如果不控制这些因素，那么这些因素的影响就有可能包含在估计系数 β_3 之中，从而令关键系数的估计存在有偏性。因此，在回归模型中加入重要的控制变量，就可以有效地将这些因素的影响从政策的影响效应中分离出来，得到一个无偏的估计结果。

关于控制变量的选择，可以考察一个一般的 CD 生产函数 $Y_t = A_0 e^{\gamma t} K_t^\alpha L_t^\beta$。将该生产函数两边同时取自然对数就可以得到相应的线性模型：

$$\ln Y_t = \gamma t + \ln A_0 + \alpha \ln K_t + \beta \ln L_t$$

为了消除序列相关性，将该线性方程进行一阶差分处理可得如下回归方程：

$$D.\ln Y_t = \gamma + \alpha D.\log K_t + \beta D.\log L_t$$

由于自然对数的差分近似等于该变量的增长率，因此分别用对应变量的增长率代替原来的差分项。同时，可将常数 γ 记为 β_0。那么，将该回归方程中的自变量作为双

差分模型中的控制变量,将该方程中的因变量作为双差分模型中的因变量,就可以得到本书待估计的双差分回归模型,具体如下:

$y_i = \beta_0 + \beta_1 du_i + \beta_2 dt_i + \beta_3 du_i \times dt_i + \beta_4 K_i + \beta_5 L_i + \varepsilon_i$

其中,下标 i 表示不同的个体,因变量 y_i 表示地区生产总值的增长率,控制变量 k_i 表示地区固定资本存量的增长率,控制变量 L_i 表示地区年末总人口的增长率。

在回归方程中只包含了表示不同个体的下标 i,并不包含时间下标 t。这是因为双差分模型其实更类似于一个截面数据的 OLS 回归分析,而不是一个时间序列分析。虽然待分析的样本中包含有政策实施前后的两期时间,但该时间因素与时间序列中的时间特征并不相同。这一时间特征反映的是不同样本本身的某一属性,而且该属性也已经由虚拟变量 dt_i 来体现,因此回归方程完全是一个截图数据的回归分析,不需要包含下标 t。接下来需要选择合适的样本对回归方程进行估计。

二、数据:实验组与对照组的选择

双差分模型中实验组与对照组的样本并不能随意选择。要想使双差分模型更为有效地排除不可观测的背景因素,反映政策影响的净效应,在选择对照组与实验组时需要尽量地保证对照组与实验组具有更为接近的背景因素。只有这样,才能在差分时将这些不可观测的因素差分掉。

就实验组的选择来看,到 2008 年前后,全国实行财政"省直管县"的省就包括河北、山西、海南、辽宁、吉林、黑龙江、江苏、浙江、安徽、福建、江西、山东和河南等 18 个省份,再加上北京、上海、天津、重庆四个直辖市,共有 22 个地区实行了财政上的"省直管县",从规模上看已经超过了 2/3。然而,虽然形式上看都具有了"省直管县"的部分特征,但是不同地区的"省直管县"的程度具有明显差别。有的是比较彻底的"省直管县",有的名义上是"省直管县",其实只是戴了这顶帽子。比如,某些地区虽然在转移支付测算方面直接到县,但是体制、资金调度均没有直接到县,还需经过市来中转。在众多地区中,浙江的"省直管县"做得最为彻底,其改革真正包含了"省直管县"的两层含义。浙江的"省直管县"不只是财政,而是从行政管理体制以及其他各个部门的管理都由省直管。事实上,早在 1992 年,浙江就对 13 个经济发展较快的县市进行扩权,扩大基本建设、技术改造和外商投资项目的审批权。1997 年,又在萧山、余杭试行部分地级市的经济管理权限。2002 年,浙江将 313 项本属于地级市经济管理的权限赋予包括绍兴、温岭、慈溪、诸暨、余姚、乐清、瑞安、上虞、义乌、海宁、桐乡、富阳、东阳、平湖、玉环和临安、嘉善在内的 17 个县(市)。①
2003 年以后,浙江的"省直管县"改革进入了比较成熟的阶段。除浙江以外,安徽的改革也比较彻底。2007 年 5 月,安徽开始在无为等 12 个县进行"省直管县"试点,在财政体制、转移支付、财政结算、收入报解、资金调度、债务管理等各个方面,全面

---

① 参见 2002 年 8 月 17 日中共浙江省委办公厅、浙江省人民政府办公厅:《关于扩大部分县(市)经济管理权限的通知》(浙委办 [2002] 40 号文)。

实行省对县直接管理。但由于安徽改革时间较晚，而且试点县仅有 12 个，这些都导致可获得的数据与样本相对有限，不利于实证分析。因此，在实验组的选择上，选择浙江更为合适。一方面是浙江的"省直管县"更为彻底，另一方面是浙江可以获得的实验样本与数据都相对充分。

由于实验组浙江属于东部沿海地区，因此对照组也应从东部沿海地区进行选择。虽然 2008 年前后东部沿海各省都已陆续开始"省直管县"的改革，但是，许多地区的改革并不深入，有些地区甚至只是戴了顶"省直管县"的帽子。在东部沿海各省中，以福建的土地面积、人口规模、文化传统等地理社会环境与浙江最为相似。而且，福建的"省直管县"改革相对缓慢，2004 年前后才开始探索"省直管县"的财政体制，2009 年底对前几年的改革进行总结，并对以后进一步深化改革提出了意见。因此，本书选择福建省作为浙江省的对照组。

三、数据来源

浙江与福建的具体数据主要来自各省历年的统计年鉴。首先，年末总人口的增长率 L_i 利用各县的年末总人口进行核算。其次，由于浙江的统计年鉴中没有统计县级生产总值的指数，因此无法直接得到地区生产总值的增长率。因此，如果假设各县的平减指数相同且都近似地等于浙江当年的 GDP 平减指数，那么浙江各县的地区生产总值增长率可通过名义生产总值与该省的 GDP 平减指数进行核算。就福建而言，虽然统计年鉴中包含了各县的生产总值指数，但是通过该数据核算出的实际生产总值与实际情况存在明显的出入，同时考虑到数据核算方法的一致性，因此福建各县的地区生产总值增长率也使用各县的名义生产总值与该省的 GDP 平减指数进行核算。最后，固定资本存量的增长率需要先利用实际固定资本投资或实际固定资本形成总额估算实际固定资本存量，然后再计算增长率。

实际固定资本存量估算相对复杂，通常使用的方法是永续盘存法。折旧率 δ 通常使用的是 10%，这一假设不会对结果产生显著影响，许多研究也都采用类似的假定（张军等，2004）。基年数据的估计通常假设实际固定资本存量的平均增长率等于实际固定资本投资或实际固定资本形成总额的平均增长率（Coe 和 Helpman，1995；Goto 和 Suzuki，1989）。在计算平均增长率时，根据 Robert 和 Charles（1999）在估计各国 1960 年的资本存量时的方法，使用几何平均数的方法计算实际固定资本投资或实际固定资本形成总额的平均增长率。

双差分模型的估计还需要区分政策实施的时间点。对于年度数据就需要确定"省直管县"的政策是在哪一年开始实施并实施完成的。然而，由于"省直管县"并不是一个单一政策，而是一个包含了许多政策的"一揽子"改革方针。因此，"省直管县"的改革通常不可能在一年内全部实施并全部完成。以浙江省为例，浙江从 1992 年前后就开始尝试"省直管县"体制，经过近十年的尝试与改革，直到 2003 年时才算是进入了比较成熟的阶段。那么，就浙江整体而言，1992~2003 年都可看作是"省直管县"的实施过程，即不能完全说是政策实施前，亦不能完全说是政策实施后。针对这一问题，考虑到浙江在 2002 年 8 月 17 日将 313 项本属于地级市经济管理的权限赋予 17 个县（市）的重要改革，以及数据的可获得性，将 2003 年定为政策实施年比较合理。那么，2003 年及以前为政策未实施阶段，2004 年及以后为政策实施阶段。

第三节 实证结果与分析

一、描述性检验

除了双差分模型，检验某项改革对经济绩效影响的方法还有很多，其中最简单直观的方法就是考察体制改革前后 GDP 指数的变化样式。由于一省的经济绩效是该省内各个行政区划经济绩效的加权平均，如果"省直管县"政策能够有效提高县级行政区划的经济绩效，那么也应该可以提高该省总体的经济绩效。因此，省级行政区划的 GDP 增长指数在改革前后的变化能够有效显示该项改革经济绩效。但是，这种方法有时候并不能得到该项改革的净效应。一方面，GDP 指数的变化可能源于该项改革，但也可能源于其他方面，即不能有效控制该项改革以外的其他因素对 GDP 指数变化的影响效应。另一方面，县级经济绩效的加权平均有可能削减该项改革对实施改革的单个个体（县）的影响效应。例如，从浙江与福建 1998~2008 年的 GDP 指数就很难看到"省直管县"体制对经济绩效的积极影响。

从图 14-1 可以看到，在 2000~2005 年，虽然浙江的 GDP 指数始终高于福建，但两者基本呈现出同方向变动，且变动幅度也基本相当。如果以 2003 年作为浙江"省直管县"政策的实施并完成年，那么与福建对比看，很难发现浙江的 GDP 指数出现明显

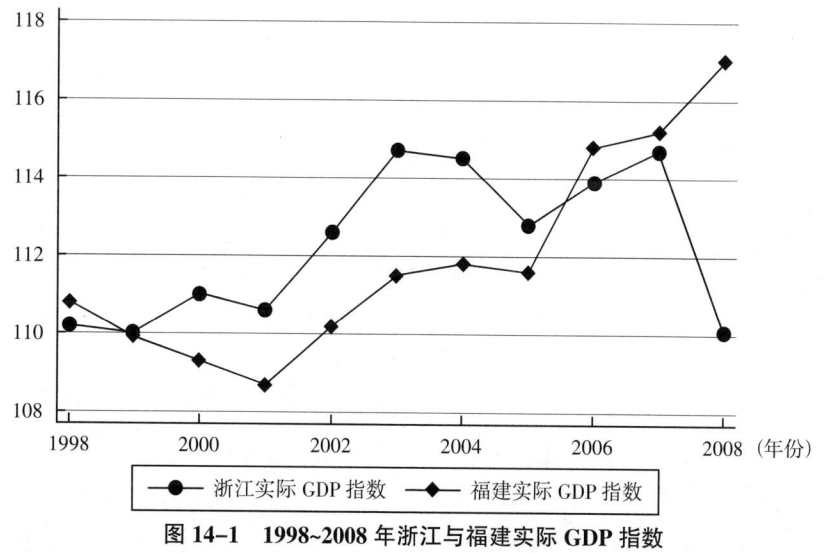

图 14-1 1998~2008 年浙江与福建实际 GDP 指数

的增速加快现象。相反，与2003年相比，浙江2004年与2005年的GDP指数反而出现了增速放缓的现象。这显然有悖于理论预期。因此，通过考察各省的GDP指数来检验政策的净效应，其结果可能是有偏的。

由于考察全省整体的GDP指数变动不能得到无偏的结论，因此分别考察县级区划的GDP指数，应该可以得到更准确的结论。具体而言，可以通过比较县级GDP指数的核密度图来分析政策的影响效应。以浙江、福建两省2003年与2004年为例，它们县级区划GDP指数的核密度如图14-2所示。

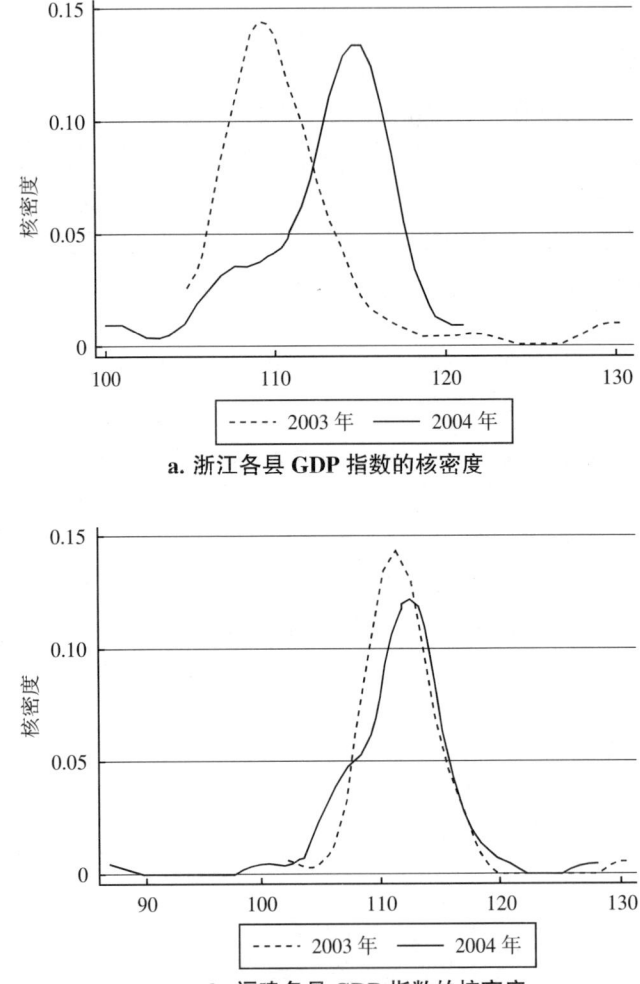

a. 浙江各县GDP指数的核密度

b. 福建各县GDP指数的核密度

图14-2 浙江、福建两省2003年与2004年各县GDP指数的核密度

从图14-2可以看到，浙江各县的GDP指数在2003年主要集中在110左右。2004年，许多县的GDP指数均有所放大，主要集中在115左右。引起这一变化的因素，很可能来自"省直管县"的改革。福建各县的GDP核密度图表明，2004年各县的GDP指数主要集中在113左右，同样高于2003年的水平。那么，浙江各县的GDP指数在

2004年的增加有多少成分来自于"省直管县"改革呢?或者说在浙江"省直管县"体制对于经济绩效的净效应到底有多大呢?这需要进一步将浙江与福建进行对比。其方法就是采用包含控制变量的双差分模型来识别"省直管县"体制对经济绩效的因果效应。

二、双差分模型估计结果

由于制度效应通常不会在一年之内全部释放,一般可能维持3~5年的影响,因此,为了捕捉到这种延迟性影响,可以分别估计五个不同影响时长下的模型。然而,由于双差分模型的政策实施前后通常只有一期的观测值,即政策执行前或政策执行后,因此不同的影响时长的模型需要对变量做相应的处理,方法有很多。多数研究是将政策执行前的各年数据看作未实施政策的样本扩充,将政策执行后的各年数据看作是已实施政策的样本扩充(袁渊和左翔,2011)。这种方法虽然扩大了样本空间,但也将同一样本多次放在政策实施的前与后。本书使用算术平均值的方法进行处理:对于五年影响时长模型,分别取每个变量2003年及向前五年数据(到1999年)的算术平均值为对应变量的政策实施前的数据,分别取每个变量2004年及以后五年数据(到2008年)的算术平均值作为变量的政策实施后的数据。同理,对于四年影响时长的模型,分别取每个变量2003年及向前四年数据(到2000年)的算术平均值作为变量的政策实施前的数据,分别取每个变量2004年及以后四年数据(到2007年)的算术平均值作为变量的政策实施后的数据。依次类推,直到一年影响时长模型时,直接取2003年的数据作为政策实施前数据,2004年的数据作为政策实施后数据。

对上述五种不同影响时长的五个模型进行估计,具体结果如表14-1所示。一年到五年的影响时长分别对应估计结果的第一列到第五列。模型共包含228个样本。其中实验组样本56个,对照组样本58个,包含浙江与福建所有县与县级市,但不包含计划单列市、自治县、地级市及地级市的市辖区。同时,为了保证数据的一致性问题,还删除了一些有区划变更的县与县级市。

表14-1 不同影响时长下的"省直管县"政策的净影响估计结果

	GDP (1)	GDP (2)	GDP (3)	GDP (4)	GDP (5)
L	0.040 (0.320)	−0.267 (0.598)	−0.558 (0.571)	−0.280 (0.434)	−0.055 (0.249)
K	0.177*** (0.032)	0.168*** (0.033)	0.167*** (0.028)	0.149*** (0.027)	0.126*** (0.024)
du	−4.790*** (0.919)	−1.975** (0.863)	−1.383* (0.742)	0.509 (0.634)	0.299 (0.587)
dt	−0.781 (0.820)	−3.859*** (0.977)	−0.647 (0.681)	1.689*** (0.616)	3.033*** (0.680)
du × dt	4.071*** (1.070)	5.197*** (1.260)	3.323*** (0.976)	1.274 (0.826)	−0.109 (0.851)
_const	87.793*** (31.820)	116.728* (59.768)	145.314** (56.874)	118.460*** (43.359)	98.069*** (25.144)

续表

	GDP（1）	GDP（2）	GDP（3）	GDP（4）	GDP（5）
N	228	228	228	228	228
R^2	0.192	0.257	0.238	0.322	0.319
Adj R^2	0.173	0.240	0.221	0.306	0.303

注：圆括号内为Bootstrap标准误；* 表示 $p<0.1$，** 表示 $p<0.05$，*** 表示 $p<0.01$。

在模型估计中，为了结果推断的稳健性，在获得参数标准误时均采用Bootstrap的方法，其中抽样次数选择为2000，这样可以有效避免异方差等导致的推断稳健性问题。从估计结果看，资本存量的估计系数在五个模型中均显著为正，符合一般的理论与实际的预期。人口的估计系数有正有负但均不显著，这一结果不同于一般的理论与实际。其原因可能是在数据选取上为了数据的连续性使用了该地区的户籍人口而不是常住人口。

双差分模型中通常人们最为关心的是 $du \times dt$ 和其他控制变量的估计系数。从表14-1的估计结果看，这些参数估计主要有以下四个特点：

第一，模型（1）到模型（3）的估计结果均为正，且都在1%的显著性水平上显著。这说明"省直管县"政策对经济绩效存在显著的正效应。就影响时长为一年的模型而言，由于"省直管县"政策的实施使得浙江省各县的平均GDP增长率增加了4.071个百分点。

第二，"省直管县"的积极效应在政策实施后的第一年就显著存在。这一点与大多数宏观政策的滞后性有所不同。这种现象说明经济绩效对"省直管县"体制的反应十分灵敏，也可能与浙江在2003年以前就不断尝试"省直管县"改革有着密切关系。

第三，"省直管县"政策的效应不是只有一年，通常会持续数年。从估计结果看至少在三年以内都有显著的正影响。这一点与大多数宏观政策的持续性是一致的。

第四，"省直管县"政策的效应会随着时间长度的增加而不断减小。在两年影响时长的模型中，"省直管县"政策使得浙江各县的平均GDP增长率增加了5.197个百分点。到三年影响时长的模型中，这种效应就下降到了3.323，即"省直管县"使得浙江省各县的平均GDP增长率增加了3.323个百分点。四年影响时长模型中，这种效应已经不能在10%的显著性水平上显著。最后，在五年影响时长模型中，"省直管县"对经济绩效的作用已经变为消极影响。但这一结果并不能在10%的显著性水平上显著。

产生上述现象的原因可能来自两个方面：首先，不同影响时长的估计结果不是"省直管县"政策在当年产生的净影响，而是几年内影响的算术平均值。算术平均的处理会减缓政策影响效应的降低从而减缓其效应消失的速度。比如，如果"省直管县"政策在第一年、第二年、第三年的净影响分别为3个、4个和2个百分点，并从第四年开始对经济绩效再无显著影响，那么，从影响时长的平均角度来看，经过算术平均处理后，第一年的净影响还是3个百分点，但前两年的净影响就变为3.5个百分点，前三年的净影响就变为3个百分点，前四年的净影响就下降到2.25个百分点，随着时间的不断延长，"省直管县"对经济绩效的效应一定会逐渐消失。其次，福建"省直管县"财政体制的逐渐实施在一定程度上减少了其与浙江的制度差异，从而减弱了"省直管县"体制的经济效应。福建在 2004 年前后开始试行"省直管县"的财政体制,虽然福建的探索开始时可能只是在某几个县进行试点,但如果"省直管县"体制对经济绩效确实存在积极的促进作用,那么,将福建试点县加入到样本中,就有可能显著地降低"省直管县"对于浙江经济绩效的净影响,进而加速 du×dt 系数估计值的降低。在四年影响时长模型中,政策实施后的数据是 2004~2007 年的平均,此时福建在"省直管县"方面的探索已经实施了 2~3 年,因此,福建"省直管县"体制对其经济绩效的积极影响可能在一定程度上削减了浙江"省直管县"政策对其经济绩效净影响的相对效应。下面对这种猜测进行实证检验。

三、不考虑福建县级市的结果

如果福建的"省直管县"政策对其经济绩效的积极影响确实削减了浙江的"省直管县"体制的净影响,那么将福建进行试点县样本从对照组中剔除就应该可以显著地提高浙江"省直管县"体制的净经济影响效应。由于无法确切找到 2004 年前后福建具体在哪几个县进行了"省直管县"的财政体制探索,因此,只能按照通常试点县的选择依据进行猜测。通常情况下,试点县都会选择一些经济实力比较强的县,而经济实力较强的县一般都是县级市。因此,首先将福建所有的县级市从对照组中剔除。考虑到 2003 年浙江的改革主要是针对 17 个县(市)进行了扩权,因此,不在这 17 个县(市)中的县级市要么在以前已经具有相应的权力,要么是一直没有相应的权力。不管属于哪种情况,这样的县级市都不算是合格的实验组样本。基于此,将其从实验组中剔除。如此调整样本后,实验组共有 48 个样本,对照组共有 44 个样本,重新估计模型,结果如表 14-2 所示。

表 14-2 样本筛选后的不同影响时长下"省直管县"体制的净影响估计结果

	GDP	GDP	GDP	GDP	GDP
L	−0.003 (0.438)	−0.440 (0.740)	−0.726 (0.700)	−0.339 (0.496)	−0.683** (0.332)
K	0.186*** (0.032)	0.175*** (0.036)	0.177*** (0.030)	0.163*** (0.030)	0.137*** (0.027)
du	−4.708*** (1.021)	−1.780* (0.987)	−1.433* (0.808)	0.508 (0.719)	0.167 (0.671)
dt	−1.120 (0.967)	−4.115*** (1.186)	−0.983 (0.840)	1.438* (0.771)	1.854** (0.828)
du × dt	4.557*** (1.215)	5.813*** (1.422)	3.857*** (1.120)	1.593* (0.936)	1.395 (1.004)
_const	90.718** (43.623)	132.834* (74.146)	160.933** (69.937)	112.836** (49.966)	116.728* (59.768)
N	184	184	184	184	184
R^2	0.245	0.317	0.298	0.352	0.361
Adj R^2	0.223	0.298	0.278	0.334	0.343

注:圆括号内为 Bootstrap 标准误;* 表示 $p<0.1$,** 表示 $p<0.05$,*** 表示 $p<0.01$。

当去掉福建的县级市样本后，du×dt 的估计系数在影响时长为四年与五年的模型中发生了显著变化。首先，在四年影响时长模型中，原来的估计系数为 1.274，但不显著。在新结果中，其估计系数有所放大，变为 1.593，而且可以在 10% 的显著性水平上显著。其次，在五年影响时长模型中，原来的估计系数小于 0 但不显著，这说明"省直管县"对经济绩效可能存在负效应，这一点并不符合理论与实际的预期，与前面四个模型的估计结果也不一致。在新的估计结果中，虽然估计系数依然不能在 10% 的显著性水平上显著，但其系数已经变为 1.395，这同理论与实际的预期一致。实际上，在五年影响时长的模型中，du×dt 估计系数的 P 值也由原来的 0.88 提高到了 0.15 左右。最后，从影响时长为一年、两年和三年的估计结果中也可以得到类似的结论。这说明，如果可以准确地去除福建在 2004 年开始尝试"省直管县"的试点县，那么就可以有效地排除该体制对福建经济绩效的积极影响，同时也可以进一步得到"省直管县"体制对浙江的净影响。这一结论也从另一个角度说明，"省直管县"体制不仅对浙江的经济绩效有积极影响，对福建也具有类似的积极效应。"省直管县"体制对经济绩效的积极效应不是个别的特例，具有一定的一般性。

四、稳健性检验

从上述估计结果中可以看到，"省直管县"体制在三年内都是存在显著影响的，同时重新筛选后的样本更能反映"省直管县"体制对浙江的净影响，因此，选择对筛选样本后的三年影响时长模型进行稳健性检验。因为重新筛选后的实验组共有样本 48 个，对照组共有样本 44 个，再算上实施前与实施后的数据后，共计样本 184 个。稳健性检验方法选择对实验组与对照组的随机抽样进行估计。具体而言，从实验组抽取 38 个样本，从对照组抽取 34 个样本。如果模型是稳健的，那么随机抽样的估计结果不会有显著的改变。同时，考虑到抽样的随机性，将这个操作进行四次。具体估计结果如表 14-3 所示。

表 14-3　四次随机抽样下三年影响时长模型的估计结果

	GDP	GDP	GDP	GDP
L	−0.5700 (0.6530)	−0.7273 (0.7321)	−0.5909 (0.7137)	−1.9706* (1.1718)
K	0.1995*** (0.0369)	0.1592*** (0.0367)	0.2068*** (0.0409)	0.1922*** (0.0378)
du	−1.3039 (0.9441)	−1.4900 (0.9274)	−1.7283* (0.9540)	−1.6424* (0.9370)
dt	−0.7590 (0.9686)	−0.8646 (1.0130)	−0.9675 (0.9846)	−1.0796 (0.9315)
du×dt	3.4773*** (1.2988)	3.8026*** (1.2701)	3.7389*** (1.3180)	3.7110*** (1.3710)
_const	142.5894** (65.2542)	132.834* (73.2622)	144.1994** (71.5973)	283.8142** (116.6423)

续表

	GDP	GDP	GDP	GDP
N	144	144	144	144
R^2	0.245	0.2400	0.3044	0.2937
Adj R^2	0.223	0.2124	0.2792	0.2682

注：圆括号内为 Bootstrap 标准误；* 表示 $p<0.1$，** 表示 $p<0.05$，*** 表示 $p<0.01$。

从以上结果中可以看到，四次随机抽样的估计结果与表 14-2 中第三列的估计结果十分接近。最为关心的估计系数 du×dt 在原样本中估计结果为 3.857，而且在 10% 的显著性水平上显著，而四次随机抽样的估计结果为 3.4773~3.8026，并且也都在 10% 的显著性水平上显著。可以看到，随机抽样的估计结果与原样本的结果并无明显差异。因此，可以认为模型的估计结果是比较稳健的。

第四节 结论

本章利用包含控制变量的双差分模型，检验了"省直管县"体制对浙江经济绩效的净效应。检验结果表明，首先，"省直管县"体制对浙江的经济绩效具有显著的积极影响，且在该体制实施后的第一年就十分明显。具体来说，相对于福建而言，"省直管县"体制在浙江实施的第一年，可以使浙江各县的 GDP 指数平均增加约 4.557 个百分点。其次，这种体制的积极效应会有一定的持续作用，对政策实施后的 3~4 年均有显著的积极影响。从平均的角度看，"省直管县"政策在政策实施后的两年中，平均每年可使浙江各县的 GDP 指数增加约 5.813 个百分点；在政策实施后的三年中，平均每年可使浙江各县的 GDP 指数增加约 3.857 个百分点；在政策实施后的四年中，平均每年可使浙江各县的 GDP 指数增加约 1.593 个百分点。通过稳健性检验，我们发现这一结果是稳健的。最后，虽然实证检验是针对浙江进行的，说明了"省直管县"政策对于浙江经济绩效的净影响。但是，检验的结论也在一定程度上说明"省直管县"的政策对于福建同样具有积极的影响。因此，可以说"省直管县"政策对经济绩效的积极效应不是个别的特有的特征。

第十五章 政府行为互补性与社会经济绩效

政府行为是指政府在履行社会、政治、经济等职能过程中所显现出来的实际行为。政府行为之间的不同交互关系决定其中某一特定政府行为对经济绩效的不同影响。当不同政府行为在影响经济绩效方面存在互补性关系时，政府行为的这一组合对经济绩效的提高产生一种协同效应，因而同时改善这些不同的政府行为，能够获得较单一改变某一特定政府行为所获得的经济增长效应更大的一个效应；当不同政府行为在影响经济绩效方面存在相互抵消效应时，在一种政府行为不变的前提下，改变另一种政府行为对于经济绩效的改进受到相反因素的制约，其经济增长效应会因此而大打折扣。通过选取科技投入、教育投入、产权结构以及政府质量作为代表不同政府行为的变量，利用中国 28 个地区 1998~2005 年的面板数据，我们对不同政府行为在影响经济绩效方面的上述互补性理论进行了实证检验并对检验结果进行了较为细致的讨论。经验检验结果有力地证实了政府行为的互补性理论。

如果不存在互补性机制，单一制度可能导致政府其他目标的实现面临困难。本章运用晋升锦标赛博弈模型，研究了单一的考核机制与晋升机制结合在一起，将会扭曲激励，从而使中央政府的综合目标难以达到。为此，在国家治理体系与能力现代化过程中，应该强化政府行为互补性机制的研究与建设。

第一节 问题的提出与概念界定

一、问题的提出

新制度经济理论与发展经济学的一个重要结论是，政府行为是经济增长的来源，同时也是经济衰退与长期"粘滞"在低效率状态的人为根源（Stiglitz, 1993）。为了证实或证伪这一结论，近年来学术界对此命题给予了高度关注。政府不同行为的社会经济绩效因而成为社会科学各部门研究的热点问题。有关论述和识别哪些政府行为在多大程度上以及在什么方向影响社会经济绩效的研究文献大量而迅速地涌现出来。然而，不论是基于面板数据的跨国或跨地区比较研究，还是基于时间序列的一国内部的纵向研究，经验证据都表明，相同的政府行为在不同国家以及同一国家的不同时期对于经济绩效的影响存在重大差别（Parto 和 Saeed，2005）。

特别地，20世纪80年代以来，随着社会主义国家改革开放浪潮的兴起，不同国家先后选择与实施了各种各样的改革措施。然而，人们在审视各国改革的经济绩效时，同样发现相同的改革措施在不同国家所取得的绩效大相径庭。人们将这种相同改革措施而形成不同绩效的差异，归因于政府行为互补性所产生的协同效应方面的差异：认为某些国家市场经济改革绩效较差的根本原因是没有捕捉到政府不同行为间所形成的协同效应（Hoff 和 Stiglitz，2004）。"政府行为互补性"或"制度互补性"理论认为，政府行为的调整过程既是一个内生性变迁过程，也是一个系统工程。由政府行为互补性而形成的协同效应源于政府不同行为在调整或规范经济行为主体某类行为时的内在一致性或相互强化性。这种状态不仅存在于同一层次上的政府行为间的关系，也存在于不同层级间政府行为的关系。同时，政府行为的调整必须与社会规范、行为准则、文化习俗以及其他正式制度安排相协调。脱离社会文化支撑的政府行为必然无法捕捉到政府行为的协同效应（Couch 等，2005）。因此，政府行为的调整必须从"政府行为束"（Clusters of Government Behaviors）的角度进行系统的调整，若没有从规范某类个体行为的"政府行为束"的角度而仅对单个方面的政府行为进行调整，必然与原有支撑系统或互补性关系相脱离而又没有形成新的互补性关系，因而出现政府行为互补性的瓦解与断裂，从而使政府行为的实际效应与其欲达到的效应之间存在巨大的罅隙（Boyer，Robert 和 Coherence，2005）。

正在兴起与形成的所谓的"政府行为互补性"或"制度互补性"理论，就是这种反思的一个重要结果（Couch 和 Colin 等，2005）。这一理论认为，政府行为的经济绩效效应，依赖于政府行为结构的内在逻辑。在研究政府行为对社会经济绩效的影响时，必须将政府行为视为一组相互关联的变量而不是一个单一的变量。每一种政府行为对社会经济绩效的影响依赖于其他政府行为，因此，研究政府行为对社会经济绩效的影响必须将每一种政府行为放在这组相互关联的变量中加以考察。只有通过考察这组变量在影响社会经济绩效方面的相互关系，才能够有效说明什么样的政府行为组合是有效的或有效率的，单独考察任何一个方面的政府行为对社会经济绩效的影响都将产生有偏的结果（Hall，Peter 和 Daniel Gingerich，2009）。

与国内其他研究政府行为对社会经济绩效影响的文献不同，本章不是研究某些特定的政府行为对社会经济绩效的影响，而是研究不同政府行为间的关系（互补性与替代性）对社会经济绩效的影响。本章的目的是通过理论分析与实证性检验，厘清各不同政府行为在影响中国社会经济绩效方面的关系，从而为调整政府行为，形成具有内在凝聚性且能够在促进经济绩效方面产生协同效应的政府行为组合，提供理论基础与经验证据。本章第二部分较为系统地梳理了政府行为互补性理论并提出本章的理论研究框架，第三部分是政府行为互补性模型的设定、指标选取与数据处理，第四部分是实证检验结果的理论说明，最后是研究结论与展望。

二、概念界定

政府行为是指政府在干预社会、政治、经济等运转过程中或在履行社会、政治、经济等职能过程中所显现出来的实际行为。政府行为塑造了市场经济中企业与个人行动于其中的经济环境，即这一经济环境为企业与个体提供了某种行为的激励，从而使企业与个人在不同的经济环境中表现出不同的行为。由政府行为所塑造的经济环境既可以创造正确的行为激励，从而激励企业与个人从事更多的生产性行为，如投资于机器设备与人力资本的形成、开发新的生产技能与生产技术以及降低交易成本等；也可以扭曲企业与个人的行为激励，从而激励企业与个体从事更多的非生产性行为，如逃避规则、设租与寻租、歧视性地实施政府规则以及其他各种腐败行为等，因而显著地增加了社会生产性活动的交易成本。通过塑造不同类型的微观个体的经济环境而改变个体的不同的行为激励、政府行为而影响着社会整体经济绩效。

研究政府行为的社会经济效应的传统方式是考察单独某个政府行为或单一领域的政府行为对社会经济绩效的影响。虽然这类研究对于识别不同政府行为在促进经济绩效方面的作用提供了经验证据，但这类研究忽略了不同政府行为之间的相互作用及其对社会经济绩效产生的不同结果，因而并没有完整地说明不同政府行为组合如何影响社会经济绩效。研究不同政府行为间的相互作用能够有效揭示为什么有些国家能够通过调整政府行为而获得较高的社会经济绩效，而有些国家则长期"粘滞"在低效率水平状态。

为了说明政府行为间的不同关系对社会经济绩效的不同影响，我们以一个简单的协调博弈模型为例（如表15-1所示）。假设两种不同的政府行为或两个不同领域的政府行为间存在不同的关系，存在两个参与人，每个参与人有两种策略或行为选择。不同策略选择形成如表15-1所示的博弈结构。

表15-1 协调博弈

参与人A		参与人B	
		1	2
	1	(1, 1)	(1, 0)
	2	(0, 1)	(2, 2)

该博弈中存在 {1, 1} 与 {2, 2} 两个纯战略纳什均衡，以及一个混合战略纳什均衡（双方以50%的概率选择策略1）。这些均衡中只有 {2, 2} 均衡达到了帕累托最优，但这个最优是具有风险的。其他的均衡，如 {1, 1}，通常称为协调失败。因此，{1, 1} 均衡是风险占优均衡，{2, 2} 均衡是帕累托占优均衡。从理论上说，缺乏有效的政府行为组合将导致 {1, 1} 均衡（也称政府行为协调失败均衡）；存在有效的政府行为组合导致 {2, 2} 均衡，即政府行为协调使博弈实现帕累托最优的纳什均衡。有关该博弈的结果，Cooper等进行的一系列实验研究表明，在缺乏协调机制的前提下，出现 {1, 1} 均衡的情形达到97%（Cooper, Dejong, Forsythe 和 Ross, 1992），而只有

不到3%的情形实现 {2, 2} 均衡。这就是经济"粘滞"于低效率均衡的一个重要来源。因此，在此博弈情景下，实现帕累托占优均衡 {2, 2} 绝对地依赖于政府不同行为间的有效协调。由此可以看出，不同的政府行为组合对微观个体产生了不同的激励，因而形成了不同的博弈结果。

上述博弈中政府行为组合对于实现帕累托占优均衡的作用，可以用一个影响参与人行为选择的参数来表示，即不同的参数值表明了不同的政府行为组合。如果用 Á（e；μ）表示参与人在参数 μ 下的最佳反应函数，那么还可以用一个最优反应函数图来说明协调博弈中存在可帕累托排序的多重均衡与产生低效率的原因，如图 15-1 所示，博弈存在 e_l、e_m、e_h 三个均衡。但只有 e_h 是帕累托占优均衡。如果政府行为协调失败，就有可能将经济"粘滞"在低效率的 e_l 均衡上。如果政府行为之间存在有效的协调性，就能够实现 e_h 均衡。这一均衡状态的特征是参与人策略选择上存在正反馈性，即一方采取高水平的策略增加了另一方采取高水平策略的边际收益。这种在策略选择上所具有的正反馈性质，通常被称为策略的互补性。

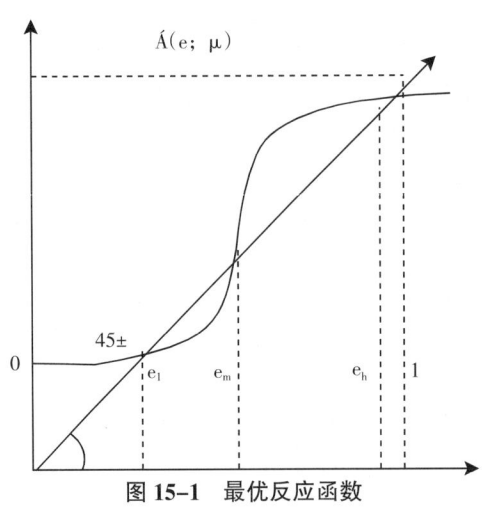

图 15-1　最优反应函数

由于上述博弈实现帕累托占优均衡依赖于博弈中策略选择的参数，而政府行为构成了几乎任何与正式规则相关的博弈的参数，因此，政府行为互补性可以从两个角度来界定。一种是从个体行为激励的角度，即作为博弈参数，将政府行为互补性界定为两种或多种政府行为的共同存在一起影响着行动者的策略选择，或者说增加了行动者协调其行动的能力和实现其目标的能力（Boyer，Robert 和 Coherence，2005）。另一种是直接从政府行为之间关系的角度，将政府行为互补性界定为政府一种行为的存在或效率增加了政府另外一种行为的效应或效率（Hall，Peter，Soskice 和 David，2001）。

不论从哪个角度来界定，政府行为互补性的本质或核心就是在相同或不同领域中不同的政府行为在激励、引导或禁止个体行为选择方面产生了一种协同性的影响，从而使社会或经济的不同子系统中的相容性激励结构形成了相互强化的效应，放大了单一政府行为的影响效应，或者说，形成了整体大于部分之和的效应。与此相对应，不同的政府行为在影响个体行为方面可能存在相互抵消的效应，即一种政府行为的存在或效率抵消了另一种政府行为的存在或效率，从而在规范个体行为或策略选择方面产生了一种负反馈效应，这种情形被称为政府行为间的替代性或冲突性。

一个国家的经济绩效或人均经济总量决定该国的军事、政治与经济实力，也决定该国的国民生活质量，因而是所有国家都特别关注的根本性问题。制度经济学的相关实证研究表明，政府行为而不是自然资源禀赋是决定一个国家经济绩效的根本因素（Parto 和 Saeed，2005）。因此，从理论和经验上探索对经济绩效产生统计上和本质上显著的政府行为，是近年来学术研究的焦点之一。部分研究结果表明，产权结构、教育投入、R&D 投入、政府质量等在决定经济绩效方面在统计上和经济上具有显著性的影响，而另外一些研究结果则发现了与此相反的结论（Glaeser，Porta 和 Lopez-De-Silanes，2004）。例如苏芳等的研究发现，中国科技投入与经济增长之间存在着长期稳定的均衡关系（苏芳、胡日东和衣长军，2006）。樊华的研究表明，高等教育对经济增长的作用与经济发展水平有一定关系（樊华，2006）。Phillips 和 Shen 的研究发现，国有经济份额每下降 10%，第二年的 GDP 增长率大约提高 0.7%~1.2%，国有企业员工每减少 10%，GDP 增长率大约提高 1.6%~2.3%（Kerk 和 Kunrong，2005）。Pak Aung Mo（2001）利用透明国际的 CPI[①] 数据，研究了经济增长与腐败程度的关系，结果表明，腐败程度每提高 1%，增长率就降低 0.72%。陈刚的研究发现，腐败程度上升 1%，将使经济增长率下降 0.4%~0.6%，但同时发现腐败程度上升 1%，将使技术效率改善率提高 3.9%~4.1%（陈刚、李树和尹希果，2008）。

大量实证研究结果所显现的经济绩效与不同的政府行为之间的关系缺乏稳定性，说明经济绩效与不同的政府行为之间关系敏感地依赖于数据的性质。在经验研究中，这种敏感性通常源自模型设定方面存在的问题。也就是说，由于经验模型的设定存在有偏性，因而实证检验结果对于数据性质或特征过于敏感，所以无法获得较为稳定的和一致的研究结果。由于上述相关文献均没有考虑到政府行为互补性问题，因而若某一特定的政府行为对经济绩效的影响依赖于其他政府行为，那么，这种没有考虑政府行为互补性的模型必然存在"内生性"或自变量与因变量之间"被同时决定"的问题。在模型设定存在有偏性的情况下，实证检验结果必然扭曲了不同变量对经济绩效的影响，必然非常敏感地依赖于数据的性质并因而缺乏稳定性。

在经验模型中捕捉不同政府行为之间的互补性关系以及由此而生成的协同效应，存在各种不同的模型设定方式（Athey 和 Stern，1998）。我们根据互补性的定义选择了捕捉互补性的最为基本的一种方式，即如果两个变量 x 和 z 对 y 的影响具有互补效应或协同效应，那么，y 对这两个变量的交叉或混合偏导数大于零，即 $\partial^2 y/\partial x \partial z > 0$；反之，$\partial^2 y/\partial x \partial z < 0$，表明变量 x 和 z 对 y 的影响具有相互冲突或相互抵消效应，因而必然缺乏协同效应。不过在利用这种设定方式检验互补性关系时，必须非常小心，因为若 x 和 z

---

① Corruption Perceptions Index 是透明国际衡量腐败感受程度的一个数据，数值越高越廉洁。

对 y 的影响均为负，那么同样有 $\partial^2 y/\partial x \partial z > 0$。此时，$\partial^2 y/\partial x \partial z > 0$ 并不说明 x 和 z 对 y 的影响具有互补效应或协同效应，而恰恰相反，说明 x 和 z 对 y 的影响具有相互冲突或相互抵消效应，或者说，是在相反的方向上，即在 x 和 z 同时减少的意义上对 y 的影响具有正的互补效应或协同效应。依据这一方式，我们检验产权结构、教育投入、R&D 资金投入、政府质量之间的互补性关系，并检验这种互补性关系对中国各地区经济绩效的影响。

第二节 模型设定、指标选择与数据处理

根据前面的理论分析，可见不同政府行为及其之间的关系对经济绩效产生系统性影响。为了捕捉到这些影响，遵循现代政治经济学与制度经济学设定生产函数的传统，我们在柯布—道格拉斯生产函数的基础上增加代表不同政府行为的产权结构、教育投入、R&D 资金投入与政府质量变量，因而得到如下以对数函数形式表示的扩展的柯布—道格拉斯生产函数的基本回归模型：

$$\log GDP_{it} = \_const + \beta_1 \log Capital_{it} + \beta_2 \log Emp_{it} + \beta_3 \log EduPeo_{it} + \beta_4 \log RDCPP_{it} + \beta_5 \log SEPA_{it} + \beta_6 \log Case_{it} + a_i + \varepsilon_{it} \tag{15-1}$$

其中，下标 i 表示 28 个不同的地区；下标 t 表示 1998~2005 年；logGDP 表示以 1952 年为基年的实际 GDP 的常用对数；logCapital 表示以 1952 年为基年的实际全社会物质资本存量的常用对数；logEmp 表示全社会就业人员的常用对数；logEduPeo 表示以 1952 年为基年的实际人均国家教育经费投入的常用对数；logRDCPP 表示单位 R&D 人员全时当量所拥有的实际 R&D 资本存量的常用对数；logSEPA 表示国有工业企业总产值占全部工业企业总产值比重的常用对数；logCase 表示每百万公职人员职务犯罪立案数的常用对数；_const 为模型的常数项；由于是面板数据模型，因此加入不随时间改变的个体因素 a_i；最后 ε_{it} 为随机干扰项，符合白噪声假设。

上述模型并没有包括政府行为交互性变量。如果政府行为之间的确存在交互性关系，那么，如前文所述，模型（15-1）必然是一个设定有偏的模型。校正有偏性的有效方式是将政府行为交互性变量加入到模型中，这样我们便得到本章有待检验的如下核心模型：

$$\log GDP_{it} = \_const + \beta_1 \log Capital_{it} + \beta_2 \log Emp_{it} + \beta_3 \log EduPeo_{it} + \beta_4 \log RDCPP_{it} + \beta_5 \log SEPA_{it} + \beta_6 \log Case_{it} + XX + a_i + \varepsilon_{it} \tag{15-2}$$

模型（15-2）中的 XX 代表政府不同行为的四个变量的交互项，其他变量的意义与模型（15-1）中的完全相同。XX 代表的交互项一共有六个，分别为科技投入与教育投入的交互项 RE、科技投入与国有企业份额的交互项 RS、科技投入与腐败指数的交互项 RC、教育投入与国有企业份额的交互项 ES、教育投入与腐败指数的交互项 EC，以及国有企业份额与腐败指数的交互项 SC。这六个交互项的数据均是以对数乘以对数的

第十五章 政府行为互补性与社会经济绩效

形式得到。例如 RE 为 logRDCPP × logEduPeo，而不是 log（RDCPP × EduPeo）。

从理论上说，科技投入与教育投入之间的关系对经济绩效具有协同效应，而科技投入和教育投入与国有企业份额和腐败指数之间的关系对经济绩效分别具有相互抵消效应，同样，国有企业份额与腐败指数之间的逆向互补性关系将改变这两个变量对经济绩效的影响效应。

经济绩效指标在本模型中是被解释变量，用实际 GDP 的对数来衡量。该数据通过名义 GDP 和实际 GDP 增长指数计算而得。这两个数据主要来自《新中国五十五年统计资料汇编》和历年的《中国统计年鉴》。具体的计算过程如下：首先选取基年，然后计算该基年下的 GDP 指数，最后可以得到实际 GDP。同时，用实际 GDP 与名义 GDP 计算出 GDP 平减指数，用来核算本书中涉及的其他经济数据的实际值。

科技投入指标主要用 R&D 资本存量与 R&D 人员全时当量两个数据的比值来衡量。其中 R&D 人员全时当量来自《中国科技统计年鉴》和中国科技数据网络数据库，R&D 资本存量利用永续盘存法进行估算。估算过程中涉及流量数据、折旧率假设以及基年存量数据的估计。其中流量数据使用 R&D 内部支出，与 R&D 人员全时当量一样，均来源于《中国科技统计年鉴》和中国科技数据网络数据库。折旧率沿习通常的估算值，即选择多数研究都使用的 15%。基年存量数据的估计使用 Goto 和 Suzuki（1989），以及 Coe 和 Helpman（1995）的方法进行计算，即 $K_0 = E_0/(g + \delta)$。其中，K_0 为基年的存量数据，E_0 为基年的流量数据，$g = \sqrt[n]{E_{t+n}/E_t}$ 为几何平均增长率，$\delta = 15\%$ 为折旧率。

教育投入指标用人均国家教育经费投入指标来衡量，其中涉及的年末总人口与国家教育经费投入均来自历年的《中国统计年鉴》。

产权结构使用国有工业企业总产值与全部工业企业总产值的比值衡量。其中国有工业企业总产值主要来自《新中国五十年统计资料汇编》、《中国区域经济统计年鉴》和分省统计年鉴。而全部工业企业总产值主要来自《新中国五十五年统计资料汇编》、分省统计年鉴、各地区的报纸杂志，以及各地区的国民经济和社会发展统计公报。但由于 1998 年以后国家统计局不再统计规模以下工业企业总产值数据，因此这些数据需要估算。我们利用如下三种方法来估算这些数据：

一是利用规模以下数据估算。由于全部工业企业总产值是规模以上工业企业总产值与规模以下工业企业总产值之和，因此可以通过将规模以上数据与规模以下数据加总估算。其中规模以上数据在历年的《中国统计年鉴》都有统计，而规模以下数据来自各省的抽样调查、报纸杂志以及历年的各省统计年鉴。例如，河北、浙江、青海和湖南等均用此方法估算。

二是利用全部工业企业增加值估算。工业企业增加值指工业企业在报告期内以货币表现的工业生产活动的最终成果。它与工业企业总产值之间存在一定的比例关系。因此，假设同一年中规模以上增加值占全部增加值的比例与规模以上总产值占全部总产值的比例相等。此时只要知道规模以上增加值、全部增加值与规模以上总产值就可以算出全部工业企业总产值。其中规模以上增加值与总产值在历年的《中国统计年鉴》中可以获取，而全部增加值可以在各地区的国民经济和社会发展统计公报中找到。例如，河北、山西、安徽和河南等均用此方法估算。

三是利用规模以上工业企业总产值占全部工业总产值的比例。该方法是假定同一地区近 5~10 年内规模以上工业企业总产值占全部总产值的比例不会有太大的变化。因此先算出 5~10 年内这一比例的几何平均数，然后利用该地区当年的规模以上工业企业总产值除以这一几何平均数作为该年的估算结果。例如，吉林、黑龙江和江苏等均用此方法估算。

政府质量利用腐败指数来表示。由于腐败问题的敏感性，因此相关的数据难以获取。虽然透明国际组织（Transparency International）每年公布的腐败指数（Corruption Perception Index）比较权威，但该指标没有针对中国各地区的数据，因此不能满足本书的需要。根据国内相关的研究，我们选用每百万公职人员职务犯罪立案数作为腐败的衡量指标。相关数据来自历年《中国检察年鉴》中的《人民检察院年度工作报告》。该指标张军等（2007）与陈刚等（2008）都使用过。不过由于 1997 年前后的统计指标有所改变，因此他们对处理缺失数据的方法均有不同。本书仅使用 1998 年以后的数据。对缺失的数据假设当年与前后几年具有相近的比例关系，进行同比例估算。

在使用此数据之前需要明确此数据所表达的真正含义。因为该数据只是直接反映了各地区一年中人民检察院针对职务犯罪案件的立案数目，但其如何反映腐败程度并不清楚。例如，较高的职务犯罪立案数既可以说明职务犯罪案件多而更加腐败，也可以说明打击职务犯罪力度大而更加廉洁。考虑到透明国际组织的 CPI 指数得到了普遍的认同，因此将两者进行对比可以了解该指标的含义。先将两个数据标准化，再绘制折线图。该图的时间范围为 1995~2006 年，其中圆圈表示全国每百万公职人员职务犯罪立案数，三角代表 CPI 指数。

从图 15-2 中可以看到，两条折线基本上呈现出反方向变动，而且通过计算可知两者之间的相关系数为 -0.8482。这说明全国职务犯罪立案数和 CPI 指数之间存在强烈的负相关关系。由于 CPI 指数越高说明这个地区越清廉，因此，职务犯罪立案数越高就说明这个地区越腐败。

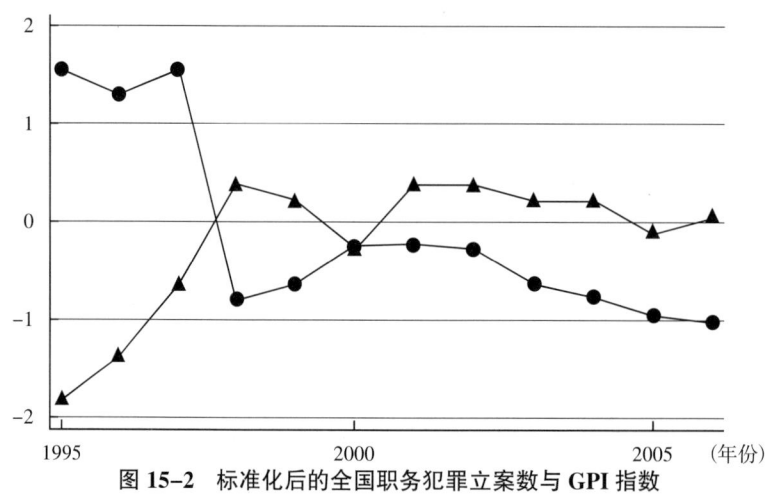

图 15-2　标准化后的全国职务犯罪立案数与 GPI 指数

控制变量主要选取了劳动力和资本。劳动力指标使用全社会就业人员数,资本指标使用社会物质资本存量。其中全社会就业人员主要来自《新中国五十五年统计资料汇编》和历年的《中国统计年鉴》。社会物质资本存量选用了张军、吴桂英和张吉鹏(2004)的核算数据。

第三节 实证结果的解释

为了识别和理解政府行为互补性关系对经济绩效的显著性影响,我们首先估计没有加入政府行为互补性变量的模型(15-1)。由于本书利用的是面板数据,因此首先需要考察模型设定的适宜性,即分别分析固定效应、随机效应和稳健性标准误模型(Driscoll 和 Kraay,1998;Daniel,2007)的有效性问题。

表 15-2 中的第一列为固定效应模型的估计结果,第二列为随机效应模型的估计结果。依据估计结果,在这两种模型的选择上,我们更倾向于固定效应模型的估计结果。这是因为,一方面,该模型分析的是全国 28 个地区,这基本代表了整个总体,另一方面,利用 Hausman 方法对固定效应和随机效应两个模型估计结果进行检验,结果在 5% 的显著性水平上拒绝了固定效应与随机效应的估计系数没有显著性差异的原假设,即两个模型的参数估计存在明显的差异。这种情况通常表明随机效应模型不能很好地拟

表 15-2 政府行为与经济绩效

	logGDP	logGDP	logGDP
logCapital	0.6262*** (0.0276)	0.6304*** (0.0302)	0.6262*** (0.0325)
logEmp	0.0533** (0.0493)	0.2514*** (0.0417)	0.0533** (0.0235)
logRDCPP	0.0417*** (0.0124)	0.0392*** (0.0150)	0.0417*** (0.0044)
logEduPeo	0.0919*** (0.0316)	0.0822** (0.0342)	0.0919*** (0.0272)
logSEPA	−0.0338*** (0.0085)	−0.0319*** (0.0104)	−0.0338*** (0.0098)
logCase	−0.0605*** (0.0148)	−0.0501*** (0.0181)	−0.0605*** (0.0099)
_const	2.4258*** (0.5055)	0.8201** (0.3612)	2.4258*** (0.4292)
N	244	244	244
Model Type	FE	RE	Driscoll 和 Kraay
R-squared	0.9836		

注:第二、第三栏圆括号内为标准误;第四栏圆括号内为 Driscoll 和 Kraay 标准误;* 表示 $p<0.1$,** 表示 $p<0.05$,*** 表示 $p<0.01$。

合本问题所涉及的经验数据，因此我们可以认为固定效应模型比随机效应模型更有效。在选择了固定效应估计结果的基础上，为了避免序列相关、截面相关、异方差等问题，以及为了提高推断的稳健性，第三列的结果推断采用了 Driscoll 和 Kraay 的稳健性标准误进行修正，其中滞后阶数为二阶，具体的估计结果如表 15-2 第三列所示。

考察模型估计的第三列结果。其中拟合优度 $R^2 = 0.9836$，说明模型具有较好的解释力。而代表政府行为四个变量的估计系数中，科技投入与教育投入对经济产生积极影响，国有经济份额与每百万公职人员职务犯罪立案数对经济产生负面影响，而且都在 1% 的显著性水平上显著。这表明，这些代表政府行为的变量的确对经济绩效产生显著性的影响，因而与理论预期完全一致。进一步观察该模型的估计结果可以发现，四个代表政府行为的变量的参数估计值都很小，这说明它们对经济绩效的弹性影响都不大。其中最大的是教育投入，其对经济绩效的弹性也只有 0.0919。这就是说教育投入每提高 1%，平均来说，实际 GDP 仅能提高 0.0919 个百分点。与教育投入的影响相比，其他三个政府行为对经济绩效的影响力度更小，例如科技投入对产出的弹性只有 0.0417。这些结果表明，希望通过改变这些政府行为来提高经济绩效是相当困难的，或者说是收效甚微的。这一点与理论预期不符合，也与实践经验相违背。因此，这种结果表明，该模型设定很可能是有偏的，虽然这种直观的结论仍然需要进一步的证据来证明。

如前文所述，导致参数估计有偏的一个主要原因是模型遗漏了政府行为互补性关系这一重要变量。政府行为对经济绩效的影响不是单一的，不同的政府行为之间可能存在各种不同的关系。这种不同的关系不仅会对经济绩效产生重要作用，而且若遗漏这种关系会导致模型中各变量的因果关系发生扭曲。事实上，若不同的政府行为之间的关系的确对经济绩效具有显著性影响，那么，在遗漏政府行为之间交互关系的情况下，我们已经无法将每个自变量对因变量的影响解释为其他条件不变时的净影响，因为遗漏政府行为互补性关系的变量使模型没有捕捉到每个政府行为对经济绩效的影响依赖于其他政府行为这一效应。为了捕捉到政府行为互补性对经济绩效的影响以及政府行为互补性关系对于单独的政府行为的经济绩效的影响，我们利用同一数据集估计了模型（15-2）。

代表政府行为的四个变量可以形成六个相互作用的政府行为关系，我们分别将这六个政府行为的交互关系加入模型（15-2）中，便可得到六个不同的模型，每个模型分别用加入的交互项来表示。表 15-3 列出了加入政府行为交互关系的模型（15-2）的六个估计结果。为了便于表示，每列表头代表加入不同政府行为交互关系的模型，并不代表因变量，这六个模型的因变量均为 GDP 的对数。六个模型中的交互项的估计值对应于 XX 行中的六个估计结果。例如，第一列的列表头为 RE，说明该列是将模型（15-2）中 XX 替换为 RE 后的模型的估计结果，而 XX 处的估计值即为 RE 的估计值。后面五列的结果排列可依次类推。

根据前面的分析，我们已经知道，该模型使用固定效应分析比随机效应分析更有效。因此，表 15-3 中的估计结果均为使用固定效应模型进行估计的结果，而且为了提高估计推断的稳健性，也使用了 Driscoll 和 Kraay 的稳健性标准误进行推断。

第十五章 政府行为互补性与社会经济绩效

表 15-3　政府行为互补性与经济绩效

	RE	RS	RC	ES	EC	SC
logCapital	0.6226*** (0.0334)	0.6264*** (0.0317)	0.6262*** (0.0325)	0.6269*** (0.0307)	0.6245*** (0.0338)	0.6182*** (0.0352)
logEmp	0.0803*** (0.0113)	0.0165 (0.0194)	0.0533** (0.0227)	−0.0329* (0.0166)	0.0615*** (0.0149)	0.0210 (0.0257)
logRDCPP	0.3038*** (0.0178)	0.1595*** (0.0063)	0.0425 (0.0435)	0.0484*** (0.0075)	0.0422*** (0.0044)	0.0467*** (0.0058)
logEduPeo	0.1154*** (0.0243)	0.0799*** (0.0223)	0.0920*** (0.0272)	0.2239*** (0.0258)	0.0307 (0.1124)	0.0965*** (0.0292)
logSEPA	−0.0141** (0.0054)	−0.0384*** (0.0105)	−0.0338*** (0.0106)	−0.2108*** (0.0084)	−0.0362*** (0.0128)	−0.1115*** (0.0149)
logCase	−0.0329*** (0.0073)	−0.0393*** (0.0050)	−0.0605*** (0.0134)	−0.0378*** (0.0073)	0.0220 (0.1575)	−0.1264*** (0.0156)
XX	0.0481*** (0.0023)	−0.0353*** (0.0019)	−0.0002 (0.0124)	−0.0399*** (0.0008)	0.0171 (0.0309)	0.0231*** (0.0035)
_const	2.2048*** (0.4043)	2.5791*** (0.4330)	2.4262*** (0.4148)	3.5790*** (0.4249)	2.0894*** (0.5170)	2.9739*** (0.5019)
N	244	244	244	244	244	244
Model Type	FE	FE	FE	FE	FE	FE

注：圆括号内为 Dricoll 和 Kraay 标准误；* 表示 p<0.1，** 表示 p<0.05，*** 表示 p<0.01。

表 15-3 所显示的估计结果与理论预期非常一致，因而表明加入政府行为交互关系的模型非常好地说明了不同地区经济绩效的差异的来源。分别观察 XX 行中六个交互项的估计结果，我们可以得到如下重要结论：

第一，科技投入与教育投入的交互项 RE 的估计值为正，且在 1% 的显著性水平上显著。这说明科技投入与教育投入的交互作用对经济绩效具有显著的促进作用，同时也说明科技投入与教育投入之间存在明显的互补性关系。就科技投入而言，其对经济绩效作用的大小不仅取决于自己的估计系数，还与其同教育投入乘积的交互项有关。科技投入与教育投入的交互项系数（0.0481）为正，表明教育投入放大了科技投入对经济绩效的影响力度。与此对应，就教育投入而言，科技投入也放大了教育投入对经济绩效的影响力度。换句话说，提高科技投入的水平，不仅有助于刺激经济绩效的提高，而且提高了教育投入对经济绩效的反应弹性，从而产生了一个超过单独科技投入水平提高所产生的经济绩效的效应，即对经济增长产生了一个乘数效应，或者说，产生了一个额外效应。同样，教育投入水平的提高不仅能够有效促进经济增长，而且能够有效提高科技投入的经济增长效应，从而产生了一个超过单独教育投入水平提高产生的经济绩效的效应。简单地说，同时提高教育投入与科技投入能够形成整体大于部分之和的效应，而这一效应远比单独提高科技投入或单独提高教育投入所产生的效应大得多。

第二，科技投入与国有企业份额的交互项 RS 的估计值为负，且在 1% 的显著性水平上显著。这说明科技投入与国有企业份额的交互作用对经济增长产生相互抵消作用，同时也说明科技投入与国有企业份额之间在影响经济绩效方面存在明显的替代关系。

就科技投入而言，其对经济绩效影响的大小不仅取决于自己的估计系数，还与其同国有企业份额乘积的交互项系数-0.0353有关，即科技投入对经济绩效的正向影响力度会被国有企业份额的增加所抵消。当提高科技投入水平时，为了提高科技投入对经济绩效的影响效应，就应该降低国有企业份额，这有助于提高科技投入的经济增长效应。科技投入与国有企业份额的交互项的估计值为负也从经验上说明国有企业创新动机较差，整体运转效率较低，因而科技投入资金的利用率不高。这一结论具有重要的政策含义。如果国有企业份额与科技投入之间存在政府行为协调失败，那么提高科技投入就难以对经济绩效产生较好的促进作用。因为仅提高科技投入而不降低国有企业份额，那么科技投入对经济增长的促进作用就有可能被较高的国有企业份额的消极影响抵消掉。因此，必须在提高科技投入的同时，不断地对国有企业进行现代企业制度的改造，才能够有效提高科技投入的创新效应，增强国家创新能力。

第三，科技投入与腐败指数的交互项RC的估计值为负。这说明科技投入与腐败指数在影响经济绩效方面存在相互抵消的效应。这一结果符合理论预期，也与大多数研究的结果相一致。因为较高的腐败水平，不仅会扭曲科技资金的有效配置，而且很容易降低科技资金的利用效率。虽然科技投入与腐败指数的交互项的估计值很小，而且在统计上也不显著，但并不代表这是一个可以忽略的因素。这一交互项系数在统计上不显著很可能源自代表腐败指数的数据特征。因此，科技投入与腐败指数在影响经济绩效方面是否真正存在相互抵消的效应，还有待进一步研究。

第四，教育投入与国有企业份额的交互项ES的估计值也为负，且在1%的水平上显著。这一现象说明教育投入与国有企业份额在影响经济绩效方面存在显著的相互抵消的效应。这不仅与理论预期相一致，也与经验直观相一致。教育投入与国有企业份额的交互项为负，源自于国有企业产权界定的模糊或不明晰。由于国有企业产权界定不明晰，其运转方式非常类似于官僚机构，因而人们并不真正关心其运转效率，由此导致三个重要结果：一是在用人机制上存在"任人唯亲"的现象，"关系取向"远重要于"能力取向"，因此教育的人力资本形成功能在国有企业中很难实现。二是国有企业官僚化的运转机制特征较为突出，重行政而轻技术，因而技术人员并不能充分发挥其创新的作用。三是短期行为与保守主义行为非常严重。国有企业的主要领导将平稳发展视为其在任时的主要问题，而将发展问题总是留给后来者，因而不论在管理制度还是技术创新性试验方面总是趋于保守，导致人才没有发挥其聪明才智的机会，抑制了人力资本的充分利用。这三个方面导致国有企业的成长与教育发展在影响经济绩效方面表现出相互抵消的效应。

第五，教育投入与腐败指数的交互项EC的估计值为正。这种现象表面上说明教育投入与腐败指数在影响经济绩效方面可能存在互补关系。这似乎既不符合理论预期，也不符合经验事实，但这是一个很隐蔽的问题。在模型（15-1）的估计中，教育与腐败对经济绩效的影响方向是相反的，而且在统计上均为显著。结合这一结论，我们可以较好地理解教育投入与腐败指数的交互项的估计值为正这一现象。一般而言，腐败程度越高，对教育投入越少，这两种倾向都对经济绩效产生负面影响。正如我们在前面论述检验互补性关系时所提示过的,这一交互项系数的估计值为正本质上是因为两个负面影响合成在一起所产生的(负负为正)。因此这一交互项真正表明,教育投入与腐败在影响经济绩效方面的效应是相互抵消的:腐败水平越高,教育投入越低,或者从相反的方向上说,降低腐败水平能够促进经济增长,同时能够加大教育投入,因而在这一意义上,教育投入与腐败在影响经济绩效方面是互补的或具有协同效应。不过,由于这一交互项的估计结果在通常的显著性水平上并不显著,因此有关教育投入与腐败指数在影响经济绩效方面的关系,还有待进一步研究。

第六,国有企业份额与腐败指数的交互项 SC 的估计值为正,且在 1% 的显著性水平上显著。这与教育投入与腐败指数的交互项的估计值为正基本一样,并不说明两者之间的交互影响对经济绩效具有积极作用或存在互补关系,而是表明在影响经济绩效方面这两者存在共振效应。由于两者本身对经济绩效的弹性为负数,因此其交互项必然为正。结合这两个变量本身对经济绩效的弹性为负数这一事实,我们可以对这两个变量的交互项对经济绩效的影响做出如下解释:降低国有企业份额,不仅有助于促进经济绩效的提高,而且降低了腐败的可能性,进而有助于提高经济绩效。同样,降低腐败水平,能够有效地促进国有企业的现代企业制度的改造,进而降低国有企业份额,从而促进经济绩效的提高。因此,同时降低腐败程度且加大国有企业改革力度,能够产生一个较仅降低腐败程度或仅加大国有企业改革力度所形成的经济增长效应更大的效应。简言之,同时降低腐败与加大国有企业改革力度,能够对经济绩效产生一个乘数效应或额外效应。

综上可知,六个交互项的估计系数中,有四个是显著的,而且与理论预期是一致的。这说明我们设定的模型(15-2)与该样本在解释中国地区经济绩效差异方面具很强的解释能力。同时,还有两个交互项并不显著,而且其中一个与理论预期也不一致。由于这两个交互项均与腐败指数相关,这就说明有可能是每百万公职人员职务犯罪立案数不能较好地代表腐败问题导致的。

引入政府行为间交互关系后,对每个代表政府行为的变量也产生了明显的影响。虽然表 15-3 中代表政府行为的四个变量参数的估计结果与表 15-2 中估计的结果没有符号上的差异,但在大小上却存在明显的不同。在模型(15-1)中,四个估计系数分别为 0.0417、0.0919、-0.0338 和 -0.0605。引入科技投入与教育投入的交互项后,科技投入与教育投入的估计值分别变为 0.3038 和 0.1154。引入国有企业份额与腐败指数的交互项后,国有企业份额与腐败指数的估计值分别变为 -0.1115 和 -0.1264。引入科技投入与国有企业份额的交互项后,科技投入与国有企业份额的估计值分别变为 0.1595 和 -0.0384。引入教育投入与国有企业份额的交互项后,教育投入与国有企业份额的估计值分别变为 0.2239 和 -0.2108。比较这些参数在是否引入交互项的前后变化,可以发现这样一个事实:加入互补性分析以后,如果引入模型(15-2)中的交互项的估计系数是显著的,那么与模型(15-1)中的估计结果相比,该模型中代表政府行为的四个变量的估计系数就会变大;相反,如果引入模型的交互项的估计系数是不显著的,那么代表政府行为的四个变量的估计结果不会有明显变化。例如,加入 RE 后的科技投入与加入 ES 后的国有企业份额的估计值变为原来的 7 倍多。从这一变化中可以得出两个结论：一是政府行为互补性的存在放大了每一个政府行为对经济绩效的影响，政府行为互补性的存在对经济绩效产生了一个乘数效应。二是政府行为互补性确实是模型（15-1）中的重要变量，遗漏该变量就会导致估计结果的有偏性。这说明在类似的研究中考虑不同政府行为之间的互补关系十分必要。

通过上面的分析可以看到，政府行为之间存在各种不同的交互关系，有的是互补关系，有的是替代关系，还有的没有显著关系。由于不同政府行为之间存在不同的相互关系，因此，经济增长不仅受到单个政府行为的影响，还受到不同政府行为之间相互配合的影响。能否捕捉到政府行为间的互补关系，直接关系到不同政府行为能否形成一种协同效应，从而对经济增长形成一种乘数作用，直接影响到经济绩效。因此，促进经济绩效的提高，不仅要关注单个政府行为的运用与改进，而且还要注重不同政府行为间的相互配合，避免在不同政府行为间出现协调失败的现象。

在政府行为互补性的框架下，我们从理论上探讨了政府行为互补性对经济绩效的影响。由于当不同政府行为之间存在互补性关系时，对经济绩效的提高形成了一个乘数效应，因而同时改变这些不同的政府行为，能够获得较单一改变某一政府行为所获得的经济增长效应更大的一个效应；而当不同政府行为在影响经济绩效方面存在相互抵消效应时，在一种政府行为不变的前提下，改变另外一种政府行为对于经济绩效的改进受到相反因素的制约，因而其经济增长效应会因此而大打折扣。

通过选取科技投入、教育投入、产权结构以及政府质量作为代表不同政府行为的变量，利用中国 28 个地区 1998~2005 年的数据所形成的面板数据结构，我们对不同政府行为在影响经济绩效方面的上述互补性理论进行了实证检验并对检验结果进行了较为细致的分析。研究结果表明：①科技投入与教育投入在影响中国地区经济增长方面具有互补性作用，同时加大科技投入与教育投入能够形成经济绩效的协同效应；国有企业份额与腐败程度的同时减少对地区经济增长具有互补性影响。②科技投入、教育投入与国有企业、政府质量在影响地区经济增长方面分别具有相互抵消的效应。因此，为了提高科技投入与教育投入的经济增长效应，应该加大国有企业改革力度，加大防腐反腐力度。③政府行为互补性的存在对中国地区经济绩效存在乘数效应或协同效应，互补性冲击对经济绩效的影响远远大于改变单个政府行为的影响。④政府行为间的协调失败，即在影响经济绩效的各个不同的政府行为之间如果不能形成互补性关系，不仅无法获得协同效应，也会使某一种政府行为（如科技投入或教育投入）的经济增长效应受到严重的抵消，更有可能使中国某个地区的经济"粘滞"在低效率的均衡上。

本书的结果表明，政府行为间的互补关系是影响经济绩效的重大因素，研究"政府行为束"关于某一方面的效应较研究某个单一特定政府行为的意义更重大。我们仅研究了政府行为互补性对于地区经济绩效的影响，而且只是一个初步的探索。事实上，人们完全可以进一步研究"政府行为束"对于技术进步与创新、可持续发展、不同区域均衡发展以及提高政府质量等的影响效应。从全球范围来说，政府行为互补性的理论研究与经验研究是一个正在兴起的研究途径，相信在未来一定能够有更多的研究问世。中国正处于社会、经济、政治转型时期，如何保证在持续变迁的前提下，保持经济、社会的稳定与安全，是中国面临的一个重大问题。从政府行为互补性的角度，探索中国社会、经济变迁的最优过程与制度设计，是一种恰当的途径。

第四节　晋升锦标赛与中国基本公共服务发展失衡

改革开放以来，中国经济稳定、持续地增长，经济总量已经超过日本，成为全球第二大经济体。然而，在这种举世瞩目的经济成就背后，却隐藏着日益严重的社会发展失衡，即经济发展与社会发展相脱节的问题。其主要表现形式不仅包括收入分配的扭曲程度日益扩大，还包括基本公共服务供给不足以及不同区域、阶层、个体间分享基本公共服务方面存在重大差异。这种发展失衡直接或间接地引发了一系列社会群众性事件，成为社会和谐发展的重大隐患。基于此，中共十八届三中全会《决定》明确提出，"紧紧围绕更好保障和改善民生、促进社会公平正义，深化社会体制改革，改革收入分配制度，促进共同富裕，推进社会领域制度创新，推进基本公共服务均等化，加快形成科学有效的社会治理体制，确保社会既充满活力又和谐有序"。

虽然近年来学术界对中国基本公共服务发展失衡问题给予了广泛的关注，但大多数相关研究仍然就基本公共服务问题谈基本公共服务问题，没有将基本公共服务嵌入社会、政治、经济等更为宏观的机制中去理解中国基本公共服务发展失衡问题，因而只能祈祷性地提出相关的改革建议。事实上，任何政策都是具有不同信念或政策偏好的博弈参与人之间所形成的博弈均衡。任何特定个体（利益集团）的政策选择都是在一系列约束下显现出的、有关探讨中的问题解决方式的一种信念或政策偏好。然而，不论在什么历史背景下，也不论在何种制度安排下，都存在众多具有各自政策偏好的不同的个体。这些个体讨价还价的结果是形成一种博弈均衡。在非合作博弈中，这种均衡通常并不代表是一种好的选择，更不大可能达到帕累托最优的状态，犹如"囚徒困境"的博弈均衡一样，但在特定博弈情景下只有它才是可自我实施的，因而才是现实的与可能的。

理解与解决中国基本公共服务发展失衡的关键是找到使中国基本公共服务呈现出目前这种状态的机制，从而在体制与机制上解决这种失衡问题。观察中国各区域基本公共服务发展的样式，可以得出这样一个结论：各不同区域基本公共服务财政投入之间的差异与各区域经济发展水平和财政能力之间的差异保持一种基本同步的状态。这种样式一方面表明在经济发展水平与财政能力基本相同的情况下，各区域的政策偏好具有同构性；另一方面也表明各不同区域的基础教育的财政投入受经济发展水平与财政能力的制约。这两种同时出现的样式引发出一个问题：为什么从国家层面上看，基础教育的财政投入并不取决于经济发展水平而是取决于政府偏好，而在中国内部各区域间，基本公共服务的财政投入却取决于经济发展水平与财政能力，而且各不同区域地方政府的政策偏好会如此地协调一致，基本公共服务财政投入与经济发展和财政能力之间的关系，均保持在相对较低的水平上而不是保持在相对较高的水平上？我们认为，这种样式的出现，除了与政府的政策选择偏好存在直接的关系外，与中国另一种制度安排也高度相关，即与中国各级地方政府官员晋升的锦标赛制度高度相关。

一、激励锦标赛的历史与泡沫化倾向

锦标赛是一种以参赛者在比赛中的相对位次作为判断竞赛者等级的竞赛。Lazear 和 Rosen（1981）最早将锦标赛与计件制（Piece Rate）作为两种不同的激励机制加以比较研究，揭示了锦标赛作为一种激励机制的特性。锦标赛的主要特征是参赛人的竞赛结果的相对位次，而不是绝对成绩决定最终的胜负，因而易于比较和实施。各参赛人为了赢得比赛而竞相努力，以取得比别人更好的比赛名次，这是锦标赛的激励效应。在一定条件下，比如参赛人的风险倾向是中性的，锦标赛可以取得最优的激励效果。锦标赛激励在契约理论中通常被视为相对绩效评估的一种形式，相对绩效评估的好处在于，当多个代理人从事的任务中涉及某种共同的未被观察的因素时，比较代理人的相对绩效可以剔除这些共同因素的干扰，增加评估的精确度与客观性，从而提高激励契约的激励强度。

在一个组织内部，在某个方面展开锦标赛式的竞争，将某种"标的"赋予锦标赛的获胜者，是提高组织效率的一种有效途径。由于锦标赛完全基于个体能力或绩效来决定"标的"的分配，因而被认为是一种避免了评判者情感与偏见的、公平的竞争规则。组织中人员的职位晋升的锦标赛，就是通过锦标赛方式争夺各种不同职位，锦标赛的优胜者获得更高的职位，而且这种方式并不花费委托人的额外资源。在职位锦标赛中，职位在事前是固定的，如果有空缺的话，无论如何需要提拔一人填补它，因此在决出优胜者之后委托人没有改变事前承诺的激励，从这个意义上说，锦标赛对参赛人的奖励具有良好的事前承诺的性质。

本章所定义的政府官员职位晋升的锦标赛，作为一种社会公共治理模式，是指某一层级政府对其多个构成部门和下级政府的行政首长设计的一种职位晋升竞赛，竞赛优胜者将获得晋升，而竞赛标准或具体内容由上级政府决定，它可以是 GDP 增长率，或是某个方面（计划生育、节能减排、社会保障等）可度量绩效指标。

官员晋升的锦标赛制度几乎存在于中国社会公共治理的所有领域，从政府到国有企业，从教育领域到医疗卫生领域再到文化领域，从社会安全领域到政治教育领域再到社区建设领域以及信息化建设领域。可以说，锦标赛式的竞争在中国无所不在，无时不在。锦标赛式的竞争是中国社会公共治理的一大传统与靓丽的风景。

中国锦标赛式的竞争起源于延安时期的经济建设并扩展到军事领域。早在延安时期，边区政府为了提高边区的社会自给能力，激励部队、机关与民众的生产热情，组织了一场规模空前的生产劳动锦标赛。这种生产劳动锦标赛与典型示范和政治与生产相关联，形成了著名社会心理学家勒温所称的"生活空间"。在这种"生活空间"中，人们彼此进行相互的情绪感染而形成一种集体氛围，个人不由自主地被生活空间中的

第十五章 政府行为互补性与社会经济绩效

整体情绪和氛围所感染、控制，从而保持一种激昂的情绪状态，并积极地模仿突出他人的角色而进入无休止的锦标赛过程中（杨冠琼，1999）。

锦标赛的竞争起源于对民众从事经济生产活动从而支持边区政府物资供给的激励，但这种方式随着军队、边区各政府机构以及各种社会团体参与经济生产活动范围的扩大，也迅速渗透到这些部门，因而从一场在群众中开展的生产活动的锦标赛扩展为各政府部门以及各级政府之间的锦标赛。这种方式对极度困难的战时中国共产党的存在、发展与扩大产生了重大影响。

新中国成立之后，为了应对当时极度凋零的经济状况，有效扩大合作化的范围与合作化的推进速度，在《掀起社会主义合作化新高潮》的强大激励下，在中国范围内再次展开了轰轰烈烈的锦标赛式的"合作化竞争"。哪里合作化推进的速度快，合作范围广泛（合作社规模庞大），哪里的成就自然就大。谁将合作化范围推进得大，谁就将成为英雄，并进而获得表扬、奖赏与晋升；谁推动合作化的范围小、速度慢，谁就是消极怠工，就在抵触中央的政策，就将受到批评甚至遭到撤换、降职以及党内或行政处分。谁反对合作化谁就是反党反社会主义。在"胡萝卜加大棒"的锦标赛式竞争的推动下，全国迅速掀起了合作化的高潮，将合作化推进到了社会所能够承受的最前沿。

1958年的"大跃进"，同样也将这种"胡萝卜加大棒"的锦标赛式竞争运用到极致，以至于产生一系列在今天的人看来极为幼稚的、毫无遮掩的"谎言"，而当时的人们却信誓旦旦、坚信不移地传播、接受、欣赏那些"事实"。"人有多大胆，地有多大产"的标语镶嵌于中国的每寸土地上，遍布于每户人家、每个政府机关、每个公社以及每个企业的可粘贴之处，墙里墙外、大街小巷、屋顶地面。所有人都堂而皇之地、自豪地委身于非理性的狂热之中，甚至长期以来一直被认为是自由与理性的捍卫者的高级知识分子群体，也失去了内在固有的冷静与理智，沉浸于弥漫着非理性幽灵的幻想之中。锦标赛式竞争激发出来的强大精神动力与凝聚力，不久便被运用于文化大革命的发动之中并在文化大革命中发扬光大。"宁要社会主义的草，不要资本主义的苗"、"凡是敌人拥护的，我们就反对；凡是敌人反对的，我们就拥护"、"知识分子最无知、最愚昧"，成为震撼世界、震惊天地的最进步、最先进的洪亮口号，各类学校在每次上课之前师生都要以惊天动地的分贝先背诵这些"最高语录"，各领域的专家都被贴上了"反动的资产阶级权威"的标签。在"以阶级斗争为纲"的这种锦标赛中，涌现出无数获奖者，并从而成为"职业阶级斗争"的先锋，占据着社会网络各节点的权力位置，在中国大地上编织起一个密不透风的、严密的"阶级斗争网"。最具有讽刺意味的是，这种以消除等级、差别为旗帜的锦标赛运动，最终却人为地制造了更为森严的等级体制，知识分子处于这个高耸入云的金字塔的最底端，俗称"臭老九"。

改革开放以后，这种锦标赛式的竞争并没有停止，只是变换了评价锦标赛的具体标准，不再以"阶级斗争"而是以"改革开放"作为考核内容，进而演变为"经济发展"，再演变为以"经济增长速度"为锦标赛的排名标准。这是中华民族命运的一次重大改变。官员晋升锦标赛评价标准的改变使中国从各种社会产品极度匮乏的"短缺危机"路径转轨到社会产品相对丰富的"产品过剩危机"的路径。虽然后者对于社会稳

· 341 ·

定与持续发展来说并不见得好，但相对于"短缺危机"还是要好无数倍，它毕竟是发展中的问题，是因为发展而引发的问题，而不是因为停止而引发的问题，但却是必须加以正视与解决的问题。

二、地方官员晋升锦标赛博弈及其激励

为了简洁、明了且避免问题的时序与动态方面，我们下面只考虑单期问题而不考虑跨期问题，但这种单期所形成的激励效应以及其有偏性等问题完全可以推广到跨期动态情形。在单期情况下，我们可以从职业发展与终生生产率的角度来思考激励问题。假设官员的产出是一个随机变量，其分布由特定官员自身决定。特别地，官员可以通过在进入竞赛之前投资于有成本的技能来控制或改变其产出分布的均值。不过，任何一个官员的生产率的实现依赖于不在其控制范围的随机因素。锦标赛的评判者（上级政府）可以观测到每个参与竞赛的官员的产出水平，但无法确定其产出水平在多大程度上取决于其（在能力方面的）投资支出，或者是取决于其好运气等。参与竞赛的官员自己知道其投入与产出水平。官员 j 的产出水平 q_j 由下式决定：

$$q_j = \mu_j + \varepsilon_j$$

其中，μ_j 是官员的努力水平，是能力或平均产出的一种测量，它是官员参与锦标赛前以及在随机因素或运气指数 ε_j 实现之前确定的。获取平均能力 μ_j 的成本为 $C(\mu_j)$，满足 $\partial C > 0$ 与 $\partial^2 C > 0$。随机变量 ε_j 遵从一个已知的分布，其均值为 0，方差为 σ^2。其中关键假设是，参与竞赛的官员无法分散其生产率风险。此外，假设影响不同参与竞赛官员生产率的 ε_j 相互独立且遵循相同的分布。

为了便于说明，我们考虑仅有两个参赛者的锦标赛，其中博弈规则为，获胜者获得价值为 W_1 的职位，而失败者获得价值为 W_2 的职位。很明显，关于这一简单的锦标赛所有关键方面都可以简单地推广到任意数量的参赛者的锦标赛之中。参赛者事前投资于其能力，知道博弈规则所设定的奖励职位及其价值，但参赛者之间不进行沟通，也不能够形成串谋，同时这是一个竞争性的而非寡头性的竞赛，因为对于能力的投资是在参赛前确定的。参赛者并不知道其对手是谁，因为假设决定是同时做出的。每个参赛者都尽可能地发挥其能力以便获胜。

假设每个参赛者具有相同的投资能力的成本函数 $C(\mu)$，因而每个参赛者的行为都是相同的。假设赢得比赛的概率为 p，那么，参赛者获得的期望效用为：

$$p[W_1 - C(\mu)] + (1-p)[W_2 - C(\mu)] = pW_1 + (1-p)W_2 - C(\mu)$$

参赛者 j 赢得比赛的概率因而为：

$$p = \text{prob}(q_j > q_k) = \text{prob}(\mu_j - \mu_k > \varepsilon_k - \varepsilon_j) = \text{prob}(\mu_j - \mu_k > \xi) = G(\mu_j - \mu_k)$$

其中，$\xi = \varepsilon_k - \varepsilon_j$，$g(\xi)$，$G(*)$ 是 ξ 的概率密度与分布，$E(\xi) = 0$，$E(\xi^2) = 2\sigma^2$。每个参赛者选择 μ_i 最大化其期望效用。假设存在内部解，那么：

$$(W_1 - W_2)\partial p / \partial \mu_i - \partial C(\mu_i) = 0$$

$$(W_1 - W_2)\partial^2 p / \partial \mu_i^2 - \partial^2 C(\mu_i) = 0, \quad i = j, k$$

采用纳什—古诺假设，每一个参赛者通过最优化其他竞赛者的努力来最大化其获

胜概率，因为参赛者自身的努力并不能够影响整个比赛结局。因此，参赛者 j 在决定其努力时视参赛者 k 的努力为给定的，同样，参赛者 k 在决定其努力时视参赛者 j 的努力也为给定的。这样，对于参赛者 j，其赢得比赛的概率依下式决定：

$\partial p / \partial \mu_j = \partial G(\mu_j - \mu_k) / \partial \mu_j = g(\mu_j - \mu_k)$

将此式代入效用最大化方程中，便可得到参赛者 j 的反应函数：

$(W_1 - W_2) g(\mu_j - \mu_k) - \partial C(\mu_i) = 0$

依据同样的过程，可以获得参赛者 k 的反应函数，即上面函数的对称函数。

这种对称性意味着，当纳什均衡存在时，$\mu_j = \mu_i$，而且 $p = G(0) = 1/2$，即获胜的概率完全是随机的。然而，从事前来看，每个参赛者都通过投资于努力水平而影响其获胜的概率。

纳什均衡时有 $\mu_j = \mu_k$，因此可以得到：

$\partial C(\mu_i) = (W_1 - W_2) g(0)$, $i = j, k$

这一关系表明，锦标赛的获胜者与失败者各自获得的职位价值之间的差异，决定着参赛者的努力程度：其间差异越大，越能够激发参赛者进入比赛并激励其在能力方面的投资。一般而言，价值相当于 W_1 的职位均高于价值相当于 W_2 的职位，因而根据职位与相关权力、待遇等相匹配的科层组织原理，$W_1 - W_2 > 0$ 恒常成立，因而对于官员来说，具有足够的激励参与这种锦标赛式的职位竞争。

事实上，早在 20 世纪初，马克斯·韦伯就已经明确地指出了官僚为职位晋升而不断竞争的过程。按照地位阶层的规定，韦伯认为，官僚在现代社会构成了一个特殊的地位阶层。他们的典型性格是所谓的"渴求禄位者"，这种职业要提供与所受教育的社会名望相匹配的薪水，如果可能的话，直到终身。他们的最高理想是有保障而不被解聘，并能可预期地升迁。"把持要职，仅求晋升——这是在当代官僚界尤其是作为候补来源的时下的学生中逐渐共同起来的态度。"官僚对权力的追逐，并不是因为他们追求权力作为改善施政的手段，而是在于其本身的目的，即受到所谓"官职荣誉"动机的强烈驱使。韦伯认为，"官职荣誉"除包含任职含义之外，还典型地包含着对自己资格和能力之高，别人不堪比拟的优越感。这种优越感或"官职荣誉"，迫使官僚在科层行政的等级阶梯上拼命往上追逐。因为科层行政的不同等级显示着个人在政治上的成就、个人能力的社会实现程度以及个人抱负的自我实现程度。

韦伯关于"官职荣誉"引发的官僚对于权力的追逐，显然只是观察到了一种特殊的情形。事实上，由于各个国家的历史与文化的不同，官僚追逐权力既受"官职荣誉"的激励，也受与官职相伴相生的其他衍生品的激励，只不过在不同时代和文化下，这些衍生品的激励所发挥的作用不同而已。亨廷顿指出，"在一个生财有道而做官无门的社会里，占主导地位的腐化形式将是利用前者换取后者。在美国，财富通常是通向政治权势的道路，而想通过当官去发财则找错了门……美国的内阁部长或总统助手为了养家糊口弃官另就是美国政治中令人吃惊却又是司空见惯的情形，这种情形在世界大部分地区使人诧异不已和难以置信"。而在那些处于现代化过程中的国家，由于少数官僚或少数家族垄断了经济的各个方面，通过个人努力获取财富的机会被各种各样的势力网络限制着，因权力职位上人员更迭而形成的政策上的漂浮不定、任意摇摆，产权随时面临被"追溯既往"式的法律或其执行的任意掠夺、侵吞或充公。在这样的社会里，政治因而成为风险相对最小的获取财富的道路，那些富于进取心的精英分子因为在工商界无用武之地，就跻身政坛以求一展抱负。在许多处于现代化之中的国家，对于一个能干的、雄心勃勃的青年人来讲，从政而当上内阁部长比经商而变为富翁要容易得多。因此，从这个角度上说，职位之间名义上的差别与实际上的差别可能相去甚远，因而对于官僚的追逐更高职位会产生比理论模型更强大的激励。

三、官员晋升锦标赛的外部效应与基本公共服务发展失衡

政府官员晋升锦标赛虽然具有强激励的特征，但也存在一系列负的外部效应。这些负的外部效应在某种情况下对社会产生的危害会极大地超过其激励效应对社会产生的正效应。归纳起来说，政府官员晋升锦标赛至少包括如下几个方面的负效应：

1. 激励的有偏性

晋升锦标赛是一种强激励的形式，政府官员的晋升高度依赖于一些可测度的经济指标。但政府职责具有多维度、多任务的特征且不易量化，政府目标需要考虑诸如消费者剩余、生产者利润、社会公正、环境污染等，加之政府的许多服务具有相当的垄断性，如何激励政府官员成为各国行政治理的难题。

根据 Holmstrom 和 Migrom 多任务下的委托—代理理论，如果激励的设计只是基于一些可测度的指标，很容易导致代理人的努力配置扭曲，即将精力完全集中在可测度的任务上，而忽略不可测度但同样重要的任务。事实上，中国基本公共服务发展失衡正是这种配置扭曲的结果。在以经济发展，特别是经济增长速度为考核指标的前提下，地方政府将有限的资源用于促进经济增长而不是基本公共服务的发展，不仅是一种理性的策略选择，而且是一种均衡的策略选择。因为在这种情形下，参与锦标赛的不同地方政府，作为博弈参与人，正在进行一个典型的"囚徒困境"博弈，偏离将有限的资源配置于经济发展的博弈路径，是每个参与人的劣策略；而将有限的财政资源配置于经济发展速度，是给定其他参与人策略选择下的最优反应策略，因而形成了纳什均衡。

假设存在两个参与锦标赛的地方政府 A 与 B（见表 15-1）。每一个地方政府对公共财政资源的配置有两种选择：配置于基本公共服务的发展与配置于经济发展速度。根据晋升锦标赛的奖励规则，各个参与人的不同配置策略可获得的收益如表 15-4 所示。不同配置策略的收益，是依据配置不同方面对经济增长的影响确定的。由于基本公共服务的社会属性，其投资效益的显现是一个长期过程，而长期过程对于锦标赛参与者来说没有任何利益可言。相反，直接的经济方面的投资，则基本可以实现立竿见影的

表 15-4 公共财政配置博弈

		参与人 B	
		配置基本公共服务	配置经济
参与人 A	配置基本公共服务	(3, 3)	(1, 10)
	配置经济	(10, 1)	(6, 6)

效果。

在以经济增长速度作为考核标准的晋升锦标赛的条件下，给定任何一个参与人的策略选择，另外一个参与人选择将公共财政资源配置于经济发展速度，都是一种最优反应，因而（配置经济，配置经济）构成此博弈的纳什均衡。根据博弈论我们知道，纳什均衡是一种具有自我实施能力的策略配置，因而任何人都没有激励改变纳什均衡状态下的策略选择。用新制度经济学的语言来说，就是人们都"锁定"在纳什均衡路径上。这就是改革开放30多年来，虽然中央制定了一系列基本公共服务发展规划，但基本公共服务发展不均衡问题始终得不到有效解决的根本所在。

激励的有偏性是官员锦标赛式晋升机制所内生的，因此，在多任务的组织中，某一方面的锦标赛式的竞争，必须附以相关的补充性机制，避免由于锦标赛式竞争而导致的激励扭曲导致组织功能完全丧失。在西方国家，主要通过扩大公民参与权和投票权来限制官员的扭曲性激励。通过公民参与和选举，公民的政策偏好能够在一定程度上决定官员的去留。另外，在西方政治体制中，特别是在美国的政治体制中，州议会在决定公共财政配置方面发挥着决定性作用，州长因个人偏好或因某种政治目的试图偏向于某方面的公共财政资源的配置，会受到严格的约束。制约地方官员激励扭曲的另一种方式是公众对政府服务的评价意见能以某种方式进入官员绩效考核的指标之中，并使其具有重要的影响，占有较大的权重，从而使上级政府面临的信息约束放松，减少对晋升锦标赛的依赖，否则这种两害相权取其轻的取舍就不可避免。进一步说，在中国目前的政府体制下，晋升锦标赛的推行与上级政府面临的信息和监督约束，或者说地方政府官员面临的监督方式直接相关，主要以垂直监督为主还是以水平监督（如媒体和公众）为主，对政府治理模式的选择影响巨大。

制约官员晋升锦标赛的激励扭曲的最后一种方式是将某种指标设定为绝对的指标，从而对地方官员的绩效指标具有强大的缩减作用。这一方式在中国非常流行，即所谓的"一票否决制"。事实上，晋升锦标赛式的竞争所产生的公共资源配置的有偏性，早在20世纪80年代就已经显露出来。改革开放以来，中央政府为了校正地方政府的扭曲性激励，出台了一系列的"一票否决制"的安排。例如，计划生育指标的"一票否决制"，环境保护的"一票否决制"，社会安全、稳定的"一票否决制"。

事实上，即使在基本公共服务发展方面，特别是公共财政投入比例方面实施"一票否决制"，促进基本公共服务的发展也不是一个能够"自我实施"的制度安排。在已经实施"一票否决制"的那些领域，出现的问题并没有比没有实施这一制度安排的领域出现的问题少。表明这些领域存在问题的一个充分统计量便是"官出数字"。虽然在一些领域实施了"一票否决制"，但由于信息不对称以及地方政府所具有的绝对优越的信息优势，可以通过修正真实数据而使被考核的指标达到政府的要求，而除了地方政府的主要领导与统计部门、财政部门以及发展和改革委等，其他人找不到有效证据来证明是否存在数据的人为修正。尽管如此，一些典型事例的媒体曝光表明这类现象的普遍存在，而且修正数据在一定条件下是一种具有"自我实施性"的策略选择，这使得"一票否决制"并没有起到真正的约束或修正作用。

为了说明在信息不对称下"一票否决制"并不是具有可"自我实施性"的制度安排，我们以一个简单的博弈模型来分析。假设存在一个地方政府，其有两种策略选择：修正或不修正数据。不修正数据的成本为 g（可视为晋升机会的丧失），所获得的收益价值为 v。存在一个社会审查者，拥有审查与不审查两种策略选择。审查的成本为 h，但可以提供地方政府是否修正了数据的证据。若没有发现地方政府修正数据的证据，地方政府获得价值为 w 的奖励，否则获得价值为 0 的收益。两个参与人同时选择策略。为避免考虑过多情形，假设 g>h>0，同时为了保证这一博弈有意义，假设 w>g（否则不修正数据就是弱的或强的劣策略），数据修正与监察博弈结果见表 15-5。

表 15-5 数据修正与监察博弈

		监察机构	
		监察	不监察
地方政府	修正数据	0, −h	w, −w
	不修正数据	w−g, v−w−h	w−g, v−w

假设监察机构进行监察，那么可以百分之百地发现是否存在数据修正行为。在这种情况下，若监察机构监察，在 w>g 的条件下，地方政府的最优策略为不修正数据；若监察机构不监察，在 w>g 的条件下，地方政府的最优策略为修正数据。因而不存在纯策略的纳什均衡。假设地方政府与监察机构分别以概率 x 和 y 采取修正数据与监察策略，那么，为了保证地方政府在修正与不修正数据两种策略之间的收益无差异，必须有不修正数据的成本等于修正数据的期望收益，即 g=yw，从而有 y=g⁄w。同样，对于监察机构两种策略间收益的无差异，必须有监察成本与监察的期望收益相等，即 h=xw，从而有 x=h⁄w。由此可知，若不修正数据的成本大于修正数据的期望收益，即 y<g⁄w 时，地方政府必然有激励去修正数据。由于 y 表示监察机构监察的概率，从各地存在禁止信息外露情况的普遍程度上来看，监察机构实际实施监察的概率远远小于 g=w。这表明，即使存在"一票否决制"，由于监察成本过大也必然存在"官出数字"的现象。更为重要的是，若考虑到监察机构可能与地方政府存在串谋行为，那么，"一票否决制"的制度安排在纠正"官出数字"方面的效应就更不可信了。

2. 短期行为

中国政府官员的晋升锦标赛，从职务晋升路径来说，呈现出从最低的行政职位一步一步提拔，顺序进入一个典型的逐级淘汰的锦标赛结构。它的最大特征是，进入下一轮的选手必须是上一轮的优胜者，每一轮被淘汰出局的选手就自动失去下一轮参赛的资格。比如一位官员从乡（镇）长这一级没有升上去，或退休了，或者被调离了，就不可能再进行下一轮县（区）长的竞争，这是一个逐级淘汰的过程。为了进入下一轮的锦标赛，官员必须在这一轮获胜才有资格。这样就给地方官员施加了很大的压力，形成一种非常残酷的政治竞争。由于中央对每一级别的行政干部有任职的最高年龄的限制，所以从政者必须在一定年龄升到某个级别，否则就没有机会了。比如近年来中央对省部级干部的退休年龄规定为 60 岁，假设一任的时间正常为五年，这意味着一个普通从政者要逐级提升为省部级干部,在最顺利的情况下也需要20年,但通常来说远不止这些时间。近年来,国家对干部任职的年龄要求越来越趋于年轻化,使得一轮竞争错过提拔机会就可能永远失去晋升机会,这势必影响到地方官员的晋升策略,比如可能采取"铤而走险"的冒险策略,甚至"跑官买官"。从这个意义上说,逐级淘汰制下的行政干部的任职路径和年龄限制均不能随意确定,其中的一些微小变化都会引起巨大的连锁反应,从而最终影响到政府官员的激励。

逐级淘汰的官员晋升锦标赛的这种即时性的最重要的一个外部效应是官员的短期行为。短期行为成为占优策略选择的博弈中,任何一个参与者或官员都没有任何激励进行长期的、社会资本的投资。此外,中国地方政府官员的任期制具有明确的规定,一般来说,在一个地方只能连任两次。若不能获得晋升,必须调任其他地方任同级别的职务。地方官员的这种流动任职制度,虽然在一定程度上防止了地方小集团的生成,但也带来了另外的问题——短期行为。几种不同的制度安排都导致官员短期行为,这种叠加效应使得官员短期行为更为严重。奥尔森曾经构建一个博弈模型,明确说明,流动性的官员对地方治理,特别是地方基础性社会投资与基本公共服务发展来说,是一个重大灾难。因为流动性使官员无法收获其长期投资收益,因而官员只注重短期收益的获取。

当各地方政府短期行为成为一种普遍行为时,对基本公共服务财政投入的"挤出效应"将变得十分明显。各不同区域基本公共服务的财政投入由于官员晋升锦标而竞相进入社会可容忍的最低限度。这一过程运用演化博弈可以得到更为清楚的证明。假设社会中存在两种类型的政府,一种将公共财政资源配置于基本公共服务的发展(A),一种将其配置于经济发展速度的增长(B)。两种策略对应的支付或收益由下面的矩阵给出。

假设地方政府中具有 A 类型的占总数的比例为 x_A,具有 B 类型的占总数的比例为 x_B,因而策略 A 与 B 的期望收益分别为:

$$f_A = ax_A + bx_B, \quad f_B = cx_A + dx_B$$

这两个方程表明,对于每一种类型的政府,与运用策略 A 进行竞争的概率为 x_A,运用策略 B 进行竞争的概率为 x_B。每一种类型的政府随机地与运用不同策略的政府进行竞争。

由于 $x_A + x_B = 1$,我们可以得到如下的动态方程:

$$\dot{x} = x(1-x)[(a-b-c+d)x + b - d]$$

如果 $a>c$、$b>d$,那么策略 A 是一个绝对占优策略,因而这一系统演化的最终结果是所有地方政府都将采用策略 A;相反,若 $a<c$、$b<d$,那么策略 B 是一个绝对占优策略,因而这一系统的最终演化结果是所有地方政府都采用策略 B(两种策略的演化结果见图 15-3)。若 $a>c$、$b<d$,那么,两种策略都是稳定的策略;若 $a<c$、$b>d$,那么两种策略能够同时存在于这一系统内(见表 15-6)。由于中国地方政府官员处于锦标赛式的晋升博弈之中,因而这一系统演化的最终结果只能是地方政府都采用某个相同策略。至于地方政府采用 A 还是 B,完全依赖于中央政府确定的晋升锦标赛的指标选择。若像改革开放后那样，选择以经济发展速度作为考核指标，那么，所有地方政府最终都将选择促进经济快速增长的策略。这种演化的结果是各地方政府在非经济发展速度方面的公共财政支出，都保持在尽可能低的状态。考察改革开放以来中国各地方的基础教育支出占当地财政支出之比或占当地 GDP 之比，可以发现，这些数字基本相同。不同区域间基础教育财政支出占财政总支出或 GDP 比例之间的差别，不论用泰尔系数还是基尼系数来衡量，远远小于这些地区之间经济发展水平或速度之间的差别。这表明，各地方政府在基础教育支出方面仅维持一种基本过得去的状态或人们可以容忍的最低状态。

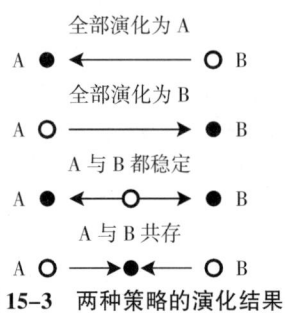

图 15-3 两种策略的演化结果

表 15-6 不同策略的收益矩阵

	A	B
A	$\begin{pmatrix} a & b \\ c & d \end{pmatrix}$	
B		

3. 人为制造绩效

晋升锦标赛的另一种外部效应就是人为地制造绩效。有关在经济发展速度方面或地方经济发展绩效方面的人为制造的绩效，在中国已经不是新鲜事物。有关政府的"形象工程"、"政绩工程"、"面子工程"以及数字上的弄虚作假等，已经充斥各种媒体。据央行调研结果显示，截至 2009 年 5 月末，地方政府的 3800 多家投融资平台总资产近 9 万亿元，负债升至 5.26 万亿元，平均资产负债率约为 60%。5.26 万亿元的负债相当于上年全国 GDP 的 15.7%，全国财政收入的 76.8%，地方本级财政收入的 161.35%。而 2010 年以来，随着地方政府投融资平台的数量和融资规模的飞速发展，地方政府投融资平台的负债规模也在急剧膨胀。大规模的投融资也给地方政府带来了居高不下的举债。地方债务在短短几个月内，已经从 4 万亿元飙升到 7 万亿元（《新华网》，2010 年 6 月 3 日）。

即使在基本公共服务领域，也不乏大量的"形象工程"或"政绩工程"。例如，在教育领域，民革郑州市委在《关于郑州市尽快实行 12 年义务教育的建议》中介绍，珠海市从 2007 年秋季起对本市户籍的中小学生实行 12 年免费教育，九年义务教育阶段学费、书杂费全免，高中教育阶段免学费；江苏省在 2009 年底提出 12 年义务教育的具体实施方案，北京市和广东省也提出了在 2010 年实现 12 年制义务教育的奋斗目标。

很显然，为了适应中央某个时期关于某方面的政策主张，或为了迎合媒体关于某领域政策问题的讨论，各个地方相互攀比式地放大政策的可能性，以此获得某种绩效方面的优势（《第一财经日报》，2009年2月2日）。

2008年10月17日，云南省教育厅对外宣布，将在全国率先探索扩大义务教育年限到13年，该举措广受赞誉，甚至一度被称为"破冰之举，描绘了中国免费教育的新蓝图"。然而，进入2009年，"普及13年义务教育"的说法悄然发生了变化，教育部门发布的消息中，剔除了敏感的"义务"二字，取而代之的是"普及13年教育"（《东方早报》，2009年3月4日）。

在教育领域，作为人为制造绩效的一个久已存在的事实是所谓的"重点学校"的建设。为了不使在教育方面的绩效影响官员锦标赛式的晋升，各地普遍存在重点学校。这类学校成为地方政府标榜教育发展的突出政绩。正是由于这一原因，才导致了中国基础教育发展中一个重要现象，即区域内的不均衡远远大于区域间的不均衡。

4. 退出竞赛

虽然官员加入晋升锦标赛容易产生一系列外部效应从而影响基础教育的发展，官员退出晋升锦标赛也同样会产生影响基础教育发展的效应。众所周知，官僚结构是一个金字塔式的结构，沿着金字塔结构向上的方向，上升得越高，职位越少。据统计，目前中国科级职务以下的公务员占92%，只有8%的公务员是副处级职务以上。公务员晋升领导职务需求的无限性与政府机关领导职务供给的有限性之间的矛盾，极大地阻碍了公务员个人的发展空间，导致"天花板"干部越来越多（《人民网》，2009年12月9日）。因此，在晋升锦标赛过程中，没有获得升迁的必然多于获得升迁的。没有得到升迁的官员，在几轮竞赛之后，由于年龄以及其他方面的问题，已经不可能再获得升迁的机会，于是这些人便成为所谓的"天花板"式的干部。有调查显示，在全国的党政机关中，约有四五十万县处级干部，其中只有约10%~15%能够继续升迁，余下的就形成了所谓遭遇"天花板"的群体（《羊城晚报》，2010年3月16日）。

大量退出晋升锦标赛的"天花板"干部的存在，导致依赖政府调动资源从而获得各方面发展的中国官僚体制，在众多方面失去了其应有的功能。《人民网》就"'天花板'干部存在的最大危害是什么？"在网上展开了调查。调查结果显示，35%的受访者选择"一些干部觉得升迁无望，开始混日子，得过且过，带坏官场风气"，32%选择"阻碍年富力强、经验丰富的人才干事，影响执政能力提高"，28%的选择"一些干部觉得手中权力时日无多，贪污腐败"，3%选择"其他"（《人民网》，2009年12月9日）。虽然这份调查的问题设计存在一些问题，但调查结果基本反映了社会对这些"天花板"干部的一种基本认知。

在晋升锦标赛体制下，跨过45岁门槛的县处级以及厅局级官员中，有些人觉得升迁无望后，会珍惜来之不易的成果。有些人则千方百计地保全既得利益，坚持"搞定就是稳定，摆平就是水平，无事就是本事"的为官教条，不仅改革锐气大减，甚至连讲话都格外小心、谨慎，常常重复总书记、总理的报告。另一些人则是"身在曹营心在汉"，在利用各种方式保持现有官职的前提下，身兼数职，利用其"官场上的人脉"，通过各种手段或途径,将处于"灰色地带"的事情变为合法的事情而从商获取自身利益。"身在官场"使自己的商业经营顺利进行是唯一的或主要的目的。

这些人的存在主要通过如下几种途径影响基础教育的发展:一是通过影响政府财政支出结构来影响基础教育的发展。虽然这些人的主要目的在于自己经营,但经营过程中的各种成本,包括交通成本、招待成本甚至建设成本,却全部或部分地由其主管的政府部门或相关部门承担。① 这些年来中国行政管理费用居高不下,不能不说与此密切相关。不断膨胀的行政管理费用对基础教育的经费投入产生了严重的挤出效应。

二是通过与其他官员串谋,大力兴建各种工程,以便直接或间接地从中盈利,挤占了基础教育经费。时任建设部部长汪光焘在"全国建设系统党风廉政建设和精神文明建设"会议第二次会议上,严厉地批评了建设系统中的种种"病症",他特别斥责一些地方脱离实际,超越经济承受能力搞劳民伤财的"形象工程"、"政绩工程"。"目前,全国竟然有183个城市相继提出了要建设'现代化国际大都市'的目标。事实上,北京在制定相关规划时,也只是定位于'现代化国际城市',而达不到'现代化国际大都市'的标准"(《第一财经日报》,2009年2月2日)。为什么地方政府在背着巨额债务,地方财政深陷拮据泥潭而无力自拔的前提下,却热衷于搞什么"现代化国际大都市",大兴土木呢?美国反腐学者苏珊的研究表明,腐败的官僚们总是"上马过多的毫无实效的公共投资项目",因为只有如此才能将水搅浑,只有"浑水"才容易"摸鱼",大工程才能捞大钱。前河北省国税局局长李真不断地给别人介绍工程,然后按工程造价提取6%的佣金。"一个书记一条街,一届政府一座城",从而使地方政府债务不断累积,既成为基础教育经费不足的来源,也成为基础教育经费投入不足的借口。

三是通过强化重点或示范单位建设,用几个典型来掩盖普遍的基本公共服务投入不足,同时又能够满足官僚群体自身对基本公共服务的需求。延安时期以及新中国成立初期,国家处于百废待兴的状态,国家财政拮据、捉襟见肘,因而发展重点学校以便保证教育质量,具有历史与客观的合理性。然而,改革开放以来,特别是20世纪90年代以来,仍然强调或实际地重视重点学校的建设,并不存在历史上存在的合理性因素。在官员晋升锦标赛中,用几个重点学校显示教育方面的突出绩效,既能够应对"条条"式的部门管理的要求,也能够为经济增长绩效增加些许综合性成分,还能够满足官僚群体对教育质量的需求。事实上,各地方的各级重点学校,通过关系进入的大部分学生,都是官僚群体的子女,而其他群体只能在有限的名额限制之内进行分数与运气上的拼搏与碰撞。近年来,社会上对于择校的不合理性的反映,并非来自按成绩录取,而是来自对官僚群体和其他势力群体通过特权而进入重点学校这一现象。

从官僚体系内部来说,强化基本公共服务的重点或示范单位建设具有激励相容性的特点。例如,地方最高党组织领导与最高行政长官,可以通过发展重点学校增强其考核的综合性,符合科学发展观的要求;教育部门由于掌控各种重点学校的建设,因

---

① 例如,《财经网》2010年6月3日报道,武汉六名法官先是违规将一块价值4亿元的土地查封,然后以低价拍卖给关系户,从中收取高额贿赂。这样的事例在全国绝非少数。

而具有公共资源的绝对配置权力，各学校竞争挤入重点学校的行列，各种专业教师、管理人员相互竞争试图就职于重点学校，这为主管部门提供了获取利益的大量机会；重点学校的领导掌控与分配"关系生"的名额，既可以交换到权力，也可以交换到金钱或财富。① 这种内部的激励相容性，形成了一个庞大、复杂的既得利益集团或利益相关者网络，从而使重点学校建设这一制度安排具有了"可自我实施性"与"自强化性"的特征。

基本公共服务的重点或示范单位，相对来说，不仅获得更多的政府投入，也通过交换获得更多的社会投入。因此，基本公共服务的重点或示范单位建设人为地拉大了同区域（省、市、自治区级）内基本公共服务发展的不均衡，从而使基本公共服务的发展或供给与社会需求之间产生严重的扭曲。基本公共服务的重点或示范单位的各种资源过剩与拥挤，非重点或示范单位的各种资源则严重短缺，既造成了基本公共服务资源配置的无效率，也造成基本公共服务资源配置的不公平。

上述表明，中国基本公共服务发展失衡主要源于体制或机制的安排，是社会运转体制的一种博弈均衡。为了实现中共十六届六中全会《决定》以来明确提出的逐步实现基本公共服务均等化的政策要求，进行与基本公共服务供给的相关体制与机制的改革，特别是相关制度的改革与完善，从根本上改变晋升锦标赛导致的公共资源配置的有偏性，是一条根本的途径。

---

① 例如，自1997年1月开始担任本溪市第十二中学校长的张某，至案发时在任长达12年之久，2004年曾当选"本溪市功勋校长"。据初步调查发现，张某近年来以收取学生择校费、择班费等名义，疯狂敛财，仅2009年秋季入学期间就收受300多万元，据为己有。其累计贪污受贿逾千万元，或以子女亲属等人的名字存入银行，或投资公司保值增值。此类事件在全国绝非少见。

参 考 文 献

[1] Ades, A., and Di Tella, R. The New Economics of Corruption: a Survey and Some New Results [J]. Political Studies, 1997, 45 (3): 496–515.

[2] Afonso, A., Schuknecht, L., and Tanzi, V. Public Sector Efficiency: an International Comparison [J]. Public Choice, 2005, 123 (3-4): 321–347.

[3] Afriat, S. N. On a System of Inequalities in Demand Analysis: an Extension of the Classical Method [J]. International Economic Review, 1973 (6): 460–472.

[4] Afriat, S. N. The Construction of Utility Functions from Expenditure Data [J]. International Economic Review, 1967, 8 (1): 7–77.

[5] Agranoff, R., and M. McGuire. Collaborative Public Management: New Strategies for Local Governments [M]. Washington DC: Georgetown University Press, 2004.

[6] Alexander, E. R. How Organizations Act Together: Interorganizational Coordination in Theory and Practice [M]. Luxembourg: Gordon and Breach Publishers, 1995.

[7] Alford, J., and O. Hughes. Public Value Pragmatism as the Next Phase of Public Management [M]. The American Review of Public Administration, 2008, 38(2): 130–148.

[8] Aly, H. and Mark Strazicich. Is Government Size Optimal in Gulf Countries of the Middle East? [J]. An Empirical Investigation, 2000, 14 (4): 475–483.

[9] Ambler, S. and Paquet, A. Fiscal Spending Shocks, Endogenous Growth, Spending and Real Business Cycles [J]. Journal of Economic Dynamics and Control, 1996, 20 (1–3).

[10] Amin, A., J. Hausner. Beyond Market and Hierarchy, Interactive Government and Social Complexity [M]. Cheltenham: Edward Elgar, 1997.

[11] Amin, A., and N. Thrift. Globalization, Institutions, and Regional Development in Europe [M]. Oxford: Oxford University Press, 1995.

[12] Anderson, T.L. and Hill, P. J. The Birth of Transfer Society [M]. Stanford, Calif.: Hoover Institution Press, 1980.

[13] Ansell, C., and A. Gash. Collaborative Governance in Theory and Practice [J]. Journal of Public Administration Research and Theory, 2008, 18 (4): 543–571.

[14] Armey, R. The Freedom Revolution [M]. Washington DC: Rognery Publishing Co, 1995.

[15] Armey. Regional Production Freedom Revoluion [M]. Washington DC: Rognery Publishing Co, 1995.

[16] Arnold Toynbee. A Study of History [M]. New York: Oxford University Press, 1957.

[17] Arpaia, A. and Turrini, A. Government Expenditure and Economic Growth in the EU: Long-run Tendencies and Short-run Adjustments [R]. European Commission Economic Papers No.300, 2008.

[18] Arrow, K. and Kurz, M. Public Investment, the Rate of Return, and Optimal Fiscal Policy [M]. Baltimore, MD: Johns Hopkins University Press, 1970.

[19] Arthur, W. B. Positive Feedbacks in the Economy [J]. Scientific American, 1990, 262 (2): 92-99.

[20] Aschauer, D. A. Do States Optimize? Public Capital and Economic Growth [J]. The Annals of Regional Science, 2000, 34 (3): 343-363.

[21] Aschauer, D. A. Is Public Expenditure Productive? [J]. Journal of Monetary Economics, 1989, 23 (2): 177-200.

[22] Aschauer, David. Public Consumption, Public Investment, and Output in the United States [M]. Federal Reserve Bank of Chicago Staff Memoranda, 1988.

[23] Ashby, W. R. Introduction into Cybernetics [M]. London: Metheun, 1956.

[24] Athey, S., and S. Stern. An Empirical Framework for Testing Theories about Complementarity in Organizational Design [R]. NBER working Paper 6600, 1998.

[25] Aucoin, P., and R. Heintzman. The Dialectics of Accountability for Performance in Public Management Reform: Canadian Centre for Management Development [M]. Montreal: McGill-Queen's University Press, 2000.

[26] Axelrod, R. The Complexity of Cooperation: Agent-based Models of Competition and Collaboration [M]. Princeton University Press, 1997.

[27] Axelrod, R. The Evolution of Cooperation [M]. New York: Basic Books, 1984.

[28] Badi H. Baltagi. Econometric Analysis of Panel Data (third edition) [M]. New York, Johu Wiley & Sons, 2005.

[29] Baffes, J., and Shah, A. Productivity of Public Spending, Sectoral Allocation Choices, and Economic Growth [J]. Economic Development and Cultural Change, 1998, 46 (2): 291-303.

[30] Bajo-Rubio, O. A Further Generalization of the Solow Growth Model: the Role of the Public Sector [J]. Economics Letters, 2000, 68 (1): 79-84.

[31] Banfield, E. C., & Wilson, J. Q. Voting Behavior on Municipal Ex-penditures [M]. Public Economy of Urban Areas, Washington, 1965.

[32] Bang, H. P. Governance as Social and Political Communication [M]. Manchester, UK: Manchester University Press, 2000.

[33] Barabasi A. L., Albert R. Emergence of Scaling in Random Networks [J]. Science, 1999, 286 (5439): 509-512.

[34] Bardach, E. Getting Agencies to Work Together: The Practice and Theory of Managerial Craftsmanship [M]. Washington, DC: Brookings Institution Press, 1998.

[35] Barlow, R. Efficiency Aspects of Local School Finance [J]. The Journal of Political Economy, 1970 (1): 1028-1040.

[36] Barr, J. L., & Davis, O. A. An Elementary Political and Economic Theory of the Expenditures of Local Governments [J]. Southern Economic Journal, 1966 (5): 149-165.

[37] Barro, R. J. Optimal Management of Indexed and Nominal Debt (No. w6197) [R]. National Bureau of Economic Research, 1997.

[38] Barro, R. J., & Sala-i-Martin, X. Economic Growth [M]. McGraw-Hill, New York, 1995.

[39] Barro, R. J. Government Spending in a Simple Model of Endogenous Growth [J]. Journal of Political Economy, 1990 (98): 103-125.

[40] Barro, Rober J. Economic Growth in a Cross Section of Countries [J]. Quarterly Journal of Econornics, 1991, 106, 2 (May): 407-433.

[41] Barzelay, Michael, Babak J. Armajani, and Alan Altshuler. Breaking Through Bureaucracy: A New Vision for Managing in Government [M]. Univ. of California Press, 1992.

[42] Bassetto, M. and Benhabib, J. Redistribution, Taxes, and the Median Voter [J]. Review of Economic Dynamics, 2006 (9): 211-223.

[43] Bauman, Z. Liquid Life [M]. Cambridge: Polity Press, 2005.

[44] Baumol, W. J., and J. Benhabib. Chaos: Significance, Mechanism, and Economic Applications [J]. The Journal of Economic Perspectives, 1989 (1): 77-105.

[45] Baumol, William J. Macroeconomics of Unbalanced Growth: The Anatomy of the Urban Crisis [J]. American Economic Review, 1967 (57): 415-28.

[46] Bavinck, M. C. R. J. Governability of Fisheries and Aquaculture: Theory and Applications [M]. Springer, 2013.

[47] Beck, N., and Katz, J.N. What to Do (and not to do) with Time-series Cross Section Data [J]. American Political Science Review, 1995 (89).

[48] Beck, U. Risk Society: Towards a New Modernity [J]. London/Newbury Park/New Delhi: Sage, 1992 (17).

[49] Becker, G. S. Public Policies, Pressure Groups, and Deadweight Costs [J]. Journal of Public Economics, 1985 (28): 329-347.

[50] Beetham, D. Bureaucracy [M]. Buckingham: Open University Press, 1996.

[51] Beggs, A. W. Queues and Hierarchies [J]. Review of Economics Studies, 2001

(68): 297-322.

[52] Behn, Robert D. Rethinking Democratic Accountability [M]. Brookings Institution Press, 2001.

[53] Behn, Robert D. The New Public Management Paradigm and the Search for Democratic Accountability [J]. International Public Management Journal, 1998 (1-2): 131-164.

[54] Benabou, R. Search Market Equilibrium, Bilateral Heterogeneity, and Repeat Purchases [J]. Journal of Economic Theory, 1993, 60 (1): 140-158.

[55] Bergstrom, T. C., and Goodman, R. P. Private Demands for Public Goods [J]. The American Economic Review, 1973 (6): 280-296.

[56] Bethell, T. Liberation Literacy: But Can Juanito Really Read? [J]. National Review, 1983 (30): 1196-1199.

[57] Bevir, Mark. Governance and Governmentality After Neoliberalism [J]. Policy & Politics, 2011, 39 (4): 457-471.

[58] Bingham, L. B., and R. O'Leary, eds. Big Ideas in Collaborative Public Management [M]. NY: ME Sharpe, 2008.

[59] Binmore, K. G. Game Theory and the Social Contract: Just Playing [M]. Boston: MIT Press, 1998.

[60] Binmore, K. G. Game Theory and the Social Contract: Playing fair [M]. Boston: MIT Press, 1994.

[61] Birdsall, W. C. A Study of the Demand for Public Goods [J]. Essays in Fiscal Federalism, 1965 (3): 235.

[62] Björnskov, C., A. Dreher, J. A. V. Fischer. Cross-Country Determinants of Life Satisfaction: Exploring Different Determinants Across Groups in Society [J]. Social Choice and Welfare, 2008, 30 (1): 119-173.

[63] Björnskov, C., A. Dreher, J. A. V. Fischer. The Bigger the Better? Evidence of the Effect of Government Size on Life Satisfaction Around the World [J]. Public Choice, 2007, 130 (3): 267-292.

[64] Bogason, Peter. Control for Whom? Recent Advances in Research on Governmental Guidance and Control [J]. European Journal of Political Research, 1991, 20 (2): 189-208.

[65] Booth, W. C. Critical Understanding: The Powers and Limits of Pluralism [M]. Chicago: University of Chicago Press, 1979.

[66] Borcherding, T. E., and Deacon, R. T. The Demand for the Services of Non-federal Governments [J]. The American Economic Review, 1972 (6): 891-901.

[67] Borins, Sandford. Trends in Training Public Managers: a Report on a Commonwealth Seminar [J]. International Public Management Journal, 1999 (2): 299-314.

[68] Bouckaert, G., B. G. Peters, and K. Verhoest. The Coordination of Public Sector Organizations: Shifting Patterns of Public Management [M]. Basingstoke: Palgrave Macmillan, 2010.

[69] Bovaird, T. Developing New Forms of Partnership with the Market in the Procurement of Public Services [J]. Public Administration, 2006, 84 (1): 81-102.

[70] Bovaird, T., and E. Löffler. Evaluating the Quality of Public Governance: Indicators, Models and Methodologies [J]. International Review of Administrative Sciences, 2003, 69 (3): 313-328.

[71] Bovaird, T., and E. Löffler. From Engagement to Co-production: The Contribution of Users and Communities to Outcomes and Public Value [J]. VOLUNTAS: International Journal of Voluntary and Nonprofit Organizations, 2012, 23 (4): 1119-1138.

[72] Bowen, H.R. The Interpretation of Voting in the Allocation of Economic Resources [J]. Quarterly Journal of Economics, 1943 (58): 27-48.

[73] Boyer, Robert. Coherence, Diversity and Evolution of Capitalisms: The Institutional Complementarity Hypothesis [J]. Evolutionary and Institutional Economics Review, 2005, 2 (1): 43-80.

[74] Bozeman, B. Public Values and Public Interest: Counterbalancing Economic Individualism [M]. Washington DC: Georgetown University Press, 2007.

[75] Braun, A.R. Tax Disturbance and Real Economic Activity in the Postwar United States [J]. Journal of Monetary Economics, 1994 (33): 441-462.

[76] Breitung, J. The Local Power of some Unit Root Tests for Panel Data [J]. Advances in Econometrics, 2000 (15): 161-177.

[77] Brennan, G., Buchanan, J. The Power to Tax: Analytical Foundations of a Fiscal Constitution [M]. Cambridge University Press, Cambridge, UK, 1998.

[78] Brennan, Geoffrey, and James M. Buchanan. The Reason of Rules: Constitutional Political Economy [M]. Cambridge: Cambridge University Press, 1985.

[79] Breton, A. Competitive Governments [M]. Cambridge University Press, Cambridge, UK, 1996.

[80] Breton, A., Scott, A. The Economic Constitution of Federal States [M]. University of Toronto Press, Toronto, 1978.

[81] Brian Skyrms. Evolution of the Social Contract [M]. Cambridge: Cambridge University Press, 1996.

[82] Brinkerhoff, D. W., and A. A. Goldsmith. Institutional Dualism and International Development: A Revisionist Interpretation of Good Governance [J]. Administration & Society, 2005 (37): 199-224.

[83] Bryson, J. M., B. C. Crosby, and M. M. Stone. The Design and Implementation of Cross-Sector Collaborations: Propositions from the Literature [J]. Public Administration

Review, 2006, 66 (s1): 44-55.

[84] Buchanan, J. M. An Economic Theory of Club [J]. Economic, 1965 (2): 1-14.

[85] Buchanan, J. M. The Pure Theory of Government Finance: a Suggested Approach [J]. Journal of Political Economy, 1949 (57).

[86] Burchell, Robert W. et al. Costs of Sprawl-2000 [M]. Washington, DC: National Academe Press, 2002.

[87] Burney, N.A. and Al-Mussallam, N. Wagner's Law and Public Expenditure Growth in Kuwait [J]. OPEC Review, 1999 (23): 139-159.

[88] Cai, Hongbin, Treisman, Daniel. Did Government Decentralization Cause China's Economic Miracle? [J]. World Politics Volume, 2006, 58 (4): 505-535.

[89] Calabrese, P., and Cardy, J. Evolution of Entanglement Entropy in One-dimensional Systems [J]. Journal of Statistical Mechanics: Theory and Experiment, 2005 (4).

[90] Calabrese, S. et al. Local Public Good Provision: Voting, Peer Effects, and Mobility [R]. NB ER Working Paper No. 11720, 2005.

[91] Calvert, R.L., McCubbins, M.D., Weingast, B.R. A Theory of Political Control and Agency Discretion [J]. American Journal of Political Science, 1989, 33 (3): 588-611.

[92] Cameron, D.R. The Expansion of the Public Economy: A Comparative Analysis [J]. American Political Science Review, 1978 (72): 1243-1261.

[93] Cameron, D.R. The Impact of Political Institutions on Public Sector Expansion [R]. Paper Presented at the Nobel Symposium on the Growth of Government in Stockholm, 1984.

[94] Campbell, J. L., J. R. Hollingsworth, and L. N. Lindberg. Governance of the American Economy [M]. NY: Cambridge University Press, 1991.

[95] Canton, E. Fiscal Policy in a Stochastic Model of Endogenous Growth [J]. Economic Modelling, 2001 (18): 19-47.

[96] Carboni, O. A., and Medda, G. Size and Composition of Public Spending in a Neoclassical Growth Model [J]. Metroeconomica, 2011, 62 (1): 150-170.

[97] Cassou, S.P. and K. J. Lansing. Growth Effects of Shifting form a Graduated-Rate Tax System to a Flat Tax [J]. Economic Inquiry, 2004 (42): 194-213.

[98] Cassou, S.P. and Lansing, K. J. Optimal Fiscal Policy, Public Capital, and the Productivity Slowdown [J]. Journal of Economic Dynamics and Control, 1998 (22): 911-935.

[99] Castells, M. The Rise of the Network Society (The Information Age: Economy, Society and Culture, Volume 1) [M]. MA: Blackwell Publishing Ltd, 1996.

[100] Chandler, Alfred D., Jr. Strategy and Structure: Chapter in the History of the Industrial Enterprise [M]. Cambridge, MA: MIT Press, 1962.

[101] Chandler, Dewitt Samuel. Socid Assistance and Bureaucratic Politics: The Monteplos of Colonid Mexiw, 1767-1821 [M]. University of New Mexico Pers, 1991.

[102] Chen, B. L. Economic Growth with an Optimal Public Spending Composition[J]. Oxford Economic Papers, 2006, 58 (1): 123-136.

[103] Chen, S., Lee, C. Government Size and Economic Growth in Taiwan: A Threshold Regression Approach [J]. Journal of Policy Modeling, 2005 (27): 1051-1066.

[104] Chen, S. T., Chen, C. C. and Kim, Yoonbai. Economic Growth and Government Size in OECD Countries: New Evidence from the Quantile Regression Approach [J]. Economics Bulletin, 2011, 31 (1).

[105] Cheng Hsiao. Analysis of Panel Data (second edition) [M]. PeKing University Press, 2003.

[106] Chiung-Ju Huang. Government Expenditures In China And Taiwan: Do They Follow Wagner's Law? [J]. Journal of Economic Development, 2006, 31 (2).

[107] Chlestos, M. and Kollias, C. Testing Wagner's Law Using Disaggregated Public Expenditure Data in the Case of Greece-1953-1993 [J]. Applied Economics, 1997 (29): 371-377.

[108] Christiano, L. and M. Eichenbaum. Current Real-business-cycle Theories and Aggregate Labour-market Fluctuations [J]. American Economic Review, 1992, 82 (3): 430-450.

[109] Chu, Ke-young, and Richard Hemming. Public Expenditure Handbook: A Guide to Public Expenditure Policy Issues in Developing Countries [R]. Washington: International Monetary Fund, 1991.

[110] Chu, Ke-young, Sanjeev Gupta, Benedict Clemengs, Daniel Hewitt, Sergio Luguaresi, Jerald Schiff, Ludger Schukncht, and Gerd Schwartz. Unproductive Public Expenditures: A Pragmatic Approach to Policy Analysis [R]. IMF Pamphlet Series, No.48, Washington: International Monetary Fund, 1995.

[111] Cilliers, P. Complexity and Postmodernism: Understanding Complex Systems [M]. London: Routledge, 1998.

[112] Clemens, C. and Soretz, S. Optimal Fiscal Policy, Uncertainty, and Growth [J]. Journal of Macroeconomics, 2004 (26): 679-697.

[113] Clemens, C., Soretz, S. Macroeconomic Effects of Income Taxation in a Model of Stochastic Growth [J]. Finanzarchiv, N. F.1997 (54): 471-493.

[114] Coe D. T., Helpman E. International R&D Spillovers [J]. European Economic Review, 1995, 39 (5): 859-887.

[115] Coffman, R. B. Why is Education Publicly Provided-Comment on Lott [J]. Cato J., 1990 (10): 289.

[116] Considine, M., and J. M. Lewis. Governance at Ground Level: The Frontline

Bureaucrat in the Age of Markets and Networks [J]. Public Administration Review, 1999, 59 (6): 467-480.

[117] Cooper, R., D. V. Dejong, R. Forsythe and T. W. Ross. Communication in Coordination Games [J]. Quarterly Journal of Economics, 1992 (107): 739-771.

[118] Cooper, T. L., T. A. Bryer, and J. W. Meek. Citizen Centered Collaborative Public Management [J]. Public Administration Review, 2006, 66 (s1): 76-88.

[119] Corsetti, G., and Roubini, N. Optimal Government Spending and Taxation in Endogenous Growth Models [R]. NBER Working Paper 5851, 1996.

[120] Costa, J.S., Ellson, R. W., and Martin, R. C. Public Capital, Regional Output, and Development: Some Empirical Evidence [J]. Journal of Regional Science, 1987, 27 (3): 419-437.

[121] Couch, Colin, et al. Dialogue on Institutional Complementarity and Political Economy [J]. Socio-Economic Review, 2005 (3): 359-382.

[122] Coulson, A. Transaction Cost Economics and Its Implications for Local Governance [J]. Local Government Studies, 1997, 23 (1): 107-113.

[123] Cremer, J. A Partial Theory of the Optimal Organization of a Bureaucracy [J]. Bell Journal of Economics, 1980 (11): 683-693.

[124] Crozier M., S. Huntington, and J. Watanuki. The Crisis of Democracy: Report on the Governability of Democracies to the Trilateral Commission [J]. New York: New York University Press, 1975.

[125] Cummings, L. L., and P. Bromiley. The Organizational Trust Inventory (OTI): Development and Validation [M]. In Trust in Organizations: Frontiers of Theory and Research, edited by R. N. Kramer and T. R. Tyler. CA: Sage, 1996.

[126] Da Cruz, N. F., and R. C. Marques. Revisiting the Determinants of Local Government Performance [J]. Omega, 2014 (44): 91-103.

[127] Dahlström, C., B. G. Peters, and J. Pierre, eds. Steering from the Centre: Strengthening Political Control in Western Democracies [M]. Toronto: University of Toronto Press, 2011.

[128] Daniel, H. Robust Standard Errors for Panel Regressions with Cross-sectional Dependence [J]. The Stata Journal, 2007: 281-312.

[129] Dar, A. and Amirkhalkhali, S. Government Size, Factor Accumulation, and Economic Growth: Evidence from OECD Countries [J]. Journal of Policy Modeling, 2002 (24): 679-692.

[130] Daugbjerg, C., and D. Marsh. Explaining Policy Outcomes: Integrating the Policy Network Approach with Macro-level and Micro-level Analysis [J]. Comparing Policy Networks, 1998 (4): 52-71.

[131] Davarajan, S., Swqaroop, V., and Zou H. The Composition of Public Expen-

diture and Economic Growth [J]. Journal of Monetary Economics, 1996 (37): 313-344.

[132] Davies, J. S. Challenging Governance Theory: from Networks to Hegemony [M]. Bristol: The Policy Press, 2001.

[133] Deacon, R., and Shapiro, P. Private Preference for Collective Goods Revealed Through Voting on Referenda [J]. The American Economic Review, 1975 (9): 943-955.

[134] Dean, M. Governmentality: Power and Rule in Modern Society [M]. London: Sage publications, 2009.

[135] Dean, Richard A. Elements of Abstract Algebra [M]. New York: Wiley, 1966.

[136] DeBoer, L. State and Local Government Utility Maximization According to GARP [J]. Public Finance Review, 1986, 14 (1): 87-99.

[137] Denhardt, Janet Vinzant, and Robert B. Denhardt. The New Public Service: Serving, Not Steering [M]. ME Sharpe, 2007.

[138] Devarajan, S., Swaroop, V., and Zou, H. F. The Composition of Public Expenditure and Economic Growth [J]. Journal of Monetary Economics, 1996, 37 (2): 313-344.

[139] Diamond, J. Establishing a Performance Management Framework for Government [R]. IMF Working Paper 0550, 2005.

[140] Downs, A. An Economic Theory of Political Action in a Democracy [J]. The Journal of Political Economy, 1957 (8): 135-150.

[141] Driscoll, J. C., and A. C. Kraay. Consistent Covariance Matrix Estimation with Spatially Dependent Panel Data[J]. Review of Economics and Statistics, 1998 (80): 549-560.

[142] Duffy-Deno, K. T., and Eberts, R. W. Public Infrastructure and Regional Economic Development: a Simultaneous Equations Approach [J]. Journal of Urban Economics, 1991, 30 (3): 329-343.

[143] Dunleavy, P. The Globalization of Public Services Production: Can Government be Best in World [M]. In Globalization and Marketization of Government Services, edited by A. Massey: St. Martin Press, 1997.

[144] Dunleavy, Patrick, et al. New Public Management is Dead-long Live Digital-era Governance [J]. Journal of Public Administration Research and Theory, 2006, 16 (3): 467-494.

[145] Dunsire, A. Tipping the Balance Autopoiesis and Governance [J]. Administration & Society, 1996, 28 (3): 299-334.

[146] Durkheim. The Rules of Sociological Method [M]. New York: The Free Press, 1950.

[147] Durlauf, S. N. On the Convergence and Divergence of Growth Rates [J]. The Economic Journal, 1996 (8): 1016-1018.

[148] E. C. Banfield and J. Q. Wilson. Voting Behavior on Municipal Expenditures: A Study in Rationality and Self-Interest [M]. J.Margolis, ed., The Public Economy of Urban Communities, Washington, 1965.

[149] Eberts, R. W. Public Infrastructure and Regional Economic Development [J]. Economic Review, 1990, 26 (1): 15-27.

[150] Eberts, R. W. Estimating the Contribution of Urban Public Infrastructure to Regional Growth (Vol. 8610) [M]. Cleveland, OH: Federal Reserve Bank of Cleveland, 1986.

[151] Edelberg, W., M. Eichenbaum, and J. Fisher. Understanding the Effects of Shocks to Government Purchases [J]. Review of Economic Dynamics, 1999 (II): 166-206.

[152] Eisner, Robert. Infrastructure and Regional Economic Performance: Comment [J]. New England Economic Review, 1991, 74 (9-10): 47-58.

[153] Engen, E.M. and J. Skinner. Fiscal Policy and Economic Growth [R]. NBER Working Paper No.4223, 1992.

[154] Engle, R. F., and C. W. J. Granger, Cointegration and Error Correction: Representation, Estimation, and Testing [J]. Econometrica, 1987 (55): 251-276.

[155] Epstein, D., O'Halloran, S. A Theory of Strategic Oversight: Congress, Lobbyist, and the Bureaucracy [J]. Journal of Law, Economics, & Organization, 1995, 11 (2): 227-255.

[156] Esmark, A., and P. Triantafillou. A Macro Level Perspective on Governance of the Self and Others [A] // The Politics of Self-Governance [M]. Farnham: Ashgate, 2009.

[157] Farnham, David, and Sylvia Horton. Public Service Managerialism: A Review and Evaluation [M]. Managing the New Public Services, 2nd edition, Macmillan, London, 1996.

[158] Finer, H. Theory and Practice of Modern Government [M]. Westpot, CT: Greenwood Press, 1970.

[159] Fischer, M. M. Ethnicity and the Postmodern Arts of Memory [M]. In Writing Culure: The Poetics and Politics of Ethnography, edited by J. Clifford and G. E. Marcus. Berkeley CA: University of California Press, 1986.

[160] Fishbein M. An Investigation of the Relationships between Beliefs about an Object and the Attitude toward that Object [J]. Human Relations, 1963, 16 (3): 233-239.

[161] Fölster, Stefan, and Magnus Henrekson. Growth Effects of Government Expenditure and Taxation in Rich Countries [J]. European Economic Review, 2001, 45 (8): 1501-1520.

[162] Foucault, M. Governmentality. In the Foucault Effect: Studies in Governmentality [M]. edited by I. Burchell, C. Gordon and P. Miller: Chicago: University of Chicago Press, 1991.

[163] Frederickson, H. G. Minnowbrook II: Changing Epochs of Public Administration [J]. Public Administration Review, 1989 (49): 95-100.

[164] Fukuyama, F. Social Capital and the Global Economy: A Redrawn Map of the World [J]. Foreign Affairs, 1995, 74 (5): 89-103.

[165] Fung, A. Varieties of Participation in Complex Governance [J]. Public Administration Review, 2006, 66 (s1): 66-75.

[166] Futagami, K., Morita, Y., and Shibata, A. Dynamic Analysis of an Endogenous Growth Model with Public Capital [J]. The Scandinavian Journal of Economics, 1993 (6): 607-625.

[167] G. Brennan and J.M. Buchanan. The Power to Tax: Analytical Foundations of a Fiscal Constitution [M]. Cambridge University Press, Cambridge, 1980.

[168] G. K. Turnbull. Fiscal Illusion, Uncertainty, and the Flypaper Effect [J]. Journal of Public Economics, 1992 (48): 207-223.

[169] Galbraith, J. and Kazanijan, R. Strategy Implementation, 2nd Edn [M]. St Paul: West Publishing, 1986.

[170] Gamble, A. The New Political Economy [J]. Political Studies, 1995, 43 (3): 516-530.

[171] Ganti, S. and Kolluri, B. R. Wagner's Law of Public Expenditures: Some Efficient Results for the United States [J]. Public Finance/Finances Publiques, 1979, 34 (2): 225-233.

[172] Gaudin, J. P. Modern Governance, Yesterday and Today: Some Clarifications to be Gained from French Government Policies [J]. International Social Science Journal, 1998, 50 (155): 47-56.

[173] Gaus, J. M. The Mingling of Study and Practice in Public Administration [J]. The Western Political Quarterly, 1951, 4 (4): 623-633.

[174] Gersick, Connie J. G. Revolutionary Change Theories: A Multilevel Exploration of the Punctuated Equilibrium Paradigm [J]. The Academy of Management Review, 1991, 16 (1): 10-36.

[175] Gerth, H. H. and Mills, C. Wright (eds). From Max Weber: Essays in Sociology [M]. London: Routledge & Kegan Paul, 1970.

[176] Giavazzi, F., Jappelli, T., Pagano, M. Searching for Non-linear Effects of Fiscal Policy: Evidence from Industrial and Developing Countries [J]. European Economic Review, 2000 (44): 1259-1289.

[177] Gladden, E.N. A History of Public Administration [M]. London: Frank Cass, 1972.

[178] Glaeser, E.L., R. L.Porta, and Lopez-De-Silanes, F. Do Institutions Cause Growth [J]. Journal of Economic Growth, 2004 (9): 271-303.

[179] Glassman, R. B. Persistence and Loose Coupling in Living Systems [J]. Behavioral Science, 1973, 18 (2): 83–98.

[180] Glazer, A. and Niskanen, E. Why Voters May Prefer Congested Public Goods [J]. Journal of Public Economics, 1997 (5): 37–44.

[181] Glenn Withers. Private Demand for Public Subsidies: An Econometric Study of Cultural Support in Australia [J]. Journal of Cultural Economics, 1976 (6): 53–61.

[182] Goldspink, C. Rethinking Educational Reform A Loosely Coupled and Complex Systems Perspective [J]. Educational Management Administration & Leadership, 2007, 35 (1): 27–50.

[183] Golmm, G., and Ravikumar, B. Public Investment in Infrastructure in a Simple Growth Model [J]. Journal of Economic Dynamics and Control, 1994 (18): 1173–1187.

[184] Gore, A. The Gore Report on Reinventing Government: From Red Tape to Results, Creating a Government that Works Better and Costs Less, Report of the National Performance Review [M]. New York: Time Books, 1993.

[185] Goto A., Suzuki K. R&D Capital, Rate of Return on R&D Investment and Spillover of R&D in Japanese Manufacturing Industries [J]. The Review of Economics and Statistics, 1989, 71 (4): 555–564.

[186] D. Landau Government Expenditure and Economic Growth: A Cross-Country Study [J]. Southern Economic Journal, 1983, 49 (3): 783–792.

[187] Grabher, G. Lob Der Verschwendung [J]. Die Mitbestimmung, 1994, 40 (12): 65.

[188] Grabowski A., Kosinski R. A.Ising-based Model of Opinion Formation in a Complex Network of Interpersonal Interactions [M]. Physica A: Statistical Mechanics and its Applications, 2006.

[189] Gramlich, Edward M. U.S. Infrastructure Needs: Let's Get the Prices Right [R]. Conference Paper, American Enterprise Institute, Feb.4, 1991.

[190] Grande, E., and R. Prötorius, eds. Politische Steuerung und neue Staatlichkeit [M]. Baden-Baden, 2003.

[191] Grandmont, J. On Endogenous Competitive Business Cycles [J]. Econometrica: Journal of the Econometric Society, 1985 (6): 995–1045.

[192] Granovetter, Mark. Economic Action and Social Structure: The Problem of Embeddedness [J]. American Journal of Sociology, 1985, 91 (3): 481–510.

[193] Green, Andy. Education and State Formation: The Rise of Education Systems in England, France and the USA [M]. New York: St. Martio's Press, 1990.

[194] Green, Dan S. Sociology: A Multiple Paradigm Science by George Ritzer [J]. Contemporary Sociology, 1981, 10 (5): 704–706.

[195] Grier, Kevin B. and Gordon Tullock. An Empirical Analysis of Cross-National

Economic Growth [J]. Journal of Monetary Economics, 1989, 24, 2 (19), 259-276.

[196] Grönroos. C. From Marketing Mix to Relationship Marketing: Towards a Paradigm Shift in Marketing [J]. Asia-Australia Marketing Journal, 1994, 2 (1): 9-29.

[197] Grossman. P. J. The Optimal Size of Government [J]. Public Choice, 1987 (53): 131-147.

[198] Groszyk, W. Outcome-focused Management in the United States [J]. OECD Journal on Budgeting, 2001, 1 (4): 23-39.

[199] Gruening, Gernod. Origin and Theoretical Basis of New Public Management[J]. International Public Management Journal, 2001, 4 (1): 1-25.

[200] Guan, J., Z. Wu, Z. Huang, X. Xu, and Y. Wang. Promotion of Cooperation Induced by Nonlinear Attractive Effect in Spatial Prisoner's Dilemma Game [J]. EPL (Europhysics Letters), 2006, 76 (6): 1214.

[201] Guengant, A., Josselin, J. M., and Rocaboy, Y. Effects of Club Size in the Provision of Public Goods: Network and Congestion Effects in the Case of the French Municipalities [J]. Papers in Regional Science, 2002, 81 (4): 443-460.

[202] Gupta, S., and Verhoeven, M. The Efficiency of Government Expenditure Experiences from Africa [J]. Journal of Policy Modelling, 2001 (23): 433-467.

[203] Gwartney J., Lawson, R., and Holcombe, R. The Size and Functions of Government and Economic Growth [R]. Joint Economic Committee, 1998.

[204] Gwartney, J., Lawson, R., Park, W., Wagh, S., Edwards, C., and de Rugy, V. Economic Freedom of the World [M]. Annual Report. Vancouver, the Fraser Institute, 2002.

[205] Gwartney, J., R. Holcombe, and R. Lawson. The Scope of Government and the Wealth of Nations [J]. Cato Journal, 1998, 18 (2).

[206] Gyles, A. F. A Time Domain Transfer Function Model of Wagner's Law: The Case of the United Kingdom Economy [J]. Applied Economics, 1991 (23): 327-330.

[207] Hadri, K. Testing for Stationarity in Heterogeneous Panel Data [J]. Econometrics Journal, 2000 (3): 148-161.

[208] Hajer, M. A., and H. Wagenaar. Deliberative Policy Analysis: Understanding Governance in the Network Society [M]. Cambridge: Cambridge University Press, 2003.

[209] Hall, A. Peter, and W. Daniel Gingerich. Varieties of Capitalism and Institutional Complementarities in the Macroeconomy: an Empirical Analysis[J]. British Journal of Political Science, 2009 (39): 449-482.

[210] Hall, J. C. Positive Externalities and Government Involvement in Education [J]. Journal of Private Enterprise, 2006, 21 (2): 165-175.

[211] Hall, Peter and Soskice, David, eds. Varieties of Capitalism: The Institutional Foundations of Comparative Advantage [M]. Oxford: Oxford University Press, 2001.

[212] Hamill L., Gilbert N. Social Circles: a Simple Structure for Agent-Based Social Network Models [J]. Journal of Artificial Societies and Social Simulation, 2009, 12 (2): 3.

[213] Hammond, T.H. and Thomas, P.A. The Impossibility of a Neutral Hierarchy [J]. Journal of Law, 1989 (1): 155-184.

[214] Hammond, Thomas H. Agenda Control, Organizational Structure, and Bureaucratic Politics [J]. American Journal of Political Science, 1986 (30): 379-420.

[215] Hansson, Asa and Stuart, Charles. Peaking of Fiscal Sizes of Government [J]. European Journal of Political Economy, 2003, 19 (4): 669-684.

[216] Hatry, H. P. Performance Management: Getting Results [M]. Washington: Urban Institute Press, 1999.

[217] Hauert, C., F. Michor, M. A. Nowak, and M. Doebeli. Synergy and Discounting of Cooperation in Social Dilemmas [J]. Journal of Theoretical Biology, 2006, 239 (2): 195-202.

[218] Haveri, A. Complexity in Local Government Change: Limits to Rational Reforming [J]. Public Management Review, 2006, 8 (1): 31-46.

[219] Hayden, F. G. Utilization of the Social Fabric Matrix to Articulate a State System of Financial Aid for Public Schools and to Derive Conceptual Conclusions [M]. In Institutional Analysis and Praxis (209-235). Springer New York, 2009.

[220] Hayek, F.A.von. The Use of Knowledge in Society [J]. American Economic Review, 1945 (35): 519-530.

[221] Head, B. W. Wicked Problems in Public Policy [J]. Public Policy, 2008, 3 (2): 101.

[222] Henrekson, M. Wagner's Law—A Spurious Relationship [J]. Public Finance, 1993 (48): 406-415.

[223] Higgs, Robert. Crisis and Leviathan: Critical Episodes in the Growth of American Government [M]. New York: Oxford University Press, 1987.

[224] High, J. State Education: Have Economists Made a Case [J]. Cato J., 1985 (5): 305-323.

[225] Hill, A. The Use of Performance Targets: UK Experience, Paper Presented at the OECD Senior Budget Official Meeting, Performance and Information in the Budget Procee [M]. Paris, April, 2004.

[226] Him and Lau. Welfare-maximizing vs. Growth-maximizing Shares of Government Investment and Consumption [J]. Economic Letters, 1995 (47): 350-359.

[227] Hjarvard, S. The Mediatization of Society: A Theory of the Media as Agents of Social and Cultural Change [M]. Nordicom Review, 2008, 29 (2): 105-134.

[228] Hjern, Benny, and Chris Hull. Going inter Organisational: Weber Meets Durkheim [J]. Scandinavian Political Studies, 1984, 7 (3): 197-212.

[229] Hofbauer, J., and K. Sigmund. Evolutionary Games and Population Dynamics [M]. Cambridge: Cambridge University Press, 1998.

[230] Hoff, K., and E. Joseph Stiglitz. After the Big Bang? Obstacles to the Emergence of the Rule of Law in Post-Communist Societies [J]. The American Economic Review, 2004, 94 (3): 753-763.

[231] Holcombe R.G. and Williams D.W. The Impact of Population Density on Municipal Government Expenditures [J]. Public Finance Review, 2008, 3 (3).

[232] Holme P., Kim B. J. Growing Scale-free Networks with Tunable Clustering [J]. Physical Review, 2002, 65 (2).

[233] Holmes, Malcolm, and David Shand. Management Reform: Some Practitioner Perspectives on the Past Ten Years [J]. Governance, 1995, 8 (4): 551-578.

[234] Holz-Eakin, D. Private Output, Government Capital, and the Infrastructure Crisis [R]. Discussion Paper no. 394 (Columbia University, New York, NY), 1988.

[235] Holz-Eakin, D. The Costs and Budgetary Treatment of Multilateral Financial Institutions' Aotivites [M]. Congressional Budget Office, 2004.

[236] Hood, C. A Public Management for all Seasons [J]. Public Administration, 1991, 69 (1): 3-19.

[237] Hood, C. Beyond the Public Bureaucracy State? Public Administration in the 1990s [M]. London: LSEPS, 1993.

[238] Hotelling, H. Game Theory for Economic Analysis[J]. Economic Journal, 1929 (39): 41-47.

[239] Houthakker, H. S. Revealed Preference and the Utility Function [J]. Economica, 1950 (8): 159-174.

[240] Hsieh, E., and Lai, K. Government Spending and Economic Growth: The G-7 Experience [J]. Applied Economics, 1994 (26): 535-542.

[241] Huang C., Sun C., Hsieh J., et al. Simulating SARS: Small-World Epidemiological Modeling and Public Health Policy Assessments [J]. Journal of Artificial Societies and Social Simulation, 2004 (7): 4.

[242] Huckfeldt, R. Structure, Indeterminacy and Chaos: A Case for Sociological Law[J]. Journal of Theoretical Politics, 1990, 2 (4): 413-433.

[243] Hudson, B. Analysing Network Partnerships: Benson Re-visited [J]. Public Management Review, 2004, 6 (1): 75-94.

[244] Hughes, O. E. Public Management and Administration: an Introduction [M]. NY: Palgrave Macmillan, 2012.

[245] Hulten C. R., Schwab. R. M. Public Capital Formation and the Growth of Regioal Manufacturing Industries [J]. National Tax Journal, 1991 (44): 121-134.

[246] Huntington, S. P. Political Development and Political Decay [J]. World Politics,

1965, 17 (3): 386-430.

[247] Hutcheon, L. Irony's edge: The Theory and Politics of Irony [M]. London: Routledge, 1994.

[248] Huxham, C., and S. Vangen. Managing to Collaborate London [M]. Routledge, 2006.

[249] Hyndman, N.S., Anderson, R. The Use of Performance Information in External Reporting: an Empirical Study of U.K. Executive Agencies [J]. Financial Accountability and Management, 1995, 11 (1): 1-17.

[250] Hyun, P., Philippopoulos, A. Indeterminacy and Fiscal Policies in a Growing Economy [J]. Journal of Economic Dynamics and Control, 2004 (28): 645-660.

[251] Im K. S., M. H. Pesaran and Y. Shin, Testing for Unit Roots in Heterogeneous Panels [J]. Journal of Econometrics, 2003 (115): 53-74.

[252] Inkeles, Alex, and D. Smith. H. Becoming Modern [M]. Cambridge: Harvard Press, 1974.

[253] Islam, A.M. Wagner's Law Revisited: Cointegration and Exogeneity Tests for the USA [J]. Applied Economics Letters, 2001 (8): 509-515.

[254] Iyare, S.O. and Lorde, T. Cointegration, Causality and Wagner's Law: Tests for Selected Caribbean Countries [J]. Applied Economics Letters, 2004 (11): 815-825.

[255] J. Barr and O. Davis. An Elementary Political and Economic Theory of the Expenditures of Local Governments [J]. Southern Econ. J., 1966, 33 (10): 149-165.

[256] Jachtenfuchs, M., and B. Kohler-Koch. Regieren im Dynamischen Mehrebenensystem [M]. In Europäische Integration, edited by M. Jachtenfuchs and B. Kohler-Koch. Opladen: Leske und Budrich, 1996.

[257] Jackson, P., Palmer, B. First Steps in Measuring Performance in the Public Sector [M]. Public Finance Foundation, 1989.

[258] Jänicke, M. Trend-setters in Environmental Policy: the Character and Role of Pioneer Countries [J]. European Environment, 2005, 15 (2): 129-142.

[259] Jennings, Edward T. Competition, Constituencies and Welfare Policies in American States [J]. American Political Science Review, 1977 (73): 415-429.

[260] Jessop, B. Critical Semiotic Analysis and Cultural Political Economy [J]. Critical Discourse Studies, 2004, 1 (2): 159-174.

[261] Jessop, B. Governance and Meta-governance in the Face of Complexity: On the Roles of Requisite Variety, Reflexive Observation, and Romantic Irony in Participatory Governance [M]. Participatory Governance in Multi-level Context: Springer, 2002.

[262] Jessop, B. Governance and Meta-governance: on Reflexivity, Requisite Variety and Requisite Irony [M]. Governance as Social and Political Communication, 2003.

[263] Jessop, B. Governance Failure [M]. New Politics of British Local Governance,

edited by G. Stoker: Palgrave Macmillan, 2000.

[264] Jessop, B. The Governance of Complexity and the Complexity of Governance: Preliminary Remarks on some Problems and Limits of Economic Guidance [M]. Beyond Market and Hierarchy: Interactive Governance and Social Complexity, edited by A. Amin and J. Hausner. Lyme, US: Edward Elgar, 1997.

[265] Jessop, B. The Political Economy of Scale and European Governance [J]. Tijdschrift voor Economische en Sociale Geografie, 2005, 96 (2): 225-230.

[266] Jessop, B. The Rise of Governance and the Risks of Failure: the Case of Economic Development [J]. International Social Science Journal, 1998, 50 (155): 29-45.

[267] Jessop, B. State Theory: Putting the Capitalist State in its Place [M]. Penn State Press, 1990.

[268] Johansen, S. Likelihood Based Inference on Cointegration in the Vector Autoregressive Model [M]. Oxford: University Press, 1995.

[269] Jørgensen, T. B., and B. Bozeman. Public Values an Inventory [J]. Administration & Society, 2007, 39 (3): 354-381.

[270] Joyce, P. C. Using Performance Measures for Federal Budgeting: Proposals and Prospects [J]. Public Budgeting and Finance, 1999 (13): 1-15.

[271] Judd, Kenneth L. The Optimal Tax Rate for Capital Income is Negative [R]. NBER Working Paper No. 6004, 1997.

[272] Kahler, M. Networked Politics: Agency, Power, and Governance [M]. Ithaca, NY: Cornell University Press, 2009.

[273] Kamenka, E. Bureaucracy [M]. Oxford: Blackwell, 1989.

[274] Kan, J. B. and P. H. Rubin. The Growth of Government: Sources and Limits [J]. Public Choice, 2002 (113): 389-402.

[275] Kao, C., M. H. Chiang and B. Chen. International R&D Spillovers: An Application of Estimation and Inference in Panel Cointegration [J]. Oxford Bulletin of Economics and Statistics, 1999 (61): 691-709.

[276] Karras, G. Employment and Output Effects of Government Spending: Is Government Size Important? [J]. Economic Inquiry, 1993, 31 (7).

[277] Karras, G. On the Optimal Government Size in Europe: Theory and Empirical Evidence [J]. The Machester School, LXV, No. 3, 1997.

[278] Karras, G. The Optimal Government Size: Further International Evidence on the Productivity of Government Services [J]. Economic Inquiry, 1996, 34 (2).

[279] Keast, R., M. P. Mandell, and R. Agranoff. Network Theory in the Public Sector: Building New Theoretical Frameworks [M]. London: Routledge, 2014.

[280] Kelly, D. Between Description and Explanation in State Theory: Rethinking Marx and Weber [J]. Journal of Historical Sociology, 2000, 13 (2): 190-214.

[281] Kerk L. Phillips, Shen Kunrong. What Effect Does the Size of the State-owned Sector have on Regional Growth in China [J]. Journal of Asian Economics, 2005 (15): 1079-1102.

[282] Kernaghan, K. Integrating Values Into Public Service: The Values Statement as Centerpiece [J]. Public Administration Review, 2003, 63 (6): 711-719.

[283] Kersbergen, K. V., and F. V. Waarden. Governance' as a Bridge Between Disciplines: Cross Disciplinary Inspiration Regarding Shifts in Governance and Problems of Governability, Accountability and Legitimacy [J]. European Journal of Political research, 2004, 43 (2): 143-171.

[284] Khan, A. H. Wagner's Law and the Developing Economy: Time Series Evidence from Pakistan [J]. Indian Journal of Economics, 1990 (38): 115-123.

[285] Kickert, W. J. Autopoiesis and the Science of (Public) Administration: Essence, Sense and Nonsense [J]. Organization Studies, 1993, 14 (2): 261-278.

[286] Kickert, W. J. Public Management and Network Management: an Overview [M]. In Managing Complex Networks, edited by W. J. Kickert, E. Klijn and J. F. Koppenjan. London: Sage, 1997.

[287] Kickert, W. J., E. Klijn, and J. F. M. Koppenjan. Managing Complex Networks: Strategies for the Public Sector [M]. London: Sage, 1997.

[288] Kiel, L. D., and E. Elliott. Budgets as Dynamic Systems: Change, Variation, Time, and Budgetary Heuristics [J]. Journal of Public Administration Research and Theory, 1992, 2 (2): 139-156.

[289] Kim, B. J., A. Trusina, P. Holme, P. Minnhagen, J. S. Chung, and M. Y. Choi. Dynamic Instabilities Induced by Asymmetric Influence: Prisoners' Dilemma Game in Small-world Networks? [J]. Physical Review E, 2002, 66 (2).

[290] Kim, S. J. Reinventing Korea and New Governance: Searching for a New Paradigm [J]. Korean Public Administration Review, 2000, 34 (2): 1-21.

[291] Kjör, A. M. Rhodes' Contribution to Governance Theory: Praise, Criticism and the Future Governance Debate [J]. Public Administration, 2011, 89 (1): 101-113.

[292] Klijn, E. Governing Networks in the Hollow State: Contracting Out, Process Management or a Combination of the two [J]. Public Management Review, 2002, 4 (2): 149-165.

[293] Klijn, E., and J. Edelenbos. Meta-governance as Network Management [J]. Theories of Democratic Network Governance: 2007: 199-214.

[294] Klijn, E., and J. F. Koppenjan. Institutional Design in Networks: Elaborating and Analyzing Strategies for Institutional Design [R]. Paper for the Eighth International Research Symposium on Public Management, 2004.

[295] Klijn, E., and J. F. Koppenjan. Public Management and Policy Networks:

Foundations of a Network Approach to Governance [J]. Public Management an International Journal of Research and Theory, 2000, 2 (2): 135-158.

[296] Kneller, R., Bleaney, M. F., and Gemmell, N. Fiscal Policy and Growth: Evidence from OECD Countries [J]. Journal of Public Economics, 1999, 74 (2): 171-190.

[297] Kooiman, J. Governability: a Conceptual Exploration [J]. Journal of Comparative Policy Analysis, 2008, 10 (2): 171-190.

[298] Kooiman, J. Governing as Governance [M]. London: Sage, 2003.

[299] Kooiman, J. Improving Governability-Reflections for Future Applications [M]. In Governability of Fisheries and Aquaculture: Springer, 2013.

[300] Kooiman, J. Modern Governance: New Government-society Interactions [M]. London: Sage, 1993.

[301] Kooiman, J. Social-political Governance: Overview, Reflections and Design [J]. Public Management an International Journal of Research and Theory, 1999, 1 (1): 67-92.

[302] Kooiman, J. Societal Governance: Levels, Modes, and Orders of Social-Political Interaction. In Debating Governance, edited by J. Pierre [M]. Oxford: Oxford University Press, 2000.

[303] Kooiman, J., and S. Jentoft. Meta-Governance: Values, Norms and Principles, and the Making of Hard Choices[J]. Public Administration, 2009, 87 (4): 818-836.

[304] Kooiman, J., M. Bavinck, R. Chuenpagdee, R. Mahon, and R. Pullin. Interactive Governance and Governability: an Introduction [J]. Journal of Transdisciplinary Environmental Studies, 2008, 7 (1): 1-11.

[305] Koppenjan, J. F., and E. Klijn. Managing Uncertainty in Networks: A Network Approach to Problem Solving and Decision Making [M]. London: Routledge, 2004.

[306] Koppenjan, J. The New Public Governance in Public Service Delivery? [M]. Den Haag: Eleven International Publishing, 2012.

[307] Koppenjan, J., and C. Koliba. Transformations Towards New Public Governance: Can the New Paradigm Handle Complexity [J]. International Review of Public Administration, 2013, 18 (2): 1-8.

[308] Kormendi, R. C., and Meguire, P. Government Dept, Government Spending, and Private Sector Behavior: Reply [J]. American Economic Review, 1986, 76 (1): 191-203.

[309] Kormendi, Roger C., and Philip G. MeGuire. Macroeconomic Determinants of Growth: Cross-Country Evidence [J]. Journal of Monetary Economics, 1985 (16): 141-163.

[310] Kuhn, T. S. The Structure of Scientific Rvolutions. 2nd ed. [M]. Chicago:

Univ. of Chicago Press, 1970.

[311] Kuran T. Sparks and Prairie Fires: a Theory of Unanticipated Political Revolution [J]. Public Choice, 1988, 66 (1): 41-74.

[312] Laitin, David D. Comparative Politics: the State of the Discipline. In The State of the Discipline: Power, Choice, and the State [M]. I. Katznelson and H. Milner. New York: W.W. Norton, 2002.

[313] Laitin, David D. The Perestroikan Challenge to Social Science [J]. Politics & Society, 2003, 31 (1): 163-184.

[314] Lan, Zhiyong and David H. Roerbloom. Editorial: Pablic Administration in Transition? [J]. Public Administration Review, 1992, 52 (6): 535-537.

[315] Landau, D. Government Expenditure and Economic Growth: A Cross-country Study [J]. Southern Economic Journal, 1983, 49 (3): 783-792.

[316] Lansing, K. J. Optimal Fiscal Policy in a Business Cycle Model with Public Capital [J]. Canadian Journal of Economics, 1997 (31): 337-364.

[317] Larkey, P. D., Stolp, C., and Winer, M. Theorizing about the Growth of Government: A Research Assessment[J]. Journal of Public Policy, 1981, 1 (2): 157-220.

[318] Lawrence, T. B., N. Phillips, and C. Hardy. Watching Whale Watching: Exploring the Discursive Foundations of Collaborative Relationships [J]. The Journal of Applied Behavioral Science, 1999, 35 (4): 479-502.

[319] Lazear, E.P. and Sherwin Rosen. Rank-Order Tournaments as Optimum Labor Contracts [J]. The Journal of Political Economy, 1981, 89 (5): 841-864.

[320] Lee, J. Optimal Size and Composition of Government Spending [J]. Journal of the Japanese and International Economies, 1992, 6 (4): 423-439.

[321] Lee, M. Conceptualizing the New Governance: a New Institution of Social Coordination [M]. Paper read at the Institutional Analysis and Development Mini-Conference, at Indiana University, 2003.

[322] Leggett, W. The Politics of Behaviour Change: Nudge, Neoliberalism and the State [J]. Policy & Politics, 2014, 42 (1): 3-19.

[323] Lemke, T. An Indigestible Meal? Foucault, Governmentality and State Theory [J]. Distinktion: Scandinavian Journal of Social Theory, 2007, 8 (2): 43-64.

[324] Leruth, L., Paul, E. A Principal-agent Theory Approach to Public Expenditure Management Systems in Developing Countries [R]. IMF Working Paper 06204, 2006.

[325] Lester, T. W., and S. Reckhow. Network Governance and Regional Equity: Shared Agendas or Problematic Partners? [J]. Planning Theory, 2013, 12 (2): 115-138.

[326] Levi-Faur, D. The Oxford Handbook of Governance [M]. Oxford: Oxford University Press, 2012.

[327] Levin A., C. Lin and J. Chu. Unit Root Tests in Panel Data: Asymptotic and

Finite-sample Properties [J]. Journal of Economics, 2002 (108): 1-24.

[328] Lewis, D. Conventions: A Philosophical Study [M]. Cambridge, Massachusetts: Harvard UP, 1969.

[329] Lieberman, E., C. Hauert, and M. A. Nowak. Evolutionary Dynamics on Graphs [J]. Nature 433 (7023): 312-316.

[330] Lin, C-A. More Evidence on Wagner's Law for Mexico [J]. Public Finance, 1995 (50): 262-277.

[331] Lin, S. Government Spending and Economic Growth [J]. Applied Economics, 1994, 26 (1): 83-94.

[332] Lindahl, E. Just Taxation—a Positive Solution (E. Henderson, trans.) [M]. In: Musgrave, R.A., Peacock, A. T. (eds.), Classics in the Theory of Public Finance. Macmillan, London, 1958.

[333] Longstaff, P. H. Security, Resilience, and Communication in Unpredictable Environments Such as Terrorism, Natural Disasters, and Complex Technology [M]. Cambridge: Harvard University Press, 2005.

[334] Lott, J. R. The Institutional Arrangement of Public Education: The Puzzle of Exclusive Territories [J]. Public Choice, 1987, 54 (1): 89-96.

[335] Lott, J. R. The Effect of Nontransferable Property Rights on the Efficiency of Political Markets: Some Evidence [J]. Journal of Public Economics, 1987, 32 (2): 231-246.

[336] Lott, John R., Jr. An Explanation for Public Provision of Schooling: The Importance of Indoctrination [J]. Journal of Law and Economics, 1990, 38 (2).

[337] Low, S. The Governance of England [M]. London: Fisher Unwin, 1904.

[338] Lowery, D., and Berry, W. D. The Growth of Government in the United States: an Empirical Assessment of Competing Explanations [J]. American Journal of Political Science, 1983 (2): 665-694.

[339] Lowndes, V., and C. Skelcher. The Dynamics of Multi-organizational Partnerships: an Analysis of Changing Modes of Governance [J]. Public Administration, 1998, 76 (2): 313-333.

[340] Luciano, G. On the Power of Panel Cointegration Tests: a Monte Carlo Comparison [J]. Economics Letters, 2003 (80): 105-111.

[341] Lynn Jr, Laurence E. Globalization and Administrative Reform: —What is Happening in Theory? [J]. Public Management Review, 2001, 3 (2): 191-208.

[342] Lynn Jr, Laurence E. Public Management and Government Performance: A Consideration of Theory and Evidence [R]. 1997.

[343] Lynn Jr, Laurence E. The Myth of the Bureaucratic Paradigm: What Traditional Public Administration Really Stood for [J]. Public Administration Review, 2001, 61 (2):

144-160.

[344] Lynn Jr, Laurence E. The New Public Management: How to Transform a Theme into a Legacy [J]. Public Administration Review, 1998 (1): 231-237.

[345] Maddala, G. S. and S. Wu. A Comparative Study of Unit Root Tests with Panel Data and a New Simple Test [J]. Oxford Bulletin of Economics and Statistics, 1999 (61): 631-652.

[346] Malpas, J., and G. Wickham. Governance and Failure: on the Limits of Sociology [J]. Journal of Sociology, 1995, 31 (3): 37-50.

[347] Mann, A. J. Wagner's Law: an Econometric Test for Mexico [J]. National Tax Journal, 1980 (33): 189-201.

[348] March, J. G., and Olsen, J. P. The New Institutionalism Organizational Factors in Political Life [J]. Global Governance: Critical Concepts in Political Science, 2004, 1 (3): 271.

[349] March, J. G., and J. P. Olsen. Democratic Governance [M]. NY: Free Press, 1995.

[350] March, James G., and Johan P. Olsen. What Administrative Reorganization Tell Us about Governing [J]. American Political Science Review, 1983 (77): 283.

[351] Marin, B., and R. Mayntz. Policy Networks: Empirical Evidence and Theoretical Considerations [M]. Frankfurt am Main: Campus Frankfurt am Main, 1991.

[352] Marinetto, M. Governing beyond the Centre: a Critique of the Anglo-Governance School [J]. Political studies, 2003, 51 (3): 592-608.

[353] Marks, G., L. Hooghe, and K. Blank. European Integration from the 1980s: State-Centric Versus Multi-level Governance [J]. Journal of Common Market Studies, 1996, 34 (3): 341-378.

[354] Marrero, G. A. Tax-mix, Public Spending Composition and Growth [J]. Journal of Economics, 2010, 99 (1): 29-51.

[355] Marsh, D. The New Orthodoxy: the Differentiated Polity Model [J]. Public Administration, 2011, 89 (1): 32-48.

[356] Martins, R., and Veiga, F. J. Turnout and the Modeling of Economic Conditions: Evidence from Portuguese Elections [R]. NIPE-WP, 1, 2012.

[357] Mathiasen, David G. The New Public Management and its Critics [J]. International Public Management Journal, 1999, 2 (1): 90-111.

[358] Mayntz, R. A View from the Social Sciences [M]. Edited by La Porte, 1991.

[359] Mayntz, R. Governance Immodernen Staat [M]. In Governance-regieren in Komplexen Regelsystemen: Springer, 2004.

[360] Mayntz, R. Governing Failures and the Problem of Governability: some Comments on a Theoretical Paradigm [M]. In Modern Governance: New Government-Society

Interactions, edited by J. Kooiman. London: Sage, 1993b.

[361] Mayntz, R. Modernization and the Logic of Interorganizational Networks [M]. In Societal Change between Market and Organization, edited by J. Chid, M. Crozier and R. Mayntz. Aldershot: Avebury, 1993a.

[362] Mayntz, R. Organizations, Agents and Representatives [J]. Organizing Political Institutions, 1999 (1): 81-91.

[363] Mayntz, R., and F. W. Scharpf, eds. Steuerung und Selbstorganisation in Staatsnahen Sektoren [M]. Frankfurt/Main: Campus, 1995.

[364] Mayntz, R., and V. Schneider. The Dynamics of System Development in a Comparative Perspective: Interactive videotex in Germany, France and Britain [M]. The Development of Large Technical Systems. Frankfurt AM: Campus, 1988.

[365] McCoskey, S., and Kao, C., A Residual-Based Test of the Null of Cointegration in Panel Data [J]. Econometric Reviews, 1998 (17): 57-84.

[366] McGrattan, E. R. The Macroeconomic Effects of Distortionary Taxation [J]. Journal of Monetary Economics, 1994 (33): 573-602.

[367] McGuire, M., and R. Agranoff. The Limitations of Public Management Networks [J]. Public Administration, 2011, 89 (2): 265-284.

[368] McLaughlin, K., and S. P. Osborne. Current Trends and Future Prospects of Public Management [M]. New Public Management: Current Trends and Future Prospects, 2002.

[369] McLaughlin, Kate, Stephen P. Osborne, and Ewan Ferlie. New Public Management: Current Trends and Future Prospects [M]. Psychology Press, 2002.

[370] Meier, J. K. Politics and Bureaucracy [M]. 5th ed, Wadsworth Pualishing, 2006.

[371] Melton, J. Van Horn. Absolutism and the Eighteenth-Century Origins of Compulsory Schooling in Prussia and Austria [M]. Cambridge, UK: Cambridge University Press, 1988.

[372] Meltzer, Allan H., and Richard, Scott F. A Rational Theory of the Size of Government [J]. Journal of Political Economy, 1981 (89): 914-927.

[373] Meltzer, Allan H., and Richard, Scott F. Tests of a Rational Theory of the Size of Government [J]. Public Choice, 1983 (41): 403-418.

[374] Mera, K. Regional Production Function and Social Overhead Capital: An Analysis of Japanese Case [J]. Regional Science and Urban Economics, 1973, 3 (2): 57-86.

[375] Meriam, Lewis. An Analysis of the Problem, In L. Meriam and L. F. Schmeckebier, eds., Reorganization of the National Government: What Does It Involve? [M]. Washington, D.C.: Brookings Institution, 1939.

[376] Meuleman, L. Public Management and the Metagovernance of Hierarchies,

Networks and Markets [M]. Heidelberg: Physica-Verlag, 2008.

[377] Meyer B. D. Natural and Quasi-Experiments in Economics [J]. Journal of Business & Economic Statistics, 1995, 13 (2): 151-161.

[378] Milgrom, P., and J. Roberts. Rationalizability, Learning, and Equilibrium in Games with Strategic Complementarities [J]. Econometrica, 1990, 58 (6): 1255-1277.

[379] Mintzberg, H. The Structuring of Organizations: A Synthesis of the Research [M]. University of Illinois at Urbana-Champaign's Academy for Entrepreneurial Leadership Historical Research Reference in Entrepreneurship, 1979.

[380] Moore, M. H. Creating Public Value: Strategic Management in Government [M]. Cambridge: Harvard University Press, 1995.

[381] Moore, M. H. Recognizing Public Value [M]. Cambridge: Harvard University Press, 2013.

[382] Mueller, D. (Ed.). Perspectives on Public Choice: A Handbook [M]. Cambridge: Cambridge University Press, 1997.

[383] Mueller, D.C. Public Choice III [M]. New York: Cambridge University Press, 2003.

[384] Munnell, A. H. Why Has Productivity Growth Declined? Productivity and Public Investment [J]. New England Economic Review, 1990a (1): 9-10.

[385] Munnell, A. H. How does Public Infrastructure Affect Regional Economic Performance? [J]. New England Economic Review, 1990b (9): 11-32.

[386] Munnell, Alicia H. Policy Watch: Infrastructure Investment and Economic Growth [J]. Journal of Economic Perspectives, 1992, 6 (4): 189-198.

[387] Musgrave, R. The Theory of Public Finance [M]. Fiscal Federalism, Harcourr Brace Jovanovich, New York, 1959.

[388] Nabatchi, T. Putting the "Public" Back in Public Values Research: Designing Participation to Identify and Respond to Values [J]. Public Administration Review, 2012, 72 (5): 699-708.

[389] Nasaw, D. Schooled to Order: A Social History of Public Schooling in the United States (Vol. 626). [M]. Oxford: Oxford University Press, 1981.

[390] Naschold. International Trend of Local Government Modernisation. An Assessment ofr the Mid-1990s [M]. In Public Management and the Metagovernance of Hierarchies, Networks and Markets, edited by L. Meuleman: Springer, 1997.

[391] Nechyba, T. J. Mobility, Targeting, and Private-school Vouchers [J]. American Economic Review, 2000 (7): 130-146.

[392] Newman, J. Beyond the New Public Management? Modernizing Public Services [M]. In New Managerialism New Welfare, edited by J. Clarke, S. Gewirtz and E. McLaughlin. London: Sage, 2000.

[393] Newman, J. Modernizing Governance: New Labour, Policy and Society [M]. London: Sage, 2001.

[394] Nielsen, K., and O. K. Pedersen. The Negotiated Economy [J]. Ideal and History, 1988 (11): 79-101.

[395] Nomura, M. Wagner's Hypothesis and the Displacement Effect in Japan, 1960-1991 [J]. Public Finance, 1995 (50): 121-135.

[396] OECD. Performance Management in Government: Performance Measurement and Results-oriented Management [R]. Public Management Occasional Papers, No. 3 (Paris: OECD).

[397] O'Flynn, J. From New Public Management to Public Value: Paradigmatic Change and Managerial Implications [J]. Australian Journal of Public Administration, 2007, 66 (3): 353-366.

[398] Ohtsuki, H., and M. A. Nowak. Evolutionary Stability on Graphs [J]. Journal of Theoretical Biology, 2008, 251 (4): 698-707.

[399] Olson, M. The Rise and Decline of Nations: Economic Growth, Stagflation and Social Rigidities [M]. New Haven: Yale University Press, 1982.

[400] Orton, J. D., and Weick, K. E. Loosely Coupled Systems: A Reconceptualization [J]. Academy of Management Review, 1990, 15 (2): 203-223.

[401] Osborne, David, and Ted Gaebler. Reinventing Government: How the Entrepreneurial Spirit is Transforming Government [M]. Reading Mass. Adison Wesley Public Comp, 1992.

[402] Osborne, S. P. The New Public Governance: Emerging Perspectives on the Theory and Practice of Public Governance [M]. NY: Taylor & Francis, 2010.

[403] Osborne, S. P. The New Public Governance [M]. London: Routledge, 2009.

[404] Osborne, S. P., and K. Strokosch. It Takes Two to Tango? Understanding the Coproduction of Public Services by Integrating the Services Management and Public Administration Perspectives [J]. British Journal of Management, 2013, 24 (S1): S31-S47.

[405] Osborne, S. P., and L. Brown. Innovation, Public Policy and Public Services Delivery in the UK. The Word that Would be King? [J]. Public Administration, 2011, 89 (4): 1335-1350.

[406] Osborne, S. P., and T. Kinder. Debate: "Want doesn't get"? Public Management Responses to the Recession [J]. Public Money & Management, 2011, 31 (2): 85-88.

[407] Osborne, S. P., Z. Radnor, and G. Nasi. A New Theory for Public Service Management? Toward a (public) Service-dominant Approach [J]. The American Review of Public Administration, 2013, 43 (2): 135-158.

[408] Ostrom, E. A Behavioral Approach to the Rational Choice Theory of Collective Action: Presidential Address, American Political Science Association [J]. American Politi-

cal Science Review, 2013, 25 (2): 1-22.

[409] Ostrom, E. Governing the Commons: The Evolution of Institutions for Collective Action [M]. Cambridge: Cambridge University Press, 1990.

[410] Ostrom, V. Intellectual Crisis in American Public Administration [M]. Tuscaloosa: University of Alabama Press, 1989.

[411] Ouchi, W. G. Markets, Bureaucracies, and Clans [J]. Administrative Science Quarterly, 1980, 25 (1): 129-141.

[412] Owen, Guillermo. Game Theory [M]. New York: Academic Press, 1968.

[413] Oxley, Howard, M. Maher, J. P. Martins, and Guiseppe Nicoletti. The Public Sector: Issues for the 1990s [R]. OECD Working Paper No.90 (Paris: Organization for Economic Cooperation and Development), 1990.

[414] P. Samuelson. The Pure Theory of Public Expenditure [J]. Rev. Econ. Statist. 1954 (36): 387-389.

[415] P. Shapiro. A Model of Voting and Incidence of Environmental Policy [R]. Community and Organization Res.Inst., Working Pap.No.1, Univ. California, Santa Barbara, 1973.

[416] Pagden, Anthony. The Genesis of "Governance" and Enlightenment Conceptions of the Cosmopolitan World Order [J]. International Social Science Journal, 1998, 50 (155): 7-15.

[417] Pak Hung Mo. Corruption and Economic Growth [J]. Journal of Comparative Economics, 2001 (29): 66-79.

[418] Paresh Kumar Narayan, Ingrid Nielsen and Russell Smyth. Panel Data Cointegration, Causality and Wagner's Law: Empirical Evidence From Chinese Provinces [J]. China Economic Review, 2008, 19 (2): 297-307.

[419] Parto and Saeed. Economic Activity and Institutions: Taking Stock [J]. Journal of Economic Issues, 2005, 39 (1): 271-303.

[420] Paul, Kennedy. The Rise and Fall of the Great Powers [M]. Unwin Hyman, 1987.

[421] Peacock, A., Wiseman, J. The Growth of Public Expenditure in the United Kingdom [M]. George Allen and Unwin, London, 1967.

[422] Peacock, Alan R., and Jack Wiseman. The Growth of Public Expenditure in the United Kingdom [M]. Princeton, NJ: Princeton University, 1961.

[423] Pedroni, P. Critical Value for Cointegration Tests in Heterogeneous Panels with Multiple Regressors [J]. Oxford Bulletin of Economics and Statistics, 1999 (61): 653-678.

[424] Pedroni, P. Fully Modified OLS for Heterogeneous Cointegrated Panels [J]. Advances in Econometrics, 2000 (15): 93-130.

[425] Peltzman, S. The Growth of Government [J]. Journal of Law and Economics,

1980, 23 (2): 209-287.

[426] Peltzman, S. The Growth of Government [J]. Journal of Law and Economics, 1980 (23): 209-288.

[427] Perri. Joined-Up Government in the Western World in Comparative Perspective: A Preliminary Literature Review and Exploration [J]. Journal of Public Administration Research and Theory, 2004, 14 (1): 103-138.

[428] Persson, T., Roland G., Tabellini, G. Separation of Powers and Political Accountability [J]. The Quarterly Journal of Economics, 1997, 112 (4): 1163-1202.

[429] Peters, B. G. Bureaucracy and Democracy [J]. Public Organization Review, 2010, 10 (3): 209-222.

[430] Peters, B. G. Governance and Public Bureaucracy: New Forms of Democracy or New Forms of Control? [J]. Asia Pacific Journal of Public Administration, 2004, 26 (1): 3-15.

[431] Peters, B. G. Governing and Meta-Governing: Confronting the Dilemmas of Limited Control and Influence [R]. Paper read at APSA 2009 Toronto Meeting Paper, 2009.

[432] Peters, B. G., and J. Pierre. Governance Without Government? Rethinking Public Administration [J]. Journal of Public Administration Research and Theory, 1998, 8 (2): 223-243.

[433] Pierre, J. Debating Governance: Authority, Steering, and Democracy [M]. Oxford: Oxford University Press, 2000.

[434] Pierre, J. Models of Urban Governance the Institutional Dimension of Urban Politics [J]. Urban Affairs Review, 1999, 34 (3): 372-396.

[435] Pierre, J., and G. B. Peters. Governance, Politics and the State [M]. London: Macmillan, 2000.

[436] Pigou, A.C. A Study in Public Finance [M]. Macmillan, London, 1928.

[437] Polanyi, Karl. The Great Transformation [M]. Boston: Beacon Press, 1957.

[438] Pollitt, C. and G. Bouckaert. Public Management Reform [M]. Oxford: Oxford University Press, 2000.

[439] Pollitt, C. Managerialism and the Public Service [M]. Oxford, UK: Blackwell, 1993.

[440] Pollitt, C. The Essential Public Manager [M]. Berkshire: McGraw-Hill International, 2003.

[441] Pollitt, C., and G. Bouckaert. Public Management Reform: A Comparative Analysis [M]. Oxford: Oxford University Press, 2004.

[442] Pollitt, C., C. Talbot, J. Caulfield, and A. Smullen. Agencies: How Governments Do Things Through Semi-Autonomous Organizations [M]. Palgrave Macmillan, 2004.

[443] Pollitt, Christopher. Managerialism and the Public Services: Cuts or Cultural Change in the 1990s? [M]. Blackwell Business, 1993.

[444] Pollitt, Christopher. Managerialism and the Public Services: The Anglo-American Experience [M]. Basil Blackwell, 1990.

[445] Posner, R. A. Social Costs of Monopoly and Regulation [R]. NBER.org, 1974.

[446] Powell, W. W. Neither Market nor Hierarchy-Network Form or Transitional Development [J]. California Management Review, 1990 (30): 67-87.

[447] Putnam, Robert D. Bowling Alone: The Collapse and Revival of American Democracy [M]. New York: Simon & Schuster, 2000.

[448] R. Barlow. Efficiency Aspects of Local School Expenditures [J]. Journal of Politicod Economy, 1970, 78 (9-10): 1028-1040.

[449] Ram, Rati. Government Size and Economic Growth: A New Framework and Some Evidence from Cross-Section and Time-Series Data [J]. American Economic Review, 1986 (76): 191-203.

[450] Ramsey, F. P. A Mathematical Theory of Saving [J]. The Economic Journal, 1928 (2): 543-559.

[451] Rhodes, R. A. W. The Governance Narrative: Key Findings and Lessons from the Erc's Whitehall Programme [J]. Public Administration, 2000, 78 (2): 345-363.

[452] Rhodes, R. A. W. The New Governance: Governing Without Government [J]. Political Studies, 1996, 44 (4): 652-667.

[453] Rhodes, R. A. W. Understanding Governance: Policy Networks, Governance, Reflexivity and Accountability [M]. Buckingham: Open University Press, 1997.

[454] Ring, P. S., and A. H. Van de Ven. Developmental Processes of Cooperative Interorganizational Relationships [J]. Academy of Management Review, 1994, 19 (1): 90-118.

[455] Robert Deacon and Perry Shapiro. Private Preference for Collective Goods Revealed Through Voting on Referenda [J]. The American Economic Review, 1975, 65 (5): 943-955.

[456] Robert E. H., Charles I. J. Why Do Some Countries Produce So Much More Output Per Worker Than Others? [J]. The Quarterly Journal of Economics, 1999, 114 (1): 83-116.

[457] Rodrik, D. Institutions for High-quality Growth: What They are and How to Acquire Them [R]. NBER Working Paper 7540, 2000.

[458] Romer, David. Advanced Macroeconomics. 4th ed [M]. Irwin: McGraw-Hill, 2012.

[459] Romer, P. M. The Origins of Endogenous Growth [J]. The Journal of Economic Perspectives, 1994 (5): 3-22.

[460] Rorty, R. Contingency, Irony, and Solidarity [M]. Cambridge: Cambridge University Press, 1989.

[461] Rose, N., and P. Miller. Political Power Beyond the State: Problematics of Government [J]. The British Journal of Sociology, 1992, 43 (2): 172-205.

[462] Rose, R., and G. Peters. Can Government Go Bankrupt? [M]. New York: Basic Books, 1978.

[463] Rose, Richard. What If Anything Is Wrong with Big Government? [J]. Journal of Public Policy, 1981, 1 (1): 5-36.

[464] Rosenau, J. N. Governance, Order, and Changes in World Politics [M]. In Governance without Government: Order and Change in World Politics, edited by J. N. Rosenau and E. Czempiel. New York: Cambridge University Press, 1992.

[465] Sabatier, Paul A. Top-down and Bottom-up Approaches to Implementation Research: a Critical Analysis and Suggested Synthesis [J]. Journal of Public Policy, 1986, 6 (1): 21-48.

[466] Salamon, L. M. New Governance and the Tools of Public Action: An Introduction [J]. Fordham Urb. L J, 2000 (28): 1611.

[467] Salamon, L. M. New Governance and the Tools of Public Action: An Introduction [M]. In The Tools of Government: A Guide to New Governance, edited by L. M. Salamon. NY: Oxford, 2002.

[468] Samuelson, L. Evolutionary Games and Equilibrium Selection MIT Press [M]. Cambridge, MA, 1997.

[469] Samuelson, P. A. A Note on the Pure Theory of Consumer's Behaviour [J]. Economica, 1938 (4): 61-71.

[470] Saperstein, A. M., and G. Mayer-Kress. A Nonlinear Dynamical Model of the Impact of SDI on the Arms Race [J]. Journal of Conflict Resolution, 1988, 32 (4): 636-670.

[471] Saz-Carranza, A. The Quest for Public Value [J]. Public Administration Review, 2012, 72 (1): 152-153.

[472] Scharpf, F. W. Games Real Actors Could Play: Positive and Negative Coordination in Embedded Negotiations [J]. Journal of Theoretical Politics, 1994, 6 (1): 27-53.

[473] Scharpf, F. W. Games Real Actors Could Play: The Problem of Mutual Predictability [J]. Rationality and Society, 1990, 2 (4): 471-494.

[474] Scharpf, F. W. Games Real Actors Could Play: Actor-Centred Institutionalism in Policy Research [M]. Boulder: Westview Press, 1997.

[475] Scharpf, F. W. Games Real Actors could Play: The Challenge of Complexity [J]. Journal of Theoretical Politics, 1991, 3 (3): 277-304.

[476] Schelling, T. C. The Strategy of Conflict [M]. Cambridge: Mass, 1960.

[477] Schneider, M., Teske, P., Marschall, M., Mintrom, M., and Roch, C. Institutional Arrangements and the Creation of Social Capital: The Effects of Public School Choice [J]. American Political Science Review, 1997, 91 (1): 82-93.

[478] Schofield, N. Valence Competition in the Spatial Stochastic Model [J]. Journal of Theoretical Politics, 2003 (15): 371-383.

[479] Scott, W. R. Institutions and Organizations [M]. London: Sage Publications, 2001.

[480] Scully G. W. Taxation and Economic Growth in New Zealand [J]. Pacific Economic Review, 1996, 1 (2).

[481] Scully, G. W. The Growth Tax in the United States [J]. Public Choice, 1995 (85): 71-80.

[482] Scully, G. W. Unfinished Reforms: Taxation and Economics Growth in New Zealand [J]. Journal of Private Enterprise, 1999 (1): 92-114.

[483] Scully, G. W. Government Expenditure and Quality of Life [J]. Public Choice, 2001 (108): 123-145.

[484] Seidman, Harold. Politics, Position, and Power: The Dynamics of Federal Organization [M]. New York: Oxford University Press, 1970.

[485] Sethi, R., and Somanathan, E. Collective Action in the Commons: A Theoretical Framework for Empirical Research (No. 04-21) [M]. Indian Statistical Institute, New Delhi, India, 2004.

[486] Shapiro, B. P. Marketing for Nonprofit Organizations [J]. Harvard Business Review, 1973, 51 (5): 123-132.

[487] Sheehey, E. The Effect of Government Size on Economic Growth [J]. Eastern Economic Journal, 1993, 19 (3): 321-328.

[488] Shell, K. A Model of Inventive Activity and Capital Accumulation [M]. in K. Shell, ed., Essays on the Theory of Optimal Economic Growth (MIT Press, Cambridge, MA), 1967.

[489] Shell, K. Optimal Programs of Capital Accumulation for an Economy in Which There is Exogenous Technical Change, in K. Shell (ed.), Essays on the theory of Optimal Economic Growth [M]. Cambridge, Mass.: MIT Press, 1967.

[490] Shleifer, A., and Vishny, R. The Grabbing Hand: Government Pathologies and Their Cures [M]. Cambridge: Harvard University Press, 1998.

[491] Sideris D. "Wagner's Law in 19th Century Greece: a Cointegration and Causality Analysis [R]. Bank of Greece, Working Paper No. 64 (December), 2007.

[492] Simon, H. A. Applying Information Technology to Organization Design [J]. Public Administration Review, 1973, 33 (3): 268-278.

[493] Sirianni, C. Investing in Democracy: Engaging Citizens in Collaborative Gover-

nance [M]. Washington, DC: Brookings Institution Press, 2009.

[494] Skyrms, B. Evolution of the Social Contract [M]. Cambridge: Cambridge University Press, 1996.

[495] Smelser. Theory of Collective Behavior [M]. New York: The Free Press, 1962.

[496] Solow, R. M. A Contribution to the Theory of Economic Growth [J]. The Quarterly Journal of Economics, 1956 (4) 65-94.

[497] Sørensen, E. and Torfting J. Collaborative Innovation in the Public Sector [J]. The Innovation Journal: The Public Sector Innovation Journal, 2012, 17 (1): 1-14.

[498] Sørensen, E. Metagovernance the Changing Role of Politicians in Processes of Democratic Governance [J]. The American Review of Public Administration, 2006, 36 (1): 98-114.

[499] Sørensen, E., and J. Torfing. Making Governance Networks Effective and Democratic Through Metagovernance [J]. Public Administration, 2009, 87 (2): 234-258.

[500] Sørensen, E., and J. Torfing. Theories of Democratic Network Governance [M]. Basingstoke: Palgrave Macmillan, 2007.

[501] Sørensen, E., and P. Triantafillou. The Politics of Self-governance [M]. Farnham: Ashgate Publishing, Ltd, 2009.

[502] Sott, John R. Jr. and Lawrence W. Kenny. Did Women's Suffrage Change the Size and Scope of Government? [J]. Journal of Political Economy, 1999, 107 (6): 1163-1198.

[503] Stacey, R., D. Griffin, and P. Shaw. Complexity and Management: Fad or Radical Challenge to Systems Thinking? [M]. London: Routledge, 2000.

[504] Stigilitz, Joseph. More Instruments and Broader Goals: Moving towards the Post-Washington Consensus, Wider Annual Lectures 2 [A]. United Nations University World Institute for Development Economics Research, Helsinki, Finland, 1998 [C]. World Bank, "The East Asian Miracle: Economic Growth and Public Policy", New York: Oxford University Press, 1993.

[505] Stocker R., Cornforth D., Bossomaier T. Network Structures and Agreement in Social Network Simulations [J]. Journal of Artificial Societies and Social Simulation, 2002, 5 (4).

[506] Stocker R., Green D., Newth D. Consensus and Cohesion in Simulated Social Networks [J]. Journal of Artificial Societies and Social Simulation, 2001 (4): 4.

[507] Stoker, G. Governance as Theory: Five Propositions [J]. International Social Science Journal, 1998, 50 (155): 17-28.

[508] Stoker, G. Public Value Management a New Narrative for Networked Gvernance? [J]. The American Review of Public Administration, 2006, 36 (1): 41-57.

[509] Stoker, G. The New Politics of British Local Governance [M]. NY: Macmillan

Press, 2000a.

[510] Stoker, G. Urban Political Science and the Challenge of Urban Governance [M]. In Debating Governance, Edited by J. Pierre: Oxford University Press, 2000b.

[511] Stoker, G. Was Local Governance Such a Good Idea? A Global Comparative Perspective [J]. Public Administration, 2011, 89 (1): 15-31.

[512] Stokey, E., and R. Zeckhauser. Primer for Policy Analysis [M]. NY: Norton, 1978.

[513] Strauch, R. and Hagen, J. Institutions, Politics and Fiscal Policy [M]. Boston: Kluwer Academic Publishers, 1999.

[514] Suo S., Chen Y. The Dynamics of Public Opinion in Complex Networks [J]. Journal of Artificial Societies and Social Simulation, 2008, 11 (4): 2.

[515] Sznajd-Weron K., Sznajd J. Opinion Evolution in Closed Community [J]. International Journal of Modern Physics C, 2000, 11 (6): 1157-1165.

[516] Szolnoki, A., and G. Szabó. Cooperation Enhanced by Inhomogeneous Activity of Teaching for Evolutionary Prisoner's Dilemma Games [J]. EPL (Europhysics Letters), 2007, 77 (3).

[517] T. Borcherding and R.Deacon. The Demand for Services of Non-Federal Governments [J]. American Economic Review, 1972, 62 (9): 891-901.

[518] Taleb, N. N. The Black Swan: The Impact of the Highly Improbable Fragility [M]. New York: Random House LLC, 2007.

[519] Tanzi, V., and Schuknecht, L. Public Spending in the 20th Century: A Globle Perspective [M]. Cambridge: Cambridge University Press, 2000.

[520] Tanzi, V., and Schuknecht, L. Reconsidering the Fiscal Role of Government: The International Perspective [J]. American Economic Review, 1997, 87 (2): 164-168.

[521] Tartaglia, J. Routledge Philosophy Guidebook to Rorty and the Mirror of Nature [M]. London: Routledge, 2007.

[522] Tatrschys, D. The Growth of Public Expenditures—Nine Modes of Explanation [J]. Scandinavian Political Studies, 1975, 10 (1): 9-32.

[523] Taylor, P. D., and L. B. Jonker. Evolutionary Stable Strategies and Game Dynamics [J]. Mathematical Biosciences, 1978, 40 (1): 145-156.

[524] Teicher, J., Q. Alam, and B. Van Gramberg. Managing Trust and Relationships in PPPs: Some Australian Experiences [J]. International Review of Administrative Sciences, 2006, 72 (1): 85-100.

[525] Theodore C. Bergstrom, Robert P. Goodman. Private Demands for Public Goods [J]. The American Economic Review, 1973, 63 (3): 280-296.

[526] Tiebout, C. A Pure Theory of Local Expenditures [J]. Journal of Political Economy, 1956 (64): 416-424.

[527] Topkis, D. M. Minimizing a Submodular Function on a Lattice [J]. Operations Research, 1978, 26 (2): 305-321.

[528] Torfing, J., B. G. Peters, J. Pierre, and E. Sørensen, eds. Interactive Governance: Advancing the Paradigm [M]. Oxford: Oxford University Press, 2012.

[529] Torfing, Jacob, and Peter Triantafillou. What's in a Name? Grasping New Public Governance as a Political-administrative System [J]. International Review of Public Administration, 2013, 18 (2): 9-25.

[530] Tsai, W. Social Capital, Strategic Relatedness and the Formation of Intraorganizational Linkages [J]. Strategic Management Journal, 2000, 21 (9): 925-939.

[531] Tullock, G. The Welfare Costs of Tariffs, Monopolies, and Theft [J]. Economic Inquiry, 1967, 5 (3): 224-232.

[532] Türke, R. Governance: Systemic Foundation and Framework [M]. Heidelberg: Physica-Verlag, 2008.

[533] Turnbull, G. K., and Chang, C. The Median Voter According to GARP [J]. Southern Economic Journal, 1998 (7): 1001-1010.

[534] Turnovsky, S. J. Fiscal Policy in a Stochastically Growing Economy with Elastic Labor Supply [J]. Journal of Public Economic Theory, 2000 (45): 185-210.

[535] Turnovsky, S.J. Macroeconomic Policies, Growth, and Welfare in a Stochastic Economy [J]. International Economic Review, 1993 (34): 953-981.

[536] Turnovsky, S.J. On the Role of Government in a Stochastically Growing Economy [J]. Journal of Economic Dynamics and Control, 1999a (23): 873-908.

[537] Turnovsky, S.J. Optimal Tax Policy in a Stochastically Growing Economy [J]. Japanese Economic Review, 1995 (46): 125-147.

[538] Turnovsky, S. J. Optimal Tax, Debt, and Expenditure Policies in a Growing Economy [J]. Journal of Public Economics, 1996 (60): 21-44.

[539] Turnovsky, S.J. Productive Government Expenditure in a Stochastically Growing Economy [J]. Macroeconomic Dynamics, 1999b (3): 544-570.

[540] U. S. Congressional Budget Office. Using Performance Measures in the Federal Budget Process [M]. Washington, D.C, 1993.

[541] Ullmann-Margalit, E. The Emergence of Norms [M]. Oxford: Clarendon Press, 1977.

[542] Van Gunsteren, H. R. A Theory of Citizenship: Organizing Plurality in Contemporary Democracies [M]. Boulder, CO: Westview Press, 1998.

[543] Van Meerkerk, I. and Edelenbos, J. The Effects of Boundary Spanners on Trust and Performance of Urban Governance Networks: Findings from Survey Research on Urban Development Projects in the Netherlands [J]. Policy Sciences, 2014, 47 (1): 3-24.

[544] Van Meerkerk, I., Edelenbos, J. and Klijn, E. H. Connective Management

and Governance Network Performance: the Mediating Role of Throughput Legitimacy. Findings from Survey Research on Complex Water Projects in the Netherlands [J]. Environ. Plan. C Gov. Policy, 2014.

[545] Van Wart, M. Changing Public Sector Values [M]. NY: Taylor & Francis, 1998: 1045.

[546] Varian, H. R. Non-parametric Tests of Consumer Behaviour [J]. The Review of Economic Studies, 1983, 50 (1): 99-110.

[547] Varian, H. R. The Nonparametric Approach to Demand Analysis[J]. Econometrica: Journal of the Econometric Society, 1982 (4): 945-973.

[548] Vedder, R. K. and Gallaway, L. E. Government Size and Economic Growth, Paper Prepared for the Joint Economic Committee of the US Congress, 1998: 1-15.

[549] Vega-Redondo, F. Building up Social Capital in a Changing World [J]. Journal of Economic Dynamics and Control, 2006, 30 (11): 2305-2338.

[550] Waldo, D. Supplement: Developments in Public Administration [J]. Annals of the American Academy of Political and Social Science, 1972 (404): 217-245.

[551] Wang, H., Hu, S. Productive Government Expenditure in a Stochastically Growing Open Economy [J]. Journal of Systems Science and Complexity, 2007, 20 (1).

[552] Weatherley, R., and Lipsky, M. Street-level Bureaucrats and Institutional Innovation: Implementing Special-education Reform [J]. Harvard Educational Review, 1997, 47 (2): 171-197.

[553] Weibull, J. W. Evolutionary Game Theory [M]. Cambridge, MA: MIT Press, 1995.

[554] Weick, K. E. Educational Organizations as Loosely Coupled Systems [J]. Administrative Science Quarterly, 1976 (7): 1-19.

[555] Weidlich, W. Sociodynamics: A Systematic Approach to Mathematical Modelling in the Social Sciences [M]. Florida: CRC Press, 2000.

[556] West, E.G. Education and the State, Second Edition [M]. London: Institute of Economic Affairs, 1970.

[557] West, E.G. Educational Slowdown and Public Intervention in 19th-Century England: A Study in the Economics of Bureaucracy [J]. Explorations in Economic History, 1975, 12 (1): 61-87.

[558] West, Edwin G. The Political Economy of American Public School Legislation [J]. Journal of Law and Economics, 1967 (10): 101-128.

[559] Williams, I., and H. Shearer. Appraising Public Value: Past, Present and Futures [J]. Public Administration, 2011, 89 (4): 1367-1384.

[560] Williamson, O. E. Markets and Hierarchies: Analysis and Antitrust Implications [M]. New York: The Free Press, 1975.

[561] Wooldridge, J.M. Econometric Analysis of Cross Section and Panel Data [J]. Cambridge Mass.: MIT Press, 2002.

[562] Young, H. P. The Economics of Convention [J]. The Journal of Economic Perspectives, 1996 (10): 105-122.

[563] Young, H. P. The Evolution of Conventions, Econometrica [J]. Econometrica: Journal of the Econometric Society, 1993 (1): 57-84.

[564] Young, Peyton. Individual Strategy and Social Structure: An Evolutionary Theory of Social Structure [M]. Princeton, NJ: Princeton University Press, 1998.

[565] Yousefi, M. and Abizadeh, S. Growth of State Government Expenditures: Empirical Evidence from the United States [J]. Public Finance, 1992 (47): 322-339.

[566] Zukewich, J., V. Kurella, M. Doebeli, and C. Hauert. Consolidating Birth-Death and Death-Birth Processes in Structured Populations [J]. The Public Library of Science, 2013, 8 (1): e54639.

[567] [美] E. S. 萨瓦斯. 民营化与公私部门的伙伴关系 [M]. 北京: 中国人民大学出版社, 2002.

[568] 薄贵利. 稳步推进省直管县体制 [J]. 中国行政管理, 2006 (9).

[569] 才国伟, 黄亮雄. 政府层级改革的影响因素及其经济绩效研究 [J]. 管理世界, 2010 (8).

[570] 蔡芸, 杨冠琼. 中国地方政府最优财政规模: 理论与实证检验 [J]. 北京工商大学学报（社会科学版）, 2010 (4).

[571] 陈创练, 陈国进. 政府消费最优规模对私人消费的影响研究——基于门限面板回归模型的实证分析 [J]. 经济与管理研究, 2010 (12).

[572] 陈刚, 李树, 尹希果. 腐败与中国经济增长——实证主义的视角 [J]. 经济社会体制比较, 2008 (6).

[573] 陈华森. 群体性事件的发生机制及其消减途径探析——一个政治文化的分析视角 [J]. 探索, 2010 (6).

[574] 陈潭, 黄金. 群体性事件多种原因的理论阐释 [J]. 政治学研究, 2009 (6).

[575] 樊华. 高等教育对经济增长影响的实证比较研究 [J]. 辽宁教育研究, 2006 (2).

[576] 费尔南·布罗代尔. 地中海考古: 史前史和古代史 [M]. 北京: 社会科学文献出版社, 2005.

[577] 傅光明. 论省直管县财政体制 [J]. 财政研究, 2006 (2).

[578] 高嵩. 肯尼迪—约翰逊政府就业与培训政策研究 [D]. 东北师范大学博士学位论文, 2007.

[579] 国家统计局城市社会经济调查司. 中国城市统计年鉴 (2005) [M]. 北京: 中国统计出版社, 2006.

[580] 国家统计局城市社会经济调查司. 中国城市统计年鉴 (2006) [M]. 北京: 中

国统计出版社，2007.

[581] 国家统计局城市社会经济调查司.中国城市统计年鉴（2007）[M].北京：中国统计出版社，2008.

[582] 国家统计局城市社会经济调查总队.中国城市统计年鉴（2003）[M].北京：中国统计出版社，2004.

[583] 国家统计局城市社会经济调查总队.中国城市统计年鉴（2004）[M].北京：中国统计出版社，2005.

[584] 黄贤金，王孝询.美国政治与政府调控[M].北京：中国社会科学出版社，2008.

[585] 黄贤全，黄贤华.美国重塑政府运动[J].西南师范大学学报（人文社会科学版），2004（30）.

[586] 蒋省三，刘守英，李青.土地制度改革与国民经济成长[J].管理世界，2007（9）.

[587] 卡尔·波兰尼.大转型：我们时代的政治与经济的起源[M].冯钢等译，杭州：浙江人民出版社，2007.

[588] 克里斯托弗·波利特，海尔特·鲍克尔.公共管理改革[M].上海：上海译文出版社，2003.

[589] 雷爱先.里根与克林顿财政政策比较分析[J].黑龙江财专学报，1994（4）.

[590] 李培林等.力挽狂澜：中国社会发展迎接新挑战[M].北京：社会科学文献出版社，2008.

[591] 刘德海.群体性突发事件中政府机会主义行为的演化博弈分析[J].中国管理科学，2010（1）.

[592] 刘福垣.中国发展失衡与国家发展战略的反思[J].财贸经济，2003（9）.

[593] 刘小鲁.区域性公共品的最优供给：应用中国省际面板数据的分析[J].世界经济，2008（4）.

[594] 刘旭涛.美国政府的绩效管理策略[J].前瞻与思考，2004（10）.

[595] 柳海民，周霖.义务教育均衡发展的理论与对策研究[M].长春：东北师范大学出版社，2007.

[596] 罗姗.对重庆市居民收入与教育需求的回归分析[J].统计观察，2005（12）.

[597] 马树才，孙长青.经济增长与最优财政支出规模研究[J].统计研究，2005（1）：15-19.

[598] 马拴友.政府规模与经济增长：兼论我国财政的最优规模[J].世界经济，2000（11）.

[599] 麦克法夸尔，费正清.剑桥中华人民共和国史——革命的中国的兴起1949~1965年[M].北京：中国社会科学出版社，1990.

[600] 曼昆.经济学原理[M].北京：机械工业出版社，2003.

[601] 毛泽东.《中国农村的社会主义高潮》的序言[N].人民日报，1956-01-12.

[602] 欧博文，李连江. 当代中国农民的依法抗争 [M] //吴国光. 九七效应. 太平洋世纪研究所，1997.

[603] 欧文·休斯. 公共管理导论（第3版）（英语影印本）[M]. 北京：中国人民大学出版社，2004.

[604] 庞明礼，李永久，陈翻."省管县"能解决县乡财政困难吗? [J]. 中国行政管理，2009（7）.

[605] 庞明礼."省管县"：我国地方行政体制改革的趋势 [N]. 中国行政管理，2007（6）.

[606] 全国人大常委会执法检查组. 关于检查义务教育法实施情况的报告 [N]. 中国教育报，2000-01-06.

[607] 宋小宁，苑德宇. 公共服务均等政治平衡与转移支付——基于1998~2005年省际面板数据的经验分析 [J]. 财政问题，2008（4）.

[608] 苏芳，胡日东，衣长军. 中国经济增长与科技投入的关系——基于协整理论与VAR模型的实证分析 [J]. 科技管理研究，2006（9）.

[609] 孙立平. 权利失衡、两极社会与合作主义宪政体制 [J]. 书屋，2007（1）.

[610] 孙群力. 中国地方政府最优规模的理论与实证研究 [J]. 中南财经政法大学学报，2006（4）.

[611] 汤伶俐. 政府行政成本的内在机理：省管县与市管县财政体制比较 [J]. 改革，2009（10）.

[612] 唐斌. 群体性事件的网络传播与政府干预分析 [J]. 河南师范大学学报（哲学社会科学版），2009（6）.

[613] 唐斯. 民主的经济理论 [M]. 上海：上海人民出版社，2005.

[614] 汪红驹. 美国联邦财政赤字变动分析 [J]. 财政研究，1995（5）.

[615] 王春福. 韩国公共政策利益表达机制及其启示 [J]. 管理世界，2007（11）.

[616] 王德祥，李建军. 人口规模、"省直管县"对地方公共品供给的影响——来自湖北省市、县两级数据的经验证据 [J]. 统计研究，2008（12）.

[617] 王德祥，李建军. 辖区人口、面积与地方财政支出——基于鄂鲁吉3省178个县（市）数据的实证研究 [J]. 财贸经济，2009（4）.

[618] 王东进等. 积极化解人民内部矛盾，妥善处理群体性事件 [J]. 中国社会发展战略，2004（3）.

[619] 王金秀. 我国地区间财税的失衡及其矫正 [J]. 财贸经济，2007（6）.

[620] 王世雄. 克林顿治下美国联邦政府改革述评 [J]. 广东行政学院学报，2003，15（30）.

[621] 克里斯多佛·威尔斯. 人类演化的未来：普罗米修斯后代 [M]. 北京：社会科学文献出版社，2010.

[622] 文选才. 乔治·W. 布什公共行政管理改革模式分析 [D]. 复旦大学博士学位论文，2006.

[623] 吴克明. 影响个人教育需求的因素分析 [J]. 教育与经济, 1998 (3).

[624] 吴伟. 基本公共服务有效提供的经济学分析 [D]. 西北大学博士学位论文, 2004.

[625] 西里尔·布莱克. 现代化的动力 [M]. 杭州: 浙江人民出版社, 1989.

[626] 肖文涛. 治理群体性事件与加强基层政府应对能力建设 [J]. 中国行政管理, 2009 (6).

[627] 徐现祥, 王贤彬, 舒元. 地方官员与经济增长——来自中国省长、省委书记交流的证据 [J]. 经济研究, 2007 (9).

[628] 许善娟, 丁小浩, 钟宇平. 香港高中学生的社会资本对高等教育需求的影响分析 [J]. 清华大学教育研究, 2006 (1).

[629] 杨冠琼, 蔡芸. 公共治理创新研究 [M]. 北京: 经济管理出版社, 2011.

[630] 杨冠琼. 结构不良性、奇异性及其局限性 [J]. 中国行政管理, 2009 (11).

[631] 杨冠琼. 当代中国行政管理模式沿革研究 [M]. 北京: 北京师范大学出版社, 1999.

[632] 杨冠琼. 政府治理体系创新 [M]. 北京: 经济管理出版社, 1999.

[633] 杨冠琼. 公共部门增长: 理论与国际经验比较 [M]. 北京: 经济管理出版社, 2004.

[634] 杨冠琼. 公共治理优化研究 [M]. 北京: 经济管理出版社, 2011.

[635] 杨冠琼. 政府规模的波及效应与节点把握 [J]. 改革, 2009 (9).

[636] 杨茂林. 以公共服务为中心推进县政建设——从"省直管县"的视阈谈起 [J]. 中国行政管理, 2010 (5).

[637] 杨明, 刘毅, 赵细康. 广东居民收入变化与教育需求的实证分析 [J]. 学术研究, 2003 (5).

[638] 杨友才, 赖敏晖. 我国最优政府财政支出规模——基于门槛回归的分析 [J]. 经济科学, 2009 (2).

[639] 于建嵘. 农民有组织抗争及政治风险——湖南衡阳考察 [J]. 战略与管理, 2000 (3).

[640] 于建嵘. 社会泄愤事件中群体心理研究——对"瓮安事件"发生机制的一种解释 [J]. 北京行政学院学报, 2009 (1).

[641] 于建嵘. 我国现阶段农村群体性事件的主要原因 [J]. 中国农村观察, 2003 (6).

[642] 袁渊, 左翔. "扩权强县"与经济增长: 规模以上工业企业的微观证据 [J]. 世界经济, 2011 (3).

[643] 张军, 吴桂英, 张吉鹏. 中国省际物质资本存量估算: 1952~2000 [J]. 经济研究, 2004 (10).

[644] 张军, 高远, 傅勇, 张弘. 中国为什么拥有良好的基础设施? [J]. 经济研究, 2007 (3).

[645] 张占斌.省直管县体制改革的实践创新［M］.北京：国家行政学院出版社，2009.

[646] 赵守东.群体性事件的体制性症结及解决思路［J］.理论探讨，2007（2）.

[647] 中国经济增长与宏观稳定课题组.增长失衡与政府责任——基于社会性支出角度的分析［J］.经济研究，2006（10）.

[648] 钟宇平，陆根书.社会资本因素对个体高等教育需求的影响［J］.高等教育研究，2006（1）.

[649] 钟正生，饶晓辉.我国存在最优政府规模曲线吗？［J］.财贸研究，2006（6）.

[650] 周放.布什政府的技术议程——推动创新、提高竞争力［J］.全球科技经济瞭望，2003（2）.

[651] 周飞舟.分税制十年：制度及其影响［J］.中国社会科学，2006（6）.